POCHAN ANJIAN
CAOZUO ZHIYIN

破产案件
操作指引

（第四版）

曹　丽　李国军　李卓琳◎主编

人民法院出版社

图书在版编目（CIP）数据

破产案件操作指引 / 曹丽，李国军，李卓琳主编. 4版. -- 北京 : 人民法院出版社，2024. 11. -- ISBN 978-7-5109-4327-0

Ⅰ. D922.291.92

中国国家版本馆CIP数据核字第2024H87Y06号

破产案件操作指引（第四版）

曹　丽　李国军　李卓琳　主编

策划编辑　李安尼
责任编辑　巩　雪
执行编辑　沈洁雯
出版发行　人民法院出版社
地　　址　北京市东城区东交民巷 27 号（100745）
电　　话　（010）67550658（责任编辑）　67550558（发行部查询）
65223677（读者服务部）
客 服 QQ　2092078039
网　　址　http://www.courtbook.com.cn
E - mail　courtpress@sohu.com
印　　刷　三河市国英印务有限公司
经　　销　新华书店

开　　本　787 毫米×1092 毫米　1/16
字　　数　1312 千字
印　　张　46.5
版　　次　2024 年 11 月第 1 版　2024 年 11 月第 1 次印刷
书　　号　ISBN 978 - 7 - 5109 - 4327 - 0
定　　价　138.00 元

破产案件操作指引（第一版）

编委会

主　　编：曹　丽　李国军

编写人员：张文学　王旭丽　刘磊峰　王海岩
张旭航　张恒勇　王　翔　那艳华
张颖姝　孙立伟　宋　伟　胡春雷
梁庆艳　许宏佳　李　播　王海东
张　宁　刘文玉　周　逸　杨　欢
刘思彤　张　雪　徐金萍　姜宁宁
胡国钰　高　欣　房新民　韩　磊
彭　智　孙佳斌　邢宝石

破产案件操作指引（修订版）

编委会

主　　编：曹　丽　李国军

编写人员：张文学　张明浩　王旭丽　王晓妍
孙立伟　孙佳斌　李文广　许宏佳
衣晓轩　刘磊峰　刘泽民　周彩滨
黄翔翔　赵　晔　姜　钰　翟　超
姜宁宁　颜飞飞　杨　壮

破产案件操作指引（第三版）

编委会

主　　编：曹　丽　李国军

编写人员：刘磊峰　孙立伟　王海岩　宋　伟
胡国钰　韩　雷　刘明新　张　宁
李　丹　王海东　焦学林　邢宝石
许宏佳　黄翔翔　姜　钰　翟　超
柴　博　姜丽雪　周彩滨　赵　晔
颜飞飞　韩　强　宋昊阳　王晓妍
刘泽民　刘　聪　姜宁宁　柴　博
衣晓轩　杨　壮

破产案件操作指引（第四版）

编委会

主　　编： 曹　丽　李国军　李卓琳

编写人员： 刘磊峰　田　青　王旭丽　孙文斌
赵　博　李美鸥　袁　畅　胡国钰
徐　敏　计先骏　宋　伟　赵　晔
柴　博　王海东　高　照　谢冰怡
张　宁　张　帆　李海华　亓　灿
刘佳良　李红茹　姜丽雪　邓　琳
曹钧柯　李　丹　邢宝石　刘明新
许宏佳　刘　琳　刘宇杉　钱禹良

修订版说明

《破产案件操作指引》第一版自出版以来，得到了各级人民法院、律师事务所等从事破产清算、重整、和解业务的专业人士的认可和好评。为了保证本书的准确性、实用性和前沿性，编写组的各位同仁对本书进行了修订，以期适应相关领域专业人员实际工作的需要，同时满足有志从事破产法律实务工作者学习的愿望。

目前，随着我国市场经济体系的逐渐完善，市场竞争法则日渐发挥作用，优胜劣汰已为常态，破产案件从数量上有较大增长，涉及的事务各种各样，现行破产法律制度已不能完全覆盖破产实务中遇到的问题，因此最高人民法院适时出台了一些司法解释，立法机构也在就《企业破产法》的修订征求意见。为适应破产法律制度的变化，我们依据《最高人民法院关于适用〈中华人民共和国企业破产法〉若干问题的规定（三）》以及《全国法院破产审判工作会议纪要》等最新司法文件的规定对《破产案件操作指引》第一版的有关章节进行了增补，并根据破产业务实践中遇到的问题及业内同行反馈的意见，对本书进行了全面修订，使得这本书更加准确、实用，供业内同行参考。

本书在修订时，由本书主编负责统稿、定稿。

二〇一九年七月

第三版说明

《破产案件操作指引》一书于2017年出版，2019年4月我们对本书进行了修订再版。

2019年11月，《全国法院民商事审判工作会议纪要》颁布，其中对破产案件的办理作出了很多具体规定，各地高级人民法院纷纷出台相关破产案件办理规定，这些都促进了破产法律体系的完善和破产案件办理经验的积累，也引发了我们对破产法理论实践更多的思考。

疫情期间居家的状态让我们这些整日奔忙的律师有机会静下来，认认真真地学习破产界同仁的著作，认认真真总结过去工作中的经验和教训，认认真真地把这些写成文字。当疫情过去春花开遍的时候，我们把这本崭新的《破产案件操作指引》呈献给大家。《破产案件操作指引（第三版）》不仅新增加了破产费用和共益债务、破产企业职工债权和社会保险费用、关联企业破产、破产案件信息公开制度四章内容，而且在债权申报与审查确认一章中新增了税收债权的审查与确认、有担保债权的审查及确认、工程款债权的审查与确认、民间借贷债权的审查与确认、利息债权的审查与确认五节内容，也对文书样式进行了大幅度的增改，更对整本书的章节进行了调整，使之更加科学。可以说，这本书是我们十几年来从事破产业务经验的积累，也是我们对破产业务规范化的探索。

回想起这段居家写书的日子，感慨万千，这是生命中一段难忘的时光，这本书的第三版就是这段时光的见证与纪念。

期待各位同仁对本书提出宝贵的意见！让我们在破产业务理论和实践的探索之路上携手前行！

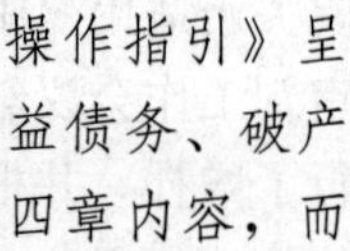

二〇二〇年三月

第四版说明

从本书第三版修订至今，时间已经过去了四年。这四年里，法律更加完善了，《民法典》的颁布和《公司法》的修订，使得本书中很多内容需要修改完善，以符合法律的要求；这四年里，破产的理论及实践更加进步，在营商环境要求的引领下，很多制度得以建立，府院联动机制、破产管理人分级管理、破产案件的简易审理、公益强制清算等从构想到开始落地；这四年里，破产法的功能凸显，企业需要破产制度的拯救，经济需要破产制度的调整；这四年里，我们经历了三年疫情。在居家学习的日子里，通过研习各位破产界大咖和资深同行的大作，不仅发现了本书的局限和肤浅，也让我们对破产这门实践学科有了更深的理解。

今年，我们不仅有幸担任了哈某汽车股份有限公司破产重整的管理人，也担任了央企中某集团下级子公司大庆中某石化有限公司破产重整的管理人。为了助力企业破产重整成功，也为了把两个案件办成精品，就像当年担任北满特钢的管理人一样，在老牌国企涅槃重生的过程中写下律师职业生涯的浓重一笔。在这两家企业破产重整的工作过程中，我们会同齐齐哈尔市中级人民法院、大庆市中级人民法院的法官同仁对这本书进行了第四版的修订。第四版增加了对管理人的考核、管理人协会、破产案件的简易审理、预重整、法律责任等内容。同时，根据《民法典》、新《公司法》及相关司法解释等对本书内容进行了修订，对实务类内容进行了充实完善，对不合理的篇章结构进行了调整。

在本书修订的过程中，我们参考了很多同行的著作和各地的操作指引，一并表示感谢！也期待各位同仁对本书内容提出宝贵的意见和建议！

二〇二四年十月十日

前 言

一个企业的诞生承载着创业者的梦想，但前行路上难免会遇到困境，有的会中途折戟，退出市场；有的能够涅槃重生，恢复活力和生机。在这个过程中，一部分企业就应按《企业破产法》进行规制和调整。

破产法律制度是否完善是一个国家市场经济是否成熟的重要标志。《企业破产法》自2007年1月1日开始实施，这是我们国家市场经济法治建设的重大进步。党的十八届四中全会重申了全面依法治国的理念，在经济领域运用破产、重整手段去产能、化解僵尸企业被提上了日程。最高人民法院通过设立破产审判庭、加强破产案件立案等一系列措施，积极推动《企业破产法》的实施，可以说，破产大潮正在汹涌而来。

在过去的十年里，很多法院没有审理过一起破产案件，很多管理人没有办理过一件破产案件，在知识储备和经验积累方面不能完全适应新形势的要求。如何公正高效地处理好每一起破产案件，这是摆在破产审判法官和管理人面前的一个紧迫而现实的问题。

黑龙江海天庆城律师事务所是黑龙江省较早办理破产案件的律师事务所之一，在现行《企业破产法》实施前就参与了很多国有企业的破产清算工作；现行《企业破产法》实施后，被黑龙江省高级人民法院确定进入首批破产管理人名录，接受指定担任了几十件破产清算、破产重整和强制清算案件的管理人或清算组成员。十余年的办理破产案件的历程，是不断学习、不断探索的过程，也是不断接受挑战、接受锻炼、不断成长的过程。在这十余年里，我们接受了很多教训，也积累了一定的经验，更知道了有很多的经验非亲历而不能获得。

回首走过的路，深知有很多同行会续行我们早已经历的探索，也会面临我们所经历的挫折。如何为破产法的繁荣贡献一己之力，如何与同行们分享我们的经验和教训，共同推动《企业破产法》的实施，成为萦绕在我们心头的一个愿望。

2017年夏天，在办理北满特钢重整案的过程中，和审理此案的齐齐哈尔市中级人民法院领导达成共识：对法院和管理人办理破产案件进行全方位的描述总结，编写一本简明实用的破产案件实务书籍。于是，在实践中学习，在实践中总结，经过十几位法官和律师在六个多月的时间里披星戴月的共同努力，有了这本书的问世。

本书正文分为三部分，分别为操作指引、相关规范和文书样式。尽管这本书在理论深度上尚不及入门的水平，但从实用的角度勉强可以作为工具书为初入破产实务门槛的同行提供一点参考。希望大家不吝赐教，共同完善、共同提高。

在编写这本书的过程中，我们大量学习参考了北京市、深圳市等地方法院和各省律师协会的破产审判指南、破产案件操作指引，无法一一注明出处，在此一并表示感谢！

二〇一七年十月于哈尔滨

目 录

第一部分 操作指引

第三部分 文书规范

第一部分
操 作 指 引

总　则

第一条　【立法宗旨】

《企业破产法》的立法宗旨，是为了规范企业破产程序，公平清理债权债务，保护债权人和债务人的合法权益，维护社会主义市场经济秩序。

第二条　【适用范围】

企业法人破产适用《企业破产法》，合伙企业、个人独资企业、民办学校、农民合作社等主体破产可参照适用《企业破产法》的规定。

第三条　【破产原因】

（一）概念

破产原因，是指认定债务人丧失清偿能力，当事人得以提出破产申请，法院据以启动破产程序的法律事实，即引起破产程序发生的原因。

（二）法律规定

1.《企业破产法》第二条规定：企业法人不能清偿到期债务，并且资产不足以清偿全部债务或者明显缺乏清偿能力的，依照本法规定清理债务。企业法人有前款规定情形，或者有明显丧失清偿能力可能的，可以依照本法规定进行重整。

2.《最高人民法院关于适用〈中华人民共和国企业破产法〉若干问题的规定（一）》［以下简称《破产法司法解释（一）》］第一条规定：债务人不能清偿到期债务并且具有下列情形之一的，人民法院应当认定其具备破产原因：资产不足以清偿全部债务；明显缺乏清偿能力。相关当事人以对债务人的债务负有连带责任的人未丧失清偿能力为由，主张债务人不具备破产原因的，人民法院应不予支持。

（1）不能清偿到期债务的认定。《破产法司法解释（一）》第二条规定：下列情形同时存在的，人民法院应当认定债务人不能清偿到期债务：债权债务关系依法成立；债务履行期限已经届满；债务人未完全清偿债务。《破产法司法解释（一）》第三条规定：债务人的资产负债表，或者审计报告、资产评估报告等显示其全部资产不足以偿付全部负债的，人民法院应当认定债务人资产不足以清偿全部债务，但有相反证据足以证明债务人资产能够偿付全部负债的除外。

（2）明显缺乏清偿能力的认定。《破产法司法解释（一）》第四条规定：债务人账面资产虽大于负债，但存在下列情形之一的，人民法院应当认定其明显缺乏清偿能力：因资金严重不足或者财产不能变现等原因，无法清偿债务；法定代表人下落不明且无其他人员负责管理财产，无法清偿债务；经人民法院强制执行，无法清偿债务；长期亏损且经营扭亏困难，无法清偿债务；导致债务人丧失清偿能力的其他情形。

第四条 【破产重整的条件】

企业法人有不能清偿到期债务，并且资产不足以清偿全部债务或者明显缺乏清偿能力的情形，或者有明显丧失清偿能力可能的，可以依照《企业破产法》规定进行重整。

第五条 【破产案件的管辖】

（一）地域管辖

破产案件由债务人住所地人民法院管辖。债务人住所地，是指债务人主要办事机构所在地，无办事机构的由其注册地人民法院管辖。省级范围内因特殊情况需对个别企业破产案件的地域管辖作调整的，须经共同上级法院批准。

（二）级别管辖

1. 一般规定：基层人民法院一般管辖县、县级市或者区的工商行政管理机关核准登记企业的破产案件。

中级人民法院一般管辖地区、地级市（含本级）以上的工商行政管理机关核准登记企业的破产案件。纳入国家计划调整的企业破产案件，由中级人民法院管辖。

2. 特殊规定：上级人民法院有权审理下级人民法院管辖的企业破产案件；上级人民法院将本院管辖的企业破产案件移交下级人民法院审理，应当报请其上级法院批准；下级法院对其管辖的破产案件认为需要由上级法院审理的，可以报请上级法院审理。

3. 其他规定：人民法院要根据破产案件数量、案件难易程度、审判力量等情况，合理分配各级法院的审判任务。对于债权债务关系复杂、审理难度大的破产案件，高级人民法院可以探索实行中级人民法院集中管辖为原则、基层人民法院管辖为例外的管辖制度；对于债权债务关系简单、审理难度不大的破产案件，可以主要由基层人民法院管辖，通过快速审理程序高效审结。

第六条 【诉讼费用】

破产案件的诉讼费用按破产财产总额计算，按照财产案件受理费标准减半收取，最高不超过人民币30万元。

破产案件的诉讼费用，应根据《企业破产法》第四十三条的规定，从债务人财产中拨付。相关当事人以申请人未预先交纳诉讼费用为由，对破产申请提出异议的，人民法院不予支持。

第七条 【审理程序】

（一）《企业破产法》规定

《企业破产法》第四条规定：破产案件审理程序，本法没有规定的，适用《民事诉讼法》的有关规定。

（二）《企业破产法》与《民事诉讼法》的关系

《企业破产法》既规定了实体问题，又规定了程序问题。实体部分主要规定破产原因、债务人财产、破产费用和共益债务、破产取回权、别除权、破产撤销权、破产抵销权等有关问题；程序部分则包括法院管辖、申请和受理、和解程序、重整程序、清算程序等问题。

从诉讼程序上讲，《企业破产法》与《民事诉讼法》都是规定法院、当事人和其他诉讼参与人进行民事司法程序性活动的法律，其关系是特别法与一般法的关系。《民事诉讼法》是基本法律，它的一般规定适用于破产案件，而《企业破产法》的特别规定则是对《民事诉讼法》的补充。在法律适用上，根据特别法优于一般法的原则，对于破产案件的审理程序，《企业破产法》有规定的，应遵循《企业破产法》的规定；没有规定的，适用《民事诉讼法》的有关规定。

（三）《企业破产法》未作规定而应适用《民事诉讼法》有关内容

1.《民事诉讼法》的基本原则（第一章）。

2. 管辖方面的规定（第二章）。

3. 回避方面的规定（第四章）。

4. 当事人委托代理人的规定（第五章）。

5. 证据方面的规定（第六章）。

6. 期间、送达方面的规定（第七章）。

7. 对妨害民事诉讼的强制措施方面的规定（第十章）。

8. 诉讼费用的规定（第十一章）。

第八条 【法律适用】

（一）主要适用的法律

《企业破产法》。

（二）主要适用的司法解释

1.《破产法司法解释（一）》。

2.《最高人民法院关于适用〈中华人民共和国企业破产法〉若干问题的规定（二）》[以下简称《破产法司法解释（二）》]。

3.《最高人民法院关于适用〈中华人民共和国企业破产法〉若干问题的规定（三）》[以下简称《破产法司法解释（三）》]。

4.《最高人民法院关于审理企业破产案件指定管理人的规定》（以下简称《指定管理人的规定》）。

5.《最高人民法院关于审理企业破产案件确定管理人报酬的规定》（以下简称《关于管理人报酬的规定》）。

6.《最高人民法院关于审理企业破产案件若干问题的规定》（以下简称《审理企业破产案件规定》）。

7. 其他司法解释。

（三）主要适用的其他司法文件

1. 最高人民法院于 2018 年 3 月 4 日发布的《全国法院破产审判工作会议纪要》[以下简称《破产审判纪要（2018）》]。

2. 最高人民法院于 2019 年 11 月 8 日发布的《全国法院民商事审判工作会议纪要》[以下简称《民商审判纪要（2019）》]。

3. 有关破产案件审理的个案答复等。

（四）适用的其他相关法律规定

1.《民法典》及司法解释。

2.《民事诉讼法》及司法解释。

3.《公司法》及司法解释。

4.《劳动法》《劳动合同法》及司法解释、政策。

5. 中华人民共和国税收相关法律、条例及政策。

第九条 【跨境破产】

（一）境内破产的域外效力

《企业破产法》第五条第一款规定：依照本法开始的破产程序，对债务人在中华人民共和国领域外的财产发生效力。

（二）境外破产的域内效力

《企业破产法》第五条第二款规定：对外国法院作出的发生法律效力的破产案件的判决、裁定，涉及债务人在中华人民共和国领域内的财产，申请或者请求人民法院承认和执行的，人民法院依照中华人民共和国缔结或者参加的国际条约，或者按照互惠原则进行审查，认为不违反中华人民共和国法律的基本原则，不损害国家主权、安全和社会公共利益，不损害中华人民共和国领域内债权人的合法权益的，裁定承认和执行。

（三）《破产审判纪要（2018）》的相关规定

《破产审判纪要（2018）》第四十九条规定：对跨境破产与互惠原则。人民法院在处理跨境破产案件时，要妥善解决跨境破产中的法律冲突与矛盾，合理确定跨境破产案件中的管辖权。在坚持同类债权平等保护的原则下，协调好外国债权人利益与我国债权人利益的平衡，合理保护我国境内职工债权、税收债权等优先权的清偿利益。积极参与、推动跨境破产国际条约的协商与签订，探索互惠原则适用的新方式，加强我国法院和管理人在跨境破产领域的合作，推进国际投资健康有序发展。

《破产审判纪要（2018）》第五十条规定：跨境破产案件中的权利保护与利益平衡。依照《企业破产法》第五条的规定，开展跨境破产协作。人民法院认可外国法院作出的破产案件的判决、裁定后，债务人在中华人民共和国境内的财产在全额清偿境内的担保权人、职工债权和社会保险费用、所欠税款等优先权后，剩余财产可以按照该外国法院的规定进行分配。

第十条 【香港特别行政区的破产协作】

2021 年 5 月 14 日，最高人民法院与香港特别行政区政府正式签署了《最高人民法院与香港特别行政区政府关于内地与香港特别行政区法院相互认可和协助破产程序的会谈纪要》（以下简称《会谈纪要》）。同日，最高人民法院公布《最高人民法院关于开展认可和协助香港特别行政区破产程序试点工作的意见》（以下简称《试点意见》）。《试点意见》在案件受理、审查条件、认可对象、协助方式等方面提供了明确指引。《会谈纪要》的具体内容如下：

为贯彻落实《中华人民共和国香港特别行政区基本法》第九十五条的规定，进一步完善内地与香港特别行政区司法协助制度体系，促进经济融合发展，优化法治化营商环境，最高人民法院与香港特别行政区政府结合司法实践，就内地与香港特别行政区法院相互认可和协助破产程序工作进行会谈协商，达成以下共识：

1. 最高人民法院指定若干试点地区有关中级人民法院与香港特别行政区法院依法开展相互认可和协助破产程序工作。

2. 香港特别行政区破产程序的清盘人或者临时清盘人可以向内地试点地区的有关中级人民法院申请认可依据香港特别行政区法律进行的公司强制清盘、公司债权人自动清盘以及由清盘人或者临时清盘人提出并经香港特别行政区法院批准的公司债务重组程序，申请认可其清盘人或者临时清盘人身份，以及申请提供履职协助。

3. 内地破产程序的管理人可以向香港特别行政区高等法院申请认可依据《企业破产法》进行的破产清算、重整以及和解程序，申请认可其管理人身份，以及申请提供履职协助。

4. 申请认可和协助的程序、方式等，应当依据被请求方的规定。

5. 最高人民法院和香港特别行政区政府分别就两地开展相互认可和协助破产程序工作发布指导意见和适用指南。双方就相互认可和协助破产程序的司法实践保持沟通，协商解决有关问题，持续完善有关机制，逐步扩大试点范围。

第十一条 【职工合法权益保障和法律责任】

（一）法律规定

《企业破产法》第六条规定：人民法院审理破产案件，应当依法保障企业职工的合法权益，依法追究破产企业经营管理人员的法律责任。

（二）职工在破产企业的合法权益

1. 破产企业所欠职工的工资和应当划入职工个人账户的基本社会保险费用，以及法律、行政法规规定应当支付给职工的补偿金。这些费用是职工的债权，职工不必经过债权申报程序，而由管理人直接列入债权清单予以公示。职工对清单记载有异议的，可以要求管理人更正。管理人不予更正的，职工可以向人民法院提起诉讼。

2. 破产企业职工和工会代表有权参加债权人会议或者债权人委员会，对有关事项发表意见。特别是债权人会议或者债权人委员会讨论破产企业的重整计划和和解协议直接影响到职工的利益时。

3. 破产企业在现行《企业破产法》公布之前所欠职工工资等费用，在破产财产中未受清偿部分，可以优先于担保权人受偿。

（三）关于依法追究破产企业经营管理人员的法律责任

主要是对企业董事、经理或者其他负责人违反忠于职守、勤勉尽责义务致使企业破产的责任，包括民事责任、行政责任，对于构成犯罪致使企业破产的还要追究刑事责任。对于因企业在生产经营中的商业风险而导致的破产，只要企业经营管理人员忠于职守、勤勉尽责，则不应承担法律责任。另外，破产企业经营管理人员在破产程序中有违反《企业破产法》规定的行为的，要依《企业破产法》第十一章的规定追究其相应的法律责任。

第十二条 【破产审判总体要求】

最高人民法院于2018年3月4日发布的《破产审判纪要（2018）》中明确，破产审判工作总体要求如下：

一要发挥破产审判功能，助推建设现代化经济体系。人民法院要通过破产工作实现资源重新配置，用好企业破产中权益、经营管理、资产、技术等重大调整的有利契机，对不同企业分类处置，把科技、资本、劳动力和人力资源等生产要素调动好、配置好、协同好，促进实体经济和产业体系优质高效。

二要着力服务构建新的经济体制，完善市场主体救治和退出机制。要充分运用重整、和解法律手段实现市场主体的有效救治，帮助企业提质增效；运用清算手段促使丧失经营价值的企业和产能及时退出市场，实现优胜劣汰，从而完善社会主义市场主体的救治和退出机制。

三要健全破产审判工作机制，最大限度释放破产审判的价值。要进一步完善破产重整企业识别、政府与法院协调、案件信息沟通、合法有序的利益衡平四项破产审判工作机制，推动破产审判工作良性运行，彰显破产审判工作的制度价值和社会责任。

四要完善执行与破产工作的有序衔接，推动解决“执行难”。要将破产审判作为与立案、审判、执行既相互衔接、又相对独立的一个重要环节，充分发挥破产审判对化解执行积案的促进功能，消除执行转破产的障碍，从司法工作机制上探索解决“执行难”的有效途径。

第十三条 【破产审判的专业化建设】

最高人民法院于2018年3月4日发布的《破产审判纪要（2018）》中提出，审判专业化是破产审判工作取得实质性进展的关键环节。各级法院要大力加强破产审判专业化建设，努力实现审判机构专业化、审判队伍专业化、审判程序规范化、裁判规则标准化、绩效考评科学化。

（一）推进破产审判机构专业化建设

省会城市、副省级城市所在地中级人民法院要根据《最高人民法院关于在中级人民法院设立清算与破产审判庭的工作方案》，抓紧设立清算与破产审判庭。其他各级法院可根据本地工作实际需求决定设立清算与破产审判庭或专门的合议庭，培养熟悉清算与破产审判的专业法官，以适应破产审判工作的需求。

（二）合理配置审判任务

要根据破产案件数量、案件难易程度、审判力量等情况，合理分配各级法院的审判任务。对于债权债务关系复杂、审理难度大的破产案件，高级人民法院可以探索实行中级人民法院集中管辖为原则、基层人民法院管辖为例外的管辖制度；对于债权债务关系简单、审理难度不大的破产案件，可以主要由基层人民法院管辖，通过快速审理程序高效审结。

（三）建立科学的绩效考评体系

要尽快完善清算与破产审判工作绩效考评体系，在充分尊重司法规律的基础上确定绩效考评标准，避免将办理清算破产案件与普通案件简单对比、等量齐观、同等考核。

第一章 破产程序的启动

【本章概述】

债务人出现《企业破产法》第二条规定的情形，相关人可以向人民法院提出破产申请。人民法院收到破产申请后，应当在法定时限内对破产申请进行审查，包括形式审查和实质审查。人民法院经审查认为破产申请符合法定条件的，应当裁定受理破产申请；人民法院认为破产申请不符合法定条件或者申请理由不成立的，则应裁定不予受理。破产受理后会产生相应的法律后果。

本章包括以下六节内容：

第一节 破产申请

第二节 人民法院的审查及受理

第三节 执行案件移送破产审查

第四节 破产程序启动的法律效力

第五节 裁定受理后人民法院的工作

第六节 接受指定后管理人的工作

第一节 破产申请

第一条 【破产申请】

破产申请，是指特定当事人（债务人、债权人、清算义务人）以书面申请的方式，向人民法院请求对债务人重整、和解或清算的法律行为。

第二条 【破产原因】

《企业破产法》第二条规定，申请企业法人破产的事由即破产原因，即该企业法人不能清偿到期债务，并且资产不足以清偿全部债务或者明显缺乏偿债能力、丧失清偿能力可能的。

第三条 【申请主体】

（一）债务人

《企业破产法》第七条第一款规定：债务人有本法第二条规定的情形，可以向人民法院提出重整、和解或者破产清算申请。在人民法院受理破产申请后、宣告债务人破产前，债务人也可以向人民法院申请重整或和解。

（二）债权人

债务人不能清偿到期债务，债权人可以向人民法院提出对债务人进行重整或者破产清算的申请。

债权人通常为与债务人存在债权债务关系的平等民事主体，其债权应是具有财产给付内容的到期债权，未超过诉讼时效或执行时效。但亦有特殊情形：

1. 公法债权。债务人欠缴税款、社会保险费用或法定住房公积金的，税务部门、劳动保障部门、住房公积金管理部门也可以向人民法院申请债务人破产。

2. 职工债权。职工债权性质上也是债权，《企业破产法》未禁止职工债权人申请债务人破产，为维护职工权益，应允许职工债权人申请债务人破产。

3. 劣后债权。民事惩罚性赔偿金、行政罚款、刑事罚金等惩罚性债权的债权人申请债务人破产的，人民法院不应予以支持。

企业法人已解散但未清算或者未在合理期限内清算完毕，债权人申请债务人破产清算的，除债务人在法定异议期限内举证证明其未出现破产原因外，人民法院应当受理。

（三）出资人

债权人申请对债务人进行破产清算的，在人民法院受理破产申请后、宣告债务人破产前，出资额占债务人注册资本十分之一以上的出资人，可以向人民法院申请重整。

（四）清算义务人

企业法人已解散但未清算或者未清算完毕，资产不足以清偿债务的，依法负有清算责任的人应当向人民法院申请破产清算。

第四条 【债权人申请】

《企业破产法》第七条第二款规定：债务人不能清偿到期债务，债权人可以向人民法院提出对债务人进行重整或者破产清算的申请。

（一）债权人申请的条件

1. 债务人不能清偿到期债务。

2. 债权人享有的债权合法有效。

3. 债权人的债权是具有金钱或财产给付内容的到期债权。

（二）债权人申请应向人民法院提交的材料

1. 破产申请书。

2. 债权人及债务人的主体资格证明文件。

3. 债权发生的事实及债权性质、数额、有无担保的证据。

4. 债务人不能清偿到期债务的证据。

5. 人民法院要求提交的其他材料。

第五条 【债务人申请】

《企业破产法》第七条规定：债务人有本法第二条规定的情形，可以向人民法院提出重整、和解或者破产清算申请。

（一）债务人申请的条件

1. 债务人不能清偿到期债务，主要有以下情形：

（1）持有的现金无法清偿到期债务。

（2）可立即变现的资产数额不足以清偿到期债务（可变现资产应界定为非主要资产）。

据此，债务人提交的财务资料中，货币存款余额及可立即变现资产数额之和应低于到期债务数额。

2. 资产不足以清偿全部债务，或者明显缺乏清偿能力。主要有以下情形：

（1）当期的资产负债表中，资产数小于负债数；债务人的所有资产总额小于所有到期债务和未到期债务总额。

（2）若债务人财务资料未进行适当的资产核销，如未对呆死账、积压存货、损坏设备等进行损失处理的，则资产负债表反映的资产数额不能体现出客观资产状况，甚至资产总额还会大于负债总额。此时，需要债务人按相关规定进行核销，使资产负债表反映客观资产负债状况，或者另行证明债务人明显缺乏清偿能力。

（3）债务人明显缺乏清偿能力，即存在可能影响到期债权清偿的情形，主要包括：债务人资产损失较大；债务人资产中可灵活变现资产较少；债务人经营能力下降。

（二）债务人提出申请时向人民法院提交的材料

1. 破产申请书，破产申请书应当载明债务人的基本情况、申请事项、申请的事实和理由、人民法院认为应当载明的其他事项。

2. 债务人主体资格证明。

3. 债务人法定代表人与主要负责人名单。

4. 债务人职工情况和安置预案。

5. 债务人亏损情况的书面说明，并附审计报告。

6. 债务人至破产申请日的资产状况明细表，包括有形资产、无形资产和企业投资情况等。

7. 债务人在金融机构开设账户的详细情况，包括开户审批材料、账号、资金等。

8. 债务人债权情况表，列明企业的债务人名称、住所、债务数额、发生时间和催讨偿还情况。

9. 债务人债务情况表，列明企业的债权人名称、住所、债权数额、发生时间。

10. 债务人涉及的担保情况。

11. 债务人已发生的诉讼情况。

12. 人民法院认为应当提交的其他材料。

第六条 【出资人申请】

《企业破产法》第七十条第二款规定：债权人申请对债务人进行破产清算的，在人民法院受理破产申请后、宣告债务人破产前，债务人或者出资额占债务人注册资本十分之一以上的出资人，可以向人民法院申请重整。

（一）出资人作为申请人的主体资格

1. 申请人为债务人出资人。隐名股东要申请债务人破产重整，应先取得债务人认可，记入债务人股东名册或完成工商变更登记，成为显名股东；或者通过诉讼确认其出资人身份，然后才能向人民法院申请债务人破产重整。

2. 申请人出资额占债务人注册资本十分之一以上。

（二）出资人申请重整的条件

1. 只有在债权人申请破产清算的情况下，债务人的出资人才有权申请破产重整。

2. 申请时间是在人民法院受理破产申请后、宣告债务人破产前。

3. 申请人为债务人出资人的且出资额须占债务人注册资本的十分之一以上。

（三）出资人提出申请向人民法院提交的材料

1. 破产重整申请书。破产重整申请书应载明下列事项：

（1）申请人、被申请人的基本情况，包括申请人和被申请人的名称（姓名）、地址（住址）、法定代表人或者负责人的姓名、登记机关、委托代理人姓名及单位、债务人的法人营业执照等。

（2）债务人经营情况，主要包括经营生产情况、亏损情况、出现亏损的原因等。

（3）事实和理由，是指破产重整原因存在的事实和申请破产重整的法定理由。

（4）人民法院认为应当载明的其他事项，每个企业可以根据其案件的特殊性，就事实及理由以外的其他事项特别加以说明。

2. 申请人身份证明。申请人为自然人的，应提交身份证件；申请人为企业法人或其他组织的，应提交企业法人营业执照等；出资人是企业法人的，需企业法定代表人身份证明。

3. 申请人系债务人的出资人、出资额占债务人注册资本的十分之一以上的证明材料，包括债务人工商登记档案、股东名册等股权证明文件或确认其为债务人出资人的生效法律文书等。

4. 债务人具有重整可能性的说明或解决方案。

第七条 【清算义务人申请】

《企业破产法》第七条第三款规定：企业法人已解散但未清算或者未清算完毕，资产不足以清偿债务的，依法负有清算责任的人应当向人民法院申请破产清算。

（一）清算义务人

清算义务人是基于其与公司之间存在的特定法律关系，在公司解散时在法定期限内启动清算程序、成立清算组织，并在未及时清算给相关权利人造成损失时依法承担相应责任的民事主体。关于清算义务人的具体法律规定如下：

1.《民法典》第七十条第二款、第三款规定：法人的董事、理事等执行机构或者决策机构的成员为清算义务人。法律、行政法规另有规定的，依照其规定。清算义务人未及时履行清算义务，造成损害的，应当承担民事责任；主管机关或者利害关系人可以申请人民法院指定有关人员组成清算组进行清算。

2.《公司法》第二百三十二条第一款、第二款规定：公司因本法第二百二十九条第一款第一项、第二项、第四项、第五项规定而解散的，应当清算。董事为公司清算义务人，应当在解散事由出现之日起十五日内组成清算组进行清算。清算组由董事组成，但是公司章程另有规定或者股东会决议另选他人的除外。

（二）公司的解散

公司解散是公司清算的前提。公司解散，系指公司因出现章程约定解散事由或法定解散事由而不再进行经营活动应予以解散商事主体组织形式，消灭商事主体的行为。根据《公司法》第二百二十九条的规定，公司因下列原因解散：

1. 公司章程规定的营业期限届满或者公司章程规定的其他解散事由出现；

2. 股东会决议解散；

3. 因公司合并或者分立需要解散；

4. 依法被吊销营业执照、责令关闭或者被撤销；

5. 人民法院依照本法第二百三十一条的规定予以解散。（持有公司百分之十以上表决权的股东，可以请求人民法院解散公司。）

（三）公司的清算

公司的清算分为自行清算、强制清算和公益强制清算。

1. 自行清算，是指负有清算义务的清算义务人，按照法律规定的流程，在法定期限内有序地成立清算组、清理债权债务、确认并实施清算方案、办理注销登记等，使被清算主体合法有序地退出市场的一种法律行为。

2. 强制清算，是指在公司自行清算无法启动时，通过公权力的介入而开始的一种解散清算。

《公司法》第二百三十三条规定：公司依照前条第一款的规定应当清算，逾期不成立清算组进行清算或者成立清算组后不清算的，利害关系人可以申请人民法院指定有关人员组成清算组进行清算。人民法院应当受理该申请，并及时组织清算组进行清算。

3. 公益强制清算，是指由经营异常企业的主管机关作为申请主体向人民法院提交强制清算申请，请求人民法院依法对此类企业指定有关人员组成清算组进行强制清算的一种公益清算机制，其目的在于解决大量"久拖不退"的经营异常企业的市场退出问题。

依《公司法》第二百二十九条第一款第四项的规定而解散的，作出吊销营业执照、责令关闭或者撤销决定的部门或者公司登记机关，可以申请人民法院指定有关人员组成清算组进行清算。

（四）清算义务人申请破产的条件

1. 未清算的。企业法人已解散但未清算，资产不足以清偿债务的，依法负有清算责任的人应当向人民法院申请破产清算。

2. 自行清算的。《公司法》第二百三十七条第一款规定：清算组在清理公司财产、编制资产负债表和财产清单后，发现公司财产不足清偿债务的，应当依法向人民法院申请破产清算。

3. 强制清算的。《最高人民法院关于适用〈中华人民共和国公司法〉若干问题的规定（二）》第十七条规定：人民法院指定的清算组在清理公司财产、编制资产负债表和财产清单时，发现公司财产不足清偿债务的，可以与债权人协商制作有关债务清偿方案。债务清偿方案经全体债权人确认且不损害其他利害关系人利益的，人民法院可依清算组的申请裁定予以认可。清算组依据该清偿方案清偿债务后，应当向人民法院申请裁定终结清算程序债权人对债务清偿方案不予确认或者人民法院不予认可的，清算组应当依法向人民法院申请宣告破产。

（五）清算义务人申请破产提交的文件

清算义务人申请债务人破产，除应当提交破产申请书以外，还应当向人民法院提交下列材料：

1. 债务人主体资格证明。

2. 债务人解散的证明材料。

3. 清算义务人的基本情况或者清算组成立的文件。

4. 债务人主体资格证明。

5. 债务人无法清偿到期债务的证据：债务人未经过清算的，债务人资产不足以清偿全部债务的财务报告；债务人经过清算的，债务人资产不足以清偿全部债务的清算报告。

6. 债务清册，列明债权人名称、住所、联系方式以及债权数额、有无担保、债权形成时间和被催讨情况。

7. 债权清册，列明债务人的债务人名称、住所、联系方式、债务数额、有无担保、债务形成时间和催讨偿还情况。

8. 债务人涉及的诉讼、仲裁、执行情况。

9. 企业职工情况和安置预案，列明债务人职工劳动关系后依法对职工的补偿方案；债务人为国家出资企业的，职工安置方案应列明拟安置职工基本情况、安置障碍及主要解决方案等。

10. 职工工资的支付和社会保险费用、住房公积金的缴纳情况。

（六）自行清算与破产清算的衔接

1. 解散清算中的清算组担任破产清算中的管理人的条件。在最高人民法院依据《企业破产法》制定的《指定管理人的规定》中，解散清算中的清算组能够续任管理人的首要条件是清算组成员必须是“政府有关部门、编入管理人名册的社会中介机构、金融资产管理公司”以及中国人民银行和金融监督管理机构指派的人员。此外，清算组成员不应存在《指定管理人的规定》第二十三条、第二十四条规定的“利害关系”。

2. 解散清算过程中的财产处分行为在破产清算程序中的效力。为了更好地保护债权人的利益，对于公司破产申请受理前财产处分行为和订立合同的效力，《企业破产法》存在特别的规定。如果与公司财产有关的行为符合《企业破产法》第三十一条、第三十二条、第三十三条规定的欺诈性财产转让、个别清偿行为特征的，即使上述行为发生在公司解散清算程序中，管理人仍须依据《企业破产法》对相应行为申请撤销或要求确认无效，并追回有关财产。但以下两种情形除外：一是个别清偿行为使公司财产受益的；二是处分行为的发生已超过财产追回时效的。

3. 解散清算中的债权申报程序对破产清算的影响。对于解散清算程序中已申报的债权，可作为破产清算中的已知债权，但不能直接作为已申报债权，管理人仍需书面通知该债权人，而债权人仍需申报后方能行使破产程序中的权利。在证券公司破产案件中，可以将行政清理过程中已申报债权确认为破产清算中已申报债权，并直接通过公告确认申报行为效力的方式，将解散清算中已申报债权登记为破产清算中的债权。

第八条 【破产申请的效力】

破产申请的效力，是指债权人、债务人或清算人的破产申请行为所产生的法律后果。具体有如下几个方面：

（一）不安抗辩权的行使

不安抗辩权，是指双务合同中应先为给付的一方在相对方难为对待履行时，于相对方作出担保前有拒绝履行合同义务的权利。《民法典》第五百二十七条规定，应当先履行债务的当事人有确切证据证明对方有下列情形之一的，可以中止履行：（1）经营状况严重恶化；（2）转移财产、抽逃资金，以逃避债务；（3）丧失商业信誉；（4）有丧失或者可能丧失履行债务能力的其他情形。当事人没有确切证据中止履行的，应当承担违约责任。

债务人向法院申请破产，法院若受理债务人破产案件，债务人将事实上丧失处分自己财产的权利，难以履行给付义务。故债务人向法院申请破产，有此意思表示，可以构成《民法典》第五百二十七条所称“有丧失或者可能丧失履行债务能力的其他情形”，有先给付义务的相对方可以行使不安抗辩权，以拒绝履行自己的义务。

（二）预期违约救济

债务人在合同义务履行期到来前向法院申请破产，足以表明其将不履行合同义务，相对人可以终止合同，并请求违约损害赔偿。《民法典》第五百七十八条规定：“当事人一方明确表示或者以自己的行为表明不履行合同义务的，对方可以在履行期限届满前请求其承担违约责任。”

债务人向法院申请破产，应当属于《民法典》第五百七十八条所称“以自己的行为表明不履行合同义务”的情形。

（三）时效中断

一旦债权人向法院提出破产申请，诉讼时效随之中断。根据我国《民法典》的规定，权利人如果在一定时期内不行使其权利，就得不到人民法院对其权利的保护，但当事人在规定的诉讼时效期间内实施了某种法律行为或作出了某种意思表示即可中断诉讼时效期间。

破产申请中断诉讼时效的效力，仅限于债权人提出破产申请时，效力仅及于提出破产申请的债权人。债务人提出破产申请时，并不产生这样的效力。但无论债权人还是债务人提出破产申请，法院受理破产申请后，债务人对外均享有债权的诉讼时效中断。

第九条 【破产申请的撤回】

依据《企业破产法》第九条及相关法律、法规的规定，人民法院受理破产申请前，申请人可以要求撤回申请。

（一）撤回的情形

1. 视为撤回：根据最高人民法院《审理企业破产案件规定》第十条的规定，在人民法院要求当事人补正材料时，未按期更正、补充的，人民法院将视为撤回申请。

2. 主动撤回：依据《企业破产法》第九条及最高人民法院《审理企业破产案件规定》第十一条第一款，人民法院受理破产申请前，当事人可以主动向人民法院申请撤回。

另外，根据最高人民法院《审理企业破产案件规定》第十一条第二款的规定，人民法院准许申请撤回的，在撤回之前已经支出的费用须由申请人承担。

（二）不得撤回的情形

根据《民商审判纪要（2019）》第一百零八条第二款的规定，人民法院裁定受理破产申请后，视为对债务人的破产原因的初步认可，若申请人请求撤回破产申请的，人民法院不予准许。除非不存在不能清偿到期债务，并且资产不足以清偿全部债务，明显缺乏清偿能力或者有明显丧失清偿能力可能的情形的，人民法院可以裁定驳回破产申请。

第二节　人民法院的审查及受理

第十条　【立案审查】

（一）申请人向人民法院提交申请材料

申请人向人民法院提出破产申请，应当按《企业破产法》的规定提交破产申请书和其他材料。人民法院不得以非法定理由拒绝接收。

人民法院收到破产申请时，应当向申请人出具收到申请及所附证据的书面凭证。

（二）人民法院立案部门审查

1. 接受申请材料。对于债权人、债务人等法定主体提交的破产申请材料，人民法院立案部门应一律接受并出具收到申请及所附证据的书面凭证，然后依据《企业破产法》第八条的规定进行形式审查。立案部门经审查认为申请人提交的材料符合法律规定的，应按2016年8月1日起实施的《强制清算与破产案件类型及代字标准》，以“破申”作为案件类型代字编制案号，当场登记立案。

2. 补充补正申请材料。申请人提交的材料不符合规定的，应予释明。人民法院应当自收到破产申请之日起五日内以书面形式一次性告知申请人需要更正、补充的材料，并指定提交期限。

申请人更正、补充有关申请材料的时间，不计入《企业破产法》第十条规定的人民法院对破产申请的受理审查期限。

3. 申请人按要求补充、补正后，应当登记立案。申请人未在人民法院指定的期限内更正、补充材料的，视为撤回申请。

4. 立案部门登记立案后，应及时将案件移送负责审理破产案件的审判业务部门。

第十一条 【审判业务部门审查】

（一）立案及合议庭组成情况通知

审判业务部门应当在五日内将立案及合议庭组成情况通知债务人及提出申请的债权人。对于债权人提出破产申请的，应在通知中向债务人释明，如对破产申请有异议，应当自收到通知之日起七日内向人民法院提出。

（二）审判业务部门审查的期限

《企业破产法》第十条规定：债权人提出破产申请的，人民法院应当自收到破产申请之日起五日内通知债务人。债务人对申请有异议的，应当自收到人民法院的通知之日起七日内向人民法院提出。人民法院应当自异议期满之日起十日内裁定是否受理。除前款规定的情形外，人民法院应当自收到破产申请之日起十五日内裁定是否受理。有特殊情况需要延长前两款规定的裁定受理期限的，经上一级人民法院批准，可以延长十五日。

（三）人民法院对破产申请的形式审查

1. 申请人是否具备申请主体资格，包括：

（1）申请人具有相关民事行为能力；

（2）债务人申请的，其已就申请破产事项取得相关批准；

（3）债权人申请的，其与被申请人之间债权债务关系依法成立、债务履行期限已经届满、债务人未完全清偿债务；

（4）出资人申请的，其应为公司股东、持股比例超过10%；

（5）清算义务人申请的，其应符合法定的清算义务人的条件，并提交清算不能的证据。

2. 债务人是否具备主体资格，即债务人是否为企业法人或依法可以实施破产的其他主体。

3. 破产申请书和其他资料是否完备。

4. 接受破产申请的法院是否有管辖权。

（四）人民法院对破产申请的实质审查

1. 审查债务人是否具备法定的破产原因或重整原因。

（1）不能清偿到期债务，需同时具备下列情形：债权债务关系依法成立、债务履行期限已经届满、债务人未完全清偿债务。

（2）不足以清偿全部债务。债务人的资产负债表，或者审计报告、资产评估报告等显示其全部资产不足以偿付全部负债的，人民法院应当认定债务人资产不足以清偿全部债务，但有相反证据足以证明债务人资产能够偿付全部负债的除外。

（3）明显缺乏偿债能力。债务人账面资产虽大于负债，但存在下列情形之一的，人民法院应当认定其明显缺乏清偿能力：因资金严重不足或者财产不能变现等原因，无法清偿债务；法定代表人下落不明且无其他人员负责管理财产，无法清偿债务；经人民法院强制执行，无法清偿债务；长期亏损且经营扭亏困难，无法清偿债务；导致债务人丧失清偿能力的其他情形。

(4) 有明显丧失清偿能力的可能。债务人因经营管理不善、资金结构不合理等因素，发生对到期债务缺乏现实支付能力而无法支付的情况，对尚有挽救希望的危困企业，可适用破产重整程序。

2. 审查处理债务人对债权人申请的异议。

(1) 债务人对人民法院管辖权提出异议，人民法院经审查异议成立的，裁定不予受理破产申请。

(2) 债务人对申请人的主体资格或自身的破产能力提出异议，人民法院经审查异议成立的，裁定不予受理破产申请。

(3) 债务人对申请人债权的真实性及数额提出异议，但债权人申请所依据的债权已得到生效裁判文书、仲裁裁决书等可强制执行法律文书的确认且在申请执行时效内的，人民法院应认定债务人的该项异议不成立；如果申请人的债权未得到生效可强制执行法律文书的确认，且债务人的异议具有合理理由，人民法院应裁定不予受理破产申请，并告知债权人向有管辖权的人民法院提起民事诉讼。

(4) 债务人对申请人债权的真实性及数额无异议，但对不能清偿到期债务的事实提出异议的，债务人应实际清偿债务，或者与申请人达成债务清偿协议。否则，人民法院应认定债务人的该项异议不成立。

(5) 债务人对不能清偿到期债务的事实无异议，但对其发生破产原因提出异议的，应当证明其并非“资不抵债”且并非“明显缺乏清偿能力”，否则人民法院应认定债务人的该项异议不成立。

(6) 企业法人已解散但未清算或者未在合理期限内清算完毕，债权人申请债务人破产清算的，除债务人在法定异议期限内举证证明其未出现破产原因外，人民法院应当受理。

(7) 如果相关当事人以申请人未预先交纳诉讼费用为由，对破产申请提出异议的，人民法院不予支持。

3. 审查处理出资人的破产申请。

(1) 出资人申请破产重整的，人民法院应当通知债务人，如已指定管理人，应当通知管理人，并向债务人或管理人送达破产申请书及申请材料的副本。

(2) 人民法院应就是否受理重整的事项与债务人及管理人、债权人委员会进行沟通，根据各方的意见，作出受理或不予受理重整申请的裁定。

(3) 依据《企业破产法》第七十一条的规定，人民法院裁定受理破产重整申请后，经审查认为重整申请符合该法规定的，应当裁定债务人重整，并予以公告。

(4) 依据《企业破产法》第十二条第二款的规定，在受理破产重整后，发现债务人不符合法律规定的破产条件的，人民法院可裁定同时驳回重整申请及破产申请。

第十二条 【受理破产申请】

1. 审判业务部门经审查，认为符合立案标准的，人民法院应当作出受理破产申请的裁定。《企业破产法》第十一条规定：人民法院受理破产申请的，应当自裁定作出之日起五日内送达申请人。送达的对象，在债务人申请的情况下为申请人；在债权人申请的情况下为申请人和债务人。

2.《企业破产法》第十四条规定：人民法院应当自裁定受理破产申请之日起二十五日内通知已知债权人，并予以公告。

3. 债权人提出申请的，人民法院应当自裁定作出之日起五日内送达债务人。债务人应当自裁定送达之日起十五日内，向人民法院提交财产状况说明、债务清册、债权清册、有关财务会计报告以及职工工资的支付和社会保险费用的缴纳情况。违反此项义务的，依照《企业破产法》第一百二十七条的规定追究法律责任。人民法院裁定不受理破产申请的，应当自裁定作出之日起五日内送达申请人并说明理由。

第十三条 【不予受理破产申请】

（一）不予受理的理由

1. 如果人民法院认为申请人主体不适格，或债务人不符合上述受理破产申请案件条件的，应依据《企业破产法》第十二条第一款的规定裁定不予受理。

2. 人民法院裁定受理破产申请前，提出破产申请的债权人的债权因清偿或者其他原因消灭的，因申请人不再具备申请资格，人民法院应当裁定不予受理。但该裁定不影响其他符合条件的主体再次提出破产申请。破产申请受理后，管理人以上述清偿符合《企业破产法》第三十一条、第三十二条为由请求撤销的，人民法院查实后应当予以支持。

3. 债务人同时符合破产清算条件和强制清算条件的，应当及时适用破产清算程序实现对债权人利益的公平保护。债权人对符合破产清算条件的债务人提起公司强制清算申请，经人民法院释明，债权人仍然坚持申请对债务人强制清算的，人民法院应当裁定不予受理。

（二）不予受理的救济

人民法院裁定不受理破产申请的，申请人对人民法院不予受理裁定不服的，可以自裁定送达之日起十日内向上一级人民法院提起上诉。

第十四条 【驳回破产申请】

人民法院受理破产申请后至破产宣告前，经审查发现债务人不符合《企业破产法》第二条规定情形的，可以裁定驳回申请。

申请人对人民法院驳回破产申请的裁定不服的，可以自裁定送达之日起十日内向上一级人民法院提起上诉。

第十五条 【人民法院未依法立案时对申请人的救济】

当事人提出破产申请的，人民法院不得以非法定理由拒绝接收破产申请材料。

申请人向人民法院提出破产申请，人民法院未接收其申请，或未向申请人出具收到申请及所附证据的书面凭证，未允许申请人按法定期限更正、补充申请材料的，申请人可以向上一级人民法院提出破产申请。

上一级人民法院接到破产申请后，应当责令下级人民法院依法审查并及时作出是否受理的裁定；下级人民法院仍不作出是否受理裁定的，上一级人民法院可以径行作出裁定。

上一级人民法院裁定受理破产申请的，可以同时指令下级人民法院审理该案件。

第十六条　【破产申请审查期间的保全措施】

在人民法院受理破产申请前的立案审查期间，发现债务人财产、印章和账簿、文书等可能被隐匿、转移、处分或者销毁的，破产申请人可以向人民法院申请对债务人财产、印章和账簿、文书等采取保全措施。

破产申请人申请对债务人财产采取保全措施的，人民法院可以责令申请人提供相应担保。

第十七条　【法定代表人下落不明或者财产状况不清的债务人破产清算的申请和案件审理】

1. 审理原则。人民法院在审理债务人相关人员下落不明或者财产状况不清的破产案件时，应当充分贯彻债权人利益保护原则，避免债务人通过破产程序不当损害债权人利益，同时也要避免不当突破股东有限责任原则。

2. 债权人对法定代表人下落不明或者财产状况不清的债务人申请破产清算，符合《企业破产法》规定的，人民法院应依法予以受理。债务人能否依据《企业破产法》第十一条第二款的规定向人民法院提交财产状况说明、债权债务清册等相关材料，并不影响对债权人申请的受理。

3. 人民法院受理上述破产案件后，应当依据《企业破产法》的有关规定指定管理人追收债务人财产；经依法清算，债务人确无财产可供分配的，应当宣告债务人破产并终结破产程序。

4. 责任承担。债务人的有关人员不履行法定义务，人民法院可依据有关法律规定追究其相应法律责任；其行为导致无法清算或者造成损失，有关权利人起诉请求其承担相应民事责任的，人民法院应依法予以支持。

有如下注意事项：

(1) 在判定债务人相关人员承担责任时，不得依据《最高人民法院关于适用〈中华人民共和国公司法〉若干问题的规定（二）》第十八条第二款的规定来判断相关主体的责任，而是应当依照《企业破产法》的相关规定来确定相关主体的义务内容和责任范围。

(2) 债务人的法定代表人、财务管理人员不履行《企业破产法》第十五条规定的配合清算义务，人民法院可以依据《民事诉讼法》第一百一十四条的规定或《企业破产法》第一百二十六条、第一百二十七条等相关规定追究其相应法律责任。人民法院为确保破产程序顺利进行，可以依据《出境入境管理法》对不配合清算的债务人的法定代表人或者实际控制人，采取不准出境的措施。

(3) 债务人的有关人员不配合清算的行为导致债务人财产状况不明，或依法负有清算责任的人未依照《企业破产法》第七条第三款的规定及时履行破产申请义务，导致债务人主要财产、账册、重要文件等灭失，致使管理人无法执行清算职务，给债权人利益造成损害的，管理人有权请求上述主体承担相应损害赔偿责任并将因此获得的赔偿归入债务人财产。

（4）个别债权人在管理人未主张上述赔偿时，可以代表全体债权人提起上述诉讼。在上述破产清算案件被裁定终结后，相关主体以债务人主要财产、账册、重要文件等重新出现为由申请对破产清算程序启动审判监督的，除符合《企业破产法》第一百二十三条规定的债权人可以请求人民法院追加分配情形外，人民法院不予受理。

第十八条 【破产案件的类型划分和代字标准】

为满足审判工作需要，推动解决制约破产审判工作发展的机制性障碍，最高人民法院制定了《最高人民法院关于调整强制清算与破产案件类型划分的通知》（以下简称《通知》），决定对强制清算、破产案件类型单独分类。强制清算、破产案件类型划分及代字新标准于2016年8月1日起施行，2016年8月1日前已编立的案件案号不变。

《通知》主要内容如下：（1）强制清算、破产案件从民事案件中分出，单独作为一大类案件，一级类型名称整合为强制清算与破产案件；（2）将强制清算、破产申请审查与受理后的强制清算、破产程序分列案件类型，即将强制清算或破产申请审查单独作为一类案件；（3）将不予受理、驳回强制清算申请或破产申请等裁定的上诉审理，作为强制清算与破产上诉案件，下设两个小类：强制清算上诉案件、破产上诉案件；（4）对强制清算或破产申请的不予受理、驳回申请裁定以及强制清算与破产上诉案件的监督，作为强制清算与破产监督案件，下设两小类：强制清算监督案件、破产监督案件。

《通知》还公布了强制清算与破产案件的代字标准，即强制清算申请审查案件立“清申”字号，破产申请审查案件立“破申”字号，强制清算上诉案件立“清终”字号，破产上诉案件立“破终”字号，强制清算监督案件立“清监”字号，破产监督案件立“破监”字号，强制清算案件立“强清”字号，破产清算案件、破产重整案件、破产和解案件立“破”字号。

第三节　执行案件移送破产审查

第十九条　【执行案件移送破产审查的法律依据】

《最高人民法院关于适用〈中华人民共和国民事诉讼法〉的解释》第五百一十三条至第五百一十六条对执行案件移送破产审查进行了规定，《最高人民法院关于执行案件移送破产审查若干问题的指导意见》和《破产审判纪要（2018）》第七部分，对执行转破产的条件程序进行了具体的规定。

第二十条　【执行案件移送破产审查的基本原则】

1. 充分发挥破产程序的制度价值，大力推动符合破产条件的执行案件，包括执行不能案件进入破产程序。

2. 执行案件移送破产审查工作，涉及执行程序与破产程序之间的转换衔接，不同法院之间，同一法院内部执行部门、立案部门、破产审判部门之间，应坚持依法有序、协调配合、高效便捷的工作原则，防止推诿扯皮，影响司法效率，损害当事人合法权益。

第二十一条　【执行案件移送破产审查的条件】

执行案件移送破产审查，应同时符合下列条件：

1. 被执行人为企业法人；

2. 被执行人或者有关被执行人的任何一个执行案件的申请执行人书面同意将执行案件移送破产审查；

3. 被执行人不能清偿到期债务，并且资产不足以清偿全部债务或者明显缺乏清偿能力。

第二十二条　【执行案件移送破产审查的管辖】

执行案件移送破产审查，由被执行人住所地人民法院管辖。在级别管辖上，为适应破产审判专业化建设的要求，合理分配审判任务，实行以中级人民法院管辖为原则、基层人民法院管辖为例外的管辖制度。中级人民法院经高级人民法院批准，也可以将案件交由具备审理条件的基层人民法院审理。

第二十三条　【执行法院的审查告知、释明义务】

1. 执行法院采取财产调查措施后，发现作为被执行人的企业法人符合《企业破产法》第二条规定的，应当及时询问申请执行人、被执行人是否同意将案件移送破产审查并释明法律后果。执行法院作出移送决定后，应当书面通知所有已知执行法院，执行法院应终止对被执行人的执行程序。

2. 申请执行人、被执行人均不同意移送且无人申请破产的，执行法院应当按照《最高人民法院关于适用〈中华人民共和国民事诉讼法〉的解释》第五百一十六条的规定处理，就执行变价所得财产，在扣除执行费用及清偿优先受偿的债权后，对于普通债权，按照财产保全和执行中查封、扣押、冻结财产的先后顺序清偿。

第二十四条 【执行法院关于执行案件移送破产审查的审批程序】

1. 执行部门应严格遵守执行案件移送破产审查的内部决定程序。承办人认为执行案件符合移送破产审查条件的，应提出审查意见，经合议庭评议同意后，由执行法院院长签署移送决定。

2. 为减少异地法院之间移送的随意性，基层人民法院拟将执行案件移送异地中级人民法院进行破产审查的，在作出移送决定前，应先报请其所在地中级人民法院执行部门审核同意。

第二十五条 【关于执行案件移送破产审查的异议和处理】

执行法院作出移送决定后，应当于五日内送达申请执行人和被执行人。申请执行人或被执行人对决定有异议的，可以在受移送法院破产审查期间提出，由受移送法院一并处理。

第二十六条 【执行程序中止】

执行法院作出移送决定后，应当书面通知所有已知执行法院，执行法院均应中止对被执行人的执行程序。但是，对被执行人的季节性商品、鲜活、易腐烂变质以及其他不宜长期保存的物品，执行法院应当及时变价处置，处置的价款不作分配。

第二十七条 【执行程序终结】

受移送法院裁定受理破产案件的，执行法院应当在收到裁定书之日起七日内，将该价款移交受理破产案件的法院。案件符合终结本次执行程序条件的，执行法院可以同时裁定终结本次执行程序。

第二十八条 【对查封、扣押、冻结措施的处理】

应确保对被执行人财产的查封、扣押、冻结措施的连续性。执行法院决定移送后、受移送法院裁定受理破产案件之前，对被执行人的查封、扣押、冻结措施不解除。查封、扣押、冻结期限在破产审查期间届满的，申请执行人可以向执行法院申请延长期限，由执行法院负责办理。

第二十九条 【执行案件材料的移送和接收】

执行法院作出移送决定后，应当向受移送法院移送下列材料：

1. 执行案件移送破产审查决定书；

2. 申请执行人或被执行人同意移送的书面材料；

3. 执行法院采取财产调查措施查明的被执行人的财产状况，已查封、扣押、冻结财产清单及相关材料；

4. 执行法院已分配财产清单及相关材料；

5. 被执行人债务清单；

6. 其他应当移送的材料。

执行法院移送破产审查的材料，由受移送法院立案部门负责接收。执行法院应当确保材料完备，内容、形式符合规定。受移送法院应当认真审核并及时反馈意见，不得以材料不完备等为由拒绝接收或暂缓立案。

第三十条　【移送材料的补齐、补正】

移送的材料不完备或内容错误，影响受移送法院认定是否具备破产原因的，受移送法院可以要求执行法院补齐、补正，执行法院应于十日内补齐、补正。该期间不计入受移送法院破产审查的期间。

受移送法院需要查阅执行程序中的其他案件材料，或者依法委托执行法院办理财产处置等事项的，执行法院应予协助配合。

第三十一条　【受移送法院立案审查】

立案部门经审核认为移送材料完备的，应以“破申”作为案件类型代字编制案号登记立案，并及时将案件移送破产审判业务部门进行破产审查。破产审判部门在审查过程中发现本院对案件不具有管辖权的，应当按照《民事诉讼法》第三十七条的规定，报请上级人民法院指定管辖，不得再自行移送。

第三十二条　【受移送法院破产受理】

受移送法院的破产审判部门应当自收到移送的材料之日起三十日内作出是否受理的裁定。受移送法院作出裁定后，应当在五日内送达申请执行人、被执行人，并送交执行法院。

第三十三条　【执行案件移送破产审查后破产申请人的确定】

申请执行人申请或同意移送破产审查的，裁定书中以该申请执行人为申请人，被执行人为被申请人；被执行人申请或同意移送破产审查的，裁定书中以该被执行人为申请人；申请执行人、被执行人均同意移送破产审查的，双方均为申请人。

第三十四条　【破产案件受理后执行法院查封措施的解除或查封财产的移送】

1. 执行法院收到破产受理裁定后，应当解除对债务人财产的查封、扣押、冻结措施。

2. 执行法院收到受移送法院受理裁定后，应当于七日内将已经扣划到账的银行存款、实际扣押的动产、有价证券等被执行人财产移交给受理破产案件的法院或管理人。破产受理法院可以持执行法院的移送处置函件进行续行查封、扣押、冻结，解除查封、扣押、冻结，或者予以处置。

3. 执行法院收到受移送法院受理裁定时，已通过拍卖程序处置且成交裁定已送达买受人的拍卖财产，通过以物抵债偿还债务且抵债裁定已送达债权人的抵债财产，已完成转账、汇款、现金交付的执行款，因财产所有权已经发生变动，不属于被执行人的财产，不再移交。执行法院收到破产受理裁定拒不解除查封、扣押、冻结措施的，破产受理法院可以请求执行法院的上级法院依法予以纠正。

第三十五条 【受移送法院不予受理或驳回申请的处理】

1. 受移送法院作出不予受理或驳回申请裁定的，应当在裁定生效后七日内将接收的材料、被执行人的财产退回执行法院，执行法院应当恢复对被执行人的执行。

2. 受移送法院作出不予受理或驳回申请的裁定后，人民法院不得重复启动执行案件移送破产审查程序。申请执行人或被执行人以有新证据足以证明被执行人已经具备了破产原因为由，再次要求将执行案件移送破产审查的，人民法院不予支持。但是，申请执行人或被执行人可以直接向具有管辖权的法院提出破产申请。

3. 受移送法院裁定宣告被执行人破产或裁定终止和解程序、重整程序的，应当自裁定作出之日起五日内送交执行法院，执行法院应当裁定终结对被执行人的执行。

第三十六条 【执行案件移送破产审查的监督】

（一）提升移送工作的透明度和工作效率

各地人民法院要树立线上线下法律程序同步化的观念，逐步实现符合移送条件的执行案件网上移送，提升移送工作的透明度，同时提高案件移送、送达、通知、沟通协调等相关工作效率。破产受理法院可以利用执行查控系统查控债务人财产，执行部门应予以配合。

（二）上级人民法院对下级人民法院的监督

移送法院拒绝接收移送的材料，或者收到移送的材料后不按规定的期限作出是否受理裁定的，执行法院可函请受移送法院的上一级法院进行监督。上一级法院收到函件后应当指令受移送法院在十日内接收材料或裁定是否受理。

受移送法院收到上级法院的通知后，十日内仍不接收材料或不作出是否受理裁定的，上一级法院可以径行对移送破产审查的案件行使管辖权。上一级法院裁定受理破产案件的，可以指令受移送法院审理。

（三）相关责任追究

对应当征询当事人意见不征询、应当提交移送审查不提交、受移送法院违反相关规定拒不接收执行转破产材料或者拒绝立案的，还应当公开通报和严肃追究相关人员的责任。

第四节　破产程序启动的法律效力

第三十七条　【对保全措施的效力】

（一）破产程序中对财产的保全

《破产法司法解释（二）》第六条规定：破产申请受理后，对于可能因有关利益相关人的行为或者其他原因，影响破产程序依法进行的，受理破产申请的人民法院可以根据管理人的申请或者依职权，对债务人的全部或者部分财产采取保全措施。

（二）保全措施的解除

《企业破产法》第十九条规定：人民法院受理破产申请后，有关债务人财产的保全措施应当解除，执行程序应当中止。

对债务人财产已采取保全措施的相关单位，在知悉人民法院已裁定受理有关债务人的破产申请后，应当依照《企业破产法》第十九条的规定及时解除对债务人财产的保全措施。

人民法院受理破产申请后至破产宣告前裁定驳回破产申请，或者依据《企业破产法》第一百零八条的规定裁定终结破产程序的，应当及时通知原已采取保全措施并已依法解除保全措施的单位按照原保全顺位恢复相关保全措施。在已依法解除保全的单位恢复保全措施或者表示不再恢复之前，受理破产申请的人民法院不得解除对债务人财产的保全措施。

第三十八条　【对执行程序的效力】

《企业破产法》第十九条规定：人民法院受理破产申请后，有关债务人财产的保全措施应当解除，执行程序应当中止。

《破产法司法解释（二）》第五条规定：破产申请受理后，有关债务人财产的执行程序未依照《企业破产法》第十九条的规定中止的，采取执行措施的相关单位应当依法予以纠正。依法执行回转的财产，人民法院应当认定为债务人财产。

《破产法司法解释（二）》第二十二条规定：破产申请受理前，债权人就债务人财产向人民法院提起本规定第二十一条第一款所列诉讼，人民法院已经作出生效民事判决书或者调解书但尚未执行完毕的，破产申请受理后，相关执行行为应当依据《企业破产法》第十九条的规定中止，债权人应当依法向管理人申报相关债权。

第三十九条　【对诉讼仲裁的效力】

（一）破产程序开始前的诉讼或仲裁

1.《企业破产法》第二十条规定：人民法院受理破产申请后，已经开始而尚未终结的有关债务人的民事诉讼或者仲裁应当中止；在管理人接管债务人的财产后，该诉讼或者仲裁继续进行。

管理人应当向审理民事诉讼的人民法院或者进行仲裁的仲裁机关发送中止审理程序通知，并附破产申请受理裁定。管理人接管债务人的财产后，应当通知相关人民法院或者仲裁机关恢复已中止的诉讼或者仲裁。

2.《破产法司法解释（二）》第二十一条规定：破产申请受理前，债权人就债务人财产提起下列诉讼，破产申请受理时案件尚未审结的，人民法院应当中止审理：

（1）主张次债务人代替债务人直接向其偿还债务的；

（2）主张债务人的出资人、发起人和负有监督股东履行出资义务的董事、高级管理人员，或者协助抽逃出资的其他股东、董事、高级管理人员、实际控制人等直接向其承担出资不实或者抽逃出资责任的；

（3）以债务人的股东与债务人法人人格严重混同为由，主张债务人的股东直接向其偿还债务人对其所负债务的；

（4）其他就债务人财产提起的个别清偿诉讼。

3. 债务人破产宣告后，人民法院应当依照《企业破产法》第四十四条的规定判决驳回债权人的诉讼请求。但是，债权人一审中变更其诉讼请求为追收的相关财产归入债务人财产的除外。

4. 债务人破产宣告前，人民法院依据《企业破产法》第十二条或者第一百零八条的规定裁定驳回破产申请或者终结破产程序的，上述中止审理的案件应当依法恢复审理。

（二）破产程序开始后的诉讼

1.《企业破产法》第二十一条规定：人民法院受理破产申请后，有关债务人的民事诉讼，只能向受理破产申请的人民法院提起。包括对债务人提起的民事诉讼和由债务人提起的民事诉讼，包括破产法院本身有管辖权的民事诉讼，也包括本身没有管辖权的民事诉讼。

2《破产法司法解释（二）》第四十七条第一款规定：人民法院受理破产申请后，当事人提起的有关债务人的民事诉讼案件，应当依据《企业破产法》第二十一条的规定，由受理破产申请的人民法院管辖。

3. 受理破产申请的人民法院管辖的有关债务人的第一审民事案件，可以依据《民事诉讼法》第三十九条的规定，由上级人民法院提审，或者报请上级人民法院批准后交下级人民法院审理。

4. 受理破产申请的人民法院，如对有关债务人的海事纠纷、专利纠纷、证券市场因虚假陈述引发的民事赔偿纠纷等案件不能行使管辖权的，可以依据《民事诉讼法》第三十七条的规定，由上级人民法院指定管辖。

（三）对诉讼时效的影响

1.《破产法司法解释（二）》第十九条规定：债务人对外享有债权的诉讼时效，自人民法院受理破产申请之日起中断。债务人无正当理由未对其到期债权及时行使权利，导致其对外债权在破产申请受理前一年内超过诉讼时效期间的，人民法院受理破产申请之日起重新计算上述债权的诉讼时效期间。

2.《破产法司法解释（二）》第二十条第一款规定：管理人代表债务人提起诉讼，

主张出资人向债务人依法缴付未履行的出资或者返还抽逃的出资本息，出资人以认缴出资尚未届至公司章程规定的缴纳期限或者违反出资义务已经超过诉讼时效为由抗辩的，人民法院不予支持。

（四）约定仲裁的处理

当事人之间在破产申请受理前订立有仲裁条款或仲裁协议的，应当向选定的仲裁机构申请确认债权债务关系。

（五）破产程序中有关债务人诉讼的主体

人民法院受理破产申请后，有关债务人的民事诉讼（包括破产申请受理时已经开始而尚未终结的民事诉讼，以及破产申请受理后新提起的民事诉讼），由债务人作为诉讼主体，管理人负责人作为诉讼代表人代表债务人参加诉讼；管理人为个人的，由该人员作为债务人的诉讼代表人。

第四十条　【对合同履行的效力】

《企业破产法》第十八条规定：人民法院受理破产申请后，管理人对破产申请受理前成立而债务人和对方当事人均未履行完毕的合同有权决定解除或者继续履行，并通知对方当事人。管理人自破产申请受理之日起二个月内未通知对方当事人，或者自收到对方当事人催告之日起三十日内未答复的，视为解除合同。

管理人决定继续履行合同的，对方当事人应当履行；但是，对方当事人有权要求管理人提供担保。管理人不提供担保的，视为解除合同。

第四十一条　【对债务人财产的效力】

《企业破产法》第十七条规定：人民法院受理破产申请后，债务人的债务人或者财产持有人应当向管理人清偿债务或者交付财产。债务人的债务人或者财产持有人故意违反前款规定向债务人清偿债务或者交付财产，使债权人受到损失的，不免除其清偿债务或者交付财产的义务。

第四十二条　【对个别清偿的效力】

《企业破产法》第十六条规定：人民法院受理破产申请后，债务人对个别债权人的债务清偿无效。

（一）《破产法司法解释（二）》第十四条规定：债务人对以自有财产设定担保物权的债权进行的个别清偿，管理人依据《企业破产法》第三十二条的规定请求撤销的，人民法院不予支持。但是，债务清偿时担保财产的价值低于债权额的除外。

（二）《破产法司法解释（二）》第十五条规定：债务人经诉讼、仲裁、执行程序对债权人进行的个别清偿，管理人依据《企业破产法》第三十二条的规定请求撤销的，人民法院不予支持。但是，债务人与债权人恶意串通损害其他债权人利益的除外。

（三）《破产法司法解释（二）》第十六条规定：债务人对债权人进行的以下个别清偿，管理人依据《企业破产法》第三十二条的规定请求撤销的，人民法院不予支持：

1. 债务人为维系基本生产需要而支付水费、电费等的；

2. 债务人支付劳动报酬、人身损害赔偿金的；

3. 使债务人财产受益的其他个别清偿。

但下述个别清偿行为不受限制：

（1）债务人以自有财产设定担保物权的债权进行的个别清偿有效，但债务清偿时担保财产的价值低于债权额的个别清偿行为无效。

（2）债务人经诉讼、仲裁、执行程序对债权人进行的个别清偿有效，但债务人与债权人恶意串通损害其他债权人利益的个人清偿行为无效。

第四十三条 【对破产债权人的效力】

（一）依《企业破产法》规定的程序行使权利

《企业破产法》第四十四条规定：人民法院受理破产申请时对债务人享有债权的债权人，依照本法规定的程序行使权利。

债权人只能以破产债权人的身份向破产管理人主张权利，不得在破产程序外向债务人主张权利。

（二）未到期的债权视为到期

《企业破产法》第四十六条规定：未到期的债权，在破产申请受理时视为到期。附利息的债权自破产申请受理时起停止计息。

（三）债权人的抵销权

依照《企业破产法》第四十条规定：债权人在破产申请受理前对债务人负有债务的，可以向管理人主张抵销。但是，有下列情形之一的，不得抵销：

1. 债务人的债务人在破产申请受理后取得他人对债务人的债权的；

2. 债权人已知债务人有不能清偿到期债务或者破产申请的事实，对债务人负担债务的；但是，债权人因为法律规定或者有破产申请一年前所发生的原因而负担债务的除外；

3. 债务人的债务人已知债务人有不能清偿到期债务或者破产申请的事实，对债务人取得债权的；但是，债务人的债务人因为法律规定或者有破产申请一年前所发生的原因而取得债权的除外。

（四）担保权人担保权的行使

《企业破产法》在不同的程序中作了不同的规定，如第九十六条第二款规定，对债务人的特定财产享有担保权的权利人，自人民法院裁定和解之日起可以行使权利。根据程序的不同，按照其规定行使。

第五节 裁定受理后人民法院的工作

第四十四条 【指定管理人】

《企业破产法》第十三条规定：人民法院裁定受理破产申请的，应当同时指定管理人。关于指定管理人的具体程序和相关操作详见本书第一部分第二章第三节。

第四十五条 【通知和公告债权人】

人民法院应当自裁定受理破产申请之日起二十五日内通知已知债权人，并予以公告。

（一）通知和公告的对象

公告以不特定主体为对象。对利害关系人而言，凡属已公告的事项，均视为其已知。

（二）通知和公告的时间

通知和公告的时间为人民法院裁定受理破产申请之日起二十五日内。

（三）通知和公告的内容

《企业破产法》第十四条第二款对通知和公告的内容规定如下：

1. 申请人、被申请人的名称或者姓名；
2. 人民法院受理破产申请的时间；
3. 申报债权的期限、地点和注意事项；
4. 管理人的名称或者姓名及其处理事务的地址；
5. 债务人的债务人或者财产持有人应当向管理人清偿的债务或者交付的财产；
6. 第一次债权人会议召开的时间和地点；
7. 人民法院认为应当通知和公告的其他事项。

第四十六条 【通知债务人有关人员履行义务】

人民法院受理破产申请后，应当通知债务人有关人员自人民法院受理破产申请的裁定送达债务人之日起至破产程序终结之日，履行《企业破产法》第十五条规定的义务。

债务人的有关人员，是指企业的法定代表人；经人民法院决定，可以包括企业的财务管理人员和其他经营管理人员，如企业的董事、监事、经理、财务总监等人员。

债务人有关人员的义务范围包括：

1. 妥善保管其占有和管理的财产、印章和账簿、文书等资料；
2. 根据人民法院、管理人的要求进行工作，并如实回答询问；
3. 列席债权人会议并如实回答债权人的询问；
4. 未经人民法院许可，不得离开住所地；
5. 不得新任其他企业的董事、监事、高级管理人员。

第四十七条 【通知银行停止结算】

人民法院受理破产案件后，应当及时通知债务人的开户银行停止办理债务人清偿债务的结算业务；开户银行支付维持债务人正常生产经营所必需的费用，须经人民法院许可。

债务人的开户银行收到人民法院的通知后，不得扣划债务人的既有存款和汇入款抵还贷款；银行仍然扣划的无效，应当退回扣划的款项。拒不退回的，人民法院应当裁定其退回并向其开户银行制发协助执行通知书，并可依照《民事诉讼法》的规定对有关人员和直接责任者予以处罚。

第四十八条 【解除保全措施】

自受理破产申请裁定作出之日起，除因破产程序需要对债务人财产采取保全措施外，人民法院及行政机关不得对债务人的财产采取新的保全措施。

债务人财产在破产申请受理前已被采取保全措施的，应当向采取保全措施的人民法院或行政机关发出解除保全措施的通知，并附破产申请受理裁定。采取保全措施的人民法院或行政机关接到通知后，应当及时解除保全措施，同时通知管理人，并将财产移交管理人接管。

第四十九条 【中止执行程序】

自人民法院作出受理破产申请裁定之日起，有关人民法院或者行政机关不得执行债务人的财产。

破产申请受理之前已经开始但尚未完毕的针对债务人财产的执行程序应当中止，应当向相关人民法院或行政机关发出中止执行程序的通知，并附破产申请受理裁定。执行法院或行政机关接到通知后，应当及时中止执行。

当事人向有关法院申请对债务人财产强制执行的，有关法院对其申请应不予受理，并告知其依法向管理人申报债权。

破产申请受理后执行法院没有中止执行，对已经执行了的债务人财产，执行法院应当依法执行回转，并交由管理人作为破产财产统一分配；执行法院不予执行回转的，由受理破产申请和执行法院的共同上级法院协调执行回转。

第五十条 【保全措施与执行程序的恢复】

人民法院在受理破产申请后至破产宣告前裁定驳回破产申请，或者在破产宣告前依据《企业破产法》第一百零八条的规定裁定终结破产程序的，应当及时通知原有关保全或者执行债务人财产的人民法院或者行政机关按照原保全顺位恢复相关保全或者恢复执行，并移交已接管的保全财产或执行财产。

第五十一条 【人民法院与其他各部门的协调】

人民法院审理企业破产案件时，有关债务人财产被其他具有强制执行权力的国家机关，包括税务机关、公安机关、海关等采取保全措施或者执行程序的，人民法院应当积极与上述机关进行协调和沟通，取得有关权力机关的配合，解除保全措施，中止有关执行程序，以便保障破产程序的顺利进行。

第五十二条 【上级人民法院的监督】

上级人民法院应当依法监督下级人民法院严格执行《企业破产法》的规定，对债务人财产采取保全措施和执行措施的人民法院未依法解除保全措施或者中止执行措施的，上级人民法院应当依法予以纠正并追究相关责任人员的有关责任。

第六节　接受指定后管理人的工作

第五十三条　【建立管理人团队】

管理人接受指定后，应根据初步掌握的债务人、债权人等案件情况，合理预测管理人的工作量和时间要求，为提高工作效率、便于协调各种关系，在人民法院送达指定管理人决定书后三日内，应按照管理人的规章制度，根据案件实际情况，组建管理人团队，履行管理人职责。管理人团队的人员组成及分工，由人民法院指定的管理人负责人根据破产案件实际需要及管理人职责履行情况确定和调整，并及时报人民法院备案。组建管理人团队时，管理人负责人应审查管理人团队成员的资格。

（一）管理人负责人职责

1. 根据债务人的实际情况，确定管理人团队内部的分工，掌握工作进度，随时处理出现的问题，协调程序中各环节的关系。

2. 制定管理人工作计划，工作计划应包括各项工作完成的时间、思路、步骤和程序等，计划要做到全面、完整、分清轻重缓急、切实可行。

3. 负责与人民法院联络，并及时向人民法院报告工作。

4. 代表管理人对外签订合同、参加谈判、出席会议、代表管理人或授权相关人员参加诉讼或者仲裁活动。

5. 以管理人名义向人民法院及债权人会议提交各类报告，出席债权人会议并代表管理人作工作报告。

6. 掌管管理人印章。

7. 审批破产费用支出。

8. 召集和主持管理人工作会议，并形成工作会议纪要。

9. 其他应当由负责人完成的工作。

（二）明确管理人内部分工

管理人内部可以分成若干但不限于以下专业小组，具体分工如下：

1. 债权申报核查组：负责债权申报核查确认。

2. 资产财务债务组：全面清点核实债务人财产，对流动资产、对外投资、固定资产按科目分类编制清册。编制破产受理日的科目余额表、资产负债表及损益表，编制清算期间、破产终结日的相关报表；负责债务人财产清收。

3. 劳动人事组：编制债务人人员名册，准确计算解除劳动合同补偿金等职工债权数额，制定和实施职工安置方案。

4. 综合组：负责统筹调度、安排、指导、协调各小组的工作；负责与人民法院、当地政府、债权人的沟通和事务协调；负责管理债务人证照、权证、印章及安全保卫等日常事务；督促、指导、配合其他各组依破产程序开展工作；向人民法院和债权人会议、债权人委员会报告、回复工作，提供法律意见。

第五十四条 【管理人制定相关制度】

接受指定后，管理人要根据案件需要，制定相关制度，包括但不限于以下各项：

（一）制定财务管理制度

管理人应依据《会计法》及相关法律、法规及《企业会计准则——基本准则》和债务人的实际情况，制定管理人财务管理制度，包括但不限于如下内容：

1. 现金管理。现金收入应于当日存入银行，库存备用金；财务人员须严格遵守现金管理的相关制度，定期清查。

2. 支票管理。严格遵守支票管理的有关规定；严格履行请领、签发、保管、核销、及时报账等制度；不得签发空头支票、远期支票、空白支票。

3. 会计核算管理。严格按照《会计法》的有关规章制度建立会计账册，根据审核无误的原始凭证填制记账凭证；登记会计账簿应连续，不得跳行、隔页，定期结账、对账，保证账证相符、账账相符、账实相符。

4. 认真履行会计监督职责。会计人员对不真实、不合法的原始凭证不予受理，对于伪造、编造、故意毁坏会计账簿或者账外设账的行为，应及时纠正，必要时向管理人负责人反映。财务人员定期向管理人负责人汇报财务管理状况。

（二）制定管理人日常行政管理制度

管理人应建立日常行政管理和人员聘用考核制度，主要包括如下内容：

1. 建立管理人聘用工作人员考核制度，对其出勤和执行职务情况进行考核。

2. 收发文件必须进行统一记录。

3. 建立印章管理使用制度，由管理人负责人指定的人负责保管印章，管理人各工作小组需要使用管理人印章时，应向负责人提出申请，经负责人批准后方可使用。对于所有用章事项应进行登记，并保存所有加盖管理人印章档案副本。

4. 使用债务人车辆和其他办公设备须填写请示单，并监督及时返还。

5. 根据债务人的实际情况应制定的其他行政制度。

（三）制定财产管理方案、安全保卫和应急机制

1. 财产管理和安全保卫应适用岗位责任制。

2. 财产管理和安全保卫人员管理人员应制定巡视制度，每次巡视的人数应为两人。

3. 密切关注天气变化，并且根据天气变化对财产提供相应的保护措施。

4. 严格遵守防火制度。

5. 建立应急机制，确立出现危急情况时的上报和应急措施。

（四）制定管理人文书档案管理制度

管理人应就在办理破产案件过程中形成的工作记录和获取的资料及时、准确、真实地制作必要的工作文档。统一文书格式，并存档备案。工作文档应内容完整、记录清晰、结论明确，并应分类整理，编制目录。

编入人民法院个人管理人名册中的律师，应当遵守本律师事务所开展管理人业务

的相关制度。

第五十五条　【制订管理人工作计划】

律师事务所或律师个人接受人民法院指定担任管理人后，在接管债务人企业十日内，为有效履行管理人职责，应当根据初步掌握的破产案件的具体情况，制订管理人工作计划，并书面报告人民法院。

书面报告的内容包括但不限于：破产案件所要求管理人履行的具体职责，管理人负责人、管理人团队成员及其具体分工，接管债务人的方案，各项工作计划完成的时间、思路、步骤和程序，有关人员及其他社会中介机构的聘用计划，管理人报酬，管理人执行职务费用预算，等等。

管理人可以根据工作的进展情况对工作计划进行必要调整，并将调整结果及时书面报告人民法院。

第五十六条　【管理人聘请其他中介机构、专业人员和工作人员】

1. 管理人为履行职责的需要，对于专业性较强的律师、会计、审计、评估等事务，可以经人民法院许可后聘请具备专业资格的人员或者机构从事工作。

2. 在重整程序中，管理人负责管理财产和营业事务的，可以聘请债务人的经营管理人员负责营业事务。

3. 管理人聘请有关专业人员应经人民法院许可，并合理确定报酬；管理人应当对其聘请的中介机构的相关行为进行监督。上述中介机构因不当履行职责给债务人、债权人或者第三人造成损害的，应当承担赔偿责任。管理人在聘用过程中存在过错的，应当在其过错范围内承担相应的补充赔偿责任。

4. 对于管理人聘任的工作人员，管理人应按照雇主责任的规定对其行为和责任负责。

第五十七条　【制定管理人议事规则】

人民法院指定两家以上中介机构或不同机构、部门的人员共同组成管理人的，应明确管理人的负责人及管理人内部分工，制定完善的议事规则，议事规则应包括如下内容：

1. 管理人负责人的权限；
2. 管理人其他成员的分工和职权；
3. 管理人会议召开的频率和表决程序；
4. 管理人决策机制；
5. 其他协调管理人关系的规定。

第五十八条　【刻制管理人公章】

（一）管理人印章的申请制作

管理人应持以下资料到刻制单位申请刻制管理人印章：

1. 人民法院受理破产申请裁定书；

2. 人民法院指定管理人决定书；

3. 人民法院关于刻制管理人印章的函；

4. 被指定为管理人的机构或人员的执业许可证、营业执照、身份证（原件、复印件）；

5. 债务人营业执照副本（原件、复印件）；

6. 被指定为管理人的机构或人员委托经办人的函（原件，附委托人盖章或签名）；

7. 经办人身份证（原件、复印件）；

8. 刻章单位要求的其他材料。

（二）管理人印章的启用

印章刻制完毕后，管理人应将其交人民法院封样备案后启用。管理人应建立印章管理使用制度，并严格按照该制度使用管理人印章，印章只能用于所涉破产事务。

（三）债务人原有印鉴的使用限制

管理人在接管债务人印鉴管理权的同时，必然也取得了对债务人印鉴的使用权。在破产案件受理后至破产程序终结前，由于债务人的主体资格并未消灭，因此债务人的印鉴仍然合法有效，但是鉴于管理人已经接手其日常运营和管理，债务人印鉴的使用受到严格限制，仅用于实际管理中必须使用债务人印鉴的情形。

第五十九条 【开立管理人账户】

（一）开立账户应提供相关手续

开立管理人账户一般需持如下材料去银行办理：

1. 人民法院受理破产申请裁定书。

2. 人民法院指定管理人决定书。

3. 开设银行账户一般所需资料（实际操作需提前向开户银行咨询）。

4. 管理人委托经办人的函（原件，附管理人盖章）。

5. 管理人负责人及经办人身份证（原件、复印件）。

6. 开户银行要求提供的其他材料。

（二）管理人账户的使用与备案

1. 管理人账户开立后，管理人可以将债务人的银行存款划入管理人账户，不能自行划转的可以申请法院扣划。

2. 管理人依法履行职责时发生的所有资金收支，均应当通过管理人账户进行。

3. 管理人应当制定管理人账户管理规定，并按规定使用账户。

4. 开立银行账户后管理人应将账户信息向法院报告。

第六十条 【管理人报告工作】

管理人向人民法院报告工作，包括定期工作报告和重大事项报告。定期工作报告，是指管理人应当每月向人民法院书面报告破产工作进展情况。重大事项报告，是指管理人实施《企业破产法》第六十九条中规定的行为以及其他重大事项时，应当及时向人民法院进行专项报告。其他重大事项包括但不限于企业是否继续经营、未履行完毕合同的解除与履行、破产财产变价方案通过前的财产处置、担保物的有偿取回、职工安置中的不稳定因素、清算过程中发现的犯罪线索等。

第六十一条　【文件送审】

管理人应及时全面地向人民法院送审相关法律文件。需送审的文件包括但不限于：审计报告、评估报告、变价方案、财产管理方案、管理人报酬方案、职工安置方案、财产分配方案、债权确认表等。

管理人向受理案件法院提交破产案件有关书面申请、报告和文件，应当同时通过管理人工作平台上传电子版。

第六十二条　【管理人的档案管理】

具体要求如下：

1. 应设立专用文件库/柜保存档案；

2. 保管期限自归档之日起，至移交法院和管理人档案部门为止。

具体的档案管理办法详见本书第一部分第十八章内容。

第二章　管理人

【本章概述】

破产管理人，是破产案件中由人民法院指定的办理企业破产清算、重整或和解事务的临时性机构。管理人在法院的指挥和监督之下，全面接管破产企业，进行债权申报登记和审查，清查破产企业的财产，代表破产企业进行诉讼等活动，并依法处理和分配破产企业财产，对破产企业在破产清算或重整期间的经营行为进行管理或监督，制订或协助破产企业制订重整计划并监督重整计划的执行。

管理人是破产程序的主要推动者和破产事务的具体执行者。管理人的能力和素质不仅影响破产审判工作的质量，还关系破产企业的命运与未来发展。破产程序能否在公正、公平和高效率的基础上顺利进行和终结，与破产管理人的活动密切相关。所以要加快完善管理人制度，大力提升管理人职业素养和执业能力，强化对管理人的履职保障和有效监督，为改善企业经营、优化产业结构提供有力制度保障。

本章包括以下七节内容：

第一节　管理人的一般规定

第二节　管理人名册的编制

第三节　管理人的指定

第四节　管理人报酬

第五节　管理人的回避、更换、辞职

第六节　管理人的考核

第七节　管理人协会

第一节　管理人的一般规定

第一条　【管理人的概念】

管理人是破产案件中由人民法院指定的办理破产企业破产清算、重整或和解事务的临时性机构。管理人在法院的指挥和监督之下，全面接管破产企业，进行债权申报登记和审查，清查破产企业的财产，代表破产企业进行诉讼等活动，并依法处理和分配破产企业财产，对破产企业在破产清算或重整期间的经营行为进行管理或监督，制定或协助破产企业制订重整计划并监督重整计划的执行。

第二条 【管理人资格】

管理人可以由有关部门、机构的人员组成的清算组或者依法设立的律师事务所、会计师事务所、破产清算事务所等社会中介机构担任。人民法院根据债务人的实际情况，可以在征询有关社会中介机构的意见后，指定该机构具备相关专业知识并取得执业资格的人员担任管理人，也可以指导编入管理人名册的中介机构采取适当方式吸收具有专业技术知识、企业经营能力的人员加入管理人队伍中。个人担任管理人的，应当参加职业责任保险。

第三条 【禁止担任管理人的情形】

（一）不得担任管理人的情形

依据《企业破产法》第二十四条第三款规定，有下列情形之一的，不得担任管理人：

1. 因故意犯罪受过刑事处罚的；

2. 曾被吊销相关专业执业证书的；

3. 与本案有利害关系的；

4. 人民法院认为不宜担任管理人的其他情形。

（二）利害关系的认定

《指定管理人的规定》第二十三条规定：社会中介机构、清算组成员有下列情形之一，可能影响其忠实履行管理人职责的，人民法院可以认定为《企业破产法》第二十四条第三款第三项规定的利害关系：

1. 与债务人、债权人有未了结的债权债务关系；

2. 在人民法院受理破产申请前三年内，曾为债务人提供相对固定的中介服务；

3. 现在是或者在人民法院受理破产申请前三年内曾经是债务人、债权人的控股股东或者实际控制人；

4. 现在担任或者在人民法院受理破产申请前三年内曾经担任债务人、债权人的财务顾问、法律顾问；

5. 人民法院认为可能影响其忠实履行管理人职责的其他情形。

中介机构在债务人进入破产程序前，曾经为债务人提供庭外重组、预重整等与破产有关的中介服务，可以认定不存在不得担任管理人的利害关系，但应当作出情况说明。

《指定管理人的规定》第二十四条规定：清算组成员的派出人员、社会中介机构的派出人员、个人管理人有下列情形之一，可能影响其忠实履行管理人职责的，可以认定为《企业破产法》第二十四条第三款第三项规定的利害关系：

1. 具有本规定第二十三条规定情形；

2. 现在担任或者在人民法院受理破产申请前三年内曾经担任债务人、债权人的董事、监事、高级管理人员；

3. 与债权人或者债务人的控股股东、董事、监事、高级管理人员存在夫妻、直系血亲、三代以内旁系血亲或者近姻亲关系；

4. 人民法院认为可能影响其公正履行管理人职责的其他情形。

（三）处理程序

《指定管理人的规定》第二十五条规定：在进入指定管理人程序后，社会中介机构或者个人发现与本案有利害关系的，应主动申请回避并向人民法院书面说明情况。人民法院认为社会中介机构或者个人与本案有利害关系的，不应指定该社会中介机构或者个人为本案管理人。

（四）人民法院认为不宜担任管理人的情形

《指定管理人的规定》第九条规定：社会中介机构及个人具有下列情形之一的，人民法院可以适用《企业破产法》第二十四条第三款第四项的规定，认定其不宜担任管理人：

1. 因执业、经营中故意或重大过失行为，受到行政机关、监管机构或者行业自律组织行政处罚或者纪律处分之日起未逾三年；

2. 因涉嫌违法行为正被相关部门调查；

3. 因不适当履行职务或者拒绝接受人民法院指定等原因，被人民法院从管理人名册除名之日起未逾三年；

4. 缺乏担任管理人所应具备的专业能力；

5. 缺乏承担民事责任的能力；

6. 人民法院认为可能影响履行管理人职责的其他情形。

《指定管理人的规定》第二十六条规定：社会中介机构或者个人有重大债务纠纷或者因涉嫌违法行为正被相关部门调查的，人民法院不应指定该社会中介机构或者个人为本案管理人。

第四条　【管理人工作原则】

（一）依法原则：管理人应当依照《企业破产法》及相关法律、法规依法履行职责，维护职工及全体债权人的利益，依法管理和处分债务人财产。

（二）勤勉与忠实原则：管理人应当坚持"以事实为根据，以法律为准绳"，勤勉尽责、忠实执行职务。

（三）注重效率原则：管理人要注重工作效率，节约破产费用。

（四）审慎原则：依法办理相关事务，切实防范法律风险。

（五）亲自履行原则：中介机构或个人被指定为管理人后，不得以任何方式将管理人应当履行的职责全部或者部分转让给他人；人民法院应当支持和保障管理人依法履行职责，不得代替管理人作出本应由管理人自己作出的决定。

（六）保密原则：管理人应当严格履行保密义务。对于在执业中知悉的有关债务人、债权人和其他利害关系人的商业秘密、个人隐私以及其他不能对外披露的事项，管理人应当予以保密。

（七）接受监督原则：管理人执行职务，应当依法向人民法院报告工作，并依法接受债权人会议和债权人委员会的监督。

第五条 【管理人职责与义务】

（一）《企业破产法》第二十五条规定，管理人履行下列职责：

1. 接管债务人的财产、印章和账簿、文书等资料；
2. 调查债务人财产状况，制作财产状况报告；
3. 决定债务人的内部管理事务；
4. 决定债务人的日常开支和其他必要开支；
5. 在第一次债权人会议召开之前，决定继续或者停止债务人的营业；
6. 管理和处分债务人的财产；
7. 代表债务人参加诉讼、仲裁或者其他法律程序；
8. 提议召开债权人会议；
9. 人民法院认为管理人应当履行的其他职责。

（二）对《企业破产法》第二十五条第一款未列举职责的补充规定以及人民法院认为应当履行的其他职责，主要有如下几个方面：

1. 决定待履行合同解除或继续履行；
2. 撤销债务人在破产程序前的不正当财产处分行为和追回被处分财产；
3. 要求债务人的出资人补缴出资；
4. 追回债务人管理层的不当收入和侵占的企业财产；
5. 取回质物、留置物；
6. 受理取回权人的取回请求；
7. 接受债权申报、调查职工债权和编制债权表；
8. 重整期间主持债务人营业或者对债务人自行管理进行监督；
9. 制作、提交重整计划草案；
10. 申请人民法院批准重整计划草案；
11. 同未通过重整计划草案的表决组协商；
12. 监督重整计划的执行；
13. 在破产宣告后，拟定破产财产变价方案；
14. 拟定和执行破产财产分配方案；
15. 请求人民法院终结破产程序；
16. 破产程序终结时，办理破产人的注销登记。

（三）《企业破产法》第二十三条规定：管理人依照《企业破产法》规定执行职务，向人民法院报告工作，并接受债权人会议和债权人委员会的监督。管理人应当列席债权人会议，向债权人会议报告职务执行情况，并回答询问。

第二节　管理人名册的编制

第六条　【编制机关】

高级人民法院根据本辖区律师事务所、会计师事务所、破产清算事务所等社会中介机构及专职从业人员数量和破产企业数量，确定由本院或者所辖的中级人民法院编制管理人名册。

第七条　【名册种类】

管理人名册分为社会中介机构管理人名册和个人管理人名册。由直辖市以外的高级人民法院编制的管理人名册中，应当注明社会中介机构和个人所属中级人民法院辖区。

符合《企业破产法》规定条件的社会中介机构及其具备相关专业知识并取得执业资格的人员，均可申请编入管理人名册。已被编入机构管理人名册的社会中介机构中，具备相关专业知识并取得执业资格的人员，可以申请编入个人管理人名册。

第八条　【审定机关】

社会中介机构及个人申请编入管理人名册的，应当向所在地区编制管理人名册的人民法院提出，由该人民法院予以审定。

第九条　【地域限制】

人民法院不受理异地申请，但异地社会中介机构在本辖区内设立的分支机构提出申请的除外。

第十条　【公告】

人民法院应当通过本辖区有影响的媒体就编制管理人名册的有关事项进行公告，公告应当包括以下内容：

1. 管理人申报条件；
2. 应当提交的材料；
3. 评定标准、程序；
4. 管理人的职责以及相应的法律责任；
5. 提交申报材料的截止时间；
6. 人民法院认为应当公告的其他事项。

第十一条　【申请管理人资格需提供的资料】

（一）律师事务所、会计师事务所申请编入管理人名册需提供的资料

1. 执业证书、依法批准设立文件或者营业执照。

2. 章程。

3. 本单位专职从业人员名单及其执业资格证书复印件。

4. 业务和业绩材料。

5. 行业自律组织对所提供材料真实性以及有无被行政处罚或者纪律处分情况的证明。

6. 人民法院要求的其他材料。

（二）破产清算事务所申请编入管理人名册需提供的资料

1. 营业执照或者依法批准设立的文件。

2. 本单位专职从业人员的法律或者注册会计师资格证书，或者管理经历的证明材料。

3. 业务和业绩材料。

4. 能够独立承担民事责任的证明材料。

5. 行业自律组织对所提供材料的真实性以及有无行政处罚或者纪律处分情况的证明，或者申请人就上述情况所作的真实性声明。

6. 人民法院要求的其他材料。

（三）个人申请编入管理人名册需提供的资料

1. 律师或者注册会计师执业证书复印件以及执业年限证明。

2. 所在社会中介机构同意其担任管理人的函件。

3. 业务专长及相关业绩材料。

4. 执业责任保险证明。

5. 行业自律组织对所提供材料的真实性以及有无行政处罚或者纪律处分情况的证明。

6. 人民法院要求的其他材料。

第十二条　【管理人评审委员会】

编制管理人名册的人民法院应当组成专门的评审委员会，决定编入管理人名册的社会中介机构和个人名单。评审委员会成员应不少于七人。编制管理人名册的评审委员会，应当由审理企业破产案件审判庭的人员、人民法院司法技术辅助工作部门人员、相关审判委员会委员、监察部门人员组成。司法技术辅助工作部门负责具体工作。人民法院根据评审委员会的评审结果，确定管理人的初审名单。

第十三条　【公示与备案】

人民法院应当将管理人的初审名册通过本辖区有影响的媒体进行公示，公示期为十天。

对于针对编入初审名册的社会中介机构和个人提出的异议，人民法院应当进行审查。异议成立，申请人确实不宜担任管理人的，人民法院应将该社会中介机构或者个人从管理人名册中删除。公示期满后，人民法院应审定管理人名册，并通过全国有影响的媒体公布，同时逐级报最高人民法院备案。

第十四条 【管理人名册的分批编制】

人民法院可以根据本辖区的实际情况，分批确定编入管理人名册的社会中介机构及个人。

第十五条 【管理人名册的调整】

人民法院可以根据企业破产案件受理情况、管理人履行职务以及管理人资格变化等因素，对管理人名册适时进行调整。新编入管理人名册的社会中介机构和个人应当按照规定的程序办理。

人民法院发现社会中介机构或者个人有《企业破产法》第二十四条第三款规定情形的，应当将其从管理人名册中除名。

第十六条 【建档备查】

编制管理人名册的全部资料应当建立档案备查。

第十七条 【充实管理人队伍】

人民法院要指导编入管理人名册的中介机构采取适当方式吸收具有专业技术知识、企业经营能力的人员到管理人队伍中来，促进管理人队伍内在结构更加合理，充分发挥和提升管理人在企业病因诊断、资源整合等方面的重要作用。

第十八条 【管理人的分级管理】

高级人民法院或者自行编制管理人名册的中级人民法院可以综合考虑管理人的专业水准、工作经验、执业操守、工作绩效、勤勉程度等因素，合理确定管理人等级，对管理人实行分级管理、定期考评。

各高级人民法院对管理人采取三级分级制，一级为最高级。在确定管理人的级别时，主要考虑中介机构的从业人员数量和办理的破产案件和强制清算案件的数量以及当地破产案件的总量。

各高级人民法院通过发布文件，把破产案件分为重大破产案件、普通破产案件及简易破产案件。一级管理人可以担任所有类别破产案件的管理人；二级管理人可以担任普通、简易案件的管理人；三级管理人只能担任简易破产案件的管理人。具体标准由当地高级人民法院确定。

第三节 管理人的指定

第十九条 【管理人的指定机关】

人民法院审理企业破产案件应当指定管理人。

第二十条 【管理人的指定原则】

除相关法律、法规另有规定外，管理人应当从管理人名册中指定。受理企业破产案件的人民法院指定管理人，一般应从本地管理人名册中指定。对于事实清楚、债权债务关系简单、债务人财产相对集中的企业破产案件，人民法院可以指定管理人名册中的个人为管理人。

探索管理人跨区域执业。除从本地名册选择管理人外，各地法院还可以探索从外省、市管理人名册中选任管理人，确保重大破产案件能够遴选出最佳管理人。对于商业银行、证券公司、保险公司等金融机构以及在全国范围内有重大影响、法律关系复杂、债务人财产分散的企业破产案件，人民法院还可以从所在地高级人民法院编制的管理人名册列明的其他地区管理人或者异地人民法院编制的管理人名册中指定管理人。

两家以上具备资质的中介机构请求联合担任同一破产案件管理人的，人民法院经审查符合自愿协商、优势互补、权责一致要求且确有必要的，可以准许。

第二十一条 【管理人指定的方式】

《指定管理人的规定》第二十条规定，人民法院一般应当按照管理人名册所列名单采取轮候、抽签、摇号等随机方式公开指定管理人，同时也规定了竞争方式选任管理人。根据《破产审判纪要（2018）》的精神及《企业破产法》的相关规定，各高级人民法院可根据最高人民法院的有关规定制定本省的管理人指定管理办法。管理人的指定方式可以采取随机方式、邀请加随机方式、竞争方式、推荐方式、指定清算组等方式。

（一）管理人指定的随机方式

对债务人财产数量不多、债权债务关系简单的简易破产案件，人民法院可以在相应等级的管理人中采取轮候、抽签、摇号等随机方式指定管理人。

采取随机方式指定管理人的工作，由司法技术辅助工作部门完成，基层人民法院未设置司法技术辅助工作部门的，应当在司法行政部门中派专人承担此项工作。

（二）邀请加随机方式

对于普通破产案件，可以由破产案件的基层或中级法院审理破产案件审判庭提出拟邀请的若干家管理人名单，移送中级人民法院司法技术管理部门以摇号、抽签等随机方式指定管理人。

（三）以竞争方式选任管理人

对于商业银行、证券公司、保险公司等金融机构或者上市公司破产案件、在本地有重大影响的破产案件，或者债权债务关系复杂，涉及债权人、职工以及利害关系人人数较多的破产案件，一般应当通过竞争方式依法选定管理人。相关规定如下：

1. 选任方式：公开竞争。

2. 选任范围：编入各地人民法院管理人名册中的社会中介机构。

3. 参加竞争的管理人人数：不得少于三家。

4. 评审委员会的评审：采取竞争方式指定管理人的，人民法院应当组成专门的评审委员会。评审委员会应当结合案件的特点，综合考量社会中介机构的专业水准、经验、机构规模、初步报价等因素，从参与竞争的社会中介机构中择优指定管理人。

5. 评审委员会的组成：应当由审理企业破产案件审判庭的人员、人民法院司法技术辅助工作部门人员、相关审判委员会委员、监察部门人员组成。司法技术辅助工作部门负责具体工作。

6. 入选条件：经评审委员会成员二分之一以上通过。

7. 备选：采取竞争方式指定管理人的，人民法院应当确定一名至两名备选的社会中介机构，作为需要更换管理人时的接替人选。

（四）指定清算组为管理人

1. 使用该方式指定管理人的情形：

（1）破产申请受理前，根据有关规定已经成立清算组，人民法院认为符合《指定管理人的规定》第十九条的规定；

（2）经过行政清理、清算的商业银行、证券公司、保险公司、金融租赁公司等金融机构的破产案件，已成立符合《指定管理人的规定》第十九条规定的清算组；

（3）审理《企业破产法》实施前国务院规定的期限和范围内的国有企业破产案件；

（4）《银行法》《保险法》等有关法律明文规定企业破产时应成立清算组的；

（5）人民法院认为可以指定清算组为管理人的其他情形。

2. 清算组成员的选定。人民法院可以从政府有关部门、编入管理人名册的社会中介机构、金融资产管理公司中指定清算组成员，人民银行及金融监督管理机构可以按照有关法律和行政法规的规定派人参加清算组。

（五）接受推荐指定管理人

1. 对于经过行政清理、清算的商业银行、证券公司、保险公司等金融机构的破产案件，人民法院除可以指定清算组担任管理人，也可以在金融监督管理机构推荐的已编入管理人名册的社会中介机构中指定管理人。

2. 对于存在下列情形的破产案件，受理前，债务人的主要债权人协商一致，可以以一家或者多家债权人的名义，在本省管理人名册中推荐管理人：

（1）债务人经过庭外重组或者预重整的；

（2）关联企业合并破产的；

（3）已经依照有关规定成立金融机构债权人委员会的；

（4）涉及利害关系人人数众多，在本地有重大影响的。

第二十二条　【预重整阶段的管理人指定】

预重整阶段的管理人可以由管辖法院、主要债权人和债务人共同组成的评审小组予以指定，也可以由主要债权人和债务人联合推荐。

预重整转入重整程序的，原则上应指定预重整阶段的管理人继续担任管理人。

第二十三条　【合并破产案件的管理人指定】

在合并破产情形下，受理破产案件法院已经通过竞争方式指定其中一家债务人企业的管理人，该管理人可同时担任其他合并破产关联企业的管理人，不再另行指定。

第二十四条　【执行转破产案件的管理人指定】

执行转破产案件，可以适用三级管理人的指定方式；初步判定为无产可破的破产案件，可由受理破产案件法院将同一时间段内的几件执行转破产案件集中报请中级人民法院司法技术管理部门，在管理人名册中采取随机方式指定。

第二十五条　【强制清算转破产案件的管理人指定】

公司强制清算转入破产清算的，如原强制清算中的清算组由管理人名册中的中介机构或者个人组成或者参加，该中介机构或者个人亦不存在与本案有利害关系等不宜担任管理人或者管理人成员的情形的，人民法院可以指定该中介机构或者个人作为破产案件的管理人，或者吸收该中介机构作为新成立的清算组管理人的成员。上述中介机构或者个人不宜担任破产清算中的管理人或者管理人的成员的，人民法院应当依据《企业破产法》和有关司法解释的规定，及时指定管理人。

第二十六条　【指定管理人的时间】

人民法院裁定受理破产申请的同时指定管理人。

第二十七条　【指定管理人的法律文书】

受理破产案件的人民法院指定管理人应当制作决定书，并向被指定为管理人的社会中介机构或者个人以及破产申请人、债务人、债务人的注册登记机关送达。

指定管理人决定书应与受理破产申请的民事裁定书一并公告。

第二十八条　【管理人负责人的指定】

人民法院指定社会中介机构或者清算组担任管理人的，应当同时指定管理人负责人。社会中介机构或者清算组需要变更管理人负责人的，应当向人民法院提出申请。

第二十九条　【不得拒绝指定】

管理人无正当理由，不得拒绝人民法院的指定。

第三十条　【不得擅自转让管理人职责】

管理人一经指定，不得以任何形式将管理人应当履行的职责全部或者部分转给其他社会中介机构或者个人。

第三十一条　【指定材料入卷】

受理破产案件的人民法院应当将指定管理人过程中形成的材料存入破产案件卷宗，债权人会议或者债权人委员会有权查阅。

第四节　管理人报酬

第三十二条　【法律依据】

管理人履行《企业破产法》第二十五条规定的职责，有权获得相应报酬。

第三十三条　【管理人报酬确定机关】

管理人报酬由审理企业破产案件的人民法院依照《关于管理人报酬的规定》确定。

第三十四条　【管理人报酬标准】

《关于管理人报酬的规定》采用的是按标的额计酬法，实行分段累进递减制，其第二条规定：人民法院应根据债务人最终清偿的财产价值总额，在以下比例限制范围内分段确定管理人报酬：

1. 不超过100万元（含本数，下同）的，在12%以下确定；
2. 100万元至500万元的部分，在10%以下确定；
3. 500万元至1000万元的部分，在8%以下确定；
4. 1000万元至5000万元的部分，在6%以下确定；
5. 5000万元至1亿元的部分，在3%以下确定；
6. 1亿元至5亿元的部分，在1%以下确定；
7. 超过5亿元的部分，在0.5%以下确定。

高级人民法院可以在30%的浮动范围内制定符合当地实际情况的管理人报酬比例限制范围。

第三十五条　【管理人对担保物管理的报酬】

担保权人优先受偿的担保物价值，不计入《关于管理人报酬的规定》第二条规定的财产价值总额。管理人对担保财产维护、变现、交付等管理工作付出合理劳动的，可就报酬的确认与收取和担保权人协商，该报酬不包含在管理人报酬范围内。协商不成的，管理人可以制作提请人民法院确认管理人对担保物管理的报酬报告，提请人民法院确定。管理人与担保权人就上述报酬数额不能协商一致的，人民法院应当参照《关于管理人报酬的规定》第二条规定的方法确定，但报酬比例不得超出该条规定限制范围的10%。

第三十六条　【管理人报酬方案】

管理人接受指定后，应当及时对债务人可供清偿的无担保财产的价值和管理人的工作量进行预测，并制作《管理人报酬方案》，请求人民法院予以确定。

管理人报酬方案应当列明管理人投入的工作团队人数、工作时间预测、工作重点和难点等。重整或者和解案件，还应列明管理人对重整、和解工作的贡献。管理人报酬方案应当包括管理人报酬比例和收取时间。

第三十七条　【采取竞争方式指定管理人报酬方案】

管理人采取竞争方式指定的，管理人报酬方案应依据竞争担任管理人时的报价确定。但报酬比例不得超出《关于管理人报酬的规定》第二条规定的限制范围。此类报酬方案一般不予调整，但债权人会议异议成立的除外。

第三十八条　【清算组中的管理人报酬方案】

人民法院指定清算组为管理人的，清算组中有关政府部门派出的工作人员参与工作的不收取报酬。其他机构或人员的报酬根据其履行职责的情况确定。

第三十九条　【管理人报酬方案的确定】

人民法院受理企业破产申请后，应当对债务人可供清偿的财产价值和管理人的工作量作出预测，初步确定管理人报酬方案。人民法院应当自确定管理人报酬方案之日起三日内，书面通知管理人。

第四十条　【债权人会议审查管理人报酬方案】

管理人在人民法院送达《确定管理人报酬方案的通知书》后，无异议的，应当及时制作《提请债权人会议审查管理人报酬方案的报告》，并在第一次债权人会议上报告，请债权人会议审查。

第四十一条　【管理人报酬异议】

债权人会议对管理人报酬的计算标准、收取方式和数额等有异议的，可以向人民法院书面提出。

关于管理人报酬异议的申请书应当说明理由和依据，并附相应的债权人会议决议。

第四十二条　【管理人报酬异议审理程序】

人民法院应当在收到债权人会议关于管理人报酬异议的申请书后三日内将申请书副本送达管理人，管理人应当在收到之日起三日内作出书面说明。人民法院认为必要时可以举行听证会，听取当事人意见。

人民法院应当在收到关于管理人报酬异议的申请书之日起十日内，作出驳回异议或重新确定管理人报酬的决定，并就是否调整管理人报酬问题书面通知管理人、债权人委员会或者债权人会议主席。

第四十三条　【管理人报酬方案的调整】

管理人在人民法院确定管理人报酬方案后，在执行职务中发现管理人报酬方案不符合破产案件和管理人职责履行的实际情况的，可制作提请人民法院调整管理人报酬的报告，请求人民法院核准确认。人民法院可以根据破产案件和管理人履行职责的实际情况进行调整。

管理人、债权人会议对管理人报酬方案有意见的，可以进行协商。双方就调整管理人报酬方案内容协商一致的，管理人应向人民法院书面提出具体的请求和理由，并附相应的债权人会议决议。人民法院经审查认为上述请求和理由不违反法律和行政法规强制性规定，且不损害他人合法权益的，应当按照双方协商的结果调整管理人报酬方案。

第四十四条 【报酬方案确定或调整的考虑因素】

人民法院确定或者调整管理人报酬方案时，应当考虑以下因素：

1. 破产案件的复杂性；
2. 管理人的勤勉程度；
3. 管理人为重整、和解工作作出的实际贡献；
4. 管理人承担的风险和责任；
5. 债务人住所地居民可支配收入及物价水平；
6. 其他影响管理人报酬的情况。

第四十五条 【调整管理人报酬方案的通知】

人民法院核准确认的，管理人应自人民法院关于调整管理人报酬方案的通知书送达后三日内书面报告债权人委员会。未成立债权人委员会的，应报告债权人会议主席。

第四十六条 【管理人报酬的收取申请】

管理人应当按照管理人报酬方案确定的计算标准和方式收取报酬。管理人收取管理人报酬的，应在收取前制作提请人民法院准予管理人收取报酬的申请，请求人民法院予以核准。申请书应包括如下几方面内容：

1. 可供支付报酬的债务人财产情况；
2. 申请收取报酬的时间和数额；
3. 管理人履行职责的情况。

人民法院应当自收到上述申请书之日起十日内，确定支付管理人的报酬数额。

第四十七条 【报酬收取方式和收取时间】

人民法院可以根据破产案件的不同情况确定管理人报酬的支付方式，发挥管理人报酬在激励、约束管理人勤勉履职方面的积极作用。管理人报酬原则上应当根据破产案件审理进度和管理人履职情况分期支付。案件简单、耗时较短的破产案件，可以在破产程序终结后一次性向管理人支付报酬。管理人采取分期预收方式收取报酬的，应当根据破产财产最终分配情况多退少补。

分期收取的，管理人在向人民法院提交准予管理人收取报酬的报告中应写明收取报酬时管理人完成的工作；最后一次性收取的，管理人在向人民法院提交准予管理人收取报酬的报告中应写明管理人职务执行完成的情况。

管理人为律师个人的，其管理人报酬由其所在的律师事务所统一收取。

第四十八条　【不足以支付管理人报酬的情况】

管理人报酬由债务人财产优先支付。债务人财产不足以支付管理人报酬的，管理人应当提请人民法院终结破产程序。

债务人财产虽然不足以支付管理人报酬，但是破产案件的债权人、管理人、债务人的出资人或者其他利害关系人愿意垫付管理人报酬的，经人民法院同意，破产程序可以继续进行。上述垫付款项，应作为共益债务使用债务人财产向垫付人随时清偿。

管理人应当配合各地法院积极争取财政部门支持，或采用从其他破产案件管理人报酬中提取一定比例资金等方式，推动设立破产费用保障资金，建立破产费用保障长效机制，用以解决债务人财产不足以支付管理人报酬等破产费用而影响破产程序启动的问题。

第四十九条　【聘用人员报酬】

律师事务所、会计师事务所通过聘请本专业的其他社会中介机构或者人员协助履行管理人职责的，所需费用从其报酬中支付。

破产清算事务所聘请其他社会中介机构或者人员协助履行管理人职责的，所需费用从其报酬中支付。

管理人认为有必要聘用管理人团队以外的社会中介机构、工作人员协助管理人履行管理人职责的，应当制作《提请人民法院许可聘用工作人员的报告》，提请人民法院许可。报告内容包括但不限于拟聘用的工作人员基本情况、聘用理由、聘用岗位职责、聘用费用标准等。

管理人要求债务人的有关人员进行连续性工作的，可以依据上述条款的规定将债务人的有关人员作为必要的工作人员进行聘用。

管理人经人民法院许可聘用企业经营管理人员，或者管理人确有必要聘请其他社会中介机构或人员处理重大诉讼、仲裁、执行或审计等专业性较强工作，如所需费用需要列入破产费用的，应当经债权人会议同意。

第五十条　【管理人报酬退回】

人民法院调整管理人报酬方案后，其低于原报酬的，管理人已经多收取的报酬应予退回。

第五节　管理人的回避、更换、辞职

第五十一条　【管理人的回避】

在进入指定管理人程序后，社会中介机构或者个人发现与本案有利害关系的，应主动申请回避并向人民法院书面说明情况。人民法院认为社会中介机构或者个人与本案有利害关系的，不应指定该社会中介机构或者个人为本案管理人。

编入人民法院机构管理人名册的律师事务所，在人民法院采取推荐方式指定管理人时，发现自己有本书第二章第一节第三条规定的情形之一的，应主动提出不接受推荐。

第五十二条 【不应指定情形】

人民法院认为社会中介机构或者个人与本案有利害关系的，不应指定该社会中介机构或者个人为本案管理人。

社会中介机构或者个人有重大债务纠纷或者因涉嫌违法行为正被相关部门调查的，人民法院不应指定该社会中介机构或者个人为本案管理人。

第五十三条 【管理人任职资格的自我审查】

相关机构或人员被法院指定为管理人后，仍要注意审查自己是否符合《企业破产法》和最高人民法院《关于指定管理人的规定》对管理人要求的积极任职资格和消极任职资格，特别要注意是否有利害关系。如果发现自己有不适合担任管理人情形的，应当及时报告人民法院。

第五十四条 【管理人的更换】

（一）更换管理人的申请

债权人会议认为管理人不能依法、公正执行职务或者有其他不能胜任职务情形的，可以申请人民法院予以更换。债权人会议申请更换管理人，应由债权人会议作出决议并向人民法院提出书面申请。

人民法院在收到债权人会议的申请后，应当通知管理人在两日内作出书面说明。

（二）更换管理人的条件

1.《指定管理人的规定》第三十三条规定，社会中介机构管理人有下列情形之一的，人民法院可以根据债权人会议的申请或者依职权径行决定更换管理人：

（1）执业许可证或者营业执照被吊销或者注销；

（2）出现解散、破产事由或者丧失承担执业责任风险的能力；

（3）与本案有利害关系；

（4）履行职务时，因故意或者重大过失导致债权人利益受到损害；

（5）有重大债务纠纷或者因涉嫌违法行为正被相关部门调查。

2.《指定管理人的规定》第三十四条规定，个人管理人有下列情形之一的，人民法院可以根据债权人会议的申请或者依职权径行决定更换管理人：

（1）执业资格被取消、吊销；

（2）与本案有利害关系；

（3）履行职务时，因故意或重大过失导致债权人利益受到损害；

（4）失踪、死亡或者丧失民事行为能力；

（5）因健康原因无法履行职务；

（6）执业责任保险失效；

（7）有重大债务纠纷或因涉嫌违法行为正被相关部门调查。

（三）是否更换管理人的决定

1. 人民法院认为申请更换理由不成立的，应当自收到管理人书面说明之日起十日内作出驳回申请的决定。

2. 人民法院认为申请更换管理人理由成立的，应当自收到管理人书面说明之日起十日内作出更换管理人的决定。

3. 清算组成员的更换参照适用前款规定。人民法院也可以依职权决定更换管理人。

（四）更换管理人决定书送达及公告

人民法院决定更换管理人的，应将决定书送达原管理人、新任管理人、债务人以及债务人的企业登记机关，并予以公告。

（五）管理人变更前后的职责

被人民法院指定为管理人的律师事务所或律师个人，依法向人民法院提出回避、辞职的申请并经人民法院批准，或者债权人会议申请更换管理人被人民法院批准的，应当自批准之日起停止履行管理人职责，及时向新任管理人移交自己已接管的全部资料、财产、营业事务及管理人印章，向新任管理人书面说明工作进展情况，并在破产程序终结前随时接受新任管理人、债权人会议、债权人委员会、人民法院关于其已履行的管理人职责情况的询问。被人民法院指定为管理人的律师事务所或律师个人，在人民法院未决定更换管理人或未许可辞职之前，应当继续依法履行管理人职责。

第五十五条 【管理人的辞职】

1. 律师事务所或律师个人接受人民法院指定为管理人后，发现自己与破产案件有利害关系，或者有不宜担任管理人的其他情形的，应当向人民法院提出辞职申请并说明情况。

除上款情形外，无正当理由，律师事务所、律师个人接受人民法院指定为管理人后不得辞职。

2. 管理人没有正当理由不得辞去职务。管理人辞去职务应当经人民法院许可。管理人无正当理由申请辞去职务的，人民法院不予许可。正当理由的认定，可参照适用《指定管理人的规定》第三十三条、第三十四条规定的情形。

3. 人民法院不予许可但管理人坚持辞去职务并不再履行管理人职责的，人民法院应当决定更换管理人。

4. 管理人申请辞去职务未经人民法院许可，但仍坚持辞职并不再履行管理人职责，或人民法院决定更换管理人后，原管理人拒不向新任管理人移交相关事务，人民法院可以依据《企业破产法》第一百三十条的规定和具体情况，决定对管理人罚款。对社会中介机构担任管理人的罚款为5万元至20万元，对个人担任管理人的罚款为1万元至5万元。

管理人有前款规定行为或者无正当理由拒绝人民法院指定的，编制管理人名册的人民法院可以决定停止其担任管理人一年至三年，或者将其从管理人名册中除名。

5. 管理人不服罚款决定的，可以向上一级人民法院申请复议。上级人民法院应在收到复议申请后五日内作出决定，并将复议结果通知下级人民法院和当事人。

第六节　管理人的考核

第五十六条　【考核目的及依据】

《破产审判纪要（2018）》第三条提出：管理人是破产程序的主要推动者和破产事务的具体执行者。管理人的能力和素质不仅影响破产审判工作的质量，还关系到破产企业的命运与未来发展。要加快完善管理人制度，大力提升管理人职业素养和执业能力，强化对管理人的履职保障和有效监督，为改善企业经营、优化产业结构提供有力制度保障。

为助力营造法治化营商环境，完善管理人制度建设，推动管理人机制高效运行，进一步加强对管理人的动态管理，激励管理人履职尽责，保障破产审判工作顺利进行，各省应根据《企业破产法》《指定管理人的规定》《破产审判纪要（2018）》等法律、司法解释的规定，结合各省管理人队伍现状和法院破产审判工作实际，制定各省的管理人考核办法。

第五十七条　【考核原则】

管理人考核管理应坚持和遵循公平、公正、公开的原则，以激励和约束管理人依法、勤勉、忠实履职。

第五十八条　【考核责任部门】

管理人考核管理工作由省法院及各中级人民法院司法技术管理部门和破产审判业务庭共同负责，省、市破产管理人协会配合做好相应的管理工作。

1. 省法院设立评审考评小组。评审考评小组由省法院破产审判庭和审判管理办公室相关人员组成，负责对管理人进行个案考评的审定，对管理人级别评定、年度考评、管理人的晋升、降级和暂停指定、除名，以及管理人的增补、调整提出初评意见。

2. 省法院设立评审考评委员会，主任由省法院常务副院长担任，副主任由主管破产审判和审判管理工作的院领导担任，成员由破产审判庭、审判管理办公室、立案庭和督察局负责人组成。评审考评委员会由省法院破产审判庭负责召集，每年至少召开一次会议，也可根据工作需要，提请评审考评委员会主任批准。评审考评委员会负责评定管理人的级别，审议通过对管理人的年度考评，决定管理人的晋升、降级和暂停指定、除名，以及管理人的增补、调整。评审考评小组和委员会的日常工作均由省法院破产审判庭负责。

3. 中级人民法院会同当地破产管理人协会对辖区内管理人（包括省级管理人）进

行年度考核，对市级管理人的考核结果为终评结果，对省级管理人的考核结果为初评结果并报省法院；省法院会同省破产管理人协会对省级管理人、备案的省外中介机构在个案评价、中级人民法院初评结果的基础上进行年度考核。

第五十九条 【考核机制】

对管理人的考评采取个案考评和年度考评相结合的方式进行，年度考评每年进行一次。个案考评结果作为确定管理人该案报酬和年度考评的重要依据。年度考评结果作为管理人晋级、降级和除名的重要依据。

（一）建立管理人个案评价机制

个案评价由案件受理法院负责，评价结果分为优秀、良好、合格、不合格。个案考评采取一案一评价的形式，由承办破产案件的合议庭具体负责。个案考评主要考评管理人办理案件过程中整体流程及各个节点中事务性工作开展的具体情况，考评分值根据各个流程以及具体内容进行量化。

社会中介机构担任管理人后，应向承办破产案件合议庭提交《财产接管方案》《破产财产管理方案》《破产案件办理工作计划》等文件作为个案考评的基础性资料。

管理人在办结破产案件 10 日内，填写《管理人个案考评表》，并附相关证明材料交承办破产案件合议庭。承办破产案件合议庭应在收到材料后的 15 日内给出考评结果，并书面反馈管理人。

管理人对个案考评结果有异议的，可向承办破产案件合议庭申请复议一次，复议应以书面形式提出。承办破产案件合议庭应当将考评结果逐级报省法院破产审判庭。

（二）建立管理人年度考核机制

年度考核由法院组成考评委员会进行，考核结果分为优秀、良好、合格、不合格。年度履职考评主要对管理人的团队建设、专业研究和公共事务、奖励表彰以及职业操守等进行考评。

管理人应于次年规定日期前，通过所在辖区中级人民法院破产案件审判庭向评审考评小组提交年度书面履职报告、《管理人年度考评表》并附相关证明材料，经评审考评小组提出初评意见后，由评审考评委员会决定考评结果。评审考评小组确定管理人的年度考评分数后，对分数进行排名，并形成初步考评意见，提交评审考评委员会审定。年度考评原则上在考评年度次年的 3 月底前完成。年度履职报告应包括但不限于以下内容：

1. 管理人办理案件情况、办理效果、取得的经验和教训；
2. 管理人规模变化情况、专业人员队伍建设情况；
3. 管理人在破产、重组事务上所取得的荣誉和成绩；
4. 管理人对于破产法理论和实务的研究成果；
5. 对破产工作的意见建议；
6. 对工作中不足的梳理及下一步打算；
7. 其他管理人认为应当报告的事项；
8. 法院因工作需要要求管理人就特定事项提交的情况报告。

第六十条 【年度考核结果的运用】

1. 对管理人进行年度考评后，依据管理人的考评得分按同级别从高到低排名。

2. 经年度考评不符合所在级别管理人条件的，对于一级、二级管理人予以降级，将三级管理人从名册中除名。

3. 年度考评结果排名居本级别前两名的三级管理人，且符合二级管理人申报条件的，可以申请晋升为二级管理人；排名居本级别前两名的二级管理人，且符合一级管理人申报条件的，可以申请晋升为一级管理人。

第六十一条 【管理人黑名单制度】

管理人有下列情形之一的，各级法院应逐级向评审考评小组报告，经评审考评委员会核准后，可以暂停管理人业务、限制管理人业务范围、降级或者除名：

1. 在申报入册时未如实进行申报或违规申报的。

2. 管理人团队中有人员因犯罪受到刑事处罚的。

3. 管理人团队中有人员被吊销相关专业执业证书的。

4. 管理人团队中有人员因执业、经营中存在故意或者重大过失行为，受到行政机关、监管机构或者行业自律组织行政处罚或者纪律处分的。

5. 执业许可证或者营业执照被吊销或者注销的。

6. 管理人出现解散、破产事由或者丧失承担执业责任能力等风险的。

7. 管理人团队中有人员履行职务时，因故意或者重大过失导致债权人利益受到损害，且不能弥补的。

8. 拒绝接受破产案件受理法院、债权人会议、债权人委员会的监督，经批评教育仍不改正或者应当及时向破产案件受理法院报告重大事项但隐瞒不报的。

9. 无正当理由拒绝接受人民法院指定、拒绝执行人民法院作出的更换管理人决定，或拒不履行前后管理人工作交接的。

10. 接受人民法院指定后，无正当理由辞去管理人职务或将管理人应当履行的职责全部、部分转给其他社会中介机构或者个人的。

11. 违反法律、司法解释规定或者未经破产案件受理法院确定私自收费的。

12. 利用管理人的身份或地位为管理人或他人谋取私利被查实的。

13. 存在应当回避而不回避的情形的。

14. 其他严重影响管理人履职身份和能力的情形。

导致管理人暂停业务、限制业务范围的原因消除后满一年，降级的原因消除后满两年，除名的原因消除后满三年的，可以再次申请恢复业务、晋级或者入册。

管理人确有客观原因、正当理由的，可逐级主动向省法院评审考评小组申请暂停业务、降级或退出名册，并经评审考评委员会核准后作出决定。

第六十二条 【管理人的增补】

市级管理人由各中级人民法院根据破产案件审理需要，结合管理人退出、除名等情况，从符合条件的律师事务所、会计师事务所、破产清算事务所、税务师事务所等社会中介机构中增补，报省法院备案后实施。

省级管理人根据管理人的管理能力择优和兼顾地区平衡的原则选取。中级人民法院范围内的省级管理人因降级、退出、除名等原因而减少的，在市级管理人中等额择优晋升，晋升由中级人民法院初评后报省法院终评，可根据破产审判工作开展的实际需要增编省级管理人。

第七节　管理人协会

第六十三条　【破产管理人协会概念】

破产管理人协会是致力于服务地区经济发展和社会建设，推动破产审判工作，规范破产管理人履职行为而设立的联合性、地方性、非营利社会团体。

第六十四条　【管理人协会的成立依据】

《破产审判纪要（2018）》第十三条提出：支持和引导成立管理人协会。人民法院应当支持、引导、推动本辖区范围内管理人名册中的社会中介机构、个人成立管理人协会，加强对管理人的管理和约束，维护管理人的合法权益，逐步形成规范、稳定和自律的行业组织，确保管理人队伍既充满活力又规范有序发展。

第六十五条　【破产管理人协会性质】

破产管理人协会为全国性行业组织，是全国破产管理人的自愿性组织。协会依法独立开展活动，其法律地位为社会团体，根据《社团登记条例》设立。

第六十六条　【成立破产管理人协会的目的】

破产管理人协会的成立，旨在加强破产管理人行业自我规范、自我监督、自我提升，推动企业破产（清算、重整、和解）工作的健康发展，着力强化和规范破产管理人的行业管理，健全完善统一的业务操作指引和职业纪律规范，建立政府、法院、破产企业和破产管理人之间的信息交流平台，促进行业健康快速发展。

第六十七条　【破产管理人协会宗旨】

维护会员的合法权益，提高会员的业务能力，加强行业自律建设，致力于服务全体会员；支持会员承办企业破产、强制清算案件；代表全体破产管理人协调各级法院、司法行政、财税机关及其他相关部门的工作；协助建立健全企业退出的市场化长效机制，推动市场经济健康持续发展。协会开展相关活动应遵守宪法、法律、法规和国家政策，践行社会主义核心价值观，遵守社会道德风尚，遵守人民法院有关企业破产及强制清算的操作规程。

第六十八条 【成立破产管理人协会的意义】

破产管理人协会的成立，标志着企业破产清算、重整重组事务迈上了新的台阶，步入了规范化、标准化、程序化的道路。坚持求真务实，改革创新，以政府倡导为方向，行业自律为导向，会员诉求为基础，协助建立健全企业退出的市场化长效机制，推动市场经济健康持续发展。

第六十九条 【破产管理人协会的工作原则】

遵守法律、法规，独立自主，平等协商，公开透明。

第七十条 【破产管理人协会职责】

1. 支持和保障会员依法执业，代表会员参与行业管理和决策，反映会员的诉求和意见，维护会员合法权益。
2. 制定执业规范和行业管理制度。
3. 组织破产管理人开展学术交流和业务培训活动，提升专业素质。
4. 组织破产法理论与实务研讨，构建管理人交流平台。
5. 协助落实破产管理人动态管理的各项措施。
6. 促进行业执业保险的推行。
7. 组织中外破产法互动与交流，推动国际破产管理业务的合作与发展。
8. 代表全体破产管理人就行业发展中的事务与人民法院、司法行政、财税部门及其他相关部门进行工作协调。
9. 宣传管理人工作和破产文化，提升行业影响力。
10. 办理业务主管单位授权和委托的事务。
11. 颁发破产管理人职业资格证书，规范从业行为。
12. 与有关部门保持合作与沟通，推动破产管理法律、法规的完善和实施。
13. 开展其他为实现协会宗旨有关的工作。

第七十一条 【破产管理人协会成员】

破产管理人协会是依法设立的，由各省高级人民法院司法管辖范围内入选各级人民法院破产管理人名册，接受人民法院指定担任破产案件管理人并依法履行管理人职责的律师事务所、会计师事务所、破产清算事务所等社会中介机构及专业开展破产业务的人员自愿组成。

第七十二条 【破产管理人协会主要机构】

会员大会是破产管理人协会的最高权力机构，依照国家法律、法规和协会章程的规定行使职权。理事会是会员大会的常设执行机构，在会员大会闭会期间负责协会日常工作，对会员大会负责。秘书处为协会的日常办事机构，负责具体落实会员大会、理事会和会长办公会议各项决议、决定，承担协会日常工作。监事会行使相关监督的职权。

为充分发挥行业自律职能，协会设立权利维护委员会、专业指导委员会、纪律惩戒委员会、行业战略委员会、文化建设委员会五个专门委员会。

第七十三条　【破产管理人协会会员】

协会会员包括个人会员和企业会员。

第七十四条　【破产管理人协会个人会员入会条件】

1. 具备独立从业资格，持有破产管理人职业资格证书。
2. 积极参与协会活动，提供专业意见和建议。
3. 遵守协会章程和各项规定。

第七十五条　【破产管理人协会企业会员入会条件】

1. 注册为破产管理服务机构并取得相应资质。
2. 积极参与协会活动，推动行业发展和规范化进程。

第七十六条　【破产管理人协会经费管理】

1. 协会的经费主要来源于会员的会费、捐赠、赞助和相关经营活动所得。
2. 协会必须对收入和支出进行登记、统计、审计，保证经费的合法合规使用。
3. 协会的财务状况应当公开透明。

第三章　管理人接管破产企业

【本章概述】

本章的主要内容为管理人接管债务人及接管后的日常管理、对债务人的调查、决定继续或停止债务人的营业、决定债务人的内部管理事务、决定合同的解除或继续履行等具体工作的内容和工作模式。

管理人应接收债务人全部财产，并依法对债务人财产范围、数量、权属状况等进行清查，编制财产清单，掌握债务人资产的实际状况，为其后的财产评估及处理提供基础；同时，管理人应依法做好债务人财产的安全保卫、保值、增值工作，依法维护债务人的财产权利。

本章包括以下七节内容：

第一节　对债务人非财产类事项的接管

第二节　对债务人财产的接管

第三节　对债务人进行全面尽职调查

第四节　管理债务人企业

第五节　决定继续或停止债务人的营业

第六节　决定合同的解除或继续履行

第七节　处分债务人财产

第一节　对债务人非财产类事项的接管

第一条　【管理人接管的法律依据】

依据《企业破产法》第二十五条的规定，管理人应接管债务人的财产、印章和账簿、文书等资料。

第二条　【管理人接管前的准备工作】

管理人接管债务人前，应做好以下准备工作：

1. 管理人接受指定后，应立即安排人员到法院阅卷，了解案件的基本情况。阅卷范围包括但不限于破产申请书、财产状况说明、债权清册、债务清册、有关财务报告、职工安置预案、职工工资支付和社会保险费用的缴纳情况等相关材料。

2. 管理人根据阅卷及人民法院提供的联系方式，提前联系债务人的法定代表人或实际负责人，并让其通知相关人员，预约首次见面的时间、地点、访谈的主要内容。

3. 通过走访债务人住所、实际经营场所、法定代表人、负责人及其他相关人员，进一步调查了解债务人财产、债权、债务、人员等情况，告知法定代表人和相关责任人员明确交接的范围和交接内容，做好交接准备，并告知违反交接义务应承担的法律责任；向债务人员工和外部相关人员和单位发布通知和公告，通报接管的有关事项。

4. 制定债务人接管方案，确定接管人员，明确人员分工和岗位职责，明确财产、印章和账簿、文书等资料的接管办法，必要时可以进行分期、分批接管。

5. 与债务人的法定代表人、负责人确定召开交接工作会议的时间、地点。

第三条　【管理人接管的范围】

管理人接管债务人的财产、印章和账簿、文书等各种电子或书面资料，包括但不限于：

1. 接管债务人印章。

2. 接管债务人的经营证照。

3. 接管债务人的财务。

4. 接管债务人的经营档案，包括各类经营合同协议及文件资料。

5. 接管债务人的人事档案。

6. 接管债务人的行政档案。

7. 接管债务人的诉讼、仲裁案件、行政处罚案件及其案件材料。

8. 接管债务人的财产。

9. 管理人应一并接管不属于债务人所有但由债务人占有或者管理的相关的财产、印章和账簿、文书等资料。

10. 债务人设立的包括但不限于全资子公司、控股公司、分支机构等，管理人应一并接管上述公司、分支机构的相关财产、印章和账簿、文书等资料。

第四条　【债务人印章交接】

（一）债务人印章种类

包括债务人公章、部门印章、分支机构印章、财务专用章、合同专用章、海关报关章、法定代表人印章及其他印章。

（二）交接方式

管理人应根据公章的用途逐一进行接管核对，接管债务人的公章、财务专用章、合同专用章、法定代表人印章、发票专用章、海关报关章、部门印章、分支机构印章等全部印章。接管公章时应与相关负责人员逐一核对公章内容，并且当场在交接清单上留存样本，并逐一编号，法定代表人按印样编号，向管理人移交印章实物，管理人接收人员、原保管人及债务人主要负责人在公章交接清单上共同签字确认。

第五条　【证照及权属证明文件的交接】

应接管的证照包括但不限于企业的营业执照（正副本）、分公司营业执照、税务登记、外汇登记证、海关登记证明、贷款证、企业信用等级证（包括正副本和电子文本）、银行基本户的开户许可证、特殊行业的相关许可证（如食品生产许可证、食品经营许可证、粮食收购许可证等）。还包括房屋所有权证书、土地使用权证书、不动产登记证书、车辆所有权证书、知识产权证书、股权证等权属证明文件及其相关合同等文件。

上述证照及文件逐一登记，制作权属证明文件交接清单，管理人接收人员与原保管人员、债务人主要负责人在交接清单上共同签字确认。

第六条 【债务人的财务资料的交接】

（一）债务人的财务资料

1. 债务人的现金、有价证券、银行账户印鉴、银行票据、商业票据。

2. 债务人的总账、明细账、台账、日记账、会计凭证、重要空白凭证、会计报表等财务账簿及债务人审计、评估等资料。

3. 债务人纳税资料及凭证。

4. 债务人的借款合同、融资租赁合同、投资协议等合同协议及相关债权、债务等合同相关资料。

5. 债务人的电脑数据和授权密码。

（二）财务资料交接要求

管理人应全面接管债务人的财务资料，工作人员应将接管内容分类逐一登记、清点数目，核对无误后，管理人接收人员、原保管人及债务人主要负责人在公章交接清单上共同签字确认。

第七条 【人事档案的交接】

（一）债务人的人事档案

债务人的人事档案包括薪酬制度、员工名册、员工档案、社会保险缴费资料、债务人为员工办理的商业保险等资料。

（二）人事档案交接要求

双方在人事档案交接清单上签字确认，并将编制好的职工清册与债务人的劳动人事部门核对无误后，报送法院备案；必要时，应当调取职工档案，一对一谈话。

第八条 【诉讼、仲裁、行政处罚案件资料交接】

债务人法定代表人或负责人制作诉讼案件明细表，主要载明：诉讼当事人、受理法院、案由、诉讼标的、基本案情简介、诉讼所处阶段等。双方按明细表将每件案件的证据材料和法律文书等涉及诉讼的各类资料办理交接，并在诉讼案件明细表上签字确认。

第九条 【债务人的行政档案、经营档案的交接】

（一）债务人的行政档案、经营档案

债务人的行政档案、经营档案包括债务人的章程、管理制度、股东名册、股东会决议、董事会决议、监事会决议以及债务人内部会议记录等档案文件。此外，还包括对外合同、公证文书等法律文书及各类决议、管理系统授权密码及其他债务人存档的全部文档。

（二）行政档案、经营档案交接要求

全部文书类材料应根据性质及用途分类进行交接，对交接材料的内容、数量作出明确标注，按照类别、年份逐一登记，核对无误后，管理人接收人员、原保管人及债务人主要负责人在交接清单上共同签字确认。

第十条 【其他事项的交接】

双方根据移交事项的实际情况进行交接，并在交接清单上签字确认。

第十一条 【接管手续】

1. 管理人提前与债务人法定代表人、负责人约定接管时间和地点，及时办理接管手续；债务人法定代表人或负责人去世、下落不明或因其他原因不能履行职责，也未通过其他方式产生适格代理人的，管理人应同对债务人财产负有保管义务的人或者实际占有债务人财产的人一起办理交接手续。

2. 管理人按债务人法定代表人、负责人、保管人或实际占有人提供的交接清单逐一清点，接收所有的财产、账册、文书档案、印章、证照和有关资料。交接完毕，双方在移交书和移交清单上签字确认。移交书和移交清单至少应一式三份。

出现交接人不能交出应交接财产、物品或资料的情况，应该在交接记录中记明，并要求法定代表人及有关人员作出书面说明或提供有关证据、线索，以明确责任和利于管理人向有关方追索。

3. 在接管过程中管理人可以要求债务人法定代表人、负责人、保管人或实际占有人以及相关财务人员和其他高级管理人员提供交接事项的相关情况，并在交接清单中作出备注说明。

4. 债务人的有关人员不协助管理人接管的，管理人应当书面报告人民法院，请求人民法院强制债务人的有关人员配合。

5. 管理人应将接管债务人情况作成报告，附有关材料，提交给法院。

第十二条 【管理人接管的标准】

管理人对债务人财产、印章和账簿、文书等资料的接管，以实际占有或者实际控制为标准。管理人实际占有或者实际控制的，视为管理人已接管；管理人没有实际占有或者实际控制的，视为管理人没有接管；管理人实际部分占有或者实际部分控制的，视为管理人部分接管。

管理人应在交接时开始对接收的债务人财产等履行日常管理、财产保管等职责。

第十三条 【接管工作中的注意事项】

管理人接管债务人时，应当注意如下问题：

1. 重点事项一次性交接完成，不能拖延交接时间。

2. 交接时认真听取债务人法定代表人、负责人、保管人、债务人财产占有人的介绍，详细查阅文件资料，详细询问相关事项，必要时可以制作询问笔录。

3. 债务人的电子计算机、保险柜、电子印鉴的登录密码和口令要核对正确后移交。

4. 对于接管的电脑数据，要进行备份和固化。

第十四条 【不应接管的范围】

债务人党委及工会组织的财产及印章管理人不应接管，管理人可以了解相关情况后由党委及工会继续保管相关财产及印章，若债务人的党委及工会组织不能履行职责的，则管理人应向上一级党委及工会组织汇报情况，必要时可以向受理破产的人民法院申请协调处理。

第十五条 【重整案件接管的特殊情形】

在重整期间，经债务人申请、人民法院批准，债务人可以在管理人的监督下自行管理财产和营业事务。在此情况下，已经接管债务人财产和营业事务的管理人应当向债务人移交财产和营业事务，管理人的这部分职权由债务人自行行使。

第十六条 【更换管理人对接管事项的处理】

人民法院决定更换管理人的，原管理人应当自收到决定书之次日起，在人民法院监督下向新任管理人移交全部资料、财产、营业事务及管理人印章，并及时向新任管理人书面说明工作进展情况。原管理人不能履行上述职责的，新任管理人可以直接接管相关事务。

第二节 对债务人财产的接管

第十七条 【进行接管前调查】

管理人应在接管债务人财产前向债务人法定代表人和其他负责人员通过访谈的方式了解债务人财产情况，做好访谈记录。具体了解内容包括但不限于以下情况：

1. 债务人注册资本缴付及是否有抽逃资金的情况；

2. 债务人财产范围及其占有、使用情况；

3. 债务人占有和使用的其他财产情况；

4. 以债务人财产和股权作为担保财产的情况；

5. 近一年内重大资产处置情况；

6. 高管人员侵占企业财产情况；

7. 与财产相关诉讼和其他纠纷情况等。

第十八条 【制定接管方案】

为实现对债务人财产全面、有效的接管，管理人在接管前应根据整体接管方案制订全面、翔实的债务人财产接管方案。财产接管方案主要包括以下几方面内容：

1. 明确接管时限。管理人应在人民法院指定管理人决定书送达后的十五日内，与债务人原企业经营管理人员办理财产交接手续；

2. 负责财产接管的领导和具体工作人员，明确接管人员的分工；

3. 明确接管财产范围、各类财产的接管方式、工作进度；

4. 各类财产的具体接管要求；

5. 确定财产保管办法，落实接管后的财产保管人员；

6. 应急预案等。

第十九条 【统筹协调管理人接管与其他中介机构的进场调查工作】

为提高工作效率，避免重复工作，节约破产成本和时间，在接管前应与人民法院协商确定审计、评估机构，尽量使管理人的接管与审计、评估机构的进场盘点、调查同时进行；因客观原因难以同时进行的，管理人也应依法及时开展接管工作。

第二十条 【债务人财产的接管方式】

（一）接管债务人的实物资产

针对实物资产的接管，至少要有三个管理人接管小组工作人员一同进行，保证专人负责全程录音录像，其他两人负责实物资产的现场核查。管理人接管小组工作人员应提前制作实物资产接管的清单，按照实物资产的不同性质进行区分，分类接管、分类登记，同时要接管相关资产的权属证书，核实无误后登记在册。管理人应在接管的同时确定实物资产保管人员。

（二）接管债务人的货币性资产

货币性资产里的现金应包括库存现金、应收账款和应收票据等。

1. 库存现金的接管。管理人接管小组工作人员应与债务人财务人员核对账目上库存现金的金额，若账面有金额记载，则按记载金额接管。至少应两个管理人接管小组工作人员一同进行，专人负责全程录音录像，一人负责清点现金金额，登记在册并妥善保管。

2. 银行存款的接管。管理人接管小组工作人员应确定债务人的基本户及其他银行账户，接管银行账户的相关资料，包括基本户开户许可证、银行卡、密钥等；将不同的账户登记在交接清单上，注明开户行、账户性质、是否有余额。若债务人银行账户有余额，管理人接管小组工作人员在接管完毕后，及时将余额转入管理人开立的临时账户内。

3. 其他货币资金的接管。主要是指外部存款、银行汇票存款、银行本票存款、信用卡存款、信用证外部保证金存款、住房资金管理中心所存的房改售房款等。

管理人接管小组工作人员在接管前，应明确接管内容，对库存现金应盘点移交，对银行存款、其他货币资金等到相关金融机构或部门进行核实，并根据盘点、核实情况制作移交清单，由双方共同在交接清单上签字确认。

（三）接管债务人的权属证明文件

应根据财产分类，接管房屋所有权证书、土地使用权证书、不动产登记证书、车辆所有权证书、股权证等权属证明文件及其相关合同等文件，上述证照及文件逐一登记，制作权属证明文件交接清单，管理人接收人员与原保管人员、债务人主要负责人在交接清单上共同签字确认。

（四）接管知识产权、商标权、著作权等无形资产

1. 无形资产的接管，以接管相关权属证书的方式进行。至少两个管理人接管小组工作人员一同进行，保证专人负责全程录音录像，其他工作人员对无形资产的全部情况进行详细了解后，开始进行清查、盘点及登记。

2. 管理人接管小组工作人员应提前制作无形资产的接管清单，按照无形资产的不同类型分别列表、分类接管、分类登记。

第二十一条 【被查封、扣押、冻结财产的接管】

管理人接管债务人财产时，发现债务人财产在人民法院受理破产申请前被依法采取保全措施且人民法院受理破产申请后仍未解除的，或发现债务人财产在法院受理破产申请前被依法采取执行措施但在法院受理破产申请后仍未中止的，管理人应该通知有关人民法院解除保全措施或者中止执行措施，以便管理人有效地接管该项财产。

如相关单位无正当理由予以拒绝或者在合理期限内未进行反馈的，管理人应当提请破产案件受理法院通知相关单位解除保全或者中止执行。

相关人民法院拒不解除保全措施或者拒不中止执行的，破产受理人民法院可以请求该法院的上级人民法院依法予以纠正。对债务人财产采取保全措施或者执行措施的人民法院未依法及时解除保全措施、移交处置权，或者中止执行程序并移交有关财产的，上级人民法院应当依法予以纠正。相关人员违反上述规定造成严重后果的，破产受理人民法院可以向人民法院纪检监察部门移送其违法审判线索。

第二十二条 【核查债务人财产】

管理人应在接管债务人财产后，进一步清查、核实债务人财产情况。财产清查范围和清查方式如下：

（一）库存现金和金库中的单据、白条等

清点应做到账证一致、账账一致，对于不符处，应查明原因并如实登记。

（二）银行存款

将公司银行存款账户上的存款金额与银行对账单上的余额进行核对，将银行流水与企业记账凭证进行核对，在账账一致、账证一致并将未达账款清理完毕后，进行登记。

（三）债务人的有形资产

根据如下分类进行实地清点，与账面数额核对一致后，必要时重新对其进行分类登记。若与账面记载不一致，要记录盘亏或者盘盈的情况。

1. 存货状况。对存货的存放地点、数量、状态、性质及相关凭证进行核实。

2. 债务人的设备、构筑物和房屋以外的其他地上附着物。对设备、构筑物和其他附着物的权属、相关合同、凭证、施工文件，债务人有关海关免税的设备情况进行核实。

3. 房屋所有权。核实相关合同、立项文件、相关许可、施工合同、付款进度和凭证等。

4. 登记在债务人名下的汽车。对载人、载物以及生产使用的全部汽车进行清查，核实汽车的购买发票、行驶证、保险单等。

（四）在建工程

核实立项文件、相关许可、施工合同、工程进度、付款进度、施工状况及相关技术资料。

（五）债务人的债权

应调查债权的形成原因、形成时间、具体债权内容、债务人的债务人实际状况、债权催收情况、债权是否涉及诉讼或仲裁、是否已过诉讼时效期间、已诉讼或仲裁的债权的履行期限等。通过查账进行核实，要核实债权内容是否账账相符，将查证属实的债权进行重新分类登记，予以确认。

（六）长期投资

应对投资证券、全资企业、参股企业情况及投资额、公司现存股票、出资证明书数额，核对无误后进行登记；对于如项目投资的其他长期投资，管理人应对投资额及相关合同、票据等文件进行核实，无误后予以登记。

（七）无形资产

应查明土地使用权、专利权、商标权、著作权、许可或特许经营权等权利证明文件、相关合同文件、权利期限与账目记载进行核实，如有不符，应查明原因并进行处理。

（八）债务人被其他人占有的财产

核查债务人关于财产被其他人占用情况的说明、相关合同、法律文件等。

（九）债务人占有和使用的其他财产

核查债务人关于占有和使用其他财产情况的说明、相关合同、法律文件等。

第二十三条 【制作财产状况报告】

管理人接管和清查债务人财产状况后，应就接收、清查和保管情况制作债务人财产状况报告。债务人财产状况报告应当反映债务人各项财产的分布、数量、权属状况、账面价值和实际现状等基本情况，并提出对债务人财产管理和处分的意见。管理人非因自身原因无法全面调查债务人财产状况的，应当就无法调查的情况在债务人财产状况报告中作出说明，及时提交给人民法院及债权人委员会，并向债权人会议报告，作为人民法院、债权人会议及债权人委员会决定相关事项时的参考依据。

第三节　对债务人进行全面尽职调查

第二十四条　【管理人对债务人调查的范围】

管理人接管债务人后，应全面、深入地调查债务人，了解、核实企业的情况，包括但不限于：

1. 债务人股东的出资情况。包括认缴出资额、出资方式、出资期限、出资情况，是否存在出资不足、抽逃出资等情形。

2. 债务人生产经营状况。包括企业的主营业务、业务模式、是否正常经营等。

3. 债务人财产状况。包括财产类型、存放场所、相关权属证明、占有、使用和收益情况、相关财产纠纷情况等。

4. 重大合同及其履行情况。包括借款合同、融资租赁合同、工程施工合同、特许经营合同、金额较大的经营合同等重大合同。

5. 债务人未履行完毕的合同情况。

6. 债务人债权债务。包括债务人的主要债权人和债务人其债权债务金额，债权债务清单等。

7. 债务人所涉及的重大法律纠纷及行政处罚情况。包括对方当事人、案由、案件进展情况、相关案件材料等。

8. 债务人职工基本情况。包括职工人数、构成、工资待遇、劳动合同签订、社会保险缴纳等情况。

9. 债务人董事、监事和高级管理人员的情况。包括相关人员名单和基本情况，工资待遇、职务和职责，是否存在侵占公司财产情况等。

10. 债务人是否存在《企业破产法》第三十一条、第三十二条或者第三十三条规定的行为。

11. 管理人依职权应当调查的其他事项。

第二十五条　【对债务人出资人出资情况、滥用股东地位情况进行调查】

1. 调取债务人全部工商档案，查询企业设立、变更、出资情况、行政处罚、股权质押登记等情况。

2. 查阅债务人行政档案中的股东（大）会、董事会、监事会文件，章程及其修正案，以及出资人的出资协议，股东名册，验资报告，股东以非货币财产出资的交接文件、财产权属证明文件、权属变更登记文件、相关审计报告和评估报告。

3. 查阅财务档案，对实收资本账目、缴付凭证、银行流水、相关合同文件，股东及其关联方借款、非正常的往来情况等进行调查，调查股东实际缴付出资和是否存在抽逃出资、占用债务人资产、违反公司章程进行关联交易等情况。

4. 聘请具备相关资格的注册会计师对债务人财务报表进行审计，核实股东实际缴付出资和是否存在抽逃出资、占用债务人资产、违反公司章程进行关联交易等情况。

5. 询问债务人的出资人、法定代表人、财务负责人等相关人员，核实出资人出资情况、出质情况，以及是否存在抽逃出资、占用债务人资产、违反公司章程进行关联交易等情况。

第二十六条 【对出资人出资瑕疵、滥用股东地位情况的处理】

1. 对于债务人的出资人有虚假出资、出资不足、非货币出资被高估、抽逃出资等情形，管理人应书面向出资人告知相应的法律责任，并限期履行出资义务。

2. 出资人有已认缴但尚未到期的出资或有尚未完全履行出资义务的情形，管理人应书面向出资人告知相应的法律责任，并限期履行出资义务。

3. 对股东存在抽逃出资、占用债务人资产等情况的，管理人应依法追回。

4. 对股东存在违反公司章程进行关联交易等滥用股东地位损害公司利益的情况，管理人应依法要求股东赔偿债务人的损失。

第二十七条 【对董事、监事和高级管理人员的调查和处理】

管理人应对债务人的董事、监事和高级管理人员（包括曾经担任有关职务的人员）履职情况进行调查，并对相关违法违规事项进行处理。

（一）调查范围和调查方式

1. 通过询问债务人的出资人、法定代表人、财务负责人等相关人员，并查阅债务人行政档案中的股东（大）会、董事会、监事会文件、经理办公会文件及财务档案，对财务账目、凭证、银行流水、相关合同文件等进行核对，对董事、监事和高级管理人员及其关联方与债务人之间的关联交易、非正常的往来情况等进行调查。

2. 聘请具备相关资格的注册会计师对债务人财务报表进行审计，对上述情况进行审计核查。

（二）处理方式

通过上述调查，发现董事、监事和高级管理人员存在利用职权从债务人获取非正常收入和侵占债务人财产情况的，管理人应当积极追回财产；发现董事、监事或者高级管理人员有违反忠实义务、勤勉义务，致使债务人破产的行为，一经发现，应要求其依法承担民事责任。

第二十八条 【对重大法律纠纷和行政处罚的调查和处理】

（一）调查范围和调查方式

通过向债务人法定代表人、负责人、法律顾问询问，并查阅接收的诉讼、仲裁、行政处罚案件资料，了解债务人已了结及未了结的诉讼、仲裁、行政处罚、索赔详细情况，以及债务人因违反或被告知违反卫生、防火、建筑、规划、安全、环保等方面之法律、法规而可能涉及行政处罚或诉讼的情况。

（二）处理方式

1. 对于正在进行的有关债务人企业的诉讼、仲裁、行政处罚事项，管理人应当将人民法院裁定受理债务人破产申请以及管理人接管债务人的情况，通知有关法院或仲裁机构，由管理人负责人代表债务人或委托其他人员继续参与诉讼、仲裁或接受行政处罚审查处理。

2. 司法机关对债务人的财产采取保全措施的，管理人应当及时通知司法机关解除保全措施，将被查封、冻结的财产纳入债务人财产集中进行管理和清算，并通知申请人向管理人申报债权。

3. 对以债务人为被执行人、未执行完毕的案件，管理人应当及时通知执行机关中止执行程序，取回尚未在执行程序中被处分的债务人财产纳入债务人财产集中进行管理和清算，并通知申请人向管理人申报债权。

第二十九条　【对债务人企业生产经营情况的调查】

管理人应对债务人生产经营情况进行调查，并分析造成债务人破产的原因。调查范围及调查方式如下：

1. 查阅债务人营业执照、税务登记证书、特许经营证书、资质证书、相关批准文件，以及重要合同等文件。

2. 向债务人法定代表人、负责人及相关主管部门查询债务人的组织结构、股权结构、参股和控股企业的情况、分支机构及营业网点等情况。

3. 向债务人法定代表人、负责人及相关专业人员查询债务人生产设备状况、生产能力、技术水平、企业产品、成本构成、服务结构，以及行业发展状况、债务人在行业内所处的位置、产品市场占有率，分析债务人亏损的重要原因。

4. 向债务人管理层及其他职工了解债务人经营状况及其对企业发展的意见。

根据上述调查和咨询，管理人应就债务人的经营状况和破产的原因作出分析，并就债务人重整、和解的方向和可能或破产清算的影响等作出判断。

第三十条　【对债务人合同及履行情况的调查和管理】

（一）调查范围

管理人应对债务人已履行完毕的重大合同和正在履行中的合同及其履行情况进行审查、清理，包括借款合同和担保合同，融资租赁合同，合并、分立、联合、重组、收购、承包合同，知识产权相关合同，特许经营合同，重要的购销、租赁、服务、保险合同等。

（二）审查和处理方式

1. 对已经履行完毕的合同，尤其是人民法院受理破产案件以前一年内的合同，应审查其是否存在《企业破产法》第三十一条规定的不正常交易的情况，是否有无效、可撤销并可使债务人企业追回财产的情形，是否存在其他不正常、不正当的关联交易和其他交易，并依法要求确认无效、撤销，追回财产，要求相关当事人赔偿损失。

2. 对破产申请受理前成立并且债务人和对方当事人均未履行完毕的合同，管理人有权依据《企业破产法》第十八条的规定决定解除或者继续履行合同，并应通知对方当事人。

第三十一条　【管理人对债务人调查的注意事项】

1. 管理人应在调查前针对调查对象和调查事项做好调查提纲，调查一般应由两名以上调查人员在场，并制作调查笔录，调查人员和调查对象均应在笔录上签字确认。

2. 管理人发现调查的结果与前期调查结果或相关资料不符或不合逻辑的，应要求债务人企业的相关人员予以核实，或再次进行调查、扩大调查范围，以保证调查的准确性。

3. 管理人应及时处理调查中发现的问题，对需要报请法院或债权人会议批准的事项，及时向法院和债权人会议提交报告和处理意见。

4. 管理人应将取得的调查材料及时归档。

第三十二条　【辅助调查措施】

（一）协助调查

管理人认为有必要时，可以要求债务人的有关人员协助管理人对债务人财产状况进行调查。债务人的有关人员拒绝协助的，管理人可以请求人民法院强制有关人员协助。

（二）与相关中介机构的调查互相印证

审计和评估等专业机构对债务人财产的专项审计和评估报告，可以作为管理人调查财产状况和制作债务人财产状况报告的财务依据。

第四节　管理债务人企业

第三十三条　【接管后管理人的日常管理工作】

1. 管理人接管债务人企业后，应确定管理人办公的地点，置办必要的办公设备，包括电话、电脑、打印机、复印机、文件装订工具和档案保管材料等。

2. 安排专人负责接待来电、来访，接收、发送、传达文件等管理人日常事务。

3. 对留守人员和聘用的其他工作人员进行有效管理，与留守人员和聘用的其他工作人员签订书面合同，确定聘用期限、职责、工资待遇等，并按聘用工作人员考核制度，对其出勤和执行职务情况进行考核，破产企业留守人员的工资和劳动保险费用纳入破产费用，根据合同的约定按时支付。

4. 按管理人财务制度，全面掌控债务人财务收支工作，根据管理人批准的债务人财务收支计划向债务人拨付资金，对破产费用和共益费用管理人可以从债务人财产中随时清偿，但必须按支付标准，经管理人负责人批准后方可支出；其他财务支出，须经债权人会议审议通过。

5. 严格执行财产保管、安全保卫和应急机制，做好债务人财产保管、管理和安全保卫工作，及时排除安全隐患。

6. 债务人继续经营的，管理人要依法监督企业财产管理和营业事务，定期听取经营管理人员关于财务收支、财产管理和营业事务的报告，随时处理财产管理和经营中出现的问题。

7. 随时处理日常管理中出现的其他问题。

第三十四条 【接管后债务人内部事务及其管理方式】

1. 接受主管部门的行政管理，包括税收和社会保险申报、各项经营许可和特种设备、车辆的年检以及其他主管部门的行政管理等。管理人可以视情况安排债务人的财会、统计、人事管理人员等作为留守人员继续相关工作，或聘用其他专业人员从事相关工作。

2. 债务人财产和安全保卫工作，管理人可以视情况安排债务人保管、保卫人员等作为留守人员继续相关工作，或聘用其他专业人员从事相关工作。

3. 接管后管理人决定继续债务人的营业的，在重整程序或和解程序中，债务人可以申请自行管理财产和营业事务，如果管理人接管企业财产管理和营业事务的，管理人在保证对企业财产和营业控制权的前提下，可以优先考虑聘请债务人的主要经营管理人或委托具备相关资格的其他机构和人员负责企业经营管理事务，但应尽量避免聘用对债务人破产负有责任的人员。

第三十五条 【对债务人财产的管理】

管理人应制定债务人财产保管制度，指定人员保管已接收实物财产和权属证明文件，并做好安全保卫工作。根据财产的不同情况管理人应分别处理：

1. 指定的保管人员应根据财产保管制度保管已接收实物财产和权属证明文件。

2. 为了提高债务人财产的价值，需要对债务人财产进行维护或者维修的，管理人应当安排保管、维护或者维修。

3. 债务人的财产需要办理保险的，管理人应当办理保险手续。

4. 债务人的财产易损、易腐、价值明显减少、不适合保管的，管理人应当依法变卖。

5. 债务人的财产如不依法登记或者及时行使权利将丧失全部或者部分财产权利的，管理人应当依法登记或者及时行使权利。

6. 债务人的财产权属关系存在争议或者尚未确定的，管理人应当依法确权或者明确。

第三十六条 【对固定资产的管理】

（一）要集中管理

对运输工具等易于流失的资产，采取集中管理的办法，要适时维护，如对于易损机械设备，应组织破产留守人员定期维护，以防在处理前损坏。

（二）要发挥应有效用

对于房屋等资产，如果清算周期较长，可以在征得债权人同意情况下对外出租，一方面可以使破产财产适度增值，另一方面又起到维护和保养的作用。

（三）必要时可参加保险

清算周期一般都在三个月以上，因此管理人应具有风险意识，注意购买固定资产的财产保险，以避免无法预见的不必要损失。

第三十七条　【对长期投资的管理】

对债务人的长期投资，管理人应当及时通知出资企业，采取措施对该投资股权或其他权益进行接管，依法行使出资人权利，并对出资企业财务进行审计，对出资权益进行评估；对于企业因该投资而外派的董事、监事及其他高管人员，应纳入管理范围，必要时可依法进行更换。

第三十八条　【对共有财产的处理】

债务人与他人共有的物权、债权、知识产权等财产或财产权益，应当在破产程序中予以分割，债务人分割所得属于债务人财产；共有财产不能分割的，应当就其应得部分转让，转让所得属于债务人财产；转让时共有人享有优先购买权。

第三十九条　【对与执行相关的财产的管理】

自人民法院作出受理破产申请裁定之日起，有关债务人财产的执行程序中止；债务人财产尚未执行完毕的剩余部分仍属于债务人财产，由管理人从执行法院或者其他执行机关处接管。因错误执行应当执行回转的财产，在执行回转后列入债务人财产。

执行法院对债务人的动产作出拍卖成交裁定或者以物抵债裁定，且该动产已交付给买受人或者债权人的，视为执行完毕。

执行法院对债务人的不动产、有登记的特定动产或者其他财产权作出拍卖成交裁定或者以物抵债裁定，且该裁定已经送达买受人或者债权人的，视为执行完毕。

执行机关扣划债务人的账户资金，该资金已脱离债务人的实际控制，视为该次执行已完毕。

第四十条　【利用债务人闲置资产获取收益】

债务人的闲置资产具备对外出租等条件的，经债权人会议同意，管理人可以通过对外出租等方式获取收益。利用债务人闲置资产获取收益应注意如下事项：

1. 利用方式应以有利于资产将来价值最大化为原则。

2. 应取得债权人会议或债权人委员会表决同意；召开债权人会议之前利用闲置资产的，应当书面报经人民法院许可。

3. 应当签订不定期合同，合同价格不得低于市场价格，且合同中应当包括如下条款：（1）合同对方必须在财产、房产变价成交后立即无条件交付买受人；（2）不允许合同对方对债务人财产进行改造、重大装修，且须约定合同对方在债务人财产上所进行的装修、添附等在合同终止或解除后归债务人所有。

4. 收入应当全额支付至管理人账户。

5. 其他保护债权人及债务人利益、保障破产程序不受阻碍的条款等。

第四十一条 【中止对债务人财产的执行程序】

人民法院受理破产申请后，有关债务人财产的执行程序应当中止；破产程序启动后，有关债务人财产的其他执行程序应当中止。所有有关债务人财产的执行程序全部中止，不仅包括民事执行，也包括行政执行和刑事执行。据此规定，应中止以下执行程序：

1. 对已提起的执行程序应当中止；已经审结但尚未申请或移送执行的，不得再提起新的执行程序；债权人凭生效的法律文书向受理破产案件的人民法院申报债权。但对于已执行终结的程序以及已部分执行完毕的财产，该规定无溯及力。

2. 应当中止的仅限于以财产为标的的执行程序，对债务人提起的非财产性执行程序可继续执行。

3. 在破产清算和破产和解程序中，有物权担保的债权人即别除权人就担保物提起的执行程序，原则上不应受中止效力的约束。

4. 人民法院受理破产申请前，债权人基于代位权提起诉讼，人民法院依据生效判决书或者调解书进行执行但尚未执行完毕，在破产申请受理后，执行程序应当中止，债权人依法向管理人申报债权。

第四十二条 【解除有关债务人财产的保全措施】

解除债务人财产的保全措施应进行如下操作：

1. 人民法院受理破产申请后，债务人财产自动受到破产程序禁止个别清偿保全效力的保护，有关债务人财产的其他保全措施应当解除。

2. 对于人民法院在受理案件后又裁定驳回破产申请的，该法院在作出驳回破产申请裁定的同时，应当通知对债务人财产已解除保全措施的各人民法院恢复保全措施。在此种情况下，原已经解除的财产保全措施应当自动恢复或优先恢复原状，以维护原采取财产保全措施者的权益，并避免恶意利用破产申请解除他人财产保全措施，在驳回破产申请后自己再抢先进行财产保全的欺诈行为。

3. 对债务人财产已采取保全措施的相关单位，在知悉人民法院已裁定受理有关债务人的破产申请后，应当依照《企业破产法》的规定及时解除对债务人财产的保全措施。

第五节 决定继续或停止债务人的营业

第四十三条 【管理人决定继续或者停止债务人营业的法律依据】

依据《企业破产法》第二十五条的规定，在第一次债权人会议召开之前，管理人有权决定继续或者停止债务人的营业，包括全面营业或部分营业。

《企业破产法》对破产企业在破产程序中继续经营或恢复生产以第一次债权人会议为界限，规定了不同的批准程序。依照《企业破产法》第二十六条“在第一次债权人会议召开之前，管理人决定继续或者停止债务人营业或者有本法第六十九条规定行为之一的，应当经人民法院许可”的规定，在破产申请受理后至第一次债权人会议召开之前，管理人决定继续或者停止债务人营业的，应当由管理人向人民法院提出申请，经人民法院许可。在第一次债权人会议召开之后，依照《企业破产法》第六十一条的规定，应当由管理人提出方案，由债权人会议决定是否继续营业或停止经营。

第四十四条　【决定继续或者停止债务人的营业的标准】

1. 债务人存在继续营业的可能，继续营业有利于债务人资产保值增值、有利于提高债权人清偿比例的，债务人应当继续营业；反之，债务人应当停止营业。

2. 在人民法院裁定受理破产申请之前，已经有潜在的重组方与债务人沟通，有意愿继续发展债务人业务，债务人、债权人或出资人有意通过重整继续经营的，管理人须第一时间向法院申请继续营业。

第四十五条　【继续或停止债务人的营业的决定和审批】

1. 管理人根据其对债务人企业生产经营情况的调查结果，在接管企业后尽快对停止或继续债务人企业的营业作出决定，报人民法院许可，并在召开第一次债权人会议时，就继续或停止债务人的营业事项提请债权人会议审查。

2. 在申请重整和和解的案件中，除非管理人接管时债务人已停止经营或无法继续经营，否则管理人应当继续企业的营业。

3. 管理人决定债务人继续营业后，发现据以决定继续经营的条件发生变化，不适于继续营业的，应及时决定停止营业，如决定停止营业时尚未召开第一次债权人会议，管理人应就停止营业的决定及其理由制作书面报告报人民法院许可；如决定停止营业时临近第一次债权人会议或在第一次债权人会议之后，管理人应就停止营业事项提请债权人会议审议表决或提交债权人委员会在其授权范围内决定。

第四十六条　【人民法院决定是否许可破产企业继续经营时需要考量的因素】

人民法院在决定是否许可破产企业继续经营时，需结合以下因素考量：

（一）企业性质

人民法院在决定是否许可破产企业继续经营时，应考察破产企业的产品性质是否为市场急需的产品，若属于应优先考虑，及时许可，帮助破产企业抓住商机。

（二）是否具备继续经营条件

人民法院对管理人继续破产企业经营的申请应进行审查，如对企业场地是否符合生产条件，生产设备、原材料等是否完备充足，前期资金、人员是否到位等生产经营条件，应进行考察，充分论证破产企业继续营业的可行性，综合衡量债权人、债务人的权益及社会利益，确保管理人勤勉审慎履职。

（三）府院联动，加大监管

破产债务人恢复经营，不仅要依照《企业破产法》规定的程序启动，还涉及政府相关部门对企业政策资金支持、营业许可、物资调配、税收、社保等多个方面的行政管理职能。人民法院应联合政府的相关职能部门，如市场监督管理部门、税务管理部门等，畅通破产企业经营渠道，协同加大对破产企业经营的监管，指导管理人尽职履责，使破产企业安全有序经营。

（四）合理控制生产规模

人民法院应督促管理人及破产企业尽量按订单生产，避免产品积压引发新的纠纷及债务。

（五）债权人最大利益原则

在第一次债权人会议召开之前，债权人尚未参与破产企业事务的决策。管理人对破产企业恢复经营生产作出商业价值判断，并向人民法院申请许可，人民法院在平衡社会利益、债务人利益的同时，应坚持债权人最大利益原则，不能过分强调债务人的经济再生，忽视债权人的债权实现及公平受偿。在第一次债权人会议召开后，管理人应将企业生产经营情况及时向债权人汇报，并由债权人会议决定是否继续经营。同时，在企业恢复生产后，人民法院应督促管理人把握生产经营动态，应势而变，视情况或停止生产，或转换破产程序，争取企业重整，实现债权人利益最大化。

（六）营业期限适当原则

在破产过程中继续营业期限一般不能长于破产终结程序。具体来讲，企业破产势必要处理公司资产，公司的生产设备处置完成或者公司资产完成转让，赖以营业的硬件设施消灭，或者在公司变价之后，破产分配方案制订之前，企业再继续营业下去已从事实上不可能，继续营业的期限也便终止了。

（七）及时原则

第一次债权人会议之前，对破产企业继续或停止营业，由管理人进行甄别判断，但管理人并无决定权，需向人民法院申请并获得许可才可恢复破产企业的经营。人民法院在审查破产企业是否具备继续经营条件时，应充分与管理人沟通了解，在必要时通过走访破产企业及政府相关部门，尽可能全面地把握了解破产企业的经营状态及条件，并及时作出是否许可的决定。

第四十七条 【债务人继续营业的资金来源和清偿的规定】

经债权人会议决议通过，或者第一次债权人会议召开前经人民法院许可，管理人或者自行管理的债务人可以为债务人继续营业而借款。提供借款的债权人可主张参照《企业破产法》第四十二条第四项的规定优先于普通破产债权清偿，但不可主张优先于此前已就债务人特定财产享有担保的债权清偿。

管理人或者自行管理的债务人可以为前述借款设定抵押担保，抵押物在破产申请受理前已为其他债权人设定抵押的，债权人主张按照《民法典》第四百一十四条的顺序清偿，人民法院应予支持。

第六节　决定合同的解除或继续履行

第四十八条　【管理人决定解除或继续履行合同的法律依据】

《企业破产法》第十八条规定：人民法院受理破产申请后，管理人对破产申请受理前成立而债务人和对方当事人均未履行完毕的合同有权决定解除或者继续履行，并通知对方当事人。管理人自破产申请受理之日起二个月内未通知对方当事人，或者自收到对方当事人催告之日起三十日内未答复的，视为解除合同。管理人决定继续履行合同的，对方当事人应当履行；但是，对方当事人有权要求管理人提供担保。管理人不提供担保的，视为解除合同。

第四十九条　【人民法院受理破产申请后债务人继续履行合同的范围】

1. 拟继续履行的合同，应为债务人与对方当事人在破产申请受理前成立而双方均未履行完毕的合同。

2. 拟继续履行的合同，应为管理人认为有必要继续履行的合同。包括：

（1）为保管债务人财产之目的必须履行的合同，如存放债务人财产所需场地的租赁合同、仓储保管合同等；

（2）有利于债务人财产保值增值的合同，如债务人财产出租合同及其他解除合同的损失大于继续履行合同的损失的经营合同等；

（3）债务人继续经营的，为债务人继续经营之目的而必须继续履行的合同，如供水、供电合同及其他经营合同等；

（4）其他管理人认为继续履行有利于提高债务人财产价值及债权人清偿比例的合同。

第五十条　【决定继续履行合同的权限和程序】

1. 在人民法院受理破产申请后、第一次债权人会议召开之前，对于债务人与对方当事人在破产申请受理前成立而均未履行完毕的合同，管理人认为有必要继续履行合同的，管理人应当向人民法院报告合同的签订、履行及有必要继续履行的相关情况，人民法院许可继续履行的，管理人应当作出继续履行合同的决定；人民法院不许可继续履行的，管理人应当作出解除合同的决定。

2. 第一次债权人会议召开之后，对于债务人与对方当事人在破产申请受理前成立而均未履行完毕的合同，管理人认为有必要继续履行合同的，管理人可以作出继续履行合同的决定，并及时报告债权人委员会。未设立债权人委员会的，管理人应当及时报告人民法院。

3. 决定解除或者继续履行债务人与对方当事人在破产申请受理前成立而均未履行完毕的合同的，如果与决定停止或者继续债务人的营业事项直接相关，则决定解除或者继续履行均未履行完毕的合同的，视同于决定停止或者继续债务人营业的事项，管理人应当按照法定程序报告人民法院或债权人会议决定。

第五十一条 【通知对方当事人继续履行合同的时限】

无论管理人是否已接管债务人财产，管理人拟继续履行债务人与对方当事人在破产申请受理前生效而均未履行完毕的合同的，管理人应自人民法院受理破产申请之日起两个月内通知对方当事人继续履行合同；未通知对方当事人解除或者继续履行合同的，或者自收到对方当事人催告之日起三十天内未答复的，视为解除合同。

第五十二条 【通知对方当事人继续履行合同的法律后果】

1. 对于管理人通知对方当事人继续履行的合同，对方当事人可以要求管理人提供继续履行合同的担保；管理人无法提供担保的，或者管理人提供的担保对方当事人不接受的，视为合同解除。

2. 对方当事人因合同解除而产生的对债务人的损害赔偿请求权，对方当事人可以申报债权；对方当事人因合同解除而产生的对债务人的债务，管理人应当要求对方当事人清偿。

3. 破产申请受理后管理人未通知继续履行合同，而管理人或债务人与对方当事人仍在执行相关合同的，不能认定为管理人决定对原合同的继续履行。应视为管理人或债务人与对方当事人就原合同事项重新建立了合同关系。

4. 对于分期履行合同、系列合同，管理人可以认定其中部分合同是破产申请受理日前一方已履行完毕的合同，部分合同是双方均未履行完毕需要继续履行的合同。对于已履行完毕的部分，对方当事人可依法申报债权。

第七节　处分债务人财产

第五十三条 【处分债务人财产的主体】

依据《企业破产法》第二十五条第一款第六项规定，管理人履行处分债务人财产的职责。

第五十四条 【处分债务人重大财产的程序】

管理人对债务人重大财产实施处分前，应提前十日书面报告债权人委员会或者人民法院。债权人委员会可以依照《企业破产法》第六十八条第二款的规定，要求管理人对处分行为作出相应说明或者提供有关文件依据。

管理人处分债务人重大财产的，应当事先制作财产管理或者变价方案并提交债权人会议进行表决，债权人会议表决未通过的或人民法院未裁定认可的，管理人不得处分。

管理人拟通过清偿债务或者提供担保取回质物、留置物，或者与质权人、留置权人协议以质物、留置物折价清偿债务等方式，进行对债权人利益有重大影响的财产处分行为的，应当及时报告债权人委员会。未设立债权人委员会的，管理人应当及时报告人民法院。

第五十五条 【债务人重大财产的范围】

须提交债权人会议进行表决的重大财产处分事项包括：

1. 涉及土地、房屋等不动产权益的转让；
2. 探矿权、采矿权、知识产权等财产权的转让；
3. 全部产品库存或者营业资质的转让；
4. 借款；
5. 设定财产担保；
6. 债权和有价证券的转让；
7. 履行债务人和对方当事人均未履行完毕的合同；
8. 放弃权利；
9. 担保物的取回；
10. 对债务人利益有重大影响的其他财产处分行为。

第五十六条 【对管理处分财产行为的监督】

债权人委员会认为管理人实施的处分行为不符合债权人会议通过的财产管理或变价方案的，有权要求管理人纠正。管理人拒绝纠正的，债权人委员会可以请求人民法院作出决定。

人民法院认为管理人实施的处分行为不符合债权人会议通过的财产管理或变价方案的，应当责令管理人停止处分行为。管理人应当予以纠正，或者提交债权人会议重新表决通过后实施。

第四章　债务人财产

【本章概述】

债务人财产在破产程序中具有重要意义，它是破产程序中各方主体行为所指向的最主要对象。破产程序中的各项实体性权利，包括抵销权、撤销权以及债权人的受偿权都是围绕着债务人财产而展开的；债务人财产的范围与数额决定了破产程序能否顺利进行以及债权人最终能够得到清偿的数额。本章对债务人财产的认定及收回、撤销权、债权人抵销权、权利人的取回权的行使等进行了介绍。

本章包括以下五节内容：

第一节　债务人财产的认定

第二节　债务人财产的收回

第三节　债务人财产的撤销权

第四节　债权人的抵销权

第五节　权利人的取回权

第一节　债务人财产的认定

第一条　【债务人财产的范围】

《企业破产法》第三十条规定：破产申请受理时属于债务人的全部财产，以及破产申请受理后至破产程序终结前债务人取得的财产，为债务人财产。

第二条　【债务人财产的构成】

《审理企业破产案件规定》第六十四条规定，破产财产由下列财产构成：

1. 债务人在破产宣告时所有的或者经营管理的全部财产；
2. 债务人在破产宣告后至破产程序终结前取得的财产；
3. 应当由债务人行使的其他财产权利。

第三条　【债务人财产的种类】

《破产法司法解释（二）》第一条规定：除债务人所有的货币、实物外，债务人依法享有的可以用货币估价并可以依法转让的债权、股权、知识产权、用益物权等财产和财产权益，人民法院均应认定为债务人财产。

《破产法司法解释（二）》第三条规定：债务人已依法设定担保物权的特定财产，人民法院应当认定为债务人财产。

对债务人的特定财产在担保物权消灭或者实现担保物权后的剩余部分，在破产程序中可用于清偿破产费用、共益债务和其他破产债权。

实践中债务人财产包括但不限于以下几类：

1. 有形资产：包括债务人实际占有的机器、厂房、设备等固定资产、流动资产、专项资产及公司提取的法定公积金、法定公益金。

2. 无形资产：包括专利权、商标权、著作权、土地使用权等。

3. 财产权利：指债务人享有的与有形资产或无形资产相关的物权权利及各项财产请求权。主要包括抵押权、留置权等物权权利，债权、股东出资缴纳请求权等财产请求权。

4. 或有财产：是指债务人可能取得的其他财产，包括法院受理债务人破产前一定时间内债务人被违法处置的财产、破产程序终结前取得的财产及破产程序终结后追加分配期内发现并追回的财产。

5. 债务人为自己或他人的债务以自己的特定财产设定担保的，该财产为债务人财产。

第四条　【不属于债务人财产的财产】

（一）《破产法司法解释（二）》第二条的不应认定为债务人财产的财产

1. 债务人基于仓储、保管、承揽、代销、借用、寄存、租赁等合同关系或者其他法律关系占有、使用的他人财产。

2. 债务人在所有权保留买卖中尚未取得所有权的财产。

3. 所有权专属于国家且不得转让的财产。

4. 其他依照法律、行政法规不属于债务人的财产。

（二）《审理企业破产案件规定》第七十一条的不属于破产财产的财产

1. 债务人基于仓储、保管、加工承揽、委托交易、代销、借用、寄存、租赁等法律关系占有、使用的他人财产。

2. 抵押物、留置物、出质物，但权利人放弃优先受偿权的或者优先偿付被担保债权剩余的部分除外。

3. 担保物灭失后产生的保险金、补偿金、赔偿金等代位物。

4. 依照法律规定存在优先权的财产，但权利人放弃优先受偿权或者优先偿付特定债权剩余的部分除外。

5. 特定物买卖中，尚未转移占有但相对人已完全支付对价的特定物。

6. 尚未办理产权证或者产权过户手续但已向买方交付的财产。

7. 债务人在所有权保留买卖中尚未取得所有权的财产。

8. 所有权专属于国家且不得转让的财产。

9. 破产企业工会所有的财产。

（三）属于他人所有但由债务人实际占有的财产

对于属于他人所有但由债务人实际占有的财产，应同其他公司财产一并移交给管理人，但财产权利人有权取回。

《审理企业破产案件规定》第七十二条规定：《审理企业破产案件规定》第七十一条第一项所列的财产，财产权利人有权取回。前款财产在破产宣告前已经毁损灭失的，财产权利人仅能以直接损失额为限申报债权；在破产宣告后因清算组的责任毁损灭失的，财产权利人有权获得等值赔偿。债务人转让上述财产获利的，财产权利人有权要求债务人等值赔偿。

第五条 【债务人与他人共有财产的认定和处理】

1.《破产法司法解释（二）》第四条规定：债务人对按份享有所有权的共有财产的相关份额，或者共同享有所有权的共有财产的相应财产权利，以及依法分割共有财产所得部分，人民法院均应认定为债务人财产。

人民法院宣告债务人破产清算，属于共有财产分割的法定事由。人民法院裁定债务人重整或者和解的，共有财产的分割应当依据《民法典》第三百零三条的规定进行；基于重整或者和解的需要必须分割共有财产，管理人请求分割的，人民法院应予准许。

因分割共有财产导致其他共有人损害产生的债务，其他共有人请求作为共益债务清偿的，人民法院应予支持。

2.《审理企业破产案件规定》第六十五条规定：债务人与他人共有的物、债权、知识产权等财产或者财产权，应当在破产清算中予以分割，债务人分割所得属于破产财产；不能分割的，应当就其应得部分转让，转让所得属于破产财产。

第六条 【债务人被执行财产的认定和处理】

1.《破产法司法解释（二）》第五条规定：破产申请受理后，有关债务人财产的执行程序未依照《企业破产法》第十九条的规定中止的，采取执行措施的相关单位应当依法予以纠正。依法执行回转的财产，人民法院应当认定为债务人财产。

2.《审理企业破产案件若干问题规定》第六十八条规定：债务人的财产被采取民事诉讼执行措施的，在受理破产案件后尚未执行的或者未执行完毕的剩余部分，在该企业被宣告破产后列入破产财产。因错误执行应当执行回转的财产，在执行回转后列入破产财产。

3.《最高人民法院关于对重庆高院〈关于破产申请受理前已经划扣到执行法院账户尚未支付给申请执行人的款项是否属于债务人财产及执行法院收到破产管理人中止执行告知函后应否中止执行问题的请示〉的答复函》规定：人民法院裁定受理破产申请时已经扣划到执行法院账户但尚未支付给申请人执行的款项，仍属于债务人财产，人民法院裁定受理破产申请后，执行法院应当中止对该财产的执行。执行法院收到破产管理人发送的中止执行告知函后仍继续执行的，应当根据《破产法司法解释（二）》第五条依法予以纠正。

第七条 【债务人土地使用权的认定和处理】

1.《城镇国有土地使用权出让和转让暂行条例》第四十七条规定：无偿取得划拨土地使用权的土地使用者，因迁移、解散、撤销、破产或者其他原因而停止使用土地的，市、县人民政府应当无偿收回其划拨土地使用权。因此，企业法人在破产后停止使用土地后的划拨土地使用权不属于破产财产，不能在破产宣告后作为破产财产分配给债权人。

2.《最高人民法院关于破产企业国有划拨土地使用权应否列入破产财产等问题的批复》规定：根据《土地管理法》第五十八条第一款第四项及《城镇国有土地使用权出让和转让暂行条例》第四十七条的规定，破产企业以划拨方式取得的国有土地使用权不属于破产财产，在企业破产时，有关人民政府可以予以收回，并依法处置。纳入国家兼并破产计划的国有企业，其依法取得的国有土地使用权，应依据国务院有关文件规定办理。

3.《审理企业破产案件规定》第六十七条规定：企业破产前受让他人财产并依法取得所有权或者土地使用权的，即便未支付或者未完全支付对价，该财产仍属于破产财产。

4.《审理企业破产案件规定》第八十条规定：清算组处理集体所有土地使用权时，应当遵守相关法律规定。未办理土地征用手续的集体所有土地使用权，应当在该集体范围内转让。

5.《国务院关于在若干城市试行国有企业破产有关问题的通知》第二条规定：关于破产企业土地使用权的处置。企业破产时，企业依法取得的土地使用权，应当以拍卖或者招标方式为主依法转让，转让所得首先用于破产企业职工安置；安置破产企业职工后有剩余的，剩余部分与其他破产财产统一列入破产财产分配方案。

《国务院关于在若干城市试行国有企业破产有关问题的通知》第三条规定：破产财产处置前，应当由具有法定资格的资产评估机构进行评估，并以评估价值作底价，通过拍卖、招标等方式依法转让。处置企业土地使用权所得不足以安置破产企业职工的，不足部分应当从处置其他破产财产所得中拨付。企业在破产前为维持生产经营，向职工筹借的款项，视为破产企业所欠职工工资处理，借款利息按照借款实际使用时间和银行同期存款利率计算。职工在企业破产前作为资本金投资的款项，视为破产财产。破产企业的职工住房、学校、托幼园（所）、医院等福利性设施，原则上不计入破产财产，由破产企业所在地的市或者市辖区、县的人民政府接收处理，其职工由接收单位安置。但是，没有必要续办并能整体出让的，可以计入破产财产。

第八条 【债务人长期投资的认定和处理】

1.《审理企业破产案件规定》第七十六条规定：债务人设立的分支机构和没有法人资格的全资机构的财产，应当一并纳入破产程序进行清理。

2.《审理企业破产案件规定》第七十七条规定：债务人在其开办的全资企业中的投资权益应当予以追收。全资企业资不抵债的，清算组停止追收。

3.《审理企业破产案件规定》第七十八条规定：债务人对外投资形成的股权及其收益应当予以追收。对该股权可以出售或者转让，出售、转让所得列入破产财产进行分配。股权价值为负值的，清算组停止追收。

4.《审理企业破产案件规定》第七十九条规定：债务人开办的全资企业，以及由其参股、控股的企业不能清偿到期债务，需要进行破产还债的，应当另行提出破产申请。

第九条 【信托财产的认定和处理】

1.《信托法》第十五条规定：信托财产与委托人未设立信托的其他财产相区别。设立信托后，委托人死亡或者依法解散、被依法撤销、被宣告破产时，委托人是唯一受益人的，信托终止，信托财产作为其遗产或者清算财产；委托人不是唯一受益人的，信托存续，信托财产不作为其遗产或者清算财产；但作为共同受益人的委托人死亡或者依法解散、被依法撤销、被宣告破产时，其信托受益权作为其遗产或者清算财产。

2.《信托法》第十六条规定：信托财产与属于受托人所有的财产相区别，不得归入受托人的固有财产或者成为固有财产的一部分。受托人死亡或者依法解散、被依法撤销、被宣告破产而终止，信托财产不属于其遗产或者清算财产。

3.《信托公司集合资金信托计划管理办法》第三条规定：信托计划财产独立于信托公司的固有财产，信托公司不得将信托计划财产归入其固有财产；信托公司因信托计划财产的管理、运用或者其他情形而取得的财产和收益，归入信托计划财产；信托公司因依法解散、被依法撤销或者被依法宣告破产等原因进行清算的，信托计划财产不属于其清算财产。

第十条 【保险类财产的认定和处理】

1.《保险法》第九十二条规定：经营有人寿保险业务的保险公司被依法撤销或者被依法宣告破产的，其持有的人寿保险合同及责任准备金，必须转让给其他经营有人寿保险业务的保险公司；不能同其他保险公司达成转让协议的，由国务院保险监督管理机构指定经营有人寿保险业务的保险公司接受转让。转让或者由国务院保险监督管理机构指定接受转让前款规定的人寿保险合同及责任准备金的，应当维护被保险人、受益人的合法权益。

2.《保险法》第一百条规定：保险公司应当缴纳保险保障基金。保险保障基金应当集中管理，并在下列情形下统筹使用：

（1）在保险公司被撤销或者被宣告破产时，向投保人、被保险人或者受益人提供救济；

（2）在保险公司被撤销或者被宣告破产时，向依法接受其人寿保险合同的保险公司提供救济；

（3）国务院规定的其他情形。

保险保障基金筹集、管理和使用的具体办法，由国务院制定。

3.《外资保险公司管理条例》第三十条规定：外资保险公司解散、依法被撤销或者被宣告破产的，未清偿债务前，不得将其财产转移至中国境外。

4.《保险资金运用管理办法》第二十二条规定：保险集团（控股）公司、保险公司应当选择符合条件的商业银行等专业机构，实施保险资金运用第三方托管和监督，具体办法由中国保监会制定。托管的保险资产独立于托管机构固有资产，并独立于托管机构托管的其他资产。托管机构因依法解散、被依法撤销或者被依法宣告破产等原因进行清算的，托管资产不属于其清算财产。

5.《保险资金间接投资基础设施项目管理办法》第六条规定：受托人、托管人、独立监督人及其他为投资计划管理提供服务的自然人、法人或者组织，因依法解散、被依法撤销或者被依法宣告破产等原因进行终止清算的，投资计划财产不属于其清算财产。投资计划财产的债权，不得与受托人、托管人、独立监督人及其他为投资计划管理提供服务的自然人、法人或者组织的固有财产产生的债务相抵销。不同投资计划财产的债权债务，不得相互抵销。非因执行投资计划产生债务，不得对投资计划财产强制执行。

6.《资产支持计划业务管理暂行办法》第三条规定：支持计划作为特殊目的载体，其资产独立于基础资产原始权益人、受托人、托管人及其他为支持计划提供服务的机构的固有财产。原始权益人、受托人、托管人及其他服务机构因依法解散、被依法撤销或者被依法宣告破产等原因进行清算的，支持计划资产不纳入清算范围。

7.《中国保监会关于保险机构开展员工持股计划有关事项的通知》要求：员工持股计划管理方应当对员工持股计划的股权、资金进行专户管理。员工持股计划持有的股权、资金为委托财产，管理方不得将委托财产归入其固有财产。管理方因依法解散、被依法撤销或者被依法宣告破产等原因进行清算的，委托财产不属于其清算财产。

第十一条　【投资基金类资产的认定和处理】

1.《证券投资基金法》第五条规定：基金财产的债务由基金财产本身承担，基金份额持有人以其出资为限对基金财产的债务承担责任。但基金合同依照本法另有约定的，从其约定。基金财产独立于基金管理人、基金托管人的固有财产。基金管理人、基金托管人不得将基金财产归入其固有财产。基金管理人、基金托管人因基金财产的管理、运用或者其他情形而取得的财产和收益，归入基金财产。基金管理人、基金托管人因依法解散、被依法撤销或者被依法宣告破产等原因进行清算的，基金财产不属于其清算财产。

2.《基本养老保险基金投资管理办法》第八条规定：受托机构、托管机构、投资管理机构和其他为养老基金投资管理提供服务的法人或者其他组织因依法解散、被依法撤销或者被依法宣告破产等原因进行清算的，基金资产不属于其清算财产。

3.《私募投资基金募集行为管理办法》第十四条规定：涉及私募基金募集结算资金专用账户开立、使用的机构不得将私募基金募集结算资金归入其自有财产。禁止任何单位或者个人以任何形式挪用私募基金募集结算资金。私募基金管理人、基金销售机构、基金销售支付机构或者基金份额登记机构破产或者清算时，私募基金募集结算资金不属于其破产财产或者清算财产。

4.《基础设施债权投资计划管理暂行规定》第四条规定：债权投资计划财产独立于专业管理机构的固有财产。专业管理机构因管理、运用或者处置债权投资计划财产取得的财产和收益，应当归入债权投资计划财产；专业管理机构因依法解散、被依法撤销或者被依法宣告破产等原因进行清算的，债权投资计划财产不纳入清算范围。

第十二条 【证券期货类财产的认定和处理】

1.《证券法》第一百三十一条规定：证券公司客户的交易结算资金应当存放在商业银行，以每个客户的名义单独立户管理。证券公司不得将客户的交易结算资金和证券归入其自有财产。禁止任何单位或者个人以任何形式挪用客户的交易结算资金和证券。证券公司破产或者清算时，客户的交易结算资金和证券不属于其破产财产或者清算财产。非因客户本身的债务或者法律规定的其他情形，不得查封、冻结、扣划或者强制执行客户的交易结算资金和证券。

2.《期货公司监督管理办法》第八十一条规定：客户的保证金和委托资产属于客户资产，归客户所有。客户资产应当与期货公司的自有资产相互独立、分别管理。非因客户本身的债务或者法律、行政法规规定的其他情形，不得查封、冻结、扣划或者强制执行客户资产。期货公司破产或者清算时，客户资产不属于破产财产或者清算财产。

3.《证券期货经营机构私募资产管理业务管理办法》第六条规定：资产管理计划财产为信托财产，其债务由资产管理计划财产本身承担，投资者以其出资为限对资产管理计划财产的债务承担责任。但资产管理合同依照《证券投资基金法》另有约定的，从其约定。资产管理计划财产独立于证券期货经营机构和托管人的固有财产，并独立于证券期货经营机构管理的和托管人托管的其他财产。证券期货经营机构、托管人不得将资产管理计划财产归入其固有财产。证券期货经营机构、托管人因资产管理计划财产的管理、运用或者其他情形而取得的财产和收益，归入资产管理计划财产。证券期货经营机构、托管人因依法解散、被依法撤销或者被依法宣告破产等原因进行清算的，资产管理计划财产不属于其清算财产。非因资产管理计划本身的债务或者法律规定的其他情形，不得查封、冻结、扣划或者强制执行资产管理计划财产。

4.《农业部、国家发展和改革委员会、财政部等关于引导和促进农民合作社规范发展的意见》第十条规定：明晰产权关系。农民合作社应明确各类资产的权属关系。村集体经济组织、企事业单位、种养大户等领办农民合作社的，应严格区分其与农民合作社之间的产权。农民合作社公积金、财政补助资金形成的财产、捐赠财产应依法量化到每个成员。成员以其账户内记载的出资额和公积金份额为限对农民合作社承担责任。财政补助形成的资产转交农民合作社持有和管护的，应明确资产权属，建立健全管护机制。农民合作社接受国家财政直接补助形成的财产，在解散、破产清算时，不得作为可分配剩余资产分配给成员。

5.《关于上市公司实施员工持股计划试点的指导意见》第二条第七款第七项规定：员工持股计划管理机构应当以员工持股计划的名义开立证券交易账户。员工持股计划持有的股票、资金为委托财产，员工持股计划管理机构不得将委托财产归入其固有财产。员工持股计划管理机构因依法解散、被依法撤销或者被依法宣告破产等原因进行清算的，委托财产不属于其清算财产。

第十三条 【粮食存储企业中央储备粮的认定和处理】

《中央储备粮管理条例》第三十一条规定：承储企业不得以中央储备粮对外进行担保或者对外清偿债务。承储企业依法被撤销、解散或者破产的，其储存的中央储备粮由中国储备粮管理总公司负责调出另储。

第十四条 【职业年金的认定和处理】

《职业年金基金管理暂行办法》第九条规定：机关事业单位、各级社会保险经办机构、受托人、托管人、投资管理人和其他为职业年金基金管理提供服务的法人或者其他组织，因机构调整、依法解散、被依法撤销或者被依法宣告破产等原因进行终止清算的，职业年金基金财产不属于其清算财产。

第十五条 【网络借贷信息中介财产的认定和处理】

《网络借贷信息中介机构业务活动管理暂行办法》第二十四条规定：网络借贷信息中介机构暂停、终止业务时应当至少提前十个工作日通过官方网站等有效渠道向出借人与借款人公告，并通过移动电话、固定电话等渠道通知出借人与借款人。网络借贷信息中介机构业务暂停或者终止，不影响已经签订的借贷合同当事人有关权利义务。网络借贷信息中介机构因解散或宣告破产而终止的，应当在解散或破产前，妥善处理已撮合存续的借贷业务，清算事宜按照有关法律法规的规定办理。网络借贷信息中介机构清算时，出借人与借款人的资金分别属于出借人与借款人，不属于网络借贷信息中介机构的财产，不列入清算财产。

第二节 债务人财产的收回

第十六条 【通知债务人的债务人或者财产占有人清偿债务或交付财产】

1. 人民法院应当在破产申请受理后发布的通知和公告中，告知债务人的债务人或者财产持有人向管理人清偿债务或者交付财产；管理人接管债务人财产后，应当书面通知债务人的债务人或财产持有人及时向管理人清偿债务、交付财产。书面通知的内容应当载明：

（1）人民法院受理破产申请的时间；

（2）债务人的债务人应当清偿的债务金额或财产持有人应当交付的财产品名、规格、数量及状况；

（3）清偿债务或交付财产的时间和方式；

（4）不清偿债务、不交付财产的法律责任等。

2. 债务人的债务人拒绝清偿债务或交付财产的，管理人有权代表债务人向人民法院起诉。

3. 债务人的债务人或者财产占有人故意向个别债权人清偿债务或者交付财产，使其他债权人受到损失的，不免除其清偿债务或者交付财产的义务。

第十七条 【追回债务人财产】

因《企业破产法》第三十一条（欺诈性清偿行为的撤销）、第三十二条（个别清偿行为的撤销）或者第三十三条（债务人的无效行为）规定的行为而取得的债务人的财产，管理人有权追回。撤销权内容详见本章第三节债务人财产的撤销权相关内容。

第十八条 【追回因债务人无效行为而流失的财产】

（一）无效行为的概念

破产法中的无效行为，是指债务人在破产程序中所为的有害于债权人整体利益的、在法律上被认定为不发生法律效力的行为。无效行为是法律上确定不发生效力的行为，当事人之间不因此而存在权利义务关系，并且无效行为自始无效，不因当事人的承认、除斥期间及诉讼时效期间的经过或者无效原因的消灭而成为有效。

（二）无效行为的种类

《企业破产法》第三十三条规定，涉及债务人财产的下列行为无效：为逃避债务而隐匿、转移财产的；虚构债务或者承认不真实的债务的。

1. 隐匿、转移财产的认定。

（1）隐匿财产，是指债务人隐瞒、藏匿财产的行为。隐瞒，是指对有关债务人财产的信息不予披露的消极行为。例如，不在破产企业的财务报表中记载有关企业财产的信息或者作不真实的记载，对企业财产的去向不作说明，在接受有关破产企业财产状况的调查或者询问时拒绝答复或者不作如实的回答。藏匿，是指将破产企业的财产或者财产凭证置于隐蔽的场所，使管理人在破产程序开始后不能够有效地接管债务人的财产。

（2）转移财产，是指通过改变财产的物理位置的方式使得管理人在破产程序开始后不能够有效地接管债务人的财产。

无论是隐匿财产还是转移财产的行为要成为无效的行为，必须是以逃避债务为目的的行为。也就是说，破产法中的无效行为必须是债务人故意为之行为，如果债务人转移财产是为了满足债务人正常的生产经营活动的需要，而不是为了逃避债务，则该行为不属于《企业破产法》第三十三条所规定的无效行为。

2. 虚构债务或者承认不真实的债务的行为，是指订立虚假的合同、虚构应付账款、在财务账册上多列支出等。

（三）追回因无效行为而流失财产的措施

《破产法司法解释（二）》第十七条规定：管理人依据《企业破产法》第三十三条的规定提起诉讼，主张被隐匿、转移财产的实际占有人返还债务人财产，或者主张债务人虚构债务或者承认不真实债务的行为无效并返还债务人财产的，人民法院应予支持。

管理人发现债务人为逃避债务而隐匿、转移财产的，或者有虚构债务或者承认不真实债务的情形的，管理人应当要求因该行为而取得财产的相对人返还财产。相对人拒绝返还或者对管理人要求有异议的，管理人应当及时向人民法院提起诉讼。

第十九条　【追缴债务人股东出资】

（一）追缴未缴纳的注册资本

1. 债务人股东的提前出资义务。《企业破产法》第三十五条规定：人民法院受理破产申请后，债务人的出资人尚未完全履行出资义务的，管理人应当要求该出资人缴纳所认缴的出资，而不受出资期限的限制。

“尚未完全履行出资义务”既包括完全未履行义务的情形，也包括已经部分履行出资义务的情形。即使依据有关法律或者公司章程的规定，债务人的出资人应当在一定期限内一次性或者分期缴纳其认缴的出资额，而在人民法院受理破产申请时，一次性缴纳或者分期缴纳的期限尚未届满，管理人有权要求债务人的出资人立即缴纳其认缴的出资额。如果依据有关法律或者公司章程的规定，出资人分期缴纳其认缴的出资额，其在人民法院受理破产申请时所应当缴纳的出资额也不是其中即将到期的那一部分出资额，而是其对公司应当认缴的所有的出资额。

2. 管理人追缴债务人股东出资。管理人发现债务人的出资人尚未完全履行出资义务的，管理人应当书面要求该出资人缴纳应缴纳而尚未缴纳的出资，而不受出资期限的限制。债务人的出资人拒绝缴纳的，管理人应当及时向人民法院提起诉讼，请求其履行出资义务。

（二）追缴抽逃的注册资本

债务人的出资人出资后又抽逃出资的，管理人应当书面要求该出资人将抽逃的出资返还。债务人的出资人拒绝返还的，管理人应当及时向人民法院提起诉讼，请求其返还出资。

（三）追缴行为的法院认定

《破产法司法解释（二）》第二十条规定：管理人代表债务人提起诉讼，主张出资人向债务人依法缴付未履行的出资或者返还抽逃的出资本息，出资人以认缴出资尚未届至公司章程规定的缴纳期限或者违反出资义务已经超过诉讼时效为由抗辩的，人民法院不予支持。管理人依据《公司法》的相关规定代表债务人提起诉讼，主张公司的发起人和负有监督股东履行出资义务的董事、高级管理人员，或者协助抽逃出资的其他股东、董事、高级管理人员、实际控制人等，对股东违反出资义务或者抽逃出资承担相应责任，并将财产归入债务人财产的，人民法院应予支持。

第二十条　【追回债务人董事、监事和高级管理人员侵占的财产和违法犯罪的收入】

（一）《企业破产法》依据

《企业破产法》第三十六条规定：债务人的董事、监事和高级管理人员利用职权从企业获取的非正常收入和侵占的企业财产，管理人应当追回。

（二）《公司法》依据

1.《公司法》第一百八十条规定：董事、监事、高级管理人员对公司负有忠实义务，应当采取措施避免自身利益与公司利益冲突，不得利用职权牟取不正当利益。董事、监事、高级管理人员对公司负有勤勉义务，执行职务应当为公司的最大利益尽到管理者通常应有的合理注意。公司的控股股东、实际控制人不担任公司董事但实际执行公司事务的，适用前两款规定。

2.《公司法》第一百八十一条规定，董事、监事、高级管理人员不得有下列行为：

（1）侵占公司财产、挪用公司资金；

（2）将公司资金以其个人名义或者以其他个人名义开立账户存储；

（3）利用职权贿赂或者收受其他非法收入；

（4）接受他人与公司交易的佣金归为己有；

（5）擅自披露公司秘密；

（6）违反对公司忠实义务的其他行为。

3.《公司法》第一百八十二条规定：董事、监事、高级管理人员，直接或者间接与本公司订立合同或者进行交易，应当就与订立合同或者进行交易有关的事项向董事会或者股东会报告，并按照公司章程的规定经董事会或者股东会决议通过。董事、监事、高级管理人员的近亲属，董事、监事、高级管理人员或者其近亲属直接或者间接控制的企业，以及与董事、监事、高级管理人员有其他关联关系的关联人，与公司订立合同或者进行交易，适用前款规定。

4.《公司法》第一百八十三条规定，董事、监事、高级管理人员，不得利用职务便利为自己或者他人谋取属于公司的商业机会，但是，有下列情形之一的除外：

（1）向董事会或者股东会报告，并按照公司章程的规定经董事会或者股东会决议通过；

（2）根据法律、行政法规或者公司章程的规定，公司不能利用该商业机会。

5.《公司法》第一百八十四条规定：董事、监事、高级管理人员未向董事会或者股东会报告，并按照公司章程的规定经董事会或者股东会决议通过，不得自营或者为他人经营与其任职公司同类的业务。

6.《公司法》第一百八十六条规定：董事、监事、高级管理人员违反本法第一百八十一条至第一百八十四条规定所得的收入应当归公司所有。

（三）管理人的追回

管理人发现债务人的董事、监事和高级管理人员利用职权从债务人处获取非正常收入和侵占债务人财产的，管理人应当要求该债务人的董事、监事和高级管理人员返还财产或者赔偿损失。债务人的董事、监事和高级管理人员拒绝返还财产或者赔偿损失或者对管理人要求有异议的，管理人有权向人民法院提起诉讼。

第二十一条 【追回债务人董事、监事和高级管理人员非正常收入】

《破产法司法解释（二）》第二十四条规定：债务人有《企业破产法》第二条第一款规定的情形时，债务人的董事、监事和高级管理人员利用职权获取的以下收入，人民法院应当认定为《企业破产法》第三十六条规定的非正常收入：

1. 绩效奖金；

2. 普遍拖欠职工工资情况下获取的工资性收入；

3. 其他非正常收入。

债务人的董事、监事和高级管理人员拒不向管理人返还上述债务人财产，管理人主张上述人员予以返还的，人民法院应予支持。

债务人的董事、监事和高级管理人员因返还第一款第一项、第三项非正常收入形成的债权，可以作为普通破产债权清偿。因返还第一款第二项非正常收入形成的债权，依据《企业破产法》第一百一十三条第三款的规定，按照该企业职工平均工资计算的部分作为拖欠职工工资清偿；高出该企业职工平均工资计算的部分，可以作为普通破产债权清偿。

第二十二条　【取回质物、留置物】

（一）法律规定

《企业破产法》第三十七条规定：人民法院受理破产申请后，管理人可以通过清偿债务或者提供为债权人接受的担保，取回质物、留置物。前款规定的债务清偿或者替代担保，在质物或者留置物的价值低于被担保的债权额时，以该质物或者留置物当时的市场价值为限。

（二）取回方式

《破产法司法解释（二）》第二十五条规定：管理人拟通过清偿债务或者提供担保取回质物、留置物，或者与质权人、留置权人协议以质物、留置物折价清偿债务等方式，进行对债权人利益有重大影响的财产处分行为的，应当及时报告债权人委员会。未设立债权人委员会的，管理人应当及时报告人民法院。

1. 清偿债务。管理人可以向质权人或者留置权人清偿债务，该权利人占有质物或者留置物的基础不复存在，管理人此时就可以收回质物或者留置物。

2. 管理人为质权人或者留置权人提供了其可以接受的替代担保。管理人为质权人或者留置权人提供其他方式的担保，该担保同样能够保证其债权得以实现，并且为质权人或者留置权人所接受的，就可以使原来担保的方式发生变化，前一个质押或者留置状态消失，管理人收回质物或者留置物。

3. 管理人与质权人、留置权人协议以质物、留置物折价清偿债务。

（三）价值确定

管理人为取回质物、留置物而进行的清偿债务或者提供为债权人接受的替代担保，在质物、留置物的价值低于被担保的债权额时，以该质物、留置物当时的市场价值为限。

1. 当质物或者留置物的价值低于被担保的债权额时，管理人不需要清偿全部被担保的债权，只需清偿与质物或者留置物市场价值相等的债权，或者提供与质物或者留置物的市场价值相当并为债权人所接受的替代担保，就可以依据本条规定收回质物或者留置物。

2. 当质物或者留置物的价值高于被担保的债权额时，管理人只需清偿质物或者留置物所担保的债权，或者提供与质物或者留置物所担保的债权额相当并为债权人所接受的替代担保，就可以收回质物或者留置物。

（四）报告与许可

《破产法司法解释（二）》第二十五条规定，管理人进行对债权人利益有重大影响的财产处分行为的，应当及时报告债权人委员会。未设立债权人委员会的，管理人应当及时报告人民法院。

1. 第一次债权人会议召开之前，管理人认为有必要通过清偿债务或者提供为债权人接受的担保的方式取回质物、留置物的，管理人应当事先取得人民法院的许可。

2. 第一次债权人会议召开之后，管理人认为有必要取回质物、留置物的，可以通过清偿债务或者提供为债权人接受的担保的方式，取回质物、留置物。但管理人应当将相关情况报告债权人委员会；未设立债权人委员会的，管理人应当将相关情况报告人民法院。

第二十三条 【管理人不履行追收责任时债权人的救济措施】

债权人通过债权人会议或者债权人委员会，要求管理人依法向次债务人、债务人的出资人等追收债务人财产，管理人不予追收，个别债权人代表全体债权人提起相关诉讼，主张次债务人或者债务人的出资人等向债务人清偿或者返还债务人财产，或者依法申请合并破产的，人民法院应予受理。

管理人无正当理由拒绝追收，债权人会议依据《企业破产法》第二十二条的规定，申请人民法院更换管理人的，人民法院应予支持。

第三节 债务人财产的撤销权

第二十四条 【可撤销行为的含义】

撤销行为，是指对于破产人在破产申请受理前的一定期限内所为的有害于破产债权人利益的行为进行消灭，使其归于无效的行为。管理人撤销权的行使可以带来两个法律后果：一是破产企业所实施的行为归于无效；二是因破产企业可撤销的行为而被转让的财产被依法追回，依法纳入债务人财产的范围。

可撤销行为分为欺诈性清偿行为和个别清偿行为。

第二十五条 【欺诈性清偿行为】

（一）欺诈性清偿行为的范围

《企业破产法》第三十一条规定：人民法院受理破产申请前一年内，涉及债务人财产的下列行为，管理人有权请求人民法院予以撤销：

1. 无偿转让财产的；

2. 以明显不合理的价格进行交易的；

3. 对没有财产担保的债务提供财产担保的；

4. 对未到期的债务提前清偿的；

5. 放弃债权的。

（二）欺诈性清偿行为的认定

1. 无偿转让财产的认定。无偿转让财产，是以无代价或者实质上无代价的方式将债务人财产让渡给他人的行为，例如，直接将债务人财产赠与他人，在交易过程中让渡某项财产权益而不收取回报（变相赠与），包括有形财产的无偿转让和债权、股权、知识产权等财产性权利的无偿转让。

2. 以明显不合理的价格进行交易的认定。以明显不合理的价格进行交易的行为包括高价买入和低价卖出两种类型：高价买入，是指没有正当理由以明显高于市场的价格向对方当事人购进产品或者劳务；低价卖出则正好相反，是指没有正当理由以明显低于市场的价格向对方当事人卖出产品或者提供劳务。所谓“明显不合理的价格”，是指明显低于该产品或者劳务的市场价格，一般可将低于正常市场价的70%作为认定明显不合理价格的参考。但转让对价的合理性并非唯一标准，还应当参考债务人与相对人的关系、债务人的交易动机和目的、交易是否为债务人的经营范围等其他因素。交易被撤销后，债务人应偿还受让人由此产生的债务，可按照共益债务清偿。

3. 对没有财产担保的债务提供财产担保的认定。可撤销的担保，是指为债务人自有债务提供的财产担保，不包括为他人债务提供的担保；可撤销的担保是为已有债务提供的担保，包括对已有的不足额担保追加担保的部分，而非为新设债务提供的担保；可撤销的担保是在破产申请受理前一年内设立的担保物权，而非在破产申请受理前一年内订立的担保合同。

4. 对未到期的债务提前清偿的认定。破产企业提前清偿部分破产债权实际上是给予这一部分债权以优先于普通债权的地位。提前清偿部分债权势必会影响其他债权人的合法权益。

破产申请受理前一年内债务人提前清偿的未到期债务，在破产申请受理前已经到期，管理人请求撤销该清偿行为的，人民法院不予支持。但是，该清偿行为发生在破产申请受理前六个月内且债务人有《企业破产法》第二条第一款规定情形的除外。

5. 放弃债权的认定。放弃债权包括积极放弃和消极放弃两种形式。积极放弃行为表现为免除债务、撤销诉讼等；消极放弃行为表现为诉讼时效内不行使债权、执行时效内不申请执行等。

在债务人破产前的一定期限内，债务人放弃自己的债权，实质上放弃的是债权人的受清偿的利益。实践中，债务人放弃债权的动机是各种各样的，有的是出于对自己及其债权人利益的漠不关心，有的是施惠于“关系户”，有的则是基于某种私下交易。无论其动机如何，这种行为都应当被认定为是一种恶意行为。但是，如果债务人通过放弃债权获得了相应的回报，或者反而有益于债务人财产的增加，则债务人放弃债权的行为不应当被认为是应当撤销的行为。

第二十六条 【个别清偿行为】

（一）法律规定

《企业破产法》第三十二条规定：人民法院受理破产申请前六个月内，债务人有本法第二条第一款规定的情形，仍对个别债权人进行清偿的，管理人有权请求人民法院予以撤销。但是，个别清偿使债务人财产受益的除外。

（二）个别清偿行为的例外

1.《破产法司法解释（二）》第十四条规定：债务人对以自有财产设定担保物权的债权进行的个别清偿，管理人依据《企业破产法》第三十二条的规定请求撤销的，人民法院不予支持。但是，债务清偿时担保财产的价值低于债权额的除外。

2.《破产法司法解释（二）》第十五条规定：债务人经诉讼、仲裁、执行程序对债权人进行的个别清偿，管理人依据《企业破产法》第三十二条的规定请求撤销的，人民法院不予支持。但是，债务人与债权人恶意串通损害其他债权人利益的除外。

3.《破产法司法解释（二）》第十六条规定：债务人对债权人进行的以下个别清偿，管理人依据《企业破产法》第三十二条的规定请求撤销的，人民法院不予支持：

（1）债务人为维系基本生产需要而支付水费、电费等的；

（2）债务人支付劳动报酬、人身损害赔偿金的；

（3）使债务人财产受益的其他个别清偿。

第二十七条 【可撤销行为的时间和起算点】

（一）时间

债务人在人民法院受理破产申请前一年内的欺诈性清偿行为可撤销；债务人在人民法院受理破产申请前六个月内的个别清偿行为可撤销。

（二）起算点

《破产法司法解释（二）》第十条规定：债务人经过行政清理程序转入破产程序的，《企业破产法》第三十一条和第三十二条规定的可撤销行为的起算点，为行政监管机构作出撤销决定之日。

债务人经过强制清算程序转入破产程序的，《企业破产法》第三十一条和第三十二条规定的可撤销行为的起算点，为人民法院裁定受理强制清算申请之日。

第二十八条 【可撤销行为的处理】

（一）管理人通知

通知对方当事人返还财产及不当利益、解除该担保权益。

（二）诉讼

相对人拒绝返还的，管理人应当及时向人民法院提起诉讼，请求撤销该行为。

1.《破产法司法解释（二）》第九条规定：管理人依据《企业破产法》第三十一条和第三十二条的规定提起诉讼，请求撤销涉及债务人财产的相关行为并由相对人返还债务人财产的，人民法院应予支持。

管理人因过错未依法行使撤销权导致债务人财产不当减损，债权人提起诉讼主张管理人对其损失承担相应赔偿责任的，人民法院应予支持。

2.《破产法司法解释（二）》第十三条规定：破产申请受理后，管理人未依据《企业破产法》第三十一条的规定请求撤销债务人无偿转让财产、以明显不合理价格交易、放弃债权行为的，债权人依据《民法典》第五百三十八条、第五百三十九条等规定提起诉讼，请求撤销债务人上述行为并将因此追回的财产归入债务人财产的，人民法院应予受理。相对人以债权人行使撤销权的范围超出债权人的债权抗辩的，人民法院不予支持。

（三）追究债务人的法定代表人和其他直接责任人的责任

可撤销行为损害债权人利益的，管理人应当要求债务人的法定代表人和其他直接责任人承担赔偿责任；债务人的法定代表人和其他直接责任人拒绝承担赔偿责任的，管理人应当及时向人民法院提起诉讼。

第二十九条　【以明显不合理价格进行的交易被撤销后受让人的救济】

《破产法司法解释（二）》第十一条规定：人民法院根据管理人的请求撤销涉及债务人财产的以明显不合理价格进行的交易的，买卖双方应当依法返还从对方获取的财产或者价款。因撤销该交易，对于债务人应返还受让人已支付价款所产生的债务，受让人请求作为共益债务清偿的，人民法院应予支持。

第四节　债权人的抵销权

第三十条　【破产抵销权的概念】

破产抵销权，是指债权人在破产案件受理前对债务人负有债务的，无论其债权与所负债务种类是否相同，也无论该债权债务是否附有期限或者附有条件，均可以用该债权抵销其对债务人所负债务的权利。

在破产程序中，依据《企业破产法》第三十条的规定，任何人对债务人负有的债务，均为债务人财产的一部分。债权人行使破产抵销权的结果，实际上是用债务人财产直接全额清偿了其债权，从而使债权人避免了因接受破产财产分配的比例清偿而受到的损失，使享有抵销权的债权人获得了优先于其他债权人的地位。

第三十一条　【抵销债权的条件】

债权人用以抵销的债权应当同时满足以下条件：

1. 已依据《企业破产法》的规定进行申报。
2. 经债权人会议核查无异议。
3. 债权债务关系无争议。
4. 未超过诉讼时效或者申请执行时效。

5. 不属于《企业破产法》第四十条第一项、第三项规定的债权。

第三十二条 【破产抵销权的限制】

1.《企业破产法》第四十条规定，债权人在破产申请受理前对债务人负有债务的，可以向管理人主张抵销。但是，有下列情形之一的，不得抵销：

（1）债务人的债务人在破产申请受理后取得他人对债务人的债权的。

债务人的债务人在破产程序中应当向管理人完全履行其所负债务，这种履行所产生的利益应当归入债务人财产。而债务人的债务人如果在破产案件受理后通过转让取得他人的对债务人的债权，并以此与其债务抵销，则会消灭或者部分消灭其所负担的债务，降低债务人财产的价值，并且会诱发债务人的债务人在破产案件受理后低价购入他人对债务人的债权的道德风险。正是为了避免上述情况的发生，《企业破产法》第四十条第一项明确规定，债务人的债务人在破产案件受理后取得他人对债务人的债权，不管是基于什么原因取得的，均不得主张抵销。

（2）债权人已知债务人有不能清偿到期债务或者破产申请的事实，对债务人负担债务的；但是，债权人因为法律规定或者有破产申请一年前所发生的原因而负担债务的除外。

在破产案件受理前对债务人负有债权的人，在得知债务人有不能清偿到期债务或者已经提出破产申请的情况下，仍然对债务人负担债务的，法律上就推定其是在为债务人被裁定进入破产程序后行使破产抵销权做准备，推定其主观上存在恶意，并对这种恶意抵销的情况予以禁止，这就是《企业破产法》第四十条第二项规定的目的。但是，债权人的这种恶意毕竟是法律上的推定，因此，《企业破产法》第四十条第二项的但书规定了例外情况，即债权人因为法律规定或者有破产申请前一年前所发生的原因而负担债务的除外。也就是说，当出现但书所规定的情形时，即使债权人已经知道债务人有不能清偿到期债务或者提出破产申请的情形而对债务人负担债务，法律也不认为该债权人存在恶意，并允许其以债权和所负担的债务进行抵销。

（3）债务人的债务人已知债务人有不能清偿到期债务或者破产申请的事实，对债务人取得债权的；但是，债务人的债务人因为法律规定或者有破产申请一年前所发生的原因而取得债权的除外。

债务人的债务人在得知债务人有不能清偿到期债务或者破产申请的事实，对债务人的债权有很大的可能转化为破产债权的情况下，仍然对债务人取得债权，法律必然推定其有行使破产抵销权的恶意。《企业破产法》第四十条第三项就是对这种恶意取得对债务人债权而主张抵销的行为的禁止性规定。同时，本项规定也有例外情况，即债务人的债务人因为法律规定或者有破产申请一年前所发生的原因而取得债权的除外，在这种情况下，债务人的债务人虽然有本项所规定的情形，仍然可以在破产程序中行使破产抵销权。

2.《破产法司法解释（二）》第四十四条规定：破产申请受理前六个月内，债务人有《企业破产法》第二条第一款规定的情形，债务人与个别债权人以抵销方式对个别债权人清偿，其抵销的债权债务属于《企业破产法》第四十条第二项、第三项规定的情形之一，管理人在破产申请受理之日起三个月内向人民法院提起诉讼，主张该抵销无效的，人民法院应予支持。

3.《破产法司法解释（二）》第四十五条规定：《企业破产法》第四十条所列不得抵销情形的债权人，主张以其对债务人特定财产享有优先受偿权的债权，与债务人对其不享有优先受偿权的债权抵销，债务人管理人以抵销存在《企业破产法》第四十条规定的情形提出异议的，人民法院不予支持。但是，用以抵销的债权大于债权人享有优先受偿权财产价值的除外。

第三十三条　【破产抵销权的行使】

《破产法司法解释（二）》第四十一条规定：债权人依据《企业破产法》第四十条的规定行使抵销权，应当向管理人提出抵销主张。管理人不得主动抵销债务人与债权人的互负债务，但抵销使债务人财产受益的除外。

第三十四条　【破产抵销权的生效】

《破产法司法解释（二）》第四十二条规定：管理人收到债权人提出的主张债务抵销的通知后，经审查无异议的，抵销自管理人收到通知之日起生效。管理人对抵销主张有异议的，应当在约定的异议期限内或者自收到主张债务抵销的通知之日起三个月内向人民法院提起诉讼。无正当理由逾期提起的，人民法院不予支持。人民法院判决驳回管理人提起的抵销无效诉讼请求的，该抵销自管理人收到主张债务抵销的通知之日起生效。

第三十五条　【破产抵销权的异议】

1.《破产法司法解释（二）》第四十二条第二款规定：管理人对抵销主张有异议的，应当在约定的异议期限内或者自收到主张债务抵销的通知之日起三个月内向人民法院提起诉讼。无正当理由逾期提起的，人民法院不予支持。

2.《破产法司法解释（二）》第四十三条规定：债权人主张抵销，管理人以下列理由提出异议的，人民法院不予支持：破产申请受理时，债务人对债权人负有的债务尚未到期；破产申请受理时，债权人对债务人负有的债务尚未到期；双方互负债务标的物种类、品质不同。

3.《破产法司法解释（二）》第四十四条规定：破产申请受理前六个月内，债务人有《企业破产法》第二条第一款规定的情形，债务人与个别债权人以抵销方式对个别债权人清偿，其抵销的债权债务属于《企业破产法》第四十条第二项、第三项规定的情形之一，管理人在破产申请受理之日起三个月内向人民法院提起诉讼，主张该抵销无效的，人民法院应予支持。

4.《破产法司法解释（二）》第四十五条规定：《企业破产法》第四十条所列不得抵销情形的债权人，主张以其对债务人特定财产享有优先受偿权的债权，与债务人对其不享有优先受偿权的债权抵销，债务人管理人以抵销存在《企业破产法》第四十条规定的情形提出异议的，人民法院不予支持。但是，用以抵销的债权大于债权人享有优先受偿权财产价值的除外。

第三十六条 【股东主张的破产抵销权】

《破产法司法解释（二）》第四十六条规定：债务人的股东主张以下列债务与债务人对其负有的债务抵销，债务人管理人提出异议的，人民法院应予支持：

1. 债务人股东因欠缴债务人的出资或者抽逃出资对债务人所负的债务；
2. 债务人股东滥用股东权利或者关联关系损害公司利益对债务人所负的债务。

第五节　权利人的取回权

第三十七条 【取回权的概念】

取回权，是指在破产程序中，对于不属于债务人的财产，其所有权人或者其他权利人不依照破产程序，通过管理人将该财产予以取回的权利。

《企业破产法》第三十八条规定：人民法院受理破产申请后，债务人占有的不属于债务人的财产，该财产的权利人可以通过管理人取回。但是，本法另有规定的除外。

第三十八条 【权利人取回权行使时间】

《破产法司法解释（二）》第二十六条规定：权利人依据《企业破产法》第三十八条的规定行使取回权，应当在破产财产变价方案或者和解协议、重整计划草案提交债权人会议表决前向管理人提出。权利人在上述期限后主张取回相关财产的，应当承担延迟行使取回权增加的相关费用。

《破产法司法解释（二）》第四十条规定：债务人重整期间，权利人要求取回债务人合法占有的权利人的财产，不符合双方事先约定条件的，人民法院不予支持。但是，因管理人或者自行管理的债务人违反约定，可能导致取回物被转让、毁损、灭失或者价值明显减少的除外。

第三十九条 【出卖人在途货物取回权的行使】

出卖人取回权，是破产法中规定的一项特殊的取回权，一般是指尚未收到全部价款的动产出卖人，将买卖标的物发送后，如果买受人在尚未收到标的物前破产的，出卖人可以向标的物的承运人或者实际占有人请求取回标的物的权利。

《企业破产法》第三十九条规定：人民法院受理破产申请时，出卖人已将买卖标的物向作为买受人的债务人发运，债务人尚未收到且未付清全部价款的，出卖人可以取回在运途中的标的物。但是，管理人可以支付全部价款，请求出卖人交付标的物。

《破产法司法解释（二）》第三十九条规定：出卖人依据企业破产法第三十九条的规定，通过通知承运人或者实际占有人中止运输、返还货物、变更到达地，或者将货物交给其他收货人等方式，对在运途中标的物主张了取回权但未能实现，或者在货物未达管理人前已向管理人主张取回在运途中标的物，在买卖标的物到达管理人后，出卖人向管理人主张取回的，管理人应予准许。出卖人对在运途中标的物未及时行使取回权，在买卖标的物到达管理人后向管理人行使在运途中标的物取回权的，管理人不应准许。

第四十条　【所有权保留买卖合同中出卖人取回权的行使】

（一）所有权保留买卖合同中管理人的决定权

《破产法司法解释（二）》第三十四条规定：买卖合同双方当事人在合同中约定标的物所有权保留，在标的物所有权未依法转移给买受人前，一方当事人破产的，该买卖合同属于双方均未履行完毕的合同，管理人有权依据《企业破产法》第十八条的规定决定解除或者继续履行合同。

（二）继续履行的所有权保留合同的处理

1. 出卖人破产的。《破产法司法解释（二）》第三十五条规定：出卖人破产，其管理人决定继续履行所有权保留买卖合同的，买受人应当按照原买卖合同的约定支付价款或者履行其他义务。买受人未依约支付价款或者履行完毕其他义务，或者将标的物出卖、出质或者作出其他不当处分，给出卖人造成损害，出卖人管理人依法主张取回标的物的，人民法院应予支持。但是，买受人已经支付标的物总价款百分之七十五以上或者第三人善意取得标的物所有权或者其他物权的除外。因本条第二款规定未能取回标的物，出卖人管理人依法主张买受人继续支付价款、履行完毕其他义务，以及承担相应赔偿责任的，人民法院应予支持。

2. 买受人破产的。《破产法司法解释（二）》第三十七条规定：买受人破产，其管理人决定继续履行所有权保留买卖合同的，原买卖合同中约定的买受人支付价款或者履行其他义务的期限在破产申请受理时视为到期，买受人管理人应当及时向出卖人支付价款或者履行其他义务。买受人管理人无正当理由未及时支付价款或者履行完毕其他义务，或者将标的物出卖、出质或者作出其他不当处分，给出卖人造成损害，出卖人依据《民法典》第六百四十一条等规定主张取回标的物的，人民法院应予支持。但是，买受人已支付标的物总价款百分之七十五以上或者第三人善意取得标的物所有权或者其他物权的除外。因本条第二款规定未能取回标的物，出卖人依法主张买受人继续支付价款、履行完毕其他义务，以及承担相应赔偿责任的，人民法院应予支持。对因买受人未支付价款或者未履行完毕其他义务，以及买受人管理人将标的物出卖、出质或者作出其他不当处分导致出卖人损害产生的债务，出卖人主张作为共益债务清偿的，人民法院应予支持。

（三）解除所有权保留合同的处理

1. 出卖人破产的。《破产法司法解释（二）》第三十六条规定：出卖人破产，其管理人决定解除所有权保留买卖合同，并依据《企业破产法》第十七条的规定要求买受人向其交付买卖标的物的，人民法院应予支持。买受人以其不存在未依约支付价款或者履行完毕其他义务，或者将标的物出卖、出质或者作出其他不当处分情形抗辩的，人民法院不予支持。买受人依法履行合同义务并依据本条第一款将买卖标的物交付出卖人管理人后，买受人已支付价款损失形成的债权作为共益债务清偿。但是，买受人违反合同约定，出卖人管理人主张上述债权作为普通破产债权清偿的，人民法院应予支持。

2. 买受人破产的。《破产法司法解释（二）》第三十八条规定：买受人破产，其管理人决定解除所有权保留买卖合同，出卖人依据《企业破产法》第三十八条的规定主张取回买卖标的物的，人民法院应予支持。出卖人取回买卖标的物，买受人管理人主张出卖人返还已支付价款的，人民法院应予支持。取回的标的物价值明显减少给出卖人造成损失的，出卖人可从买受人已支付价款中优先予以抵扣后，将剩余部分返还给买受人；对买受人已支付价款不足以弥补出卖人标的物价值减损损失形成的债权，出卖人主张作为共益债务清偿的，人民法院应予支持。

第四十一条 【证券公司客户对被违规挪用资金和证券等财产取回权的行使】

最高人民法院在（2009）民二他字第24号答复中，就上诉人宁波金某实业投资有限公司与被上诉人西某证券有限责任公司破产清算组取回权纠纷一案答复宁夏回族自治区高级人民法院。该文件指出，在2007年11月20日召开的全国法院证券公司破产案件审理工作座谈会上，已经明确了对证券公司违规挪用的客户证券资产被追回后，客户在证券公司破产程序中能否对该部分资产行使取回权问题的处理原则：如果证券公司违规挪用客户资金和证券，关系清楚、财产并未混同，管理人追回后，可由相关权利人行使代偿性取回权。

第四十二条 【对于一般结算账户上的资金能否行使取回权】

《最高人民法院关于长峰公司对一般结算账户上的资金能否行使取回权问题请示的答复》明确：根据货币所有与占有一致的原则，海南汇通国际信托投资公司对其占有的结算账户内资金享受所有权。在海南汇通国际信托投资公司破产时，湖南长峰有限公司可以申报债权，不享有取回权。

第四十三条 【取回权的行使】

权利人行使取回权应当向管理人主张。如果管理人对此予以拒绝，权利人可以向法院提出取回权确认之诉，对于法院予以确认的取回权，管理人不得拒绝权利人的取回请求。

第四十四条 【权利人取回权成立的处理】

管理人应仔细审查权利人主张取回权的事实与理由，经审查确认权利人的事实与理由成立的，应当作出同意权利人取回财产的书面通知，并及时通知权利人取回财产，并按如下原则处理可能产生的债权债务：

1. 权利人要求取回的财产是债务人合法占有的，管理人应要求权利人清偿因其取回财产而可能产生的债务。

2. 权利人可以取回的财产在人民法院受理破产申请后因管理人或者相关人员执行

职务造成财产灭失或者毁损并构成共益债务的，管理人应书面报告债权人会议，管理人可以随时清偿权利人的该项债务。

3. 权利人申请取回的财产在人民法院受理破产申请前灭失或者毁损的，管理人应告知权利人可以就该项财产损失申报债权；如第三人对该财产的灭失或者毁损负有损害赔偿责任的，或者保险人对该财产的灭失或者毁损负有保险赔偿责任的，管理人应告知该权利人可以提起诉讼，由人民法院决定该权利人是否有权对第三人或者保险人的赔偿款享有取回权。

第四十五条　【权利人取回权不成立的处理】

管理人认为取回权的事实与理由不成立的，应书面通知权利人不同意其取回财产，并说明理由。

权利人因此以债务人为被告向人民法院提起诉讼请求行使取回权的，人民法院应予以受理。权利人依据人民法院或者仲裁机关的相关生效法律文书向管理人主张取回所涉争议财产，管理人以生效法律文书错误为由拒绝其行使取回权的，人民法院不予支持。

第四十六条　【权利人取回权的救济路径】

《破产法司法解释（二）》第二十七条规定，权利人依据《企业破产法》第三十八条的规定向管理人主张取回相关财产，管理人不予认可，权利人以债务人为被告向人民法院提起诉讼请求行使取回权的，人民法院应予受理。权利人依据人民法院或者仲裁机关的相关生效法律文书向管理人主张取回所涉争议财产，管理人以生效法律文书错误为由拒绝其行使取回权的，人民法院不予支持。

第四十七条　【取回权诉讼的裁判规则】

1.《破产法司法解释（二）》第二十八条规定，权利人行使取回权时未依法向管理人支付相关的加工费、保管费、托运费、委托费、代销费等费用，管理人拒绝其取回相关财产的，人民法院应予支持。

2.《破产法司法解释（二）》第二十九条规定，对债务人占有的权属不清的鲜活易腐等不易保管的财产或者不及时变现价值将严重贬损的财产，管理人及时变价并提存变价款后，有关权利人就该变价款行使取回权的，人民法院应予支持。

3.《破产法司法解释（二）》第三十条规定，债务人占有的他人财产被违法转让给第三人，依据《民法典》第三百一十一条的规定第三人已善意取得财产所有权，原权利人无法取回该财产的，人民法院应当按照以下规定处理：（1）转让行为发生在破产申请受理前的，原权利人因财产损失形成的债权，作为普通破产债权清偿；（2）转让行为发生在破产申请受理后的，因管理人或者相关人员执行职务导致原权利人损害产生的债务，作为共益债务清偿。

4.《破产法司法解释（二）》第三十一条规定，债务人占有的他人财产被违法转让给第三人，第三人已向债务人支付了转让价款，但依据《民法典》第三百一十一条的规定未取得财产所有权，原权利人依法追回转让财产的，对因第三人已支付对价而产生的债务，人民法院应当按照以下规定处理：（1）转让行为发生在破产申请受理前的，作为普通破产债权清偿；（2）转让行为发生在破产申请受理后的，作为共益债务清偿。

5.《破产法司法解释（二）》第三十二条规定，债务人占有的他人财产毁损、灭失，因此获得的保险金、赔偿金、代偿物尚未交付给债务人，或者代偿物虽已交付给债务人但能与债务人财产予以区分的，权利人主张取回就此获得的保险金、赔偿金、代偿物的，人民法院应予支持。保险金、赔偿金已经交付给债务人，或者代偿物已经交付给债务人且不能与债务人财产予以区分的，人民法院应当按照以下规定处理：（1）财产毁损、灭失发生在破产申请受理前的，权利人因财产损失形成的债权，作为普通破产债权清偿；（2）财产毁损、灭失发生在破产申请受理后的，因管理人或者相关人员执行职务导致权利人损害产生的债务，作为共益债务清偿。债务人占有的他人财产毁损、灭失，没有获得相应的保险金、赔偿金、代偿物，或者保险金、赔偿物、代偿物不足以弥补其损失的部分，人民法院应当按照本条第二款的规定处理。

第四十八条 【债务人占有他人财产被违法转让的处理】

1. 第三人构成善意取得，原权利人无法取回该财产的，若转让行为发生在破产申请受理前，原权利人因财产损失形成的债权，作为普通破产债权清偿；若转让行为发生在破产申请受理后，因管理人或者相关人员执行职务导致原权利人损害产生的债务，作为共益债务清偿。

2. 第三人不构成善意取得，但已向债务人支付转让价款的，原权利人可依法追回转让财产。对因第三人已支付对价而产生的债务，若转让行为发生在破产申请受理前，作为普通破产债权清偿；若转让行为发生在破产申请受理后，作为共益债务清偿。

第四十九条 【债务人占有他人财产毁损时代偿取回权的行使】

债务人占有他人财产毁损灭失时代偿取回权的行使。债务人占有的他人财产毁损、灭失，因此获得的保险金、赔偿金、代偿物尚未交付给债务人，或者代偿物虽已交付给债务人但能与债务人财产予以区分的，权利人主张取回就此获得的保险金、赔偿金、代偿物的，应予支持。

保险金、赔偿金已经交付给债务人，或者代偿物已经交付给债务人且不能与债务人财产予以区分的，若财产毁损、灭失发生在破产申请受理前，权利人因财产损失形成的债权，作为普通破产债权清偿；若财产毁损、灭失发生在破产申请受理后，因管理人或者相关人员执行职务导致权利人损害而产生的债务，作为共益债务清偿。债务人占有的他人财产损害、灭失，没有获得相应的保险金、赔偿金、代偿物，或者保险金、赔偿物、代偿物不足以弥补其损失的部分，按照上述规则处理。

第五十条 【管理人对他人财产的损害】

《破产法司法解释（二）》第三十三条规定：管理人或者相关人员在执行职务过程中，因故意或者重大过失不当转让他人财产或者造成他人财产毁损、灭失，导致他人损害产生的债务作为共益债务，由债务人财产随时清偿不足弥补损失，权利人向管理人或者相关人员主张承担补充赔偿责任的，人民法院应予支持。上述债务作为共益债务由债务人财产随时清偿后，债权人以管理人或者相关人员执行职务不当导致债务人财产减少给其造成损失为由提起诉讼，主张管理人或者相关人员承担相应赔偿责任的，人民法院应予支持。

第五章　破产费用和共益债务

【本章概述】

破产费用，是指在破产程序进行中和债务人财产管理过程中支出的常规性、程序性、可预见性费用。共益债务，是指在破产程序中为债权人的共同利益因债务人财产管理及管理人行为而产生的不确定性费用。

破产费用和共益债务都是在人民法院受理企业破产申请后产生的，是为了保障企业破产程序的顺利进行、更好地管理债务人的财产、保护债权人或者有利害关系第三人的合法权益而产生的。

本章包括以下三节内容：

第一节　破产费用

第二节　共益债务

第三节　破产费用和共益债务的支付

第一节　破产费用

第一条　【破产费用的概念】

破产费用，是指在破产程序进行中和债务人财产管理过程中支出的常规性、程序性、可预见性费用。

第二条　【破产费用发生时间】

破产费用一般发生在人民法院受理破产申请后。

第三条　【破产费用的来源】

破产费用由债务人财产随时清偿。

第四条　【破产费用的范围】

依据《企业破产法》第四十一条规定，破产费用包括破产案件的诉讼费用，管理、变价和分配债务人财产的费用，管理人执行职务的费用报酬和聘用工作人员的费用，等等。

（一）破产案件的诉讼费用

1. 诉讼费用的范围。包括破产案件受理费、调查费、公告费、送达费、法院登记申报债权的费用、人民法院召集债权人会议的费用、证据保全费用、财产保全费、鉴定费用、勘验费用，以及人民法院认为应由债务人财产支付的其他诉讼的费用。

2. 案件受理费的支付方式。由人民法院按《人民法院诉讼费用交纳办法》依据破产财产总额计算，按照财产案件受理费标准减半交纳，最高不超过30万元。破产案件的诉讼费用应依据《企业破产法》第四十三条的规定，从债务人财产中拨付。

3. 未缴纳诉讼费用的抗辩。相关当事人以申请人未预先交纳诉讼费用为由，对破产申请提出异议的，人民法院不予支持。

（二）管理、变价和分配债务人财产的费用

1. 债务人财产的管理费，是指管理人为占有、清理和保管债务人财产或者继续债务人的营业而必须支出的费用。主要包括债务人财产的保管费、仓储费、运输费、清理费、维修保养费、保险费、营业税费、公告费、通知费、水电费、通信费、办公费、文书制作费等行政管理费用。

2. 债务人财产的变价费用，是指管理人为处理非金钱的债务人财产而将其变现为货币所支出的费用。主要包括债务人财产的估价费、鉴定费、公证费、公告费、通知费、拍卖费、执行费、登记费以及变价债务人财产的税费等。

3. 债务人财产的分配费用，是指管理人为将债务人财产分配给债权人所发生的费用。主要包括债务人财产分配公告费、通知费、提存分配费等。

4. 破产衍生诉讼和相关仲裁中应当由债务人负担的诉讼、仲裁费用。

（三）管理人执行职务的费用、报酬和聘用工作人员的费用

管理人执行职务的费用、报酬和聘用工作人员的费用，是指在破产案件进行过程中，管理人为了执行职务和聘用工作人员所产生的一切费用和报酬的总称。主要包括管理人履行管理人职责所产生的管理费用和其他费用、管理人的报酬、管理人聘请律师、会计师以及其他工作人员所需费用。

第五条　【参照破产费用清偿的受理破产前发生的费用】

人民法院裁定受理破产申请前，债务人尚未支付的公司强制清算费用、未终结的执行程序中产生的评估费、公告费、保管费等执行费用，可以参照《企业破产法》关于破产费用的规定，由债务人财产随时清偿。

但此前债务人尚未支付的案件受理费、执行申请费，应作为破产债权清偿。

第六条　【认定破产费用的法定程序】

1. 依据《企业破产法》第六十一条第二款的规定，管理人的费用和报酬应当提交第一次债权人会议进行审查。

2. 管理人报酬由审理企业破产案件的人民法院依据《关于管理人报酬的规定》确定，详见本书第二章第四节。

第二节 共益债务

第七条 【共益债务的概念】

共益债务，是指在破产程序中为债权人的共同利益因债务人财产管理及管理人行为而发生的不确定性费用。

第八条 【共益债务发生时间】

共益债务通常发生在人民法院受理破产申请后。

第九条 【共益债务的资金来源】

共益债务由债务人财产随时清偿。

第十条 【共益债务的范围】

依据《企业破产法》第四十二条的规定，人民法院受理破产申请后发生的下列债务，为共益债务。

（一）关于管理人或者债务人请求对方当事人履行双方均未履行完毕的合同所产生的债务

即履行破产程序开始前签订的双务合同所产生的债务。管理人或者债务人基于债务人的利益而选择继续履行未履行完毕的双务合同，在请求对方当事人履行合同的同时，应负担相应的给付义务，由此而产生的债务属于共益债务，包括如下三类：

1. 因合同约定的各项给付义务而产生的债务，如支付购买货物的货款、运输费、仓储保管费，支付借款本金、利息，等等；

2. 应合同对方当事人的要求提供担保而负担的债务，如提供财产抵押，支付抵押登记费、公证费等，应负担的违约金等违约损害债务；

3. 履行债务人继续营业活动时签订的合同所产生的债务。在债务人的重整、和解程序或破产清算程序中，为继续债务人的营业，管理人或者债务人需要签订新的合同。履行这些合同所产生的债务，属于共益债务。

（二）关于债务人财产受无因管理所产生的债务

无因管理，是指没有法定的或者约定的义务，为避免他人利益受损进行管理或者提供服务而产生的债务。无因管理人有权要求受益人偿付由此而支付的必要费用。但这种因对债务人的财产无因管理产生的债权，必须是在人民法院受理破产申请后所产生。如果相关费用支出是在人民法院受理破产案件前发生的，虽然也使债务人财产免受损失，但无因管理人支付的费用只能作为普通破产债权受偿。

债权人可以请求管理人清偿以下无因管理债务：

1. 无因管理产生的必要费用。依照《民法典》第九百七十九条规定，无因管理人为债务人管理事务或提供服务所支出的必要费用，有权请求偿还。所支出的费用是否为必要，应以支出时的客观情况决定；同时，债务人偿还必要费用原则上以其财产受益额为限。

2. 无因管理事务所遭受的损害。无因管理人因管理债务人事务而遭受损失的，应由债务人负责赔偿损失。如无因管理人对该损失的产生有过失的，应适当减轻债务人的责任。

3. 无因管理事务产生的债务。无因管理人在管理事务过程中，以自己名义为债务人负担债务的，可以请求债务人直接向债权人清偿，该债务应以必要或有益的债务为限。

（三）关于因债务人不当得利所产生的债务

不当得利，是指没有合法依据，造成他人损失，取得的不当利益。按照《民法典》的规定，取得不当利益的人应当将取得的不当利益返还受损失的人。债务人在法院受理破产申请后，没有合法依据使他人受到损失而自己获得利益的，这些利益从法律上来看并非债务人所有的财产。另外，不当得利返还请求权产生于人民法院受理破产案件后，不符合破产债权的成立要件，不能依破产债权受偿。在这种情况下，应当将不当得利所获得的利益返还受损失的人。因此，因债务人取得不当得利所产生的债务，应当作为共益债务处理。

债权人可以请求管理人清偿以下不当得利债务：

1. 债务人所获得的财产。如果所获得的财产尚未消灭的，财产权利人享有取回权。如果获得的财产已经处分消灭或者不能直接返还，则转化为不当得利返还请求权，由管理人直接支付相应价款。

2. 法定孳息。债务人在不当得利中依照法律规定所获得的孳息，应当返还给债权人。

3. 管理人清偿不当得利债务时，应扣除管理该财产所支出的必要费用。

4. 在人民法院受理破产申请前所产生的不当得利债务，不属于共益债务，只能作为一般债权参与债务人财产的破产分配受偿。

（四）关于为债务人继续营业所支付的劳动报酬和社会保险费用以及由此产生的其他债务

管理人决定债务人继续营业的目的是使债务人财产增值。管理人决定继续营业，就要聘用人员，与所聘用的人订立劳动合同，并按照有关规定向其支付劳动报酬和社会保险费用。这些费用以及由此产生的其他债务的支出，都是为了使债权人能够得到更多的补偿，因此，也视为一种共益债务。

在人民法院受理破产申请后，为债务人继续营业而新发生的融资借款，在符合相应的实体和程序条件的情况下可以认定为属于《企业破产法》第四十二条第四项规定的“由此产生的其他债务”，作为共益债务清偿。如果债务人企业在此之前已经对特定财产设定抵押或其他物的担保，新借款被认定为共益债务的清偿，不得损害此前已就债务人特定财产设定担保的债权的清偿利益。如果为继续营业而产生的借款设定了抵押，而抵押物在破产申请受理前已为其他债权人设定抵押的，要按照《民法典》第四百一十四条规定的顺序清偿。当然，在破产程序中为继续营业进行借款，要遵守法定的程序，需要经债权人会议决议通过，或者在第一次债权人会议召开之前经人民法院许可。

（五）关于管理人或者相关人员执行职务致人损害所产生的债务

管理人及其聘用相关工作人员执行职务致人损害所产生的债务，应由债务人财产清偿。

管理人或者其聘用的工作人员依照其职权对债务人的财产进行管理，在管理的过程中，有时可能会对他人造成损害。这种损害是管理人或者相关人员执行职务时发生的，也应作为共益债务。

管理人职务侵权产生的债务，包括侵害他人财产和人身所产生的侵权损害赔偿债务。如管理人及其聘用的相关工作人员执行职务过程中有过错或重大过失的，事后可以按照过错程度追究管理人等相关民事赔偿责任。在实践中，应注意区分管理人和相关人员的职务行为和非职务行为，只有在执行职务行为过程中造成的损害所产生的债务才属于共益债务，并非管理人和相关人员造成的所有损害产生的债务都应由债务人财产进行清偿。

（六）关于因债务人财产致人损害所产生的债务

例如，债务人的财产在债务人自己的仓库保管时发生火灾，殃及了近邻，将附近的仓库烧毁，造成他人的财产损害。由于相关行为是为了保管债务人的财产，因此，对他人造成的损害也作为共益债务。

第十一条 【应当列为共益债务的具体情形】

依据《企业破产法》及《破产法司法解释（二）》的规定，以下债务应被列为共益债务：

1. 因分割债务人共有财产导致其他共有人受到损害而产生的债务，应当认定为共益债务。

2. 因撤销涉及债务人财产的以明显不合理价格进行的交易而产生的债务人应返还受让人已支付价款的债务，应当认定为共益债务。

3. 债务人占有的他人财产被违法转让给第三人，第三人已善意取得财产所有权，原权利人无法取回该财产的，如转让行为发生在破产申请受理后的，因管理人或者相关人员执行职务导致原权利人受到损害而产生的债务，应当认定为共益债务。

4. 债务人占有的他人财产被违法转让给第三人，第三人已向债务人支付了转让价款，但未取得财产所有权，原权利人依法追回转让财产的，对因第三人已支付对价而产生的债务，如转让行为发生在破产申请受理后的，应当认定为共益债务。

5. 债务人占有的他人财产毁损、灭失，因此获得的保险金、赔偿金、代偿物，已经交付给债务人，或者代偿物已经交付给债务人且不能与债务人财产相区分的，发生在破产申请受理后的，因管理人或者相关人员执行职务导致权利人受到损害而产生的债务，应当认定为共益债务。

6. 出卖人破产，其管理人决定解除所有权保留买卖合同，并要求买受人向其交付买卖标的物。买受人依法履行合同义务并将买卖标的物交付出卖人管理人后，买受人已支付价款损失形成的债务，应当认定为共益债务。

7. 买受人破产，其管理人决定继续履行所有权保留买卖合同，原买卖合同中约定的买受人支付价款或者履行其他义务的期限在破产申请受理时视为到期，买受人管理人应当及时向出卖人支付价款或者履行其他义务。因买受人未支付价款或者未履行完毕其他义务，以及买受人管理人将标的物出卖、出质或者作出其他不当处分导致出卖人损害产生的债务，应当认定为共益债务。

8. 买受人破产，其管理人决定解除所有权保留买卖合同，出卖人有权主张取回买卖标的物的，出卖人取回买卖标的物的价值明显减少给出卖人造成损失的，出卖人可从买受人已支付价款中优先予以抵扣后，将剩余部分返还给买受人；对买受人已支付价款不足以弥补出卖人标的物价值减损损失形成的债务，应当认定为共益债务。

9. 管理人或者相关人员在执行职务过程中，因故意或者重大过失不当转让他人财产或者造成他人财产毁损、灭失，导致他人损害产生的债务，应当认定为共益债务。

第十二条　【应参照共益债务清偿的情形】

依据《破产法司法解释（三）》第二条第一款的规定，破产申请受理后，经债权人会议决议通过，或者第一次债权人会议召开前经人民法院许可，管理人或者自行管理的债务人可以为债务人继续营业而借款。提供借款的债权人主张参照《企业破产法》第四十二条第四项的规定优先于普通破产债权清偿的，人民法院应予支持，但其主张优先于此前已就债务人特定财产享有担保的债权清偿的，人民法院不予支持。

第十三条　【认定共益债务的法定程序】

依据《企业破产法》第二十五条和第六十一条的规定，企业在破产程序中产生的共益债务应当提交债权人会议通过，并向人民法院备案。

第三节　破产费用和共益债务的支付

第十四条　【支付破产费用和共益债务的主体】

1. 依据《企业破产法》第二十五条的规定，管理人负有决定债务人的日常开支和其他必要支出、决定继续或者停止债务人的营业（在第一次债权人会议召开之前）、管理和处分债务人的财产等职责。因此，在企业破产清算程序中，管理人有权支付随时产生的破产费用和共益债务。

2. 依据《企业破产法》第七十三条的规定，在重整期间，经债务人申请，人民法院批准，债务人可以在管理人的监督下自行管理财产和营业事务。因此，在企业重整程序中，在管理人的监督下，债务人可以支付随时产生的破产费用和共益债务。

第十五条　【支付破产费用和共益债务的原则】

（一）破产费用和共益债务由债务人财产随时清偿

随时清偿的含义是可不依破产程序中的清偿程序进行清偿。破产费用和共益债务的清偿无须列入破产财产分配表，管理人可随时由破产财产预支或者拨付。

（二）债务人财产不足以清偿所有破产费用和共益债务的，先行清偿破产费用

在债务人财产足以清偿所有破产费用和共益债务时，由于二者随时可以清偿，它们都能得到全部清偿。在债务人财产不能全部清偿所有的破产费用和共益债务时，就有一个谁优先得到清偿的顺序。《企业破产法》第四十三条第二款规定了在这种情况下，先行清偿破产费用，这是考虑到当人民法院裁定受理破产案件后，就进入了破产程序，要使破产程序顺利进行，首先要保证破产费用能够得到清偿，否则，破产程序将无法再进行下去。

（三）债务人财产不足以清偿所有破产费用或者共益债务的，按照比例清偿

《企业破产法》第四十一条和第四十二条所列举的三项破产费用和六项共益债务，一般情况下都是为债权人的利益而支出的费用和发生的债务，性质上基本相同，因此，就破产费用或者共益债务本身而言，其清偿顺序同一。在债务人财产不足以清偿所有的破产费用或者共益债务时，《企业破产法》第四十三条规定在破产费用中或者共益债务中，按比例进行清偿。如在对破产费用进行清偿后，债务人财产余下部分不能完全清偿共益债务，在这种情况下，只能就已经发生的几个共益债务，按照比例进行清偿。

（四）债务人财产不足以清偿破产费用的，管理人应当提请人民法院终结破产程序

《企业破产法》第四十三条规定了在债务人财产无法支付有关破产费用时，实际上案件已无法再进行审理，即使审理下去也不能达到对破产财产进行清算的目的，在这种情况下，管理人应当提请人民法院终结破产程序。人民法院应当自收到请求之日起十五日内裁定终结破产程序，并予以公告。用来清偿破产费用和共益债务的财产以债务人财产为限，即破产案件受理时属于债务人的财产，以及破产案件受理后至破产程序终结前债务人取得的财产。破产程序因上述原因而终止的，如果发现应纳入追加分配的财产，应将其用于先行偿付未受偿的破产费用。

第十六条 【破产费用支付的具体规定】

（一）诉讼费用的支付

1. 依据《诉讼费用交纳办法》第二十条规定，破产申请费在破产清算后交纳。

2. 破产案件依据破产财产总额计算，按照财产案件受理费标准减半交纳，但是，最高不超过30万元。

（二）管理人报酬的支付

1. 管理人报酬按照《关于管理人报酬的规定》第二条进行计算。

2. 人民法院可以根据破产案件的实际情况，确定管理人分期或者最后一次性收取报酬。

（三）其他破产费用的支付

管理人执行职务、聘用工作人员及管理、变价和分配债务人财产等所产生的破产费用，在费用发生时随时支付。

第十七条 【垫付破产费用的规定】

依据《关于管理人报酬的规定》第十二条的规定，债务人财产不足以支付管理人

报酬和管理人执行职务费用的，管理人应当提请人民法院终结破产程序。但债权人、管理人、债务人的出资人或者其他利害关系人愿意垫付上述报酬和费用的，破产程序可以继续进行。

上述垫付款项作为破产费用从债务人财产中向垫付人随时清偿。

第六章　债权申报与审查确认

【本章概述】

债权人在人民法院确定的债权申报期限内，有权向管理人申报债权，管理人应对申报债权进行审查确认，并报人民法院裁定确认。

依法申报债权的债权人有权依法参加债权人会议，按确认的债权金额享有表决权、破产财产分配权等权利；在破产财产最后分配前债权人可以补充申报，但应承担审查和确认补充申报的费用，此前已进行的分配，不再对其补充分配。

本章包括以下十节内容：

第一节　债权申报的准备工作

第二节　债权申报与登记

第三节　债权审查与确认的一般规定

第四节　债权人会议核查与法院裁定确认

第五节　税收债权的审查与确认

第六节　有担保债权的审查及确认

第七节　工程款债权的审查与确认

第八节　民间借贷债权的审查与确认

第九节　利息债权的审查与确认

第十节　其他债权的审查与确认

第一节　债权申报的准备工作

第一条　【核查债务人的债务情况】

管理人被指定后，应立即着手对债务人业务情况、已知债权人人数、类别、联系方式、地域分布等进行初步核查，编制或核实债务人的债务清册，为确定债权申报期限、通知债权人和债权申报审查工作做好准备。

第二条　【制定债权申报审查工作方案】

方案主要内容如下：

1. 确定债权申报审查人员安排。

2. 落实工作职责，即落实企业所欠除劳资、社保外的债务数额、债权人人数、债权类别、通知债权人申报债权及确认债权等相关工作的责任人。

3. 确定申报时限。

4. 确定债权申报工作地点。

5. 确定工作内容。包括但不限于：

（1）编制或核实债务清册。

（2）拟订债权申报通知书、申报登记文书、登记表格等工作文件。

（3）通知债权人申报债权，通过电话、短信、邮寄等方式将通知书送达已知债权人。

（4）接受债权人申报债权，填写债权申报表。

（5）审查确认债权人债权，处理债权异议。

第三条　【发布公告、通知已知债权人】

依据《企业破产法》第十四条的规定，人民法院应当自裁定受理破产申请之日起二十五日内通知已知债权人，并予以公告。适用快速审理方式的案件，人民法院应当自裁定受理破产申请之日起十五日内自行或者由管理人协助通知已知债权人。

人民法院、管理人应当在“全国企业破产重整案件信息网”发布公告，同时还可以通过在破产案件受理法院公告栏张贴公告、法院官网发布公告、报纸刊登公告或者在债务人住所地张贴公告等方式进行公告。对于需要通知或者告知的事项，人民法院、管理人可以采用电话、短信、传真、电子邮件等能够确认其收悉的简便方式通知或者告知债权人、债务人及其他利害关系人。

在发出通知书的同时可附债权申报表格、提交材料和要求的告知书、授权委托书和法定代表人身份证明样本、债权人送达地址确认书等材料和表格，以便债权人规范合法申报债权，提高债权申报工作效率。

已知债权人的范围根据债务清册、财务报告、清算报告、生效裁判文书等材料确定。

第四条　【公告和通知内容】

公告和通知应当载明下列事项：

1. 申请人、被申请人的名称或者姓名。

2. 人民法院受理破产申请的时间。

3. 申报债权的期限、地点和注意事项。

4. 管理人的名称或者姓名及其处理事务的地址。

5. 债务人的债务人或者财产持有人应当向管理人清偿债务或者交付财产的要求。

6. 第一次债权人会议召开的时间和地点。

7. 人民法院认为应当通知和公告的其他事项。

其中，债权申报期限应自人民法院发布受理破产申请公告之日起计算，最短不得少于三十日，最长不得超过三个月。管理人应当根据人民法院发布的《受理破产案件公告》中载明的申报期限作为该案件最终的债权申报期限，如债权申报期最后一天为法定节假日，顺延至节假日结束后的第一个工作日。

第五条 【破产债权的范围】

依据《企业破产法》及相关司法解释的规定，人民法院受理破产申请时对债务人享有债权的债权人，可依法向管理人申报债权，包括：

1. 无财产担保的债权。
2. 有财产担保的债权。
3. 未到期的债权。
4. 附利息的债权。
5. 附条件的债权。
6. 附期限的债权。
7. 诉讼、仲裁未决的债权。
8. 债务人的保证人和其他连带债务人，因代替债务人清偿债务取得的求偿权。
9. 债务人的保证人和其他连带债务人，尚未代替债务人清偿债务取得的将来求偿权，但债权人已经向管理人申报全部债权的除外。
10. 解除双方均未履行完毕的合同后形成的损害赔偿请求权。
11. 债务人的受托人继续处理委托事务产生的债权请求权。
12. 票据的付款人继续付款或者承兑产生的债权请求权。
13. 破产申请受理前，债务人尚未支付的案件受理费、执行申请费，可以作为破产债权清偿。
14. 其他债权。

第六条 【不属于破产债权的范围】

依据《审理企业破产案件规定》第六十一条规定，不属于破产债权的有如下几类：

1. 行政、司法机关对破产企业的罚款、罚金以及其他类似惩罚性费用，包括但不限于未执行的滞纳金和需要没收的财产等。

2. 破产申请受理后，债务人欠缴款项产生的滞纳金，包括债务人未履行生效法律文书应当加倍支付的迟延利息和劳动保险金的滞纳金。

3. 人民法院受理破产申请后的债务利息。
4. 债权人推进破产程序所支出的费用。
5. 破产企业的股权、股票持有人在股权、股票上的权利。
6. 破产财产最后分配开始后向管理人申报的债权。
7. 已过诉讼时效且不存在诉讼时效中止、中断、延长情形的债权。
8. 超出法定申请强制执行期限的债权。
9. 因管理人或债务人依据《企业破产法》第十八条的规定解除合同，对方当事人申报的违约金债权和适用定金罚则的债权。
10. 债务人开办单位未交付的管理费、承包费。
11. 政府无偿拨付给债务人的资金。

不属于破产债权的权利，管理人也应当对当事人的申报进行登记。

第七条 【无须申报的债权】

劳动债权，是指因破产宣告前的劳动关系产生的债权，包括破产企业所欠职工工资、医疗、伤残补助、抚恤费用和欠缴的基本社会保险费用，以及法律、行政法规规定应当支付给职工的补偿金等其他费用。《企业破产法》第四十八条明确规定了劳动债权无须申报。对于劳动债权，管理人应当在第一次债权人会议召开十五日前完成调查，列出清单并在债务人公告栏或者其他显著位置公示。职工对清单记载的金额及相关事项有异议的，可以在第一次债权人会议召开前向管理人提出异议，异议成立的，予以更正；异议不成立的，管理人应当予以通知并说明理由，职工对管理人的通知有异议的，可以自收到通知之日起十五日内提起债权确认诉讼。管理人可以视情况将劳动债权提交债权人会议核查。

第八条 【债权申报的规则】

（一）连带债权申报

《企业破产法》第五十条规定：连带债权人可以由其中一人代表全体连带债权人申报债权，也可以共同申报债权。

（二）保证债权申报

1.《企业破产法》第五十一条规定：债务人的保证人或者其他连带债务人已经代替债务人清偿债务的，以其对债务人的求偿权申报债权。债务人的保证人或者其他连带债务人尚未代替债务人清偿债务的，以其对债务人的将来求偿权申报债权。但是，债权人已经向管理人申报全部债权的除外。

2.《破产法司法解释（三）》第四条规定：保证人被裁定进入破产程序的，债权人有权申报其对保证人的保证债权。主债务未到期的，保证债权在保证人破产申请受理时视为到期。一般保证的保证人主张行使先诉抗辩权的，人民法院不予支持，但债权人在一般保证人破产程序中的分配额应予提存，待一般保证人应承担的保证责任确定后再按照破产清偿比例予以分配。保证人被确定应当承担保证责任的，保证人的管理人可以就保证人实际承担的清偿额向主债务人或其他债务人行使求偿权。

3.《破产法司法解释（三）》第五条规定：债务人、保证人均被裁定进入破产程序的，债权人有权向债务人、保证人分别申报债权。债权人向债务人、保证人均申报全部债权的，从一方破产程序中获得清偿后，其对另一方的债权额不作调整，但债权人的受偿额不得超出其债权总额。保证人履行保证责任后不再享有求偿权。

（三）连带债务人均破产的申报

《企业破产法》第五十二条规定：连带债务人数人被裁定适用本法规定的程序的，其债权人有权就全部债权分别在各破产案件中申报债权。

（四）合同解除所产生的损害赔偿请求权的申报

《企业破产法》第五十三条规定：管理人或者债务人依照本法规定解除合同的，对方当事人以因合同解除所产生的损害赔偿请求权申报债权。

损害赔偿额的计算以实际损失为原则，不能以合同约定的违约金为申报依据。

（五）委托人的申报

《企业破产法》第五十四条规定：债务人是委托合同的委托人，被裁定适用本法规定的程序，受托人不知该事实，继续处理委托事务的，受托人以由此产生的请求权申报债权。

（六）票据付款人的申报

《企业破产法》第五十五条规定：债务人是票据的出票人，被裁定适用本法规定的程序，该票据的付款人继续付款或者承兑的，付款人以由此产生的请求权申报债权。

（七）税收、社会保险等债权的申报

税收、社会保险费、住房公积金债权，由有关征管机关向管理人申报。

（八）外汇债权的申报

申报的债权为外币结算的，应将债权金额按照破产申请受理日公布的同一币种的汇率折算为人民币进行申报。

第二节　债权申报与登记

第九条 【债权申报的法律依据】

《企业破产法》第四十八条规定：债权人应当在人民法院确定的债权申报期限内向管理人申报债权。

第十条 【债权申报形式】

债权人向管理人申报债权应当采取书面形式，管理人对债权人以口头、电话或者其他电子信息等非书面形式申报的债权，可要求其提供书面文件。

第十一条 【债权申报需提交的材料】

管理人在接受债权申报时，应当要求债权人提交的书面申报材料包括以下四类：

（一）债权人身份的证明材料

自然人提交身份证件等个人有效证件；公司/企业提交企业法人营业执照、事业和社团法人登记证书、法定代表人或者负责人的有效身份证明、特许经营许可证等；委托他人代为申报，还应提交授权委托书及受托人的有效身份证明；受托人是律师的，还应当提交律师事务所指派函及律师执业证。

（二）填写债权申报表

包括但不限于债权人的名称或姓名、联系地址、联系人、法定代表人、委托代理人的姓名、联系方式；申报债权的数额和计算依据；债权形成的原因；债权发生日及到期日；有无财产担保；有无诉讼或者仲裁情况；等等。

（三）债权金额和债权发生事实的证据材料

包括但不限于债权发生的基础性文件，如合同、协议、欠条等；债权人支付凭证，如付款票据、转账单、对账单等；债权人请求偿付的证明，如催告函；债权发生、变更、存续、诉讼时效中断等证明材料；债务人已偿付债务证明；法院及仲裁机构生效文书；等等。

（四）债权有无财产担保的证据材料

包括但不限于抵押合同、质押合同、抵押物登记凭证及他项权证等。

第十二条　【申报登记审查事项】

1. 核对申报材料清单与提交材料是否一致、原件与复印件是否一致。债权人申报债权时应如实填写债权申报文件清单，注明提交资料的名称、数量等，债权申报文件清单应签字或盖章。提交申报材料的原件及填写债权申报文件清单以便管理人核对，并提供与原件核对一致的复印件。

2. 检查债权人是否签署申报材料。申报材料应经债权人签字或者盖章确认，未经债权人签字或者盖章的视为未申报。

3. 核实债权人主体资格。债权人为法人的，要求其提交营业执照原件，管理人核对后留存经加盖公章的营业执照复印件；债权人为自然人的，要求其提交合法有效的身份证明，管理人核对原件后留存复印件。

4. 核实代理人的身份。债权人委托他人申报债权的，应提交委托人签字盖章的授权委托书及受托人的身份证明。

5. 确认债权人的联系方式。债权人申报债权时应填写联系方式及送达地址确定书，以便管理人与债权人联系，包括联系人、收件人、联系电话、电子邮箱、实名认证的微信号等，并书面确认其已知悉，在破产程序中，人民法院或者管理人按照其债权申报时确认的联系方式发出的文件或者通知，视为其已收到。

第十三条　【对申报人主体资格的审查】

（一）个人债权申报人主体资格审查

1. 审核债权人的身份证件等个人有效证件的原件有无涂改、刮擦痕迹，是否与所提交的债权证明材料中的主体身份相符，各复印件是否与原件一致。审核无误后退还其原件，留存复印件并注明“与原件一致”。

2. 委托代理人申报的，还须审查授权委托书是否有相应的公证证明原件，是否与公证证明上的内容一致，有无涂改、刮擦痕迹，授权人是否为债权人，签字是否一致；代理人的身份证件等个人有效证件是否与授权委托书载明的代理人身份相符，各复印件是否与原件一致，复印件是否加有债权人的签字（章）。审核无误后退还其原件，留存复印件并注明“与原件一致”。

（二）机构债权申报人主体资格审查

1. 审核债权人的证照（企业法人执照、事业和社会团体法人登记证书等）正本是否在有效期间内，是否已经年检，是否加盖原始登记机关的印章，是否与所提交的债权证明材料中的主体身份相符，各复印件是否与原件一致，复印件是否加盖债权人公章。审核无误后退还其原件，留存复印件并注明“与原件一致”。

2. 审核债权人法定代表人或负责人的身份证件等个人有效证件的原件是否与债权人证照中注明的身份一致，各复印件是否与原件一致。审核无误后退还其原件，留存复印件并注明“与原件一致”。

3. 委托代理人申报的，还须审查授权委托书原件中的授权人是否为法定代表人或负责人，是否有相应的公证证明，是否与公证证明原件上的内容一致，有无涂改、刮擦痕迹，签字（章）是否一致。代理人的身份证件等个人有效证件原件是否与授权委托书载明的代理人身份相符，各复印件是否与原件一致，复印件是否加盖债权人的公章。审核无误后退还其原件，留存复印件并注明“与原件一致”。

第十四条 【对债权申报登记内容的初步审查】

审核《债权申报登记表》所填写内容是否完整，申报人的主体身份是否与申报材料相一致，债权申报内容与债权证明材料记载的是否一致，所填写的债权证明材料名称是否与债权申报人已经提交的债权证明材料内容一致。《债权申报登记表》应包括如下三类内容：

1. 债权人基本情况：企业名称或个人姓名、企业法定代表人或负责人姓名、职务、住址、债权人开户银行、联系方式；有委托代理人的还应载明委托人姓名、住址、联系方式及委托代理权限等事项。

2. 债权基本情况：债权发生的原因、存在的证据、债权到期日、申报时间、申报数额（原始债权、孳息债权）、有无财产担保、是否附条件和期限、是否为连带债权、有无连带债务人、是否为求偿权或将来求偿权。

3. 管理人认为其他必要的事项。

第十五条 【对债权证明材料的初步审查】

1. 审核各类合同、协议等债权原始材料以及能够证明合法债权产生、变更、存续及其金额的其他材料的原件有无涂改、刮擦痕迹，各复印件是否与原件一致，是否加有债权人的签字（章）。审核无误后退还其原件，留存复印件并注明“与原件一致”。

2. 所申报债权有财产担保的，还应审查抵押合同、质押合同及相关登记证明的担保材料的原件有无涂改痕迹，是否在有效期间内，各复印件是否与原件一致，是否加有债权人的签字（章）。审核无误后退还其原件，留存复印件并注明“与原件一致”。

3. 所申报债权如果涉及诉讼，还应审查与诉讼有关的文件原件（包括已经了结或正在审理的案件的起诉书、诉讼保全申请、保全裁定、生效判决、执行申请、法院执行裁定、执行通知书等）有无涂改痕迹，是否在有效期间内，各复印件是否与原件一致，是否加有债权人的签字（章）。审核无误后退还其原件，留存复印件并注明“与原件一致”。

第十六条 【申报材料补正和接受】

1. 债权人申报时应提交相关申报材料，管理人应就债权人提交的申报文件是否完整和齐备进行审查。如申报文件不完整或者有缺陷，管理人应当一次性告知申报人，要求其对申报文件或证据材料进行补正。

2. 在对申报人提交的申报材料进行初步审核后，对于符合申报条件的，工作人员应接受申报，并且向申报人出具《债权登记回执》。

第十七条　【登记造册】

1. 管理人接受债权申报后应进行相应的债权登记，根据债权人提交的债权申报文件进行分类整理，形成债权申报登记册。

登记的项目包括但不限于：申报人的姓名、单位、代理人、申报债权额、债权性质、申报债权发生的原因、担保情况、证据、是否属于未到期债权、附条件债权、附期限债权、诉讼及仲裁未决债权（诉讼或仲裁、受诉法院或仲裁机构、案件名称、编号等）、联系方式（住所、邮编、联系人、联系电话等）等事项。

2. 管理人在受理债权后应及时归档，债权申报文件由管理人保存，供利害关系人查阅。

第十八条　【债权申报的变更】

债权人在申报债权之后、申报期限届满前，要求对已申报债权的性质或者数额进行变更的，应向管理人提交书面申请，管理人应做好变更登记。

债权人在债权申报期限届满后可以对在申报期内所申报的有财产担保债权放弃财产担保或者减少债权金额，债权人在破产财产最终分配前可以随时变更。

债权人在债权申报期限届满后增加在申报期内所申报债权金额或进行不利变更的，管理人按照债权申报期限届满后补充申报的要求处理。

第十九条　【债权申报的撤回】

债权人在申报债权之后债权申报期限届满前，要求撤回已申报债权的，应向管理人提交书面申请，管理人在向其说明未申报债权的法律后果后，向其退回已申报的材料，并由债权人签收确认。

第二十条　【债权的逾期申报】

根据《企业破产法》第五十六条的规定，在人民法院确定的债权申报期限内，债权人未申报债权的，可以在破产财产最后分配前补充申报。

第二十一条　【逾期申报的法律后果】

根据《企业破产法》第五十六条、第五十九条、第九十二条、第一百条的规定，逾期未申报债权会产生如下法律后果：

1. 债权人未按期申报债权，将丧失《企业破产法》规定的债权人参与破产程序的所有程序性权利，包括参加债权人会议的权利、表决权、异议权、接受分配财产权等。

2. 债权人未按期申报，已分配的财产不对其补充分配。即便其在破产财产最后分配前补充申报，此前已进行的分配仍不再对其补充分配。且债权人应承担因审查和确认补充申报债权的相关费用。

3. 如债务人进入重整程序，债权人未按期申报债权，在重整计划执行期内债权人不得行使任何要求偿债的权利。但债权人并未丧失其要求偿债的实体权利，其仍有权在重整计划执行完毕后，按照重整计划规定的同类债权的清偿条件行使权利。

4. 如债务人进入破产和解程序，债权人未按期申报债权，在和解协议计划执行期内债权人不得行使任何要求偿债的权利。但债权人并未丧失其要求偿债的实体权利，其仍有权在和解协议执行完毕后，按照和解计划规定的清偿条件行使权利。

5. 债权人逾期申报的，审查和确认补充申报债权的费用，包括重新召开债权人会议费用和差旅费用等，由补充申报人承担。

第二十二条 【债权申报文件的查阅】

在破产期间，债权表、债权申报登记册及债权申报材料由管理人保管，债权人、债务人、债务人职工及其他利害关系人有权查阅。

第三节 债权审查与确认的一般规定

第二十三条 【债权审查原则】

管理人在审查债权时应当坚持形式审查和实质审查相结合的原则。

（一）形式审查

包括债权人是否采用书面申报形式，是否在申报期限内申报，是否提交了证实债权申报主体资格、证实债权是否成立、债权类别、债权数额和有无财产担保的证明材料。

（二）实质审查

包括申报债权的真实性、合法性、关联性以及时效性。

1. 真实性，指管理人应当就债权人申报的债权是否真实存在进行审查。

2. 合法性，指管理人应当就债权人申报的债权是否符合法律规定及合同约定进行审查。

3. 关联性，指管理人应当就债权人申报的债权是否与债务人存在关联关系进行审查。

4. 时效性，指管理人应当就债权人申报的债权是否存在超过诉讼时效等情形进行审查。

第二十四条 【债权审查方法】

债权审查具体方法包括但不限于：

1. 债权人提交的债权申报材料与原件进行核对。

2. 证据材料保存在政府有关部门的，管理人可向有关政府部门调查核实。

3. 要求债务人提供与申报债权相关的财务资料及档案材料。

4. 聘请会计师就申报债权相关的财务资料进行审计和调查。

5. 要求债务人通过自查方式提交债权审查意见。

6. 有必要时可以向债务人的法定代表人、企业管理人员、财务人员进行必要的询问，并制作询问笔录。

7. 要求债权人提供补充资料及书面说明。

8. 向债权人进行调查和询问，并制作调查和询问笔录。

9. 要求债权人与债务人进行对账。

10. 有权向有关部门和单位发出征询函。

11. 其他有利于查明债权的方法。

第二十五条 【债权审查步骤】

管理人在接受债权申报后，可以按初步审查—复核—确认三个步骤进行审查：

（一）初步审查，制作《债权审查确认表》

根据不同债权的审查标准，管理人依法对已申报的债权进行初审，逐一制作《债权审查确认表》，记载债权人名称、申报债权数额及申报证据、有无财产担保、债权概述、债务人确认意见、管理人审查意见、审查差异说明及不予认定的事实和理由等其他需要说明的事项，作为管理人债权审查的工作底稿，便于日后查阅。在债权初步审查过程中，应全面记录债权信息，并归纳及总结该债权存在问题及初步审查意见，以便为第二阶段审查复核做好准备。

（二）复核，制作债权确认通知书

管理人应当对债权逐笔提出审查意见并载明审查依据及沟通过程；对于个别无法确定或者债权构成复杂、债权金额较难认定的债权，管理人应当联络债权人进一步补充申报资料。

依据《债权审查确认表》的初步审查结果，管理人应当对债权逐笔形成债权确认通知书，载明申报债权金额、管理人审查确认金额、审查意见，书面通知债权人，并告知债权人如有异议，有权在规定时间内提出书面异议或依法向人民法院提起诉讼。

（三）根据确认结果，制作《债权表》

管理人依据《债权审查确认表》的记载及债权人对债权确认通知书的确认或反馈意见进行复查，编制并最终形成《债权表》，作为管理人债权审查的书面文件，提交债权人会议核查债权。《债权表》应当记载债权人名称、申报债权金额、审查债权金额、有无财产担保等事项。

根据分组债权表决程序的需要，可以细化出《普通债权表》《有财产担保债权表》《税款债权表》《无表决权组债权表》《劳动债权表》等若干债权附表。在债权分类基础上，明确不同类别组债权审查结果，便于债权人会议分组表决的债权额统计。

第二十六条 【债权审查内容】

管理人在审查债权时，主要对主体、事实、债权的性质、数额、是否超过诉讼时效期间、是否超过强制执行期间、是否以债务人财产提供担保等进行审查。

（一）对主体的审查

管理人对债权申报主体进行审查，重点审查证明债权申报主体的证明文件是否齐备、是否符合法律规定的要求。

（二）对诉讼时效期间、强制执行期间的审查

审查债权是否在法律规定的诉讼时效期间内申报，已有生效判决的，是否在强制执行期间申请强制执行或申报债权。

（三）对债权形成事实的审查

管理人对债权发生事实的审查，应当对债权发生的时间、经过，进行全面的实质审查，即对证明债权事实发生和存在的各种证据的审查：

1. 对证明债权发生的合同、协议等审查，主要对合同、协议等是否成立、是否生效进行实质审查，如有需要应进行必要的调查、核实。

2. 对债权转让文件的审查，主要审查债权转让文件是否能证明债权已合法地转移，债权转让文件包括但不限于相关转让协议、确认函、转让明细清单及通知债务人的证据等。

3. 对人民法院的判决书、调解书和仲裁机构的裁决书进行审查，主要审查判决书、裁决书是否发生法律效力，判决书、裁决书是否已经送达给债务人，债务人是否提出上诉或者申诉，债权人是否申请了强制执行等，必要时应向法院和仲裁机构进行核实。

管理人认为债权人据以申报债权的生效法律文书确定的债权错误，或者有证据证明债权人与债务人恶意通过诉讼、仲裁或者公证机关赋予强制执行力公证文书的形式虚构债权债务的，应当依法通过审判监督程序向作出该判决、裁定、调解书的人民法院或者上一级人民法院申请撤销生效法律文书，或者向受理破产申请的人民法院申请撤销或者不予执行仲裁裁决、不予执行公证债权文书后，重新确定债权。

4. 对债务人单方出具的欠款凭证、收款收据、债务确认函、转账凭证、往来函件等证据审查，应审查这些证据是否真实、合法；是否能够单独或与其他证据结合并足以证明债权的存在。

（四）对债权金额的审查

主要审查债权人对债权金额的计算是否有事实或者法律依据。

1. 债权人依据合同、协议书、判决书、裁决书等债权文书计算债权金额的，要按照债权文书约定或确定的债权计算依据进行审查。

2. 债权人没有按照债权文书约定或确定的债权计算依据计算债权金额的，管理人应当予以纠正。

3. 约定的债权计算标准不符合法律法规的强制性规定，管理人应当按照法律法规的规定对债权人的债权金额进行纠正并重新计算。

4. 对申报利息的审查详见本章第八节。

第二十七条　【债权审查要点】

依据《企业破产法》的规定，管理人对债权的审查要点包括但不限于：

1. 申报债权必须有充分、确实证据证明。

2. 申报债权必须是在诉讼时效和申请执行期限内的债权。

3. 债权人申报的利息、罚息、违约金、滞纳金自破产申请受理时起停止计算。

4. 债权申报为外币时，以破产受理日市场汇率中间价进行折算。

5. 申报债权时未申报应付利息和违约金的，视为其放弃申报。

6. 债权人提交具有强制执行效力的法律文书的，则管理人无须实质审查，依据法律文书中直接确认的债权金额和有无财产担保的内容可直接予以确认债权。

7. 附期限的债权，视为破产受理时已到期，可以作为破产债权申报。

8. 债权人申报的债权不是以金额计算的，管理人可以按照标的物在破产案件受理时债务履行地的平均市场价格确认债权金额。

第二十八条 【特殊债权的审查】

1. 未到期债权在破产申请受理时视为到期。如该债权是附利息的，只需合并计算债权本金和该本金在破产申请受理日前产生的利息。申报债权时未申报应付利息和违约金的，推定其放弃申报。

2. 附生效条件的破产债权，应当按照未到期的破产债权计算债权金额；附解除条件的破产债权，应当按照普通破产债权计算债权本金和该本金在破产申请受理日前产生的利息。

3. 债权人因债务人或者管理人解除合同而产生的损害赔偿请求权的破产债权金额，应当仅限于解除合同行为给债权人造成的直接的、现实的、可计算的损失。如有争议应依据人民法院的生效判决来确认。

4. 对于债务人与非金融企业或自然人之间因借款而形成的债权，本金予以确认，利息从其约定，但利率超出民间借贷利率标准的除外。

5. 债务人退出联营应当对该联营企业的债务承担责任的，联营企业的债权人对该债务人享有的债权应予以确认。

6. 政府无偿拨付给债务人的资金不列为破产债权。但财政扶贫、科技管理等行政部门通过签订合同，按有偿使用、定期归还原则发放的款项，可以列为破产债权。

7. 破产受理前产生的民事惩罚性赔偿金、行政罚款、刑事罚金等惩罚性债权属于劣后债权。

第二十九条 【确认债权的条件】

1. 必须是以财产给付为内容的请求权。

2. 必须是以债务人财产为受偿基础的请求权。

3. 必须是人民法院受理破产申请前成立的债权，债权的到期时间不影响认定，依据《企业破产法》的规定，未到期的债权，在破产申请受理时视为到期。

4. 必须是平等民事主体之间的请求权。

5. 必须是合法有效的债权。

第三十条 【暂不确认的债权】

下列债权，管理人可暂不予确认：

1. 管理人尚未得出审查结论或复核结论的债权。

2. 管理人作出审查结论或复核结论后，债权人提起诉讼的债权。

3. 附条件但条件未成就的债权。

4. 诉讼和仲裁未决的债权。

5. 债务人的保证人或其他连带保证债务人以将来求偿权申报的债权。

暂未确认债权的债权申报人或管理人申请人民法院临时确定债权额的，应当提交基础证据。

人民法院经初步审查证据，再结合利害关系人意见及给予临时表决权对破产程序的影响等因素，能基本确定债权数额及债权性质的，可以作出临时确定债权额的决定书，向该债权申报人、债务人、管理人及异议人送达。

债权人按照人民法院临时确定的债权性质和债权数额，在债权人会议上行使表决权。

如果最终被确认不属于破产债权，则不得继续参加破产分配，已按临时债权额行使的表决权不再纠正。如果被确认属于破产债权，则按最终确定的债权性质和数额参加分配。

第三十一条 【不予确认的债权】

管理人经审查，对存在如下问题的债权不应予以确认：

1. 证据不足，且债务人财产资料无记载的。

2. 超过诉讼时效或执行时效期间，又无时效中断或中止证据的。

3. 存在法律规定的无效原因的。

4. 无证据或者证据为虚假的债权、有相反证据证明为虚假的债权。

第四节 债权人会议核查与法院裁定确认

第三十二条 【债权人会议核查】

管理人审查后编制的债权表，应当提交债权人会议核查。详见本书第一部分第九章第四节。

第三十三条 【管理人作债权核查报告】

召开债权人会议时，管理人应向债权人会议说明本次提交债权人会议核查的债权表编制情况，包括以下内容：

1. 向管理人申报债权的债权人总户数。

2. 债权人向管理人申报的债权总额。

3. 管理人审查认可的债权总额。

4. 管理人审查认可的债权依照《企业破产法》规定所处的清偿顺位。

5. 管理人审查认可的可以优先受偿的债权，以及相应债权人可对债务人特定财产行使优先受偿权的依据。

6. 对债务人特定财产享有优先受偿权的债权人为一户以上的，应说明每户债权人对债务人特定财产的受偿顺序。

第三十四条　【补充申报债权的核查】

第一次债权人会议召开后，债权人在破产财产最后分配前补充申报债权的，管理人应对补充申报的债权进行审查并补充编制债权表。管理人补充编制的债权表，应当提交后续召开的债权人会议核查。

第三十五条　【债权人核查】

管理人在向债权人会议说明债权表编制情况后，应当征求债权人、债务人对管理人所编制债权表意见。债权人、债务人对债权表中相关债权提出疑问或异议的，管理人应当予以说明或复核。

第三十六条　【提请法院裁定确认】

经债权人会议核查，债权人、债务人对债权表记载的债权无异议的，管理人应申请人民法院予以裁定确认，人民法院依法确认。

第三十七条　【债权确认的法律后果】

债权确认的法律后果具体如下：

1. 被确认债权的债权人有权出席债权人会议，依据其被确认的债权性质及债权数额在债权人会议中享有投票表决权；在破产财产分配时，有权参加同类债权的清偿，并以此计算获得清偿数额。

2. 申报的债权不予确认的，可以参加债权人会议，但不享有表决权。

3. 暂时不能确认或者尚未形成确认结果的债权，经人民法院裁定给予临时表决权的，债权人按照人民法院临时确定的债权性质和债权数额，可以在债权人会议行使表决权；如果该债权最终不予确认的，则不得参加破产财产分配，已经获得的分配，应当予以返还；如果该债权最终确定为破产债权的，则按照最终确认的债权性质和债权数额参加表决或分配。已经按临时债权额行使的表决权不再纠正。

第三十八条　【提出债权确认异议】

债权人或债务人对管理人确认结果有异议的，可在规定期限内向管理人提交书面的异议书，详细说明异议的具体事实与理由、法律依据，并提供相关证据材料。

第三十九条　【异议审查】

管理人应在合理期限内对有异议的债权进行审查，并向异议人发出书面审查意见，并告知异议人在十五日内向人民法院提起债权确认之诉，以防止相对人滥用债权异议权，导致破产程序的拖延。

第四十条　【普通破产债权确认之诉】

1. 债务人、债权人对债权表记载的债权有异议的，应当说明理由和法律依据。经管理人解释或调整后，异议人仍然不服的，或者管理人不予解释或调整的，异议人应当在债权人会议核查结束后十五日内向人民法院提起债权确认的诉讼。异议人若因不可抗拒的事由或其他正当理由，不能在十五日向人民法院提起债权确认之诉的，可以依照《民事诉讼法》的规定申请顺延期限。

2. 当事人之间在破产申请受理前订立有仲裁条款或仲裁协议的，应当向选定的仲裁机构申请确认债权债务关系。

3. 债务人对债权表记载的债权有异议向人民法院提起诉讼的，应将被异议债权人列为被告；债权人对债权表记载的他人债权有异议的，应将被异议债权人列为被告；债权人对债权表记载的本人债权有异议的，应将债务人列为被告；对同一笔债权存在多个异议人，其他异议人申请参加诉讼的，应当列为共同原告。

第四十一条　【异议债权确认诉讼的诉讼费】

异议债权确认诉讼的案件受理费按照《诉讼费用交纳办法》规定的财产案件受理费标准收取。对债权数额无异议，但对债权的清偿顺序或者是否具有优先权有争议而提起的诉讼，应按照争议涉及的金额计算案件受理费。

第四十二条　【法院对普通破产债权确认之诉裁决的执行】

异议债权得到法院生效判决确认的，管理人应予执行，其中：

1. 破产财产分配开始前，异议债权确认诉讼已经结束的，管理人应当依据债权确认判决的结果对债权表作出更正，并提请人民法院裁定确认。

2. 破产财产分配开始时，异议债权确认诉讼尚未结束的，管理人应该按照异议诉讼未决债权的数额提存分配额。若该异议债权得到法院生效判决确认，则管理人应该将预先提存的分配额给予债权人；若该异议债权未得到法院的确认，或自破产程序终结之日起满两年仍不能受领分配的，则管理人应该将该部分提存分配额分配给其他债权人。

第五节　税收债权的审查与确认

第四十三条　【税收债权的概念和种类】

税收债权，是指在破产程序终结前，税务机关依据税法相关规定，代表国家行使对破产企业享有的应由破产企业负担的以破产财产清偿税收债务的债权请求权。在该债权请求权中，国家是债权人，破产企业是债务人。

实践中，税收债权申报涉及的税种内容较为广泛，申报的范围主要包括增值税、消费税、企业所得税、城市维护建设税、房产税、土地使用税、印花税、契税等。

第四十四条　【税收债权与一般债权的区别】

税收是国家取得财政收入的重要工具，作为国家行使行政管理职能的必要保证，具有强制性、无偿性、公益性。税收债权与一般债权的不同之处主要表现在以下几方面：

1. 税收债权产生的法律基础是公法而非私法，税收债权是公法上的权利，它所体现的不是平等主体之间的交易关系，而是管理者与被管理者之间的税收征缴关系。

2. 税收债权的权利主体是国家，因而具有不同于一般主体的特殊性。

3. 税收债权涉及国家的公共利益，一般债务仅涉及某单位（或个人）的个体利益，基于公共利益优先考虑，税收债权具有优先属性（其中具有惩罚性的税款滞纳金等除外）。

第四十五条　【税收债权人的通知和申报】

人民法院受理破产案件并公告债权申报期限后，管理人在清理债务人债权债务关系时，发现债务人有未缴纳的税款，应当及时书面通知税务机关在申报期限内进行税收债权申报。

税务机关在人民法院公告的债权申报期限内，向管理人申报企业所欠税款（含教育费附加、地方教育附加，下同）、滞纳金及罚款。因特别纳税调整产生的利息，也应一并申报。

第四十六条　【纳入破产债权的税收债权及其分类】

纳入破产债权的税收债权，包含在人民法院裁定破产案件受理前，企业所欠税款、滞纳金、罚款，以及因特别纳税调整产生的利息。

1. 企业所欠税款本金，其性质为《企业破产法》第一百一十三条第一款第二项规定的税款债权，优先于普通债权清偿。

2. 企业所欠的滞纳金、因特别纳税调整产生的利息，其性质为普通破产债权。

第四十七条　【不属于破产债权的税收债权】

根据《审理企业破产案件规定》第六十一条第一款、第六十一条第二款的规定，税务机关对债务人的罚款、罚金以及债务人在人民法院裁定受理破产案件后，因欠缴税款产生的滞纳金，不属于破产债权。

根据《破产审判纪要（2018）》第二十八条的规定，破产财产依照《企业破产法》第一百一十三条规定的顺序清偿后仍有剩余的，可依次用于清偿破产受理前产生的民事惩罚性赔偿金、行政罚款、刑事罚金等惩罚性债权。

第四十八条　【破产清算期间或重整期间发生的应税事项的管理】

根据《国家税务总局关于税收征管若干事项的公告》第四部分的规定，在人民法院裁定受理破产申请之日至企业注销之日，企业应当接受税务机关的税务管理，履行税法规定的相关义务。破产程序中如发生应税情形，应按规定申报纳税。其中：

1. 从人民法院指定管理人之日起，管理人可以按照《企业破产法》第二十五条规定，以企业名义办理纳税申报等涉税事宜。

2. 企业因继续履行合同、生产经营或处置财产需要开具发票的，管理人可以以企业名义按规定申领发票或者代开发票。

第四十九条　【税收债权的审查和确认】

管理人应核查债务人财务账册和税务机关的申报材料，对税务机关申报的税收债权进行审查，必要时可采取调取相关缴纳税款的银行流水、向相关主管部门查询应税交易或资产权属、使用情况等进行核实，并根据相关税收征管法律、法规的规定依法确认。

第六节　有担保债权的审查与确认

第一部分　有担保债权审查与确认的一般规定

第五十条　【有担保债权的定义】

有担保债权，泛指债权人对破产人（债务人）特定财产存在担保权的债权，或因破产人（债务人）为第三方提供保证担保，相关债权人要求破产人（债务人）承担担保责任而产生的债权，以及因第三方为破产人（债务人）提供担保而形成的担保求偿权。

第五十一条　【担保范围】

（一）一般担保合同的担保范围

担保范围包括主债务及其利息、违约金、损害赔偿金、保管财产和实现担保物权的费用。当事人另有约定的，按照其约定。

1. 当事人对担保责任的承担约定专门的违约责任，或者约定的担保责任范围超出债务人应当承担的责任范围，担保人可主张仅在债务人应当承担的责任范围内承担责任。

2. 担保人承担的责任超出债务人应当承担的责任范围并向债务人追偿的，债务人可主张仅在其应当承担责任的范围内承担责任。

（二）最高额担保中的担保范围

最高额担保中的最高债权额，是应当包括主债权及其利息、违约金、损害赔偿金、保管担保财产的费用、实现债权或者实现担保物权的费用等在内的全部债权，当事人另有约定的除外。

（三）担保范围的登记

以登记作为公示方式的不动产担保物权的担保范围，一般应当以登记的范围为准。但是，我国目前不动产担保物权登记，不同地区的系统设置及登记规则并不一致，人民法院在审理案件时应当充分注意制度设计上的差别，作出符合实际的判断：

一是多数省区市的登记系统未设置“担保范围”栏目，仅有“被担保主债权数额（最高债权数额）”的表述，且只能填写固定数字，致使合同约定的担保范围与登记不一致，在此情况下，人民法院以合同约定认定担保物权的担保范围，是符合实际的妥当选择。

二是一些省区市不动产登记系统设置与登记规则比较规范，担保物权登记范围与合同约定一致在该地区是常态或者普遍现象，人民法院在审理案件时，应当以登记的担保范围为准。

第五十二条　【不动产担保物权设立、变更、转让和消灭的生效时间】

不动产担保物权的设立、变更、转让和消灭，依照法律规定应当登记的，自记载于不动产登记簿时发生效力。

第五十三条　【不动产担保物权合同效力和物权效力的区分】

当事人之间订立有关设立、变更、转让和消灭不动产担保物权的合同，除具有法律关于无效的规定的情形或者合同另有约定外，自合同成立时生效；未办理担保物权登记的，不影响合同效力。

第五十四条　【动产担保物权设立的生效时间】

1. 动产抵押权的设立，抵押权自抵押合同生效时设立；未经登记，不得对抗善意第三人。

2. 动产质权的设立，自该动产交付质押财产时发生效力，但法律另有规定的除外。

第五十五条　【担保合同与主合同关系】

设立担保物权，应当依法订立担保合同。担保合同包括抵押合同、质押合同和其他具有担保合同功能的合同。担保合同是主债权债务合同的从合同。主债权债务合同无效的，担保合同无效，但是法律另有规定的除外。

第五十六条　【担保合同的效力】

当事人之间订立的具有担保功能的合同，不存在法定无效情形的，应当认定其有效。担保合同无效的情形主要包括：

1. 违反《民法典》第一百四十六条、第一百五十三条、第一百五十四条规定，订立的担保合同无效。

2. 当事人之间在担保合同中约定担保合同的效力独立于主合同，或者约定担保人对主合同无效的法律后果承担担保责任，该有关担保独立性的约定无效。当事人约定的担保责任范围大于主债务的，大于主债务部分的约定无效。

3. 违反《民法典》第五条、第六条的规定，订立的担保合同无效：

（1）机关法人，除经国务院批准为使用外国政府或者国际经济组织贷款进行转贷外，提供的担保无效。

（2）居民委员会、村民委员会，除依法代行村集体经济组织职能的村民委员会依照《村民委员会组织法》规定的讨论决定程序对外提供担保外，提供的担保无效。

（3）以公益为目的的非营利性学校、幼儿园、医疗机构、养老机构等提供担保的，一般认定为担保合同无效，下列情形除外：第一，在购入或者以融资租赁方式承租教育设施、医疗卫生设施、养老服务设施和其他公益设施时，出卖人、出租人为担保价款或者租金而在该公益设施上保留所有权；第二，以教育设施、医疗卫生设施、养老服务设施和其他公益设施以外的不动产、动产或者财产权利设立担保物权。

第五十七条 【以法律、行政法规禁止抵押的财产订立的抵押担保合同】

1. 以土地所有权设立的抵押无效；以违法的建筑物抵押的，抵押合同无效，但是一审法庭辩论终结前已经办理合法手续的除外。

2. 以所有权、使用权不明或者有争议的财产以及依法被查封、扣押、监管的财产设定抵押，抵押合同有效，但抵押权能否行使抵押权需要根据实际情况分别处理。

第五十八条 【以法律、行政法规尚未规定可以担保的财产设立担保的效力确认和处理】

除非当事人签订的担保合同违反法律、行政法规的强制性规定或者违背公序良俗，否则，当事人不得以法律、行政法规尚未规定该财产权利可以用于提供担保或者未在法定登记机关办理登记为由主张担保合同无效。

第五十九条 【公司及其法定代表人提供担保的效力和责任】

（一）公司提供担保的效力

公司为他人提供担保，应当按照公司章程的规定，由董事会或者股东会决议；公司章程对担保额有限额规定的，不得超出规定的限额。为其股东或者实际控制人提供担保的，应当经股东会过半数表决权决议通过，且该股东或实际控制人不得参与担保事项的表决。未经以上程序形成有效决议所订立的担保合同无效，但相对人为善意的除外。

（二）公司的分支机构对外提供担保的效力

1. 公司的分支机构未经公司决议机关决议，擅自以自己的名义对外提供担保，该担保对公司或分支机构不发生效力，但相对人不知道且不应当知道分支机构未经公司决议机关决议，擅自对外提供担保的，该担保对公司及分支机构有效。

2. 金融机构的分支机构在营业执照记载的经营范围内开立保函，或者经有权从事担保业务的上级机构授权开立保函，该担保行为有效。

3. 金融机构的分支机构未经金融机构授权提供保函之外的担保，金融机构或其分支机构不承担担保责任，但相对人不知道且不应当知道分支机构对外提供担保未经金融机构授权的除外。

4. 担保公司的分支机构未经担保公司授权对外提供担保，担保公司或其分支机构不承担担保责任，但是相对人不知道且不应当知道分支机构对外提供担保未经金融机构授权的除外。

5. 公司的分支机构对外提供担保，相对人非善意，请求公司承担赔偿责任的，参照《最高人民法院关于适用〈中华人民共和国民法典〉有关担保制度的解释》第十七条的规定处理。

（三）法定代表人越权代表或债务加入的效力

公司的法定代表人违反《公司法》关于公司对外担保决议程序的规定，超越权限与相对人订立担保合同，依照《民法典》第六十一条和第五百零四条的规定处理，具体原则如下：

1. 相对人善意的，担保合同对公司发生效力，公司应当承担担保责任。

2. 相对人非善意的，担保合同对公司不发生效力。

3. 公司的法定代表人依照《民法典》第五百五十二条的规定以公司名义加入债务的行为效力，参照上述有关原则处理。

（四）公司不可主张担保责任免除的事由

1. 金融机构开立保函或者担保公司提供担保。

2. 公司为其全资子公司开展经营活动提供担保。

3. 担保合同系由单独或者共同持有公司三分之二以上对担保事项有表决权的股东签字同意。

第六十条 【无效担保合同的处理】

（一）主合同有效而第三人提供的担保合同无效，应当区分不同情形确定担保人的赔偿责任

1. 债权人与担保人均有过错的，担保人承担的赔偿责任不应超过债务人不能清偿部分的1/2。

2. 担保人有过错而债权人无过错的，担保人对债务人不能清偿的部分承担赔偿责任。

3. 债权人有过错而担保人无过错的，担保人不承担赔偿责任。

（二）主合同无效而导致担保合同无效的处理

1. 担保人无过错的，不承担赔偿责任。

2. 担保人有过错的，其承担的赔偿责任不应超过债务人不能清偿部分的1/3。

第六十一条 【无效担保合同担保人求偿权的认定】

担保合同无效，承担了赔偿责任的担保人按照反担保合同的约定，在其承担赔偿

责任的范围内请求反担保人承担担保责任的，应予支持。反担保合同无效的，依照《最高人民法院关于适用〈中华人民共和国民法典〉有关担保制度的解释》第十七条的规定处理。当事人仅以担保合同无效为由主张反担保合同无效的，不予支持。

第六十二条　【主合同解除后的担保责任】

主合同解除后，担保人对债务人应当承担的民事责任仍应承担担保责任。但是，担保合同另有约定的除外。

第六十三条　【混合担保的处理规则】

同一债务有两个以上第三人提供担保的，各担保人承担担保责任的范围按照以下原则处理：

1. 担保人之间约定相互追偿即分担份额，承担了担保责任的担保人请求其他担保人按照约定分担份额的，应予支持。

2. 担保人之间约定承担连带共同担保，或者约定相互追偿但是未约定分担份额的，各担保人按照比例分担向债务人不能追偿的部分。

3. 除前两种情形外，承担了担保责任的担保人请求其他担保人分担向债务人不能追偿部分的，不予支持。

4. 被担保的债权既有物的担保又有人的担保的，债务人不履行到期债务或者发生当事人约定的实现担保物权的情形，债权人应当按照约定实现债权；没有约定或者约定不明确，债务人自己提供物的担保的，债权人应当先就该物的担保实现债权；第三人提供物的担保的，债权人可以就物的担保实现债权，也可以请求保证人承担保证责任。提供担保的第三人承担担保责任后，有权向债务人追偿。

5. 担保人之间未对相互追偿作出约定且未约定承担连带共同担保，但是各担保人在同一份合同书上签字、盖章或者按指印，承担了担保责任的担保人可以要求其他担保人按照比例分担向债务人不能追偿的部分。

6. 连带共同担保中，主债权人可以要求其中任何一个担保人承担全部担保责任，各第三担保人相互之间约定各自承担担保责任的份额、顺序的，其约定在担保人内部有效。

第六十四条　【借新还旧对担保物权的影响】

主合同当事人协议以新贷偿还旧贷，债权人请求旧贷的担保人承担担保责任的，不予支持；债权人请求新贷的担保人承担担保责任的，按照下列情形处理：

1. 新贷与旧贷的担保人相同的，应予支持。

2. 新贷与旧贷的担保人不同，或者旧贷无担保新贷有担保的，不予支持；但债权人有证据证明新贷的担保人提供担保时对以新贷偿还旧贷的事实知道或者应当知道的除外。

3. 主合同当事人协议以新贷偿还旧贷，旧贷的物的担保人在登记尚未注销的情形下同意继续为新贷提供担保，在订立新的贷款合同前又以该担保财产为其他债权人设立担保物权，其他债权人主张其担保物权顺位优先于新贷债权的，不予支持。

第六十五条　【主债权诉讼时效届满的法律后果】

1. 抵押权人应当在主债权的诉讼时效期间行使抵押权，未行使的，不予保护。抵押人以诉讼时效期间届满为由，主张不承担担保责任的，应予支持。

2. 主债权诉讼时效期间届满前，债权人仅对债务人提起诉讼，经人民法院判决或调解后未在《民事诉讼法》规定的申请时效期间内对债务人申请强制执行，其向抵押人主张行使抵押权的，不予支持。

3. 主债权诉讼时效期间届满后，财产被留置的债务人或者对留置财产享有所有权的第三人请求债权人返还留置财产的，不予支持；债务人或者第三人请求拍卖、变卖留置财产并以所得价款清偿债务的，应予支持。

4. 主债权诉讼时效期间届满后，以登记作为公示方式的权利质权，参照本条第一项、第二项处理；动产质权、以交付权利凭证作为公示方式的权利质权，参照本条第三项处理。

第六十六条　【担保物权的物上代位性】

担保期间，担保财产损毁、灭失或者被征收等，担保物权人可以就获得的保险金、赔偿金或者补偿金等优先受偿。被担保债权的履行期限未届满的，也可以提存该保险金、赔偿金或者补偿金等。

1. 抵押权依法设立后，抵押财产毁损、灭失或者被征收等，抵押权人请求按照原抵押权的顺位就保险金、赔偿金或者补偿金等优先受偿的，应予支持。

2. 给付义务人已经向抵押人给付了保险金、赔偿金或者补偿金，抵押权人请求给付义务人向其给付保险金、赔偿金或补偿金的，不予支持。但给付义务人接到抵押权人要求向其给付的通知后仍然向抵押人给付的除外。

3. 抵押财产因不可归责于抵押人自身的原因灭失或者被征收等导致不能办理抵押登记，债权人请求抵押人在约定的担保范围内承担责任的，不予支持；但抵押人已经获得保险金、赔偿金或者补偿金等，债权人请求抵押人在其所获金额范围内承担赔偿责任的，应予支持。

第六十七条　【设定担保物权债权的审查】

对于债权人申报的对债务人的特定财产享有担保权的债权的审查包括但不限于：

1. 债权人申报主体的资格、申报人与债务人之间的债权债务关系、债权担保的合法有效性、依法应当办理登记的事项是否办理登记，已办理登记的权证等相关凭证，必要时应到相关登记部门进行调查核实。

2. 同一担保财产存在多项担保权的受偿顺序。

3. 在人民法院受理破产申请前一年内，债务人是否曾对无财产担保的债务提供财产担保，如有前述情形，管理人应依法行使撤销权。

4. 担保财产的价值。

5. 担保债权的受偿范围，担保财产的价值小于担保债权金额的，以担保财产的价值为限；债权金额超出担保财产价值的，超出部分作为普通债权。

第六十八条 【有担保债权人的权利在破产程序中的行使】

债务人被人民法院受理破产，债权人在破产程序中申报债权后又向人民法院提起诉讼，请求担保人承担担保责任的，人民法院应予支持。

担保人清偿债权人的全部债权后，可以代替债权人在破产程序中受偿；在债权人的债权未获全部清偿前，担保人不得代替债权人在破产程序中受偿，但是有权就债权人通过破产分配和实现担保债权等方式获得清偿总额中超出债权的部分，在其承担担保责任的范围内请求债权人返还。

债权人在债务人破产程序中未获全部清偿，请求担保人继续履行担保责任的，应予支持；担保人承担担保责任后，向和解协议或者重整计划执行完毕后的债务人追偿的，不予支持。

第六十九条 【破产程序中债权人怠于行使权利的后果】

债权人知道或者应当知道债务人破产，既未申报债权也未通知担保人，致使担保人不能预先行使追偿权的，担保人就该债权在破产程序中可能受偿的范围内免除责任，但是担保人因自身过错未行使追偿权的除外。

第二部分 保证合同之债的审查与确认

第七十条 【保证合同与保证合同之债的分类】

保证，是指为保障债权的实现，保证人和债权人约定，当债务人不履行到期债务或者发生当事人约定的情形时，保证人履行债务或者承担责任的行为。破产案件涉及的保证合同之债可分为以下几类：

1. 债务人破产的，保证人就其为债务人提供保证担保而产生的求偿权申报债权。
2. 保证人破产的，债权人因追究保证人责任而申报的债权。
3. 债务人、保证人均破产的，债权人因追究债务人和保证人责任而申报的债权。

第七十一条 【保证合同的成立】

1. 保证合同可以是单独订立的书面合同，也可以是主债权债务合同中的保证条款。

2. 第三人单方以书面形式向债权人出具担保书，债权人接受且未提出异议的，保证合同成立。

3. 主合同中虽无保证条款，但保证人在主合同上以保证人的身份签字或者盖章的，保证合同成立。

第七十二条 【保证形式】

1. 连带保证：保证合同中约定保证人在债务人不履行债务或者未偿还债务时即承

担保证责任、无条件承担保证责任等类似内容，不具有债务人应当先承担责任的意思表示的，应当认定为连带保证。

2. 一般保证：保证合同中约定保证人在债务人不能履行债务或者无力偿还债务时才承担保证责任等类似内容，具有债务人应当优先承担责任的意思表示的，应当认定一般保证。

3. 约定不明的保证：当事人在保证合同中对保证方式没有约定或者约定不明确的，按照一般保证承担保证责任。

4. 增信推定保证：第三人向债权人提供差额补足、流动性支持等类似承诺文件作为增信措施，具有提供担保的意思表示，债权人请求第三人承担保证责任的，按照有关保证的规定处理；第三人提供的承诺文件难以确定是保证还是债务加入的，应当认定为保证。具体保证形式参照本条第一项、第二项的认定规则处理；无法依据上述规则得出结论时，推定为一般保证。

5. 第三人提供的承诺文件，具有加入债务或者与债务人共同承担债务等意思表示的，应当认定为债务加入而非保证。

第七十三条 【保证期间】

1. 当事人对于保证期间有约定的，按当事人约定。

2. 未约定或约定不明：约定的保证期间早于主债务履行期限或者与主债务履行期限同时届满的，视为没有约定；保证合同约定保证人承担保证责任直至主债务本息还清为止等类似内容的，视为约定不明；没有约定或者约定不明确的，保证期间为主债务履行期限届满之日起六个月。

3. 主债务履行期限没有约定或约定不明确的，保证期间自债权人请求债务人履行债务的宽限期届满之日起计算。

4.《民法典》施行前成立的保证合同，当事人对保证期间约定不明确，主债务履行期限届满至《民法典》施行之日不满两年，当事人主张保证期间为主债务履行期限届满之日起两年的，应予支持；当事人对保证期间没有约定，主债务履行期限届满至《民法典》施行之日不满六个月，当事人主张保证期间为主债务履行期限届满之日起六个月的，应予支持。

第七十四条 【保证债权的审查】

对于债权人申报的债务人作为保证人的债权的审查包括但不限于：

1. 债权人申报主体的资格、申报人与债务人之间的债权债务关系、债权担保是否合法。

2. 同一债权存在多项担保权的受偿顺序。

3. 保证担保范围。

第七十五条 【连带保证责任的承担】

债务人在主合同规定的债务履行期届满没有履行债务的，债权人可以要求债务人履行债务，也可以要求连带保证人在其保证范围内承担保证责任。

第七十六条 【一般保证责任的承担】

1. 一般保证的保证人的先诉抗辩权：一般保证人在主合同纠纷未经审判或者仲裁，并就债务人财产依法强制执行仍不能履行债务前，有权拒绝承担保证责任。

2. 一般保证中，债权人一并起诉债务人和保证人的，除有《民法典》第六百八十七条第二款但书情形外，应当明确保证人仅对债务人财产依法强制执行后仍不能履行的部分承担保证责任。

3. 先诉抗辩权的例外：（1）债务人下落不明，且无财产可供执行；（2）人民法院已经受理债务人破产案件；（3）债权人有证据证明债务人的财产不足以履行全部债务或者丧失履行债务能力；（4）保证人书面放弃先诉抗辩权。

4. 一般保证的债权人取得对债务人赋予强制执行效力的公证文书后，在保证期间内向人民法院申请强制执行，保证人以债权人未在保证期间内对债务人提起诉讼或者申请仲裁为由主张不承担保证责任的抗辩无效。

第七十七条 【保证责任的减轻和免除】

（一）有下列串通、欺诈、胁迫情形之一的，保证人不承担民事责任：

1. 主合同当事人双方串通，骗取保证人提供保证的。

2. 主合同债权人采取欺诈、胁迫等手段，使保证人在违背真实意思的情况下提供保证的。

3. 主合同债务人采取欺诈、胁迫等手段，使保证人在违背真实意思的情况下提供保证的，债权人知道或者应当知道欺诈、胁迫事实的。

（二）主合同当事人双方协商以新贷偿还旧贷，除保证人知道或者应当知道的外，保证人不承担民事责任，但新贷与旧贷系同一保证人的除外。

（三）同一债权既有保证又有物的担保的，保证人对物的担保以外的债权承担保证责任。债权人放弃物的担保的，保证人在债权人放弃权利的范围内免除保证责任。

（四）债权人在主合同履行期届满后怠于行使担保物权，致使担保物的价值减少或者毁损、灭失的，视为债权人放弃部分或者全部物的担保。保证人在债权人放弃权利的范围内减轻或者免除保证责任。

1. 一般保证的保证人在主债权履行期间届满后，向债权人提供了债务人可供执行财产真实情况的，债权人放弃或者怠于行使权利致使该财产不能被执行，保证人可以请求在其提供可供执行财产的实际价值范围内免除保证责任。

2. 一般保证的债权人未在保证期间对债务人提起诉讼或者申请仲裁的，保证人不再承担责任。

3. 一般保证的债权人未对债务人的财产申请保全，或者保全的债务人的财产足以清偿债务，债权人申请对一般保证人的财产进行保全的，不予准许。

4. 保证合同无效，债权人未在约定或者法定的保证期间内依法行使权利，保证人主张不承担赔偿责任的，应予支持。

第七十八条　【保证的诉讼时效】

一般保证的债权人在保证期间届满前对债务人提起诉讼或者申请仲裁的，从保证人拒绝承担保证责任的权利消灭之日起，开始计算保证债务的诉讼时效。

第七十九条　【最高额保证合同的保证责任和保证期间】

1. 保证人与债权人可以约定在最高债权额限度内就一定期间连续发生的借款合同或者某项商品交易合同订立一个保证合同。

2. 最高额保证合同的不特定债权确定后，保证人应当对在最高债权额限度内就一定期间内连续发生的债权额承担保证责任。

3. 保证人就连续发生的债权承担保证责任，未约定保证期间的，保证人可以随时书面通知债权人终止保证合同，但保证人对于通知债权人前所发生的债权，承担保证责任。

4. 最高额保证合同对保证期间没有约定或者约定不明的，如最高额保证合同约定有保证人清偿债务期限的，保证期间为清偿期限届满之日起六个月。没有约定债务清偿期限的，保证期间为自最高额保证终止之日或自债权人收到保证人终止保证合同的书面通知到达之日起六个月。

第八十条　【共同保证责任及追偿权】

（一）按份共同保证责任及追偿权

1. 同一债务有两个以上保证人的，保证人应当按照保证合同约定的保证份额，承担保证责任。

2. 按份共同保证的保证人按照保证合同约定的保证份额承担保证责任后，在其履行保证责任的范围内对债务人行使追偿权。

（二）连带共同保证责任及追偿权

1. 两个以上保证人对同一债务同时或者分别提供保证时，没有约定保证份额的，保证人承担连带责任；

2. 连带共同保证的债务人在主合同规定的债务履行期内没有履行债务的，债权人可以要求债务人履行债务，也可以要求任何一个保证人承担全部保证责任。

3. 连带共同保证的保证人以其相互之间约定各自承担的份额对抗债权人的，不予支持。

4. 已经承担保证责任的保证人有权向债务人追偿，或者要求承担连带责任的其他保证人清偿其应当承担的份额。向债务人不能追偿的部分，由各连带保证人按其内部约定的比例分担。没有约定的，平均分担。

第八十一条　【保证人或其他连带债务人担保求偿权的申报】

1. 债务人的保证人或者其他连带债务人已经代替债务人清偿全部或者部分债务的，可以就其对债务人已清偿部分向管理人申报债权。管理人审查保证人申报的担保求偿权时应注意如下几点：

（1）人民法院判决保证人承担保证责任或者赔偿责任的，应当在判决书主文中明确保证人享有追偿权；判决书中未予明确追偿权的，保证人只能按照承担责任的事实，另行提起诉讼。保证人对债务人行使追偿权的诉讼时效，自保证人向债权人承担责任之日起开始计算。

（2）保证人自行履行保证责任时，其实际清偿额大于主债权范围的，保证人只能在主债权范围内对债务人行使追偿权。

2. 为债务人承担连带责任的保证人或者其他连带债务人尚未代替债务人清偿债务的，可以就其对债务人尚未清偿部分的将来求偿权向管理人申报债权。债权人已经向管理人申报全部债权的除外。

3. 保证人的清偿责任和求偿权的限制。破产程序终结前，已向债权人承担了保证责任的保证人，可以要求债务人向其转付已申报债权的债权人在破产程序中应受清偿部分。破产程序终结后，债权人就破产程序中未受清偿部分要求保证人承担保证责任的，应在破产程序终结后六个月内提出。保证人承担保证责任后，不得再向和解或重整后的债务人行使求偿权。

4. 债权人知道或者应当知道债务人破产，既未申报债权也未通知保证人，致使保证人不能行使求偿权的，保证人就该债权在破产程序中可能受偿的范围内免除保证责任。

5. 人民法院受理债务人破产案件后，债权人未申报债权的，各连带共同保证的保证人可作为一个主体申报债权。

第八十二条 【债务人因承担保证责任产生的债权的处理】

保证人被裁定进入破产程序的，债权人有权申报其对保证人的保证债权。

主债务未到期的，保证债权在保证人破产申请受理时视为到期。一般保证的保证人主张行使先诉抗辩权的，人民法院不予支持，但债权人在一般保证人破产程序中的分配额应予提存，待一般保证人应承担的保证责任确定后再按照破产清偿比例予以分配。

保证人被确定应当承担保证责任的，保证人的管理人可以就保证人实际承担的清偿额向主债务人或其他债务人行使求偿权。

第八十三条 【债务人和保证人均进入破产程序的债权的处理】

债务人和保证人被裁定进入破产程序的，债权人有权向债务人、保证人分别申报债权。

债权人向债务人、保证人均申报全部债权的，从一方破产程序中获得清偿后，其对另一方的债权额不作调整，但债权人的受偿额不得超出其债权总额。保证人履行保证责任后不再享有求偿权。

第八十四条 【保证人不能实际代为履行非金钱债务的赔偿责任的承担规则】

保证合同中约定保证人代为履行非金钱债务的，如果保证人不能实际代为履行，对债权人因此造成的损失，保证人应当承担赔偿责任。

第八十五条　【国家机关、事业单位、社会团体提供保证的效力】

1. 国家机关不得为保证人，但经国务院批准为使用外国政府或者国际经济组织贷款进行转贷的除外。

2. 从事经营活动的事业单位、社会团体为保证人的，如无其他导致保证合同无效的情况，其所签订的保证合同应当认定为有效。

3. 学校、幼儿园、医院等以公益为目的的事业单位、社会团体不得为保证人。

第八十六条　【法人分支机构提供保证的效力】

（一）企业法人分支机构有授权时

1. 企业法人的分支机构可以在法人书面授权的范围内提供保证。

2. 企业法人的分支机构因法人书面授权范围不明提供保证的，法人的分支机构应当对保证合同约定的全部债务承担保证责任；企业法人的分支机构经营管理的财产不足以承担保证责任的，由企业法人承担民事责任。

（二）企业法人的分支机构未经授权或超出授权时

1. 企业法人的分支机构未经法人书面授权或者超出授权范围与债权人订立保证合同的，该合同无效或者超出授权范围的部分无效。

2. 企业法人的分支机构提供的保证无效后应当承担赔偿责任的，由分支机构经营管理的财产承担。债权人和企业法人有过错的，应当根据其过错各自承担相应的民事责任；债权人无过错的，由企业法人承担民事责任。

第八十七条　【企业法人职能部门提供保证的效力】

企业法人的职能部门提供保证的，保证合同无效。

1. 债权人知道或者应当知道保证人为企业法人的职能部门的，因此造成的损失由债权人自行承担。

2. 债权人不知保证人为企业法人的职能部门，因此造成的损失，可以参照企业法人的分支机构对外保证的规定处理。

第八十八条　【保证人的一般抗辩权】

保证人享有债务人的抗辩权。债务人放弃对债务的抗辩权的，保证人仍有权抗辩。

第八十九条　【主合同转让和变更保证责任的处理】

（一）债权转让时的保证责任

债权人在保证期间内依法将主债权转让给第三人的，保证人在原保证担保的范围内继续承担保证责任。但保证人与债权人事先约定仅对特定的债权人承担保证责任或者禁止债权转让的，保证人不再承担保证责任。

（二）债务转让时的保证责任

债权人许可债务人转让部分债务未经保证人书面同意的，保证人对未经其同意转让部分的债务，不再承担保证责任。但保证人仍应当对未转让部分的债务承担保证责任。

（三）主合同内容变更对保证责任的影响

1. 债权人在保证期间内与债务人对主合同数量、价款、币种、利率等内容作了变动，未经保证人同意的，如果减轻债务人的债务的，保证人仍应当对变更后的合同承担保证责任；如果加重债务人的债务的，保证人对加重的部分不承担保证责任。

2. 债权人与债务人对主合同履行期限作了变动，未经保证人书面同意的，保证期间为原合同约定的或者法律规定的期间。

3. 债权人与债务人协议变动主合同内容，但并未实际履行的，保证人仍应当承担保证责任。

第九十条 【就同一债权保证与物的担保责任的承担和追偿】

1. 同一债权既有保证又有第三人提供物的担保的，债权人可以请求保证人或者物的担保人承担担保责任。当事人对保证担保的范围或者物的担保的范围没有约定或者约定不明的，承担了担保责任的担保人，可以向债务人追偿，也可以要求其他担保人清偿其应当分担的份额。

2. 同一债权既有保证又有物的担保的，物的担保合同被确认无效或者被撤销，或者担保物因不可抗力的原因灭失而没有代位物的，保证人仍应当按合同的约定或者法律的规定承担保证责任。

第九十一条 【监督支付专款专用责任】

第三人向债权人保证监督支付专款专用的，在履行了监督支付专款专用的义务后，不再承担责任。未尽监督义务造成资金流失的，应当对流失的资金承担补充赔偿责任。

第九十二条 【为注册资金担保的责任】

保证人对债务人的注册资金提供保证的，债务人的实际投资与注册资金不符，或者抽逃转移注册资金的，保证人在注册资金不足或者抽逃转移注册资金的范围内承担连带保证责任。

第九十三条 【因欺诈导致保证合同撤销的赔偿责任】

债务人与保证人共同欺骗债权人，订立主合同和保证合同的，债权人可以请求人民法院予以撤销。因此给债权人造成损失的，由保证人与债务人承担连带赔偿责任。

第三部分 抵押担保债权的审查与确认

第九十四条 【抵押担保债权的定义】

为担保债务的履行，债务人或者第三人不转移财产的占有，将该财产抵押给债权人的，债务人不履行到期债务或者发生当事人约定的实现抵押权的情形，债权人有权就该财产优先受偿。有抵押物担保履行的债权为抵押担保债权。

上述债务人或者第三人为抵押人，债权人为抵押权人，提供担保的财产为抵押财产。

第九十五条　【抵押担保的类型】

（一）不动产抵押

以建筑物和其他土地附着物，建设用地使用权，以招标、拍卖、公开协商等方式取得的荒地等土地承包经营权，正在建造的建筑物抵押的，应当办理抵押登记。不动产抵押权自登记时设立。

（二）动产抵押

以生产设备、原材料、半成品、产品，交通运输工具和正在建造的船舶、航空器抵押的，抵押权自抵押合同生效时设立；未经登记，不得对抗善意第三人。

（三）浮动抵押

经当事人书面协议，企业、个体工商户、农业生产经营者可以将现有的以及将有的生产设备、原材料、半成品、产品抵押，债务人不履行到期债务或者发生当事人约定的实现抵押权的情形，债权人有权就实现抵押权时的动产优先受偿。

（四）最高额抵押

为担保债务的履行，债务人或者第三人对一定期间内将要连续发生的债权提供担保财产的，债务人不履行到期债务或者发生当事人约定的实现抵押权的情形，抵押权人有权在最高债权额限度内就该担保财产优先受偿。最高额抵押权设立前已经存在的债权，经当事人同意，可以转入最高额抵押担保的债权范围。

第九十六条　【抵押合同的订立及条款】

1. 抵押人和抵押权人应当以书面形式订立抵押合同。

2. 抵押合同一般包括下列条款：

（1）被担保债权的种类和数额。

（2）债务人履行债务的期限。

（3）抵押财产的名称、数量、质量、状况、所在地、所有权归属或者使用权归属。

（4）担保的范围。

抵押合同对被担保的主债权种类、抵押财产没有约定或者约定不明，根据主合同和抵押合同不能补正或者无法推定的，抵押不成立。

第九十七条　【抵押财产范围】

（一）可以抵押的财产

1. 建筑物和其他土地附着物。

2. 建设用地使用权。

3. 以招标、拍卖、公开协商等方式取得的荒地等土地承包经营权。

4. 生产设备、原材料、半成品、产品。

5. 正在建造的建筑物、船舶、航空器。

6. 交通运输工具。

7. 法律、行政法规未禁止抵押的其他财产。

抵押人可以将前述所列财产一并抵押。一并抵押的，抵押财产的范围应当以登记的财产为准。抵押财产的价值在抵押权实现时予以确定。

（二）共有财产抵押

1. 按份共有人以其共有财产中享有的份额设定抵押的，抵押有效。

2. 共同共有人以其共有财产设定抵押，未经其他共有人的同意，抵押无效。但是，其他共有人知道或者应当知道而未提出异议的视为同意，抵押有效。

（三）抵押后再次抵押的处理

财产抵押后，该财产的价值大于所担保债权的余额部分，可以再次抵押，但不得超出其余额部分。

（四）不得抵押的财产

1. 土地所有权。

2. 耕地、宅基地、自留地、自留山等集体所有的土地使用权，但法律规定可以抵押的除外。

3. 学校、幼儿园、医院等以公益为目的的事业单位、社会团体的教育设施、医疗卫生设施和其他社会公益设施。

4. 所有权、使用权不明或者有争议的财产。

5. 依法被查封、扣押、监管的财产。

6. 法律、行政法规规定不得抵押的其他财产。

第九十八条 【抵押物登记机关】

1. 以无地上定着物的土地使用权抵押的，为核发土地使用权证书的土地管理部门。

2. 以城市房地产或者乡（镇）、村企业的厂房等建筑物抵押的，为县级以上地方人民政府规定的部门。

3. 以林木抵押的，为县级以上林木主管部门。

4. 以航空器、船舶、车辆抵押的，为运输工具的登记部门。

5. 以企业的设备和其他动产抵押的，为财产所在地的市场监督管理部门。

6. 当事人以其他财产抵押，登记部门为抵押人所在地的公证部门。

7. 以城市房地产或者乡（镇）、村企业的厂房等建筑物抵押的，县级以上地方人民政府对登记部门未作规定，当事人在土地管理部门或者房产管理部门办理了抵押物登记手续，可以确认其登记的效力。

第九十九条 【不动产抵押权的设立】

（一）不动产抵押登记

以不动产抵押的，应当办理抵押登记。不动产抵押权自登记时设立。

（二）未办理不动产抵押登记手续的处理

不动产抵押合同依法成立，但未办理抵押登记手续，债权人请求抵押人办理抵押登记手续的，依法予以支持。因抵押物灭失以及抵押物转让给他人等原因不能办理抵押登记，债权人请求抵押人以抵押物的价值为限承担责任的，依法予以支持，但其范围不得超过抵押权有效设立时抵押人所应当承担的责任。

（三）房地产抵押的特别规定

1. 以建筑物抵押的，该建筑物占用范围内的建设用地使用权一并抵押。以建设用地使用权抵押的，该土地上的建筑物一并抵押。

2. 抵押人未依照相关法律规定一并抵押的，未抵押的财产视为一并抵押。

3. 房地分别抵押，即建设用地使用权抵押给一个债权人，而其上的建筑物又抵押给另一个人的情况下，可能产生两个抵押权的冲突问题。基于“房地一体”规则，此时应当将建筑物和建设用地使用权视为同一财产，清偿顺序如下：登记在先的先清偿；同时登记的，按照债权比例清偿；同一天登记的，视为同时登记。建设用地使用权抵押后，该土地上新增的建筑物不属于抵押财产。

4. 乡镇、村企业的建设用地使用权不得单独抵押。以乡镇、村企业的厂房等建筑物抵押的，其占用范围内的建设用地使用权一并抵押。

（四）特殊财产抵押的效力

1. 在建工程抵押的效力。以依法获准尚未建造的或者正在建造中的房屋或者其他建筑物抵押的，当事人办理了抵押物登记，可以认定抵押有效。

2. 违法、违章建筑物抵押的效力。经法定程序确认，抵押物为违法、违章的建筑物的，抵押无效。

3. 尚未办理权属证书财产抵押的效力。以尚未办理权属证书的财产抵押的，在第一审法庭辩论终结前能够提供权利证书或者补办登记手续的，可以认定抵押有效。当事人未办理抵押物登记手续的，不得对抗第三人。

4. 农作物和与其尚未分离的土地使用权同时抵押的效力。当事人以农作物和与其尚未分离的土地使用权同时抵押的，土地使用权部分的抵押无效。

5. 以公益为目的的单位以公益设施以外财产抵押的效力。学校、幼儿园、医院等以公益为目的的事业单位、社会团体，以其教育设施、医疗卫生设施和其他社会公益设施以外的财产为自身债务设定抵押的，可以认定抵押有效。

第一百条 【动产抵押权的设立】

1. 以动产抵押的，抵押权自抵押合同生效时设立；未经登记，不得对抗善意第三人。

2. 设定浮动抵押的，抵押财产自下列情形之一发生时确定：

（1）债务履行期届满，债权未实现。

（2）抵押人被宣告破产或者被撤销。

（3）当事人约定的实现抵押权的情形。

（4）严重影响债权实现的其他情形。

3. 设定浮动抵押的，浮动抵押不得对抗正常经营活动中已支付合理价款并取得抵押财产的买受人。

4. 企业在其现有的以及将有的生产设备、原材料、半成品及产品等财产上设定浮动抵押后，又在其中的生产设备等部分财产上设定了动产抵押，并都办理了抵押登记的，依据《民法典》第四百一十四条的规定，登记在先的浮动抵押优先于登记在后的动产抵押。

第一百零一条 【最高额抵押的规定】

（一）最高额抵押的适用范围

1. 借款合同可以附最高额抵押合同。

2. 债权人与债务人就某项商品在一定期间内连续发生交易而签订的合同，可以附最高额抵押合同。

（二）最高额抵押所担保的债权范围

最高额抵押所担保的债权范围，不包括抵押物因财产保全或者执行程序被查封后或债务人、抵押人破产后发生的债权。

（三）最高额抵押合同变更的对抗效力

当事人对最高额抵押合同的最高限额、最高额抵押期间进行变更，以其变更对抗顺序在后的抵押权人的，不予支持。

（四）最高额抵押所担保的主债权部分转让与最高额抵押权转让的确认

最高额抵押担保的债权确定前，部分债权转让的，最高额抵押权不得转让，但当事人另有约定的除外。

（五）最高额抵押担保合同内容的协议变更

最高额抵押担保的债权确定前，抵押权人与抵押人可以通过协议变更债权确定的期间、债权范围以及最高债权额，但变更的内容不得对其他抵押权人产生不利影响。

（六）最高额抵押权所担保债权确定事由

有下列情形之一的，抵押权人的债权确定：

1. 约定的债权确定期间届满。

2. 没有约定债权确定期间或者约定不明确，抵押权人或者抵押人自最高额抵押权设立之日起满两年后请求确定债权。

3. 新的债权不可能发生。

4. 抵押财产被查封、扣押。

5. 债务人、抵押人被宣告破产或者被撤销。

6. 法律规定债权确定的其他情形。

（七）最高额抵押权的实现

1. 最高额抵押权所担保的不特定债权特定后，债权已届清偿期的，最高额抵押权人可以根据普通抵押权的规定行使其抵押权。

2. 抵押权人实现最高额抵押权时，实际发生的债权余额高于最高限额的，以最高限额为限，超过部分不具有优先受偿的效力；实际发生的债权余额低于最高限额的，以实际发生的债权余额为限对抵押物优先受偿。

（八）最高额抵押的法律适用

最高额抵押适用《民法典》有关一般抵押和一般抵押权的规定。

第一百零二条　【抵押物登记顺序的确定】

当事人同一天在不同的法定登记部门办理抵押物登记的，视为顺序相同。

因登记部门的原因致使抵押物进行连续登记的，抵押物第一次登记的日期，视为抵押登记的日期，并依此确定抵押权的顺序。

第一百零三条　【未办理抵押登记的后果】

（一）因登记部门原因无法办理抵押登记的后果

当事人办理抵押物登记手续时，因登记部门的原因致使其无法办理抵押物登记，抵押人向债权人交付权利凭证的，可以认定债权人对该财产有优先受偿权。未办理抵押物登记的，不得对抗第三人。

（二）抵押人拒绝办理登记的责任

法律规定登记生效的抵押合同签订后，抵押人违背诚信原则拒绝办理抵押登记致使债权人受到损失的，抵押人应当承担赔偿责任。

第一百零四条　【抵押物登记记载的内容不一致时的处理规则】

抵押物登记记载的内容与抵押合同约定的内容不一致的，以登记记载的内容为准。

第一百零五条　【抵押担保范围】

抵押担保的范围包括主债权及利息、违约金、损害赔偿金和实现抵押权的费用。抵押合同另有约定的，按照约定。

抵押权与其担保的债权同时存在，债权消灭的，抵押权也消灭。

第一百零六条　【约定抵押物抵债的效力】

1. 抵押权人在债务履行期届满前，不得与抵押人约定债务人不履行到期债务时抵押财产归债权人所有。该内容的无效不影响抵押合同其他部分内容的效力。

2. 债务履行期届满后抵押权人未受清偿时，抵押权人和抵押人可以协议折价取得抵押物。但是，损害顺序在后的担保物权人和其他债权人利益的，当事人可以依据《民法典》第五百三十八条、第五百三十九条、第五百四十条、第五百四十一条的有关规定申请人民法院予以撤销。

第一百零七条　【行使抵押权的期限】

抵押权人应当在主债权诉讼时效期间行使抵押权；抵押权人未在上述期间内行使抵押权的，对该抵押权不予保护。

第一百零八条 【抵押权的实现】

1. 债务人不履行到期债务或者发生当事人约定的实现抵押权的情形，抵押权人可以与抵押人协议以抵押财产折价或者以拍卖、变卖该抵押财产所得的价款优先受偿。协议损害其他债权人利益的，其他债权人可以在知道或者应当知道撤销事由之日起一年内请求人民法院撤销该协议。

2. 抵押权人与抵押人未就抵押权实现方式达成协议的，抵押权人可以请求人民法院拍卖、变卖抵押财产。主债权未受全部清偿的，抵押权人可以就抵押物的全部行使其抵押权。抵押物被分割或者部分转让的，抵押权人可以就分割或者转让后的抵押物行使抵押权。

3. 抵押财产折价或者变卖的，应当按照抵押物实现的价值进行清偿。不足清偿的剩余部分，由债务人清偿。

4. 抵押财产折价或者拍卖、变卖后，其价款超过债权数额的部分归抵押人所有，不足部分由债务人清偿。

第一百零九条 【房地产抵押权实现的规则】

（一）城市房地产抵押合同签订后，土地上新增的房屋的处理

城市房地产抵押合同签订后，土地上新增的房屋不属于抵押物。需要拍卖该抵押的房地产时，可以依法将该土地上新增的房屋与抵押物一同拍卖，但对拍卖新增房屋所得，抵押权人无权优先受偿。

（二）划拨国有土地使用权后抵押权的实现

拍卖划拨的国有土地使用权所得的价款，在依法缴纳相当于应缴纳的土地使用权出让金的款额后，抵押权人有优先受偿权。

（三）以建设用地使用权抵押的特别规定

建设用地使用权抵押后，该土地上新增的建筑物不属于抵押财产。实现该抵押权时，应当将该土地上新增的建筑物与建设用地使用权一并处分，但新增建筑物所得的价款，抵押权人无权优先受偿。

（四）土地承包经营权抵押或以乡镇、村企业的厂房等建筑物占用范围内的建设用地使用权一并抵押的特别规定

依照《民法典》第三百四十二条规定取得的土地承包经营权后进行抵押的，或者依照《民法典》第三百九十五条规定以乡镇、村企业的厂房等建筑物占用范围内的建设用地使用权进行抵押的，实现抵押权后，未经法定程序，不得改变土地所有权的性质和土地用途。

第一百一十条 【抵押债权的清偿顺序】

抵押物折价或者拍卖、变卖所得的价款，当事人没有约定的，按下列顺序清偿：

1. 实现抵押权的费用。

2. 主债权的利息。

3. 主债权。

第一百一十一条 【处分抵押物的效力和后果】

1. 抵押期间，抵押人经抵押权人同意转让抵押财产的，应当将转让所得的价款向抵押权人提前清偿债务或者提存。转让的价款超过债权数额的部分归抵押人所有，不足部分由债务人清偿。

2. 抵押期间，抵押人未经抵押权人同意，不得转让抵押财产，但受让人代为清偿债务消灭抵押权的除外。

3. 转让抵押物的价款明显低于其价值的，抵押权人可以要求抵押人提供相应的担保；抵押人不提供的，不得转让抵押物。

4. 抵押权存续期间，抵押人转让抵押物未通知抵押权人或者未告知受让人的，如果抵押物已经登记的，抵押权人仍可以行使抵押权；取得抵押物所有权的受让人，可以代替债务人清偿其全部债务，使抵押权消灭。受让人清偿债务后可以向抵押人追偿。

5. 抵押物未经登记的，抵押权不得对抗受让人，因此给抵押权人造成损失的，由抵押人承担赔偿责任。

第一百一十二条 【抵押物从物、孳息抵押权的认定】

1. 抵押权的效力及于抵押物的从物。但是，抵押物与其从物为两个以上的人分别所有时，抵押权的效力不及于抵押物的从物。

2. 债务人不履行到期债务或者发生当事人约定的实现抵押权的情形，致使抵押财产被人民法院依法扣押的，自扣押之日起抵押权人有权收取该抵押财产的天然孳息或者法定孳息，但抵押权人未通知应当清偿法定孳息的义务人的除外。

上述孳息应当先充抵收取孳息的费用。

第一百一十三条 【抵押物被附合、混合或者加工时抵押权的认定】

1. 抵押物因附合、混合或者加工使抵押物的所有权为第三人所有的，抵押权的效力及于补偿金。

2. 抵押物所有人为附合物、混合物或者加工物的所有人的，抵押权的效力及于附合物、混合物或者加工物。

3. 第三人与抵押物所有人为附合物、混合物或者加工物的共有人的，抵押权的效力及于抵押人对共有物享有的份额。

第一百一十四条 【抵押物毁损或者价值减少时的处理】

1. 在抵押物灭失、毁损或者被征用的情况下，抵押权人可以就该抵押物的保险金、赔偿金或者补偿金优先受偿；被担保债权的履行期限未届满的，抵押权人可以请求人民法院对保险金、赔偿金或补偿金等采取保全措施或要求提存。

2. 抵押人的行为足以使抵押财产价值减少的，抵押权人有权要求抵押人停止其行为。抵押财产价值减少的，抵押权人有权要求恢复抵押财产的价值，或者提供与减少的价值相应的担保。抵押人不恢复抵押财产的价值也不提供担保的，抵押权人有权要求债务人提前清偿债务。

3. 抵押人对抵押物价值减少无过错的，抵押权人只能在抵押人因损害而得到的赔偿范围内要求提供担保。抵押物价值未减少的部分，仍作为债权的担保。

第一百一十五条　【抵押权与其他权利冲突时的处理】

（一）抵押权与司法强制措施冲突时的处理

已经设定抵押的财产被采取查封、扣押等财产保全或者执行措施的，不影响抵押权的效力。

（二）抵押权和租赁权冲突的处理

1. 订立抵押合同前抵押财产已出租的，原租赁关系不受该抵押权的影响。抵押权实现后，租赁合同在有效期内对抵押物的受让人继续有效。

2. 抵押权设立后抵押财产出租的，该租赁关系不得对抗已登记的抵押权。

3. 抵押人将已抵押的财产出租时，如果抵押人未书面告知承租人该财产已抵押的，抵押人对出租抵押物给承租人造成的损失承担赔偿责任；如果抵押人已书面告知承租人该财产已抵押的，抵押权实现给承租人造成的损失，由承租人自行承担。

（三）抵押权与质权、留置权竞存的处理

1. 同一财产上抵押权与质权并存的，按照登记、交付的时间先后确定清偿顺序。

2. 同一财产上抵押权与留置权并存时，留置权人优先于抵押权人受偿。

第一百一十六条　【主合同债权或债务被分割转让时抵押权的行使】

1. 主债权被分割或者部分转让的，各债权人可以就其享有的债权份额行使抵押权。

2. 主债务被分割或者部分转让的，债务人可以其自己提供的抵押物担保数个债务人履行债务。但是，第三人提供物的担保的，债权人许可债务人转让债务未经该第三人书面同意的，该第三人对未经其同意转让的债务，不再承担担保责任。

第一百一十七条　【抵押权转让或者作为其他债权担保效力的认定】

1. 抵押权不得与债权分离而单独转让或者作为其他债权的担保。债权转让的，担保该债权的抵押权一并转让，但法律另有规定或者当事人另有约定的除外。

2. 受让人向抵押人主张行使抵押权，抵押人以受让人不是抵押合同的当事人、未办理变更登记等为由提出抗辩的，不予支持。

3. 抵押物依法被继承或者赠与的，抵押权不受影响。

第一百一十八条　【抵押权和抵押权顺位的放弃以及其他担保人免责的规则】

1. 抵押权人可以放弃抵押权或者抵押权的顺位。

2. 抵押权人与抵押人可以协议变更抵押权顺位以及被担保的债权数额等内容，但抵押权的变更，未经其他抵押权人书面同意，不得对其他抵押权人产生不利影响。

3. 债务人以自己的财产设定抵押，抵押权人放弃该抵押权、抵押权顺位或者变更抵押权的，其他担保人在抵押权人丧失优先受偿权益的范围内免除担保责任，但其他担保人承诺仍然提供担保的除外。

第一百一十九条　【两个以上抵押人为同一债权担保时抵押责任的认定】

1. 同一债权有两个以上抵押人的，债权人放弃债务人提供的抵押担保的，其他抵押人可以请求人民法院减轻或者免除其应当承担的担保责任。

2. 同一债权有两个以上抵押人的，当事人对其提供的抵押财产所担保的债权份额或者顺序没有约定或者约定不明的，抵押权人可以就其中任一或者各个财产行使抵押权。

3. 抵押人承担担保责任后，可以向债务人追偿，也可以要求其他抵押人清偿其应当承担的份额。

第一百二十条　【同一财产向两个以上债权人抵押的清偿次序】

同一财产向两个以上债权人抵押的，拍卖、变卖抵押物所得的价款按照以下规定清偿：

1. 抵押合同已登记生效的，按照抵押物登记的先后顺序清偿；顺序相同的，按照债权比例清偿。

2. 抵押合同自签订之日起生效的，该抵押物已登记的，按照前述规则清偿；未登记的，按照合同生效时间的先后顺序清偿；顺序相同的，按照债权比例清偿。抵押物已登记的先于未登记的受偿。

3. 同一财产向两个以上债权人抵押的，顺序在先的抵押权与该财产的所有权归属一人时，该财产的所有权人可以以其抵押权对抗顺序在后的抵押权。

4. 同一财产向两个以上债权人抵押的，顺序在后的抵押权所担保的债权先到期的，抵押权人只能就抵押物价值超出顺序在先的抵押担保债权的部分受偿。

顺序在先的抵押权所担保的债权先到期的，抵押权实现后的剩余价款应予提存，留待清偿顺序在后的抵押担保债权。

第一百二十一条　【恶意串通将财产抵押给普通债权人之一的后果】

债务人有多个普通债权人的，在清偿债务时，债务人与其中一个债权人恶意串通，将其全部或者部分财产抵押给该债权人，因此丧失了履行其他债务的能力，损害了其他债权人的合法权益，受损害的其他债权人可以请求人民法院撤销该抵押行为。

第四部分　质押担保债权的审查与确认

第一百二十二条　【质押担保债权的概念】

质押担保，是指债务人为担保债务的履行，由债务人或者第三人将其动产或合法的权利凭证出质给债权人占有的一种担保形式。如债务人不清偿到期债务或者发生当事人约定的实现质权的情形，债权人有权就该质权优先受偿。

有质权担保的债权称为质押担保债权。质押权与其担保的债权同时存在，债权消灭的，质权也消灭。

债务人或者第三人为出质人，债权人为质权人，交付的动产或相关权利为质押财产。

出质人为第三人的，在质权人实现质权后，有权向债务人追偿。

第一百二十三条 【质押合同的订立及生效】

当事人应采取书面形式订立质权合同，设立质权。质权合同一般包括下列内容：

1. 被担保债权的种类和数额。

2. 债务人履行债务的期间。

3. 质押财产的名称、数量、质量、状况。质押合同中对质押的财产约定不明，或者约定的出质财产与实际移交的财产不一致的，以实际交付占有的财产为准。

4. 担保的范围。

5. 质押财产或权利凭证交付的时间。

第一百二十四条 【可以出质的财产范围】

（一）可以出质的动产范围

1. 质押人出质的动产，应为其拥有所有权并合法占有的动产。出质人以其不拥有所有权但合法占有的动产出质的，不知出质人无处分权的质权人行使质权后，因此给动产所有人造成损失的，由出质人承担赔偿责任。

2. 法律、行政法规禁止转让的动产不得出质。

（二）可以出质的权利范围

1. 汇票、支票、本票。

2. 债券、存款单。

3. 仓单、提单。

4. 可以转让的基金份额、股权。

5. 可以转让的注册商标专用权、专利权、著作权等知识产权中的财产权。

6. 应收账款。

7. 公路桥梁、公路隧道或者公路渡口等不动产收益权。

8. 法律、行政法规规定可以出质的其他财产权利。

第一百二十五条 【质权的设立】

（一）动产质权的设立

动产质权自出质人交付质押财产时设立。

债务人或者第三人将其金钱以特户、封金、保证金等形式特定化后，移交债权人占有作为债权的担保，债务人不履行债务时，债权人可以以该金钱优先受偿。

（二）权利质权的设立

1. 以汇票、支票、本票、债券、存款单、仓单、提单出质的，当事人应当订立书面合同。质权自权利凭证交付质权人时设立；没有权利凭证的，质权自有关部门办理出质登记时设立。

2. 以基金份额、股权出质的，当事人应当订立书面合同。以基金份额、证券登记结算机构登记的股权出质的，质权自证券登记结算机构办理出质登记时设立；以其他股权出质的，质权自工商行政管理部门办理出质登记时设立。

3. 以依法可以转让的商标专用权，专利权、著作权中的财产权出质的，出质人与质权人应当订立书面合同，并向其管理部门办理出质登记。质押合同自登记之日起生效。质权自有关主管部门办理出质登记时设立。

4. 以应收账款出质的，当事人应当订立书面合同，质权自信贷征信机构办理出质登记时设立。

5. 以公路桥梁、公路隧道或者公路渡口等不动产收益权出质的。《国务院关于收费公路项目贷款担保问题的批复》指出，公路建设项目法人可以将收费公路的收费权质押给国内银行申请抵押贷款，以省级人民政府批准的收费文件作为公路收费权的权力证书，地市级以上交通主管部门作为公路收费权质押的登记部门。

第一百二十六条 【权利质押的相关规定】

（一）以汇票、支票、本票、债券、存款单、仓单、提单出质的

1. 汇票、支票、本票、债券、存款单、仓单、提单的兑现日期或者提货日期先于主债权到期的，质权人可以兑现或者提货，并与出质人协议将兑现的价款或者提取的货物提前清偿债务或者提存；其兑现或者提货日期晚于债务履行期的，质权人只能在兑现或者提货日期届满时兑现款项或者提取货物。

2. 以票据、债券、存款单、仓单、提单出质的，质权人再转让或者质押的无效。

3. 以汇票、支票、本票出质，出质人与质权人没有背书记载“质押”字样，以票据出质对抗善意第三人的，不予支持。

4. 以存款单出质的，签发银行核押后又受理挂失并造成存款流失的，应当承担民事责任。

（二）以基金份额、股权出质的

基金份额、股权出质后，不得转让，但经出质人与质权人协商同意的除外。出质人转让基金份额、股权所得的价款，应当向质权人提前清偿债务或者提存。以依法可以转让的股份、股票出质的，质权的效力及于股份、股票的法定孳息。

（三）以知识产权出质的

知识产权出质后，出质人不得转让或者许可他人使用，但经出质人与质权人协商同意的可以转让或者许可他人使用。出质人所得的转让费、许可费应当向质权人提前清偿所担保的债权或者提存。

（四）以应收账款出质的

应收账款出质后，不得转让，但经出质人与质权人协商同意的除外。出质人转让应收账款所得的价款，应当向质权人提前清偿债务或者提存。

第一百二十七条 【质押担保的范围】

质押担保的范围包括主债权及利息、违约金、损害赔偿金、质物保管费用和实现质权的费用。质押合同另有约定的，按照约定。

第一百二十八条 【流动质押权的设立与监管人的责任】

在流动质押中，经常由债权人、出质人与监管人订立三方监管协议，此时应当查明监管人究竟是受债权人的委托还是受出质人的委托监管质物，确定质物是否已经交付债权人，从而判断质权是否有效设立。

1. 如果监管人系受债权人的委托监管质物，则其是质物的直接占有人，应当认定完成了质物交付，质权有效设立。监管人违反监管协议约定，违规向出质人放货、因保管不善导致质物毁损灭失，债权人请求监管人承担违约责任的，依法予以支持。

2. 如果监管人系受出质人委托监管质物，表明质物并未交付债权人，应当认定质权未有效设立。

3. 尽管监管协议约定监管人系受债权人的委托监管质物，但有证据证明其并未履行监管职责，质物实际上仍由出质人管领控制的，也应当认定质物并未实际交付，质权未有效设立。此时，债权人可以基于质押合同的约定请求质押人承担违约责任，但其范围不得超过质权有效设立时质押人所应当承担的责任。监管人未履行监管职责的，债权人也可以请求监管人承担违约责任。

第一百二十九条 【最高额质权的法律适用规则】

出质人与质权人可以协议设立最高额质权。最高额质权除适用《民法典》第十八章第一节有关规定外，参照适用《民法典》第十七章第二节的有关规定。

第一百三十条 【未能直接占有、丧失占有质物的法律后果】

（一）出质人未按约定移交质物

出质人未按质押合同约定的时间移交质物给质权人造成损失的，出质人应当根据其过错承担赔偿责任。

（二）质权人不占有质物的后果和救济

1. 出质人代质权人占有质物的，质押合同不生效；质权人将质物返还于出质人后，以其质权对抗第三人的，不予支持；

2. 因不可归责于质权人的事由而丧失对质物的占有，质权人可以向不当占有人请求停止侵害、恢复原状、返还质物。

（三）间接占有财产出质效力的认定规则

出质人以间接占有的财产出质的，质押合同自书面通知送达占有人时视为移交。占有人收到出质通知后，仍接受出质人的指示处分出质财产的，该行为无效。

第一百三十一条 【质物从物、孳息质权】

1. 动产质权的效力及于质物的从物，但是从物未随质物移交质权人占有的，质权的效力不及于从物。

2. 质权人有权收取质押财产的孳息，但合同另有约定的除外。前述孳息应当先充抵收取孳息的费用。

第一百三十二条 【约定质物抵债的效力】

1. 当事人在质押合同中约定，债务履行期届满质押权人未受清偿时，质押物的所有权转移为债权人所有的内容无效。该内容的无效不影响质押合同其他部分内容的效力。

2. 债务履行期届满后质押权人未受清偿时，质押权人和质押人可以协议折价取得质押物。但是，损害顺序在后的担保物权人和其他债权人利益的，适用《民法典》第五百三十八条、第五百四十一条的有关规定。

第一百三十三条 【质权人妥善保管质物义务】

1. 质权人负有妥善保管质押财产的义务；因保管不善致使质押财产毁损、灭失的，应当承担赔偿责任。

2. 质权人的行为可能使质押财产毁损、灭失的，出质人可以要求质权人将质押财产提存，或者要求提前清偿债务并返还质押财产。质权人将质物提存的，质物提存费用由质权人负担；出质人提前清偿债权的，应当扣除未到期部分的利息。

第一百三十四条 【质权人对质物使用处分的限制及法律责任】

1. 质权人在质权存续期间，未经出质人同意，擅自使用、处分质押财产，给出质人造成损害的，应当承担赔偿责任。

2. 质权人在质权存续期间，为担保自己的债务，经出质人同意，以其所占有的质物为第三人设定质权的，应当在原质权所担保的债权范围之内设立，超过的部分不具有优先受偿的效力。转质权的效力优先于原质权。

3. 质权人在质权存续期间，未经出质人同意，为担保自己的债务，在其所占有的质物上为第三人设定质权的无效。质权人对因转质而发生的损害承担赔偿责任。

第一百三十五条 【质权实现及质物返还】

1. 债务人履行债务或者出质人提前清偿所担保的债权的，质权人应当返还质押财产。

2. 债务人不履行到期债务或者发生当事人约定的实现质权的情形，质权人可以与出质人协议以质押财产折价，也可以就拍卖、变卖质押财产所得的价款优先受偿。

3. 质押财产折价或者变卖的，主债权未受全部清偿的，质押权人可以就质押物的全部行使其质押权。质押物被分割或者部分转让的，质押权人可以就分割或者转让后的质押物行使质押权。

4. 折价或者变卖质押物，应当参照市场价格。其价款超过债权数额的部分归出质人所有，不足部分由债务人清偿。

5. 债务履行期届满，出质人请求质权人及时行使权利，而质权人怠于行使权利致使质物价格下跌的，由此造成的损失，质权人应当承担赔偿责任。

6. 质权人向出质人、债务人行使质权时，出质人、债务人拒绝的，质权人可以起诉出质人和债务人，也可以单独起诉债务人。

第一百三十六条 【质权人的物上代位权】

质物有损坏或者价值明显减少的可能，足以危害质权人权利的，质权人可以要求出质人提供相应的担保。出质人不提供的，质权人可以拍卖或者变卖质物，并与出质人协议将拍卖或者变卖所得的价款用于提前清偿所担保的债权或者向与出质人约定的第三人提存。

第一百三十七条 【主合同债权债务被分割转让质押权的行使】

1. 主债权被分割或者部分转让的，各债权人可以就其享有的债权份额行使质押权。

2. 主债务被分割或者部分转让的，债务人可以其自己提供的质押物担保数个债务人履行债务。但第三人提供质押，债权人许可债务人转让债务未经该第三人书面同意的，该第三人对未经其同意转让的债务，不再承担担保责任。

第一百三十八条 【质物瑕疵损害责任】

质物有隐蔽瑕疵造成质权人其他财产损害的，应由出质人承担赔偿责任。但质权人在质物移交时明知质物有瑕疵而接受的除外。

第一百三十九条 【质押物被附合、混合或者加工时质押权的确认】

1. 质押物因附合、混合或者加工使质押物的所有权为第三人所有的，质押权的效力及于补偿金。

2. 质押物所有人为附合物、混合物或者加工物的所有人的，质押权的效力及于附合物、混合物或者加工物。

3. 第三人与质押物所有人为附合物、混合物或者加工物的共有人的，质押权的效力及于质押人对共有物享有的份额。

第一百四十条 【质权人对质物代位金的优先受偿权】

在质押物灭失、毁损或者被征用的情况下，质押权人可以就该质押物的保险金、赔偿金或者补偿金优先受偿；质押权所担保的债权未届清偿期的，质押权人可以请求人民法院对保险金、赔偿金或补偿金等采取保全措施。

第一百四十一条 【质权人不及时行使权利的后果】

出质人可以请求质权人在债务履行期届满后及时行使质权；质权人不行使的，出质人可以请求人民法院拍卖、变卖质押财产。

出质人请求质权人及时行使质权，因质权人怠于行使权利造成损害的，由质权人承担赔偿责任。

第一百四十二条　【质权放弃及其他担保人责任承担原则】

质权人可以放弃质权。债务人以自己的财产出质，质权人放弃该质权的，其他担保人在质权人丧失优先受偿权益的范围内免除担保责任，但其他担保人承诺仍然提供担保的除外。

第一百四十三条　【质押债权的清偿顺序】

质押物折价或者拍卖、变卖所得的价款，当事人没有约定的，按下列顺序清偿：

1. 实现质押权的费用；
2. 主债权的利息；
3. 主债权。

第五部分　留置担保债权的审查与确认

第一百四十四条　【留置担保债权的定义】

债务人不履行到期债务，债权人可以留置已经合法占有的债务人的动产，并有权就该动产优先受偿。该债权人为留置权人，占有的动产为留置财产，该留置的动产担保实现的债权为留置担保债权。

第一百四十五条　【留置担保范围】

留置担保的范围包括主债权及利息、违约金、损害赔偿金、留置物保管费用和实现留置权的费用。

第一百四十六条　【留置物的保管义务】

留置权人负有妥善保管留置财产的义务，保管不善或未经债务人同意，擅自使用、出租、处分留置物，给债务人造成损失的，由留置权人承担赔偿责任。

第一百四十七条　【实现留置权的一般规则】

1. 留置权人与债务人应当约定留置财产后的债务履行期间；没有约定或者约定不明确的，留置权人应当给债务人两个月以上履行债务的期间，但鲜活易腐等不易保管的动产除外。

2. 债务人逾期未履行的，留置权人可以与债务人协议以留置财产折价，也可以就拍卖、变卖留置财产所得的价款优先受偿。留置财产折价或者变卖的，应当参照市场价格。

3. 留置物折价或者拍卖、变卖后，其价款超过债权数额的部分归债务人所有，不足部分由债务人清偿。

第一百四十八条　【留置权行使的禁止和例外】

1. 债权人行使留置权不能与其承担的义务或者合同的特殊约定相抵触。

2. 债权人留置的动产与债权不属于同一法律关系，不得行使留置权，但企业之间留置的除外。

3. 法律规定或者当事人约定不得留置的动产，不得留置。

4. 债权人的债权未届清偿期，其交付占有标的物的义务已届履行期的，不能行使留置权。但是，债权人能够证明债务人无支付能力的除外。

5. 债权人未按《民法典》第四百五十三条规定的期限通知债务人履行义务，直接变价处分留置物的，应当对此造成的损失承担赔偿责任。

6. 债权人与债务人依据《民法典》第四百五十三条的规定在合同中约定宽限期的，债权人可以不经通知，直接行使留置权。

第一百四十九条　【留置权的善意取得】

债权人合法占有债务人交付的动产时，不知债务人无处分该动产的权利，债权人可以依法行使留置权。

第一百五十条　【可分物和不可分物留置权行使的规则】

1. 留置财产为不可分物的，留置权人可以就其留置物的全部行使留置权。

2. 留置财产为可分物的，留置财产的价值应当相当于债务的金额。

第一百五十一条　【留置物从物和孳息】

动产留置权的效力及于留置物的从物。但是，从物未随同留置物移交留置权人占有的，留置权的效力不及于从物。

债务履行期届满，债务人不履行债务致使留置物被人民法院依法扣押的，自扣押之日起留置权人有权收取的由留置物分离的天然孳息和法定孳息。

第一百五十二条　【留置权人对留置物代位金的优先受偿权】

在留置物灭失、毁损或者被征用的情况下，留置权人可以就该留置物的保险金、赔偿金或者补偿金优先受偿；留置权所担保的债权未届清偿期的，留置权人可以请求人民法院对保险金、赔偿金或补偿金等采取保全措施。

第一百五十三条　【留置权人怠于行使权利的救济】

债务人可以请求留置权人在债务履行期届满后行使留置权；留置权人不行使的，债务人可以请求人民法院拍卖、变卖留置财产。

第一百五十四条　【留置权与抵押权或者质权冲突的处理】

同一动产上已设立抵押权或者质权，该动产又被留置的，留置权人优先受偿。

第一百五十五条　【留置物未占有的后果和救济】

1. 债务人代留置权人占有留置物的，留置合同不生效；留置权人将留置物返还给债务人后，以其留置权对抗第三人的，不予支持。

2. 留置权人因不可归责于留置权人的事由而丧失对留置物的占有的，可以请求不当占有人停止侵害、恢复原状、返还留置物。

第一百五十六条　【留置权债权人的清偿顺序】

留置物孳息及留置物拍卖、变卖价款按照下列顺序清偿留置权人：

1. 收取孳息的费用；

2. 主债权的利息；

3. 主债权。

第一百五十七条　【留置权的消灭】

留置权人对留置财产丧失占有或者留置权人接受债务人另行提供担保的，留置权消灭。

第六部分　非典型担保债权的审查与确认

第一百五十八条　【新类型担保、非典型担保等合同的效力】

当事人订立的具有担保功能的新类型担保合同、非典型担保合同等，不存在法定无效情形的，应当认定有效。虽然合同约定的权利义务关系不属于《民法典》规定的典型担保类型，但是其担保功能应予肯定。不应轻易否定新类型担保、非典型担保的合同效力及担保功能。

第一百五十九条　【约定担保物权的效力】

债权人与担保人订立担保合同，约定以法律、行政法规未禁止抵押或者质押的财产设定以登记作为公示方法的担保，因无法定的登记机构而未能进行登记的，不具有物权效力。当事人请求按照担保合同的约定以折价、变卖或者拍卖等方式清偿债务的，法院依法予以支持，但对其他权利人不具有对抗效力和优先性。

第一百六十条　【保兑仓交易】

（一）保兑仓交易的概念

保兑仓交易作为一种新类型融资担保方式，其基本交易模式是，以银行信用为载体、以银行承兑汇票为结算工具、由银行控制货权、卖方（或者仓储方）受托保管货物并以承兑汇票与保证金之间的差额作为担保。

（二）保兑仓交易流程

其基本的交易流程如下：卖方、买方和银行订立三方合作协议，其中买方向银行缴存一定比例的承兑保证金，银行向买方签发以卖方为收款人的银行承兑汇票，买方将银行承兑汇票交付卖方作为货款，银行根据买方缴纳的保证金的一定比例向卖方签发提货单，卖方根据提货单向买方交付对应金额的货物，买方销售货物后，将货款再缴存为保证金。

（三）保兑仓交易的效力

在三方协议中，一般来说，银行的主要义务是及时签发承兑汇票并按约定方式将其交给卖方，卖方的主要义务是根据银行签发的提货单发货，并在买方未及时销售或者回赎货物时，就保证金与承兑汇票之间的差额部分承担责任。银行为保障自身利益，往往还会约定卖方要将货物交给其指定的当事人监管，并设定质押，从而涉及监管协议以及流动质押等问题。实践中，当事人还可能在前述基本交易模式基础上另行作出其他约定，只要不违反法律、行政法规的效力性强制性规定，这些约定应当认定有效。

（四）保兑仓交易纠纷的处理

1. 一方当事人因保兑仓交易纠纷提起诉讼的，人民法院应当以保兑仓交易合同作为审理案件的基本依据，但买卖双方没有真实买卖关系的除外。

2. 双方无真实买卖关系的，该交易名为保兑仓交易实为借款行为，保兑仓交易因构成虚伪意思表示而无效，被隐藏的借款合同是当事人的真实意思表示，如不存在其他合同无效情形，应当认定有效。

保兑仓交易认定为借款行为的，不影响卖方和银行之间担保关系的效力，卖方仍应当承担担保责任。

第一百六十一条 【让与担保】

（一）让与担保的概念

让与担保，是指债务人或者第三人与债权人订立合同，约定将财产形式上转让至债权人名下，债务人到期清偿债务，债权人将该财产返还给债务人或第三人，债务人到期没有清偿债务，债权人可以将财产拍卖、变卖、折价以偿还债权。

（二）让与担保合同的效力

让与担保合同一般应当认定有效。合同如果约定债务人到期没有清偿债务，财产归债权人所有的，应当认定该部分约定无效，但不影响合同其他部分的效力。

（三）让与担保纠纷的处理

1. 当事人根据上述合同约定，已经完成财产权利变动的公示，所有权已转让至债权人名下的，债务人到期没有清偿债务，债权人请求确认财产归其所有的，不予支持。

2. 债权人请求参照法律关于担保物权的规定将财产拍卖、变卖、折价以优先偿还其债权的，依法予以支持。

3. 债务人因到期没有清偿债务，请求将该财产拍卖、变卖、折价以偿还所欠债权人合同项下债务的，应依法予以支持。

第七节　工程款债权的审查与确认

第一百六十二条 【建设工程款债权的概念】

（一）建设工程的概念

广义建设工程包括勘察、设计和施工等一系列过程，本节重点从破产债权多发的狭义建设工程即建设工程施工过程入手进行分析。

根据国务院 2000 年 1 月 10 日颁布的《建设工程质量管理条例》第二条、2003 年 12 月 6 日公布的《建设工程安全生产管理条例》第二条第二款的规定，建设工程包括土木工程、建筑工程、线路管道和设备安装工程及装修工程。

根据国家技术监督局发布的《国民经济行业分类及代码》，建筑业按从事工程建设的不同类别划分为三大类：土木工程建筑业，线路、管道和设备安装业和装饰、装修业。

（二）建设工程款债权的概念

建设工程款债权，是指承包人（或相应合法权利人）依据破产案件受理前签订的建设工程合同依法主张的工程款债权，或者因完成建设工程施工合同以外零星项目而依法产生的对债务人享有的债权请求权。

第一百六十三条 【工程款的构成】

工程款是合同约定价款及发包人依法应支付给承包人的合同外价款的总和。包括但不限于人工费、材料费、机械费、企业管理费、利润、规费及税费等。

第一百六十四条 【建设工程价款债权的申报主体】

（一）建设工程价款债权的申报主体

1. 建设工程的承包人。

2. 在转包的情形下，转包合同的承包人怠于行使债权申报的权利，转包人可以在承包人享有债权范围内进行申报。

3. 在合法分包的情形下，分包合同的承包人怠于行使债权申报的权利，分包人可以在承包人享有债权范围内进行申报。

4. 实际施工人可在发包人欠付工程价款范围内申报转包人或者违法分包人欠付的工程款，但承包人已经申报该部分债权的除外。

5. 建设工程价款债权的合法受让人。

（二）债权申报主体资格的审查

1. 债权人申报债权时，应按照管理人通知所附的相关身份证明材料清单提供相应的主体证明材料。

2. 管理人根据债权人提供的相关材料对债权人的身份依法进行审查，经管理人审查相关材料无误后将证明材料存档，接受其进行债权申报。

第一百六十五条 【建设工程价款债权证据材料的审查】

1. 债权人应按照管理人要求提供证明债权真实存在的证据材料，包括但不限于建设工程施工合同、债权人资质证明文件、图纸、结算书、结算协议、交付证书、经济资料、相关生效法律文书等证明材料。

2. 施工过程中形成的签证、工程量确认单、会议纪要、结算协议等书面文件可作为确认工程量的证据。债权人能够证明债务人同意其施工，但未能提供签证等文件证明工程量发生的，可以依据债权人提供的其他证据确认实际发生的工程量。

3. 因设计变更导致建设工程的工程量或者质量标准发生变化，双方对该部分工程价款不能协商一致的，可以参照签订建设工程施工合同时当地建设行政主管部门发布的计价方法或者计价标准结算工程价款；

4. 债权人提供的全部证据材料的复印件经管理人与原件核对无误后予以存档。

第一百六十六条 【建设工程价款本金的审查与确认】

管理人应根据建设工程施工合同、工程施工预算报告、工程施工结算报告、验收报告、相关生效法律文书等证据核对债权人申报的本金金额。

1. 当事人对建设工程的计价标准或者计价方法有约定的，按照约定结算工程价款，当事人就同一建设工程另行订立的建设工程施工合同与中标合同实质性内容不一致的，应当将中标合同作为结算工程价款的依据。

2. 当事人签订的建设工程施工合同与招标文件、投标文件、中标通知书载明的工程范围、建设工期、工程质量、工程价款不一致，应将招标文件、投标文件、中标通知书作为依据。

3. 债务人将依法不属于必须招标的建设工程进行招标后，与债权人另行订立的建设工程施工合同背离中标合同的实质性内容，应当将中标合同作为建设工程价款计算依据，但债权人与债务人因客观情况发生了在招标投标时难以预见的变化而另行订立建设工程施工合同的除外。

4. 当事人就同一建设工程订立的数份建设工程施工合同均无效，建设工程质量合格的，可以参照实际履行的合同中关于工程价款的约定折价补偿，实际履行的合同难以确定，可以参照最后签订的合同中关于工程价款的约定折价补偿。

5. 双方约定，发包人收到竣工结算文件后，在约定期限内不予答复，视为认可竣工结算文件的，按照约定处理。承包人作为债权人可以按照竣工结算文件申报工程价款。

6. 双方约定按照固定价结算工程价款，在工程全部完成且质量合格时，债权人应按照固定价款申报债权，不得按照其对建设工程造价鉴定的金额申报债权。双方如对事实有争议的，仅对有争议的事实鉴定，但争议事实范围不能确定，或者双方均请求对全部事实鉴定的除外。

7. 对于未完工工程，双方通过结算协议确认本金，难以通过协议确认的，可通过造价审计等方式确定。

第一百六十七条 【工程款利息的审查与确认】

详见本章第八节内容。

第一百六十八条 【建设工程施工合同保证金及相关处理】

建设工程施工合同保证金，是指发包人与承包人约定的用以保证承包人在缺陷责任期内建设工程出现缺陷的情况下进行维修的保证金。发包人可以从应付工程款中预留。缺陷责任期限一般从工程实际竣工之日起计算，具体由双方约定。

（一）保证金的支付条件

建设工程合同有效，且按合同约定如期验收合格，发包人应于缺陷责任期届满后，扣除相应的维修费用后，支付剩余保证金。根据《最高人民法院关于审理建设工程施工合同纠纷案件适用法律问题的解释（一）》第十七条的规定，存在下列情形的，承包人作为债权人，可以对应支付的保证金部分申报债权：

1. 当事人约定的工程质量保证金返还期限届满；

2. 当事人未约定工程质量保证金返还期限的，自建设工程通过竣工验收之日起满二年；

3. 因发包人原因建设工程未按约定期限进行竣工验收的，自承包人提交工程竣工验收报告九十日后当事人约定的工程质量保证金返还期限届满；当事人未约定工程质量保证金返还期限的，自承包人提交工程竣工验收报告九十日后起满二年。

（二）工程未完工时保证金的处理

1. 破产案件受理时工程未完工，若根据实际需要管理人决定继续履行建设工程施工合同的，保证金应继续预留，按合同约定支付，债权人不应对该部分金额申报债权。

2. 破产案件受理时工程未完工，管理人决定不再继续履行建设工程施工合同的，根据已经完成部分的工程是否经过合同约定或者法定的缺陷责任期限确定是否应预留保证金。

（三）建设工程施工合同无效时保证金的处理

因建设工程合同无效，所以关于保证金的约定也自始无效；但是，债权人对已经完工且验收合格部分申报债权，根据完工部分是否经过合同约定或者法定的缺陷责任期限确定是否应预留保证金。

（四）合同解除时保证金的处理

破产案件受理前建设工程施工合同已解除的，若解除协议对保证金作出约定，则按照约定处理；若解除协议对保证金没有作出约定，则根据完工部分是否经过合同约定或者法定的缺陷责任期限确定是否应预留保证金。

（五）保证金债权申报与工程保修义务

债权人申报保证金债权后，不影响其根据合同约定或者法律规定履行工程保修义务。

第一百六十九条 【建设工程施工合同解除原因及相关处理】

（一）发包人解除建设工程施工合同的条件

1. 承包人明确表示或者以行为表明不履行合同主要义务的。

2. 承包人在合同约定的期限内没有完工，且在发包人催告的合理期限内仍未完工的。

3. 承包人已经完成的建设工程质量不合格，并拒绝修复的。

4. 承包人将承包的建设工程非法转包、违法分包的。

（二）承包人解除建设工程施工合同的条件

1. 发包人未按约定支付工程价款的。

2. 发包人提供的主要建筑材料、建筑构配件和设备不符合强制性标准的。

3. 发包人不履行合同约定的协助义务的。

（三）合同解除后的相关处理

1. 建设工程施工合同解除后，已经完成的建设工程质量合格的，发包人应按照约定支付相应的工程价款，债权人可以就该部分工程价款申报债权。

2. 建设工程施工合同解除后，已经完成的建设工程质量不合格的相关处理详见本节第一百七十条。

第一百七十条　【建设工程施工合同违约情形及相关处理】

（一）发包人违约责任及处理

1. 发包人未按照约定的时间和要求提供原材料、设备、场地、资金、技术资料的，承包人可以顺延工程日期，并有权要求赔偿停工、窝工等损失。

2. 因发包人的原因致使工程中途停建、缓建的，发包人应当采取措施弥补或者减少损失，赔偿承包人因此遭受的停工、窝工、倒运、机械设备调迁、材料和构件积压等损失和支出的实际费用。

3. 因发包人原因造成上述情形，承包人顺延工期不构成违约，因此产生的停工、窝工、倒运、机械设备调迁、材料和构件积压等损失和实际费用，承包人作为债权人可以就该部分金额申报债权。

（二）工程质量不合格的处理

1. 因承包人的过错造成建设工程质量不符合约定，承包人应负责修复，承包人拒绝修理、返工或者改建，发包人应减少支付工程价款，承包人债权金额相应减少；修复后的建设工程经竣工验收不合格，承包人申报债权的，管理人不予确认。

2. 因发包人提供的设计有缺陷、提供或者指定购买的建筑材料、建筑构配件、设备不符合强制性标准、直接指定分包人分包专业工程，造成建设工程质量缺陷的，发包人应承担过错责任。因此给承包人造成的损失，承包人作为债权人可以就该部分申报债权；若承包人也有过错，也应当承担相应的过错责任。

（三）逾期完工的处理

1. 承包人逾期完工、验收合格的，其债权金额应按照建设工程施工合同的约定扣减违约金。

2. 承包人逾期完工、验收不合格的，工程经修复后验收合格，承包人可以申报债权，但其债权金额中应扣除违约金。

3. 承包人逾期完工、验收不合格的，工程经修复后验收仍不合格，债权人无权申报债权。

（四）违约责任

管理人认为申报人应承担违约责任的，在确认其债权金额时应扣减违约金金额。若欠付的工程款不足以抵扣债权人应支付的违约金，管理人应依法追究承包人的违约责任，必要时可以通过诉讼方式主张权利。

第一百七十一条 【建设工程施工合同无效的处理】

（一）建设工程施工合同无效情形

1. 承包人未取得建筑施工企业资质或者超越资质等级许可的业务范围签订建设工程施工合同的，在建设工程竣工前取得相应资质等级的除外。

2. 没有资质的实际施工人借用有资质的建筑施工企业名义施工的。

3. 转包。

4. 违法分包。

5. 未取得建设工程规划许可证等规划审批手续的，但发包人在起诉前取得建设工程规划许可证等规划审批手续的除外。

6. 建设工程必须进行招标而未招标或者中标无效的。

7. 低于成本价中标的。

8. 当事人违反工程建设强制性标准，降低工程质量标准、任意压缩合理工期的。

（二）建设工程施工合同无效，权利人申报债权的审查与确认

建设工程施工合同无效，债权人就其损失申报债权的，债权人应当就双方的过错、损失大小、过错与损失之间的因果关系提供相应的证据材料，管理人参照合同约定的质量标准、建设工期、工程价款支付时间等内容确定损失的大小，结合双方的过错程度、过错与损失之间的因果关系进行确认。

1. 建设工程施工合同无效，但建设工程经竣工验收合格，承包人提供相关证据材料向管理人申报债权的，管理人在审核无误后参照合同约定予以确认。

2. 建设工程施工合同无效，且建设工程经竣工验收不合格，经过修复后建设工程经竣工验收合格，管理人应在扣减修复费用后参照合同约定予以确认。

3. 建设工程施工合同无效，且建设工程经竣工验收不合格，修复后的建设工程经竣工验收不合格，承包人申报债权的，管理人不予确认。

（三）应当提起诉讼的情形

管理人根据上述材料无法确定双方过错及损失大小的，或者债权人对管理人的确认有异议的，管理人应告知债权人向人民法院提起诉讼。

第一百七十二条 【垫资利息的审查与确认】

债权人与债务人对垫资和垫资利息有约定，承包人按照约定申报垫资及其利息，管理人经审查无误后应予以确认，约定的利息计算标准高于法定标准的部分除外。

当事人对垫资（本金）没有约定的，按照工程欠款处理，作为普通债权确认；当事人对垫资利息没有约定，管理人不应予以确认。

第一百七十三条 【建设工程价款优先受偿权的概念】

发包人未按照约定支付价款的，承包人可以催告发包人在合理期限内支付价款。发包人逾期不支付的，除根据建设工程的性质不宜折价、拍卖外，承包人可以与发包人协议将该工程折价，也可以请求人民法院将该工程依法拍卖。与发包人订立建设工程施工合同的承包人，请求其承建工程的价款就工程折价或者拍卖的价款优先受偿的，人民法院应予支持。承包人享有的建设工程价款优先受偿权优先于抵押权和其他债权。

第一百七十四条 【建设工程价款优先受偿权的范围】

（一）关于建设工程价款优先受偿权的主要法律依据

1.《民法典》第八百零七条。

2.《最高人民法院关于审理建设工程施工合同纠纷案件适用法律问题的解释（一）》第三十五条、第三十六条。

3. 住房和城乡建设部、财政部2013年修订的《建筑安装工程费用项目的组成》。

（二）优先受偿的建设工程价款的计算

根据上述规定，优先受偿的建设工程价款不能超出其建设工程价款范围，包括但不限于人工费、材料费、机械费、企业管理费、利润、规费及税费等。承包人就逾期支付建设工程价款的利息、违约金、损害赔偿金等主张优先受偿的，人民法院不予支持。

（三）建设工程价款优先受偿权的范围

建设工程价款优先受偿权的范围仅及于其建设工程拍卖、变卖价款，其中：

1. 土木工程的承包人享有的建设工程价款优先权范围不应及于其建筑物、构筑物所依附的土地；

2. 装饰、装修业建筑工程价款优先受偿的范围仅限于因装修装饰而使该建筑物增加的价值的范围内。

第一百七十五条 【申报工程价款优先受偿权的除斥期】

承包人行使建设工程价款优先受偿权的期限为十八个月，自发包人应当给付建设工程价款之日起算；应给付之日按合同约定执行，如对付款时间没有约定或者约定不明的，下列时间视为应付款时间：

1. 建设工程已实际交付的，为交付之日；

2. 建设工程没有交付的，为提交竣工结算文件之日；

3. 建设工程未交付，工程价款也未结算的，为当事人起诉之日；

4. 破产申请受理后，管理人决定继续履行建设工程施工合同的，债权人申报工程价款优先受偿权的期限为受理破产申请之日起十八个月，管理人要求继续履行合同且承包人同意的，承包人继续履行合同而产生的债权应认定为共益债务，由债务人财产随时清偿；

5. 对于在破产申请受理之日起两个月内未收到管理人继续履行合同的通知，或向管理人发送通知，但自催告之日起三十日内未得到管理人答复的债权人，建设工程施工合同视为解除，因此，债权人主张建设工程价款优先受偿权的期限最长为建设工程合同解除或视为解除之日起十八个月；

6. 债权人未在法定时间内申报优先权，不符合优先受偿法定条件的，或就该建设工程的拍卖或变卖价款不足以清偿全部应优先受偿的债权金额的，差额部分按普通债权清偿。

第一百七十六条　【承包人在除斥期间行使优先受偿权的证据】

债权人申报工程价款优先受偿权的，应提交其申请仍未超过除斥期间或在除斥期内行使了优先受偿权的证据，包括但不限于结算申请、验收申请书、竣工文件、在除斥期内主张工程价款优先受偿权的其他文件、法律文书等。

第一百七十七条　【建设工程价款优先受偿权的例外】

依据《最高人民法院关于商品房消费者权利保护问题的批复》，消费者以居住为目的购买房屋并已支付全部价款的，承包人就该商品房享有的工程价款优先受偿权不得对抗买受人。

只有与发包人订立建设工程施工合同的承包人才享有建设工程价款优先受偿权。实际施工人不属于“与发包人订立建设工程施工合同的承包人”，不享有建设工程价款优先受偿权。

第一百七十八条　【建设工程价款债权受让人债权性质的审查及确认】

债权受让人基于与建设工程承包人的债权转让协议而取得的债权，根据受让人是否实际参与施工，对其债权性质的认定也不同。

1. 受让人与债权人即承包人一起施工，后债权人退出并将其施工的部分转让给受让人。若二者共同完成的部分具有不可分割性，管理人在审核其债权申报的性质并确认相关材料无误后，应将该部分确认为优先权。

2. 若二者共同完成部分的标的物可分割，则受让人不享有优先受偿权。管理人在审核其债权申报的性质并确认相关材料无误后，应将该部分确认为普通债权。

第一百七十九条　【实际施工人申报债权的确认原则】

1. 实际施工人申报债权的，管理人应当结合实际履行情况、实际施工人对项目支配程度等确定其实际施工人的身份，并根据实际施工人的不同类别依法确定其主张权利的范围。

2. 承包人、转包人或者违法分包人已经申报债权的不得重复申报。

3. 借用资质及多层转包和违法分包关系中的实际施工人不可以突破合同相对性向发包人申报债权，但借用资质的实际施工人与发包人形成事实上的建设工程合同关系且工程验收合格的除外。

第八节　民间借贷债权的审查与确认

第一百八十条　【民间借贷债权的定义】

民间借贷，是指自然人、法人、其他组织之间及其相互之间进行资金融通的行为。民间借贷债权，是指债权人和债务人之间进行资金融通行为所产生的债权。经金融监管部门批准设立的从事贷款业务的金融机构及其分支机构从事的发放贷款等相关金融业务，不属于民间借贷范畴。

第一百八十一条　【民间借贷债权的申报】

债权人申报民间借贷债权时，应当提供证明债权人身份及主体资格的材料，应当提供借据、收据、欠条等债权凭证以及其他能够证明借贷法律关系存在的证据。

第一百八十二条　【民间借贷债权审查事项】

管理人除对申报人的主体资格进行形式审查外，还应对申报人与债务人是否存在实际借贷关系、借款金额及利息、还款情况等借款事实进行审查。包括：

1. 是否有书面借款合同、协议、人民法院生效判决或其他书面证据材料；
2. 借款合同的履行情况；
3. 申报的债权本金和利息是否合法；
4. 是否有财产担保，如有，还应审查是否依法办理登记、担保范围及担保财产情况；
5. 借款合同是否存在法定的无效情形；
6. 是否超过诉讼时效期间；
7. 根据实际情况应审查的其他事项。

第一百八十三条　【借款合同的形式】

借款合同是借款人向出借人借款，到期返还本金并支付利息的合同。借款合同应采用书面形式，但自然人之间借款另有约定的除外。

第一百八十四条　【关于借贷关系是否实际发生的认定】

1. 债权人仅依据借据、收据、欠条等债权凭证证明债权存在的，管理人应区分以下几种情况分别处理：

（1）债务人表示已经偿还借款并提供证据证明的，债权人仍应就借贷关系的成立承担举证证明责任。

（2）债务人表示已经偿还借款但并没有提供相关证据证明的，管理人应当结合债务人的银行流水、财务账册、审计机构的审计情况等进行判断，必要时，可向法院申

第七章　破产企业职工债权和社会保险费用

【本章概述】

根据《企业破产法》的规定，债务人所欠职工的工资和医疗、伤残补助、抚恤费用，所欠的应当划入职工个人账户的基本养老保险、基本医疗保险费用，以及法律、行政法规规定应当支付给职工的补偿金，不必申报，由管理人调查后列出清单并予以公示；社会保险费用相关债权人不参加重整计划的表决，但重整计划不得规定减免社会保险费用。

管理人除审查确认上述职工债权、核实社会保险费用外，还应依法组织选举职工代表参加债权人会议和债权人委员会，处理相关劳动纠纷，依法办理解除或终止劳动关系的手续，做好职工人事档案和社会保险的转移等工作，保护职工的合法权益。

本章包括以下四节内容：

第一节　与破产企业职工债权相关的管理人工作

第二节　破产企业职工债权的计算和清偿

第三节　办理终止劳动关系的手续

第四节　破产企业社会保险的处理

第一节　与破产企业职工债权相关的管理人工作

第一条　【管理人接管破产企业人事劳资档案】

管理人接受指定后，应及时接管债务人的人事和劳资档案，包括但不限于薪酬制度、员工名册、员工人事档案、用工手续、劳动合同、职工联系方式、工资支付凭证、社会保险缴费资料、债务人为员工办理的商业保险等资料。

双方在人事劳资档案交接清单上签字确认，并将编制好的员工名册与债务人的人事劳资部门核对无误后，报送法院备案；必要时，可通过调取职工档案、进行一对一谈话等方式进行核实。交接清单至少应一式三份。

发生债务人不能交接全部或部分人事档案资料的情况，应该在交接清单中注明，并要求法定代表人及有关人员作出书面说明或提供有关证据、线索，以明确责任和利于管理人向有关方核实追索。

第二条 【与工会组织建立联系】

破产企业建立工会组织的，管理人接管破产企业后应及时与工会组织取得联系，切实发挥好工会的作用。与工会一同做好破产企业职工稳定和职工权益保护问题，同时依法做好如下工作：

1. 听取工会的意见，选举职工代表或工会代表参加债权人会议。

2. 设立债权人委员会的，选举一名债务人的职工代表或者工会代表加入债权人委员会。

3. 妥善做好破产企业工会财产的移交工作。依据《审理企业破产案件规定》第七十一条规定，破产企业工会所有的财产不属于破产财产，管理人应协调债务人将破产企业工会所有的财产交破产企业工会委员会管理。如果破产企业宣告破产的，根据中华全国总工会《企业工会工作条例（试行）》第五十条第二款的规定，将其经费财产交由上级工会处置。

第三条 【调查、核实职工身份及职工状况】

职工身份调查及核实主要从真实性和连续性两方面进行，管理人可通过如下方式调查核实职工身份及其状况：

1. 清理、查询人事档案，包括员工名册、劳动合同档案、职工调动单、社会保险档案、工资福利发放资料等。调查核实如下事项：（1）企业人员结构（离休、退休、在职、工伤、抚恤人员等）；（2）员工人数、身份信息、职务、是否签订劳动合同、劳动合同期限及在本企业连续工作的期限、是否办理劳动登记、是否办理社会保险和缴纳公积金、是否办理商业险、企业为其提供的福利待遇；（3）．是否存在兼职、是否存在劳动仲裁和诉讼等纠纷。

2. 向企业人事劳资人员、企业财务负责人和其他财务人员、法务人员、工会组织等了解相关情况。

3. 采取向个别员工调查核实和公开接受员工咨询、异议等方式，向员工了解相关职工及其债权情况。

4. 向主管人力资源和社会保障部门查询、核实企业和员工的社会保险和公积金缴费、欠费情况等。

5. 向法院和劳动仲裁公示系统等调查核实并查询劳动仲裁和诉讼纠纷情况。

第四条 【调查劳动和社会保险登记缴费情况】

管理人应当向破产企业主管劳动和社会保障机构查询如下情况，并就破产企业人员安置等问题尽早与劳动和社会保险机构进行沟通：

1. 破产企业办理劳动登记和社会保险登记缴费、欠费情况；

2. 破产企业前期接受劳动监督的情况；

3. 查询当地企业破产后的员工政策，包括终止劳动合同手续、社会保险费的缴纳方式、破产企业工伤人员管理、失业金领取手续、注销劳动和社会保险登记的手续等。

第五条　【确定职工代表】

（一）职工代表的产生

管理人在对职工状况调查核实后，应尽快选举职工或工会代表，代表职工债权人参加债权人会议、债权人委员会。

1. 职工代表人选。依据《企业民主管理规定》第二十三条的规定，与企业签订劳动合同建立劳动关系以及与企业存在事实劳动关系的职工，有选举和被选举为职工代表大会代表的权利。依法终止或者解除劳动关系的职工代表，其代表资格自行终止。

2. 选举方式。依据《企业民主管理规定》第二十四条的规定，职工代表应当以班组、工段、车间、科室等为基本选举单位由职工直接选举产生。规模较大、管理层次较多的企业的职工代表，可以由下一级职工代表大会代表选举产生。

（二）职工代表的职责

1. 就有关事项发表意见。债权人会议可以决定设立债权人委员会。职工代表还可以参加债权人委员会，行使应有权利。

2. 重整程序中，应设职工债权组对重整计划草案进行表决。在破产企业职工较多的情况下，依据《企业民主管理规定》由职工代表大会代表职工债权组对重整计划进行表决。

3. 在破产企业职工较多或处理国有企业破产案件时，管理人应当制订职工债权清偿方案或职工安置方案，就职工债权的计算、清偿的安排、工伤职工的管理、清偿的安排、社会保险费的缴纳和登记、终止劳动合同手续的办理等作出规定，管理人应当向职工代表或工会代表征求意见。

4. 管理人根据工作需要和实际情况，可以要求职工代表协助管理人调查、联系破产企业职工等。

第六条　【统计测算职工债权】

依据《企业破产法》第四十八条第二款、第一百一十三条第一款第一项规定，职工债权不必申报。管理人应当及时对职工债权进行调查和测算，并将统计结果公示征求意见。详见本节第九条。

根据破产的整体进程，管理人至迟应在召开债权人会议审议破产财产分配方案或重整计划草案之前完成职工债权调查测算及公示工作。

第七条　【公示职工债权】

管理人完成职工债权统计测算工作后，应依据《企业破产法》第四十八条的规定，及时列出职工债权清单并予以公示。

1. 公示方式。管理人可通过在企业办公场所张贴职工债权清单、发送微信等其他方式公示。

2. 公示期间。《企业破产法》对职工债权清单的公示期未作规定，管理人可以根据案情需要、职工人数具体掌握。

3. 公示内容。公示的职工债权清单应当以表格形式逐一列明每位职工债权人的姓名、年龄、工作年限、职工债权金额、公示期限和异议期限等具体情况。

第八条 【对职工债权异议进行处理】

职工对公示的职工债权清单记载有异议的，可以要求管理人更正；管理人不予更正的，职工可以向人民法院提起诉讼。

职工在公示的异议期限内既未向管理人提出异议，也未向人民法院起诉的，视为无异议。

第九条 【制定破产企业职工债权清偿或职工安置的工作方案】

管理人应根据破产企业职工人数、人员结构、职工债权和社会保险缴费情况等，对职工债权清偿和终止劳动关系手续等作出安排，必要时应制订职工债权清偿方案或职工安置方案，方案一般应包含如下内容：

1. 各类人员基本情况。在职职工人数和人员结构、工伤职工及职业病人员等人数；离休和退休人员人数；抚恤人员人数。

2. 职工债权统计测算结果和公示异议情况。

3. 企业缴纳社会保险费有关情况。

4. 工伤人员和离退休职工托管安排。

5. 档案保管机构的选择。

6. 终止劳动关系相关手续办理时间安排等。

第二节 破产企业职工债权的计算和清偿

第十条 【破产企业职工的范围】

（一）在册职工

1. 在职职工（包括工伤人员）。

2. 退休职工和离休职工。

（二）不在册职工

1. 与破产企业解除或终止劳动关系，但尚未办理完毕解除或终止劳动关系的手续或存在劳动争议的职工。

2. 尚未结清劳动报酬的农民工、临时工。

（三）其他参照职工处理的人员

包括抚恤人员、遗属人员、因会受伤的退休返聘人员等。

第十一条 【职工债权的范围】

依据《企业破产法》第一百一十三条的规定，破产企业职工债权包括以下内容：

1. 破产人所欠职工的工资；

2. 医疗、伤残补助、抚恤费用；

3. 所欠的应当划入职工个人账户的基本养老保险、基本医疗保险费用；

4. 法律、行政法规规定的应当支付给职工的补偿金。

第十二条　【职工债权的测算】

为保证职工债权统计的准确性，对于人数较多、人员结构较为复杂的破产清算或重整案件中，有必要聘请具备相应资格的会计师事务所对职工债权进行审计。

破产企业人数较少、人员结构不复杂的企业，管理人可以在企业的劳资人员协助下自行测算。

第十三条　【破产人所欠职工工资的计算】

工资即劳动报酬，无论是正式职工还是非正式职工，都享有《企业破产法》规定的就劳动债权优先受偿的权利。

（一）职工工资的范围

1. 正常经营情况下的工资。债务人所欠职工的工资，根据《原劳动部关于贯彻执行〈中华人民共和国劳动法〉若干问题的意见》及《国家统计局关于工资总额组成的规定》，工资总额包括计时工资、计件工资、奖金、津贴和补贴、加班加点工资以及特殊情况下支付的工资（因病、工伤、产假、计划生育假、婚丧假、事假、探亲假、定期休假、停工学习、执行国家或社会义务等按计时工资标准或计时工资标准的一定比例支付的工资）。

2. 停工停产情况下的工资。在法院受理企业破产案件前，企业已停工停产的，根据1995年1月1日施行的《工资支付暂行规定》第十二条的规定，非因劳动者原因造成单位停工、停产在一个工资支付周期内的，用人单位应按劳动合同规定的标准支付劳动者工资。超过一个工资支付周期的，若劳动者提供了正常劳动，则支付给劳动者的劳动报酬不得低于当地的最低工资标准；若劳动者没有提供正常劳动，应按国家有关规定办理。具体停工期间的工资标准各个省市的规定不一致，管理人应根据破产企业所在地的停工期间工资标准计算。

（二）计算期间

1. 依据《劳动合同法》第四十四条第四款的规定，用人单位被依法宣告破产的，劳动合同终止，人民法院受理破产申请时的在职职工的劳动合同应在破产企业被人民法院裁定宣告破产日终止，其工资应计算至宣告破产日。

2. 经债权人会议批准，并经破产企业职工同意，提前为职工办理终止劳动关系手续的，计算至实际终止劳动合同之日。

第十四条　【破产人所欠医疗费用的计算】

职工的医疗费，已办理医疗保险的，职工应向社会保险机构办理报销手续；由于破产企业未及时办理医疗保险等原因，确实应当由破产企业承担的，应据实报销。

第十五条 【纳入职工债权的社保费用的计算标准】

债务人所欠职工的应当划入职工个人账户的基本养老保险、基本医疗保险费用，应当缴纳至人民法院裁定宣告破产之日。

具体缴费金额应当以社保征缴机构核定的数据为准。

第十六条 【解除劳动合同补偿金等的计算标准】

依据《劳动合同法》第九十七条第三款、第九十八条的规定，《劳动合同法》施行之日（2008年1月1日）存续的劳动合同在该法施行后解除或者终止，应当支付经济补偿的，经济补偿年限自该法施行之日起计算；该法施行前按照当时有关规定，用人单位应当向劳动者支付经济补偿的，按照当时有关规定执行。

按上述规定，解除劳动合同补偿金应分段计算，具体如下：

1.2008年1月1日之前的经济补偿，应根据1995年1月1日起实施的原《违反和解除劳动合同的经济补偿办法》第八条、第九条和第十一条的规定支付。按劳动者2008年1月1日前在本单位连续工作的年限支付经济补偿金。在本单位工作的时间每满一年，发给相当于一个月工资的经济补偿金；经济补偿金的工资计算标准是指企业正常生产情况下劳动者解除合同前十二个月的月平均工资；劳动者的月平均工资低于企业月平均工资的，按企业月平均工资的标准支付。

2. 自2008年1月1日起，应依据《劳动合同法》第四十七条的规定支付经济补偿。按劳动者自2008年1月1日在本单位工作的年限，每满一年支付一个月工资的标准向劳动者支付。六个月以上不满一年的，按一年计算；不满六个月的，向劳动者支付半个月工资的经济补偿。劳动者月工资高于用人单位所在直辖市、设区的市级人民政府公布的本地区上年度职工月平均工资三倍的，向其支付经济补偿的标准按职工月平均工资三倍的数额支付，支付经济补偿的年限最高不超过十二年。前述月工资是指劳动者在劳动合同解除或者终止前十二个月的平均工资。

3. 月工资按照劳动者应得工资计算，包括计时工资或者计件工资以及奖金、津贴和补贴等货币性收入；劳动者工作不满十二个月的，按照实际工作的月数计算平均工资。

第十七条 【计算解除劳动合同补偿金相关工作年限的规定】

1. 计算补偿金的工作年限，是指职工在本单位连续工作的年限，职工与本单位解除劳动合同后又重新聘用的，前期工作年限不计入，其工作年限应重新计算。

2. 劳动者非因本人原因被安排到新用人单位工作，原用人单位未支付经济补偿，劳动者依照《劳动合同法》第三十八条规定与新用人单位解除劳动合同，或者新用人单位向劳动者提出解除、终止劳动合同的，在计算支付经济补偿或赔偿金的工作年限时，应根据《最高人民法院关于审理劳动争议案件适用法律若干问题的解释（一）》第四十六条的规定，把在原用人单位的工作年限合并计算为新用人单位工作年限。

用人单位符合下列情形之一的，应当认定属于“劳动者非因本人原因从原用人单位被安排到新用人单位工作”：

（1）劳动者仍在原工作场所、工作岗位工作，劳动合同主体由原用人单位变更为新用人单位；

（2）用人单位以组织委派或任命形式对劳动者进行工作调动；

（3）由于用人单位合并、分立等原因导致劳动者工作调动；

（4）用人单位及其关联企业与劳动者轮流订立劳动合同；

（5）其他合理情形。

第十八条　【工伤职工债权计算标准及劳动关系处理】

1. 按照《社会保险法》《工伤保险条例》的相关规定，伤残补助费用包括从工伤保险基金按伤残等级支付的一次性伤残补助金和按月支付的伤残津贴、用人单位以伤残津贴为基数缴纳的基本医疗保险费、用人单位对保留劳动关系但难以安排工作的伤残职工按月发给的伤残津贴，以及用人单位在工伤职工本人自愿终止劳动关系时支付的一次性工伤医疗补助金和伤残就业补助金。

依据《工伤保险条例》第四十三条第四款规定，企业破产的，在破产清算时依法拨付应当由单位支付的工伤保险待遇费用，具体拨付方式及一级至六级伤残的工伤人员的管理应依各省、自治区、直辖市的相关规定办理。除依法享受医疗费、一次性伤残补助金外等工伤待遇外，根据伤残等级及是否终止劳动关系的情况，通常作如下处理：

（1）职工因工致残被鉴定为一级至四级伤残的，应预留其退休前的伤残津贴，及基本医疗保险费，移交社会保障部门托管，伤残津贴实际金额低于当地最低工资标准的，按最低工资标准计算。

（2）职工因工致残被鉴定为五级、六级伤残的，享受以下待遇：

经工伤职工本人申请，可与该职工终止劳动关系，由工伤保险基金支付一次性工伤医疗补助金，从破产财产中支付一次性伤残就业补助金。

工伤职工本人不申请终止劳动关系的，应预留其退休前的伤残津贴，及各项社会保险费，移交社会保障部门托管。伤残津贴实际金额低于当地最低工资标准的，按最低工资标准计算。

（3）职工因工致残被鉴定为七级至十级伤残的，依法与该职工终止劳动关系，由工伤保险基金支付一次性工伤医疗补助金，从破产财产中支付一次性伤残就业补助金。

（4）预留伤残津贴和各项费用的，除考虑现行标准外，还应参考物价上涨等因素进行测算和预留，一般按每年10%的比例递增，最终与托管机构协商确定。

（5）一次性工伤医疗补助金和一次性伤残就业补助金的具体标准按破产企业所在省、自治区、直辖市人民政府规定。

2. 由于职工个人不缴纳工伤保险费，用人单位依照条例规定应当参加工伤保险而未参加的，未参加工伤保险期间职工发生工伤，由该用人单位按照条例规定的工伤保险待遇项目和标准支付费用。所以，企业职工的医疗伤残补助费用分两部分：第一，本应由企业支付给职工的医疗补助费用；第二，用人单位未依法参加工伤保险的，对未参保期间发生的职工工伤，按照条例规定的工伤保险和待遇项目标准承担费用。

第十九条 【应当划入职工个人账户的基本养老保险、基本医疗保险费用】

应当划入职工个人账户的基本养老保险费用。根据国务院 2005 年 12 月颁布的《国务院关于完善企业职工基本养老保险制度的决定》，从 2006 年 1 月 1 日起，个人账户的规模统一由本人缴费的工资的 11%调整为 8%，全部由个人缴费形成，单位缴费不再划入个人账户。因此，2006 年以后不会再有企业拖欠应当划入职工个人账户的基本养老保险费的情况发生；2005 年年底以前企业所欠的基本养老账户保险费，应当计入职工债权。

应当划入职工个人账户的基本医疗保险费用。基本医疗保险费用由用人单位和职工共同缴纳。职工个人缴纳的基本医疗保险费全部计入个人账户。用人单位缴纳的基本医疗保险费分为两部分，一部分用于建立统筹基金，另一部分划入个人账户，具体比例由统筹地区根据个人账户的支付范围和职工年龄的因素确定。企业所欠的应当划入职工个人账户基本医疗保险费，应当计入职工债权。

第二十条 【离职职工债权审查】

本指引所述离职职工是指截至破产受理日已与破产企业解除或终止劳动关系，但尚未办理完毕解除或终止劳动关系手续或存在劳动争议的职工。

因离职职工破产企业通常已对其不按在册职工处理，离职职工直接向管理人申报职工债权的情况较多，管理人对于离职职工债权的审查应注意以下几点。

（一）职工身份的甄别

管理人应对主张职工债权的人员身份进行审查，确认其与破产企业曾经存在劳动关系的，应对离职职工的离职时间及原因、是否正常解除劳动合同等相关事项同企业人事部门及人社局核查后，根据核查结果计算职工债权金额列入职工债权清单并公示。

（二）是否持有生效法律文书

1. 已经生效法律文书确定的债权，管理人一般应当予以确认。管理人对离职职工生效法律文书予以确认的，应根据生效法律文书确认的债权，并结合《企业破产法》第一百一十三条规定的纳入职工债权优先受偿的范围，将离职职工债权计入破产企业职工债权之中。

2. 管理人认为债权人据以申报债权的生效法律文书确定的债权错误，或者有证据证明债权人与债务人恶意通过诉讼、仲裁或者公证机关赋予强制执行力公证文书的形式虚构债权债务的，应当依据《破产法司法解释（三）》第七条的规定，依法通过审判监督程序向作出该判决、裁定、调解书的人民法院或者上一级人民法院申请撤销生效法律文书，或者向受理破产申请的人民法院申请撤销或者不予执行仲裁裁决、不予执行公证债权文书后，重新确定债权。

（三）是否超过劳动争议仲裁时效

1. 劳动争议仲裁时效为一年。根据自 2008 年 5 月 1 日起施行《劳动争议调解仲裁法》第二十七条的规定，劳动争议申请仲裁的时效期间为一年。仲裁时效期间从当事人知道或者应当知道其权利被侵害之日起计算。离职人员超过仲裁时间期间主张债权的，不予确认。

2. 劳动争议仲裁时效的中止和中断。因当事人一方向对方当事人主张权利，或者向有关部门请求权利救济，或者对方当事人同意履行义务而中断。从中断时起，仲裁时效期间重新计算；因不可抗力或者有其他正当理由，当事人不能在《劳动争议调解仲裁法》第二十七条第一款规定的仲裁时效期间申请仲裁的，仲裁时效中止。从中止时效的原因消除之日起，仲裁时效期间继续计算。

3. 劳动关系存续期间因拖欠劳动报酬发生争议的，劳动者申请仲裁不受《劳动争议调解仲裁法》第二十七条第一款规定的仲裁时效期间的限制；但是，劳动关系终止的，应当自劳动关系终止之日起一年内提出。

（四）离职职工的债权范围

管理人经审查，认为离职职工主张的职工债权有效的，应在《企业破产法》规定的职工债权范围内，确认应付给离职职工的债权金额。其中：

1. 离职职工工资、医疗、伤残补助、抚恤费用应计算至其与破产企业解除或终止劳动合同之日。

2. 所欠的应当划入职工个人账户的基本养老保险、基本医疗保险费用，应计算至实际办理解除劳动关系手续之日。

（五）解除或终止劳动合同手续的办理

对于离职但未完善解除或终止劳动合同手续的职工，管理人须及时通知其解除或终止劳动合同手续，包括但不限于办理交接手续、返还因工作使用破产企业的设施设备、归还保密文件等。

第二十一条 【破产企业应支付离职职工终止或解除劳动关系补偿金的情形】

依据《劳动合同法》第三十六条，第三十八条，第四十条，第四十一条第一款，第四十四条第一项、第四项、第五项和第四十六条的规定，符合下列情形之一，破产企业应支付终止或解除劳动关系的补偿金：

1. 破产企业与劳动者协商一致解除劳动合同的。

2. 因破产企业有下列情形之一的，劳动者解除劳动合同的：

（1）未按照劳动合同约定提供劳动保护或者劳动条件的。

（2）未及时足额支付劳动报酬的。

（3）未依法为劳动者缴纳社会保险费的。

（4）破产企业的规章制度违反法律、法规的规定，损害劳动者权益的。

（5）因劳动合同存在如下情形致使劳动合同无效的：①以欺诈、胁迫的手段或者乘人之危，使对方在违背真实意思的情况下订立或者变更劳动合同的；②用人单位免除自己的法定责任、排除劳动者权利的；③违反法律、行政法规强制性规定的。

3. 出现如下情况，破产企业解除劳动合同的：

（1）劳动者患病或者非因工负伤，在规定的医疗期满后不能从事原工作，也不能从事由破产企业另行安排的工作的。

（2）劳动者不能胜任工作，经过培训或者调整工作岗位，仍不能胜任工作的。

（3）劳动合同订立时所依据的客观情况发生重大变化，致使劳动合同无法履行，经破产企业与劳动者协商，未能就变更劳动合同内容达成协议的。

4. 破产企业因破产重整、生产经营发生严重困难、企业转产或重大技术革新或者经营方式调整等原因裁减人员的。

5. 劳动合同因下述原因终止的：

（1）劳动合同期满（破产企业维持或者提高劳动合同约定条件续订劳动合同，劳动者不同意续订的情况下，不需要支付补偿金）。

（2）破产企业被吊销营业执照、责令关闭、撤销或者用人单位决定提前解散的。

第二十二条　【离退休职工的债权】

破产企业离退休职工，其退休时破产企业尚未参加相关社会保险统筹的，破产企业应付的退休职工养老金、医疗费、工伤保险待遇和其他应计入个人账户的社会保险费应计入职工债权。其中，为离退休人员、工伤人员预留的社会保险费用的金额，应以社会保险机构核定的金额为准。

第二十三条　【其他参照职工处理的人员的债权计算】

（一）抚恤人员费用

抚恤人员费用是指职工因工死亡的，按其供养的直系亲属人数，每月付给供养直系亲属抚恤费，直到受供养人失去受供养的规定条件为止。《工伤保险条例》第三十九条规定，职工因工死亡，其直系亲属按照规定从工伤保险基金领取丧葬补助金、供养亲属抚恤金和一次性工亡补助金，企业拖欠的这部分费用，应当计入职工债权。对于工亡家属等抚恤人员的费用，应根据其享受抚恤金的剩余年限，按破产企业上年度支付相关费用的标准，并参考物价上涨等因素进行测算和预留抚恤费用。

（二）退休返聘人员的债权

依据《最高人民法院关于审理劳动争议案件适用法律问题的解释（一）》第三十二条的规定，用人单位与其招用的已经依法享受养老保险待遇或领取退休金的人员发生用工争议，向人民法院提起诉讼的，人民法院应当按劳务关系处理。因此，其劳动报酬不应作为职工债权计算，为普通债权。

依据《人力资源社会保障部关于执行〈工伤保险条例〉若干问题的意见（二）》第二条的规定，用人单位招用已经达到、超过法定退休年龄或已经领取城镇职工基本养老保险待遇的人员，在用工期间因工作原因受到事故伤害或患职业病的，如招用单位已按项目参保等方式为其缴纳工伤保险费的，应适用《工伤保险条例》；未参保的，依据《破产审判纪要（2018）》第二十八条规定，人身损害赔偿债权优先于财产性债权原则，因债务人侵权行为造成的人身损害赔偿，可以参照职工债权的清偿顺序清偿，但其中涉及的惩罚性赔偿除外。

第二十四条　【住房公积金】

债务人欠缴的住房公积金应按《住房公积金管理条例》计算，按照债务人拖欠的职工工资性质清偿。

第二十五条　【职工集资款】

依据《审理企业破产案件规定》第五十八条规定，债务人所欠企业职工集资款，参照“所欠职工工资和劳动保险费用”的顺序清偿，但对违反法律规定的高额利息部分不予保护。职工向企业的投资，不属于破产债权。

对于向职工的集资款，应对以下情况进行调查：集资是否限于企业内部；集资是否用于企业的生产经营；集资是否基于营利目的；集资是否基于自愿等。管理人应当根据调查的结果确定该“集资款”应否列入职工债权。

第二十六条　【政府或第三方就职工债权的垫款】

破产程序中要依法妥善处理劳动关系，推动完善职工欠薪保障机制，依法保护职工生存权。由第三方垫付的职工债权，原则上按照垫付的职工债权性质进行清偿；由欠薪保障基金垫付的，应按照《企业破产法》第一百一十三条第一款第二项的顺序清偿，即在职工债权之后、普通债权之前清偿，与企业欠缴的其他社会保险和税款债权清偿顺序相同。

第二十七条　【关于董事、监事、高级管理人员债权的特别规定】

（一）债务人的董事、监事和高级管理人员的非正常收入和侵占的企业财产应当返还

其中非正常收入主要指债务人有《企业破产法》第二条第一款规定的情形时，债务人的董事、监事和高级管理人员利用职权获取的以下收入，人民法院应当认定为《企业破产法》第三十六条规定的非正常收入：

1. 绩效奖金；
2. 普遍拖欠职工工资情况下获取的工资性收入；
3. 其他非正常收入。

债务人的董事、监事和高级管理人员拒不向管理人返还上述债务人财产，管理人主张上述人员予以返还的，人民法院应予支持。

（二）债务人的董事、监事和高级管理人员因返还非正常收入形成的债权，可作为普通债权清偿

其中，因返还上述第一项、第三项非正常收入（绩效资金和其他非正常收入）形成的债权，可以作为普通破产债权清偿；因返还第二项非正常收入（普遍拖欠职工工资情况下获取的工资性收入）形成的债权，按照该企业职工平均工资计算的部分作为拖欠职工工资清偿；高出该企业职工平均工资计算的部分，可以作为普通破产债权清偿。

破产企业的董事、监事和高级管理人员的工资按照该企业职工的平均工资计算。

第二十八条 【破产重整案件职工和职工债权的处理】

（一）破产重整案件中债务人可以与职工解除劳动合同而不是终止劳动合同

因破产重整案件不同于破产清算案件，破产重整成功后债务人仍然会存续，按《劳动合同法实施条例》第十九条第十一项的规定，用人单位依照《企业破产法》规定进行重整的，用人单位可以与劳动者解除固定期限劳动合同、无固定期限劳动合同或者以完成一定工作任务为期限的劳动合同，而不是终止劳动合同。

在制订重整计划时，管理人应与投资者、债务人就劳动关系接续等问题明确责任，可以选择由重整后的债务人继续履行与职工的劳动合同，也可以选择解除劳动合同并依法支付补偿金。

（二）重整案件职工债权的清偿时间按重整计划执行

破产重整案件中职工债权的计算标准与破产清算相同，清偿时间按经人民法院裁定认可的重整计划执行，但依法应优先于企业欠缴的其他社会保险费用、税款债权、普通债权清偿。

第二十九条 【职工债权的异议】

（一）职工债权的异议人

《企业破产法》第四十八条第二款规定：职工对清单记载有异议的，可以要求管理人更正；管理人不予更正的，职工可以向人民法院提起诉讼。

职工可以对自己的债权提出异议，亦有权对其他职工的债权提出异议或提起诉讼。

（二）如何确定职工债权确认纠纷案件的被告

1. 职工对本人的债权存在异议。职工债权人对管理人所列清单载明的职工债权有异议时可以请求管理人更正，管理人不予更正的，职工债权人应以债务人为被告向人民法院提起确认之诉。

2. 职工对其他职工的债权存在异议。因其他职工债权是否存在及数额多少可能直接影响异议职工债权的最终实现比例，故应当允许异议职工对公示清单中记载的其他职工债权提起诉讼，此情况下，原告应为异议职工，被告应为其他职工、债务人。

第三十条 【职工债权的清偿顺序】

依据《企业破产法》第一百零九条、第一百一十三条的规定，破产财产在清偿破产费用和共益债务之后，优先用于清偿职工债权，即职工债权优先于企业欠缴的划入职工个人账户的社会保险费用、税款债权、普通债权清偿。

对破产人的特定财产享有担保权的权利人对该特定财产享有优先受偿的权利，该特定财产在优先清偿担保权人后仍有剩余的，可按上述顺序清偿破产费用、共益债务、职工债权和其他债权。

破产财产不足以清偿同一顺序的清偿要求的，按照比例分配。

第三十一条 【职工债权的清偿时间和清偿方式】

（一）职工债权的清偿时间

1. 一般情况下职工债权的清偿时间。依据《企业破产法》第十六条的规定，人民法院受理破产申请后，债务人对个别债权人的债务清偿无效。管理人应于破产宣告之后，按照债权人会议审议通过的或人民法院裁定认可的破产财产分配方案，按《企业破产法》第一百一十三条规定的顺序安排各类债权的清偿事宜。

重整案件应按人民法院批准的重整计划规定的时间清偿职工债权。

2. 特殊情况下职工债权的清偿时间。在破产企业尚有货币资金可以用于职工债权清偿的情况下，为解决职工生活困难，经债权人会议批准，可以对职工债权先行全部或部分清偿。

（二）职工债权的清偿方式

1. 破产人所欠职工的工资、医疗费、伤残补助和抚恤费用，应以货币方式支付，直接以现金方式支付给职工或其指定的银行账户。

2. 所欠的应当划入职工个人账户的基本养老保险、基本医疗保险费用，应依法向主管社会保险机构补缴。

3. 应当支付给职工的补偿金，应以货币方式支付，直接以现金方式支付给职工或其指定的银行账户。

第三十二条 【绩效工资、奖金等债权的清偿顺序】

根据《最高人民法院关于李汉桥等164人与南方证券股份有限公司职工权益清单更正纠纷再审系列案件有关法律问题请示的答复》规定，债务人有《企业破产法》第二条规定的情形时，职工对债务人享有的与业绩挂钩的绩效工资、奖金等债权，在破产程序中不应作为优先债权予以清偿，确实合理的债权可以作为普通破产债权清偿。人民法院审理职工权益清单更正纠纷时，应当按照劳动争议案件的有关规定分配举证责任。

第三十三条 【留守人员职工债权和留守期间的待遇】

1. 截至人民法院受理破产申请前破产企业留守人员的职工债权的计算标准与其他在职职工相同。

2. 在人民法院受理破产申请至裁定宣告破产期间，留守人员与原企业劳动合同关系继续存续，留守人员继续享受原工资、社会保险等待遇，留守人员在此期间的工资和社会保险费用作为破产费用从债务人财产中随时支付。

3. 法院裁定宣告破产后，留守人员与企业的劳动关系法定终止。在法院裁定宣告破产后至破产终结阶段，留守人员的工资和社会保险费用另行计算，作为破产费用从债务人财产中随时支付。

第三节　办理终止劳动关系的手续

第三十四条　【在职职工终止劳动关系应办理的手续】

依据《劳动合同法》第五十条的规定，用人单位应当在解除或者终止劳动合同时出具解除或者终止劳动合同的证明，并在十五日内为劳动者办理档案和社会保险关系转移手续，职工应当办理工作交接。用人单位依照《劳动合同法》有关规定应当向劳动者支付经济补偿的，在办结工作交接时支付。

破产企业职工符合领取失业保险金条件的，管理人还应协助职工办理失业救济手续。

第三十五条　【办理失业救济手续】

（一）领取失业保险金的条件

依据《失业保险条例》第十四条规定，具备下列条件的失业人员，可以领取失业保险金：

1. 按照规定参加失业保险，所在单位和本人已按照规定履行缴费义务满一年的。

2. 非因本人意愿中断就业的。

3. 已办理失业登记，并有求职要求的。失业人员在领取失业保险金期间，按照规定同时享受其他失业保险待遇。

（二）管理人应协助职工办理失业救济手续

依据《失业保险条例》第十六条、第十七条、第十八条、第二十三条规定，管理人应当及时为失业人员出具终止或者解除劳动关系的证明，告知其按照规定享受失业保险待遇的权利，并将失业人员的名单自终止或者解除劳动关系之日起七日内报社会保险经办机构备案。

第三十六条　【在职职工人事档案和社会保险关系的转移】

破产企业职工有接收单位的，其本人档案由接收单位管理，社会保险转移至接收单位；暂无接收单位的，档案交由住所地人才档案管理服务中心代为保管，并办理社会保险封存手续。

第三十七条　【1～6级工伤职工托管手续的办理】

管理人应与托管机构签订托管协议，并将破产企业1～4级工伤职工及不愿意终止劳动关系的5～6级工伤职工移交托管机构管理，并按协议拨付工伤待遇款项。

第三十八条　【离退休职工的管理】

国有企业破产的，通常存在欠付离退休职工退休金、医疗费等情况，部分企业还存在离休干部待遇问题。破产企业离退休职工待遇通常按如下原则处理：

1. 破产企业退休职工，欠付的费用应一次性清偿或补缴，因客观原因不能补缴或一次性支付的，应根据退休职工的余命年，按破产企业上年度向退休人员支付相关费用的标准，并参考物价上涨等因素进行测算和预留，并与破产企业所在地社会保障机构协商托管。

2. 离休职工应按国家离休干部管理相关规定处理。管理人应在清偿欠付的医疗费、工伤保险待遇等费用后，将离休职工移交企业的上级主管部门管理，其离休费等各项待遇由企业的上级主管部门按国家有关规定发放和支付；已故离休人员配偶的困难补助费，按现行标准预提十年，交企业的上级主管部门，由企业的上级主管部门负责发放。

3. 根据中共中央办公厅、国务院办公厅印发的《关于国有企业退休人员社会化管理的指导意见》规定，2020 年年底前，集中力量将尚未实行社会化管理的国有企业已退休人员移交街道和社区实行社会化管理。实行社会化管理后，国有企业新办理退休人员管理服务工作与原企业分离。国有企业管理的事业单位退休人员原则上一并移交实行社会化管理。国有企业离休人员原则上保持现有管理方式不变。

第四节　破产企业社会保险的处理

第三十九条　【破产企业社会保险费的分类和清偿顺序】

破产企业欠缴的社会保险费用按是否清偿、清偿顺序应分四类处理：

1. 企业所欠的应当划入职工个人账户的基本养老保险、基本医疗保险费用，作为职工债权优先受偿。

2. 企业欠缴的其他社会保险费用（包括失业保险、工伤保险及纳入社会统筹的基本养老保险和医疗保险费），其本金部分与税款债权清偿顺序相同，在职工债权之后、普通债权之前受偿。

3. 对于人民法院裁定宣告破产之日前因欠缴的社会保险统筹费用而产生的滞纳金，人民法院可以按照人身损害赔偿债权优先于财产性债权、私法债权优先于公法债权、补偿性债权优先于惩罚性债权的原则合理确定清偿顺序。

4. 人民法院裁定宣告破产之日后因企业欠缴社保费而产生的滞纳金不属于破产债权。

第四十条　【企业欠缴社会保险费的计算】

债务人欠缴社保费用应依据《社会保险法》及破产企业所在的省、自治区、直辖市人民政府规定计算，并经社会保险机构核定确认。

第四十一条　【社会保险账户的注销】

当企业发生破产情形时，企业应依法终止社会保险缴费义务，及时到原社会保险经办机构办理注销社会保险登记手续。

社保账户注销申请一般需要以下资料：

1. 市场监督管理局注销核准通知书；

2. 注销社会保险登记申请书；

3. 填写《社会保险注销登记表》；

4. 单位主管部门批准解散、撤销、终止的有关文件；

5. 注销通知或法院裁定企业破产等法律文书；

6. 经办人身份证原件及复印件。

第八章　审计与评估

【本章概述】

破产审计，是以《企业破产法》、相关司法解释及会计法规、审计准则为依据，运用审计特有的方法，对破产企业的财务、经营管理活动的真实性、合法性、有效性和相关责任进行监督、审查，用以维护债权人、债务人和第三人的合法权益。

破产企业的资产评估，是一种特殊的资产评估，它是由于企业法人不能清偿到期债务，并且资产不足以清偿全部债务或者明显缺乏清偿能力，迫于债务压力，而由债务人或债权人向人民法院提出对债务人进行重整或者破产清算的申请，进而聘请评估机构对债务人资产进行重新评估的过程，其结果或用于拍卖清算或用于企业重整持续经营。

本章包括以下七节内容：

第一节　破产申请前审计

第二节　破产审计概述

第三节　破产接管审计

第四节　破产清算审计

第五节　破产评估

第六节　企业破产重整价值评估

第七节　审计、评估机构的确定及责任

第一节　破产申请前审计

第一条　【破产前审计的目的】

破产申请前审计的委托人通常为申请破产的企业或其债权人。在该阶段，委托人一般为审计报告的使用人，审计的主要目的是核实企业账面资产，对企业盈亏情况及资产负债等情况进行核查并作出公正的审计鉴证和客观的评价，以此来评价企业是否符合《企业破产法》规定的破产原因。

第二条　【破产申请前审计范围】

破产前审计重点在于核实企业的资产、负债和所有者权益情况，审计机构或人员主要协助债务人处理如下问题：

1. 对债务人向人民法院申请破产前的会计报表进行审计，审查、核实债务人资产负债的情况，出具审计报告。

2. 协助债务人对职工安置费用进行测算，债务人认为确有必要的，则要对测算结果予以审查，出具审计报告。

3. 就债务人破产预案中的财务问题提供意见。

第三条 【核实资产状况】

1. 核实企业在银行的存款状况：向相关银行发出《询证函》，确认相关企业在该银行的存款数额与企业提供的信息是否相符，对未达账清理取证入账。

2. 核实应收款情况：对企业应收账款重新进行调整分类，区分应收账款账龄，并对应收账款账龄作出分析。

3. 核实企业存货状况：盘点存货状况，对账外物资、货到单未到及盈亏情况进行账务调整，原因一时难以查清的潜亏要通过待处理流动资产损益科目列账，留待下阶段报批核销。

4. 核实固定资产的账实相符情况：盘点核查固定资产的账实情况，对资产盘亏且不能取证进行账务处理的，应在固定资产损益科目列账，并在下一阶段对其进行报批核销。对固定资产折旧的计提进行审查核实，对盘盈资产及账外资金应当进行查询，并说明原因。最后在报告中对其进行披露，在下一阶段对其进行调整核查。

5. 核查无形资产、在建工程状况，并对会计账务处理的合法性进行审计核实。

第四条 【审查企业负债情况】

1. 对企业应付账款类科目下每笔债务具体产生的方式、金额、担保情况及相关证据材料进行审查核实；

2. 对金融债权等重大债权进行审查核实。例如，对相关债权银行的借款本金、利率、借款期限、本息合计、财产担保及相关证据材料等进行审查核实。

3. 对企业不能清偿到期债务相关证据进行审查核实。

第五条 【审查企业所有者权益状况】

通过审查资产、负债状况、调整后的未分配利润等，确认企业的所有者权益。审计非国有企业，应查实其实收资本、资本公积金等信息的真实性。由于该项审计其目的仅供相关部门对被审计企业财务状况进行参考，故对其待处理资产损失等转销事项均作为会计事项调整，可以在审计报告出具后进行单独提示。

第二节 破产审计概述

第六条 【破产审计概述】

破产审计是人民法院受理企业破产申请并指定管理人后，由管理人经人民法院许可公开聘请的中介机构，以《企业破产法》及其他相关法律为依据，运用特定的方法，对破产企业的财务收支、清算活动以及会计信息等进行审查、监督、鉴证和评价的过程，同时也是保护债权人和债务人的合法权益、维护正常市场经济秩序的一种管理活动。

第七条　【破产审计业务范围】

管理人在接管债务人之后，可依法对债务人截至人民法院裁定受理破产日的财产、债务和相应权益进行审计核查；必要时还可以对人民法院受理破产之后、破产程序终结前债务人的盈亏情况、职工安置费用等进行审计。

第八条　【破产审计的分类】

由于破产企业的会计行为主体在管理人接管前后发生了变化，管理人接管前的会计信息由破产企业提供，管理人接管后会计信息由管理人提供，因此，破产审计可分为两类：

（一）破产接管审计

破产接管审计期间原则上应当截至破产申请受理日前，考虑到破产受理日和接管日存在时间差，通常延伸到破产接管日。审计客体是破产企业，审计机构应对原破产企业的经济活动、财务收支进行审查，确定破产企业提供的会计报表及企业财务状况的合法性和真实性、企业破产前各有关当事人所应负的责任及有无损害债权人利益的行为。

（二）破产清算审计

破产清算审计即破产接管后审计，该审计期间是管理人接管日至破产清算结束日，审计客体是管理人，审计机构应对破产接管后的经济活动、财务收支进行审查，确定管理人提供的会计报表及企业财务状况的合法性和真实性。

第三节　破产接管审计

第九条　【破产接管审计的目的】

破产接管审计的目的主要是在破产企业与管理人办理移交手续时分清会计责任。同时使用全面审计的方法对破产企业的资产、负债及投资者权益的账面数及企业会计事项进行核实确认，为管理人进行债务清偿做准备。

第十条　【破产接管审计的主要内容】

1. 全面审查破产企业的财务状况，评价债务人的偿债能力和现金流动状态。

2. 审查破产企业提供的固定资产与流动资产清册。包括：组织对实物的盘点工作；审查资产产权证与实物的盘点工作；处理好破产企业资产的盘盈、盘亏及报废工作；

处理好破产企业的呆账、坏账的核销；评价企业债权的回收可能性。

3. 审查企业投资人的实际投资情况，公司制企业按《公司法》规定进行审查。

4. 将企业以《企业会计准则——基本准则》体系为依据编制的资产负债表调整成按照《企业破产清算有关会计处理规定》下的破产清算模式的资产负债表。

第十一条 【破产接管审计过程中应注意的事项】

1. 人民法院受理破产申请前一年内，破产企业处理财产的下列行为：

（1）无偿转让财产的；

（2）以明显不合理的价格进行交易的；

（3）对没有财产担保的债务提供财产担保的；

（4）对尚未到期的债务提前清偿的；

（5）放弃债权的。

2. 破产企业为躲避债务而隐匿、转移财产，以及虚构债务或者承认不真实的债务的行为。

3. 人民法院受理破产申请后，破产企业的出资人尚未完全履行出资义务的行为。

4. 债务人在破产宣告前的六个月内，仍对个别债权人清偿的行为（个别清偿使债务人财产受益的除外）。

5. 破产企业的董事、监事和高级管理人员利用职权从企业获取的非正常收入和侵占企业财产的行为。

第十二条 【破产接管审计报告及披露事项】

破产接管审计报告在撰写时，应当遵循《独立审计实务公告第 6 号——特殊目的的业务审计报告》的要求。

审计报告内容包括资产负债及所有者权益各项目的审计情况，如审计前后各项目的金额、审计调整事项（包括调整理由、比数、金额）等分别予以说明；对表内表外的重要事项，如抵押、担保、未决诉讼、账外负债以及与破产工作密切相关的其他会计事项进行披露。

第四节 破产清算审计

第十三条 【破产清算审计的目的】

破产清算审计的目的是通过审计，确认管理人是否按照《企业破产法》及破产清算会计处理的规定履行了自己的职责，同时确定管理人编制的会计报表、破产财产分配方案，以及依法处置破产企业的资产、清偿债务的活动的真实性和合法性。

第十四条 【破产清算审计的主要内容】

1. 对管理人提供的债权人申报的债权表。即对抵押担保债权、其他优先债权、职工工资性债权、税务债权和普通债权进行审查。

2. 对破产财产的界限划分、估价、变现范围、变现依据、变现方式、变现金额进行审查监督。

3. 对破产费用的真实性、开支的合理性与必要性进行审查监督。

4. 对各项负债余额的真实性、正确性以及债务清偿顺序和清偿比例、分配方案进行审查。

5. 对清算会计报表，即清算资产负债表、清算利润表、债务清偿表和清算财产表，对编制样式及项目内容的公允性、合法性进行审查。

6. 向管理人和债权人会议提交破产清算审计报告。

第十五条　【破产清算审计的适用】

破产企业涉及和解整顿的，人民法院受理后在整顿期间适用破产接管审计，破产企业经过限期整顿能够偿还债务，或者能够偿还债务重组后的债务，管理人应通过审计将整顿后的财务状况报送人民法院请求裁定终结破产程序。整顿无效的，应按破产接管审计后的财务状况报请人民法院裁定恢复破产清算程序，破产企业进入破产清算程序，管理人适用破产清算审计。

破产企业涉及重整的，人民法院受理后在重整期间同时适用破产接管审计和破产清算审计。

第十六条　【破产清算审计报告及披露事项】

破产清算审计报告在撰写时，应当遵循《独立审计实务公告第 6 号——特殊目的的业务审计报告》的要求。

审计报告内容包括管理人接管后的清算资产负债及所有者权益各项目的审计情况；对表内表外的重要事项以及与清算工作密切相关的其他会计事项进行翔实披露。

第五节　破产评估

第十七条　【破产评估概述】

破产评估是指人民法院受理了企业破产申请并指定管理人后，由管理人经人民法院许可公开聘请的中介机构对债务人全部有效财产的价值进行评估，评估的结果将确定财产变现底价，为管理人处置破产财产、制定分配方案提供依据。

第十八条　【破产评估的基准日】

实际工作中一般以人民法院受理破产日为破产评估的基准日。由于人民法院裁定受理企业破产至破产宣告日时间不确定，提前进行资产评估有利于管理人提高工作效率，缩短破产工作的时间，同时减少财产损失和破产费用，有利于保护债权人的利益。

第十九条 【破产评估的范围】

破产企业资产评估范围因其评估目的而不同，正确确定破产企业资产评估范围是确保资产评估结果合理、客观、公正的重要前提。在确定评估范围时应注意以下情况：

1. 截至评估基准日，破产企业所经营管理的全部财产应纳入评估的范围。包括破产企业的货币资金、对外投资、应收账款、存货、固定资产、无形资产的转让收入等。已设定抵押的财产，不论抵押权人是否放弃优先受偿权，均应列入评估范围。评估报告将评估结果与抵押债务相等部分单独列示，评估结果超过抵押债务部分列入破产财产。

2. 截至评估基准日，应由破产企业行使的其他财产权利，包括财产使用权、租赁权、抵押权、取回权、求偿权等，应列入评估范围，另外依据《企业破产法》第三十一条、第三十二条规定的涉及债务人财产的行为，均应清理并纳入评估范围。对此期间非正常原因降低价格出售的财产，凡能追收差额或退还财产的，应按正常售价计算的差额列为债权或列为外存财产纳入评估范围，并在评估报告中披露相关情形及评估价值。

3. 破产企业所办的学校、托儿所、医院等福利设施，如果由破产企业所在的市或者市辖区、县的人民政府接收，则不作为破产评估财产；但未整体出让的应作为破产财产纳入评估范围。

4. 按《企业破产法》规定，截至破产受理日，破产财产中涉及诉讼、裁定及尚未执行终结的财产，被扣押、查封的财产，均应列入评估范围，并在报告中披露相关情形及评估值。

5. 破产企业代管他人的财产，代管证据充分的经人民法院裁定或债权人会议认定的不应列入评估范围。

6. 在破产宣告后至破产程序终结前破产企业取得的财产虽然属于破产财产，但由于在评估基准日之后，不能作为企业的评估财产范围，但应在评估报告的重大事项中进行说明。

第二十条 【破产评估的基本内容】

1. 审查企业提供的评估基准日的资产负债表及相关会计资料。资产负债表不仅是企业申请立项评估的上报资料，而且是评估工作中的基础资料。

评估基准日的资产负债表反映企业评估前的整体资产状况，为了保证评估基准日的资产、负债真实、准确、完整，应对以下环节重点审查：

（1）往来账款。重点审计债权、债务的真实性，厘清是否存在坏账，债务人较长时期内未履行其偿债义务（大多三年以上）且估计无法收回或收回可能性很小的款项。对于其他应收款和预付账款，关键是要厘清是否有费用挂账；对于应付账款和其他应付款，则应重点关注是否有红字明细余额，这些借方余额是否是弥补亏损，是否有费用性挂账。

（2）存货。重点关注各存货项目中的潜亏及残、次、冷、背、腐蚀及毁损存货的明细，并通过对成本核算方法的分析和检查，判断存货成本是否有人为虚增的现象。

（3）固定资产和在建工程。重点关注折旧的计提是否正确，是否有少提或漏提现象；在建工程项目是否有费用性支出挂账；固定资产项目是否有已经交付使用但依然没有结转的现象。

（4）其他与损益有关的资产类项目，包括待摊费用、待处理财产损失、递延资产等。大多数破产企业都有历史原因形成的待摊费用、待处理财产损失，包括待处理流动资产净损失、待处理固定资产净损失及递延资产，由于这些项目不存在变现价值，不能给企业带来未来经济利益，应将其转入损益科目。由于存在以上种种情况，评估基准日的资产负债表中有些项目属不能变现的“虚拟资产”，有些债权债务属性不清，不能全面真实地反映企业资产负债状况，势必使评估的质量受到影响。为确保评估质量，应进行审计，并编制审计调整后的资产负债表。

2. 对破产企业资产的清查及账册审查。通过对破产企业资产的清查及账册审查，全面核查此期间经济业务变动事项中是否存在《企业破产法》第三十一条、第三十二条、第三十三条的规定的可撤销或确认无效的行为，以确保破产企业资产安全及债权人的权益。

3. 对企业评估基准日资产进行全面梳理。严格按照《资产评估基本准则》《国有资产评估管理办法》等规定的程序和方法，对企业破产基准日资产进行全面清查、核实、登记、造册、评定估算，具体工作如下：

（1）以审计调整后的资产负债表为基础，进行全面的资产清查盘点，核实破产企业资产的盈亏、毁损及待报废情况。

（2）收集房地产证件及抵押担保合同证明等。了解是否已作抵押及抵押时间、抵押物名称、抵押权人等；填列财产抵押担保情况统计表，按抵押时间的先后确定抵押担保是否有效，为人民法院提供事实依据。

（3）针对不同企业的破产财产，设计各类评估明细表、汇总表，做好评估前期准备工作。在评估工作中，在产品、半成品的评估难度尤其大，由于企业破产后不能配套组装，其价值难以确定，应综合分析，按材料物资属性计价并确定其清算价值。破产企业资产中，可能存在企业账面未记录的无形资产，如商标、专利等，在确定资产评估范围时需要特别关注。

（4）由于破产清算涉及国家、企业、职工、债权人等多方面的利益，因此破产企业资产状况的审计、评估是整个破产项目的一项重要工作。只有依法按程序操作，才能出具客观、公正的评估报告，防止资产的流失，维护债权人利益，为清算中编制破产财产分配方案打下坚实基础，保证破产财产按法定程序进行分配。

第二十一条　【债务的清查核实】

由于破产债权的确定和偿债的过程要经过相应的法律程序，评估机构在清查核实债务时应注意以下问题：

1. 由于破产企业资不抵债，可能存在较多的未入账债务，评估机构在清查核实中应特别关注借款利息、税金、社会保险金、财产保险费、水电气费等重点项目是否存在未入账的情况。

2. 应调查核实破产企业实际拖欠职工的应发工资和应报销的福利费、退休费金额，并按实际拖欠金额调整应付工资及应付福利费项目。住房周转金余额应以必须支付的职工住房补贴、应交住房公积金等债务作为核实值。

3. 向主要债权人函证并通过人民法院取得债权人申报资料，认真核对破产企业债务与债权人申报及回函数的不符事项。对证据充分的不符事项应进行调整；对证据尚不充分应进一步取证的不符事项同管理人协商后，可暂不在评估中调整，由管理人、债权人会议及人民法院最终确定。评估机构应适当披露尚未调整的重大不符事项并说明未调整的原因。

4. 为完整地反映破产企业的财产及相关债务，对评估中涉及某项财产相对应的负债，应单独列示或适当调整原有债务金额。如划拨取得的国有土地使用权按出让价评估时，应缴的土地出让金应单独列为一项负债；评估基准日未抵扣的增值税进项税额大于存货按评估值变现时产生的销项税额的部分，为无法抵扣的进项税额，应按税法规定调整应交税费项目的核实数值。

5. 对评估基准日尚未履行的抵债协议、尚未执行终结的裁定和判决，尚未履行的其他承诺及约定事项，凡涉及财产及债务的，在清查核实时均应调整相关的财产和债务金额，由管理人及人民法院决定是否继续执行或履行。评估人员应对相关情形予以披露。

6. 清查核实中发现的在破产受理日六个月内提前偿还的未到期债务应予调回并在报告中披露。

第二十二条　【房地产评估】

对于破产企业的工业性质，房地产评估一般采取房地分估法，这样可以避免由于用地性质不合理造成的评估价值失真。这里的房地分估也就是从资产评估的角度出发，分别对房产和地产进行价值评估。破产企业的房地产评估一般采用清算价格法。清算价格，是指在以短期强制变现为目的的房地产变卖中最可能形成的价格。

破产企业房地产评估范围还应该注意如下问题：

1. 破产企业破产申请受理后，原由债务人出租的房地产应纳入评估范围。依据《企业破产法》及相关司法解释的规定，破产企业于宣告破产前出租的房地产租赁合同到期的，管理人有权收回出租的标的物；租赁合同未到期的，管理人有权解除合同，收回出租的标的物。

2. 破产企业和其债务人于破产企业破产申请受理前约定用以抵偿债务的房地产应纳入评估范围。破产企业于破产申请受理前与其债务人通过协商，达成的债务人以其房地产抵偿到期债务的协议，该协议若未履行，管理人即可申请执行；或通过民事诉讼程序和执行程序确定破产企业的债务人用以抵偿破产企业债务的房地产，而债务人尚未全面履行交付义务的，管理人也有权申请执行。

3. 破产企业被他人无偿占有的房地产也属于评估的范围。许多破产企业于宣告破产前管理混乱，其资产被人无偿占有、占用的现象屡见不鲜。由管理人作为破产企业的财产管理者，申请执行收回破产企业被他人无偿占有的房地产，主张破产企业的财产权利。

第二十三条　【无形资产评估】

作为破产企业的无形资产通常包括专利权、专营权、许可权和专有技术等。确定无形资产的价值首先应该明确无形资产的评估范围，其次应该采用合适的方法对其进行评估。

（一）确定无形资产评估范围主要考虑的三个方面

1. 是否为特定主体所控制。

2. 是否对生产经营长期发挥作用。

3. 是否能够带来经济利益。

（二）无形资产的评估方法

由于破产企业以快速变现和转让无形资产偿债为前提，无形资产的市场转让活跃性决定了无形资产的可实现价值，可转让无形资产清算价值＝无形资产市场转让价值×（1－折扣率）。对于破产企业来说，不可转让无形资产的价值可结合具体情况评为零。

第二十四条　【破产评估报告及披露事项】

评估机构在完成破产企业的评估后，应及时撰写评估报告和评估说明。评估机构出具的破产企业的资产评估报告中的数据将作为管理人制定破产分配方案的法律依据。破产企业的评估报告内容：

1. 需要详细说明哪些是应纳入破产分配的财产，哪些是属于担保、依法扣押执行的财产等。

2. 要做好各项资产评估的技术说明，说明清算价值的参照依据、各种因素对清算价值的影响、价值调整的详细说明、折扣率与费用的说明。

3. 要披露管理人所提供的财务资料与现场勘查结果不一致的部分，供管理人调整。资产评估机构应分别向管理人和人民法院提供评估报告，从而为破产企业财产分配方案的制定以及债权人会议的决定提供充分的依据。

第二十五条　【评估机构说明】

接受委托的评估机构代表应出席由人民法院召开的债权人会议，并在会上向参会的全体债权人宣读评估报告内容，同时接受债权人的询问作出有理有据的解释说明。

第六节　企业破产重整价值评估

第二十六条　【企业破产重整价值评估的目的】

企业破产重整价值评估是对企业的整体重整价值进行的预测和估算，其主要目的是判断企业是否有重整的希望，以确定企业是选择重整还是直接清算。企业破产重整价值评估不等同于破产企业的价值评估，该项评估是为了给破产企业制订合适的破产重整计划提供参考依据，也是债权人和出资人在债权人会议上表决通过重整计划草案的重要依据，是破产评估中的重要部分。

第二十七条　【企业破产重整价值的确定】

企业破产重整价值是以重整价值、重整收益率、清算收益率指标为基础确定的。即：重整价值＝重整收益率－清算收益率。其中：

1. 重整价值是债务人以后能否持续经营的重要标志，也是债务人资本结构、法人治理结构、生产经营战略、财务战略、资源配置效率、人力资源管理、技术创新等方面的综合反映。

2. 重整收益率是指普通债权人通过重整能够获得的债权受偿比例。

3. 清算收益率是指普通债权人通过清算能够获得的债权受偿比例。

当重整收益率大于清算收益率，且前者比重较大，则债权人会议表决通常会较为顺利通过重整计划草案，并得到人民法院裁定批准、终止重整程序后进入重整计划执行阶段；当重整收益率小于清算收益率，对于此类企业，既没有重整价值也不存在重整社会效益，重整计划草案很难通过，企业应直接进行破产清算。

第二十八条　【企业破产重整价值评估报告】

企业破产重整价值评估报告是评估机构根据相关法律、法规及管理人对评估的相关要求，通过必要的评估程序，对拟重整企业的价值评估结果、分析和意见进行陈述的文件。其主要包括以下十方面内容。

（一）背景介绍

包括拟破产重整企业的注册地址、组织形式、业务性质、主要经营活动、历史沿革、财务状况、资产分布状况、负债结构状况、生产经营状况、所属产业状况等。

（二）服务对象

评估机构应委托人提供评估报告，并向债权人会议进行说明，从而为破产企业重整计划草案的制定以及债权人会议的决定提供充分的依据。

（三）评估方法

评估方法是实现评定估算重整价值的技术手段。披露评估方法及其应用情况，有助于报告使用者了解评估结果的来源及其可靠程度。对此应该报告所采用方法的具体应用范围、各种评估方法之间的关系及其综合判断结果的方法依据。

（四）评估目的

说明评估目的及与评估目的对应经济行为的进展状况，评估目的实现后预计产生的影响。

破产重整的目的是拯救处于破产状态但有复兴希望的企业，增大债权人的债权受偿比例。此外，重整申请和重整裁定已经获得有关破产法院批准的，应载明批件名称、批准日期及文号，并收录于评估说明附录的资料清单之中。

（五）评估对象

一般资产评估对象泛指资产，具体化为特定资产项目。而破产重整价值评估对象除了资产外，还包括企业破产重整计划草案，即对企业的偿债计划、生产经营活动、企业战略、人力资源、产品结构、营销方式、资金筹措等各个方面的现实价值与未来价值的评估，包括现实价值与未来价值的评估比较。

（六）评估假设

关于资产评估假设，主要有货币计量假设、继续使用假设、公开市场假设、资产持续经营假设、有效市场存在假设、理性评估行为假设等观点。应该说，这些假设是基于资产评估的产权变动和资产交易之目的的。破产重整价值评估中，除了清算收益估价中具有产权变动和资产交易的假想外，还有重整收益估价中持续经营的假想。因此，其价值评估的假设除了公开市场假设、理性评估假设等基本假设外，还需要区分清算收益和重整收益，前者包括产权交易假设、破产清偿假设，后者包括持续经营假设。

（七）评估基准日

包括评估基准日的具体日期，确定评估基准日的理由或成立的条件，须对确定评估基准日对评估结果影响程度作出明确解释等。

（八）评估实施过程及程序

评估机构应当在评估报告的评估程序实施过程和情况说明总述中，重点披露被评估企业的财务分析、调整以及评估方法的运用实施过程。资产评估师在评估报告中披露财务分析、调整情况时，通常应当包括下列内容：被评估企业历史财务资料分析总结，列示能够充分满足评估目的需要和揭示被评估企业特性的若干年度的资产负债表和损益表的汇总资料；对财务报告、企业申报资料所作的重大或实质性调整；相关预测所涉及的关键性评估假设和限定条件；被评估企业与所在行业平均经济效益状况比较。

（九）评估结论

评估结论包括评估结果汇总表、评估机构对评估结果发表的结论；须使用表述性文字完整地叙述资产、负债、净资产的账面价值、调整后账面价值、重整评估价值及其清算评估价值，并含有“评估结论详细情况见评估明细表”的提示；管理人如对所揭示的评估结果尚有异议，评估机构则应对实际情况充分说明；此外，对不纳入评估结果的各类租赁资产，其评估结果应单独表述，并说明是否纳入评估结果汇总表。

（十）特别事项说明

评估报告中陈述的特别事项，是指在已确定评估结果的前提下，评估人员揭示在评估过程中已发现的可能影响评估结论，但非评估人员执业水平和能力所能评定估算的有关事项，用以提示评估报告使用者注意该事项对评估结论的影响，以及揭示评估人员认为需要说明的其他问题。

第七节　审计、评估机构的确定及责任

第二十九条　【审计、评估等中介机构的确定及责任】

《企业破产法》第二十八条第一款规定：管理人经人民法院许可，可以聘用必要的工作人员。

《民商审判纪要（2019)》第一百一十六条规定：要合理区分人民法院和管理人在委托审计、评估等财产管理工作中的职责。破产程序中确实需要聘请中介机构对债务人财产进行审计、评估的，根据《企业破产法》第二十八条的规定，经人民法院许可后，管理人可以自行公开聘请，但是应当对其聘请的中介机构的相关行为进行监督。上述中介机构因不当履行职责给债务人、债权人或者第三人造成损害的，应当承担赔偿责任。管理人在聘用过程中存在过错的，应当在其过错范围内承担相应的补充赔偿责任。

破产程序中确实需要对债务人财产进行审计、评估的，依据《企业破产法》第二十八条的规定，经人民法院许可后，管理人可以自行公开聘请中介机构进行审计、评估，但是应当对其聘请的中介机构的相关行为进行监督；在管理人本身为会计师或会计师事务所的情况下，管理人可自行对债务人进行审计。

管理人在聘请中介机构对债务人进行审计、评估工作时，上述中介机构因不当履行职责给债务人、债权人或者第三人造成损害的，应当承担赔偿责任。管理人在聘用过程中存在过错的，应当在其过错范围内承担相应的补充赔偿责任。

第三十条　【聘请中介机构进行审计、评估的注意事项】

聘请中介机构进行审计、评估需注意如下事项：

1. 管理人可自行聘请，但应经人民法院许可后公开进行。实践中，聘请中介机构基本有两种做法：一是人民法院指定司法审计和评估；二是管理人自行委托。管理人自行委托，更加有利于选择适合案件情况的中介机构。

2. 管理人对聘请的中介机构的相关行为有监督义务。无论是人民法院指定，还是管理人自行委托，管理人都应对中介机构的相关行为进行监督，但是这种监督不得影响中介机构的独立性，否则将违反审计和评估工作的独立性要求。

3. 中介机构应勤勉尽职、忠实履行职责。中介机构因不当履行职责给债务人、债权人或者第三人造成损害的，相关主体有权要求其应当承担赔偿责任。

4. 管理人对中介机构的补充赔偿责任。中介机构在聘用过程中存在过错的，应当在其过错范围内承担相应的补充赔偿责任。

第三十一条　【聘用中介机构进行审计、评估的费用】

《破产审判纪要（2018）》第十一条规定：管理人经人民法院许可聘用企业经营管理人员，或者管理人确有必要聘请其他社会中介机构或人员处理重大诉讼、仲裁、执行或审计等专业性较强工作，如所需费用需要列入破产费用的，应当经债权人会议同意。

第九章　债权人、债权人会议和债权人委员会

【本章概述】

所有依法申报债权的债权人有权参加债权人会议，成为债权人会议成员。债权人会议是债权人参与破产程序、讨论有关破产事宜的议事机构。债权人会议可以决定设立债权人委员会。债权人委员会由债权人会议选任的债权人代表和一名债务人的职工代表或者工会代表组成。代表债权人会议监督管理人的行为以及破产程序是否合法、公正进行，处理破产程序中的有关事项的常设监督机构，在债权人会议闭会期间对破产程序进行日常必要的监督。本章对债权人会议和债权人委员会的组织、职权等进行了说明。

本章包括以下五节内容：

第一节　债权人的权限

第二节　债权人会议的一般性规定

第三节　第一次债权人会议

第四节　第（N）次债权人会议

第五节　债权人委员会

第一节　债权人的权限

第一条　【债权人的一般权限】

人民法院受理破产申请后，债务人的债权人依法享有申报债权、参加债权人会议、行使表决权、抵销权等权利，同时应受《企业破产法》的约束。

第二条　【申报债权】

债权人应在人民法院公告的债权申报期限内申报债权。详见本书第一部分第六章第一节。

第三条　【参加债权人会议和表决权】

1.《企业破产法》第五十九条规定：依法申报债权的债权人为债权人会议的成员，有权参加债权人会议，享有表决权。

没有依照破产程序申报债权的债权人，不具有参加债权人会议的资格。

依法申报债权的债权人，包括无财产担保的债权人、有财产担保的债权人和代替债务人清偿债务后的保证人等。

2. 债权人会议应当有债务人的职工和工会的代表参加，对有关事项发表意见。

3. 对债务人的特定财产享有担保权的债权人，未放弃优先受偿权利的，对于《企业破产法》第六十一条第一款第七项规定的和解协议、第十项规定的财产分配方案不享有表决权。

4. 债权已经申报、但尚未确定的债权人，除人民法院为其行使表决权而临时确定的债权额外，不得行使表决权。

5. 人民法院受理破产申请前，债权人已经对债务人提起的给付之诉，破产申请受理后尚未终结的，人民法院应当继续审理。上述裁判作出并生效前，债权人可以同时向管理人申报债权，但其作为债权尚未确定的债权人，原则上不得行使表决权，除非人民法院临时确定其债权额。

6. 对重整计划草案进行分组表决时，权益因重整计划草案受到调整或者影响的债权人或者股东，有权参加表决；权益未受到调整或者影响的债权人或者股东，参照《企业破产法》第八十三条的规定，不参加重整计划草案的表决。

第四条　【知情权】

1. 人民法院应当自裁定受理破产申请之日起二十五日内通知已知债权人，并予以公告。

2. 单个债权人有权查阅债务人财产状况报告、债权人会议决议、债权人委员会决议、管理人监督报告等参与破产程序所必需的债务人财务和经营信息资料。管理人无正当理由不予提供的，债权人可以请求人民法院作出决定；人民法院应当在五日内作出决定。

上述信息资料涉及商业秘密的，债权人应当依法承担保密义务或者签署保密协议；涉及国家秘密的应当依照相关法律规定处理。

3. 破产管理人召集债权人会议的，应当依法提前公告或通知债权人会议召开的时间、地点、议程等；如采取网上会议形式召开债权人会议的，还应告知债权人参加网上债权人会议并行使表决权的程序和规则，债权人应当签署与网上债权人会议有关的确认书。

第五条　【异议权】

债权人对债权表记载的债权有异议的，有权向管理人提出异议或依法向人民法院起诉。详见本书第六章第十节。

第六条　【抵销权】

《企业破产法》第四十条规定：债权人在破产申请受理前对债务人负有债务的，可以向管理人主张抵销。详见本书第四章第四节。

第二节 债权人会议的一般性规定

第七条 【债权人会议的概念】

债权人会议是由所有依法申报债权的债权人组成，以保障债权人的共同利益为目的，为实现债权人的破产程序参与权，讨论决定有关破产事宜，表达债权人意志，协调债权人行为的破产议事机构。

第八条 【债权人会议的参加人】

1.《企业破产法》第五十九条规定：依法申报债权的债权人为债权人会议的成员，有权参加债权人会议，享有表决权。债权人可以委托代理人出席债权人会议，行使表决权。代理人出席债权人会议，应当向人民法院或者债权人会议主席提交债权人的授权委托书。

2. 债权尚未确定的债权人，除人民法院能够为其行使表决权而临时确定债权额的外，不得行使表决权。

3. 对债务人的特定财产享有担保权的债权人，未放弃优先受偿权利的，对于《企业破产法》第六十一条第一款第七项、第十项规定的事项不享有表决权。

4. 债权人会议应当有债务人的职工和工会的代表参加，对有关事项发表意见。

参加债权人会议的职工和工会的代表，由债务人职工代表大会和工会推选产生。参加债权人会议的职工和工会的代表，可以就与职工利益相关的事项发表意见，不参与表决。因债务人停业、有关人员下落不明或者尚未设立工会等原因，管理人无法通知债务人的职工或者工会代表参加债权人会议，或者经通知不参加债权人会议的，不影响债权人会议的召开。管理人应当对通知情况进行记录。

5. 管理人应当参加债权人会议，向债权人会议报告职务执行情况。

6. 管理人聘用的审计、评估、鉴定等社会中介机构应当参加债权人会议。

7. 列席人员。依照《企业破产法》第十五条第一款第三项与第二款、第二十三条第二款的规定，债务人的法定代表人以及经人民法院决定列席的财务负责人和其他经营管理人员应当列席债权人会议，向债权人会议报告工作，并回答询问。

8. 人民法院可以根据需要，通知债务人的出资人和政府相关部门派员列席债权人会议。

第九条 【债权人会议的职权】

债权人会议行使的职权主要包括以下几个方面：

1. 核查债权。破产管理人审查、确认的债权需要提交给债权人会议，供所有债权人查阅、核查，债权人对某项债权是否成立、债权数额、有无财产担保等可以提出异议。

2. 申请人民法院更换管理人，审查管理人的费用和报酬。对于人民法院指定的管理人，债权人会议在管理人不能依法、公正地履行职务或者其他不能胜任职务的情形下可以申请更换管理人。对于管理人的费用和报酬，债权人会议有权进行监督。

3. 监督管理人。债权人会议可以通过调查债务人的财产状况、监督管理人处置债务人财产的行为、对管理人进行质询、请求人民法院撤销管理人行为等方式对管理人进行监督。

4. 选任和更换债权人委员会成员。债权人委员会成员的产生由债权人会议进行选任。债权人委员会成员的选任、更换等均由债权人会议决定。

5. 决定继续或停止债务人的营业。在第一次债权人会议召开之前，债务人是否继续营业由管理人决定，第一次债权人会议召开后，由债权人会议决定。

6. 通过重整计划。重整计划草案必须在人民法院裁定债务人重整之日起一定期限内提交债权人会议表决。重整计划的表决按照不同的债权分组进行分别表决。

7. 通过和解协议。和解协议由债权人会议决议。对债务人的特定财产享有担保权的债权人，未放弃优先受偿权利的，在债权人会议表决通过和解协议时不享有表决权。

8. 通过债务人财产的管理方案。人民法院指定破产管理人后，管理人应该尽快制定债务人财产管理方案提交债权人会议通过。对债务人财产的管理方案，经债权人会议表决未通过的，由人民法院裁定。债权人会议表决通过或人民法院裁定批准的债务人财产的管理方案，破产管理人应当执行。

9. 通过破产财产的变价方案。破产清算中，对债务人的财产进行分配前，应进行财产变价，也就是将债务人的非货币破产财产转化为货币财产。破产财产的变价方案应该提交债权人会议进行讨论。对破产财产的变价方案，经债权人会议表决未通过的，由人民法院裁定。

10. 通过破产财产的分配方案。各债权人按照《企业破产法》规定的受偿顺序和受偿比例分配破产财产，破产分配方案必须经过债权人会议的审议。债权人会议对破产财产分配方案有异议的，管理人应当及时进行修改或解释。如果债权人会议第一次表决没有通过破产财产分配方案，对该方案进行修改后可以进行第二次表决。经债权人会议二次表决仍未通过的，由人民法院裁定。同样，在对该事项进行表决时，对债务人的特定财产享有担保权的债权人，未放弃优先受偿权利的，在债权人会议表决破产财产的分配方案时不享有表决权。

11. 人民法院认为应当由债权人会议行使的其他职权。人民法院可以将其认为合适的事务交由债权人会议行使。

债权人会议委托债权人委员会行使上述第二项、第三项、第五项职权的，债权人会议不得作出概括性授权，委托其行使债权人会议所有职权。

第十条 【债权人会议的召集与召开】

《企业破产法》对债权人会议主持召开的主体规定如下：

（一）由人民法院召集第一次债权人会议

第一次债权人会议由人民法院召集，自债权申报期限届满之日起十五日内召开，第一次债权人会议日期由人民法院进行公告。

（二）由债权人会议主席根据相关提议或决定召开之后的债权人会议

第一次债权人会议以外的债权人会议的召集由债权人会议主席负责。债权人会议主席不能自行决定债权人会议召开与否，而只能根据下列决定或提议进行召集：

1. 受理破产案件的人民法院的决定；

2. 管理人、债权人委员会、占债权总额四分之一以上的债权人的提议。

第一次债权人会议后又召开债权人会议的，债权人会议主席应当在发出会议通知前三日报告人民法院。

第十一条 【债权人会议通知】

召开债权人会议，管理人应当提前十五日通知已知的债权人。

第一次债权人会议后又召开债权人会议的，会议召集人应在开会前十五日将会议时间、地点、内容、目的等事项通知债权人，管理人接受债权人会议主席的委托实际承担债权人会议通知义务，并承办具体的会务工作。债权人会议主席履行程序工作。

债权人会议通知一般采用书面方式，包括信函、公告、电子邮件、传真等；管理人在最高人民法院设立的全国企业破产重整案件信息网召开债权人会议的，可以通过破产重整案件信息网以电子邮件、移动通信等方式向已申报债权的债权人送达债权人会议召开通知及有关文件。

管理人通过其他网络平台召开债权人会议的，一般应按该网络平台的相关功能采取适当的方式通知债权人，但该等方式不得损害债权人的知情权、表决权及其他权利。

第十二条 【债权人会议主席的指定】

《企业破产法》第六十条第一款规定：债权人会议设主席一人，由人民法院从有表决权的债权人中指定。

债权人会议主席由人民法院指定。债权人会议主席以决定书的方式作出，并应告知各债权人指定债权人会议主席的决定。债权人会议主席可以是自然人，也可以是企业法人或者其他组织，但有财产担保且未放弃优先受偿权的债权人不宜作为债权人会议主席。债权人会议主席为企业法人或组织的，应指派专人履行职责。未经人民法院同意，债权人会议主席不得更换、辞任或变更履职人员。

人民法院也可以指定多名债权人会议主席，成立债权人会议主席委员会。

第十三条 【债权人会议主席的主要职权】

（一）债权人会议主席的主要职责

1. 召集债权人会议；

2. 主持债权人会议；

3. 向人民法院报告工作。

（二）债权人会议主席的主要权利

债权人会议主席在表决权问题上和其他债权人地位平等；债权人会议主席的权利主要体现在以下方面：

1. 制订债权人会议方案；
2. 确定会议议题；
3. 主持会议；
4. 主持讨论；
5. 决定债权人代表的发言顺序和发言时长；
6. 主持表决事项；
7. 宣布表决结果；
8. 宣布会议休会或复会；
9. 宣布会议延期；
10. 决定下次会议召开的时间、地点等。

第十四条 【债权人会议主席不愿被指定或辞任】

债权人会议主席不愿被指定的，受理案件的人民法院应与主要债权人进行沟通，指定其他债权人担任；如果发生债权人会议主席辞任或者因健康原因不能继续担任主席的情形，由人民法院重新指定。如果被指定担任主席的债权人是法人，仅受其委托担任债权人会议主席的自然人辞任或者因健康原因不能继续担任主席的，则无须重新指定，而仅需要该法人重新委派一名代表担任债权人会议主席。

第十五条 【债权人会议的议事规则】

债权人会议可在合乎破产法相关规定和其他法律规定的基础上，根据具体情况制订其他适合的议事规则，包括但不限于：

1. 参加会议的资格条件；
2. 会议的职权；
3. 召集的程序；
4. 议事的具体规则，如规定是否允许通讯表决以及弃权票如何处理等；
5. 债权人委员会；
6. 救济措施等。

第十六条 【债权人会议表决权的行使】

依法申报债权的债权人为债权人会议的成员，有权参加债权人会议，享有表决权。债权尚未确定的债权人，除人民法院能够为其行使表决权而临时确定债权额的外，不得行使表决权。债权人可以委托代理人出席债权人会议，行使表决权。代理人出席债权人会议的，应当向人民法院或者债权人会议主席提交债权人的授权委托书；境外债权人委托代理人的，其授权委托书需要按有关规定经过公证、认证等手续。债权人会议应当有债务人的职工和工会的代表参加，对有关事项发表意见。

第十七条 【债权人会议的表决方式】

债权人会议可以采取现场由债权人填写表决票的方式进行表决，也可以由管理人事先将相关决议事项告知债权人，采取通信、网络投票等非现场方式进行表决。采取非现场方式进行表决的，管理人应当在债权人会议召开后的三日内，以信函、电子邮件、公告等方式将表决结果告知参与表决的债权人。

第十八条 【分组表决】

债权人会议可以根据法律规定或者表决事项的需要，采用按照债权类别分组表决形式。

人民法院可以将享有建设工程价款、船舶和航空器等法定优先权的债权人列入对债务人特定财产享有担保权的债权表决组，也可以根据上述优先权的性质设置其他优先权表决组。

经评估的担保财产价值不足以清偿担保债权，对该财产享有担保权的债权人同意对超出评估值以外的债权按普通债权清偿的，可以将评估值作为该笔债权在担保债权组的表决额，剩余金额作为其在普通债权组的表决额。

第十九条 【债权人会议表决规则】

根据《企业破产法》及相关司法解释规定，债权人会议决议对全体债权人均有约束力，包括出席债权人会议但投反对或者弃权票的债权人、未出席债权人会议的债权人和以后补充申报的债权人。

决议按如下规则确定是否通过：

1. 一般性债权人会议的决议由出席会议的有表决权的债权人过半数通过，并且其所代表的债权额占无财产担保债权总额的二分之一以上。该要求是指赞同决议的债权人必须占全体无担保债权总额的一半以上。

2. 和解协议草案由出席会议的有表决权的债权人过半数通过，并且其所代表的债权额占无财产担保债权总额的三分之二以上。

3. 重整计划草案采用分组表决的方式，由同一表决组的债权人过半数同意且所代表的债权额占该组债权的三分之二以上；对重整计划草案进行分组表决时，权益因重整计划草案受到调整或者影响的债权人或者股东，有权参加表决；权益未受到调整或者影响的债权人或者股东，参照《企业破产法》第八十三条的规定，不参加重整计划草案的表决。

4. 除《企业破产法》另有规定外，在计算决议是否通过时，出席会议的有财产担保债权人的人数列入表决统计，但所持有财产担保债权额不列入表决统计。

5. 同一债权人对债务人享有一笔以上的债权时，其表决时代表的债权额为其债权总和，但以一家债权人计数。

6. 有财产担保且未放弃优先受偿权的债权人，可以参加债权人会议，但对“通过和解协议”和“通过破产财产分配方案”不享有表决权。

第二十条 【债权人会议的决议】

1.《企业破产法》第六十四条规定：债权人会议的决议，由出席会议的有表决权的债权人过半数通过，并且其所代表的债权额占无财产担保债权总额的二分之一以上。但是，《企业破产法》另有规定的除外。债权人认为债权人会议的决议违反法律规定，损害其利益的，可以自债权人会议作出决议之日起十五日内，请求人民法院裁定撤销该决议，责令债权人会议依法重新作出决议。债权人会议的决议，对于全体债权人均有约束力。

2. 管理人应当根据表决结果协助人民法院或者债权人会议主席形成债权人会议的书面决议。债权人会议的决议应当制作书面记录。债权人会议主席、管理人负责人在会议决议上逐页签字后提交人民法院备案，并将决议记录公布，供全体债权人查阅。

3. 采取非现场方式表决的，管理人应当在债权人会议决议通过后的三日内，以信函、电子邮件等方式告知参与表决的债权人。

第二十一条 【债权人会议表决未通过事项的处理】

1.《企业破产法》第六十五条规定：《企业破产法》第六十一条第一款第八项、第九项所列事项，经债权人会议表决未通过的，由人民法院裁定。《企业破产法》第六十一条第一款第十项所列事项，经债权人会议二次表决仍未通过的，由人民法院裁定。对前两款规定的裁定，人民法院可以在债权人会议上宣布或者另行通知债权人。

《企业破产法》第六十六条规定：债权人对人民法院依照《企业破产法》第六十五条第一款作出的裁定不服的，债权额占无财产担保债权总额二分之一以上的债权人对人民法院依照《企业破产法》第六十五条第二款作出的裁定不服的，可以自裁定宣布之日或者收到通知之日起十五日内向该人民法院申请复议。复议期间不停止裁定的执行。

2. 债务人财产的管理方案、破产财产的变价方案经债权人会议表决未通过的，可通过如下方式处理：

（1）管理人申请人民法院裁定确认债务人财产的管理方案、破产财产的变价方案；

（2）债权人对人民法院对债务人财产的管理方案、通过破产财产的变价方案作出的裁定不服的，可以自裁定宣布之日或者收到通知之日起十五日内向该人民法院申请复议。复议期间不停止裁定的执行。

3. 债务人破产财产分配方案经债权人会议表决未通过的，可通过如下方式处理：

（1）管理人重新召集债权人会议对破产财产分配方案进行二次表决；

（2）破产财产的分配方案经债权人会议二次表决仍未通过的，可申请人民法院裁定确认；

（3）债权额占无财产担保债权总额二分之一以上的债权人对人民法院作出的财产分配方案裁定不服的，可以自裁定宣布之日或者收到通知之日起十五日内向该人民法院申请复议。复议期间不停止裁定的执行。

第二十二条 【债权人会议决议的撤销】

1.《企业破产法》第六十四条第二款规定：债权人认为债权人会议的决议违反法律规定，损害其利益的，可以自债权人会议作出决议之日起十五日内，请求人民法院裁定撤销该决议，责令债权人会议依法重新作出决议。

2.《破产法司法解释（三）》第十二条规定：债权人会议的决议具有以下情形之一，损害债权人利益，债权人申请撤销的，人民法院应予支持：

（1）债权人会议的召开违反法定程序；

（2）债权人会议的表决违反法定程序；

（3）债权人会议的决议内容违法；

（4）债权人会议的决议超出债权人会议的职权范围。

3.人民法院可以裁定撤销全部或者部分事项决议，责令债权人会议依法重新作出决议。如果会议召开或者表决程序仅有轻微瑕疵，且对决议未产生实质影响的，人民法院不予支持。

4.债权人会议决议已经人民法院裁定确认的，债权人不得申请撤销。

5.债权人申请撤销债权人会议决议的，应当提出书面申请。债权人会议采取通信、网络投票等非现场方式进行表决的，债权人申请撤销的期限自债权人收到通知之日起算。

第三节　第一次债权人会议

第二十三条 【第一次债权人会议召开的时间】

第一次债权人会议自债权申报期限届满之日起十五日内召开。

第二十四条 【第一次债权人会议召开方式】

第一次债权人会议可以采用现场方式或者网络在线视频方式召开。人民法院应当根据《企业破产法》第十四条的规定，在通知和公告中注明第一次债权人会议的召开方式。经第一次债权人会议决议通过，以后的债权人会议还可以非现场方式召开。债权人会议以非现场方式召开的，管理人应当核实参会人员身份，记录并保存会议过程。

第二十五条 【拟定会议工作方案】

在召集债权人会议前，管理人应拟定会议工作方案，明确组织分工和职责。具体会议工作方案包括以下方面：

1.会议时间、地点及参会人员；

2.会议议程；

3. 组织领导；

4. 会务分工，管理人应成立工作小组，分别负责会议文件起草、会议通知发放、会场安排、登记签到、后勤安保、媒体接待、信息技术组、医疗卫生、突发事件应急组等；

5. 相关要求。

第二十六条　【第一次债权人会议注意事项】

1. 提前告知债权人会议的议题，保障破产程序公开、公平进行，保障债权人知情权。

2. 对于债权人众多、债权情况复杂或债务人财产众多等原因，导致管理人无法在债权申报结束后十五日内完成债权审核、并制作完成债权表供第一次债权人会议核查，或无法提交管理人报酬方案的，受理案件的人民法院可以决定在第二次或第三次债权人会议上进行讨论。

第二十七条　【准备会议文件】

第一次债权人会议需要准备的文件主要有以下几类：

1. 程序类：参会须知、会议议程、债权人签到表、到会人员签到表、表决票、表决票统计表等；

2. 报告类：管理人执行职务报告、债务人财产状况报告、债权审查报告及债权表、管理人报酬方案等；

3. 议案类：债务人财产管理方案、债权人会议主席候选名单、破产财产变价方案等；

4. 法律文书类：人民法院受理破产申请的裁定书、指定管理人决定书、指定债权人会议主席决定书等。

债权表应由债权人核查、表决的内容可在现场公示或发给每一位出席会议的债权人，便于债权人核查和审议。

会议召开前管理人应该检查文件准备得是否齐全、有无遗漏、数据是否准确等，确保文件齐全、准确。

第二十八条　【发送会议相关事项的提示、会场须知及会议入场券】

管理人应在会议召开前，及时与人民法院、债务人负责人等各方进行沟通、协商，避免中途临时改变会议召开的时间、地点。在会议召开的时间、地点确定无误之后，管理人应制作债权人会议相关事项的提示、会场须知及会议入场券，提前发给债权人。

1. 债权人会议相关事项的提示主要内容：提示债权人会议召开的时间、地点、议题、参加会议应携带的证明文件等。

2. 会场须知内容，包括会议现场需遵守的纪律和秩序，以及违反会场纪律和秩序时可能要承担的法律责任等。

3. 为保证会场纪律，通知债权人凭借管理人签发的入场券入场，并须提交下列文件：

（1）债权人系自然人的，提交身份证件复印件，携带原件备查；

（2）债权人是机构（单位）的，提交营业执照复印件，以及出席人员的身份证件复印件，携带原件备查；

（3）委托他人出席的，须提交授权委托书、律师事务所指派函（如代理人为律师）及代理人身份证件原件和复印件。

第二十九条 【布置会场】

会议召开前会场的布置应该由专门的人员或机构负责。会场布置包括制作、悬挂条幅，放置指示牌、路标，贴座位号，摆放名牌，灯光、音响调试等。条幅的内容一般为“××公司破产清算（重整）案债权人会议”，悬挂在会场正前方。路标应在公交站牌、入口、大厅、楼梯出入口、门口处张贴。座号根据债权性质按区域、按序列排列，以方便债权人迅速找到自己的位置，并利于统计选票。

第一次债权人会议要为审判长、审判员、书记员设置座席、主席台旁边设置发言席，并为管理人及审计评估单位专门设置席位。灯光、音响要提前调试，以确保最佳效果。

第三十条 【确定临时表决权】

管理人应在会议召开前，申请人民法院对债权尚未确定的债权人给予临时表决权，待债权审核完毕后，再确认该部分债权人的实际债权。

第三十一条 【会议签到工作】

签到是债权人会议必备的环节，通过签到可以查明参会债权人人数及所占债权的份额，确定会议能否合法召开，各项决议能否表决通过。签到工作内容如下：

1. 制作签到表。在会议召开前，签到组应当预先设计签到表并提前印制。签到表应该包括：债权人名称、法定代表人或者委托代理人、职务、证件名称及号码、参会人员签名、联系电话、座位号等。

2. 根据会场情况和债权人人数等设置签到处。在会场入口处，签到组可根据会议到会人数安排工作人员分成若干小组，同时开展签到工作，以缩短进场时间。

3. 签到和入场。工作人员应当首先核查参会人员的入场券和身份证明文件，内容是否符合要求。若材料齐全，且符合要求，工作人员应当收取参会人员的入场券和身份证明文件，并要求参会人员在签到表上详细填写各项内容，然后由工作人员引导与会者入场，按照事先安排好的座次就座。

4. 在签到时如果遇到突发情况，签到组不能现场处理的，应立即联系相关人员进行处理。

5. 签到截止后，签到组应当清点签到表，对到场的债权人进行统计，并迅速将统计情况报监票计票组、管理人负责人和主审法官。

6. 签到文件归档。债权人会议后，管理人应将签到表及入场券和身份证明文件一起存档。

第三十二条 【会议内容及流程】

第一次债权人会议内容及流程通常如下：

1. 宣布会议纪律和合议庭组成人员。

2. 宣布参会人员资格审查结果。在债权人签到完毕后，管理人应立即向主持人通报签到情况，由主审法官宣布第一次债权人会议开始，并向债权人会议宣布参加人员和列席人员的资格审查情况，说明债权人的应到人数及实到人数。

3. 介绍债权人会议的性质、职权。

4. 人民法院介绍破产申请受理及指定管理人的情况。

5. 人民法院宣布债权人会议主席的职权、指定债权人会议主席。

6. 人民法院宣布债权人委员会的职责；债权人会议就是否设置债权人委员会、债权人委员会成员人选进行表决；通过对债权人委员会的授权范围和债权人委员会议事规则。

7. 管理人作执行职务报告和债务人财产状况报告，介绍破产工作的进展情况。

8. 管理人向债权人会议报告管理人报酬方案。

9. 管理人作债权核查报告。

10. 核查债权。

11. 对继续或者停止债务人的营业事项、对债务人财产管理方案进行表决。

12. 表决、计票、监票及宣布表决结果。

13. 接受债权人询问。债权人在债权人会议上可以就相关问题向破产管理人提问。提问人在提问前应先行报告自己的基本情况，然后开始提问。管理人和破产公司原法定代表人应该就债权人的问题进行回答。会议主持人应当严格限定发言人的提问时间，在发言内容脱离主题时，及时予以制止。

14. 人民法院认为应当由第一次债权人会议审议或决议的其他必要事项。

15. 会议结束、退场。

主审法官或债权人会议主席宣布会议结束后，管理人应做好与会人员的退场工作，保证所有参会人员能够快速、有序地离开会场。

债权人会议应当对所议事项的决议做成会议记录。

第三十三条 【现场表决及监票、计票的流程】

1. 宣读表决事项。在进行表决前应当先由指定人员宣读表决事项。

2. 宣布开始表决。需表决事项宣读完毕后，由主审法官或债权人会议主席宣布开始表决。

3. 债权人填写表决票。出席会议的债权人应在自己对应的表决票中写下自己的意见，并对议案作出同意、不同意或者弃权的意思表示。债权人在表决相关事项时放弃投票表决的，不视为同意。

4. 管理人收集表决票。在主审法官或债权人会议主席宣布投票完毕时，管理人应安排工作人员逐一收取债权人的表决票，并迅速汇总给监票和计票人员。未在规定的时间内递交表决票的一律视为废票。

5. 指定监票人员。监票人员可由人民法院在现场指定债权人或其他人员担任。

6. 统计表决情况。管理人工作人员在监票人员的监督下，清点票数，将投赞成、反对和弃权票的表决票分开，不按照表决须知填写的一律视为废票，废票一律按照弃权计算，最后根据实际情况进行登记。

7. 公布表决结果。计算票数和其所代表的债权额及比例经计票和监票人员核对无误后，由计票、监票人员在表决结果统计表上签字确认，并将表决结果立即交给主审法官或债权人会议主席，由主审法官或债权人会议主席宣布表决结果。

第四节 第（N）次债权人会议

第三十四条 【应召开第（N）次债权人会议的情形】

第一次债权人会议后，出现下列情形的，管理人可以向债权人会议主席提议召开债权人会议：

1. 需要债权人会议核查债权表；
2. 需要债权人会议审查通过债务人财产的管理方案；
3. 需要债权人会议决定继续或者停止债务人的营业事务；
4. 需要债权人会议审查通过破产财产的变价方案；
5. 需要债权人会议审查通过破产财产的分配方案；
6. 需要召开债权人会议讨论决定的其他事项。

第三十五条 【召开程序】

第一次债权人会议后，在人民法院认为必要时或者破产管理人、债权人委员会、占债权总额四分之一以上债权人向债权人会议主席提议召开债权人会议。管理人向债权人会议主席提议召开债权人会议的，管理人应当向债权人会议主席说明提议召开债权人会议的时间、地点和讨论议题等。

第三十六条 【债权人会议议题】

第一次债权人会议以后的债权人会议的议题包括决定继续或者停止债务人的营业事务、审查债务人财产的管理方案、审查破产管理人的费用、监督破产管理人、通过破产财产的变价方案、通过和解协议草案、通过重整计划草案、通过破产财产的管理方案等。

第三十七条 【会议通知】

第一次债权人会议以后的债权人会议的召开，由管理人通知。管理人应当将债权人会议召开的时间、地点、讨论议题和参加会议所需手续材料等，提前十五天通知已知的债权人。会议通知除了电话、短信通知，还可以采取函件、传真、电子信件、现场送达等安全有效的方式。管理人应当保留相关的会议通知记录。

第一次债权人会议及以后的债权人会议的会议资料，由管理人准备并提交给参加债权人会议的债权人。

第三十八条 【债权人会议执行情况报告】

对上次债权人会议表决通过的方案，管理人应当向人民法院和本次债权人会议报告执行情况。

第三十九条 【提请人民法院裁定确认方案】

对经债权人会议表决未通过的债务人财产的管理方案和破产财产的变价方案，管理人应及时制作书面报告提请人民法院裁定认可。

第四十条 【第（N）次债权人会议的程序和规则的适用】

除法律另有规定的以外，第（N）次债权人会议召开的程序和规则与第一次债权人会议相同。

第五节 债权人委员会

第四十一条 【债权人委员会的概念】

债权人委员会是债权人会议的常设机构，在债权人会议闭会期间代表全体债权人及债权人会议行使权利。债权人会议可以根据实际情况决定是否设立债权人委员会及其成员。简化审理程序的破产案件一般不设立债权人委员会。

第四十二条 【设立债权人委员会的必要性】

债权人委员会通过调查债务人财产状况、审查债权、讨论通过对债务人财产的管理、变价和处理、讨论通过重整方案、和解协议等方式，在债权人会议闭会期间行使债权人会议的职权，既能够全面维护全体债权人的合法权益，也有助于提高处理相关事务的效率，促使破产程序合法、有序、顺利进行。

第四十三条 【债权人委员会的组成】

《企业破产法》第六十七条规定：债权人会议可以决定设立债权人委员会。债权人委员会由债权人会议选任的债权人代表和一名债务人的职工代表或者工会代表组成。债权人委员会成员不得超过九人。债权人委员会成员应当经人民法院书面决定认可。

第四十四条 【债权人委员会成员的产生条件】

债权人会议选任的债权人委员会成员应从具备如下条件的债权人中选出：

1. 该债权人的债权已经确认、拥有表决权；

2. 充分体现代表性，选举的名额按债权类型分配，涵盖职工债权、有财产担保债权人、普通债权人（国有企业、非国有企业）、特殊行业、税务机关等债权人；

3. 人民法院可引导债权人通过自我推荐或相互推荐的方式推荐各自所在行业的候选人，也可由人民指定候选人；

4. 债权人委员会成员须在债权人会议上审议通过；

5. 债权人委员会成员应当经人民法院书面决定认可。

第四十五条 【债权人委员会的法定职权】

依据《企业破产法》第六十八条的规定，债权人委员会行使下列职权：

1. 监督债务人财产的管理和处分；

2. 监督破产财产分配；

3. 提议召开债权人会议；

4. 债权人会议委托的其他职权。

债权人委员会执行职务时，有权要求管理人、债务人的有关人员对其职权范围内的事务作出说明或者提供有关文件。

管理人、债务人的有关人员违反《企业破产法》规定拒绝接受监督的，债权人委员会有权就监督事项请求人民法院作出决定；人民法院应当在五日内作出决定。

第四十六条 【债权人会议委托的其他职权】

债权人会议可以依照《企业破产法》第六十八条第一款第四项的规定，委托债权人委员会行使《企业破产法》第六十一条第一款第二项、第三项、第五项规定的债权人会议职权，即申请人民法院更换管理人，审查管理人的费用和报酬；监督管理人；决定继续或者停止债务人的营业。

以上授权应当经过债权人会议的表决，以债权人会议决议的形式作出。

债权人会议不得作出概括性授权，委托其行使债权人会议所有职权。

第四十七条 【债权人委员会议事规则】

为了更好地规范债权人委员会会议的秩序，充分尊重和保护广大债权人的意愿和利益，应当制定《债权人委员会议事规则》，其内容应该包括债权人委员会会议召集方式、任务、时间、纪律、职权、决定通过方式、传达方式等具体规定。

第四十八条 【债权人委员会的召集】

召集债权人委员会应遵守如下规定：

1. 由债权人会议主席负责召集和主持会议；

2. 在人民法院认为必要时，或者管理人、两名以上的债权人委员会成员提议时，应召开债权人委员会；

3. 在债权人委员会主席因故不能处理或未能在合理期限内处理召开债权人委员会

提议时，管理人应在得知相关消息后向人民法院作书面请示，由人民法院决定是否有必要召开债权人委员会；

4. 债权人委员会在履行职务过程中，发现管理人存在不能依法、公正地履行职务或者其他不能胜任职务的情形等重大事项问题，认为有必要召开债权人会议的，可以向债权人会议主席提议召开债权人会议，向债权人会议汇报此情况，由债权人会议决定是否向人民法院申请更换管理人。

第四十九条　【债权人委员会会议的有效人数】

在债权人委员会会议有效人数方面，可以进行如下安排：

1. 只有当职工代表或者工会代表以及至少一名债权人代表亲自或委派代表出席时，方构成一次有效的债权人委员会会议。即会议的最低人数是两人，且必须有职工代表的参与；

2. 在一次经有效召集的债权人委员会会议因有效人数不足而无法召开时，会议召集人应在该次会议原定召开日期后的十日内，就原定议题重新召开债权人委员会会议；

3. 经第二次通知未到会的任何债权人委员会委员均应被视为已参加了该次会议，并应被视为对该次会议通知中所列的所有议题均投了赞成票。

第五十条　【债权人委员会会议的通知时间】

通常至少应提前一天进行书面通知，书面通知中应列明会议的议题、召开时间、召开地点等。

第五十一条　【债权人委员会的表决机制】

债权人委员会的表决机制应由债权人委员会议事规则予以明确。可以根据下列原则进行表决并作出决议：

1. 一人一事一票表决制；

2. 决议事项应获得全体成员过半数通过，债权人委员会成员对所议事项的决议有不同意见的，应当在会议记录中载明；

3. 弃权票视为反对票；

4. 在与会人员为偶数且遇表决僵局时，债权人会议主席支持的决议为决议结果；

5. 如果债权人会议主席未出席当次会议，应在该次会议原定召开日期后的十日内，再就原定讨论议题重新召开债权人委员会会议。经第二次通知未到会的任何债权人委员会委员均应被视为已参加了该次会议，并应被视为对该次会议通知中所列的所有议题均投了赞成票。

第五十二条　【债权人委员会对管理人的监督】

债权人委员会执行职务时，有权要求管理人、债务人的有关人员对其职权范围内的事务作出说明或者提供有关文件。其中关于财产处置和破产财产分配的内容应遵守如下规定：

（一）监督债务人财产处置

《企业破产法》第六十九条规定，管理人实施下列行为，应当及时书面报告债权人委员会：

1. 涉及土地、房屋等不动产权益的转让；
2. 探矿权、采矿权、知识产权等财产权的转让；
3. 全部库存或者营业的转让；
4. 借款；
5. 设定财产担保；
6. 债权和有价证券的转让；
7. 履行债务人和对方当事人均未履行完毕的合同；
8. 放弃权利；
9. 担保物的取回；
10. 对债权人利益有重大影响的其他财产处分行为。

未设立债权人委员会的，管理人实施前款规定的行为应当及时报告人民法院。

债权人委员会可以要求管理人对处分行为作出相应说明或者提供有关文件依据；债权人委员会认为管理人实施的处分行为不符合债权人会议通过的财产管理或变价方案的，有权要求管理人纠正。管理人拒绝纠正的，债权人委员会可以请求人民法院作出决定。

人民法院认为管理人实施的处分行为不符合债权人会议通过的财产管理或变价方案的，应当责令管理人停止处分行为。管理人应当予以纠正，或者提交债权人会议重新表决通过后实施。

（二）监督破产财产分配

人民法院裁定破产财产分配方案后，管理人应当立即通知破产债权人受领分配的时间、地点以及受领分配的手续，并发布分配公告。

管理人依照破产财产分配方案的规定，进行多次分配的，应当在每次分配前都发布公告，公告本次分配的财产额和债权额。对于附条件的债权、尚在诉讼或者仲裁中的债权以及债权人未受领的破产财产分配额，在破产财产的分配过程中，管理人应该进行提存。

债权人委员会应当对管理人的整个分配工作进行全程监督，保证破产财产的分配过程公正、合法、及时、有效。

第五十三条 【债权人委员会行使监督权的方式】

债权人委员会履行监督职权主要是对管理人、债务人的有关人员行为进行审查，其具体方式如下：

1. 要求管理人、债务人的有关人员提供有关的资料、文件、记录，并进行审查；
2. 债权人委员会对管理人、债务人的有关人员的工作进行现场检查。债权人委员会对所监督的事务产生疑问时，有权要求管理人、债务人的有关人员提供说明或解释，提供进一步的证明文件等。

第五十四条　【拒绝债权人委员会监督的处理】

《企业破产法》第六十八条第二款规定：债权人委员会执行职务时，有权要求管理人、债务人的有关人员对其职权范围内的事务作出说明或者提供有关文件。

《企业破产法》第六十八条第三款规定：管理人、债务人的有关人员违反《企业破产法》规定拒绝接受监督的，债权人委员会有权就监督事项请求人民法院作出决定；人民法院应当在五日内作出决定。

管理人、债务人的有关人员拒绝债权人委员会的监督，拒不向债权人委员会作出说明、提供文件时，债权人委员会有权就所监督的事项请求人民法院作出决定。

人民法院应当在接到债权人委员会的请求的第二日起五日内作出决定，债权人委员会申请有正当理由的，人民法院可以根据债权人委员会的申请责令管理人、债务人作出说明或提供有关文件；对于债权人委员会的要求超越管理人、债务人的职权范围或其他的无理请求的，人民法院可以驳回债权人委员会的申请。

第五十五条　【债权人委员会的保密义务】

债权人委员会执行职务时，有权要求管理人、债务人的有关人员对其职权范围内的事务作出说明或者提供有关文件。对其中涉及的商业秘密或其他保护相关利益人合法权益而应当保密的内容，债权人委员会成员应承担保密义务。

第五十六条　【对债权人委员会的监督】

债权人委员会是债权人会议的常设机构，其执行职务不得违背债权人会议的决议。如与债权人会议的决议不一致，应以债权人会议的决议为准。

《破产法司法解释（三）》第十四条第二款规定：债权人委员会行使职权应当接受债权人会议的监督，以适当的方式向债权人会议及时汇报工作，并接受人民法院的指导。

债权人委员会不得超越法定职权和合法授权行使职权。债权人会议主席未经债权人委员会决议并同意，不得以债权人委员会的名义对外出示任何文件和发布任何信息。

第十章　重　整

【本章概述】

重整制度集中体现了《企业破产法》的拯救功能，代表了现代《企业破产法》的发展趋势，旨在通过平衡债权人、债务人、出资人、员工等各方利害关系人的利益，实现社会整体价值最大化。

依据《企业破产法》的规定，债务人和债权人可以直接申请债务人重整，在人民法院受理破产申请后、宣告债务人破产前，债务人或者出资额占债务人注册资本十分之一以上的出资人，可以向人民法院申请重整。在法院主持下由债务人与债权人达成协议，制订重整计划，规定在一定期限内债务人按一定方式全部或部分清偿债务，同时债务人可以继续经营其业务。

本章包括以下十节内容：

第一节　重整的一般规定

第二节　重整期间及其法律效力

第三节　招募重整投资人

第四节　制订和提交重整计划草案

第五节　重整计划草案的表决

第六节　重整计划的批准

第七节　重整计划的执行和监督执行

第八节　重整程序转破产清算程序

第九节　监督期满的善后工作

第十节　预重整

第一节　重整的一般规定

第一条　【重整的概念】

重整，是指对可能或已经发生破产原因但又有挽救希望与挽救价值的法人型企业，通过对各方利害关系人的利益协调，强制性进行营业重组与债务清理，以使企业避免破产、获得重生的法律制度。

第二条 【重整的申请】

《企业破产法》第七十条规定：债务人或者债权人可以依照《企业破产法》规定，直接向人民法院申请对债务人进行重整。债权人申请对债务人进行破产清算的，在人民法院受理破产申请后、宣告债务人破产前，债务人或者出资额占债务人注册资本十分之一以上的出资人，可以向人民法院申请重整。

根据相关规定，对金融机构的重整申请还可由国务院金融管理机构提出。

（一）债务人向法院申请重整

依据《公司法》的相关规定，债务人提出破产重整申请的，应该由股东会作出决议。

债权人向人民法院提出重整申请的，应当提交下列材料：

1. 破产重整申请书，应当列明申请人和被申请人基本情况、申请重整的事实和理由等。

2. 申请人的主体资格证明。

3. 债权发生的事实，以及债权性质、数额、有无担保的证据。

4. 债务人不能清偿到期债务的证据。

5. 债务人具有重整价值和重整可能的证据或说明材料。

6. 其他与申请事实、理由有关的材料。

（二）债权人向法院申请重整

债务人不能清偿到期债务时，债权人可依据《企业破产法》第七条第二款的规定，向人民法院提出对债务人进行重整的申请。为避免发生争议，债权人的债权应为具有金钱或者财产给付内容的合法、有效、未超过诉讼时效或申请执行期限的到期债权。企业法人已解散但未清算或者未在合理期限内清算完毕，债权人申请债务人破产清算的，除债务人在法定异议期限内举证证明其未出现破产原因外，人民法院应当受理。

债务人向人民法院提出重整申请的，应当提交下列材料：

1. 破产重整申请书，应当列明申请人基本情况、申请重整的事实和理由等。

2. 债务人的主体资格证明。

3. 债务人股东会（股东大会）、董事会、出资人或政府主管部门同意申请重整的决议或批准文件。

4. 债务人的董事、监事、高级管理人员以及法定代表人或者主要负责人的名单、联系方式。

5. 财产状况说明，以及资产负债表和有关财务会计报告。

6. 债务清册，并应当列明相应债权人名称、住所、联系方式、债务数额、债务性质、债务成立时间。

7. 债权清册，并应当列明相应债务人名称、住所、联系方式、债权数额、债权性质、债权成立时间。

8 有关诉讼、仲裁、执行情况。

9. 企业职工情况和职工安置预案，并应当列明债务人解除职工劳动关系后依法对职工的补偿方案。

10. 企业职工、高级管理人员工资的支付和社会保险费用、住房公积金的缴纳情况。

11. 具有重整价值和重整可行性的证明材料。

12. 其他与申请事实、理由有关的材料。

（三）出资人向法院申请重整

占债务人注册资本十分之一以上的出资人，依据《企业破产法》第七十条的规定，在人民法院受理债权人提出的破产申请后、宣告债务人破产前，可以提出破产重整申请。

出资人申请公司重整，除应参照债务人申请提交材料外，还应提交能够证明申请人为债务人出资人及申请人单独或合计出资份额占十分之一以上的证明材料。

第三条 【对重整申请和重整企业的审查】

1.《企业破产法》第七十一条规定：人民法院经审查认为重整申请符合《企业破产法》规定的，应当裁定债务人重整，并予以公告。

人民法院在收到重整申请后，应当依法及时对重整申请进行审查，决定是否准许债务人重整。对重整申请的审查主要包括申请人是否具备申请主体资格、债务人是否具备破产能力、是否具备重整原因、提交的申请材料是否符合《企业破产法》及其司法解释的规定等。

2. 人民法院在接到申请人提出的破产重整申请之后，除按本书第一章第二节进行立案审查外，还应对重整企业进行适当审查。

《破产审判纪要（2018）》第十四条规定：破产重整的对象应当是具有挽救价值和可能的困境企业；对于僵尸企业，应通过破产清算，果断实现市场出清。人民法院在审查重整申请时，根据债务人的资产状况、技术工艺、生产销售、行业前景等因素，能够认定债务人明显不具备重整价值以及拯救可能性的，应裁定不予受理。

第四条 【重整案件的听证程序】

《破产审判纪要（2018）》第十五条规定：对于债权债务关系复杂、债务规模较大，或者涉及上市公司重整的案件，人民法院在审查重整申请时，可以组织申请人、被申请人听证。债权人、出资人、重整投资人等利害关系人经人民法院准许，也可以参加听证。听证期间不计入重整申请审查期限。

听证调查按照下列顺序进行：

1. 申请人陈述申请的事实和理由，并出示相关证据。

2. 债务人的有关人员针对重整申请、重整价值、重整可行性发表意见。

3. 合议庭对债务人是否具备重整原因、重整价值、重整可行性和是否存在重整障碍等相关情况进行询问。

4. 申请人、被申请人及其他相关人发表最后意见。

听证调查过程中，人民法院还应对债务人是否存在转让资产、个别清偿等行为，债务人以及债务人的控股股东、实际控制人、法定代表人及高管人员等是否涉嫌刑事犯罪等事项进行调查。

第五条　【重整价值审查】

债务人的重整价值，是指债务人的继续经营价值大于清算价值。

判断债务人是否具有重整价值，应综合考虑债务人的行业地位和行业前景、经营情况、资质价值、品牌价值、社会公共价值，以及能够体现债务人重整价值的其他情形。

人民法院对重整价值进行判断时，可以根据案件情况，征询市场监管机关、企业主管部门、行业协会以及行业专家的意见。

债务人自行重组期间由社会中介机构出具的报告可以作为判断债务人重整价值的参考。

第六条　【重整可行性审查】

债务人具有重整可行性，是指债务人的现有资源和条件能够保证重整计划的执行。

人民法院应当就债务人重整可行性报告或重整方案，并结合债务人的重整意愿及其配合程度、主要债权人支持重整的情况，意向重整投资人是否具有重组能力，清算与重整模式下的清偿率等因素，对重整可行性进行审查并作出基本判断。债务人自行重组期间由社会中介机构出具的报告可以作为判断债务人重整可行性的参考。

重整可行性报告一般应包括以下内容：

1. 债务人在重整申请之前一年内的资金周转状况；

2. 重整如获得批准后的资金筹措方案；

3. 重整如获得批准后的资金运行周转方案；

4. 重整如获得批准后的生产经营方案；

5. 重整如或批准后债务人收取经营利润的可能性说明。

第七条　【特殊企业重整审查】

国有独资企业或国有控股企业作为债务人申请重整的，应取得对债务人履行出资职责的国有资产监管机构或国有企业上级主管部门的同意，且企业员工已经妥善安置或制定切实可行的员工安置方案。

1. 申请国有独资企业或国有控股企业重整的，人民法院在裁定受理前应及时向对债务人履行出资职责的国有资产监管机构或国有企业上级主管部门通报情况，说明股东、清算义务人的法律责任。

2. 申请上市公司重整的，申请人应当提交上市公司具有重整可行性的报告，上市公司住所地省级人民政府向证券监督管理部门的通报材料、证券监督管理部门的意见以及上市公司住所地人民政府出具的维稳预案。人民法院在受理前应按照《最高人民法院关于审理上市公司破产重整案件工作座谈会纪要》（以下简称《上市公司破产重整纪要》）的规定，逐级报送最高人民法院审查批准。

3. 申请对商业银行、证券公司、保险公司等金融机构重整的，申请人应当提交国务院金融监督管理机构同意或批准的材料。

第八条 【重整案件的受理】

《企业破产法》第七十一条规定：人民法院经审查认为重整申请符合《企业破产法》规定的，应当裁定债务人重整，并予以公告。

人民法院经审查认为重整申请符合本法规定的，应当裁定债务人重整。裁定债务人重整应当公告。自人民法院裁定债务人重整之日起，债务人进入重整期间，重整程序的特殊效力就要及于所有利害关系人。

第九条 【不予受理的情形】

债务人不具备破产原因，或虽具备破产原因，但明显不具备重整价值或重整可行性的，人民法院应裁定不予受理申请人的重整申请。

1. 申请人或债务人主体不适格，或债务人不具备破产条件的，人民法院认为应依据《企业破产法》第十二条第一款的规定裁定不予受理。详见本书第一章第二节。

2. 依据《破产审判纪要（2018）》第十四条的规定，对于僵尸企业，应通过破产清算，果断实现市场出清。人民法院在审查重整申请时，依据债务人的资产状况、技术工艺、生产销售、行业前景等因素，能够认定债务人明显不具备重整价值以及拯救可能性的，应裁定不予受理。

第十条 【预重整】

在企业进入重整程序之前，可以先由债权人与债务人、出资人等利害关系人通过庭外商业谈判，拟定重组方案。重整程序启动后，可以重组方案为依据拟定重整计划草案提交人民法院依法审查批准。详见本章第十节内容。

第十一条 【公告和通知债权人】

人民法院应在裁定作出之日起五日内送达申请人。债权人或出资人提出重整申请的，还应当自裁定作出之日起五日内送达债务人。

申请人对不予受理破产重整申请的裁定不服的，可以自裁定送达之日起十日内向上一级人民法院提起上诉。

在人民法院裁定受理债务人重整前，申请人可以请求撤回重整申请，人民法院应予准许。

第十二条 【重整中的债权申报与审查确认】

详见本书第一部分第六章内容。

第十三条 【未依法申报债权的后果】

债权人未在债权申报期限内申报债权，但在重整计划草案提交债权人会议表决前申报债权并经人民法院裁定确认的，该债权人被确认的债权可依照人民法院裁定批准的重整计划确定的债权受偿方案获得清偿。

债权人未按上述期限申报债权的，应在重整计划执行完毕后、按照重整计划规定的同类债权的清偿条件行使权利。

第十四条　【重整与破产清算关于债权申报、审查确认的区别】

（一）补充申报截止日期不同

1. 破产清算程序中，债权人未在人民法院确定的债权申报期限内申报债权的，可以在破产财产最后分配前补充申报。

2.《企业破产法》未作出有关重整程序补充申报期限的规定，应以法院作出批准重整计划的裁定之日为补充申报的截止日期。此后进入重整计划执行期，在此期间债权人主张权利的，应直接向重整计划执行人主张，由执行人按重整计划的规定处理。

（二）债权人在申报期内未依法申报的法律后果不同

1. 破产清算程序中，债权人未依法申报债权的，不得依照《企业破产法》规定的程序行使权利。

2. 在重整程序中，债权人未依法申报债权的，在重整计划执行期间不得行使权利；在重整计划执行完毕后，可以按照重整计划规定的同类债权的清偿条件行使权利。

第二节　重整期间及其法律效力

第十五条　【重整期间的概念】

《企业破产法》第七十二条规定：自人民法院裁定债务人重整之日起至重整程序终止，为重整期间。

重整期间，是指自人民法院作出受理债务人重整裁定之日起至法院作出批准或不予批准重整计划的裁定之日止的期间。管理人或债务人未能在法定期限内提交重整计划的，自法院作出终止重整程序之日，重整期间终止。重整期间不包括重整计划的执行期间。

第十六条　【重整期间的期限】

重整期间一般为七到十个月，如出现部分表决组第二次表决的情况，重整期间可以长达十二个月左右。具体视重整计划（草案）提交法院的时间和债权人会议表决情况而异。

（一）一般情况下重整期间的时限

1. 重整计划草案的提交时限，最长为九个月。

《企业破产法》第七十九条规定：债务人或者管理人应当自人民法院裁定债务人重整之日起六个月内，同时向人民法院和债权人会议提交重整计划草案。前款规定的期限届满，经债务人或者管理人请求，有正当理由的，人民法院可以裁定延期三个月。

2. 债务人或者管理人未按期提出重整计划草案的，人民法院应当裁定终止重整程序，并宣告债务人破产。

债权人对重整计划草案的表决时限，自收到重整计划草案之日起三十日内。

《企业破产法》第八十四条规定：人民法院应当自收到重整计划草案之日起三十日内召开债权人会议，对重整计划草案进行表决。出席会议的同一表决组的债权人过半数同意重整计划草案，并且其所代表的债权额占该组债权总额的三分之二以上的，即为该组通过重整计划草案。债务人或者管理人应当向债权人会议就重整计划草案作出说明，并回答询问。

3. 重整计划的通知和批准，时限为四十日。

《企业破产法》第八十六条规定：各表决组均通过重整计划草案时，重整计划即为通过。自重整计划通过之日起十日内，债务人或者管理人应当向人民法院提出批准重整计划的申请。人民法院经审查认为符合《企业破产法》规定的，应当自收到申请之日起三十日内裁定批准，终止重整程序，并予以公告。

（二）对部分表决组第二次表决

《企业破产法》第八十七条规定：部分表决组未通过重整计划草案的，债务人或者管理人可以同未通过重整计划草案的表决组协商。该表决组可以在协商后再表决一次。双方协商的结果不得损害其他表决组的利益。未通过重整计划草案的表决组拒绝再次表决或者再次表决仍未通过重整计划草案，但重整计划草案符合下列条件的，债务人或者管理人可以申请人民法院批准重整计划草案：……人民法院经审查认为重整计划草案符合前款规定的，应当自收到申请之日起三十日内裁定批准，终止重整程序，并予以公告。

《企业破产法》及其司法解释对第二次表决的时限没有作出规定，实践中根据各省、直辖市、经济特区的高级或中级人民法院相关规定处理。

第十七条　【重整期间债务人自行管理事务】

《企业破产法》第七十三条规定：在重整期间，经债务人申请，人民法院批准，债务人可以在管理人的监督下自行管理财产和营业事务。有前款规定情形的，依照《企业破产法》规定已接管债务人财产和营业事务的管理人应当向债务人移交财产和营业事务，《企业破产法》规定的管理人的职权由债务人行使。

（一）债务人自行管理财产和营业事务的条件

依据《企业破产法》第七十三条的规定，在重整期间，经债务人申请、人民法院批准，债务人可以在管理人的监督下自行管理财产和营业事务。人民法院批准债务人自行管理财产和营业事务的条件如下：

1. 债务人的内部治理机制仍正常运转；

2. 债务人自行管理有利于债务人继续经营；

3. 债务人不存在隐匿、转移财产的行为；

4. 债务人不存在其他严重损害债权人利益的行为。

（二）债务人自行管理财产和营业事务情况的管理人职权

1. 经人民法院批准由债务人自行管理财产和营业事务的，《企业破产法》规定的管理人职权中有关财产管理和营业经营的职权应当由债务人行使。管理人已接管债务人财产和营业事务的，应当向债务人移交财产和营业事务。

2. 管理人应当对债务人的自行管理行为进行监督。

（三）债务人自行管理的终止

管理人发现债务人存在严重损害债权人利益的行为或者有其他不适宜自行管理情形的，可以申请人民法院作出终止债务人自行管理的决定。人民法院决定终止的，应当通知管理人接管债务人财产和营业事务。债务人有上述行为而管理人未申请人民法院作出终止决定的，债权人等利害关系人可以向人民法院提出申请。

第十八条　【债务人自行管理财产和营业事务时管理人的职责】

债务人自行管理财产和营业事务时，人民法院应督促管理人制定具体的监督制度，监督债务人。管理人应履行如下职责：

（一）重整事务性职责

1. 调查债务人财产状况。管理人应调查核实债务人财产状况，对债务人债务和债权等财产进行审计和评估，制作财产状况报告等。

2. 审查权利主张，主要包括：

（1）对申报的债权登记造册进行审查并编制债权表，在提交债权人会议、债务人核查后，申请法院裁定确认；

（2）针对债务人合法占有的他人财产，该财产的权利人在重整期间要求取回的，管理人须审查是否符合事先约定的取回条件；

（3）担保权人在重整期间请求恢复行使担保权时，管理人应当审查其申请是否符合法律规定；

（4）审查抵销权是否成立等。

3. 行使撤销权、追回债务财产。依据《企业破产法》第三十一条、第三十二条、第三十三条的规定，管理人可以请求法院撤销涉及债务人财产的相关行为，或认定债务人的行为无效，追回流失的财产。

4. 组织召开相关当事人会议。包括组织召开债权人会议并列席，组织各方当事人协调会议等。

5. 代表债务人参加诉讼。在债务人自行管理模式下，涉及债务人的一般诉讼，债务人可以经管理人批准后由债务人自行安排工作人员参加；但相关当事人对管理人所作的债权审查、抵销权审查以及取回权审查等审查结论不服所提起的诉讼，管理人应当参加诉讼。

（二）对债务人的监督职责

1. 对债务人的财产管理和处分行为进行监督。债务人实施《企业破产法》第六十九条规定的各项行为之前，应当报经管理人和人民法院批准。管理人发现债务人在处分财产时存在违法或不当行为的，有权提出意见，要求债务人纠正，并及时报告法院。

2. 对债务人的日常经营管理行为进行监督。债务人实施的下列行为应事先报告管理人：

（1）债务人制订重整期间的经营管理方案；

（2）债务人变更业务方针或经营计划；

（3）债务人继续履行或解除未履行完毕的合同；

（4）债务人订立或解除重大或长期性合同；

（5）涉及债务人管理人员的重大人事任命和变更等。

3. 对债务人日常财务收支及重整费用支出情况进行监督。债务人应当制定财务收支办法，并报经管理人和法院核准后由债务人执行。债务人的各项重大费用支出应报经管理人和法院批准。

4. 对债务人制作重整计划草案相关事宜进行监督。主要包括以下几个方面：

（1）债务人在将重整计划草案提交法院和债权人会议之前，应报告管理人，管理人有权对重整计划草案提出合理化建议；

（2）债务人与债权人、股东、战略投资人就重整计划草案进行沟通与协商时，管理人有权列席，债务人与战略投资人就重整的条件、方式、期限等达成一致的，应及时报告管理人；

（3）如债务人为上市公司，管理人应督促债务人及时进行信息披露，并对信息披露的真实性、合法性、准确性进行监督。债务人进行信息披露之前，应将信息披露的内容报告管理人；

（4）在部分表决组未通过重整计划草案的情况下，管理人应督促债务人与该部分表决组进行协商，并监督协商结果是否有损其他表决组的利益；

（5）对债务人执行重整计划进行监督；

（6）管理人发现债务人存在严重损害债权人利益的行为或者有其他不适宜自行管理情形的，应及时制止，必要时可以申请人民法院作出终止债务人自行管理的决定。

第十九条 【管理人负责管理与营业】

《企业破产法》第七十四条规定：管理人负责管理财产和营业事务的，可以聘任债务人的经营管理人员负责营业事务。

依据该规定，管理人负责管理财产和营业事务的，可以聘任债务人的经营管理人员负责营业事务。聘用的债务人的经营管理人员的工资根据经营情况确定，作为破产费用从债务人财产中支付。

实践中，在债务人没有适合的人员管理营业事务的情况下，管理人也可以通过委托经营等方式，委托专业机构或人员负责债务人的营业事务。

第二十条 【重整期间担保物权行使的限制】

（一）相关规定

1.《企业破产法》第七十五条规定：在重整期间，对债务人的特定财产享有的担保权暂停行使。但是，担保物有损坏或者价值明显减少的可能，足以危害担保权人权利的，担保权人可以向人民法院请求恢复行使担保权。在重整期间，债务人或者管理人为继续营业而借款的，可以为该借款设定担保。

2.《民商审判纪要（2019)》第一百一十二条规定：重整程序中，要依法平衡保护担保物权人的合法权益和企业重整价值。重整申请受理后，管理人或者自行管理的债务人应当及时确定设定有担保物权的债务人财产是否为重整所必需。如果认为担保物不是重整所必需，管理人或者自行管理的债务人应当及时对担保物进行拍卖或者变卖，拍卖或者变卖担保物所得价款在支付拍卖、变卖费用后优先清偿担保物权人的债权。在担保物权暂停行使期间，担保物权人根据《企业破产法》第七十五条的规定向人民法院请求恢复行使担保物权的，人民法院应当自收到恢复行使担保物权申请之日起三十日内作出裁定。经审查，担保物权人的申请不符合《企业破产法》第七十五条的规定，或者虽然符合该条规定但管理人或者自行管理的债务人有证据证明担保物是重整所必需，并且提供与减少价值相应担保或者补偿的，人民法院应当裁定不予批准恢复行使担保物权。担保物权人不服该裁定的，可以自收到裁定书之日起十日内，向作出裁定的人民法院申请复议。人民法院裁定批准行使担保物权的，管理人或者自行管理的债务人应当自收到裁定书之日起十五日内启动对担保物的拍卖或者变卖，拍卖或者变卖担保物所得价款在支付拍卖、变卖费用后优先清偿担保物权人的债权。

（二）条款解读

1. 重整期间担保权暂停行使为原则，恢复行使为例外。债务人进入重整程序之前，为了增加融资维持营业价值，通常会应债权人要求设置担保权来获得融资，其主要财产均已设置担保权的情况下，用于抵押或者质押的债务人财产一般是债务人的核心资产，也是重整价值的重要因素之一，重整程序中担保权的暂停行使对债务人能否重整成功至关重要。因此，应当坚持《企业破产法》第七十五条规定的担保权暂停行使原则，正确适用《民商审判纪要（2019)》对例外情形的规定。

2. 担保物权恢复行使的条件：

(1) 担保物有损坏或者价值明显减少的可能，足以危害担保权人权利的，担保权人可以向人民法院请求恢复行使担保权。

(2) 重整申请受理后，管理人或者自行管理的债务人应当及时确定设定有担保物权的债务人财产是否为重整所必需。如果认为担保物不是重整所必需，管理人或者自行管理的债务人应当及时对担保物进行拍卖或者变卖，拍卖或者变卖担保物所得价款在支付拍卖、变卖费用后优先清偿担保物权人的债权。

3. 担保物权恢复行使的程序。担保权人可以向人民法院请求恢复行使担保权。在担保物权暂停行使期间，担保物权人依据《企业破产法》第七十五条的规定向人民法院请求恢复行使担保物权的，人民法院应当自收到恢复行使担保物权申请之日起三十日内作出裁定。

4. 人民法院的审查结果：

(1) 不予批准恢复行使担保物权。经审查，担保物权人的申请不符合《企业破产法》第七十五条的规定，或者虽然符合该条规定但管理人或者自行管理的债务人有证据证明担保物是重整所必需，并且提供与减少价值相应担保或者补偿的，人民法院应当裁定不予批准恢复行使担保物权。担保物权人不服该裁定的，可以自收到裁定书之日起十日内，向作出裁定的人民法院申请复议。

（2）批准行使担保物权。经审查，担保物权人的申请符合《企业破产法》第七十五条规定，人民法院应当裁定准予批准恢复行使担保物权。管理人或者自行管理的债务人应当自收到裁定书之日起十五日内启动对担保物的拍卖或者变卖，拍卖或者变卖担保物所得价款在支付拍卖、变卖费用后优先清偿担保物权人的债权。

第二十一条 【重整期间的取回限制】

（一）法律规定

1.《企业破产法》第三十八条规定：人民法院受理破产申请后，债务人占有的不属于债务人的财产，该财产的权利人可以通过管理人取回。但是，《企业破产法》另有规定的除外。

2.《企业破产法》第七十六条规定：债务人合法占有的他人财产，该财产的权利人在重整期间要求取回的，应当符合事先约定的条件。

3.《破产法司法解释（二）》第四十条规定：债务人重整期间，权利人要求取回债务人合法占有的权利人的财产，不符合双方事先约定条件的，人民法院不予支持。但是，因管理人或者自行管理的债务人违反约定，可能导致取回物被转让、毁损、灭失或者价值明显减少的除外。

（二）条款释义

1.取回权是指由管理人（重整中也可能是债务人）占有的不属于破产财产的他人财产，财产的权利人可以不依破产程序而直接向管理人主张取回财产的权利。这里所说的“债务人合法占有的他人财产”，主要是指债务人基于仓储合同、保管合同、来料加工承揽合同、委托交易、代销、借用、寄存、租赁、信托等法律关系而占有的不属于破产财产的他人财产。人民法院受理破产申请后，对于不属于破产人的财产，该财产的权利人本可以通过管理人取回，但在重整程序中，很可能这些财产正是债务人企业继续经营所必需的，对于债务人企业重整的成功与否起着至关重要的作用。因此，《企业破产法》第七十六条规定，该财产的权利人在重整期间要求取回的，应当符合事先约定的条件。

2.所谓“符合事先约定的条件”，是指符合事先约定的取回时间以及其他条件，而关键在于时间条件。在重整程序中，重整申请的受理不当然具有加速权利到期的效力。所以，法律规定权利人在重整期间要求行使取回权的，应当符合事先约定的条件，尤其是时间条件。

3.在债务人负责财产管理和营业事务执行的情形下，尽管管理人可以对其进行监督，但是仍难以完全避免债务人发生欺诈、违法、违约等行为，可能导致取回物被转让、毁损、灭失或者价值明显减少。在此种紧急情形下，权利人可以行使取回权，以维持权利人和债务人之间的利益平衡。在管理人负责重整期间的债务人财产管理和营业事务执行的情形下，如果管理人违反债务人和权利人之间的约定，有欺诈、违法、不称职等行为，可能导致取回物有损坏或者价值明显减少的可能时，权利人可以行使取回权，以制约管理人的不当行为。

第二十二条　【重整期间的收益分配与股权限制】

《企业破产法》第七十七条规定：在重整期间，债务人的出资人不得请求投资收益分配。在重整期间，债务人的董事、监事、高级管理人员不得向第三人转让其持有的债务人的股权。但是，经人民法院同意的除外。

在重整期间，下列两类人的股权要受到限制：

1. 对出资人的投资收益分配的禁止。处于重整期间的债务人，债务尚未清偿。出资人以其出资构成公司对外债务的担保，公司的收益应先用于清偿债务。这时，出资人请求投资收益分配其实是分配重整债权人的利益，所以《企业破产法》规定出资人不得请求投资收益分配。

2. 对股权转让的禁止。债务人董事、监事、高级管理人员股权转让受到限制，除非人民法院同意，否则在重整期间不得转让。在重整期间，债务人董事、监事、高级管理人员持有债务人的股权，既是股东又是管理者，如果他们将股权随意转让给第三人，就等于释放出债务人重整难以成功的信号，将会产生不良的后果，有悖于重整的目的，故应予限制。

对出资人所持有的债务人股权，受理重整案件的人民法院可以依据管理人申请或依职权采取保全措施。

第二十三条　【重整终止与破产宣告】

《企业破产法》第七十八条规定：在重整期间，有下列情形之一的，经管理人或者利害关系人请求，人民法院应当裁定终止重整程序，并宣告债务人破产：

1. 债务人的经营状况和财产状况继续恶化，缺乏挽救的可能性；
2. 债务人有欺诈、恶意减少债务人财产或者其他显著不利于债权人的行为；
3. 由于债务人的行为致使管理人无法执行职务。

第二十四条　【重整企业裁员】

根据《劳动合同法》第四十一条规定：企业依照《企业破产法》规定进行重整的；需要裁减人员二十人以上或者裁减不足二十人但占企业职工总数百分之十以上的，用人单位提前三十日向工会或者全体职工说明情况，听取工会或者职工的意见后，裁减人员方案经向劳动行政部门报告，可以裁减人员。

裁减人员时，应当优先留用下列人员：

1. 与本单位订立较长期限的固定期限劳动合同的；
2. 与本单位订立无固定期限劳动合同的；
3. 家庭无其他就业人员，有需要扶养的老人或者未成年人的。

重整的用人单位在六个月内重新招用人员的，应当通知被裁减的人员，并在同等条件下优先招用被裁减的人员。

第三节 招募重整投资人

第二十五条 【重整投资人】

重整投资人是指在重整程序中，债务人无力自行摆脱经营及债务困境时，为债务人提供资金或者其他资源，帮助债务人清偿债务、恢复经营能力的自然人、法人或者其他组织。

第二十六条 【引入重整投资人的重要性】

导致债务人重整的原因就是债务人不能清偿到期债务，重整的目的就在于融入资金、清理债务，以维持企业继续经营和发展。除少数企业能通过债务人及其股东和债权人的协商对债务进行减让、延期清偿、债权转股权并自行筹集资金等方式实现重整成功，引入适当的重整投资人是大多数破产重整企业重整成功的关键。

第二十七条 【招募战略投资人的方式和途径】

招募重整投资人一般应以市场化方式进行。

1. 公开招募。管理人可通过全国企业破产重整信息网或其他媒体以公告的方式招募潜在的重整投资人，对经审查具备相应资格的意向投资人，接受其进行尽职调查、提交重整方案。

2. 邀请重整投资人。管理人可基于对自身条件、行业特点、市场环境的准确定位，从上下游企业等相关行业中，筛选潜在战略投资者，邀请其参与重整。邀请的形式包括但不限于发送邀请函、邀请其参加招募大会、约请其协商谈判、登门拜访等。

3. 推荐。债权人等破产重整程序参与人可以推荐重整投资人。

第二十八条 【公开招募的程序】

1. 公开招募重整投资人的，由管理人在全国企业破产重整案件信息网、本地有影响的媒体发布招募公告。招募公告应当载明案件基本情况、意向重整投资人应当具备的资格条件、参加招募程序的报名方式及期限、获取招募文件的方式及期限等内容。

2. 管理人应当在招募公告发布之前完成招募文件的制作，并报人民法院备案。招募文件应当包括债务人的资产、负债等基本情况，意向重整投资人缴纳保证金的要求，意向重整投资人应当提交的参选材料及截止时间，确定重整投资人的标准和程序，对重整投资人及其重整预案的特定要求。

3. 意向重整投资人参加公开招募的，一般需要提供以下文件：有效的主体资格证明文件；资质、财务、业绩介绍及相关证明材料；重整预案，包括重整资金来源、出资人权益调整方案及后续经营方案等。意向重整投资人要求查阅有关债务人的财产调查报告、资产评估报告、偿债能力分析报告、审计报告以及债权表等资料的，管理人应当准许。

4. 经管理人初步审查，意向重整投资人符合招募公告规定的资格条件且参选材料不违反法律规定的，应当按照管理人的要求签订保证金协议，并缴纳重整保证金。

5. 在招募期间，仅有一家意向重整投资人提交参选材料且其重整预案经管理人审查合格的，该意向重整投资人即为重整投资人。

多家意向重整投资人经初步审查合格并缴纳保证金的，由债权人会议选定重整投资人。

第二十九条　【战略投资人的确定】

管理人结合招募要求、项目特点、重整预案、经营承诺等各个方面条件进行评审，依法、公正地择优招募。管理人可根据实际需要，聘请相关专业人士协助招募评审。评审规则和评审结果应当公开，评审资料应当记录、保存。人民法院不直接参与招募评审，依法行使监督指导权。

（一）确定重整投资人的原则

1. 重整清偿率高于破产清算清偿率；

2. 充分听取债权人意见，实现全体债权人利益最大化；

3. 有利于职工稳定；

4. 有利于债务人发展。

（二）确定重整投资人

1. 意向投资人应根据管理人的要求向管理人提供其主体资格和信用证明文件；

2. 管理人应在核实意向投资人的主体资格和信用证明后，允许意向投资人对债务人进行必要的调查，并为意向投资人的调查提供必要的协助；

3. 意向投资人应在调查基础上及时向管理人提交重整方案，包括其对债务人市场价值的分析、投资计划、债权人权益保障计划、职工安置办法、经营方案、投资人的优势条件、投资的条件等；

4. 管理人应对意向投资人的重整方案进行分析，形成管理人的初步意见，并将招募情况和意向投资人的重整方案向债权人委员会或主要债权人通报，征求其意见；

5. 与选定的重整投资人签订投资协议。

（三）协商确定重整投资人

经审查存在下列情形的，管理人可以申请协商确定重整投资人：债务人与意向投资人已经在债务人自行经营管理期间初步形成可行的债务清偿方案和出资人权益调整方案的；在重整申请受理时，债务人已确定意向投资人，该意向投资人已经持续为债务人的继续营业提供资金、代偿职工债权，且债务人已经就此制订出可行的债务清偿和出资权益调整方案的；重整价值可能急剧丧失，需要尽快确定重整投资人的；存在其他不适宜公开招募重整投资人的情形，并经债权人会议或者债权人委员会同意的。

第三十条　【无重整投资人的情况】

在向人民法院依法确定的提交重整计划的最后期限前，管理人或债务人未能与任何重整投资人达成投资意向协议的，管理人和债务人可在与债权人协商的基础上，拟订通过债务人及其股东自行筹集资金进行生产经营，同时通过进行债务减让、延期清偿、债权转股权等方式缓解债务人资金压力进行重整的重整计划，及时提交人民法院审查、提交债权人会议表决。

第四节　制订和提交重整计划草案

第三十一条　【重整计划的概念】

重整计划是以维持债务人继续营业、谋求债务人复兴为目的，以清理债权债务关系、制定债务人未来发展方案为内容的多方协议。

第三十二条　【制订重整计划草案的主体和其他参与人】

（一）制订重整计划草案的主体

《企业破产法》第八十条规定：债务人自行管理财产和营业事务的，由债务人制作重整计划草案。管理人负责管理财产和营业事务的，由管理人制作重整计划草案。

（二）听取重整投资人和主要债权人、出资人的意见

在制订重整计划草案的过程中，应充分听取选定的重整投资人的意见，征求债权人委员会或重要债权人的意见以及债务人的主要出资人（股东）的意见，务求重整计划切实可行。

（三）人民法院的沟通协调

人民法院要加强与管理人或债务人的沟通，引导其分析债务人陷于困境的原因，并与政府建立沟通协调机制，帮助管理人或债务人解决重整计划草案制定中的困难和问题。

第三十三条　【重整计划草案的提交时间】

《企业破产法》第七十九条规定：债务人或者管理人应当自人民法院裁定债务人重整之日起六个月内，同时向人民法院和债权人会议提交重整计划草案。前款规定的期限届满，经债务人或者管理人请求，有正当理由的，人民法院可以裁定延期三个月。债务人或者管理人未按期提出重整计划草案的，人民法院应当裁定终止重整程序，并宣告债务人破产。

第三十四条　【重整计划草案的制订原则】

制订重整计划草案应遵循如下原则：

1. 内容合法、全面、明确；
2. 对债权人的清偿公平、公正、合理；
3. 有针对性，债权清偿方式和清偿额度合理、符合债务人实际情况；

4. 能够促使企业重新获得盈利能力，提高重整成功率。

第三十五条　【重整计划草案的内容】

重整计划草案应当包括下列内容：

1. 债务人的经营方案。包括债务人的经营管理方案、融资方案、裁员减薪方案、盈利模式、盈利预测、资产与业务重组方案等重整的具体措施。

2. 债权分类。主要包括：

（1）对债务人的特定财产享有担保权的债权；

（2）债务人所欠职工的工资和医疗、伤残补助、抚恤费用，所欠的应当划入职工个人账户的基本养老保险、基本医疗保险费用，以及法律、行政法规规定的应当支付给职工的补偿金；

（3）债务人所欠税款；

（4）普通债权；

（5）其他享有优先权的债权及破产费用、共益债务也应作出说明。

3. 债权调整方案。确定纳入重整计划的债权范围，并根据债权申报、确认和抵销的实际情况及《企业破产法》规定的顺序，对债务人的债权进行合理合法的分类和调整。

4. 债权受偿方案。对不同种类债权的清偿范围、清偿额度（比例）、清偿方式、清偿期限等作出规定；重整计划中不得对职工债权以外的社会保险费用进行减免。

5. 清偿率的说明。包括该草案被提请批准时普通债权依破产清算程序所能获得的清偿比率的计算依据，以及依重整计划草案普通债权所能获得清偿比率计算依据的说明。

6. 重整涉及债务人的出资人权益调整的，重整计划草案还应当包括出资人权益调整方案。包括原出资人权益价值的确认和处理，重整投资人的出资额、持股比例，以及债权转股权（如有）的持股比例的确认等。

7. 如有第三方为重整计划的执行提供担保，重整计划草案应载明相应的担保条款。

8. 重整计划的执行期限和监督期限。《企业破产法》对重整计划的执行期限和监督期限未作规定，原则上应当一致。实践中，应根据重整计划中规定的债权受偿期限和其他安排，合理确定执行期限和监督期限。重整计划的执行过程中，管理人在必要时可申请人民法院裁定延长重整计划执行的监督期限。

9. 有利于债务人重整的其他方案。

第三十六条　【重整计划草案的信息披露】

管理人将重整计划草案提交债权人会议审议前，应通过会议、电话、信件、传真、电子邮件或其他有效方式向债权人、出资人及其他利害关系人对重整计划草案进行说明，披露以下信息：

1. 债务情况；

2. 债务人的资产情况及评估结果；

3. 重整前和重整期间为解决债务人问题已采取的措施和打算采取的措施；

4. 重整计划草案内容提要；

5. 债权人在破产清算程序中可能得到的分配额和重整程序中可能得到的清偿额的比较性分析；

6. 重整计划的可行性分析与预测等。

债权人、股东及其他利害关系人认为重整计划草案说明不充分的，可以要求管理人或债务人补充说明。

第三十七条 【重整计划草案的沟通协调】

（一）法院的沟通协调

《破产审判纪要（2018）》第十六条规定：人民法院要加强与管理人或债务人的沟通，引导其分析债务人陷于困境的原因，有针对性地制订重整计划草案，促使企业重新获得盈利能力，提高重整成功率。人民法院要与政府建立沟通协调机制，帮助管理人或债务人解决重整计划草案制订中的困难和问题。

（二）管理人的沟通协调

管理人应当在召开债权人会议审议重整计划前，与债权人、股东及其他利害关系人及时沟通，根据债权人、股东及其他利害关系人的意见和建议对重整计划草案进行适当的修订，并随时协调各方之间的矛盾，及时向法院报告沟通协调情况，与法院、政府密切配合，解决其中的焦点问题，促使重整成功。

第五节　重整计划草案的表决

第三十八条 【召开债权人和出资人组会议审议重整计划草案】

1. 人民法院应当自收到重整计划草案之日起三十日内召开债权人会议，对重整计划草案进行表决。

2. 重整计划草案不涉及出资人权益调整事项的，管理人应当通知债务人的出资人，由其决定是否派代表列席债权人会议。

3. 重整计划草案涉及出资人权益调整事项的，管理人应当在债权人会议召开前十五日通知出资人参加会议进行表决；并通知对出资人权益进行查封或者享有股权质押权的出资人之债权人等利害关系人列席会议。

第三十九条 【对重整计划草案进行表决】

《企业破产法》第八十四条第一款规定：人民法院应当自收到重整计划草案之日起三十日内召开债权人会议，对重整计划草案进行表决。

（一）参加表决的人员

1. 权益因重整计划草案受到调整的债权人或者股东。

2.《企业破产法》第八十五条规定：债务人的出资人代表可以列席讨论重整计划草案的债权人会议。重整计划草案涉及出资人权益调整事项的，应当设出资人组，对该事项进行表决。

3.《企业破产法》第八十三条规定：重整计划不得规定减免债务人欠缴的《企业破产法》第八十二条第一款第二项规定以外的社会保险费用；该项费用的债权人不参加重整计划草案的表决。

（二）债权人的分组表决

《企业破产法》第八十二条规定：下列各类债权的债权人参加讨论重整计划草案的债权人会议，依照下列债权分类，分组对重整计划草案进行表决：

1. 对债务人的特定财产享有担保权的债权；

2. 债务人所欠职工的工资和医疗、伤残补助、抚恤费用，所欠的应当划入职工个人账户的基本养老保险、基本医疗保险费用，以及法律、行政法规规定的应当支付给职工的补偿金；

3. 债务人所欠税款；

4. 普通债权。

人民法院在必要时可以决定在普通债权组中设小额债权组对重整计划草案进行表决。

（三）出资人组的表决

重整计划草案涉及出资人权益调整事项的，应设出资人组进行表决，提前十五日通知全体出资人。

债务人的股东会或者股东大会已对出资人权益调整作出决议的，可以不再另行召开出资人组会议进行表决。

有限责任公司的出资人权益调整事项经股东所持表决权的三分之二以上同意，即为通过。

股份有限公司的出资人权益调整事项经出席出资人组会议的股东所持表决权的三分之二以上同意，即为通过。

（四）表决方式和期限

1. 债权人会议的决议除现场表决外，可以由管理人事先将相关决议事项告知债权人，采取通信、网络投票等非现场方式进行表决。采取非现场方式进行表决的，管理人应当在债权人会议召开后的三日内，以信函、电子邮件、公告等方式将表决结果告知参与表决的债权人。

2. 根据案件实际需要，人民法院也可以决定出资人组的表决不与债权人组的表决同时进行。

第四十条　【重整计划草案表决通过的条件】

《企业破产法》第八十四条第二款、第三款规定：出席会议的同一表决组的债权人过半数同意重整计划草案，并且其所代表的债权额占该组债权总额的三分之二以上的，即为该组通过重整计划草案。债务人或者管理人应当向债权人会议就重整计划草案作出说明，并回答询问。

（一）债权人会议表决通过的法定条件

出席债权人会议的同一表决组的债权人过半数同意重整计划草案，并且其所代表的债权额占该组债权总额的三分之二以上的，即为该组通过重整计划草案。

（二）出资人组通过的法定条件

《企业破产法》未对出资人组通过的条件进行规定。参考《公司法》关于股东会和股东大会决议事项的规定，出资人组对重整计划草案中涉及出资人权益调整事项进行表决，债务人为有限责任公司的，必须经代表三分之二以上表决权的出资人（股东）通过；债务人为股份有限公司的，必须经出席会议的股东所持表决权的三分之二以上通过。

第四十一条 【再次表决】

部分表决组未通过重整计划草案的，债务人或管理人可以同该表决组协商。该表决组可以在协商后再表决一次。双方协商的结果不得损害其他表决组的利益。再次表决仍应遵守《企业破产法》关于重整计划表决的相关规定。《企业破产法》未规定再次表决的时限，实践中由各地法院掌握。

第六节 重整计划的批准

第四十二条 【重整计划的通过和批准】

《企业破产法》第八十六条规定：各表决组均通过重整计划草案时，重整计划即为通过。自重整计划通过之日起十日内，债务人或者管理人应当向人民法院提出批准重整计划的申请。人民法院经审查认为符合《企业破产法》规定的，应当自收到申请之日起三十日内裁定批准，终止重整程序，并予以公告。

第四十三条 【法院批准重整计划草案】

《破产审判纪要（2018）》第十七条规定：重整不限于债务减免和财务调整，重整的重点是维持企业的营运价值。人民法院在审查重整计划时，除合法性审查外，还应审查其中的经营方案是否具有可行性。重整计划中关于企业重新获得盈利能力的经营方案具有可行性、表决程序合法、内容不损害各表决组中反对者的清偿利益的，人民法院应当自收到申请之日起三十日内裁定批准重整计划。

对于债权人会议表决通过的重整计划草案，人民法院经审查认为重整计划草案符合下列条件的，应当自收到债务人或管理人提请批准或者强制批准重整计划草案的申请之日起三十日内裁定批准，终止重整程序，并公告：

1. 程序合法。重整计划草案的表决程序符合《企业破产法》的规定。

2. 重整计划草案的内容完整、合法，不损害各表决组中反对者的清偿利益。依据

《企业破产法》第八十一条规定的条件，重整计划草案的内容包括：

（1）债务人的经营方案；

（2）债权分类；

（3）债权调整方案；

（4）债权受偿方案；

（5）重整计划的执行期限；

（6）重整计划执行的监督期限；

（7）有利于债务人重整的其他方案。

3. 关于企业重新获得盈利能力的经营方案具有可行性。重整不限于债务减免和财务调整，重整的重点是维持企业的营运价值。

4. 重整计划草案涉及行政许可事项的，债务人或管理人已取得相关行政机关许可相关事项的书面意见。

第四十四条　【法院强制批准重整计划】

1.《企业破产法》第八十七条规定：部分表决组未通过重整计划草案的，债务人或者管理人可以同未通过重整计划草案的表决组协商。该表决组可以在协商后再表决一次。双方协商的结果不得损害其他表决组的利益。

未通过重整计划草案的表决组拒绝再次表决或者再次表决仍未通过重整计划草案，但重整计划草案符合下列条件的，债务人或者管理人可以申请人民法院批准重整计划草案：

（1）按照重整计划草案，《企业破产法》第八十二条第一款第一项所列债权就该特定财产将获得全额清偿，其因延期清偿所受的损失将得到公平补偿，并且其担保权未受到实质性损害，或者该表决组已经通过重整计划草案；

（2）按照重整计划草案，《企业破产法》第八十二条第一款第二项、第三项所列债权将获得全额清偿，或者相应表决组已经通过重整计划草案；

（3）按照重整计划草案，普通债权所获得的清偿比例，不低于其在重整计划草案被提请批准时依照破产清算程序所能获得的清偿比例，或者该表决组已经通过重整计划草案；

（4）重整计划草案对出资人权益的调整公平、公正，或者出资人组已经通过重整计划草案；

（5）重整计划草案公平对待同一表决组的成员，并且所规定的债权清偿顺序不违反《企业破产法》第一百一十三条的规定；

（6）债务人的经营方案具有可行性。

人民法院经审查认为重整计划草案符合前款规定的，应当自收到申请之日起三十日内裁定批准，终止重整程序，并予以公告。

2.《破产审判纪要（2018）》第十八条规定：人民法院应当审慎适用《企业破产法》第八十七条第二款，不得滥用强制批准权。确需强制批准重整计划草案的，重整计划草案除应当符合《企业破产法》第八十七条第二款规定外，如债权人分多组的，还应当至少有一组已经通过重整计划草案，且各表决组中反对者能够获得的清偿利益不低于依照破产清算程序所能获得的利益。

第四十五条 【法院不批准重整计划草案】

《企业破产法》第八十八条规定：重整计划草案未获得通过且未依照《企业破产法》第八十七条的规定获得批准，或者已通过的重整计划未获得批准的，人民法院应当裁定终止重整程序，并宣告债务人破产。

第四十六条 【重整计划的效力】

（一）法律规定

《企业破产法》第九十二条规定：经人民法院裁定批准的重整计划，对债务人和全体债权人均有约束力。债权人未依照《企业破产法》规定申报债权的，在重整计划执行期间不得行使权利；在重整计划执行完毕后，可以按照重整计划规定的同类债权的清偿条件行使权利。债权人对债务人的保证人和其他连带债务人所享有的权利，不受重整计划的影响。

（二）按《民事诉讼法》的规定，确认重整计划的裁定自签发之日起生效

1. 经生效裁定确认的重整计划自裁定批准之日起，对债权人、债务人均有法律效力。

2. 重整计划涉及出资人权益调整的事项，对债务人的全体出资人均有约束力。

3. 重整计划所调整的股权已设定质押的，质押权人应当按照重整计划的相关规定，配合办理解除股权质押手续。重整计划所调整的股权未被质押与冻结，但出资人拒不配合办理股权转让手续的，人民法院可以依据债务人的申请向有关单位发出协助执行通知书。

4. 抵押权人、质押权人拒绝配合办理解除抵押、质押手续的，人民法院可以作出解除抵押、质押的民事裁定并向有关单位发出协助执行通知书。

5. 债权人未依照《企业破产法》规定申报债权的，在重整计划执行期间不得行使权利；重整计划执行完毕后，可以按照重整计划规定的同类债权的清偿条件行使权利。

6. 重整计划执行完毕的，按照重整计划减免的债务，债务人不再承担清偿责任。

7. 债权人对债务人的保证人和其他连带债务人所享有的权利，不受重整计划的影响，也不受该债权人表决情况的影响。后者仍应依原合同约定的金额和期限履行担保责任或者清偿义务。

第七节　重整计划的执行和监督执行

第四十七条　【重整计划的执行主体】

《企业破产法》第八十九条规定：重整计划由债务人负责执行。人民法院裁定批准重整计划后，已接管财产和营业事务的管理人应当向债务人移交财产和营业事务。

出资人权益调整的，管理人应监督债务人根据人民法院批准重整计划的裁定及时办理股东变更登记手续，由重整后的债务人的股东重新选举产生债务人的管理机构，具体负责执行重整计划。

第四十八条　【管理人在重整计划执行期的职责】

《企业破产法》第九十条规定：自人民法院裁定批准重整计划之日起，在重整计划规定的监督期内，由管理人监督重整计划的执行。在监督期内，债务人应当向管理人报告重整计划执行情况和债务人财务状况。

管理人在重整计划规定的监督期内监督债务人执行重整计划。管理人的监督职责主要包括：

1. 制定监督债务人的具体制度；
2. 定期听取债务人关于重整计划执行情况和财务状况的报告；
3. 跟踪重整计划的执行情况，发现债务人有违法或不当情形时，及时加以纠正；
4. 发现债务人不能执行或不执行重整计划的，及时申请法院裁定终止重整计划，宣告债务人破产；
5. 在重整计划规定的监督期内，管理人应当代表债务人参加监督期开始前已经启动而尚未终结的诉讼、仲裁活动。

第四十九条　【监督报告与监督期限的延长】

《企业破产法》第九十一条规定：监督期届满时，管理人应当向人民法院提交监督报告。自监督报告提交之日起，管理人的监督职责终止。管理人向人民法院提交的监督报告，重整计划的利害关系人有权查阅。经管理人申请，人民法院可以裁定延长重整计划执行的监督期限。

第五十条　【重整计划的协助执行】

重整计划执行过程中涉及其他部门协助执行义务的，债务人或管理人可以向受理法院提出申请，由受理法院向相关部门出具协助执行通知书。

第五十一条　【重整计划的执行期限和监督期限】

重整计划的执行期限和监督期限由重整计划加以规定，该期限既可短于又可长于重整计划执行期间。一般来说，重整计划监督期限应当与重整计划的执行期限相当，必要时管理人可以提请人民法院延长重整计划执行的监督期限。

第五十二条 【重整计划的执行期间和监督期间不一致时管理人报酬的调整】

为依法确保重整计划的执行和有效监督，重整计划的执行期间和监督期间原则上应当一致。二者不一致的，人民法院在确定和调整重整程序中的管理人报酬方案时，应当根据重整期间和重整计划监督期间管理人工作量的不同予以区别对待。其中：

1. 重整期间的管理人报酬应当根据管理人对重整发挥的实际作用等因素予以确定和支付；

2. 重整计划监督期间管理人报酬的支付比例和支付时间，应当根据管理人监督职责的履行情况，与债权人按照重整计划的实际受偿比例和受偿时间相匹配。

第五十三条 【重整计划执行期间有关债务人诉讼的管辖和债务人诉讼代表人的确定】

（一）管辖

重整计划执行期间，因重整程序终止后新发生的事实或者事件引发的有关债务人的民事诉讼，不适用《企业破产法》第二十一条有关集中管辖的规定。

（二）诉讼代表人

1. 重整期间已启动、未终结的诉讼和仲裁活动，应当由管理人代表债务人参加；

2. 重整计划执行期间，因重整程序终止后新发生的事实或者事件引发的有关债务人的民事诉讼，不再由管理人代表债务人进行。

第五十四条 【债务人的信用恢复】

《破产审判纪要（2018）》第二十一条规定：企业重整后，投资主体、股权结构、公司治理模式、经营方式等与原企业相比，往往发生了根本变化，人民法院要通过加强与政府的沟通协调，帮助重整企业修复信用记录，依法获取税收优惠，以利于重整企业恢复正常生产经营。

企业重整计划被批准后，人民法院应当将该重整企业的相关失信信息从失信被执行人名单库中删除，并解除对重整企业原法定代表人、负责人及相关责任人员已实施的信用惩戒措施。

第五十五条 【重整计划的变更】

《破产审判纪要（2018）》第十九条规定：债务人应严格执行重整计划，但因出现国家政策调整、法律修改变化等特殊情况，导致原重整计划无法执行的，债务人或管理人可以申请变更重整计划一次。债权人会议决议同意变更重整计划的，应自决议通过之日起十日内提请人民法院批准。债权人会议决议不同意或者人民法院不批准变更申请的，人民法院经管理人或者利害关系人请求，应当裁定终止重整计划的执行，并宣告债务人破产。

《破产审判纪要（2018）》第二十条规定：人民法院裁定同意变更重整计划的，债务人或者管理人应当在六个月内提出新的重整计划。变更后的重整计划应提交给因重整计划变更而遭受不利影响的债权人组和出资人组进行表决。表决、申请人民法院批准以及人民法院裁定是否批准的程序与原重整计划的相同。

第五十六条　【重整计划执行不能时的救济】

依据《企业破产法》第九十三条第一款的规定，债务人不能执行或者不执行重整计划的，相关利害关系人或管理人可以申请人民法院裁定终止重整计划的执行，并宣告债务人破产。

实践中，为充分保护战略投资人、债权人、债务人及职工的权益，法院应慎重对待申请人关于终止重整计划的申请，通过召开听证会等方式，充分听取管理人、债权人委员会、股东及相关利害关系人的意见，根据实际情况，可采取如下方式处理：

（一）争取通过其他救济方式保护重整成果，避免破产清算

1. 争取相关部门和当事人对债务人给予适当的支持。对债务人因情势变更、资金困难等导致重整计划难以执行的，法院应组织主要债权人、战略投资人和政府相关部门进行协商，通过各种渠道适当给予债务人支持，帮助债务人渡过难关，使重整计划得以继续执行。

2. 修订重整计划。法院应对债务人不能执行或者不执行重整计划的原因进行分析，可引导战略投资人、债务人和债权人等当事人通过变更重整计划规定的条件、延长清偿期限、更换战略投资人等方式，对重整计划进行修订，并按本节所述程序对修订内容进行重新表决和批准，使债务人能够依托修订后的重整计划继续存续。

（二）出现如下情形，法院应该及时裁定终止重整计划的执行并宣告债务人破产

1. 债务人的经营状况持续恶化，缺乏挽救的可能性；

2. 因情势变更等客观原因致重整计划不能或无须执行；

3. 为债务人清算价值大于其继续重整的价值。

第八节　重整程序转破产清算程序

第五十七条　【重整期间转破产清算】

1.《企业破产法》第七十八条规定：在重整期间，有下列情形之一的，经管理人或者利害关系人请求，人民法院应当裁定终止重整程序，并宣告债务人破产：

（1）债务人的经营状况和财产状况继续恶化，缺乏挽救的可能性；

（2）债务人有欺诈、恶意减少债务人财产或者其他显著不利于债权人的行为；

（3）由于债务人的行为致使管理人无法执行职务。

2.《企业破产法》第七十九条第三款规定：债务人或者管理人未按期提出重整计划草案的，人民法院应当裁定终止重整程序，并宣告债务人破产。

3. 重整计划草案未获债权人会议表决通过且未依照《企业破产法》第八十七条的

规定获得批准，或者虽已通过但未获法院批准的，人民法院应当裁定终止重整程序，并宣告债务人破产。

第五十八条 【重整计划不执行转破产清算】

《企业破产法》第九十三条规定：债务人不能执行或者不执行重整计划的，人民法院经管理人或者利害关系人请求，应当裁定终止重整计划的执行，并宣告债务人破产。人民法院裁定终止重整计划执行的，债权人在重整计划中作出的债权调整的承诺失去效力。债权人因执行重整计划所受的清偿仍然有效，债权未受清偿的部分作为破产债权。前款规定的债权人，只有在其他同顺位债权人同自己所受的清偿达到同一比例时，才能继续接受分配。有本条第一款规定情形的，为重整计划的执行提供的担保继续有效。本条第一款所称利害关系人，包括债权人、债务人、出资人、取回权人、职工以及重整程序涉及的其他利害关系人。

第五十九条 【重整程序与破产清算程序的衔接】

1. 案号沿用。重整期间或者重整计划执行期间，债务人因法定事由被宣告破产的，人民法院不再另立新的案号。

2. 管理人原则上应当继续履行职责。原重整程序的管理人原则上应当继续履行破产清算程序中的职责。原重整程序的管理人不能继续履行职责或者不适宜继续担任管理人的，人民法院应当依法重新指定管理人。

人民法院裁定终止重整计划的执行并宣告债务人破产后，管理人应当立即接管债务人的印章、账簿、财产等，并对债务人进行破产清算。

3. 管理人报酬不能简单根据债务人最终清偿的财产价值总额计算。重整程序转破产清算案件中的管理人报酬，应当综合管理人为重整工作和清算工作分别发挥的实际作用等因素合理确定。重整期间因法定事由转入破产清算程序的，应当按照破产清算案件确定管理人报酬。重整计划执行期间因法定事由转入破产清算程序的，后续破产清算阶段的管理人报酬应当根据管理人实际工作量予以确定，不能简单根据债务人最终清偿的财产价值总额计算。

4. 人民法院应以裁定受理重整之日为受理破产清算之日，重整期间及重整计划执行期间形成的管理人决定、债权人会议表决结果及人民法院的相关裁决，除非已不适用于破产清算程序或被人民法院依法撤销，否则在破产清算程序中继续有效。

5. 债权人在重整计划中作出的债权调整的承诺失去效力。债权人因执行重整计划所受的清偿仍然有效，债权未受清偿的部分作为破产债权，但只有在其他同顺位债权人同自己所受的清偿达到同一比例时，才能继续接受分配。

6. 法院裁定终止重整计划的执行并宣告债务人破产后，为重整计划的执行提供的担保继续有效，担保人在履行担保义务后可以按照《企业破产法》第五十一条的规定申报债权。

7. 重整计划执行过程中已受清偿的破产债权，由管理人按照《企业破产法》第九十三条第二款的规定予以核减；核减后的破产债权依照《企业破产法》第一百一十三条规定的清偿顺序和第九十三条第三款规定的清偿条件予以清偿。

第九节　监督期满的善后工作

第六十条　【管理人与债务人、法院的工作】

1. 管理人在重整计划批准后向债务人移交财产和营业事务；重整计划监督期满、法院批准管理人监督期报告后，管理人应移交为履行监督职责而持有的债务人的印鉴，并协助债务人办理银行预留印鉴变更手续，将管理人保管的资金移交重整计划确定的机构，并做好财务交接工作。

2. 人民法院要根据重整后投资主体、股权结构、公司治理模式、经营方式等变化情况，通过加强与政府的沟通协调，帮助重整企业修复信用记录，依法获取税收优惠，以利于重整企业恢复正常生产经营。

第六十一条　【做好重整案卷的归档工作】

按《企业破产法》的规定，管理人应保存好重整期间形成债权申报核查资料；实际上，在重整期间还会形成大量的管理人会议文件、法律文书、审计报告和评估报告、重整规章制度、账册、函件等卷宗材料。对这些材料，管理人均应登记造册，并在监督期满后归档，妥善保管。

实践中，一些地方法院对重整档案的保管作出了其他规定，如北京市高级人民法院《企业破产案件审理规程》规定，破产程序终结后，破产企业的政策、文书等材料由管理人移交档案部门保存，保管费用比照破产费用管理人在破产财产分配时预留。

第六十二条　【申请解散管理人】

管理人是临时机构，《企业破产法》及司法解释并未规定管理人监督职责终止后的解散程序。实践中，法院批准管理人监督报告后，管理人可向法院申请解散，并将管理人印章交回法院销毁。

第六十三条　【重整程序的终止和终结】

重整程序因人民法院裁定批准重整计划草案而终止的，重整案件可作结案处理。重整计划执行完毕后，人民法院可以根据管理人等利害关系人申请，作出重整程序终结的裁定。

人民法院终结重整程序后，对于按照重整计划减免的债务，债务人不再承担清偿责任，重整后的企业新发生的债权债务纠纷处理，不再适用《企业破产法》的特别规定。

第十节　预重整

第六十四条　【预重整的定义】

所谓预重整，是为了完善庭外重整与庭内重整的衔接机制，准确识别破产企业重整价值和重整可能、降低重整成本、提高重整效率、提升重整成功率，有效发挥破产重整制度挽救困境企业的功能，人民法院在重整申请审查期间，对经初步识别具有重整价值和一定重整可能性的债务人，根据申请决定由临时管理人组织债务人、债权人、出资人、意向投资人等利害关系人自行协商达成预重整方案或庭外重组协议在重整申请受理后予以确认的程序。

第六十五条　【预重整适用条件】

债务人具有《企业破产法》第二条第二款规定的重整原因，且经初步识别具有重整价值和一定重整可能性的，可以适用预重整程序。

第六十六条　【重整价值识别】

符合以下情形之一的债务人，推定具有重整价值：

1. 符合国家产业政策，行业发展前景较好，或被当地政府列为重点发展的企业；

2. 产业规模较大，占据行业龙头或者重要地位，对行业发展或地区经济发展有重大影响的企业；

3. 债权人人数较多、债权债务关系复杂、职工安置数量较大，影响社会稳定的大型企业；

4. 上市公司或上市公司的重要关联企业；

5. 债权债务关系明确，财产状况清楚且具有挽救价值的中小微企业；

6. 在考虑重整成本的情况下，债务人继续经营价值仍然大于清算价值；

7. 人民法院认为具有重整价值的其他情形。

第六十七条　【重整可能性识别】

同时符合以下条件的债务人，应初步认定具有一定的重整可能性：

1. 债务人、主要债权人均有重整意愿；

2. 考虑债务人的运营模式、资产状况、技术工艺、生产销售等因素，有恢复正常经营的重整基础；

3. 人民法院认为具有一定重整可能性的其他情形。

为准确识别债务人重整价值及重整可行性，提高重整成功率，对债务人进行预重整之前应当召开听证会，听取债务人、债权人、出资人、意向投资人、政府主管部门或行业专家等意见。

第六十八条　【不适用预重整的情形】

债务人具有以下情形之一的，不适用预重整程序：

1. 具有无法克服的法律障碍；
2. 经营违反法律、行政法规，严重损害社会公共利益的企业；
3. 所属行业与国家产业政策相悖，缺乏挽救价值的企业；
4. 存在恶意逃废债等行为，严重损害债权人利益的企业；
5. 债务人明确表示反对适用预重整，或不配合预重整工作的企业；
6. 经营计划明显不具有商业可行性；
7. 其他不具有重整可能的情形。

第六十九条　【预重整的申请】

债务人或债权人可以在提出重整申请时一并提出预重整申请，也可以在破产重整申请审查期间向人民法院提出预重整申请。申请人仅提出预重整申请，经人民法院释明仍拒绝同时提出重整申请的，不予准许。

申请人提出预重整申请的，应提交以下材料：

1. 预重整申请书；
2. 申请人、被申请人的基本情况；
3. 申请目的；
4. 申请的事实和理由；
5. 人民法院认为需要的其他材料。

债权人申请预重整的，还应当提交债务人企业同意预重整的书面文件及预重整初步方案。

债务人申请预重整的，还应当提供股东会决议同意预重整的书面文件及预重整初步方案。

债务人或债权人申请预重整的，均应提交债务人、债务人的主要股东或实际控制人履行预重整相关义务的书面承诺。

第七十条　【预重整的受理和案号】

预重整申请材料符合要求的，人民法院应当登记立案，并于三日内通知申请人和被申请人。预重整案件以“破申”作为案件类型代字编制案号。

第七十一条　【预重整的审查】

人民法院应当自预重整申请登记立案之日起十日内审查是否符合预重整条件，并通知申请人和被申请人审查结果。

在破产重整申请审查期间，人民法院认为可以采用预重整的，可以引导申请人提出预重整申请。

对于申请人提出的预重整申请，人民法院应当组织债务人与债权人、出资人等利害关系人听证，必要时可以邀请当地政府、市场主体主管部门、行业协会或专业中介机构参加，向各方释明预重整程序可能产生的司法结果。

听证期间不计入重整申请审查期间。

第七十二条 【预重整决定书】

人民法院经审查决定对债务人进行预重整的，应当作出启动预重整程序的决定书，于三日内送达申请人和被申请人，并予以公告；经审查认为债务人不符合预重整条件的，应于三日内向申请人书面告知处理结果及理由。

预重整申请审查期间，申请人请求撤回预重整和重整申请的，由人民法院审查后作出是否准许的裁定。

第七十三条 【预重整期间】

自人民法院决定预重整程序启动之日至预重整程序终结之日，为预重整期间。预重整期间一般为三个月，经临时管理人申请，有正当理由的，人民法院可以决定适当延长预重整期间，但延长期间最长不超过三个月。

预重整期间不计入重整申请审查期限。

第七十四条 【临时管理人的确定】

人民法院决定对债务人进行预重整的，应当同时指定临时管理人。预重整阶段的临时管理人应通过随机摇号或公开竞争方式确定。债务人或者债权额合计占已知总债权额二分之一以上的主要债权人、可以推荐各省管理人名册中的中介机构担任临时管理人，不违反《企业破产法》第二十四条规定的，人民法院可以指定被推荐的中介机构担任临时管理人。

人民法院应当制作指定临时管理人决定书，并送达临时管理人、申请人及被申请人。临时管理人应当接受人民法院的监督和指导。

第七十五条 【临时管理人职责】

预重整期间，临时管理人履行下列职责：

1. 全面调查债务人基本情况，包括资产、负债、企业运营、财产保全、涉诉涉执等情况；

2. 通知已知债权人申报债权，发布债权登记公告、登记、核实债权；

3. 查明债务人是否具有重整价值和重整可行性；

4. 履行、督促债务人履行信息披露义务；

5. 监督债务人自行管理财产和营业事务；

6. 根据需要辅助债务人引进意向投资人；

7. 协助债务人与债权人、出资人、意向投资人等利害关系人进行协商，引导各方就预重整方案达成共识；

8. 推动债务人与债权人、出资人、意向投资人等利害关系人协商拟定和调整预重整方案；

9. 定期向人民法院书面报告预重整工作进展，并提交预重整工作报告或终结预重整的申请；

10. 负责预重整期间债务人对外涉仲裁、涉诉、涉执案件的处理；

11. 人民法院认为临时管理人应当履行的其他职责。

第七十六条　【临时管理人印章和账户】

预重整临时管理人不单独刊刻预重整管理人印章的，可由担任临时管理人的中介机构以代章方式履行职责。

预重整案件不开设预重整管理人账户。

担任预重整管理人的中介机构可以该中介机构名义另设由债务人、主要债权人、投资人等共同监管的银行账户。预重整期间，投资人缴纳的保证金应汇入共同监管的银行账户。

第七十七条　【临时管理人更换】

预重整各方参与人认为临时管理人未勤勉尽责、忠实履行职务，存在不能胜任职务情形的，可以向人民法院书面申请更换临时管理人，临时管理人可以进行解释说明。人民法院可以根据申请或依职权决定是否更换管理人。

第七十八条　【受理后管理人的指定】

预重整转入重整程序的，原则上应当指定预重整阶段的临时管理人继续担任管理人，但临时管理人存在更换情形的，人民法院应当通过竞争方式重新指定管理人。

第七十九条　【临时管理人报酬及预重整期间的费用】

临时管理人履行职务的费用以及聘用审计、评估等第三方机构或人员的费用，由债务人随时支付。债务人未及时支付，临时管理人或其他人在重整申请受理前垫付的，在受理重整申请后可列入破产费用预重整转入重整程序后由临时管理人继续担任管理人的，管理人报酬按照《关于管理人报酬的规定》由人民法院确定，预重整阶段不再另行收取报酬预重整转入重整程序后重新指定管理人的，临时管理人报酬根据《关于管理人报酬的规定》结合其履职表现由人民法院确定，在受理破产申请后列入破产费用。

预重整程序终结后人民法院裁定不予受理重整申请的，或者人民法院裁定准许撤回重整申请的，债务人应当按承诺支付临时管理人报酬，数额由债务人与临时管理人协商确定。协商不成的由人民法院根据实际情况确定。

第八十条　【执行中止】

预重整期间，债务人应当与债权人积极协商，争取债权人在预重整期间暂缓对债务人的执行，协商不成的，临时管理人可与执行法院沟通协商。

第八十一条　【财产保全】

预重整期间，对于因有关利害关系人的行为或者其他原因，可能影响预重整程序依法进行的，决定预重整的人民法院可以根据临时管理人、债务人或债权人的申请，裁定对债务人的全部或者部分财产采取保全措施。

债权人申请财产保全的，人民法院应当要求其提供担保，不提供担保的，裁定驳回申请。

申请有错误的，申请人应当赔偿债务人因保全所遭受的损失。

第八十二条　【债务人及有关人员义务】

预重整期间，债务人及有关人员应履行下列义务：

1. 妥善保管其占有和管理的财产以及印章、账簿、文书等资料；

2. 勤勉经营管理、支出维系基本生产所必需的费用，妥善维护资产价值；

3. 停止清偿债务，但清偿行为使债务人财产受益的，或经诉讼、仲裁、执行程序清偿的除外；

4. 不得实施放弃债权、以不合理低价转让财产等损害债权人利益的行为；

5. 不得为逃避债务而恶意隐匿、转移财产，不得虚构债务或承认不真实的债务；

6. 积极与出资人、债权人、意向投资人等利害关系人协商，制作重组协议或者预重整方案；

7. 全面如实向出资人、债权人、意向投资人等利害关系人披露与重组有关的信息，包括经营状况、财务状况、履约能力、可分配财产、负债明细、模拟清算状态下的清偿率、重整中的重大风险、其他重大事项等内容，并需就预重整方案作出说明，回答有关询问；

8. 其他依法应当履行的义务。

前款所称有关人员，包括债务人的法定代表人、股东、实际控制人、财务管理人员及其他经营管理人员。

第八十三条　【信息披露和保密】

债务人应当依法依规、准确、及时地向相关利益主体进行信息披露。各相关利益主体应当依照法律规定或约定，对商业秘密等信息予以保密。

第八十四条　【通知和公告】

临时管理人经法院确定后，应就法院受理预重整事项予以公告，并及时通知已知债权人。通知和公告应当载明下列事项：

1. 申请人、被申请人名称；

2. 法院受理预重整的时间；

3. 申报债权的期限、方式、地点和注意事项等；

4. 临时管理人的名称和联系方式；

5. 第一次预重整债权人会议召开的时间、地点和方式；
6. 法院认为应当通知和公告的其他事项。

第八十五条　【债权申报】

临时管理人应当自人民法院决定启动预重整程序之日起十日内通知已知债权人申报债权。债权人申报债权的期限由人民法院参照《企业破产法》第四十五条的规定确定。

债权人申报债权时，应当提交书面申报材料，包括债权人基本信息、债权的形成过程、债权的数额、有无财产担保、是否为连带债权、债权的到期日等，并附相关证据。

第八十六条　【债权审核】

临时管理人收到债权申报材料后，应当对申报的债权登记造册，详尽记载申报人的姓名、单位、代理人、申报债权额、担保情况、证据、联系方式等事项；并对债权的性质、数额、担保是否超过诉讼时效、是否超过强制执行期间等情况进行审查、编制债权表，提交临时债权人会议核查。

债权表、债权申报登记册及债权申报材料在预重整期间由临时管理人保存，债务人、债务人职工、债权人及其他利害关系人有权查阅。预重整期间，附利息的债权不停止计息，利息应计算至人民法院裁定受理重整申请之日。确定附利息债权的预表决权比例时，利息可计算至人民法院决定启动预重整程序之日。

第八十七条　【债权确认与异议】

临时管理人审查债权时，对经生效法律文书确定的债权，应当依法予以确认。债务人、债权人对债权表记载的债权无异议的，人民法院裁定受理重整后依法予以确认。

债务人、债权人对债权表记载的债权有异议的，应在合理时间内向临时管理人书面说明理由和法律依据。临时管理人在收到异议后应当及时予以回复。经临时管理人解释或调整后，异议人仍然不服的，或者临时管理人不予解释或调整的，异议人可在人民法院裁定受理重整后向受理重整申请的人民法院提起债权确认诉讼。当事人之间在破产申请受理前订立了仲裁条款或仲裁协议的，应当向选定的仲裁机构申请确认债权债务关系。

第八十八条　【临时债权人会议】

预重整期间的临时债权人会议由临时管理人召集，自债权申报期限届满之日起十五日内召开。

申报的债权经临时管理人审查确认及待确认的债权人为临时债权人会议成员，由人民法院根据《企业破产法》第五十九条的规定确定表决权。

临时债权人会议的表决程序，可以参照《企业破产法》第六十二条至第六十四条的规定进行。

第八十九条 【临时债权人会议职权】

临时债权人会议行使下列职权：

1. 核查债权；
2. 听取临时管理人工作报告，监督临时管理人工作；
3. 了解债务人情况以及与重整计划草案相关的信息；
4. 申请人民法院更换临时管理人，审查临时管理人的费用和报酬；
5. 要求债务人或临时管理人披露预重整期间可能对债权人利益造成重大影响的相关信息；
6. 选任和更换临时债权人委员会成员；
7. 表决预重整方案；
8. 人民法院认为应当由临时债权人会议行使的其他职权。

第九十条 【临时债权人委员会】

临时管理人可以参照《企业破产法》第六十七条的规定，组织已知债权人成立临时债权人委员会，代表债权人会议参与、监督、推动预重整程序。

债权人委员会由债权人会议选举的债权人代表和职工代表组成，人数为单数。

第九十一条 【招募重整投资人】

预重整期间，临时管理人可以开展意向投资人的招募工作。以公开遴选或各方一致同意的方式确定的意向投资人可在重整程序中成为重整投资人。

重整投资人应当根据临时管理人的要求或招募投资人的条件，如实提供相应材料或信息，包括财务状况、投资能力、未来发展战略等可能影响债权人、出资人等利害关系人就预重整方案作出决策的信息。

第九十二条 【预重整期间的借款】

预重整期间，债务人因继续营业而需要对外借款的，应当向临时管理人提出申请，由临时债权人委员会讨论决定。未成立临时债权人委员会的，由主要债权人讨论决定。受理重整申请后，该借款参照《企业破产法》第四十二条第四项、《破产法司法解释（三）》第二条的规定作为共益债务优先清偿。

第九十三条 【预重整方案】

在债务人充分披露有关信息，并与债权人、出资人、意向投资人等利害关系人谈判协商的基础上，临时管理人可以协助债务人起草预重整方案。预重整方案的内容包括：

1. 债务人基本情况；
2. 债务人经营方案；
3. 重整投资人引入情况；

4. 债权分类、调整与受偿方案；
5. 出资人权益调整方案；
6. 重整计划预期的执行和监督期限；
7. 预重整与重整程序的衔接；
8. 有关重整的其他内容。

第九十四条　【预重整方案的表决】

预重整方案制定后，债务人或临时管理人应当组织召开临时债权人会议，参照《企业破产法》第八十二条至第八十六条的规定对预重整方案进行分组表决。

各表决组均通过预重整方案，或者虽然部分表决组未通过预重整方案但符合《企业破产法》第八十七条规定的人民法院强制批准重整计划草案情形的，债务人或临时管理人可以向人民法院申请进入重整程序。

第九十五条　【预重整程序的提前终结】

预重整期间，临时管理人发现债务人存在下列情形之一的，应当及时向人民法院申请提前终结预重整程序并载明事实和理由：

1. 不具有重整原因，或明显缺乏重整价值和重整可行性的；
2. 存在《企业破产法》第三十一条至第三十三条规定的情形，可能严重损害债权人利益的；
3. 拒不履行预重整期间债务人应履行的义务且不予纠正，导致预重整目的无法实现的；
4. 无法支付预重整必要费用且无人垫付的；
5. 其他导致预重整目的无法实现的行为。

第九十六条　【预重整程序的正常终结】

预重整工作完成后或者预重整期间届满前，临时管理人应当向人民法院提交预重整工作报告。人民法院在收到预重整工作报告后，应当在十五日内决定终结预重整程序并作出是否受理重整申请的裁定。预重整工作报告一般包括以下内容：

1. 债务人的基本情况；
2. 债务人的财务状况及陷入财务困境的成因分析；
3. 债务人的生产经营状况；
4. 债务人的重整价值分析意见；
5. 预重整方案的可行性分析意见；
6. 预重整方案的表决情况；
7. 进行重整的潜在风险及相关建议；
8. 预重整和重整衔接工作的安排与建议；
9. 人民法院认为应当由临时管理人报告的其他事项。

第九十七条 【与审查重整申请的衔接】

人民法院在收到预重整工作报告后，应结合预重整方案的合法性、可行性以及方案表决结果，在十日内作出是否受理重整申请的裁定。

人民法院裁定不予受理重整申请但查明债务人具备破产原因的，可以告知申请人依法另行提出破产清算申请。

第九十八条 【管理人的衔接】

人民法院裁定受理重整申请后，债务人、主要债权人没有提出异议或经法院审查异议不成立的，人民法院应当指定预重整临时管理人为重整管理人。

第九十九条 【债权申报与审查的衔接】

在预重整阶段已向临时管理人提交债权申报材料的债权人，在正式进入重整程序后视为已申报债权，如有新的事实或证据，可以在重整程序中补充申报。预重整期间债权人未申报债权的，人民法院裁定受理重整后可以继续申报。人民法院可以结合预重整期间的债权申报情况和债权申报期限，决定重整程序的债权申报期限。

预重整期间临时管理人和债权人会议对债权表中所记载债权的法律关系、债权性质、债权金额、诉讼时效期间、强制执行期间等情况的审查和核查结论在重整程序中同样适用。

第一百条 【表决效力的衔接】

人民法院受理重整申请后，提交债权人会议表决的重整计划草案应当以预重整方案为依据拟定。

重整计划草案涉及债权人、出资人或其他利害关系人权益内容与预重整方案一致，或重整计划草案的修改、调整未实质影响已表决债权人出资人或其他利害关系人权益的，有关利害关系人对预重整方案的同意视为对重整计划草案表决的同意。但存在下列情形之一的，受到实质性影响的利害关系人有权要求按照《企业破产法》的规定请求对重整计划草案重新表决：

1. 重整计划草案对预重整方案的内容进行了实质性修改，给债权人、出资人或其他利害关系人的利益造成了不利影响；

2. 预重整期间债务人故意披露虚假信息或隐瞒重大信息，欺骗或误导利害关系人行使表决权的；

3. 违反关于预重整表决的程序性规定，实质性影响利害关系人行使表决权。

出资人、债权人对预重整方案作出是否同意的意思表示前，临时管理人应当告知其前款规定的内容。

第一百零一条 【禁反言规则】

债权人、出资人或其他利害关系人对预重整方案作出是否同意的意思表示前，临时管理人应告知其预重整方案表决效力与重整计划草案的表决效力衔接情况。在预重整程序中表决同意预重整方案的利害关系人就重整计划草案投反对票或弃权票的，经管理人解释说明后可以变更意见；如坚持投反对票或弃权票的，按其预表决时的意见处理。

第一百零二条　【庭外重组】

预重整方案经包括全体债权人在内的各方预重整参与人一致同意并表决通过，无须继续转入重整程序的，预重整方案视为庭外重组方案，申请人请求撤回重整申请的，人民法院一般应当裁定准许。

申请人申请对前款预重整方案或庭外重组方案出具司法效力确认书的，人民法院可以参照《最高人民法院关于人民法院民事调解工作若干问题的规定》《最高人民法院关于人民调解协议司法确认程序的若干规定》等规定予以支持。

第一百零三条　【府院联动】

预重整期间，人民法院应当积极运用府院联动机制，听取当地政府的意见和建议，争取当地政府的支持和帮助，充分发挥政府在预重整中组织协调、维稳处置、招商引资、政策扶持等方面的作用，为预重整工作的顺利开展创造有利的外部条件。

第十一章　和　解

【本章概述】

和解是由人民法院主持，当事人进行协商，通过协议方式安排债务人延期清偿债务、减少债权数额以及债务人进行业务调整等一系列事件的程序。破产和解申请可以在破产申请受理前提出，或者在破产申请受理后宣告破产前申请，与破产清算、重整并列的一种程序。

与强制性色彩较浓的破产清算程序和重整程序相比，和解程序更注重当事人之间的合意，具有更强的自主性，对于清理债权债务关系更为简便快速。

本章包括以下两节内容：

第一节　和解的申请和受理

第二节　和解协议草案的表决、裁定认可及公告

第一节　和解的申请和受理

第一条　【和解的概念】

和解是指为避免破产清算，由债务人提出和解申请与和解协议草案，经债权人会议表决通过并经法院许可的解决债权债务关系的一种特别法律程序。

第二条　【和解的法律依据】

《企业破产法》第九十五条规定：债务人可以依照《企业破产法》规定，直接向人民法院申请和解；也可以在人民法院受理破产申请后、宣告债务人破产前，向人民法院申请和解。

债务人申请和解，应当提出和解协议草案。

第三条　【申请人申请和解的条件】

依据《企业破产法》第七条规定，债务人有《企业破产法》第二条规定的情形，可以向人民法院提出和解申请。依据《企业破产法》第二条和第九十五条的规定，债务人申请和解的条件如下：

1. 企业法人不能清偿到期债务，并且资产不足以清偿全部债务或者明显缺乏清偿能力的，或者有明显丧失清偿能力可能的。

2. 债务人申请和解，应当提出和解协议草案。债务人在提出和解申请之前，应与债权人等进行充分的沟通，形成较为一致的意见，以利于和解成功。

第四条　【申请和解的时间】

依据《企业破产法》第九十五条规定，债务人可以直接向人民法院申请和解，即在申请人民法院受理破产案件时提出和解申请，通过和解来解决企业的债务问题；也可以在人民法院受理破产申请后、宣告债务人破产前，向人民法院申请和解。

第五条　【申请和解的主体】

依据《企业破产法》第九十五条规定，和解申请应该由债务人提出。审判实践中，基于债权人的自治要求，经债权人会议通过，债权人可以申请清算转入和解程序。

第六条　【和解申请的受理】

经人民法院审查，认为和解申请符合《企业破产法》规定的，应当裁定和解并予以公告。

第七条　【和解程序中的管理人】

1. 对于债务人直接向人民法院提出和解申请的情形，人民法院应在裁定受理和解申请的同时依据《企业破产法》第十三条的规定指定管理人，管理人也应依照相关法律规定来履行职责。

2. 对于在提出破产清算申请且被人民法院受理后的情形，人民法院在受理破产清算申请后至和解前，管理人的职责应按照《企业破产法》的规定履行相关职责；在法院裁定和解后，原管理人应该继续完成工作，以保证工作的完整性。

3. 和解程序中管理人的主要工作。法院裁定和解后，管理人要协助人民法院筹备、召开债权人会议，并列席债权人会议，向债权人会议报告职务执行情况，接受债权人委员会及债权人会议的监督，并将债权人会议对和解协议草案的表决过程和结果以书面形式提交人民法院。

4. 人民法院裁定认可和解协议，终止和解程序的，管理人应当向债务人移交财产和营业事务，并向人民法院提交执行职务的报告。

第八条　【自行和解】

《企业破产法》第一百零五条规定：人民法院受理破产申请后，债务人与全体债权人就债权债务的处理自行达成协议的，可以请求人民法院裁定认可，并终结破产程序。

第二节　和解协议草案的表决、裁定认可及公告

第九条　【和解应提交的文件】

债务人申请和解，应当提交和解协议草案及相关文件。具体如下：

（一）和解申请书

债务人申请和解，必须向人民法院提出书面申请书。申请书应当载明下列事项：

1. 申请人的基本情况；
2. 和解的目的；
3. 申请的事实和理由；
4. 人民法院认为应当载明的其他事项。

（二）和解协议草案

和解协议草案是债务人向人民法院提出和解申请时提交的请求与债权人就债务清偿的办法、清偿比例和清偿期限等进行协商的方案。具体应当包括以下内容：

1. 债务人财产状况（资产、债权和投资等）；
2. 债务人的债务情况；
3. 债务清偿办法、清偿比例和清偿债务的期限；
4. 清偿债务的资金来源；
5. 协议内容落实的保证和监督措施；
6. 生产经营状况及前景分析；
7. 和解协议可行性说明。

（三）其他资料

主要包括：

1. 营业执照副本复印件及相关工商登记材料；
2. 债务人财产状况说明、债务清册、债权清册、有关财务会计报告；
3. 股东会同意申请和解的决议；
4. 法定代表人身份证明；
5. 人民法院认为应当提供的其他资料。

第十条　【法院对和解申请的审查】

《企业破产法》第九十六条规定：人民法院经审查认为和解申请符合《企业破产法》规定的，应当裁定和解，予以公告，并召集债权人会议讨论和解协议草案。

法院对和解申请的审查主要包括以下几个方面：

1. 申请人属于法律规定的主体，即申请人是债务人，债务人是企业法人。
2. 债务人具备和解启动的原因，即《企业破产法》第二条规定的原因。
3. 申请书的格式和内容及和解协议符合法律的规定。

对和解协议草案的审查主要包括以下几个方面：

（1）具备和解协议草案的必要内容；

（2）对于所有债权人平等；

（3）和解协议具有可行性；

（4）未违反法律的强制性规定。

第十一条　【法院裁定和解及公告】

人民法院经审查认为和解申请符合《企业破产法》规定的，应当裁定和解，予以公告。

具体时限按照《企业破产法》第二章第二节的相关规定，人民法院应当自收到破产申请之日起十五日内裁定是否受理。有特殊情况需要人民法院批准，可以延长十五日。自裁定作出之日起五日送达申请人，二十五日内通知已知债权人，并予以公告。

第十二条　【审查后裁定不予受理债务人的和解申请】

人民法院对债务人的和解申请经审查认为不符合规定的，裁定不予受理债务人的和解申请。具体分为两种情况：一是不予受理债务人直接提出的和解申请；二是受理破产申请后裁定不予受理债务人提出的和解申请。

《企业破产法》第十二条第一款规定：人民法院裁定不受理破产申请的，应当自裁定作出之日起五日内送达申请人并说明理由。申请人对裁定不服的，可以自裁定送达之日起十日内向上一级人民法院提起上诉。

第十三条　【债权人会议讨论和解协议草案】

人民法院裁定和解并公告后，召集债权人会议讨论和解协议草案。

对债权人而言，和解协议草案是体现债务人和解诚意和和解意向的最主要书面文件。通常债权人可以从以下方面对和解协议草案予以考量：

1. 是否具有合理性；
2. 是否具有经济价值；
3. 是否具有可操作性；
4. 是否存在滥用《企业破产法》来恶意拖延破产进程。

第十四条　【债权人会议通过和解协议的条件】

依据《企业破产法》第九十七条的规定，债权人会议通过和解协议需同时满足下列条件：

1. 由出席债权人会议的有表决权的债权人过半数同意；
2. 上述债权人所代表的债权额占无财产担保债权总额的三分之二以上。

依照《企业破产法》第五十九条的规定，对债务人的特定财产享有担保权的债权人，未放弃优先受偿权利的，对通过和解协议的决议不享有表决权。

第十五条 【和解协议的通过及人民法院审查】

《企业破产法》第九十八条规定：债权人会议通过和解协议的，由人民法院裁定认可，终止和解程序，并予以公告。管理人应当向债务人移交财产和营业事务，并向人民法院提交执行职务的报告。

在债权人会议通过和解协议后，法院要对债权人会议通过的和解协议进行审查，一般审查下列事项：

1. 债权人会议通过的决议是否程序合法、是否由有表决权的债权人依法表决；

2. 和解协议的通过是否符合法定的人数及所代表的债权数额的要求；

3. 和解协议中对债权人的清偿是否少于破产清算的；

4. 和解协议是否存在损害其他利害关系人、集体利益、国家利益的内容；

5. 和解协议内容是否违反法律、行政法规强制性规定；

6. 和解协议的履行是否存在客观上不可能的情形；

7. 法院针对个案不予认可的其他情形。

第十六条 【人民法院裁定认可和解协议的法律效力】

《企业破产法》第一百条规定：经人民法院裁定认可的和解协议，对债务人和全体和解债权人均有约束力。

和解债权人是指人民法院受理破产申请时对债务人享有无财产担保债权的人。

和解债权人未依照《企业破产法》规定申报债权的，在和解协议执行期间不得行使权利；在和解协议执行完毕后，可以按照和解协议规定的清偿条件行使权利。

经人民法院裁定认可的和解协议，其法律效力如下：

（一）程序效力

1. 和解程序终止。人民法院裁定认可和解协议同时，应裁定终止和解程序，并予以公告。

2. 债务人自行管理。人民法院裁定认可和解协议后，管理人应当向债务人移交财产和营业事务，并向人民法院提交执行职务的报告。债务人自主进行生产经营。

3. 和解程序终结后，因和解协议履行而引发的诉讼，不适用《企业破产法》第二十一条有关集中管辖的规定。

（二）对债务人的效力

1.《企业破产法》第一百零二条规定：债务人应当按照和解协议规定的条件清偿债务。

2.《企业破产法》第一百零六条规定：按照和解协议减免的债务，自和解协议执行完毕时起，债务人不再承担清偿责任。

（三）对债权人的效力

1. 对全体和解债权人均有约束力。和解债权人是指人民法院受理破产申请时对债务人享有无财产担保债权的人。

2. 和解协议的效力及于未申报的债权人。和解债权人未依照《企业破产法》规定申报债权的，在和解协议执行期间不得行使权利；在和解协议执行完毕后，可以按照和解协议规定的清偿条件行使权利。

3. 对债务人的特定财产享有担保权的权利人无约束力。担保权人自人民法院裁定和解之日起可以行使权利。

（四）不受和解协议影响的权利人

《企业破产法》第一百零一条规定：和解债权人对债务人的保证人和其他连带债务人所享有的权利，不受和解协议的影响。

第十七条　【和解协议的否决与宣告破产】

《企业破产法》第九十九条规定：和解协议草案经债权人会议表决未获得通过，或者已经债权人会议通过的和解协议未获得人民法院认可的，人民法院应当裁定终止和解程序，并宣告债务人破产。

第十八条　【和解协议无效的情形和法律后果】

《企业破产法》第一百零三条规定：因债务人的欺诈或者其他违法行为而成立的和解协议，人民法院应当裁定无效，并宣告债务人破产。

有前款规定情形的，和解债权人因执行和解协议所受的清偿，在其他债权人所受清偿同等比例的范围内，不予返还。

第十九条　【和解协议的终止执行】

《企业破产法》第一百零四条规定：债务人不能执行或者不执行和解协议的，人民法院经和解债权人请求，应当裁定终止和解协议的执行，并宣告债务人破产。

人民法院裁定终止和解协议执行的，和解债权人在和解协议中作出的债权调整的承诺失去效力。和解债权人因执行和解协议所受的清偿仍然有效，和解债权未受清偿的部分作为破产债权。

前款规定的债权人，只有在其他债权人同自己所受的清偿达到同一比例时，才能继续接受分配。

有本条第一款规定情形的，为和解协议的执行提供的担保继续有效。

（一）和解协议的终止执行的条件

1. 债务人不能执行或者不执行和解协议；

2. 和解债权人提出申请；

3. 法院作出裁定终止和解协议的执行；

4. 宣告债务人破产。

（二）和解协议终止执行的法律后果

1. 人民法院裁定终止和解协议执行的，和解债权人在和解协议中作出的债权调整的承诺失去效力，为和解协议的执行提供的担保继续有效；

2. 和解债权人因执行和解协议所受的清偿仍然有效，和解债权未受清偿的部分作为破产债权；

3. 前款规定的债权人，只有在其他债权人同自己所受的清偿达到同一比例时，才能继续接受分配。

第二十条 【和解的终结】

和解终结，是指在和解协议阶段或者执行阶段因为出现法定原因而致整个和解程序以及整个破产程序都完全结束的行为。主要有以下几种情形：

1. 财产不足以清偿破产费用的和解终结。

2. 债权已得到清偿或足额担保的终结。债务人已清偿全部到期债务或第三人为债务人提供足额担保或者为债务人清偿全部到期债务的。

3. 和解协议执行完毕的终结。和解协议执行完毕，债务人对债权人的债权按照和解协议内容全面地履行完毕，从而终结整个破产程序。

4. 自行和解的终结。《企业破产法》第一百零五条规定：人民法院受理破产申请后，债务人与全体债权人就债权债务的处理自行达成协议的，可以请求人民法院裁定认可，并终结破产程序。

第二十一条 【和解程序与破产清算程序的转换】

和解程序与破产程序之间在一定的条件下可能会互相转换，具体如下：

（一）破产程序转为和解程序

债务人提出和解申请，人民法院认可，转入和解程序。

（二）和解协议未获通过或者未获认可的程序转换

《企业破产法》第九十九条规定：和解协议草案经债权人会议表决未获得通过，或者已经债权人会议通过的和解协议未获得人民法院认可的，人民法院应当裁定终止和解程序，并宣告债务人破产。由此，和解程序转换到破产清算程序。

（三）和解协议无效的程序转换

《企业破产法》第一百零三条第一款规定：因债务人的欺诈或者其他违法行为而成立的和解协议，人民法院应当裁定无效，并宣告债务人破产。

（四）不执行或者不能执行的转换

《企业破产法》第一百零四条第一款规定：债务人不能执行或者不执行和解协议的，人民法院经和解债权人请求，应当裁定终止和解协议的执行，并宣告债务人破产。

第十二章　破产清算

【本章概述】

破产清算作为破产制度的重要组成部分，具有淘汰落后产能、优化市场资源配置的直接作用。对于缺乏拯救价值和可能性的债务人，要及时通过破产清算程序对债权债务关系进行全面清理，重新配置社会资源，提升社会有效供给的质量和水平，增强《企业破产法》对市场经济发展的引领作用。

人民法院受理破产案件后，应根据案件实际进展情况推进破产案件的办理，依法应宣告破产的应当及时宣告破产。破产宣告后，管理人应查明破产财产状况，及时拟订破产财产变价和分配方案，提交债权人会议讨论，提请人民法院裁定认可，并依据人民法院裁定处置、分配破产财产。债务人无财产可供分配或破产财产分配完结后，管理人应申请人民法院裁定终结破产程序。

本章包括以下五节内容：

第一节　破产宣告

第二节　破产财产变价

第三节　破产财产分配

第四节　破产程序终结

第五节　管理人的后续工作

第一节　破产宣告

第一条　【破产宣告】

破产宣告，是指法院以裁定的方式作出的，认定债务人已经丧失清偿能力，依照破产清算程序，清理债务关系的法律判定。破产宣告是破产清算程序的标志。

《企业破产法》第一百零七条规定：人民法院依照《企业破产法》规定宣告债务人破产的，应当自裁定作出之日起五日内送达债务人和管理人，自裁定作出之日起十日内通知已知债权人，并予以公告。债务人被宣告破产后，债务人称为破产人，债务人财产称为破产财产，人民法院受理破产申请时对债务人享有的债权称为破产债权。

《企业破产法》第一百零八条规定：破产宣告前，有下列情形之一的，人民法院应当裁定终结破产程序，并予以公告：第三人为债务人提供足额担保或者为债务人清偿全部到期债务的；债务人已清偿全部到期债务的。

破产宣告后，管理人应当拟订破产变价方案，按照债权人会议的决议或者人民法院的裁定，适时变价出售财产，并以货币分配方式分配破产财产。

第二条 【破产宣告的情形】

根据《企业破产法》相关规定，宣告债务人破产的情形包括以下八类：

1. 债务人被申请破产，且债务人具备《企业破产法》第二条规定的破产原因。该种情形还包括了《企业破产法》第四十三条第四款规定的情形，即破产申请受理后债务人财产不足以清偿破产费用且无人代为清偿或予以垫付，经管理人申请，人民法院宣告债务人破产，并裁定终结破产程序。

《破产审判纪要（2018）》第二十三条规定：人民法院受理破产清算申请后，第一次债权人会议上无人提出重整或和解申请的，管理人应当在债权审核确认和必要的审计、资产评估后，及时向人民法院提出宣告破产的申请。人民法院受理破产和解或重整申请后，债务人出现应当宣告破产的法定原因时，人民法院应当依法宣告债务人破产。

2. 根据《企业破产法》第七十八条规定，债务人在重整期间出现如下法定事由：

（1）债务人的经营状况和财产状况继续恶化，缺乏挽救的可能性；

（2）债务人有欺诈、恶意减少企业财产或者其他显著不利于债权人的行为；

（3）由于债务人的行为致使管理人无法执行职务的。

3. 根据《企业破产法》第七十九条规定，债务人或者管理人未能在法定期限内提出重整计划草案。

4. 根据《企业破产法》第八十八条规定，重整计划未获通过并且人民法院没有强制批准重整计划。

5. 根据《企业破产法》第九十三条规定，债务人不能执行或者不执行重整计划。

6. 根据《企业破产法》第九十九条规定，和解协议草案经债权人会议表决没有通过或者债权人会议通过的和解协议未获得法院认可。

7. 根据《企业破产法》第一百零三条规定，和解协议是因为债务人的欺诈或者其他不法行为而成立的，该协议无效，人民法院应当宣告债务人破产。

8. 根据《企业破产法》第一百零四条规定，债务人不按或者不能按和解协议规定的条件清偿债务。

第三条 【破产宣告的障碍】

破产宣告障碍，是指阻止人民法院宣告债务人进行破产清算的法定事由。

《企业破产法》第一百零八条规定：破产宣告前，有下列情形之一的，人民法院应当裁定终结破产程序，并予以公告：第三人为债务人提供足额担保或者为债务人清偿全部到期债务的；债务人已清偿全部到期债务。

如出现以下三种情况，则不应宣告债务人破产，应裁定终结破产程序：

1. 第三人为债务人提供足额担保；

2. 第三人为债务人清偿全部到期债务；

3. 债务人已清偿全部到期债务。

第四条 【破产宣告的时间】

破产宣告的时间具体如下：

1. 在无人提出重整或和解申请时，宣告破产的时间有两种情况：

（1）人民法院受理破产清算申请后，第一次债权人会议上无人提出重整或和解申请的，管理人应当在债权审核确认和必要的审计、资产评估后，及时向人民法院提出宣告破产的申请。管理人不申请的，人民法院依职权宣告破产；

（2）破产申请受理后，债务人的财产不足以清偿破产费用，且无人代为清偿或予以垫付的，经管理人申请，人民法院应当宣告债务人破产，并裁定终结破产程序。宣告债务人破产的时间不受前款规定限制。

2. 人民法院受理破产和解或重整申请后，债务人出现应当宣告破产的法定原因时，人民法院应当依法宣告债务人破产，其中：

（1）重整转破产清算，宣告破产的时间有四种情况。详见本书第一部分第十章第八节。

（2）和解转破产清算，宣告破产的时间有三种情况。详见本书第一部分第十一章第二节。

第五条 【破产宣告的程序】

《破产审判纪要（2018）》第二十四条规定：相关主体向人民法院提出宣告破产申请的，人民法院应当自收到申请之日起七日内作出破产宣告裁定并进行公告。

《企业破产法》第一百零七条第一款规定：人民法院依照《企业破产法》规定宣告债务人破产的，应当自裁定作出之日起五日内送达债务人和管理人，自裁定作出之日起十日内通知已知债权人，并予以公告。

破产宣告，人民法院应当以裁定的形式作出。破产宣告的裁定一般应当包括债务人的基本情况、宣告债务人破产的理由和事实根据以及破产宣告的日期等内容。

人民法院应当将宣告债务人破产的信息以三种方式告知有关人员和社会公众：

1. 对于债务人和管理人，应当依照《民事诉讼法》规定的程序和方式，将宣告债务人破产的裁定自裁定作出之日起五日内送达债务人和管理人；

2. 对人民法院已经知道的债权人，应当直接通知；

3. 对于人民法院不知道的债权人、其他利害关系人等，通知以公告的形式进行。

第六条 【破产宣告的法律效力】

破产宣告的性质为司法审判行为，并发生《企业破产法》上规定的对债务人和债权人的法律约束力。破产宣告的法律效力如下：

（一）债务人被宣告破产后，有关称谓发生了变化

《企业破产法》第一百零七条第二款规定：债务人被宣告破产后，债务人称为破产人，债务人的财产称为破产财产，人民法院受理破产申请时对债务人享有的债权称为破产债权。

破产债权只能依照破产分配程序获得清偿，不得在分配程序之外行使权利。

（二）担保权人权利的行使

在人民法院裁定宣告破产后，对债务人特定财产享有担保权的债权人可以就该特定财产行使优先受偿权。但因单独处置担保财产会降低其他破产财产的价值而应整体处置的除外。

担保债权人占有担保物的，应遵循《民法典》及司法解释的有关规定行使其优先受偿权。

管理人占有担保物的，应在通知担保债权人后，依法定程序处置担保物；担保债权人亦可向管理人要求就该特定财产行使优先受偿权。管理人根据案件情况在十五日内决定是否同意其立即行使权利，并与之协商确定权利实现期限和实现方式。担保债权人对管理人的决定有异议，或者不能协商一致的，可以向受理破产案件的人民法院提起诉讼。

对债务人特定财产享有担保权的债权人行使优先受偿权未能完全受偿的，其未受偿的债权作为普通债权；放弃优先受偿权利的，其债权作为普通债权。

（三）职工劳动合同终止

债务人被宣告破产的，自裁定作出之日，破产企业职工与破产人的劳动合同终止。宣告破产裁定作出之日为职工工资的停止日。破产人所欠职工的工资和医疗、伤残补助、抚恤费用，所欠的应当划入职工个人账户的基本养老保险、基本医疗保险费用，以及法律、行政法规规定应当支付给职工的补偿金的计算截至裁定宣告破产之日。

（四）程序转换限制

债务人被宣告破产后，不得再转入重整程序或和解程序。

（五）管理人拟定变价方案并适时出售财产，进行分配

破产宣告后，管理人应当拟订破产变价方案，按照债权人会议的决议或者人民法院的裁定，适时变价出售财产，并以货币分配方式分配破产财产。

（六）财产和营业事务的移交

由债务人自行管理的重整程序转为清算程序的，或者和解协议生效后转为破产清算的，债务人应当在人民法院裁定宣告破产后，立即向管理人办理财产和营业事务的移交。

第二节　破产财产变价

第七条　【破产财产变价的概念】

破产财产变价是指在破产清算程序中，将债务人的非货币财产，以拍卖或者债权人会议决议的其他形式，转变为货币财产的行为。

《企业破产法》第一百一十四条规定：破产财产的分配应当以货币分配方式进行。但是，债权人会议另有决议的除外。

第八条　【破产财产的范围】

破产财产的范围也就是债务人财产的范围，包括破产申请受理时属于债务人的全部财产，以及破产申请受理后至破产程序终结前债务人取得的财产，为债务人财产。详见本书第一部分第四章第一节。

第九条　【别除权】

（一）别除权的概念及法律规定

别除权是指在破产程序开始之前，就债务人的特定财产上设定了担保物权或者存在其他特别优先权的，于债务人宣告破产后，权利人享有就该特定财产不依照破产清算程序个别优先受偿的权利。

《企业破产法》第一百零九条规定：对破产人的特定财产享有担保权的权利人，对该特定财产享有优先受偿的权利。

（二）别除权的权利人

《企业破产法》规定的可以在破产程序中行使别除权的权利人：

1. 对破产人的特定财产享有抵押权、质权、留置权的权利人；

2. 基于所有权保留合同、融资租赁合同、保理合同等具有担保功能的合同对特定财产享有担保权的权利人；

3. 法律确立的享有其他法定优先权的权利人，例如：

（1）《民法典》第八百零七条规定的享有的建设工程价款优先受偿权的承包人；

（2）《海商法》第二十一条规定的船舶优先权人；

（3）《民用航空法》第十八条规定的民用航空器优先权人。

（三）别除权的行使和限制

《破产审判纪要（2018）》第二十五条规定：在破产清算和破产和解程序中，对债务人特定财产享有担保权的债权人可以随时向管理人主张就该特定财产变价处置行使优先受偿权，管理人应及时变价处置，不得以须经债权人会议决议等为由拒绝。但因单独处置担保财产会降低其他破产财产的价值而应整体处置的除外。

（四）别除权的不完全实现与放弃

《企业破产法》第一百一十条规定：享有《企业破产法》第一百零九条规定权利的债权人行使优先受偿权利未能完全受偿的，其未受偿的债权作为普通债权；放弃优先受偿权利的，其债权作为普通债权。

第十条　【破产财产的处置原则】

《破产审判纪要（2018）》第二十六条规定：破产财产处置应当以价值最大化为原则，兼顾处置效率。人民法院要积极探索更为有效的破产财产处置方式和渠道，最大限度提升破产财产变价率。采用拍卖方式进行处置的，拍卖所得预计不足以支付评估拍卖费用，或者拍卖不成的，经债权人会议决议，可以采取作价变卖或实物分配方式。变卖或实物分配的方案经债权人会议两次表决仍未通过的，由人民法院裁定处理。

第十一条 【拟订破产财产变价方案】

破产财产变价方案，是指把破产财产中的非货币财产通过变价出售转变为货币财产的具体方案。

《企业破产法》第一百一十一条的规定：管理人应当及时拟订破产财产变价方案，提交债权人会议讨论。管理人应当按照债权人会议通过的或者人民法院依照《企业破产法》第六十五条第一款规定裁定的破产财产变价方案，适时变价出售破产财产。

财产变价方案应当包括以下内容：

1. 破产人的基本财产状况；

2. 债务人财产进入破产程序后的变动情况、变动的原则及措施；

3. 拟变价的破产财产范围、形态、类别、评估情况；

4. 破产财产变价处置的原则、方式，委托评估、拍卖机构的情况；

5. 财产变价的时间与进度安排；

6. 财产变价的预计费用。

第十二条 【拟订变价方案的前期工作】

破产财产变价方案要根据市场情况，在估价的基础上，对破产财产进行市场行情、前景的分析，以实现破产财产价值的最大化。

1. 充分了解政府的产业政策、市场情况；

2. 利用好政府的招商引资平台，掌握战略投资者的参与意向，鼓励更多的投资者参与竞拍；

3. 兼顾平衡债权人利益、债务人利益和社会利益；

4. 涉及税务、国土、规划、市场监督等部门相关事项的，提前对接，尽量将政策等相关因素考虑在变价方案中。

第十三条 【制定变价方案时的注意事项】

制定方案时要注意以下几点：

1. 要结合多方因素考虑破产财产的出售方式，是整体出售还是分拆出售，管理人应考虑破产财产整体拍卖和拆零拍卖在最终变现价值、变现时间及难度等问题上的平衡，破产财产处置时间拖得越长，其最终变现的价值就越低。因此，要在尽可能短的时间内尽可能多地将破产财产变现。

2. 对于实物的分配处理时要慎重。通常情况下要将破产财产全部变现，只有债权人有较强的意愿接受实物时，进行实物分配的方案才可行。

3. 适时变价出售破产财产。依据《企业破产法》第一百一十一条第二款规定，管理人需要“适时变价出售破产财产”，这里所说的“适时”是指管理人应根据破产财产的具体情况，安排在合适的时机将破产财产变现。例如，在处置有价证券（含股票或基金）时，不宜采取人民法院强制执行类似财产的做法，即按预先安排的固定日期进行公开交易，而宜聘用专业机构或人员，依其专业判断，依照“合理商业预期”原则在一定的期间内视市场状况进行变价操作，以最大限度地保护债权人利益。

4. 对于变价可能出现的困难充分分析并制定相应预案。管理人应对变价过程中可能遇到的困难进行充分分析，做好相应的预案，并可请求债权人会议授予其一定灵活处理的权利。特别是对于那些需要减值或报废处理的财产，管理人需要尽早向债权人会议作出提示和说明。

第十四条　【破产财产变价方案的表决和批准】

管理人应将破产财产变价方案提交债权人会议讨论，债权人会议通过破产财产变价方案，应当按照《企业破产法》第六十四条的规定，由出席会议有表决权的债权人的过半数通过，并且其所代表的债权额应当占无财产担保的债权额的二分之一以上。

根据《企业破产法》第六十五条的规定，当债权人会议不能表决通过破产财产变价方案时，人民法院可以依法裁定。同时，根据《企业破产法》第六十六条的规定，债权人对裁定不服的，可以自裁定宣布之日或者收到通知之日起十五日内向作出裁定的人民法院申请复议，复议期间不停止裁定的执行。

第十五条　【破产财产变价出售的原则】

破产财产变价方案经债权人会议讨论通过或由人民法院裁定后，管理人应当按照破产财产变价方案的规定，适时变价出售破产财产。变价出售应遵守如下原则：

1. 破产财产处置应当以价值最大化为原则，兼顾处置效率；

2. 破产企业可以全部或者部分变价出售；

3. 破产财产中的成套设备，应当整体出售，不能整体出售的，可以分散出售；无形资产和其他财产可单独变价出售；

4. 按照国家规定不能拍卖或者限制转让的财产，应当按照国家规定的方式处理。

第十六条　【破产财产的评估】

处理破产财产前，管理人可以确定有相应评估资质的评估机构对破产财产进行评估。债权人会议对破产财产的变现底价无异议的，可以不进行评估。

破产企业为国有性质的，其资产的评估应按照国有资产评估的规定办理。但国有资产管理部门和债权人会议均同意不评估的除外。

第十七条　【破产财产的变价方式】

1.《企业破产法》第一百一十二条规定：变价出售破产财产应当通过拍卖进行。但是，债权人会议另有决议的除外。

2. 根据《破产审判纪要（2018）》第二十六条的规定及实践中的操作，破产财产的变价，有以下方式：

（1）变价出售破产财产应当通过拍卖进行。

（2）作价变卖。拍卖所得预计不足以支付评估、拍卖费用，或者拍卖不成的破产财产，可以根据债权人会议决议作价变卖。

3. 依据《最高人民法院关于人民法院网络司法拍卖若干问题的规定》第二条、第三条的规定，人民法院以拍卖方式处置财产的，应当采取网络司法拍卖方式，但法律、行政法规和司法解释规定必须通过其他途径处置，或者不宜采用网络拍卖方式处置的除外。网络司法拍卖应当在互联网拍卖平台上向社会全程公开，接受社会监督。

第十八条 【破产财产变价方案的实施】

《企业破产法》第一百一十一条第二款规定：管理人应当按照债权人会议通过的或者人民法院依照《企业破产法》第六十五条第一款规定裁定的破产财产变价方案，适时变价出售破产财产。

《企业破产法》第一百一十二条第二款规定：破产企业可以全部或者部分变价出售。企业变价出售时，可以将其中的无形资产和其他财产单独变价出售。

第十九条 【特定破产财产的变价】

《企业破产法》第一百一十二条第三款规定：按照国家规定不能拍卖或者限制转让的财产，应当按照国家规定的方式处理。

对于以下特定财产应根据财产的性质和相关规定进行变价：

1. 以划拨方式取得的国有土地使用权及其地上建筑物设定抵押的，就该抵押物拍卖的价款，应优先缴纳国家收取的土地使用权出让金。

2. 债务人的房屋、以出让方式取得的国有土地使用权等不动产及船舶、汽车及其他机动车辆等特殊动产的变价出售，应依法办理权属变更登记手续。

3. 有价证券的变价方式应根据其性质确定。其中，支票、汇票都可到中国银行及其他银行兑换，无须另行出售；企业债券能够在银行贴现的，可贴现；不能贴现，可折成资金参加分配。股票在股票交易所进行拍卖。

4. 对外投资的收回。债务人对外股权投资及收益属于债务人的财产。破产企业的对外投资应当通过拍卖或者协议转让股权的方式予以收回。

管理人拍卖或者协议转让债务人持有的有限责任公司股权的，应当依法通知公司及全体股东；管理人拍卖或者协议转让债务人投资的股份有限公司股权的，应当依法通知公司。

5. 国家限制生产经营的生产资料或产品，收购人应具备相应的生产经营许可。

6. 破产财产为文物的，经国家文物管理部门鉴定批准后，才能变价出售。

7. 法律规定的不能拍卖的自然资源等，不能进行变价出售，应依法处理。

第二十条 【破产财产变价方案实施情况的报告】

1. 《破产法司法解释（三）》第十五条第一款规定：管理人处分《企业破产法》第六十九条规定的债务人重大财产的，应当事先制作财产管理或者变价方案并提交债权人会议进行表决，债权人会议表决未通过的，管理人不得处分。

2. 根据《企业破产法》第六十九条的规定，管理人实施下列变价行为，应当提前十日书面报告债权人委员会，未设立债权人委员会的，管理人实施前款规定的行为应当及时报告人民法院：

（1）涉及土地、房屋等不动产权益的转让；

（2）探矿权、采矿权、知识产权等财产权的转让；

（3）全部库存或者营业的转让；

（4）债权和有价证券的转让；

（5）对债权人利益有重大影响的其他财产变价处分行为。

债权人委员会可以依照《企业破产法》第六十八条第二款的规定，要求管理人对处分行为作出相应说明或者提供有关文件依据。

3. 债权人委员会认为管理人实施的处分行为不符合债权人会议通过的财产管理或变价方案的，有权要求管理人纠正。管理人拒绝纠正的，债权人委员会可以请求人民法院作出决定。

人民法院认为管理人实施的处分行为不符合债权人会议通过的财产管理或变价方案的，应当责令管理人停止处分行为。管理人应当予以纠正，或者提交债权人会议重新表决通过后实施。

第二十一条　【变价费用】

依据《企业破产法》第四十一条第二项的规定，破产财产的变价费用是破产费用，从破产财产中随时支付。

第三节　破产财产分配

第二十二条　【破产财产分配的原则】

（一）顺位法定原则

《企业破产法》第一百一十三条明确规定了破产财产的清偿顺序。

（二）平等清偿原则

根据《企业破产法》第一百一十三条的规定，破产财产不足以清偿同一顺序的清偿要求的，按照比例分配。

（三）货币分配为主的原则

《企业破产法》第一百一十四条规定：破产财产的分配应当以货币分配方式进行。但是，债权人会议另有决议的除外。

第二十三条　【破产财产的分配方式】

破产财产分配是将可供分配的破产财产实际支付给债权人的过程。

（一）现金分配

破产财产分配在变价完成后进行，应坚持以货币分配为原则。

（二）实物分配

拍卖所得预计不足以支付评估、拍卖费用，或者拍卖不成的破产财产，可以根据债权人会议决议作价变卖。出现以上情形的，可以进行实物分配。

变卖或实物分配的方案经债权人会议两次表决仍未通过的，由人民法院裁定处理。

（三）直接分配债权

管理人应当向破产企业的债务人追收债权，债权追收成本过高的，经债权人会议决议，可以放弃债权，亦可以选择拍卖债权。拍卖不成的，可以分配债权。

债权人会议决议直接分配债权的，可以进行债权分配。由管理人向债权人出具债权分配书，债权人可以凭债权分配书向债务人的债务人要求履行。

第二十四条 【破产财产的清偿顺序】

1.《企业破产法》第一百一十三条规定：破产财产在优先清偿破产费用和共益债务后，依照下列顺序清偿：

（1）破产人所欠职工的工资和医疗、伤残补助、抚恤费用，所欠的应当划入职工个人账户的基本养老保险、基本医疗保险费用，以及法律、行政法规规定的应当支付给职工的补偿金；

（2）破产人欠缴的除前项规定以外的社会保险费用和破产人所欠税款；

（3）普通破产债权。

破产财产不足以清偿同一顺序的清偿要求的，按照比例分配。

2. 对于法律没有明确规定清偿顺序的债权的清偿顺序。《破产审判纪要（2018）》第二十八条规定：对于法律没有明确规定清偿顺序的债权，人民法院可以按照人身损害赔偿债权优先于财产性债权、私法债权优先于公法债权、补偿性债权优先于惩罚性债权的原则合理确定清偿顺序。因债务人侵权行为造成的人身损害赔偿，可以参照《企业破产法》第一百一十三条第一款第一项规定的顺序清偿，但其中涉及的惩罚性赔偿除外。破产财产依照《企业破产法》第一百一十三条规定的顺序清偿后仍有剩余的，可依次用于清偿破产受理前产生的民事惩罚性赔偿金、行政罚款、刑事罚金等惩罚性债权。

第二十五条 【拟订破产财产分配方案】

依据《企业破产法》第一百一十五条的规定，管理人应当及时拟订破产财产分配方案，提交债权人会议讨论。破产财产分配方案应当载明下列事项：

1. 参加破产财产分配的债权人名称或者姓名、住所。参加破产财产分配的债权人名称或者姓名、应与债权表上确认的内容一致。

2. 参加破产财产分配的债权额。应列明债权性质及金额。

3. 可供分配的破产财产数额。可供分配的破产财产数额原则上是完成变现后可用于分配的货币总额。但如进行实物分配，则须列明需进行分配的实物的品种、数量和评估确认的价值数额。

4. 破产财产分配的顺序、比例及数额。

5. 实施破产财产分配的方法。

第二十六条　【破产财产分配方案的通过和批准】

依据《企业破产法》第一百一十五条的规定，管理人应当及时拟订破产财产分配方案，提交债权人会议讨论。

依据《企业破产法》第六十四条的规定，通过破产分配方案，由出席会议的有表决权的债权人过半数通过，并且其所代表的债权额占无财产担保债权总额的二分之一以上。

依据《企业破产法》第一百一十六条的规定，如债权人会议通过破产财产分配方案，管理人应将该方案提请人民法院裁定认可。破产财产分配方案经人民法院裁定认可后，由管理人执行。

如债权人会议没有通过破产财产分配方案，应再召开一次债权人会议。如破产财产分配方案经债权人会议二次表决仍未通过的，依据《企业破产法》第六十五条第二款的规定，由人民法院裁定。

第二十七条　【破产财产分配方案的执行】

《企业破产法》第一百一十六条规定：破产财产分配方案经人民法院裁定认可后，由管理人执行。

管理人按照破产财产分配方案实施多次分配的，应当公告本次分配的财产额和债权额。管理人实施最后分配的，应当在公告中指明，并载明本法第一百一十七条第二款规定的事项。

第二十八条　【破产人为保证人的破产财产分配原则】

1. 破产人为保证人的，债权人在一般保证人破产程序中的分配额应予提存，待一般保证人应承担的保证责任确定后，再按照破产清偿比例予以分配。

保证人被确定应当承担保证责任的，保证人的管理人可以就保证人实际承担的清偿额向主债务人或其他债务人行使求偿权。

2. 债务人、保证人均被裁定进入破产程序的，债权人向债务人、保证人均申报全部债权的，从一方破产程序中获得清偿后，其对另一方的债权额不作调整，但债权人的受偿额不得超出其债权总额。保证人履行保证责任后不再享有求偿权。

第二十九条　【保证人的清偿责任和求偿权的限制】

破产程序终结前，已向债权人承担了保证责任的保证人，可以要求债务人向其转付已申报债权的债权人在破产程序中应得清偿部分。破产程序终结后，债权人就破产程序中未受清偿部分要求保证人承担保证责任的，应在破产程序终结后六个月内提出。保证人承担保证责任后，不得再向和解或重整后的债务人行使求偿权。

第三十条 【提存】

（一）法律规定

1.《企业破产法》第一百一十七条规定：对于附生效条件或者解除条件的债权，管理人应当将其分配额提存。管理人依照前款规定提存的分配额，在最后分配公告日，生效条件未成就或者解除条件成就的，应当分配给其他债权人；在最后分配公告日，生效条件成就或者解除条件未成就的，应当交付给债权人。

2.《企业破产法》第一百一十八条规定：债权人未受领的破产财产分配额，管理人应当提存。债权人自最后分配公告之日起满两个月仍不领取的，视为放弃受领分配的权利，管理人或者人民法院应当将提存的分配额分配给其他债权人。

（二）具体操作

1. 附条件债权分配额的提存。对于附生效条件或者解除条件的债权，管理人应当将其分配额提存。管理人依照前述规定提存的分配额，在最后分配公告日，生效条件未成就或者解除条件成就的，应当分配给其他债权人；在最后分配公告日，生效条件成就或者解除条件未成就的，应当交付给债权人。

2. 未受领破产财产分配额的提存。债权人未受领的破产财产分配额，管理人应当提存。债权人自最后分配公告之日起满两个月仍不领取的，视为放弃受领分配的权利，管理人或者人民法院应当将提存的分配额分配给其他债权人。

3. 诉讼或者仲裁未决债权分配额的提存。破产财产分配时，对于诉讼或者仲裁未决的债权，管理人应当将其分配额提存。自破产程序终结之日起满两年仍不能受领分配的，人民法院应当将提存的分配额分配给其他债权人。

第三十一条 【追加分配】

（一）追加分配的法律规定

《企业破产法》第一百二十三条规定：自破产程序依照《企业破产法》第四十三条第四款或者第一百二十条的规定终结之日起二年内，有下列情形之一的，债权人可以请求人民法院按照破产财产分配方案进行追加分配：

1. 发现有依照《企业破产法》第三十一条、第三十二条、第三十三条、第三十六条规定应当追回的财产的；

2. 发现破产人有应当供分配的其他财产的。

有前款规定情形，但财产数量不足以支付分配费用的，不再进行追加分配，由人民法院将其上交国库。

（二）追加分配的财产范围

追加分配的财产，为自破产清算程序终结之日起二年内发现的如下财产：

1. 按《企业破产法》第三十一条、第三十二条、第三十三条、第三十六条规定应当追回的财产；

2. 因纠正破产程序中错误支出的款项或错误认可的债务而追回的款项；

3. 破产程序终结后发现破产人有应当供分配的其他财产。

（三）追加分配破产财产的特征

追加分配的破产财产首先应具有以下特征：

1. 在时间上，必须是在破产最后分配之后实现的破产财产，才能构成追加分配的财产。

2. 在形态上，必须是可供分配的破产财产。

3. 在数额上，必须是达到一定数额的财产，才能实施追加分配。如财产较少，人民法院认为无再行分配的必要，可归破产企业的上级主管部门。

4. 必须是可以实现的财产。无论是“发现”的财产还是“出现”的财产，无法实现的财产不能作为破产财产清偿分配。确实无法收回的破产企业的财产，不列为破产财产进行分配。

（四）追加分配的除斥期间

追加分配的除斥期间，是破产程序终结后连续计算的不能中断和不能延长的固定期间。在此期间内发现符合上述规定的财产的，应当予以追回并进行追加分配。追加分配的除斥期间为两年。此期间的起算点有两种：一是因债务人财产不足以清偿破产费用，破产程序依据《企业破产法》第四十三条规定的终结之日；二是因破产人无财产可供分配，破产程序依据《企业破产法》第一百二十条规定的终结之日。

（五）追加分配顺序

已经在清算分配中获得满足的顺位，不得参加追加分配。尚未获得完全清偿的请求权属于不同顺位的，应首先清偿在先顺位的请求权。同一顺位的请求权不能全部满足的，按比例清偿。实践中，可以根据最后分配的方案，确定应接受追加分配的债权人名单。

（六）其他注意事项

追加分配应当依债权人的请求而启动，无分配次数的限制，但受可供分配的财产数额的限制，如拟分配的财产数额不足以清偿分配费用的，则不再追加分配。

第四节　破产程序终结

第三十二条　【破产程序终结的概念】

破产程序终结，又称破产程序终止，是指法院受理破产案件后，因某种法律事实的存在而依法裁定结束破产程序的司法行为。

第三十三条　【应终结破产程序的情形】

《企业破产法》规定应终结破产程序的情形包括以下几种。

（一）宣告破产前裁定终结破产程序

宣告破产前，有下列情形之一的，人民法院应当裁定终结破产程序，并予以公告：

1. 第三人为债务人的全部债务提供足额担保，包括到期债务，以及因破产受理而视为到期的未到期债务，且为债权人所接受；

2. 债务人已清偿全部债务，包括到期债务，以及因破产受理而视为到期的未到期债务。

（二）破产程序因破产财产分配完毕而终结

《企业破产法》第一百二十条第二款规定：管理人在最后分配完结后，应当及时向人民法院提交破产财产分配报告，并提请人民法院裁定终结破产程序。

（三）破产程序因和解、重整程序顺利完成或全体当事人自行达成和解协议而终结

《企业破产法》第一百零五条规定：人民法院受理破产申请后，债务人与全体债权人就债权债务的处理自行达成协议的，可以请求人民法院裁定认可，并终结破产程序。

（四）破产程序因无财产可供分配终结

《企业破产法》第一百二十条第一款规定：破产人无财产可供分配的，管理人应当请求人民法院裁定终结破产程序。

（五）债务人财产不足以清偿破产费用而终结

《企业破产法》第四十三条第四款规定：债务人财产不足以清偿破产费用的，管理人应当提请人民法院终结破产程序。

第三十四条 【终结破产程序的申请与裁定】

《企业破产法》第一百二十条规定：破产人无财产可供分配的，管理人应当请求人民法院裁定终结破产程序。管理人在最后分配完结后，应当及时向人民法院提交破产财产分配报告，并提请人民法院裁定终结破产程序。人民法院应当自收到管理人终结破产程序的请求之日起十五日内作出是否终结破产程序的裁定。裁定终结的，应当予以公告。

第三十五条 【提前终结破产程序的情形】

人民法院终结破产清算程序应当以查明债务人财产状况、明确债务人财产的分配方案、确保破产债权获得依法清偿为基础。破产申请受理后，存在下列情形的，可依法提前终结破产程序：

1. 经管理人调查，债务人财产不足以清偿破产费用且无人代为清偿或垫付的，人民法院应当依管理人申请宣告破产并裁定终结破产清算程序。

2. 同时符合下列条件的，管理人可以申请人民法院提前终结破产清算程序：

（1）对债务人占有的财产已经处分完毕，并已向债权人分配完毕；

（2）尚有小额财产未追回，但债务人为此已经提起诉讼或者申请仲裁；

（3）人民法院已经裁定认可的破产财产分配方案对该尚未追回财产的分配有明确规定。

人民法院应当严格把握上述提前终结破产清算程序的条件。

人民法院裁定提前终结破产程序时，债务人清收财产的诉讼或仲裁尚未终结的，最终追回的财产应按照破产财产分配方案的规定，向债权人补充分配，不受破产清算程序终结后两年期限的限制。

第三十六条　【破产人的保证人的清偿责任】

《企业破产法》第一百二十四条规定：破产人的保证人和其他连带债务人，在破产程序终结后，对债权人依照破产清算程序未受清偿的债权，依法继续承担清偿责任。

第五节　管理人的后续工作

第三十七条　【注销破产企业】

依据《企业破产法》第一百二十一条规定，管理人应当自破产程序终结之日起十日内，持人民法院终结破产程序的裁定，向破产人的原登记机关办理注销登记。

第三十八条　【注销的相关项目】

企业在完成清算后，需要分别注销税务登记、企业登记、社会保险登记，涉及海关报关等相关业务的企业，还需要办理海关报关单位备案注销等事宜。

（一）申请注销税务登记

经人民法院裁定宣告破产或强制清算的企业，管理人持人民法院终结破产程序裁定书或强制清算程序的裁定申请税务注销的，税务部门即刻出具清税文书。

（二）申请注销企业登记

人民法院裁定强制清算或裁定宣告破产的，企业清算组、破产管理人可持人民法院终结强制清算程序的裁定或终结破产程序的裁定，直接向登记机关申请办理注销登记。企业申请注销登记前，应当依法办理分支机构注销登记，并处理对外投资的企业转让或注销事宜。

（三）申请注销社会保险登记

管理人应当自办理企业注销登记之日起三十日内，向原社会保险登记机构提交注销社会保险登记申请和其他有关注销文件，办理注销社会保险登记手续。企业应当结清欠缴的社会保险费、滞纳金、罚款后，办理注销社会保险登记。

（四）申请办理海关报关单位备案注销

涉及海关报关相关业务的企业，可通过“中国国际贸易单一窗口”（http：//www. singlewindow. cn）、“互联网＋海关”（http：//ordinB. customs. gov. cn）等方式向海关提交报关单位注销申请，也可通过市场监管部门与海关联网的注销“一网”服务平台提交注销申请。对于已在海关备案，存在欠税（含滞纳金）、罚款及其他应办结的海关手续的报关单位，应当在注销前办结海关有关手续。报关单位备案注销后，向市场监管部门申请注销企业登记。

第三十九条　【办理企业注销登记应提交的材料】

1. 破产管理人签署《公司注销登记申请书》（加盖破产管理人单位的公章）；

2. 破产管理人签署《指定代表或者共同委托代理人的证明》（加盖破产管理人单位的公章）及指定代表或者委托代理人的身份证件复印件；

3. 人民法院终结破产程序的裁定书；

4. 破产人《企业法人营业执照》正本、副本；

5. 法律、行政法规规定应当提交的其他文件。

第四十条 【档案移交及保存】

1. 管理人工作底稿等工作档案，移交管理人所属单位内部档案管理机构保存。

2. 债权人会议文件等档案应依人民法院要求移交审理法院保存。

3. 破产企业档案的保存。破产企业的账册、文书等卷宗材料应于破产程序终结后移交给人民法院或人民法院指定的其他机构，并做好相关交接手续。

破产企业的职工档案一般由破产企业当地的社会保障局或档案馆进行保存，如需交纳保管费的，保管费用比照破产费用由管理人在破产财产分配时预留。

4. 涉密档案的移交。对于破产企业的涉密档案，在企业进入破产程序之后，管理人应将涉密档案进行封存，直至企业破产程序终结前，管理人应根据文件涉密级别，向法院申请，经法院许可之后，管理人与破产企业所在地政府主管部门沟通后移交。

第四十一条 【关于破产企业档案保管机构的规定】

关于破产企业档案保管目前存在如下几项规定，管理人应结合所在地的实际情况处理：

1. 依据《审理企业破产案件规定》第九十九条的规定，移交破产企业上级主管机关保存；无上级主管机关的，由破产企业的开办人或者股东保存。

依据国家档案局《各级各类档案馆收集档案范围的规定》的规定，国有企业档案可移交同级档案馆。

参考《重庆市国有破产企业档案处置管理实施办法》第七条的规定，国有破产企业档案应按国家有关规定实行分类移交或寄存，具体如下：

（1）基建、设备仪器类档案随厂房、设施和设备仪器的处置而转移给接收方。

（2）产品、科研类（含专利、商标、技术成果等）档案，由处置双方协商交接，国家有明确规定的除外。

（3）文书档案（或按企业十大类分类的党群工作类、行政管理类、生产技术管理类、经营管理类档案）和会计类档案向同级地方国家综合档案馆寄存。基建、产品、科研类档案若无接收方的也可向同级国家综合档案馆寄存。

（4）破产工作期间形成的各类文件材料，待破产终结并审计结束后，整理成两套，一套向上级主管单位移交（此套为原件），另一套随同原破产企业档案向同级地方国家综合档案馆寄存。

（5）企业职工个人档案按规定进行移交管理。与企业终止劳动关系的职工个人档案，移交其户口所在地街道（镇）保管；离休人员个人档案移交相应管理单位保管；退休人员个人档案移交企业所在地街道（镇）或社会保险经办机构保管；企业死亡职工个人档案，若无接收方的也可向同级国家综合档案馆寄存。

2. 依据《劳动合同法》第五十条第一款的规定，用人单位应当在解除或者终止劳动合同之日起十五日内为劳动者办理档案转移手续（转至社会保障部门指定机构保存）。

第四十二条　【管理人终止执行职务】

依据《企业破产法》第一百二十二条的规定，管理人在办理完注销登记的次日就终止执行其职务，有诉讼或者仲裁未决情况的除外。

管理人应向人民法院办理终止执行职务的手续，一般包括：

1. 提交终止执行职务报告，说明财产分配完成后剩余的资产和资金的处理情况，及整个破产程序期间各项费用收支情况，如对收支情况进行审计的，应提交相应审计报告；

2. 破产人注销登记的相关材料；

3. 管理人应向人民法院注销管理人印章；

4. 其他相关资料文件。

第四十三条　【特殊情况下管理人的保留】

存在诉讼或者仲裁未决情况，有可以追收的破产财产、追加分配等善后事宜需要处理的，经人民法院同意，可以在管理人办理完注销登记后仍然继续处理善后事宜。这种情况下，管理人的公章、账号可继续保留，待相关事项处理完毕或在一定期限后，再终止执行职务。

第十三章　关联企业破产

【本章概述】

公司人格独立和股东有限责任是公司法的基本原则。否认公司独立人格，将滥用公司法人独立地位和股东有限责任的股东与其子公司或同一控制人控制的其他关联企业合并审理，是审理破产案件的例外情形，旨在纠正有限责任制度在特定法律事实发生时对债权人保护的失衡现象。

人民法院在审理关联企业破产案件时，应当立足于破产关联企业之间的具体关系模式，采取不同方式予以处理。既要通过实质合并审理方式处理法人人格高度混同的关联关系，确保全体债权人公平清偿，也要避免不当采用实质合并审理方式损害相关利益主体的合法权益。必要时可对不具备实质合并破产的关联企业采取协调审理的方式进行审理。

第一条　【独立法人适用单个破产程序的基本原则】

《破产审判纪要（2018）》第三十二条规定：人民法院在审理企业破产案件时，应当尊重企业法人人格的独立性，以对关联企业成员的破产原因进行单独判断并适用单个破产程序为基本原则。当关联企业成员之间存在法人人格高度混同、区分各关联企业成员财产的成本过高、严重损害债权人公平清偿利益时，可例外适用关联企业实质合并破产方式进行审理。

根据以上规定，关联企业破产的原则如下：

（一）尊重法人人格的独立性原则

人民法院在审理企业破产案件时，应当尊重企业法人人格的独立性，以对关联企业成员的破产原因进行单独判断并适用单个破产程序为基本原则。

债务人的母公司、子公司、由同一控制人控制的其他企业等具有独立法人资格的关联企业不能清偿到期债务，需要进行破产还债的，原则上应当分别提出破产申请。

（二）审慎适用原则

在股东或实际控制人实施了滥用破产企业法人独立地位及股东有限责任的行为，使关联企业成员之间存在法人人格高度混同、区分各关联企业成员财产的成本过高、严重损害债权人公平清偿利益时，可例外适用关联企业实质合并破产方式进行审理。损害债权人利益主要是指股东或实际控制人滥用权利使破产企业的财产不足以清偿公司债权人的债权。

（三）协调审理原则

多个关联企业成员均存在破产原因但不符合实质合并条件的，人民法院可依据相关主体的申请对多个破产程序进行协调审理。详见本章第十条。

第二条　【实质合并申请的申请人】

关联企业不当利用关联关系，导致关联企业成员之间法人人格高度混同，损害债权人公平受偿利益的，关联企业成员、关联企业成员的债权人、关联企业成员的清算义务人、已经进入破产程序的关联企业成员的管理人，可作为合并破产的申请人向人民法院提出对关联企业进行合并破产的申请。

破产申请受理后，债权人通过债权人会议或者债权人委员会，要求管理人依法向次债务人、债务人的出资人等追收债务人财产，管理人无正当理由拒绝追收，个别债权人代表全体债权人提起相关诉讼，主张次债务人或者债务人的出资人等向债务人清偿或者返还债务人财产，或者依法申请合并破产的，人民法院应予受理。

第三条　【实质合并审理的管辖原则与冲突解决】

采用实质合并方式审理关联企业破产案件的，应由关联企业中的核心控制企业住所地人民法院管辖。核心控制企业不明确的，由关联企业主要财产所在地人民法院管辖。多个法院之间对管辖权发生争议的，应当报请共同的上级人民法院指定管辖。

第四条　【实质合并破产听证会】

人民法院收到实质合并申请后，应当及时通知相关利害关系人并组织听证，听证时间不计入审查时间。

第五条　【实质合并破产的条件】

1. 关联企业成员之间存在法人人格高度混同

认定公司人格与股东人格是否存在混同，最根本的判断标准是公司是否具有独立意思和独立财产，最主要的表现是公司的财产与股东的财产是否混同且无法区分。在认定是否构成人格混同时，应当综合考虑以下因素：

（1）股东无偿使用公司资金或者财产，不作财务记载的；

（2）股东用公司的资金偿还股东的债务，或者将公司的资金供关联公司无偿使用，不作财务记载的；

（3）公司账簿与股东账簿不分，致使公司财产与股东财产无法区分的；

（4）股东自身收益与公司盈利不加区分，致使双方利益不清的；

（5）公司的财产记载于股东名下，由股东占有、使用的；

（6）人格混同的其他情形。

人民法院在审理案件时，关键要审查是否构成人格混同，而不要求同时具备其他方面的混同，比如，公司业务和股东业务混同；公司员工与股东员工混同，特别是财务人员混同；公司住所与股东住所混同。这些方面的混同可作为人格混同的补强。

2. 区分各关联企业成员财产的成本过高，应综合考虑关联企业之间资产的混同程度及其持续时间、各企业之间的利益关系。

3. 关联企业人格混同的情况严重损害债权人公平清偿利益、债权人整体清偿利益、增加企业重整的可能性等因素。

第六条 【审查期限】

人民法院应在收到合并破产申请之日起三十日内作出是否实质合并审理的裁定。

第七条 【作出是否实质合并审理的裁定】

人民法院应立足于破产关联企业之间的具体关系模式，采取不同方式予以处理。既要通过实质合并审理方式处理法人人格高度混同的关联关系，确保全体债权人公平清偿，也要避免不当采用实质合并审理方式损害相关利益主体的合法权益，对是否实质合并审理作出裁定。

第八条 【裁定实质合并时利害关系人的权利救济】

相关利害关系人对受理法院作出的实质合并审理裁定不服的，可以自裁定书送达之日起十五日内向受理法院的上一级人民法院申请复议。

第九条 【实质合并审理的法律后果】

1. 人民法院裁定采用实质合并方式审理破产案件的，各关联企业成员之间的债权债务归于消灭，各成员的财产作为合并后统一的破产财产。

2. 由各成员的债权人在同一程序中按照法定顺序公平受偿。采用实质合并方式进行重整的，重整计划草案中应当制定统一的债权分类、债权调整和债权受偿方案。

3. 适用实质合并规则进行破产清算的，破产程序终结后各关联企业成员均应予以注销；适用实质合并规则进行和解或重整的，各关联企业原则上应当合并为一个企业；依据和解协议或重整计划，确有需要保持个别企业独立的，应当依照企业分立的有关规则单独处理。

第十条 【关联企业破产的协调审理】

多个关联企业成员均存在破产原因但不符合实质合并条件的，人民法院可依据相关主体的申请对多个破产程序进行协调审理。

人民法院拟协调审理的，应依据程序协调的需要，综合考虑破产案件审理的效率、破产申请的先后顺序、成员负债规模大小、核心控制企业住所地等因素，由共同的上级法院确定一家法院集中管辖。

协调审理不消灭关联企业成员之间的债权债务关系，不对关联企业成员的财产进行合并，各关联企业成员的债权人仍以该企业成员财产为限依法获得清偿。

关联企业成员之间不当利用关联关系形成的债权，应当劣后于其他普通债权顺序清偿，且该劣后债权人不得就其他关联企业成员提供的特定财产优先受偿。

第十一条　【关联企业破产的管理人】

人民法院应当根据审理关联企业实质合并破产案件的需要，采取指定联合管理人或者核心控制企业管理人为管理人的方式，指定合并破产案件管理人。

采取指定联合管理人方式，一般应当指定关联企业中核心控制企业的管理人为主要管理人。

第十四章　特殊主体破产

【本章概述】

对于商业银行、保险公司、证券公司、信托公司等同时经营自有资产和客户资产的金融机构、具有公众性的上市公司、国有企业、合伙企业、农民专业合作社以及民办学校等特殊主体的破产，相关法律、法规或司法解释对申请破产应履行的程序、破产财产的认定及其分配顺序等作出了特别的规定，以保护国家利益、公众利益或其他特殊主体的利益。

本章包括以下六节内容：

第一节　金融机构破产

第二节　上市公司破产

第三节　国家出资企业破产应履行的特别程序

第四节　合伙企业破产

第五节　农民专业合作社破产

第六节　民办学校破产

第七节　个人独资企业清算

第一节　金融机构破产

第一条　【金融机构破产的特点】

金融机构主要包括商业银行、证券公司、保险公司、信托投资公司、证券投资基金管理公司、金融资产管理公司、有关财务公司、金融租赁公司、期货经纪公司等。在破产过程中，金融机构具有不同于一般企业的特点：

1. 金融机构所从事经营的资产由两部分构成。一是公司的自有资本或者固有财产，包括企业设立时由股东投入的出资与经营所形成的资产，为公司资本与权益。二是由金融机构管理的客户财产，包括吸收客户的存款、接受委托的投资、吸收的保费、管理的保证金等。金融机构破产时，能用于清偿债务的财产只限于其自有财产，不能用客户的财产清偿债务。

2. 金融机构破产，造成的损失不仅是金融机构自己的损失，也势必同时造成客户的损失。

3. 商业银行等金融机构的破产涉及人数众多，关系到社会稳定，如果启动破产程序，必须经监管机关批准。

第二条　【金融机构破产的法律适用】

（一）《企业破产法》关于金融机构破产的规定

《企业破产法》第一百三十四条规定：商业银行、证券公司、保险公司等金融机构有《企业破产法》第二条规定情形的，国务院金融监督管理机构可以向人民法院提出对该金融机构进行重整或者破产清算的申请。国务院金融监督管理机构依法对出现重大经营风险的金融机构采取接管、托管等措施的，可以向人民法院申请中止以该金融机构为被告或者被执行人的民事诉讼程序或者执行程序。金融机构实施破产的，国务院可以依据《企业破产法》和其他有关法律的规定制定实施办法。

（二）相关金融法律法规的规定

1.《商业银行法》第七十一条；

2.《证券法》第一百二十二条、第一百三十一条，《证券公司风险处置条例》第四章；

3.《保险法》第九十条、第九十一条、第一百四十八条等；

4.《信托法》第十六条、第三十九条第二款、第五十二条，《信托公司管理办法》第十四条、第十五条等。

（三）《企业破产法》的一般规定

对于金融机构破产的，《企业破产法》和其他法律、法规没有专项规定的情况下，应适用《企业破产法》的一般规定。

第三条　【商业银行破产的特别规定】

（一）前置审批程序

依据《商业银行法》第七十一条规定，人民法院依法宣告商业银行破产前，应取得国务院银行业监督管理机构的同意。

（二）破产申请的主体

除债权人和债务人（申请重整的还包括出资人）外，商业银行破产申请的主体还包括国务院金融监督管理机构。该机构可以向人民法院提出对该金融机构进行重整或者破产清算的申请。

（三）破产清算主体

商业银行被宣告破产的，由人民法院组织国务院金融监督管理机构等有关部门和有关人员成立清算组，进行清算。

（四）破产财产分配顺序

依据《商业银行法》规定，商业银行破产清算时，在支付清算费用、所欠职工工资和劳动保险费用后，应当优先支付个人储蓄存款的本金和利息。即商业银行破产财产分配的顺序如下：

1. 破产费用和共益债务；

2. 职工债权；

3. 个人储蓄存款的本金和利息；

4. 企业欠缴的社保费用和税款债权；

5. 普通债权。

第四条 【证券公司破产的特别规定】

（一）前置审批程序

依据《证券法》第一百二十二条的规定，证券公司破产必须经国务院证券监督管理机构批准。

（二）破产申请的主体

除债权人和债务人（申请重整的还包括出资人）外，国务院证券监督管理机构或者其委托的行政清理组也可以申请对证券公司进行破产清算或重整。

（三）破产清算或重整主体

人民法院裁定受理证券公司重整或者破产清算申请的，国务院证券监督管理机构可以向人民法院推荐管理人人选。

（四）客户资产不属于破产财产

证券公司破产或者清算时，客户的交易结算资金和证券不属于其破产财产或者清算财产。非因客户本身的债务或者法律规定的其他情形，不得查封、冻结、扣划或者强制执行客户的交易结算资金和证券。

（五）债权登记

证券公司进行破产清算的，行政清理时已登记的不符合国家收购规定的债权，管理人可以直接予以登记。

（六）关于证券公司重整的特别规定

1. 人民法院裁定证券公司重整的，证券公司或者管理人应当同时向债权人会议、国务院证券监督管理机构和人民法院提交重整计划草案。

2. 自债权人会议各表决组通过重整计划草案之日起十日内，证券公司或者管理人应当向人民法院提出批准重整计划的申请。重整计划涉及《证券法》第一百二十二条规定相关事项的，证券公司或者管理人应当同时向国务院证券监督管理机构提出批准相关事项的申请，国务院证券监督管理机构应当自收到申请之日起十五日内作出批准或者不予批准的决定。

3. 债权人会议部分表决组未通过重整计划草案，但重整计划草案符合《企业破产法》第八十七条第二款规定条件的，证券公司或者管理人可以申请人民法院批准重整计划草案。重整计划草案涉及《证券法》第一百二十二条规定的相关事项的，证券公司或者管理人应当同时向国务院证券监督管理机构提出批准相关事项的申请，国务院证券监督管理机构应当自收到申请之日起十五日内作出批准或者不予批准的决定。

4. 经批准的重整计划由证券公司执行，管理人负责监督。监督期届满，管理人应当向人民法院和国务院证券监督管理机构提交监督报告。

5. 重整计划的相关事项未获国务院证券监督管理机构批准，或者重整计划未获人民法院批准的，人民法院裁定终止重整程序，并宣告证券公司破产。

6. 重整程序终止，人民法院宣告证券公司破产的，国务院证券监督管理机构应当对证券公司作出撤销决定，人民法院依照《企业破产法》的规定组织破产清算。涉及税收事项，依照《企业破产法》和《税收征收管理法》的规定执行。

人民法院认为应当对证券公司进行行政清理的，国务院证券监督管理机构比照《证券公司风险处置条例》第三章的规定成立行政清理组，负责清理账户，协助甄别确认、收购符合国家规定的债权，协助证券投资者保护基金管理机构弥补客户的交易结算资金，转让证券类资产等。

（七）证券公司破产申请应提交的材料

国务院证券监督管理机构或者其委托的行政清理组向人民法院提出证券公司破产申请的，应当向人民法院提交以下材料：

1. 破产申请书；

2. 证券公司资产、负债清查情况的专项审计报告；

3. 国务院证券监督管理机构批准证券公司进入司法破产清算程序的相关审批文件；

4. 国务院证券监督管理机构同意证券类资产处置方案的相关审批文件；

5. 证券类资产已根据上述审批文件的要求处置完毕的书面证据；

6. 国务院证券监督管理机构及行政清理组按照国家规定甄别确认和收购（或者处置）已登记的个人债权等相关债权的债权登记通知、债权确认及具体处置结果的书面证据；

7. 行政清理组处置证券公司的关联公司的情况或者处置方案等的书面证据；

8. 职工安置方案或者具体安置结果的书面证据；

9. 中介机构或者其他有关机构向人民法院出具的在行政清理期间，证券公司或者行政清理组没有不当处置资产情况的法律意见书等书面证据；

10. 行政清理组向人民法院出具的有关刑事侦查机关查收的资产、账簿已处于可随时向管理人移交状态或者不存在此类情况的书面承诺或者说明；

11. 地方政府有关部门向人民法院出具的证券公司进入破产清算程序期间突发事件应急处置工作预案；

12. 依据企业《企业破产法》及相关法律、行政法规规定，应当提交的其他证据。

证券公司或者其债权人向人民法院提出证券公司破产申请的，应当向人民法院提交破产申请书、国务院证券监督管理机构批准证券公司进入司法破产清算程序的相关审批文件，并应当尽可能地向人民法院提交前述所列证据。

（八）人民法院受理证券公司破产的条件

人民法院受理国务院证券监督管理机构或者其委托的行政清理组申请证券公司破产的案件，应当符合下列条件：

1. 国务院证券监督管理机构已批准证券公司进入司法破产清算程序；

2. 国务院证券监督管理机构已同意证券类资产处置方案，且证券类资产已处置完毕；

3. 国务院证券监督管理机构及行政清理组对已登记的个人债权等相关债权的甄别确认及收购（或者处置）工作已基本完成；

4. 行政清理组对证券公司关联公司的处置工作已基本完成或者相关处置方案切实可行；

5. 职工安置工作已基本结束，或者职工安置方案切实可行，并能够在短期内落实；

6. 证券公司或者行政清理组在行政清理期间没有不当处置资产的情况；

7. 有关刑事侦查机关查收的资产、账簿已处于可随时向破产管理人移交的状态，或者不存在此类情况；

8. 地方政府有关部门已制定出证券公司破产清算期间突发事件应急处置工作预案，或者维护社会稳定的方案。

第五条 【保险公司破产的特别规定】

（一）前置审批程序

依据《保险法》第九十条的规定，保险公司破产，应经国务院保险监督管理机构同意。

（二）破产申请的主体

除债权人和债务人（申请重整的还包括出资人）外，国务院保险监督管理机构也可以依法向人民法院申请对该保险公司进行重整或者破产清算。

（三）破产财产分配顺序

依据《保险法》第九十一条的规定，破产财产在优先清偿破产费用和共益债务后，按照下列顺序清偿：

1. 所欠职工工资和医疗、伤残补助、抚恤费用，所欠应当划入职工个人账户的基本养老保险、基本医疗保险费用，以及法律、行政法规规定的应当支付给职工的补偿金；

2. 赔偿或者给付保险金；

3. 保险公司欠缴的除第一项规定以外的社会保险费用和所欠税款；

4. 普通破产债权。

破产财产不足以清偿同一顺序的清偿要求的，按照比例分配。

破产保险公司的董事、监事和高级管理人员的工资，按照该公司职工的平均工资计算。

（四）保险合同和责任准备金的转移

经营有人寿保险业务的保险公司被依法宣告破产的，其持有的人寿保险合同及责任准备金，必须转让给其他经营有人寿保险业务的保险公司；不能同其他保险公司达成转让协议的，由国务院保险监督管理机构指定经营有人寿保险业务的保险公司接受转让。

转让或者由国务院保险监督管理机构指定接受转让前款规定的人寿保险合同及责任准备金的，应当维护被保险人、受益人的合法权益。

第六条 【信托公司破产的特别规定】

（一）前置审批程序

依据《信托公司管理办法》第十四条第一款的规定，信托公司不能清偿到期债务，且资产不足以清偿债务或明显缺乏清偿能力的，经国务院金融监督管理机构同意，可向人民法院提出破产申请。

（二）破产申请的主体

除债权人和债务人（申请重整的还包括出资人）外，国务院金融监督管理机构也可以申请对证券公司进行破产清算或重整。

（三）信托财产性质

信托财产不属于债务人财产、不属于破产财产。

（四）信托公司破产后信托财产的转移

信托公司因破产而终止时，其管理信托事务的职责同时终止。管理人应当妥善保管信托财产，作出处理信托事务的报告并向新受托人办理信托财产的移交。信托文件另有约定的，从其约定。

第二节　上市公司破产

上市公司破产重整案件不仅涉及《企业破产法》《证券法》《公司法》等法律的适用，还涉及司法程序与行政程序的衔接问题，有必要进一步明确该类案件的审理原则，细化有关程序和实体规定，更好地规范相关主体的权利义务，以充分保护债权人、广大投资者和上市公司的合法权益，优化配置社会资源，促进资本市场健康发展。

最高人民法院会同原中国证券监督管理委员会，于2012年3月22日在海南省万宁市召开了审理上市公司破产重整案件工作座谈会，形成《上市公司破产重整纪要》。

第七条　【上市公司破产重整案件的审理原则】

《上市公司破产重整纪要》第一条规定：上市公司破产重整案件事关资本市场的健康发展，事关广大投资者的利益保护，事关职工权益保障和社会稳定。因此，人民法院应当高度重视此类案件，并在审理中注意坚持以下原则：

（一）依法公正审理原则

上市公司破产重整案件参与主体众多，涉及利益关系复杂，人民法院审理上市公司破产重整案件，既要有利于化解上市公司的债务和经营危机，提高上市公司质量，保护债权人和投资者的合法权益，维护证券市场和社会的稳定，又要防止没有再生希望的上市公司利用破产重整程序逃废债务，滥用司法资源和社会资源；既要保护债权人利益，又要兼顾职工利益、出资人利益和社会利益，妥善处理好各方利益的冲突。上市公司重整计划草案未获批准或重整计划执行不能的，人民法院应当及时宣告债务人破产清算。

（二）挽救危困企业原则

充分发挥上市公司破产重整制度的作用，为尚有挽救希望的危困企业提供获得新生的机会，有利于上市公司、债权人、出资人、关联企业等各方主体实现共赢，有利于社会资源的有效利用。对于具有重整可能的企业，努力推动重整成功，可以促进就业，优化资源配置，促进产业结构的调整和升级换代，减少上市公司破产清算对社会带来的不利影响。

（三）维护社会稳定原则

上市公司进入破产重整程序后，因涉及债权人、上市公司、出资人、企业职工等相关当事人的利益，各方矛盾比较集中和突出，如果处理不当，极易引发群体性、突发性事件，影响社会稳定。人民法院审理上市公司破产重整案件，要充分发挥地方政府的风险预警、部门联动、资金保障等协调机制的作用，积极配合政府做好上市公司重整中的维稳工作，并根据上市公司的特点，加强与证券监管机构的沟通协调。

第八条　【上市公司破产管辖法院的确定】

《上市公司破产重整纪要》第二条规定：上市公司破产重整案件应当由上市公司住所地的人民法院，即上市公司主要办事机构所在地法院管辖；上市公司主要办事机构所在地不明确、存在争议的，由上市公司注册登记地人民法院管辖。由于上市公司破产重整案件涉及法律关系复杂，影响面广，对专业知识和综合能力要求较高，人力物力投入较多，上市公司破产重整案件一般应由中级人民法院管辖。

"新三板""老三板"公司不是《公司法》第一百二十条所规定的上市公司。"新三板"公司指的是在全国中小企业股份转让系统挂牌的企业，"老三板"指的是股票从原来的两个法人股市场（STAQ系统和NET系统）以及主板市场终止上市后退下来的公司。因此，对于申请"新三板""老三板"公司破产的，不适用上市公司破产的特殊规定。

第九条　【上市公司申请破产的前置程序】

根据《上市公司破产重整纪要》的精神，申请上市公司破产重整的，除提交《企业破产法》规定的材料外，还应当提交上市公司住所地省级人民政府向证券监督管理部门的通报情况材料以及证券监督管理部门的意见、上市公司住所地人民政府出具的维稳预案等。人民法院在裁定受理上市公司破产重整申请前，应当将相关材料逐级报送最高人民法院审查。

第十条　【上市公司破产重整申请人】

《上市公司破产重整纪要》第三条第一款规定：上市公司不能清偿到期债务，并且资产不足以清偿全部债务或者明显缺乏清偿能力，或者有明显丧失清偿能力可能的，上市公司或者上市公司的债权人、出资额占上市公司注册资本十分之一以上的出资人可以向人民法院申请对上市公司进行破产重整。

第十一条　【上市公司破产重整申请材料】

申请对上市公司进行破产重整，除提交《企业破产法》第八条规定的材料外，还应当提交如下材料：

1. 关于上市公司具有重整可行性的报告；

2. 上市公司住所地省级人民政府向证券监督管理部门的通报情况材料；

3. 证券监督管理部门的意见；

4. 上市公司住所地人民政府出具的维稳预案等；

5. 上市公司自行申请破产重整的，还应当提交切实可行的职工安置方案。

第十二条 【对上市公司破产重整申请的审查】

根据《上市公司破产重整纪要》第四条的规定，审查上市公司破产重整申请应履行如下程序：

1. 召开听证会。债权人提出重整申请，上市公司在法律规定的时间内提出异议，或者债权人、上市公司、出资人分别向人民法院提出破产清算申请和重整申请的，人民法院应当组织召开听证会。

人民法院应当于听证会召开前通知申请人、被申请人，并送达相关申请材料。公司债权人、出资人、实际控制人等利害关系人申请参加听证的，人民法院应当予以准许。人民法院应当就申请人是否具备申请资格、上市公司是否已经发生重整事由、上市公司是否具有重整可行性等内容进行听证。

2. 鉴于上市公司破产重整案件较为敏感，不仅涉及企业职工和二级市场众多投资者的利益安排，还涉及与地方政府和证券监管机构的沟通协调。因此，目前人民法院在裁定受理上市公司破产重整申请前，应当将相关材料逐级报送最高人民法院审查。

第十三条 【对上市公司破产重整的信息保密】

《上市公司破产重整纪要》第五条规定：对于股票仍在正常交易的上市公司，在上市公司破产重整申请相关信息披露前，上市公司及其债权人、出资人等利害关系人应当按照法律、行政法规、证券监管机构的部门规章及证券交易所上市规则做好信息保密工作。

第十四条 【对上市公司破产重整的信息披露】

（一）上市公司的债权人提出破产重整申请的，人民法院应当要求债权人提供其已就此告知上市公司的有关证据。上市公司应当按照相关规定及时履行信息披露义务。

（二）上市公司进入破产重整程序后，由管理人履行相关法律、行政法规、部门规章和公司章程规定的原上市公司董事会、董事和高级管理人员承担的职责和义务，上市公司自行管理财产和营业事务的除外。管理人在上市公司破产重整程序中存在信息披露违法违规行为的，应当依法承担相应的责任。

（三）信息披露的主要内容如下：

1. 申请破产重整的相关情况：

（1）公司作出申请决定的具体原因、正式递交申请的时间（适用于公司主动申请情形）；

（2）申请人的基本情况、申请目的、申请的事实和理由（适用于债权人申请情形）；

（3）申请重整、和解或者破产清算对公司的影响说明及风险提示；

（4）其他需要说明的情况。

2. 人民法院受理的相关情况：

（1）人民法院受理重整、和解或者破产清算申请前，申请人请求撤回申请；

（2）人民法院作出受理或者不予受理重整、和解或者破产清算申请的裁定；

（3）交易所要求披露的其他事项。

3. 召集债权人会议情况。

4. 债权申报情况。

5. 重整计划草案的制定情况。

6. 重整计划草案的表决通过和人民法院的批准情况。

7. 重整计划执行等重大问题。

第十五条 【对破产重整上市公司股票交易的限制】

上市公司进入破产重整程序，表明该上市公司至少有明显丧失清偿能力的可能，因此，其股份转让即股票的交易将会受到一定的限制。

第十六条 【上市公司破产重整计划草案的制订】

《上市公司破产重整纪要》第六条规定：上市公司或者管理人制定的上市公司重整计划草案应当包括详细的经营方案。有关经营方案涉及并购重组等行政许可审批事项的，上市公司或管理人应当聘请经证券监管机构核准的财务顾问机构、律师事务所以及具有证券期货业务资格的会计师事务所、资产评估机构等证券服务机构按照证券监管机构的有关要求及格式编制相关材料，并作为重整计划草案及其经营方案的必备文件。

控股股东、实际控制人及其关联方在上市公司破产重整程序前因违规占用、担保等行为对上市公司造成损害的，制定重整计划草案时应当根据其过错对控股股东及实际控制人支配的股东的股权作相应调整。

第十七条 【上市公司破产重整中出资人组的表决】

《上市公司破产重整纪要》第七条第二款规定：考虑到出席表决会议需要耗费一定的人力物力，一些中小投资者可能放弃参加表决会议的权利。为最大限度地保护中小投资者的合法权益，上市公司或者管理人应当提供网络表决的方式，为出资人行使表决权提供便利。关于网络表决权行使的具体方式，可以参照适用中国证券监督管理委员会发布的有关规定。

第十八条 【重整计划出资人组的通过】

《上市公司破产重整纪要》第七条第一款规定：出资人组对重整计划草案中涉及出资人权益调整事项的表决，经参与表决的出资人所持表决权三分之二以上通过的，即为该组通过重整计划草案。

其他表决组的通过按照《企业破产法》的规定。

第十九条　【上市公司重整计划草案的会商机制】

《上市公司破产重整纪要》第八条规定：重整计划草案涉及证券监管机构行政许可事项的，受理案件的人民法院应当通过最高人民法院，启动与中国证券监督管理委员会的会商机制。即由最高人民法院将有关材料函送中国证券监督管理委员会，中国证券监督管理委员会安排并购重组专家咨询委员会对会商案件进行研究。并购重组专家咨询委员会应当按照与并购重组审核委员会相同的审核标准，对提起会商的行政许可事项进行研究并出具专家咨询意见。人民法院应当参考专家咨询意见，作出是否批准重整计划草案的裁定。

第二十条　【上市公司重整计划涉及行政许可部分的执行】

《上市公司破产重整纪要》第九条第一款规定：人民法院裁定批准重整计划后，重整计划内容涉及证券监管机构并购重组行政许可事项的，上市公司应当按照相关规定履行行政许可核准程序。重整计划草案提交出资人组表决且经人民法院裁定批准后，上市公司无须再行召开股东大会，可以直接向证券监管机构提交出资人组表决结果及人民法院裁定书，以申请并购重组许可申请。并购重组审核委员会审核工作应当充分考虑并购重组专家咨询委员会提交的专家咨询意见。并购重组申请事项获得证券监管机构行政许可后，应当在重整计划的执行期限内实施完成。

第二十一条　【上报制度】

《上市公司破产重整纪要》第九条第二款规定：鉴于上市公司破产重整案件涉及的法律关系复杂，利益主体众多，社会影响较大，人民法院对于审判实践中发现的新情况、新问题，要及时上报。上级人民法院要加强对此类案件的监督指导，加强调查研究，及时总结审判经验，确保依法妥善审理好此类案件。

第三节　国家出资企业破产应履行的特别程序

第二十二条　【国家出资企业的出资人及管理】

《公司法》第一百六十八条第二款规定：《公司法》所称国家出资公司，是指国家出资的国有独资公司、国有资本控股公司，包括国家出资的有限责任公司、股份有限公司。

《公司法》第一百六十九条规定：国家出资公司，由国务院或者地方人民政府分别代表国家依法履行出资人职责，享有出资人权益。国务院或者地方人民政府可以授权国有资产监督管理机构或者其他部门、机构代表本级人民政府对国家出资公司履行出资人职责。代表本级人民政府履行出资人职责的机构、部门，以下统称为履行出资人职责的机构。

第二十三条 【国家出资企业申请破产的审批程序】

1. 国有独资企业、国有独资公司申请破产，由履行出资人职责的机构决定。

2. 国有资本控股公司、国有资本参股公司申请破产，依照法律、行政法规以及公司章程的规定，由公司股东会、股东大会或者董事会决定。由股东会、股东大会决定的，履行出资人职责的机构委派的股东代表应当按照委派机构的指示提出提案、发表意见、行使表决权，并将其履行职责的情况和结果及时报告委派机构。

3. 重要的国有独资企业、国有独资公司、国有资本控股公司申请破产，履行出资人职责的机构在作出决定或者向其委派参加国有资本控股公司股东会会议、股东大会会议的股东代表作出指示前，应当报请本级人民政府批准。

第二十四条 【听取工会和职工的意见和建议】

国家出资企业申请破产，应当听取企业工会的意见，并通过职工代表大会或者其他形式听取职工的意见和建议。

第四节 合伙企业破产

第二十五条 【合伙企业的类型】

《合伙企业法》第二条规定：本法所称合伙企业，是指自然人、法人和其他组织依照本法在中国境内设立的普通合伙企业和有限合伙企业。普通合伙企业由普通合伙人组成，合伙人对合伙企业债务承担无限连带责任。普通合伙企业由普通合伙人组成，合伙人对合伙企业债务承担无限连带责任。本法对普通合伙人承担责任的形式有特别规定的，从其规定。有限合伙企业由普通合伙人和有限合伙人组成，普通合伙人对合伙企业债务承担无限连带责任，有限合伙人以其认缴的出资额为限对合伙企业债务承担责任。

第二十六条 【合伙企业破产的法律适用】

合伙企业破产应参照适用《企业破产法》。相关法律规定如下：

1. 《企业破产法》第一百三十五条规定：其他法律规定企业法人以外的组织的清算，属于破产清算的，参照适用《企业破产法》规定的程序。

2. 《合伙企业法》第九十二条第一款规定：合伙企业不能清偿到期债务的，债权人可以依法向人民法院提出破产清算申请，也可以要求普通合伙人清偿。

第二十七条 【合伙企业破产的特别规定】

《合伙企业法》第九十一条规定：合伙企业注销后，原普通合伙人对合伙企业存续期间的债务仍应承担无限连带责任。

《合伙企业法》第九十二条规定：合伙企业不能清偿到期债务的，债权人可以依法向人民法院提出破产清算申请，也可以要求普通合伙人清偿。合伙企业依法被宣告破产的，普通合伙人对合伙企业债务仍应承担无限连带责任。

第五节 农民专业合作社破产

第二十八条 【农业合作社的概念】

农民专业合作社，是指在农村家庭承包经营基础上，农产品的生产经营者或者农业生产经营服务的提供者、利用者，自愿联合、民主管理的互助性经济组织。

第二十九条 【农民专业合作社破产的法律适用】

农民专业合作社破产参照适用《企业破产法》。相关法律规定如下：

1.《企业破产法》第一百三十五条规定：其他法律规定企业法人以外的组织的清算，属于破产清算的，参照适用《企业破产法》规定的程序。

2.《农民专业合作社法》第五十五条规定：农民专业合作社破产适用《企业破产法》的有关规定。

第三十条 【农民专业合作社成员的责任】

《农民专业合作社法》第六条规定：农民专业合作社成员以其账户内记载的出资额和公积金份额为限对农民专业合作社承担责任。

第三十一条 【农民专业合作社的解散和清算】

《农民专业合作社法》第四十八条规定，农民专业合作社因下列原因解散：

1. 章程规定的解散事由出现；
2. 成员大会决议解散；
3. 因合并或者分立需要解散；
4. 依法被吊销营业执照或者被撤销。

因前款第一项、第二项、第四项原因解散的，应当在解散事由出现之日起十五日内由成员大会推举成员组成清算组，开始解散清算。逾期不能组成清算组的，成员、债权人可以向人民法院申请指定成员组成清算组进行清算，人民法院应当受理该申请，并及时指定成员组成清算组进行清算。

第三十二条 【农民专业合作社破产原因和破产申请】

清算组发现农民专业合作社的财产不足以清偿债务的，应当依法向人民法院申请破产。

第三十三条 【农民专业合作社破产时财产分配的特殊规定】

1. 农民专业合作社接受国家财政直接补助形成的财产，在破产清算时，不得作为可分配剩余资产分配给成员，处置办法由国务院规定。

2. 破产财产在清偿破产费用和共益债务后，应当优先清偿破产前与农民成员已发生交易但尚未结清的款项。这一规定是对合作社破产财产优先清偿顺序的规定，体现了对农民成员权益的特殊保护，包含两层意思：一是农民专业合作社的破产财产在清偿破产费用和共益债务后，应当优先清偿破产前与农民成员已发生交易但尚未结清的款项。享有优先受偿权的只限于农民成员。二是在优先清偿破产前与农民成员已发生交易但尚未结清的款项之后，合作社破产财产的清偿顺序再适用《企业破产法》的有关规定。

第六节 民办学校破产

第三十四条 【民办学校的定义】

《民办教育促进法》第二条规定：国家机构以外的社会组织或者个人，利用非国家财政性经费，面向社会举办学校及其他教育机构的活动，适用《民办教育促进法》。

第三十五条 【民办学校破产的法律属性】

1.《民办教育促进法》第十条规定：举办民办学校的社会组织，应当具有法人资格。举办民办学校的个人，应当具有政治权利和完全民事行为能力。民办学校应当具备法人条件。

2.《民办教育促进法》第十九条规定：民办学校的举办者可以自主选择设立非营利性或者营利性民办学校。但是，不得设立实施义务教育的营利性民办学校。非营利性民办学校的举办者不得取得办学收益，学校的办学结余全部用于办学。营利性民办学校的举办者可以取得办学收益，学校的办学结余依照《公司法》等有关法律、行政法规的规定处理。民办学校取得办学许可证后，进行法人登记，登记机关应当依法予以办理。

第三十六条 【民办学校破产的法律适用】

民办学校破产适用《企业破产法》的一般规定，相关法律和司法解释如下：

1.《企业破产法》第一百三十五条规定：其他法律规定企业法人以外的组织的清算，属于破产清算的，参照适用《企业破产法》规定的程序。

2. 依据《民办教育促进法》第五十八条第二款的规定，民办学校因资不抵债无法继续办学而被终止的，由人民法院组织清算。

3. 依据《最高人民法院关于对因资不抵债无法继续办学被终止的民办学校人民法

院如何组织破产清算问题的批复》的规定，民办学校因资不抵债无法继续办学被终止，当事人依照《民办教育促进法》第五十八条第二款的规定，向人民法院申请清算的，人民法院应当依法受理。

第三十七条　【民办学校破产财产的清偿顺序】

依据《民办教育促进法》第五十九条、《最高人民法院关于对因资不抵债无法继续办学被终止的民办学校人民法院如何组织破产清算问题的批复》的规定，对民办学校的财产按照下列顺序清偿：

1. 应退受教育者学费、杂费和其他费用；
2. 应发教职工的工资及应缴纳的社会保险费用；
3. 偿还其他债务。

民办学校清偿上述债务后的剩余财产，按照有关法律、行政法规的规定处理。

第三十八条　【民办学校破产对学生的安置】

依据《民办教育促进法》第五十七条的规定，民办学校终止时，应当妥善安置在校学生。实施义务教育的民办学校终止时，审批机关应当协助学校安排学生继续就学。

第七节　个人独资企业清算

第三十九条　【个人独资企业定义】

《个人独资企业法》第二条规定：《个人独立企业法》所称个人独资企业，是指依照该法在中国境内设立，由一个自然人投资，财产为投资人个人所有，投资人以其个人财产对企业债务承担无限责任的经营实体。

第四十条　【个人独资企业的责任承担】

1. 根据《个人独资企业法》第二条规定，投资人以其个人财产对企业债务承担无限责任。

2. 《个人独资企业法》第十八条规定：个人独资企业投资人在申请企业设立登记时明确以其家庭共有财产作为个人出资的，应当依法以家庭共有财产对企业债务承担无限责任。

第四十一条　【个人独资企业的解散和清算】

《个人独资企业法》第二十六条规定：个人独资企业有下列情形之一时，应当解散：

1. 投资人决定解散；
2. 投资人死亡或者被宣告死亡，无继承人或者继承人决定放弃继承；

3. 被依法吊销营业执照；

4. 法律、行政法规规定的其他情形。

个人独资企业解散，由投资人自行清算或者由债权人申请人民法院指定清算人进行清算。

第四十二条 【个人独资企业清算法律适用】

《企业破产法》第一百三十五条规定：其他法律规定企业法人以外的组织的清算，属于破产清算的，参照适用《企业破产法》规定的程序。

第四十三条 【个人独资企业解散的清偿顺序】

《个人独资企业法》第二十九条规定：个人独资企业解散的，财产应当按照下列顺序清偿：

1. 所欠职工工资和社会保险费用；

2. 所欠税款；

3. 其他债务。

第四十四条 【个人独资企业的债务承担】

《个人独资企业法》第三十一条规定：个人独资企业财产不足以清偿债务的，投资人应当以其个人的其他财产予以清偿。

设立时明确以其家庭共有财产作为个人出资的，应当依法以家庭共有财产对企业债务承担无限责任。

第四十五条 【个人独资企业的债务消灭】

《个人独资企业法》第二十八条规定：个人独资企业解散后，原投资人对个人独资企业存续期间的债务仍应承担偿还责任，但债权人在五年内未向债务人提出偿债请求的，该责任消灭。

第十五章　破产案件简易审理

【本章概述】

破产案件简易审理，是指对人民法院依法受理并进入破产的案件，在法律和司法解释规定的程序和期限基础上，对简易破产案件，通过充分运用信息化手段，创新财产申报、核查、拍卖、分配方式，采用简便送达、简化债权人会议、加快推进管理人工作、适用法定最短期限等办法，降低破产审判司法成本，提高人民法院破产案件审判效率的简化审判方式和新型工作机制。

人民法院审理破产案件应当提升审判效率，在确保利害关系人程序权利和实体权利不受损害的前提下，建立破产案件审理的繁简分流机制。对于债权债务关系明确、债务人财产状况清楚的破产案件，可以通过缩短程序时间、简化流程等方式加快案件审理进程，但不得突破法律规定的最低期限。

本章包括以下三节内容：

第一节　基本原则与适用条件

第二节　简易审理程序启动

第三节　简易审理中的破产清算

第一节　基本原则与适用条件

第一条　【基本原则】

对破产案件进行简易审理，应当坚持繁简分流、便捷高效、依法审理的原则。

（一）繁简分流

人民法院审理破产案件，应当对案件类型、繁简程度进行甄别及预判，对于案件事实清楚、债权债务关系明确、债务人财产状况明晰的破产案件，可以适用简易审理程序。

（二）便捷高效

适用简易审理程序的破产案件，应当着重提升审判效率，在不突破法律规定的最低期限的前提下，在立案、听证、破产告知、管理人指定、债权人会议、财产查控、程序终结、公告与送达等环节中通过缩短破产程序时间、优化破产流程、并联破产事项等方式，便捷高效完成各项破产程序。

（三）依法审理

适用简易审理程序的破产案件，应平等保护破产程序参与人的合法权益，有序推进破产程序，不得损害破产程序参与人的程序权利和实体权利。

第二条 【适用条件】

（一）债权债务关系明确、债务人财产状况清楚、案情简单的破产案件，具备下列情形之一的，可以适用简易审理方式：

1. 债务人无财产或者财产明显不足以支付全部破产费用的；

2. 债务人被吊销营业执照但未经清算，债权债务关系简单，无资产或资产较少的；

3. 债务人主要财产、账簿和重要文件灭失，或者债务人的主要人员下落不明，未发现债务人存在其他财产的；

4. 执行部门已查实无财产可供执行，依法终结本次执行程序后移送破产或申请破产的；

5. 债务人为小微企业的；

6. 债权人人数较少的；

7. 债务人无须变价的财产或者财产易于变价的；

8. 受理破产申请前，债务人已经与主要债权人就债权债务的处理达成协议的；

9. 债务人无营业场所或者已经歇业、停工停产，且不存在职工安置问题的；

10. 债务人经过强制清算，资产和负债均已确认完毕的；

11. 申请人、被申请人及其他主要破产参与人协商一致同意简易审理的；

12. 其他适合简易审理方式的案件。

（二）具有下列情形之一的破产案件，原则上不适用简易审理方式：

1. 上市公司、金融机构破产的；

2. 关联企业实质合并破产或者关联企业破产需要协调审理的；

3. 存在社会影响重大、债权债务关系复杂、债权人人数众多、职工安置困难等情形的；

4. 管理人接管企业工作难度大的；

5. 债务人股东、董事、高级管理人员、实际控制人等有逃避承担法律责任嫌疑的；

6. 债务人账簿、重要文件繁杂，审计工作难度大的；

7. 债务人财产存在权属争议或者难以变现，且无法进行实物分配的；

8. 存在未结诉讼、仲裁纠纷，或案件受理后可能发生衍生诉讼且可能影响案件快速审结的；

9. 可能引发群体性事件或群体上访的；

10. 涉及刑民交叉案件的；

11. 不适宜适用简易审理方式的其他案件。

第二节　简易审理程序启动

第三条　【程序启动与转换】

（一）征询意见

在破产申请的受理审查阶段，人民法院可以就简易审理程序事宜征询申请人、被申请人的意见，审查决定是否简易审理程序。

（二）程序启动

人民法院决定适用简易审理程序的，应当自收到申请之日起十日内或者债务人异议期限届满之日起五日内，作出受理的裁定。在裁定受理破产申请之日起三日内通知申请人和被申请人，同时告知简易审理的相关事项。

（三）程序转换

破产参与人就适用简易审理程序提出异议，且有充分理由的，或者在审理过程中发生影响破产进程的衍生诉讼等不宜继续适用简易审理程序事由的，仍应按一般程序审理，并及时通知破产参与人。

（四）审理期限

适用简易审理程序的破产案件，一般应在裁定受理之日起六个月内审结。

（五）审判组织

受理破产申请的各级人民法院，均可对符合条件的破产案件适用简易审理程序，并在审判管理系统中予以标识。适用简易审理程序的破产案件，由审判员一人独任审理。简易审理方式转换为普通审理方式的破产案件，由审判员组成合议庭进行审理。

第四条　【管理人指定与接管】

（一）管理人指定

适用简易审理程序的破产案件，人民法院在裁定受理破产申请的同时，原则上采用随机的方式指定管理人。经人民法院许可，还可由债权人共同推荐或者债务人、债权人协商推荐管理人，并由人民法院指定。

公司强制清算转破产清算案件，原清算组成员是省各级管理人名册中的中介机构的，除存在与本案有利害关系等不宜担任管理人的情形外，可以指定该机构作为破产案件的管理人。

人民法院可以根据案件具体情况在破产申请受理审查阶段同步开展指定管理人工作。

指定管理人后，人民法院应当指导管理人制订破产案件工作推进方案，明确管理人职责、办理时限、工作要求。管理人应当定期向人民法院报告破产事务办理情况，接受人民法院监督、指导。

（二）管理人接管

管理人应当在接受指定之日起五日内接管债务人财产、印章、账簿、文书等资料，接管之日起七日内向人民法院提交接管报告和工作计划。管理人还应当在全国企业破产重整案件信息网的管理人工作平台全面、准确、及时录入案件信息，定期披露工作进展。

（三）开户刻章简化

经初步调查未发现债务人任何财产或者财产不足以清偿破产费用的案件，管理人可以不开立银行账户，并可根据工作需要决定是否刻制印章。管理人不刻制印章的，可以由担任管理人的中介机构代章。

（四）财产状况调查

管理人应当自接受指定之日起三十日内完成对债务人财产状况的调查，并向人民法院提交财产状况报告。

人民法院可以根据管理人的申请或依职权及时向管理人提供审判管理系统、档案管理系统、网络执行查控系统查询到的债务人财产信息及有关诉讼执行案件信息。

管理人在财产接管、调查中，需要由人民法院出具协助文书或者采取强制措施的，管理人应当及时向人民法院提出书面申请。

经管理人调查，债务人提交的财产状况说明、债权债务清册、有关会计报告能够真实反映债务人的财产状况、债权债务关系的，可以不委托审计。执行程序、公司强制清算程序中对债务人财产作出的审计报告能够真实反映债务人财产状况、债权债务关系的，管理人可以直接采用。

第五条　【公告与送达】

（一）公告

相关信息原则上在全国企业破产重整案件信息网发布，具有法律效力。同时还可以通过下列方式进行公告：

1. 在破产案件受理法院的公告栏发布或张贴；
2. 在破产案件受理法院的官方网站发布；
3. 在市级以上报纸上刊登；
4. 在债务人注册地、实际经营地或主要财产所在地等场所张贴并拍照留存；
5. 在省法院破产案件信息化平台发布；
6. 在省破产管理人协会官方网站或者公众号发布。

除受理破产申请、指定管理人、采取简易审理方式、债权申报期限、召开债权人会议的时间和方式、转换审理方式、宣告破产、终结破产程序等应当公告的事项外，其余事项可不予公告。

（二）送达

对于需要通知或告知的事项，人民法院、管理人可以采用电话、短信、传真、电子邮件、即时通信、通信群组等能够确认其收悉的简易方式通知或者告知债权人、债务人及其他利害关系人。可参照《民事诉讼法》关于简易程序的送达规定以及《最高人民法院关于进一步加强民事送达工作的若干意见》的相关规定送达法律文书。

管理人在接管债务人财产、接受债权申报时，应当要求债务人、债权人及其他利害关系人书面确认送达地址、电子送达方式及法律后果。

（三）无法通知债务人的处理

债权人提出破产申请，人民法院经采用简易方式和邮寄等方式无法通知债务人的，应当到其住所地进行通知。仍无法通知的，人民法院应当按照前述公告方式进行通知。自公告发布之日起七日内债务人未向人民法院提出异议的，视为债务人经通知对破产申请无异议。

第六条 【债权申报与债权人会议】

（一）受理通知

人民法院应当在裁定受理破产申请之日起十日内通知已知债权人，并予以公告，通知和公告除载明《企业破产法》第十四条规定的必须载明的内容外，还应载明适用简易审理程序的内容以及第一次债权人会议的召开时间及方式。

（二）债权申报期限

债权人申报债权的期限一般应为三十日，自发布公告之日起计算。管理人应在债权申报期限届满之日起五日内提交债务人财产状况报告。

债权人未在人民法院确定的债权申报期限内申报债权的，管理人为审查、确认和提交债权人会议核查补充申报债权的费用，由补充申报的债权人承担。

管理人应在第一次债权人会议召开前完成申报债权的审查、审查结果反馈、对债权人异议的复核等债权审查工作，并编制债权表、提交债务人的财产状况报告。

（三）公告方式简化

受理破产申请、指定管理人、申报债权、召开第一次债权人会议、宣告破产和终结破产程序应当公告的，可以采取合并公告的方式减少公告次数。公告应当在全国企业破产重整案件信息网、破产案件受理法院的公告栏发布。

（四）送达方式简化

适用简易审理程序的破产案件，可以采用电子邮件、传真、短信、微信等便捷方式送达相关文书，但民事裁定书、决定书除外。

（五）债权人会议召开

第一次债权人会议由人民法院召集，自债权申报期限届满之日起十五日内召开。确需召开第二次债权人会议的，管理人应当提前十五日通知已知债权人并告知表决事项。经征询债权人同意，可以缩短提前通知的时间，但不得少于五日。

人民法院应当督促、指导管理人尽快制定财产变价方案、财产分配方案，管理人可以合并拟定财产变价方案和分配方案。简易审理的破产案件，一般应当在第一次债权人会议上将财产变价方案和分配方案一并提交表决。

（六）表决方式

债权人会议及破产事项表决，可以采用书面、数据电文、网络会议等形式进行，也可在全国企业破产重整案件信息网进行。采取非现场方式进行表决的，管理人应当在债权人会议召开后的三日内，以信函、电子邮件、公告等方式将表决结果告知参与表决的债权人。

（七）不设债权人委员会

适用简易审理程序的破产案件，原则上不设立债权人委员会。

（八）债权确认

对第一次债权人会议核查无异议的债权，管理人应于异议期满后三日内向人民法院提交请求确认无异议债权的申请，人民法院应在收到管理人的申请后五日内作出债权确认裁定。

第三节　简易审理中的破产清算

第七条　【财产处置与变现】

（一）财务状况报告

管理人应在债权申报期限届满之日起七日内完成破产财产清查工作，形成财产清查报告。必要时可向人民法院申请调查令。

债权债务关系简单、财产状况明晰或者债务人财产数量较少的，除债权人会议决议审计之外，由管理人完成债权审查、财产清理后形成财产调查报告，报债权人会议审核。

债权人会议决议审计但债务人不具备审计条件的，经有资质的审计机构出具相关证明材料予以证明，可不对债务人进行审计。

（二）财产统查

管理人可以向破产案件审理法院提出财产统查的申请，人民法院可以在裁定受理破产申请后，通过全国企业破产重整案件法官工作平台，调用“总”对“总”网络执行查控系统查询债务人的银行存款、房产、车辆、股权、证券、网络账户等财产信息，并将查询结果以书面形式告知管理人，缩短管理人财产调查周期。

执行移送破产案件，在移送破产审查前六个月内已进行查控的，一般不再进行重复调查。需要进一步对债务人财产采取保全等查控措施的，由破产审判部门作出保全债务人财产的民事裁定书，根据职工分工移交法院执行部门保全中心实施。

（三）效力延续

强制清算程序、执行程序中已经完成的评估、鉴定、审计、拍卖等行为，其效力可以延续至破产程序中的，相关程序一般不再重复进行，但存在鉴定机构或鉴定人员不具备相关鉴定资格、鉴定程序严重违法、鉴定结论依据明显不足等需要重新鉴定的情况除外。

评估、鉴定或审计报告超过有效期，不满一年的，管理人可以委托原中介机构出具补充报告或者作出说明；超过一年的，管理人可以委托原中介机构重新评估、鉴定或审计，但债权人会议同意不重新评估、鉴定或审计的除外。

诉讼程序、政府行政清理中对债务人财产作出的评估、鉴定或审计报告，经债权人会议表决通过的，可直接在破产程序中适用。

（四）变价与分配

破产财产分配应以一次性货币分配方式为原则。破产受理法院及管理人应当释明并引导债权人会议作出以网络拍卖方式处置破产财产，或者以实物分配、债权分配、产权分配等非货币方式进行分配的决议，提高破产财产处置效益、降低破产费用。

破产财产需通过拍卖变价的，经债权人会议表决通过，拍卖底价可参照市场价确定，也可通过定向询价、网络询价确定。

经债权人会议表决通过，破产财产可采取债权人内部竞价、协议转让、以物抵债等非拍卖方式变价。

对穷尽各种方式仍无法处置的财产或者财产变价所需费用超过财产变价所得的，经债权人会议决议，管理人可以不再对破产财产进行变价处置，将财产直接向债权人进行分配或用于抵偿破产费用。

债权人会议召开前，对季节性商品、鲜活、易腐烂变质以及其他不宜长期保存的财产，管理人报告人民法院同意后可以先行处置。

对债务人特定财产享有担保权的债权人可以随时向管理人主张就该特定财产变价处置行使优先受偿权，管理人应及时变价处置，不得以须经债权人会议决议等为由拒绝，但因单独处置担保财产会降低破产财产整体价值而需要进行整体处置的除外。

担保物处置所得价款在支付处置费用后优先清偿担保物权人的债权。对债务人特定财产享有担保权的债权人，在扣除保管费、评估费、拍卖变卖费用和税款以及管理人报酬等费用后，对该特定财产的处置变现价款享有优先受偿权。管理人应当在确定受偿数额后五日内向担保权人支付。前款管理人报酬，是指管理人对担保物的维护、变现、支付等管理工作付出合理劳动而收取的报酬。管理人报酬数额由管理人与担保人协商确定；协商不成的，由人民法院依法予以确定。

债务人财产实际变价后，管理人可直接根据债权人会议决议通过的分配规则计算具体分配数额，向债权人告知后进行分配，无须再行表决。

分配方案已提前由人民法院裁定确认的，变价完成后，管理人应在十日内完成分配工作，并提出终结破产程序申请。

第八条 【破产宣告与终结程序】

（一）破产宣告

对于债权债务关系明确、债务人财产确定、第一次债权人会议召开时已能够确认债务人符合宣告破产条件的案件，管理人原则上应提请人民法院在第一次债权人会议上宣告债务人破产，并将资产处置方案和分配方案提交债权人会议表决。人民法院经审查认为债务人符合宣告破产条件的，可在第一次债权人会议上裁定宣告债务人破产。

第一次债权人会议上无人提出重整或和解申请的，管理人应当在债权审核确认和必要的财务审计、资产评估后，及时向人民法院提出破产宣告的申请。符合宣告破产条件的，一般应当在第一次债权人会议召开之日起三十日内裁定宣告债务人破产，并在裁定作出之日起三日内送达债务人和管理人，五日内通知已知债权人，并予以公告。

债务人被宣告破产后，不得再转入重整程序或和解程序。

（二）终结破产程序

债务人无财产或破产财产不足以清偿破产费用，且无债权人或其他利害关系人愿意足额垫付破产费用的，人民法院可以在裁定宣告破产的同时终结破产程序。

破产程序终结后二年内，发现有应当追回的财产或者有应当分配的其他财产的，债权人可以向人民法院请求追加分配。

（三）审查终结期限

人民法院应当自收到管理人终结破产程序的请求之日起五日内作出是否终结破产程序的裁定。裁定终结的，应当在三日内予以公告。

（四）注销期限

管理人应当自破产程序终结之日起五日内，持人民法院终结程序的裁定，向破产人的原登记机关办理注销登记。

第九条 【排除妨碍破产行为】

1. 适用简易审理方式的，人民法院、管理人应当预防和排除债务人及有关人员妨碍破产的行为，保证案件的整体质效。

2. 债务人的有关人员拒不向管理人移交财产、印章和账簿、文件等资料，故意作虚假陈述，或者有伪造、销毁债务人的账簿等重要证据材料，或者对管理人进行侮辱、诽谤、诬陷、殴打、打击报复等违法行为的，人民法院除适用《企业破产法》规定的强制措施外，可以依照《民事诉讼法》的规定予以处理。

人民法院可以根据管理人的申请或者依职权，就债务人应当移交的内容和期限作出裁定。债务人不履行裁定确定的义务的，人民法院可以依照《民事诉讼法》关于执行程序的有关规定采取搜查、强制交付等必要措施予以强制执行。

3. 有关利害关系人提供了债务人相关财产可能存在被非法侵占、挪用、隐匿等情形的初步证据或明确线索的，管理人应当及时对有关财产的去向情况进行调查。

4. 企业法定代表人、出资人、实际控制人等有恶意侵占、挪用、隐匿企业财产，或者隐匿、故意销毁依法应当保存的会计凭证、会计账簿、财务会计报告等违法行为，涉嫌犯罪的，人民法院应当根据管理人的提请或者依职权，及时移送公安等有关机关依法处理。

第十六章　破产的法律责任

【本章概述】

破产法律责任，是指造成企业破产或违反相关破产法律规定所应承担的法律责任，旨在保障《企业破产法》的贯彻实施，维护破产法律秩序，遏制破产违法行为，保护债权人及其他关联方的利益。

本章包括以下三节内容：

第一节　债务人相关人员的法律责任

第二节　管理人的法律责任

第三节　与破产相关的犯罪

第一节　债务人相关人员的法律责任

第一条　【债务人相关人员法律责任的含义】

债务人的相关人员的法律责任，是指在破产程序中发现债务人的相关人员违反《企业破产法》《公司法》等法律、法规规定的义务，侵害其他人合法权益时，依法应当承担的法律责任。

第二条　【董事、监事、高级管理人员的法律责任】

1.《企业破产法》第一百二十五条规定：企业董事、监事或者高级管理人员违反忠实义务、勤勉义务，致使所在企业破产的，依法承担民事责任。有前款规定情形的人员，自破产程序终结之日起三年内不得担任任何企业的董事、监事、高级管理人员。

高级管理人员的范围：根据《公司法》第二百一十六条的规定，高级管理人员，是指公司的经理、副经理、财务负责人，上市公司董事会秘书和公司章程规定的其他人员。

2.根据《公司法》第一百七十八条第三款的规定，担任破产清算的公司、企业的董事或者厂长、经理，对该公司、企业的破产负有个人责任的，自该公司、企业破产清算完结之日起未逾三年，不得担任公司的董事、监事、高级管理人员。

第三条　【债务人的有关人员违反配合义务的责任】

（一）拒不列席债权人会议

《企业破产法》第一百二十六条第一句规定：有义务列席债权人会议的债务人的有

关人员，经人民法院传唤，无正当理由拒不列席债权人会议的，人民法院可以拘传，并依法处以罚款。

（二）拒绝陈述或虚假陈述

《企业破产法》第一百二十六条第二句规定：债务人的有关人员违反本法规定，拒不陈述、回答，或者作虚假陈述、回答的，人民法院可以依法处以罚款。

（三）拒不提交相关文件

《企业破产法》第一百二十七条第一款规定：债务人违反本法规定，拒不向人民法院提交或者提交不真实的财产状况说明、债务清册、债权清册、有关财务会计报告以及职工工资的支付情况和社会保险费用的缴纳情况的，人民法院可以对直接责任人员依法处以罚款。

（四）拒不提交财务账册等

《企业破产法》第一百二十七条第二款规定：债务人违反本法规定，拒不向管理人移交财产、印章和账簿、文书等资料的，或者伪造、销毁有关财产证据材料而使财产状况不明的，人民法院可以对直接责任人员依法处以罚款。

（五）擅自离开住所地

《企业破产法》第一百二十九条规定：债务人的有关人员违反本法规定，擅自离开住所地的，人民法院可以予以训诫、拘留，可以依法并处罚款。

第四条 【债务人的有关人员导致无法清算的责任】

（一）最高人民法院的相关批复

2008年8月4日《最高人民法院关于债权人对人员下落不明或者财产状况不清的债务人申请破产清算案件如何处理的批复》指出：债权人对人员下落不明或者财产状况不清的债务人申请破产清算，符合企业破产法规定的，人民法院应依法予以受理。债务人能否依据《企业破产法》第十一条第二款的规定向人民法院提交财产状况说明、债权债务清册等相关材料，并不影响对债权人申请的受理。

人民法院受理上述破产案件后，应当依据《企业破产法》的有关规定指定管理人追收债务人财产；经依法清算，债务人确无财产可供分配的，应当宣告债务人破产并终结破产程序；破产程序终结后二年内发现有依法应当追回的财产或者有应当供分配的其他财产的，债权人可以请求人民法院追加分配。

债务人的有关人员不履行法定义务，人民法院可依据有关法律规定追究其相应法律责任；其行为导致无法清算或者造成损失，有关权利人起诉请求其承担相应民事责任的，人民法院应依法予以支持。

（二）《民商审判纪要（2019）》的相关规定

1. 人民法院在审理债务人相关人员下落不明或者财产状况不清的破产案件时，应当充分贯彻债权人利益保护原则，避免债务人通过破产程序不当损害债权人利益，同时也要避免不当突破股东有限责任原则。

2. 人民法院在适用《最高人民法院关于债权人对人员下落不明或者财产状况不清的债务人申请破产清算案件如何处理的批复》第三款的规定，判定债务人相关人员承担责任时，应当依照《企业破产法》的相关规定来确定相关主体的义务内容和责任范围，不得根据《最高人民法院关于适用〈中华人民共和国公司法〉若干问题的规定（二）》第十八条第二款的规定来判定相关主体的责任。

3.《最高人民法院关于债权人对人员下落不明或者财产状况不清的债务人申请破产清算案件如何处理的批复》规定的“债务人的有关人员不履行法定义务，人民法院可依据有关法律规定追究其相应法律责任”，系指债务人的法定代表人、财务管理人员和其他经营管理人员不履行《企业破产法》第十五条规定的配合清算义务，人民法院可以根据《企业破产法》第一百二十六条、第一百二十七条追究其相应法律责任，或者参照《民事诉讼法》第一百一十一条的规定，依法拘留，构成犯罪的，依法追究刑事责任；债务人的法定代表人或者实际控制人不配合清算的，人民法院可以依据《出境入境管理法》第十二条的规定，对其作出不准出境的决定，以确保破产程序顺利进行。

4.《最高人民法院关于债权人对人员下落不明或者财产状况不清的债务人申请破产清算案件如何处理的批复》第三款规定的“其行为导致无法清算或者造成损失”，系指债务人的有关人员不配合清算的行为导致债务人财产状况不明，或者依法负有清算责任的人未依照《企业破产法》第七条第三款的规定及时履行破产申请义务，导致债务人主要财产、账册、重要文件等灭失，致使管理人无法执行清算职务，给债权人利益造成损害。“有关权利人起诉请求其承担相应民事责任”，系指管理人请求上述主体承担相应损害赔偿责任并将因此获得的赔偿归入债务人财产。管理人未主张上述赔偿，个别债权人可以代表全体债权人提起上述诉讼。

5. 上述破产清算案件被裁定终结后，相关主体以债务人主要财产、账册、重要文件等重新出现为由，申请对破产清算程序启动审判监督的，人民法院不予受理，但符合《企业破产法》第一百二十三条规定的，债权人可以请求人民法院追加分配。

第五条 【债务人的有关人员恶意逃债的责任】

《企业破产法》第一百二十八条规定：债务人有本法第三十一条、第三十二条、第三十三条规定的行为，损害债权人利益的，债务人的法定代表人和其他直接责任人员依法承担赔偿责任。

（一）实施了被撤销的行为

《企业破产法》第三十一条规定：人民法院受理破产申请前一年内，涉及债务人财产的下列行为，管理人有权请求人民法院予以撤销：

1. 无偿转让财产的；
2. 以明显不合理的价格进行交易的；
3. 对没有财产担保的债务提供财产担保的；
4. 对未到期的债务提前清偿的；
5. 放弃债权的。

（二）实施了个别清偿行为

《企业破产法》第三十二条规定：人民法院受理破产申请前六个月内，债务人有本法第二条第一款规定的情形，仍对个别债权人进行清偿的，管理人有权请求人民法院予以撤销。但是，个别清偿使债务人财产受益的除外。

（三）实施了无效的行为

《企业破产法》第三十三条规定：涉及债务人财产的下列行为无效：

1. 为逃避债务而隐匿、转移财产的；

2. 虚构债务或者承认不真实的债务的。

《企业破产法》第三十四条规定：因本法第三十一条、第三十二条或者第三十三条规定的行为而取得的债务人的财产，管理人有权追回。

《破产法司法解释（二）》第九条第一款规定：管理人依据《企业破产法》第三十一条和第三十二条的规定提起诉讼，请求撤销涉及债务人财产的相关行为并由相对人返还债务人财产的，人民法院应予支持。

《破产法司法解释（二）》第十八条规定：管理人代表债务人依据《企业破产法》第一百二十八条的规定，以债务人的法定代表人和其他直接责任人员对所涉债务人财产的相关行为存在故意或者重大过失，造成债务人财产损失为由提起诉讼，主张上述责任人员承担相应赔偿责任的，人民法院应予支持。

第六条 【债务人董事、监事和高级管理人员获取非正常收入的责任】

《企业破产法》第三十六条规定：债务人的董事、监事和高级管理人员利用职权从企业获取的非正常收入和侵占的企业财产，管理人应当追回。

《破产法司法解释（二）》第二十四条规定：债务人有《企业破产法》第二条第一款规定的情形时，债务人的董事、监事和高级管理人员利用职权获取的以下收入，人民法院应当认定为《企业破产法》第三十六条规定的非正常收入：

1. 绩效奖金；

2. 普遍拖欠职工工资情况下获取的工资性收入；

3. 其他非正常收入。

债务人的董事、监事和高级管理人员拒不向管理人返还上述债务人财产，管理人主张上述人员予以返还的，人民法院应予支持。

债务人的董事、监事和高级管理人员因返还第一款第一项、第三项非正常收入形成的债权，可以作为普通破产债权清偿。因返还第一款第二项非正常收入形成的债权，依据《企业破产法》第一百一十三条第三款的规定，按照该企业职工平均工资计算的部分作为拖欠职工工资清偿；高出该企业职工平均工资计算的部分，可以作为普通破产债权清偿。

第七条 【债务人董事、监事和高级管理人员侵占企业财产的责任】

《公司法》第一百八十一条规定：董事、监事、高级管理人员不得有下列行为：

1. 侵占公司财产、挪用公司资金；

2. 将公司资金以其个人名义或者以其他个人名义开立账户存储；

3. 利用职权贿赂或者收受其他非法收入；

4. 接受他人与公司交易的佣金归为己有；

5. 擅自披露公司秘密；

6. 违反对公司忠实义务的其他行为。

债务人应对以上行为承担责任，管理人应当追回股东侵占、挪用、他存的企业财产。

第八条 【破产企业出资人的出资责任】

《企业破产法》第三十五条规定：人民法院受理破产申请后，债务人的出资人尚未完全履行出资义务的，管理人应当要求该出资人缴纳所认缴的出资，而不受出资期限的限制。

1. 破产企业出资人的出资责任不受出资期限及诉讼时效的限制。人民法院受理破产申请后，债务人的出资人尚未完全履行出资义务的，管理人应当要求该出资人缴纳所认缴的出资，而不受出资期限的限制。管理人代表债务人提起诉讼，主张出资人向债务人依法缴付未履行的出资或者返还抽逃的出资本息，出资人以认缴出资尚未届至公司章程规定的缴纳期限或者违反出资义务已经超过诉讼时效为由抗辩的，人民法院不予支持。

2. 破产企业关联方对股东违反出资义务或者抽逃出资承担相应责任。管理人依据《公司法》的相关规定代表债务人提起诉讼，主张公司的发起人和负有监督股东履行出资义务的董事、高级管理人员，或者协助抽逃出资的其他股东、董事、高级管理人员、实际控制人等，对股东违反出资义务或者抽逃出资承担相应责任，并将财产归入债务人财产的，人民法院应予支持。

3. 破产申请受理后，债权人无权主张债务人出资人及其他关联方因出资责任进行个别清偿，但有权要求将相应财产归入债务人财产。

4. 破产申请受理前，债权人提起诉讼，主张债务人的出资人、发起人和负有监督股东履行出资义务的董事、高级管理人员，或者协助抽逃出资的其他股东、董事、高级管理人员、实际控制人等直接向其承担出资不实或者抽逃出资责任的，或者以债务人的股东与债务人法人人格严重混同为由，主张债务人的股东直接向其偿还债务人对其所负债务的，破产申请受理时案件尚未审结的，人民法院应当中止审理。债务人破产宣告后，人民法院应当依法判决驳回债权人的诉讼请求。但是，债权人一审中变更其诉讼请求为追收的相关财产归入债务人财产的除外。

债务人破产宣告前，人民法院依据《企业破产法》第十二条的规定裁定驳回破产申请或者依据《企业破产法》第一百零八条的规定终结破产程序，上述中止审理的案件应当依法恢复审理。

第九条 【债务人重整期间股东权益的限制】

重整期间，债务人的出资人不得请求投资收益分配；债务人的董事、监事、高级管理人员不得向第三人转让其持有的债务人的股权，但经人民法院同意的除外。

第十条 【股东对破产企业行使抵销权的限制】

债务人的股东主张以下列债务与债务人对其负有的债务抵销，债务人管理人提出异议的，人民法院应予支持：

1. 债务人股东因欠缴债务人的出资或者抽逃出资对债务人所负的债务；

2. 债务人股东滥用股东权利或者关联关系损害公司利益对债务人所负的债务。

第十一条 【控制股东或实际控制人过度支配与控制的法律责任】

（一）过度支配与控制的情形

公司控制股东对公司过度支配与控制，会操纵公司的决策过程，使公司完全丧失独立性，沦为控制股东的工具或躯壳。实践中常见的过度支配的情形包括：

1. 母子公司之间或者子公司之间进行利益输送的；

2. 母子公司或者子公司之间进行交易，收益归一方，损失却由另一方承担的；

3. 先从原公司抽走资金，然后再成立经营目的相同或者类似的公司，逃避原公司债务的；

4. 先解散公司，再以原公司场所、设备、人员及相同或者相似的经营目的另设公司，逃避原公司债务的；

5. 过度支配与控制的其他情形。

（二）过度支配与控制的法律责任

1. 公司控制股东对公司过度支配与控制，严重损害公司债权人利益，应当否认公司人格，由滥用控制权的股东对公司债务承担连带责任；

2. 控制股东或实际控制人控制多个子公司或者关联公司，滥用控制权使多个子公司或者关联公司财产边界不清、财务混同，利益相互输送，丧失人格独立性，沦为控制股东逃避债务、非法经营，甚至违法犯罪工具的，人民法院可以综合案件事实，否认子公司或者关联公司法人人格，判令关联公司彼此之间承担连带责任；

3. 控制股东或实际控制人对关联企业过度支配与控制，使关联企业人格严重混同的，人民法院可视具体情形依法裁定合并破产或协调审理。详见本书第十三章。

第二节　管理人的法律责任

第十二条 【管理人未忠实履行职务的责任】

《企业破产法》第一百三十条规定：管理人未依照本法规定勤勉尽责，忠实执行职务的，人民法院可以依法处以罚款；给债权人、债务人或者第三人造成损失的，依法承担赔偿责任。

（一）管理人的勤勉义务

1. 谨慎接管债务人移交的全部财产和与财产有关的一切账册文件；

2. 对破产财产的审慎管理处分，包括保管清理破产财产、继续经营债务人事业等；
3. 对破产债权的审慎调查审查；
4. 对取回权、别除权的标的物的妥善保管义务；
5. 尽责处理各种诉讼仲裁活动；
6. 依法变价和分配破产财产；
7. 向法院、债权人和其他利害关系人报告工作和传递信息；
8. 请求召开债权人会议；
9. 审慎委托提供相关服务的专业人士；
10. 与破产程序相关的其他注意义务。
（二）管理人的忠实义务
1. 管理人不得因自己的身份而受益；
2. 管理人不得收受贿赂、牟取私利或所允诺的其他好处；
3. 管理人必须严守竞业禁止原则；
4. 管理人非经允许不得泄露破产业务的商业秘密；
5. 管理人不得侵吞破产财产及其掌握的其他财产（如别除权的标的财产）；
6. 管理人不得利用破产财产的信息和商业机会。

第十三条　【未行使撤销权的赔偿责任】

管理人因过错未依法行使撤销权导致债务人财产不当减损，债权人提起诉讼主张管理人对其损失承担相应赔偿责任的，人民法院应予支持。

第十四条　【管理人拒绝追收债务人财产的责任】

《破产法司法解释（二）》第二十三条第二款、第三款规定：债权人通过债权人会议或者债权人委员会，要求管理人依法向次债务人、债务人的出资人等追收债务人财产，管理人无正当理由拒绝追收，债权人会议依据《企业破产法》第二十二条的规定，申请人民法院更换管理人的，人民法院应予支持。管理人不予追收，个别债权人代表全体债权人提起相关诉讼，主张次债务人或者债务人的出资人等向债务人清偿或者返还债务人财产，或者依法申请合并破产的，人民法院应予受理。

第十五条　【管理人致人损害的赔偿责任】

《破产法司法解释（二）》第三十三条规定：管理人或者相关人员在执行职务过程中，因故意或者重大过失不当转让他人财产或者造成他人财产毁损、灭失，导致他人损害产生的债务作为共益债务，由债务人财产随时清偿不足弥补损失，权利人向管理人或者相关人员主张承担补充赔偿责任的，人民法院应予支持。上述债务作为共益债务由债务人财产随时清偿后，债权人以管理人或者相关人员执行职务不当导致债务人财产减少给其造成损失为由提起诉讼，主张管理人或者相关人员承担相应赔偿责任的，人民法院应予支持。

第十六条　【管理人聘用中介机构的责任】

《民商审判纪要（2019）》第一百一十六条规定：要合理区分人民法院和管理人在委托审计、评估等财产管理工作中的职责。破产程序中确实需要聘请中介机构对债务人财产进行审计、评估的，根据《企业破产法》第二十八条的规定，经人民法院许可后，管理人可以自行公开聘请，但是应当对其聘请的中介机构的相关行为进行监督。上述中介机构因不当履行职责给债务人、债权人或者第三人造成损害的，应当承担赔偿责任。管理人在聘用过程中存在过错的，应当在其过错范围内承担相应的补充赔偿责任。

第三节　与破产相关的犯罪

第十七条　【《企业破产法》依据】

《企业破产法》第一百三十一条规定：违反本法规定，构成犯罪的，依法追究刑事责任。

第十八条　【妨害清算罪】

（一）概念

妨害清算罪，是指公司、企业进行清算时，隐匿财产，对资产负债表或者财产清单作虚伪记载，或者在未清偿债务前分配公司、企业财产，严重损害债权人或者其他人利益的行为。

《刑法》吸收《从全国人大常委会关于惩治违反公司法的犯罪的决定》第五条的规定，形成关于妨害清算罪的规定。

（二）法律规定

《刑法》第一百六十二条规定：公司、企业进行清算时，隐匿财产，对资产负债表或者财产清单作虚伪记载或者在未清偿债务前分配公司、企业财产，严重损害债权人或者其他人利益的，对其直接负责的主管人员和其他直接责任人员，处五年以下有期徒刑或者拘役，并处或者单处二万元以上二十万元以下罚金。

（三）构成要件

1. 本罪侵犯的客体是国家对公司的破产清算制度。公司、企业清算是公司、企业因解散、分立、合并或者破产，依照法律规定清理公司、企业的债权、债务的活动。由于清算活动与公司、企业、股东及其他债权人、债务人有着直接的经济利益关系，因此，清算活动必须严格依照法定程序和条件进行。

2. 客观方面表现为在公司、企业进行清算时隐匿财产，对资产负债表或者财产清单作虚伪记载，或者在未清偿债务前分配公司、企业财产，严重损害债权人或者其他人利益的行为。“隐匿财产”，是指将公司、企业的财产予以转移、隐藏的行为。这里的财产既包括资金，也包括工具、设备等各种财物。“对资产负债或者财产清单作虚伪记载”，是指公司、企业在制作资产负债表或者财产清单时，故意采取隐瞒或者欺骗等方法，对资产负债表或者财产清单进行虚报，以达到逃避公司、企业债务的目的。“在未清偿债务前分配公司、企业财产”，是指在清算过程中，违反法律规定，在清偿债务前，将公司、企业的财产予以分配。

3. 犯罪主体为特殊主体。本罪的主体在一般情况下，是进行清算的公司、企业法人。但如果清算组成员与公司、企业相勾结共同实施本条规定的行为，也应以共同犯罪依照本条规定追究刑事责任。

4. 主观方面由故意构成。过失不构成本罪。

（四）追诉标准

2022 年 4 月 6 日发布的《最高人民检察院、公安部关于公安机关管辖的刑事案件立案追诉标准的规定（二）》第七条规定：公司、企业进行清算时，隐匿财产，对资产负债表或者财产清单作虚伪记载或者在未清偿债务前分配公司、企业财产，涉嫌下列情形之一的，应予立案追诉：

1. 隐匿财产价值在五十万元以上的；

2. 对资产负债表或者财产清单作虚伪记载涉及金额在五十万元以上的；

3. 在未清偿债务前分配公司、企业财产价值在五十万元以上的；

4. 造成债权人或者其他人直接经济损失数额累计在十万元以上的；

5. 虽未达到上述数额标准，但应清偿的职工的工资、社会保险费用和法定补偿金得不到及时清偿，造成恶劣社会影响的；

6. 其他严重损害债权人或者其他人利益的情形。

第十九条　【隐匿、故意销毁会计凭证、会计账簿、财务会计报告罪】

（一）法律规定

《刑法》第一百六十二条之一规定：隐匿或者故意销毁依法应当保存的会计凭证、会计账簿、财务会计报告，情节严重的，处五年以下有期徒刑或者拘役，并处或者单处二万元以上二十万元以下罚金。单位犯前款罪的，对单位判处罚金，并对其直接负责的主管人员和其他直接责任人员，依照前款的规定处罚。

（二）犯罪构成

1. 犯罪主体既可以是自然人，也可以是单位。

2. 犯罪客观要件。如果行为人实施了隐匿或者故意销毁依法应当保存的会计凭证、会计账簿、财务会计报告行为，且达到情节严重的程度，无论其出于何种目的，均构成本罪。会计凭证，是指记录经济业务发生和完成情况，明确经济责任，作为记账依据的书面证明。会计凭证包括原始凭证和记账凭证。会计账簿，是指由一定格式、相互联系的账页组成，以会计凭证为依据，用以序时地、分类地、全面地、系统地记录、反映和监督一个单位经济业务活动情况的会计簿籍。会计账簿按其不同用途和《会计法》的规定，可以分为总账、明细账、日记账和其他辅助性账簿。财务会计报告，是指根据会计账簿记录和有关会计核算资料编制的反映单位财务状况和经营成果的报告文书。根据《会计法》第二十三条的规定，“各单位对会计凭证、会计账簿、财务会计报告和其他会计资料应当建立档案，妥善保管。会计档案的保管期限、销毁、安全、保护等具体管理办法，由国务院财政部门会同有关部门制定”，各单位应当对本单位的会计凭证、会计账簿、财务会计报告等会计资料，按照国家规定的期限、方法妥善保管，需要销毁时，应当按照规定的程序办理手续，由规定的人员进行销毁，不得违反国家规定予以隐匿或者故意销毁。

所谓隐匿，是指有关机关要求其提供会计凭证、会计账簿、财务会计报告，以便监督检查其会计工作，查找犯罪证据时，故意转移、隐藏应当保存的会计凭证、会计账簿、财务会计报告的行为。

所谓故意销毁，是指故意将应当依法保存的会计凭证、会计账簿、财务会计报告予以毁灭、损毁的行为。

3. 主观方面由故意构成。过失不构成本罪。

（三）追诉标准

2022 年 4 月 6 日发布的《最高人民检察院、公安部关于公安机关管辖的刑事案件立案追诉标准的规定（二）》第八条规定：“隐匿或者故意销毁依法应当保存的会计凭证、会计账簿、财务会计报告，涉嫌下列情形之一的，应予立案追诉：

1. 隐匿、故意销毁的会计凭证、会计账簿、财务会计报告涉及金额在五十万元以上的；

2. 依法应当向监察机关、司法机关、行政机关、有关主管部门等提供而隐匿、故意销毁或者拒不交出会计凭证、会计账簿、财务会计报告的；

3. 其他情节严重的情形。

第二十条 【虚假破产罪】

（一）法律规定

《刑法》第一百六十二条之二规定：公司、企业通过隐匿财产、承担虚构的债务或者以其他方法转移、处分财产，实施虚假破产，严重损害债权人或者其他人利益的，对其直接负责的主管人员和其他直接责任人员，处五年以下有期徒刑或者拘役，并处或者单处二万元以上二十万元以下罚金。

（二）构成要件

1. 本罪侵犯的客体是公司、企业的破产管理制度。

2. 客观方面表现为公司、企业通过隐匿财产、承担虚构的债务或者以其他方法转移、处分财产，实施虚假破产，严重损害债权人或者其他人利益的行为。“严重损害债权人的利益”，是指通过虚假破产意图逃避偿还债权人的债务数额巨大等情形；“严重损害其他人的利益”，是指搞虚假破产造成公司、企业拖欠的职工工资、社会保险费和国家的税款得不到清偿，或者使公司、企业的其他股东的合法权益受到损害等情形。

（1）隐匿财产，是指将公司的财产隐藏，或者对公司、企业的财产清单和资产负债表作虚假记载，或者采用少报、低报的手段，故意隐瞒、缩小公司、企业财产的实际财产数额。

（2）承担虚构的债务，是指夸大公司、企业的负债状况，目的是造成公司资不抵债的假象。

（3）以其他方法转移、处分财产，是指在未清偿债务之前，将公司、企业财产无偿转让、以明显不合理的低价转让财产或者以明显高于市场的价格受让财产、对原来没有财产担保的债务提供财产担保、放弃债权、对公司财产非法进行分配等情形。根据《企业破产法》第三十三条第二项的规定，承认不真实债务的，也属于实施虚假破产的行为之一。

（4）实施虚假破产是虚假破产罪的核心构成要件。虚假破产实际上是一种破产欺诈行为，属于诈骗犯罪范畴。如果公司、企业虽有隐匿财产、承担虚构债务等逃避债务的行为，但并未实施虚假破产行为，且主观上也无实施虚假破产打算的，依法不构成犯罪。对公司、企业欠债不还的行为，可通过民事诉讼程序解决。

3. 犯罪主体为特殊主体，即实施虚假破产的公司、企业。

4. 主观方面由故意构成，通常具有逃债的目的，过失不构成本罪。

（三）刑事责任

根据《刑法》第一百六十二条的规定，犯虚假破产罪的，对其直接负责的主管人员和其他直接责任人员，处五年以下有期徒刑或者拘役，并处或者单处两万元以上二十万元以下罚金。

本罪属于实行单罚制的单位犯罪，只处罚直接负责的主管人员和其他直接责任人员，不处罚单位。

（四）追诉标准

2022 年 4 月 6 日发布的《最高人民检察院、公安部关于公安机关管辖的刑事案件立案追诉标准的规定（二）》第九条规定：公司、企业通过隐匿财产、承担虚构的债务或者以其他方法转移、处分财产，实施虚假破产，涉嫌下列情形之一的，应予立案追诉：

1. 隐匿财产价值在五十万元以上的；

2. 承担虚构的债务涉及金额在五十万元以上的；

3. 以其他方法转移、处分财产价值在五十万元以上的；

4. 造成债权人或者其他人直接经济损失数额累计在十万元以上的；

5. 虽未达到上述数额标准，但应清偿的职工的工资、社会保险费用和法定补偿金得不到及时清偿，造成恶劣社会影响的；

6. 其他严重损害债权人或者其他人利益的情形。

第二十一条　【虚假诉讼罪】

《刑法》第三百零七条之一第一款规定：以捏造的事实提起民事诉讼，妨害司法秩序或者严重侵害他人合法权益的，处三年以下有期徒刑、拘役或者管制，并处或者单处罚金；情节严重的，处三年以上七年以下有期徒刑，并处罚金。

（一）破产中以捏造的事实提起民事诉讼的情形

根据《最高人民法院、最高人民检察院关于办理虚假诉讼刑事案件适用法律若干问题的解释》第一条的规定，采取伪造证据、虚假陈述等手段，在破产案件审理过程中申报捏造的债权，捏造民事法律关系，虚构民事纠纷，向人民法院提起民事诉讼的，应当认定为《刑法》第三百零七条之一第一款规定的“以捏造的事实提起民事诉讼”。

（二）妨害司法秩序或者严重侵害他人合法权益

根据《最高人民法院、最高人民检察院关于办理虚假诉讼刑事案件适用法律若干问题的解释》第二条的规定，以捏造的事实提起民事诉讼，致使人民法院基于捏造的事实作出裁判文书、制作财产分配方案，或者立案执行基于捏造的事实作出的仲裁裁决、公证债权文书的；应当认定为《刑法》第三百零七条之一第一款规定的“妨害司法秩序或者严重侵害他人合法权益”。

（三）情节严重的认定

《最高人民法院、最高人民检察院关于办理虚假诉讼刑事案件适用法律若干问题的解释》第三条规定：以捏造的事实提起民事诉讼，有下列情形之一的，应当认定为刑法第三百零七条之一第一款规定的“情节严重”：

1. 有本解释第二条第一项情形，造成他人经济损失一百万元以上的；

2. 有本解释第二条第二项至第四项情形之一，严重干扰正常司法活动或者严重损害司法公信力的；

3. 致使义务人自动履行生效裁判文书确定的财产给付义务或者人民法院强制执行财产权益，数额达到一百万元以上的；

4. 致使他人债权无法实现，数额达到一百万元以上的；

5. 非法占有他人财产，数额达到十万元以上的；

6. 致使他人因为不执行人民法院基于捏造的事实作出的判决、裁定，被采取刑事拘留、逮捕措施或者受到刑事追究的；

7. 其他情节严重的情形。

第二十二条 【拒不支付劳动报酬罪】

《刑法》第二百七十六条之一规定：以转移财产、逃匿等方法逃避支付劳动者的劳动报酬或者有能力支付而不支付劳动者的劳动报酬，数额较大，经政府有关部门责令支付仍不支付的，处三年以下有期徒刑或者拘役，并处或者单处罚金；造成严重后果的，处三年以上七年以下有期徒刑，并处罚金。单位犯前款罪的，对单位判处罚金，并对其直接负责的主管人员和其他直接责任人员，依照前款的规定处罚。有前两款行为，尚未造成严重后果，在提起公诉前支付劳动者的劳动报酬，并依法承担相应赔偿责任的，可以减轻或者免除处罚。

根据《最高人民法院关于审理拒不支付劳动报酬刑事案件适用法律若干问题的解释》第二条的规定，以逃避支付劳动者的劳动报酬为目的，隐匿财产、恶意清偿、虚构债务、虚假破产、虚假倒闭或者以其他方法转移、处分财产的，应当认定为《刑法》第二百七十六条之一第一款规定的“以转移财产、逃匿等方法逃避支付劳动者的劳动报酬”。

第二十三条　【渎职类犯罪】

（一）法律规定

1.《刑法》第一百六十七条规定：国有公司、企业、事业单位直接负责的主管人员，在签订、履行合同过程中，因严重不负责任被诈骗，致使国家利益遭受重大损失的，处三年以下有期徒刑或者拘役；致使国家利益遭受特别重大损失的，处三年以上七年以下有期徒刑。

2.《刑法》第一百六十八条规定：国有公司、企业的工作人员，由于严重不负责任或者滥用职权，造成国有公司、企业破产或者严重损失，致使国家利益遭受重大损失的，处三年以下有期徒刑或者拘役；致使国家利益遭受特别重大损失的，处三年以上七年以下有期徒刑。国有事业单位的工作人员有前款行为，致使国家利益遭受重大损失的，依照前款的规定处罚。国有公司、企业、事业单位的工作人员，徇私舞弊，犯前两款罪的，依照第一款的规定从重处罚。

3.《刑法》第一百六十九条规定：国有公司、企业或者其上级主管部门直接负责的主管人员，徇私舞弊，将国有资产低价折股或者低价出售，致使国家利益遭受重大损失的，处三年以下有期徒刑或者拘役；致使国家利益遭受特别重大损失的，处三年以上七年以下有期徒刑。其他公司、企业直接负责的主管人员，徇私舞弊，将公司、企业资产低价折股或者低价出售，致使公司、企业利益遭受重大损失的，依照前款的规定处罚。

（二）与破产相关的规定

《最高人民法院、最高人民检察院关于办理渎职刑事案件适用法律若干问题的解释（一）》第八条第一款、第二款规定：本解释规定的“经济损失”，是指渎职犯罪或者与渎职犯罪相关联的犯罪立案时已经实际造成的财产损失，包括为挽回渎职犯罪所造成损失而支付的各种开支、费用等。立案后至提起公诉前持续发生的经济损失，应一并计入渎职犯罪造成的经济损失。债务人经法定程序被宣告破产，债务人潜逃、去向不明，或者因行为人的责任超过诉讼时效等，致使债权已经无法实现的，无法实现的债权部分应当认定为渎职犯罪的经济损失。

第二十四条　【提供虚假证明文件罪】

破产中涉及大量的评估、审计事务，需要审计、评估等中介机构的参与，这些中介机构如实施《刑法》规定的行为会构成犯罪。

（一）法律规定

《刑法》第二百二十九条规定：承担资产评估、验资、验证、会计、审计、法律服务、保荐、安全评价、环境影响评价、环境监测等职责的中介组织的人员故意提供虚假证明文件，情节严重的，处五年以下有期徒刑或者拘役，并处罚金；有下列情形之一的，处五年以上十年以下有期徒刑，并处罚金：

1.提供与证券发行相关的虚假的资产评估、会计、审计、法律服务、保荐等证明文件，情节特别严重的；

2. 提供与重大资产交易相关的虚假的资产评估、会计、审计等证明文件，情节特别严重的；

3. 在涉及公共安全的重大工程、项目中提供虚假的安全评价、环境影响评价等证明文件，致使公共财产、国家和人民利益遭受特别重大损失的。

有前述行为，同时索取他人财物或者非法收受他人财物构成犯罪的，依照处罚较重的规定定罪处罚。

（二）追诉标准

《最高人民检察院、公安部关于公安机关管辖的刑事案件立案追诉标准的规定（二）》第七十三条规定：承担资产评估、验资、验证、会计、审计、法律服务、保荐、安全评价、环境影响评价、环境监测等职责的中介组织的人员故意提供虚假证明文件，涉嫌下列情形之一的，应予立案追诉：

1. 给国家、公众或者其他投资者造成直接经济损失数额在五十万元以上的；

2. 违法所得数额在十万元以上的；

3. 虚假证明文件虚构数额在一百万元以上且占实际数额百分之三十以上的；

4. 虽未达到上述数额标准，但两年内因提供虚假证明文件受过两次以上行政处罚，又提供虚假证明文件的；

5. 其他情节严重的情形。

第二十五条　【出具证明文件重大失实罪】

（一）法律规定

《刑法》第二百二十九条第三款规定：《刑法》第二百二十九条第一款规定的人员，严重不负责任，出具的证明文件有重大失实，造成严重后果的，处三年以下有期徒刑或者拘役，并处或者单处罚金。

（二）追诉标准

《最高人民检察院、公安部关于公安机关管辖的刑事案件立案追诉标准的规定（二）》第七十四条规定：承担资产评估、验资、验证、会计、审计、法律服务、保荐、安全评价、环境影响评价、环境监测等职责的中介组织的人员严重不负责任，出具的证明文件有重大失实，涉嫌下列情形之一的，应予立案追诉：

1. 给国家、公众或者其他投资者造成直接经济损失数额在一百万元以上的；

2. 其他造成严重后果的情形。

第二十六条　【刑事案件审判期间企业破产的处理】

1.《最高人民法院关于适用〈中华人民共和国刑事诉讼法〉的解释》第三百四十四条规定：审判期间，被告单位被吊销营业执照、宣告破产但尚未完成清算、注销登记的，应当继续审理；被告单位被撤销、注销的，对单位犯罪直接负责的主管人员和其他直接责任人员应当继续审理。

2.《最高人民检察院关于涉嫌犯罪单位被撤销、注销、吊销营业执照或者宣告破产的应如何进行追诉问题的批复》指出：涉嫌犯罪的单位被撤销、注销、吊销营业执照照或者宣告破产的，应当根据刑法关于单位犯罪的相关规定，对实施犯罪行为的该单位直接负责的主管人员和其他直接责任人员追究刑事责任，对该单位不再追诉。

3.《最高人民法院、最高人民检察院、海关总署关于办理走私刑事案件适用法律若干问题的意见》第十九条指出：关于单位走私犯罪后发生分立、合并或者其他资产重组情形以及单位被依法注销、宣告破产等情况下，如何追究刑事责任的问题。单位走私犯罪后，单位发生分立、合并或者其他资产重组等情况的，只要承受该单位权利义务的单位存在，应当追究单位走私犯罪的刑事责任。走私单位发生分立、合并或者其他资产重组后，原单位名称发生更改的，仍以原单位（名称）作为被告单位。承受原单位权利义务的单位法定代表人或者负责人为诉讼代表人。单位走私犯罪后，发生分立、合并或者其他资产重组情形，以及被依法注销、宣告破产等情况的，无论承受该单位权利义务的单位是否存在，均应追究原单位直接负责的主管人员和其他直接责任人员的刑事责任。人民法院对原走私单位判处罚金的，应当将承受原单位权利义务的单位作为被执行人。罚金超出新单位所承受的财产的，可在执行中予以减除。

第二十七条 【破产中发现犯罪的处理】

《审理企业破产案件规定》第一百条规定：人民法院在审理企业破产案件中，发现破产企业的原法定代表人或者直接责任人员有《企业破产法》第三十五条所列行为的，应当向有关部门建议，对该法定代表人或者直接责任人员给予行政处分；涉嫌犯罪的，应当将有关材料移送相关国家机关处理。

《审理企业破产案件规定》第一百零二条规定：人民法院受理企业破产案件后，发现企业有巨额财产下落不明的，应当将有关涉嫌犯罪的情况和材料，移送相关国家机关处理。

第十七章　破产案件信息公开制度

【本章概述】

破产案件信息公开，以公开为原则，以不公开为例外。凡是不涉及国家秘密、个人隐私的信息均应依法公开。涉及商业秘密的债务人信息，在不损害债权人和债务人合法权益的情况下，破产管理人可以通过与重整投资人的协议向重整投资人公开。

自2016年8月1日起，人民法院受理的破产案件以及尚未审结的破产案件应当适用《最高人民法院关于企业破产案件信息公开的规定（试行）》（以下简称《破产案件信息公开的规定》）规定的信息公开制度，在全国企业破产重整案件信息网上公开破产案件信息，确立全国企业破产重整案件信息网在企业破产大数据方面的枢纽地位，发挥破产重整案件信息网的宣传、交流功能。

本章包括以下七节内容：

第一节　破产案件信息公开制度的主要内容

第二节　法官工作平台

第三节　破产案件网上预约立案及其他线上审理流程

第四节　破产管理人工作平台

第五节　其他网络管理人平台简介

第六节　破产财产公开拍卖的规定

第七节　网络拍卖破产财产

第一节　破产案件信息公开制度的主要内容

第一条　【破产案件信息公开原则】

依据《破产案件信息公开的规定》，破产案件信息公开以公开为原则，以不公开为例外。凡是不涉及国家秘密、个人隐私的信息均应依法公开。涉及商业秘密的债务人信息，在不损害债权人和债务人合法权益的情况下，破产管理人可以通过与重整投资人的协议向重整投资人公开。

自2016年8月1日起，人民法院受理的破产案件以及尚未审结的破产案件应当适用《破产案件信息公开的规定》规定的信息公开制度。

第二条 【建立破产案件信息公开制度的意义】

破产案件信息公开制度是最高人民法院推行的司法制度，其意义在于：

1. 确保债权人等利害关系人及时、充分了解案件进程、债务人相关财务情况、重整计划草案及重整计划执行等情况，维护债权人等利害关系人的知情权、程序参与权；

2. 鼓励和规范通过网络方式召开债权人会议，提高效率，降低破产费用，确保债权人等主体参与破产程序的权利；

3. 充分运用信息化手段，吸引潜在投资者，促进资本、技术、管理能力等要素自由流动和有效配置，帮助企业重整再生；

4. 通过全国企业破产重整案件信息网规范破产案件审理，公开破产案件信息，推动破产案件依法审理，提升破产案件审理的透明度和公信力；

5. 强化全国企业破产重整案件信息网的数据统计、数据检索等功能，分析研判企业破产案件情况，及时发现新情况，解决新问题，提高破产案件处理的质量与效率，提升破产案件审判水平。

第三条 【相关制度文件】

与破产案件信息公开制度相关的规定主要是最高人民法院 2016 年签发并实施的几个司法文件，包括：

1. 《破产案件信息公开的规定》；

2. 《企业破产案件法官工作平台使用办法（试行）》，以下简称《法官工作平台使用办法》；

3. 《最高人民法院关于印发〈企业破产案件破产管理人工作平台使用办法（试行）〉的通知》；

4. 其他相关司法文件。

第四条 【破产案件信息公开的渠道】

最高人民法院设立全国企业破产重整案件信息网，破产案件（包括破产重整、破产清算、破产和解案件）审判流程信息以及公告、法律文书、债务人信息等与破产程序有关的信息统一在全国企业破产重整案件信息网公布。人民法院、破产管理人在其他媒体发布公告的，同时要在全国企业破产重整案件信息网发布公告。人民法院、破产管理人在全国企业破产重整案件信息网发布的公告具有法律效力。

目前人民法院和破产管理人在全国企业破产重整案件信息网上公开信息的平台如下：

1. 企业破产案件法官工作平台（以下简称法官工作平台）。审理破产案件的人民法院应当使用法官工作平台完成破产案件审判流程，并通过与破产管理人工作平台的数据对接实现法官和破产管理人的工作协作；

2. 企业破产案件破产管理人工作平台（以下简称破产管理人工作平台）。破产管理人在接受人民法院指定后，通过破产管理人工作平台接受人民法院监督和指导，履行

《企业破产法》规定的工作职责。

第五条 【人民法院应公开的信息】

人民法院依法公开破产案件的以下信息：

1. 审判流程节点信息；
2. 破产程序中人民法院发布的各类公告；
3. 人民法院制作的破产程序法律文书；
4. 人民法院认为应当公开的其他信息。

第六条 【管理人应公开的债务人信息内容】

（一）破产管理人应当通过全国企业破产重整案件信息网及时公开的债务人信息

1. 工商登记信息；
2. 最近一年的年度报告；
3. 最近一年的资产负债表；
4. 涉及的诉讼、仲裁案件的基本信息。

（二）破产管理人可以根据与重整投资人的协议向重整投资人公开的债务人信息

1. 资产、经营状况信息；
2. 涉及的诉讼、仲裁案件的详细信息；
3. 重整投资人需要的其他信息。

重整投资人可以通过全国企业破产重整案件信息网与破产管理人互动交流。

第七条 【信息公开义务人】

人民法院以及人民法院指定的破产管理人应当使用全国企业破产重整案件信息网及时披露破产程序有关信息。

第二节 法官工作平台

第八条 【法官工作平台的基本作用】

审理破产案件的人民法院应当使用全国企业破产重整案件信息网中的法官工作平台完成破产案件审判流程，并通过与破产管理人工作平台的数据对接实现法官和破产管理人的工作协作。

第九条 【法官工作平台信息录入】

法官工作平台的信息录入坚持全面、准确原则。录入信息应当与案卷材料相一致，反映破产案件的全过程。

第十条 【法院内部使用法官工作平台的分工】

1. 信息技术部门负责法官工作平台的开发建设、数据导入、性能调优、系统维护等技术支持和保障。

2. 立案部门、破产审判业务部门及其他相关部门根据破产案件的审判流程进度负责相应的信息录入和管理。

第十一条 【线上和线下相结合的原则】

破产案件审判管理实行线上和线下相结合的原则，实现线上线下审判流程同步完成。

第十二条 【人民法院的线上管理】

（一）人民法院对管理人的管理

人民法院指定破产管理人后，应当通过法官工作平台对破产管理人的工作进行监督和指导，对破产管理人的报告进行网上批复。

（二）人民法院内部线上管理

人民法院制作的破产程序法律文书应当通过法官工作平台进行网上审批。生效法律文书应当按照《最高人民法院关于人民法院在互联网公布裁判文书的规定》及《法官工作平台使用办法》进行公开。

向社会公众公开的破产案件生效法律文书应当按照《最高人民法院关于人民法院在互联网公布裁判文书的规定》进行技术处理。

第十三条 【人民法院破产案件审判流程信息公开的责任人】

破产案件办理结案手续之前，破产案件承办法官应当完成破产案件审判流程信息的公开工作。

人民法院可以通过法官工作平台对法官工作绩效进行考核。

第三节 破产案件网上预约立案及其他线上审理流程

第十四条 【鼓励破产案件网上预约登记立案】

依据《民商审判纪要（2019）》第一百零七条的规定，应充分发挥全国企业破产重整案件信息网的线上预约登记功能，以提高破产案件的受理效率。

第十五条 【申请人网上注册、提交申请材料】

申请人在全国企业破产重整案件信息网申请网上预约立案的，应当进行网上实名注册，上传有效身份信息，并按《企业破产法》第八条的规定提交相关材料。

第十六条 【法院对网上预约立案的形式审查】

人民法院立案部门收到网上预约立案申请后，应当对申请人上传的材料是否符合法律规定进行形式审查，并在收到网上预约立案申请之日起七个工作日内将审查结论以电子邮件、移动通信等申请人预留的联系方式通知申请人。

第十七条 【网上预约立案申请的审查结论和通知】

1. 立案部门认为申请人的网上预约立案申请符合法律规定的形式要件的，应当通知申请人在指定期限内向人民法院立案窗口提交破产申请书及其他上传的材料。

2. 立案部门认为申请人应当补充材料的，应当自收到网上预约立案申请之日起七个工作日内通知申请人在指定期限内补充材料，待材料备齐以后以“破申”作为案件类型代字编制案号登记立案，并及时将案件移送破产审判部门进行破产审查。

申请人未按指定期限补充材料的，按自动撤回网上预约立案申请处理。

第十八条 【对网上预约立案情况的监督】

上级人民法院负责对网上预约立案情况进行监督。立案部门逾期不通知申请人的，上级人民法院应当定期予以通报。

第十九条 【线上送达法律文书】

1. 人民法院可以通过全国企业破产重整案件信息网送达的法律文书的范围为除了裁定书以外的其他与破产程序有关法律文书。

2. 人民法院通过全国企业破产重整案件信息网送达法律文书的前提是经受送达人同意。

3. 人民法院通过全国企业破产重整案件信息网送达法律文书的方式，为电子邮件、移动通信等能够确认其收悉的方式。

采用前述方式送达的，以电子邮件、移动通信等到达受送达人特定系统的日期为送达日期。

第四节 破产管理人工作平台

第二十条 【管理人工作平台的基本作用】

破产管理人在接受人民法院指定后，通过全国企业破产重整案件信息网破产管理人工作平台接受人民法院监督和指导，履行《企业破产法》规定的工作职责。

第二十一条 【管理人工作平台的注册和登录】

破产管理人通过在全国企业破产重整案件信息网实名注册所获取的用户名和密码

登录破产管理人工作平台。

第二十二条　【管理人通过工作平台与法官对接】

破产管理人通过破产管理人工作平台实现破产管理人工作与法官工作的数据对接。

实现数据对接后，破产管理人应当通过破产管理人工作平台对外公开破产管理人团队的组成情况、办公电话、电子邮箱等信息。

第二十三条　【管理人平台的维护】

律师事务所、会计师事务所、清算事务所或者人民法院指定的其他机构在获取登录破产管理人工作平台的权限后，应当指定专人负责破产管理人工作平台的日常维护，并将工作人员信息报该机构所在破产管理人名册的编制法院备案。

第二十四条　【管理人信息录入】

破产管理人应当及时将破产案件负责人、主要工作人员以及信息录入人员信息录入破产管理人工作平台。

多家机构担任同一破产案件破产管理人的，人民法院应当指定破产管理人工作平台的负责机构，其他机构工作人员经负责机构授权后可以使用破产管理人工作平台。

第二十五条　【管理人平台的功能】

破产管理人应当通过破产管理人工作平台向人民法院提交破产案件有关申请和报告等文件，接受人民法院的监督和指导。除此以外，管理人平台还有如下功能：

1. 权利人网上申报债权、提交有关材料等；
2. 管理人进行债权人信息管理；
3. 线上通知审查结论、异议申请及复核意见；
4. 送达债权人会议召开通知及有关文件；
5. 召开网上债权人会议。

第二十六条　【债权人网上申报债权】

债权人、取回权人、抵销权人、担保权人以及《企业破产法》规定的其他权利人可以在全国企业破产重整案件信息网申报有关权利，申报时应当进行网上实名注册，上传有效身份信息，并提交有关证据的电子文档，网上申报债权与其他方式申报债权具有同等法律效力。

破产管理人认为权利人提交的材料不齐或者需要核对原件的，可以要求其补充材料或者提供原件。

第二十七条　【管理人对权利人的信息管理】

债权人向破产管理人书面申报债权的，破产管理人应当将债权申报书及有关证据的电子文档上传全国企业破产重整案件信息网，并将债权人及其代理人的身份信息、申报债权的金额和性质、有无担保、担保种类以及保证人或担保物的情况、涉及的诉讼、仲裁案件信息等录入破产管理人工作平台，统一管理。

第二十八条 【线上通知审查结论、异议申请及复核】

1. 权利人在网上申报权利的，破产管理人可以通过全国企业破产重整案件信息网以电子邮件、移动通信等权利人预留的联系方式将审查结论通知权利人。

2. 权利人对破产管理人作出的审查结论有异议的，可以通过全国企业破产重整案件信息网提出异议并申请破产管理人复核。

第二十九条 【在网上召开债权人会议并表决】

人民法院、破产管理人可以在全国企业破产重整案件信息网召集债权人会议并表决有关事项。网上投票形成的表决结果与现场投票形成的表决结果具有同等法律效力。破产管理人在全国企业破产重整案件信息网召开债权人会议的，应符合下述要求。

（一）对债权人的要求

1. 债权人可以选择现场投票或者网上投票，但选择后不能再采用其他方式进行投票，采用其他方式进行投票的，此次投票无效；

2. 参加网上债权人会议的债权人是自然人的，应当在会议指定页面凭身份证号码和会议编码登录会议；参加网上债权人会议的债权人是法人的，应当在会议指定页面凭组织机构代码（或统一社会信用代码）和会议编码登录会议。

（二）对管理人的要求

1. 破产管理人可以通过全国企业破产重整案件信息网以电子邮件、移动通信等方式向已申报债权的债权人送达债权人会议召开通知及有关文件；

2. 网上债权人会议的持续时间应当不短于现场债权人会议的持续时间；

3. 破产管理人应当通过全国企业破产重整案件信息网上传与会议有关的文件和表决事项，同时通过全国企业破产重整案件信息网以电子邮件、移动通信等方式向已申报债权的债权人送达参加网上债权人会议的会议编码；

4. 破产管理人应当告知债权人参加网上债权人会议及行使表决权的程序和规则，应当与债权人签署网上债权人会议有关的确认书。

第三十条 【破产管理人工作平台的信息公开责任人】

破产管理人为破产管理人工作平台的信息公开责任人，对公开信息的真实性、及时性负责。

第五节 其他网络管理人平台简介

第三十一条 【其他网络管理人平台概述】

除了上述全国企业破产重整案件信息网中的破产管理人工作平台以外，市场上还有一些其他网络管理人平台，旨在便捷管理人工作，规范破产工作流程。

第三十二条　【智能管理人平台使用权限的获取】

智能管理人平台作为成熟的市场化软件产品，已投入市场，管理人可自行购买使用。

第三十三条　【其他管理人平台的种类】

面向市场的管理人平台包括但不限于：

1. Alpha 智能破产管理人；
2. 优莫百管理人系统；
3. 阿里破产管理平台。

第三十四条　【Alpha 智能破产管理人】

Alpha 智能破产管理人系统包括如下功能：

1. 债权申报和审查；
2. 债权人会议；
3. 成员管理；
4. 文档管理。

第三十五条　【优莫百管理人系统】

优莫百管理人系统包括如下功能：

1. 债权申报和审查；
2. 债权人会议；
3. 资产管理；
4. 成员管理；
5. 债权分配；
6. 文书管理；
7. 债权人、其他利害关系人信息通知。

第三十六条　【阿里破产管理平台】

阿里破产管理人平台正在不断开发和日益完善当中，目前包括但不限于如下功能：

1. 管理人端、债权人端和法院端，多端口登录；
2. 智能化案件管理，多案件同时启动，人员精细化管理；
3. 债权人可扫码申报债权，在线填写信息；
4. 一键生成债权表；
5. 云端债权人会议；
6. 智能计算表决结果，分配比例；
7. 链接专业的文书模板库；
8. 案件全流程跟踪，全阶段负责人可追溯。

第六节　破产财产公开拍卖的规定

第三十七条　【公开拍卖是破产财产变价法定形式】

根据《企业破产法》第一百一十二条的规定，除非债权人会议另有决议，否则破产财产变价出售应当通过拍卖进行。按照国家规定不能拍卖或者限制转让的财产，应当按照国家规定的方式处理。

根据《拍卖法》第三条、第四条的规定，拍卖，是指以公开竞价的形式，将特定物品或者财产权利转让给最高应价者的买卖方式。

第三十八条　【破产财产拍卖的原则】

破产财产拍卖活动应当遵守有关法律、行政法规，遵循公开、公平、公正、诚信的原则。

第三十九条　【拍卖人】

根据《拍卖法》第十条、第十一条的规定，拍卖人是指依照依据《拍卖法》和《公司法》设立的从事拍卖活动的企业法人。企业取得从事拍卖业务的许可必须经所在地的省、自治区、直辖市人民政府负责管理拍卖业的部门审核批准。

第四十条　【可以拍卖的破产财产】

管理人应按经债权人会议审议通过或人民法院裁定认可的变价方案拍卖破产财产，包括破产人所有或者依法可以处分的物品或者财产权利。

根据《拍卖法》第七条、第八条的规定，法律、行政法规禁止买卖的物品或者财产权利，不得作为拍卖标的；依照法律或者按照国务院规定需经审批才能转让的物品或者财产权利，在拍卖前，应当依法办理审批手续；委托拍卖的文物，在拍卖前，应当经拍卖人住所地的文物行政管理部门依法鉴定、许可。

第四十一条　【拍卖公告】

拍卖人应当于拍卖日七日前通过报纸或者其他新闻媒介发布拍卖公告。拍卖公告应当载明下列事项：

1. 拍卖的时间、地点；
2. 拍卖标的；
3. 拍卖标的展示的时间、地点；
4. 参与竞买应当办理的手续；
5. 需要公告的其他事项。

第四十二条　【拍卖破产财产的展示】

拍卖人应当在拍卖前展示拍卖的破产财产，并提供查看破产财产的条件及有关资料。展示时间不得少于两日。

第七节　网络拍卖破产财产

第四十三条　【网络拍卖的概念】

网络拍卖，是指通过互联网拍卖平台，以网络电子竞价方式公开拍卖破产财产的行为。

第四十四条　【网络拍卖破产财产的优势】

通过互联网拍卖平台拍卖破产财产，相对于传统的线下拍卖方式更有利于实现破产财产价值最大化。具体表现如下：

1. 相较拍卖成本较低，不需要特定的拍卖场所和拍卖师等必要的人员，很多网络服务者对破产财产拍卖不收取佣金或公告费等费用；

2. 网络拍卖破产财产，拍卖事项向社会全程公开，能吸引更多的潜在竞买人参与竞买；

3. 便于接受社会监督，避免暗箱操作；

4. 手续便捷。

第四十五条　【网络拍卖破产财产的可行性】

随着《最高人民法院关于人民法院网络司法拍卖若干问题的规定》（以下简称《网络司法拍卖规定》）的实施，人民法院网络司法拍卖已经成为司法拍卖的法定形式。破产财产拍卖主体虽然不是人民法院而是管理人，但破产案件是由人民法院审理，参照《网络司法拍卖规定》来拍卖破产财产已为大众所认可。《破产审判纪要（2018）》第四十七条明确规定，要适应信息化发展趋势，积极引导以网络拍卖方式处置破产财产，提升破产财产处置效益。

第四十六条　【拍卖破产财产的网络服务者的选择】

关于拍卖破产财产的网络平台目前并没有明确的法律规定或限制。实际操作中管理人一般在最高人民法院司法拍卖网络服务提供者名单库中选择破产财产拍卖网络服务提供者。

根据最高人民法院于 2016 年 11 月 25 日发布的《最高人民法院关于司法拍卖网络服务提供者名单库的公告》，目前以下网络服务提供者提供的网络司法拍卖平台被纳入名单库：

1. 淘宝网；
2. 京东网；
3. 人民法院诉讼资产网；
4. 公拍网；
5. 中国拍卖行业协会网。

第四十七条 【网络拍卖管理人履行的职责】

实施网络司法拍卖的，依据《拍卖法》并参照《网络司法拍卖规定》，管理人应当履行下列职责：

1. 制作、发布拍卖公告；
2. 说明拍卖破产财产现状、权利负担等内容；
3. 依债权人会议批准或人民法院裁定认可的《破产财产变价方案》及相关法律规定确定拍卖保留价、保证金的数额、税费负担等；
4. 确定保证金、拍卖款项等支付方式；
5. 通知债权人和优先购买权人；
6. 拍卖成交后，和买受人签署拍卖成交确认书；
7. 办理财产交付手续；
8. 其他依法或依《破产财产变价方案》由管理人履行的职责。

第四十八条 【网络服务提供者的责任】

实施网络拍卖的，网络服务提供者应当承担下列职责：

1. 提供符合法律、行政法规和司法解释规定的网络拍卖平台，并保障安全正常运行；
2. 提供安全、便捷、配套的电子支付对接系统；
3. 全面、及时展示管理人提供的拍卖信息；
4. 保证拍卖全程的信息数据真实、准确、完整和安全；
5. 其他应当由网络服务提供者承担的工作。

网络服务提供者不得在拍卖程序中设置阻碍适格竞买人报名、参拍、竞价以及监视竞买人信息等后台操控功能。

网络服务提供者提供的服务无正当理由不得中断。

第四十九条 【网络拍卖保留价】

拍卖保留价即起拍价。管理人应按照债权人会议批准或人民法院裁定认可的《破产财产变价方案》确定保留价。参照《网络司法拍卖规定》，起拍价不得低于评估价的70%。

第五十条 【网络拍卖竞买人数】

网络拍卖破产财产不限制竞买人数量。一人参与竞拍，出价不低于起拍价的，拍卖成交。

第五十一条　【发布网络拍卖公告的网络平台】

拍卖破产财产的公告除了通过全国企业破产重整案件信息网破产管理人工作平台发布外，还应同时在网络拍卖服务者提供的网络拍卖平台发布。

第五十二条　【发布网络拍卖公告的时限】

按《拍卖法》的规定，应在拍卖七日前公告。按《网络司法拍卖规定》，首次拍卖的，拍卖动产的在拍卖十五日前公告；拍卖不动产或者其他财产权的，在拍卖三十日前公告。再次拍卖的，拍卖动产的在拍卖七日前公告；拍卖不动产或者其他财产权的在拍卖十五日前公告。

拍卖公告应当包括拍卖财产、价格、保证金、竞买人条件、拍卖财产已知瑕疵、相关权利义务、法律责任、拍卖时间、网络平台、管理人和审理法院等信息。

第五十三条　【网络拍卖公告内容】

网络拍卖破产财产的公告一般包括如下内容：

1. 拍卖公告和拍卖须知；
2. 拍卖所依据的法律文书；
3. 拍卖时间、起拍价以及竞价规则；
4. 拍卖财产权属、占有使用、附随义务等现状的文字说明、视频或者照片等；
5. 优先购买权主体以及权利性质；
6. 拍卖保证金、拍卖款项支付方式和账户；
7. 拍卖财产产权转移可能产生的税费及承担方式；
8. 管理人名称和联系方式、监督法院及其联系方式等；
9. 其他应当公示的信息。

第五十四条　【网络拍卖事项的通知】

参照《网络司法拍卖规定》，就网络拍卖的事项应当在拍卖公告发布三日前以书面或者其他能够确认收悉的合理方式，通知当事人、已知优先购买权人。权利人书面明确放弃权利的，可以不通知。无法通知的，应当在网络司法拍卖平台公示并说明无法通知的理由，公示满五日视为已经通知。

管理人并应按《企业破产法》及相关司法解释的规定，及时向债权人委员会和人民法院报告。

第五十五条　【保证金及其交纳】

保证金数额一般在起拍价的5%～20%范围内确定。

竞买人应当在参加拍卖前以实名交纳保证金，未交纳的，不得参加竞买。

交纳保证金，一般由网络服务提供者在其提供的支付系统中对竞买人的相应款项予以冻结。

第五十六条 【竞买资格的取得】

竞买人在拍卖竞价程序结束前交纳保证金经管理人或者网络服务提供者确认后，取得竞买资格。网络服务提供者应当向取得资格的竞买人赋予竞买代码、参拍密码；竞买人以该代码参与竞买。

第五十七条 【优先购买权及顺序确认】

优先购买权人经管理人确认后，取得优先竞买资格以及优先竞买代码、参拍密码，并以优先竞买代码参与竞买；未经确认的，不得以优先购买权人身份参与竞买。

顺序不同的优先购买权人申请参与竞买的，管理人应当确认其顺序，赋予不同顺序的优先竞买代码。

第五十八条 【网络竞价及成交】

（一）增价幅度

网络拍卖从起拍价开始以递增出价方式竞价，竞买人低于起拍价出价无效。增价幅度由管理人确定。根据最高人民法院 2017 年 4 月 19 日发布的《最高人民法院关于进一步规范人民法院网络司法拍卖工作的通知》第三条的要求，加价幅度可参考以下原则确定：

1. 起拍价为 10 万元以下（含 10 万元）的标的物，加价幅度不宜超过起拍价的 2%；

2. 起拍价为 10 万元至 100 万元（含 100 万元）的标的物，加价幅度不宜超过起拍价的 1%；

3. 起拍价为 100 万元的标的物，加价幅度不宜超过起拍价的 0.5%。

（二）竞价时间

网络拍卖的竞价时间一般不少于二十四小时。竞价程序结束前五分钟内无人出价的，最后出价即为成交价；有出价的，竞价时间自该出价时点顺延五分钟。竞买人的出价时间以进入网络拍卖平台服务系统的时间为准。

（三）实时显示

竞买代码及其出价信息在网络竞买页面实时显示，并储存、显示竞价全程。

第五十九条 【优先购买权人成交确认】

优先购买权人参与竞买的，可以与其他竞买人以相同的价格出价，没有更高出价的，拍卖财产由优先购买权人竞得。

顺序不同的优先购买权人以相同价格出价的，拍卖财产由顺序在先的优先购买权人竞得。

顺序相同的优先购买权人以相同价格出价的，拍卖财产由出价在先的优先购买权人竞得。

第六十条　【网络拍卖成交确认及财产所有权转移】

网络拍卖成交的，一般由网络拍卖平台自动生成确认书并公示，管理人还应按《拍卖法》的规定，与买受人签署书面确认书。

第六十一条　【网络拍卖保证金的处理】

拍卖成交后，买受人交纳的保证金可以冲抵价款；其他竞买人交纳的保证金应当在竞价程序结束后二十四小时内退还或者解冻。拍卖未成交的，竞买人交纳的保证金应当在竞价程序结束后二十四小时内退还或者解冻。

拍卖成交后买受人悔拍的，交纳的保证金不予退还，纳入破产财产。

第六十二条　【网络拍卖流拍及处理】

网络拍卖竞价期间无人出价的，本次拍卖流拍。流拍后通常在三十日内在同一网络拍卖平台再次拍卖。

第六十三条　【网络拍卖的撤回】

根据《拍卖法》第二十九条、第三十六条的规定，在拍卖前，委托人可以撤回拍卖，但竞买人一经应价，不得撤回。

管理人撤回拍卖的，应及时通知债权人和优先购买权人及依法应通知的其他利害关系人。

第六十四条　【不得参与网络拍卖的机构和人员】

根据《拍卖法》第二十二条、第三十条的规定，下列机构和人员不得竞买也不得委托他人代为竞买与其行为相关的拍卖财产：

1. 管理人作为委托人不得参与竞买，也不得委托他人代为竞买；

2. 网络服务提供者及其工作人员不得以竞买人的身份参与自己组织的拍卖活动，也不得委托他人代为竞买。

第六十五条　【网络拍卖的中止】

参照《北京市高级人民法院关于破产程序中财产网络拍卖的实施办法（试行）》《重庆市高级人民法院关于破产程序中财产网络拍卖的实施办法（试行）》等相关规定，已确定采取网络拍卖的，管理人如有正当理由可决定暂缓、中止网络拍卖，但应及时向债权人委员会报告，未设立债权人委员会的，应及时报告人民法院。暂缓拍卖期限届满或者中止拍卖的事由消失后，需要继续拍卖的，应当在五日内恢复拍卖。

第十八章　管理人档案管理

【本章概述】

管理人应建立健全档案管理机制，指派专人进行档案管理工作，做好工作记录和文件收发工作，随时保存工作底稿，全面收集和整理工作档案，并在管理人工作结束时，向人民法院或其指定的机构做好档案移交工作。

本章包括以下两节内容：

第一节　破产案件档案范围

第二节　管理人档案管理制度

第一节　破产案件档案范围

第一条　【破产申请案卷】

破产申请主要包括：

1. 破产申请书和答辩文书，包括债权人、债务人申请书及答辩文书；

2. 申请人和被申请人的身份证明文书，包括公司（企业）营业执照副本、统一社会信用代码证、身份证复印件、户口本复印件、护照等身份证明；

3. 债务人债务清册、债权清册、财产清单等；

4. 债务人职工安置说明，包括职工名单（包含自然状况、工作年限、职工社会保险缴纳情况）；

5. 人民法院立案审查相关法律文书、庭审笔录等。

第二条　【人民法院受理破产申请后的法律文书】

人民法院受理破产申请后的法律文书主要包括：

1. 人民法院受理破产案件的裁定书；

2. 人民法院指定管理人决定书；

3. 破产案件受理公告（《人民法院公告》登载）；

4. 召开第一次债权人会议公告；

5. 人民法院通知其他人民法院中止执行、中止诉讼、终结诉讼或移送案件通知书；

6. 人民法院通知银行止付通知书；

7. 人民法院指定债权人会议主席决定书；

8. 债权人会议记录；

9. 人民法院确认债权裁定书；

10. 人民法院认可和解协议裁定书；

11. 人民法院认可重整方案裁定书；

12. 人民法院中止破产程序裁定书；

13. 人民法院中止破产裁定公告；

14. 人民法院终结破产程序裁定书（提前终结的）；

15. 人民法院宣告企业破产裁定书；

16. 人民法院宣告破产公告；

17. 人民法院宣告破产后通知破产企业通知书；

18. 人民法院宣告破产后通知破产企业开户银行通知书；

19. 人民法院通知破产企业的债务人或财产持有人清偿债务或交付财产通知书；

20. 人民法院裁定破产企业的债务人或财产持有人异议裁定书和有关财产保全强制执行裁定书；

21. 人民法院对管理人提出异议的裁定书；

22. 人民法院裁定债权人会议或管理人对抵押权、取回权、抵销权异议裁定书；

23. 人民法院对管理人解除合同受损害方要求赔偿裁定书；

24. 人民法院认可破产分配方案裁定书；

25. 人民法院通知破产企业债务人对破产企业清偿债务通知书；

26. 人民法院通知破产企业债权人受领财产通知书；

27. 人民法院终结破产程序裁定书；

上述各类法律文书如委托管理人送达要有送达回证。

第三条　【管理人和中介机构的报告和各项方案】

管理人和中介机构的报告和各项方案及相关附件材料，包括：

1. 债务人财产状况的报告，附企业财产状况明细表、债权清册、债务清册；

2. 债权核查报告，附债务清册、债权申报登记表和债权表；

3. 审计报告；

4. 资产评估报告；

5. 管理人工作报告；

6. 职工安置方案及职工（代表）大会审议文件等；

7. 破产财产变价方案；

8. 破产重整方案；

9. 破产和解方案；

10. 破产财产分配方案；

11. 破产财产处理情况报告及证明材料、分配明细表及债权人受领财产登记表；

12. 注销破产企业登记材料。

第四条 【破产企业档案】

管理人接收及调查取得的破产企业档案，包括：

1. 破产企业各项证照原件；

2. 公章类（破产企业公章、财务专用章、法人公章、合同专用章及其他公章、刻立管理人公章、管理人财务章）；

3. 破产企业各项财产权属证明文件；

4. 破产企业财务档案，包括但不限于公司账目、凭证等；

5. 破产企业人事档案；

6. 破产企业经营档案；

7. 破产企业管理档案等。

第五条 【债权申报审查档案】

应依照具体案情确定债权类型，按照债权类型分类登记、分类装订债权申报审查档案。具体内容如下：

1. 债权登记汇总表；

2. 债权分类登记表；

3. 每笔债权申报与审查资料；

4. 债权核查报告。

第六条 【债务人（应收）债权核查处理档案】

债务人的债权核查处理档案应包括如下内容：

1. 债权（应收款）清册；

2. 债权证据等；

3. 债权催收文件、相关诉讼和执行卷宗等。

第七条 【资产核查处理档案】

资产核查处理档案，是指管理人对债务人资产进行核查、处置过程中形成的档案材料，包括：

1. 财产清单；

2. 相关证照、资料；

3. 管理人调取的财产权属登记资料；

4. 相关法律文书；

5. 资产调查报告（审计报告、评估报告、测绘报告、工程造价）。

第八条 【共益债务认定和支付档案】

共益债务认定和支付档案包括：

1. 继续履行合同通知书，继续履行合同明细表、申请及复函；

2. 其他共益债务档案。

第九条　【债权人会议档案】

债权人会议档案资料包括：
1. 债权人会议通知书、回执、电话通知记录；
2. 债权人签到表；
3. 会议议程和其他会议材料；
4. 会议记录；
5. 表决票等。

第十条　【管理人财务档案】

管理人财务档案主要包括：
1. 企业破产前账目；
2. 进入破产程序之后账目、凭证等。

第十一条　【管理人内部工作记录】

管理人内部工作记录包括：
1. 工作日志、计划、总结等；
2. 破产案件办理各阶段的工作方案、工作报告；
3. 协调会文件，包括会议纪要、协调会务文件、协调会审议文件；
4. 以管理人名义签发的文件，各类通知、函等。

第十二条　【其他档案材料】

其他档案材料包括但不限于如下资料：
1. 涉诉案件卷宗；
2. 管理人处理的特别事项档案；
3. 相关声像档案，包括照片、录音、录像档案等；
4. 其他文件资料。

第二节　管理人档案管理制度

第十三条　【档案管理部门和职责】

管理人团队应指定专人负责档案管理，档案管理人员统一管理破产工作档案收集归档工作，各工作组随时做好本组工作档案的收集整理工作。

第十四条　【档案管理工作流程】

1. 管理人工作人员应于每项工作完成之后及时将完整工作档案移交档案管理人员

统一管理；待项目全部完成后，再将需移交人民法院的档案移交人民法院或其指定机构，并做好管理人内部档案归档工作。

2. 管理人应注意收集并不断改进工作中需要的各种方案、计划、文书，包括电子、声像资料和纸质资料等，并随时将相关资料提交档案管理人员分类整理和保存。

第十五条 【归档要求】

1. 材料完整齐全，格式统一，文件分类准确、立卷合理，系统、条理、保持有机联系，立卷时，要求将文件的原件与附件、复印件与定稿、请示与批复等统一立卷，不得分散。

2. 在进行卷内文件排列时，要合理安排文件的先后次序，一般按时间先后或类别排列。

第十六条 【档案管理要求】

1. 管理人设立专用文件库/柜保存档案。

2. 保管期限，自归档之日起，至移交人民法院或其指定机构止。

3. 管理人内部工作卷宗将由管理人所属单位档案管理机构按相关行业规定保存。

第十七条 【档案使用】

1. 档案使用方式如下：提供档案原件；提供档案复印件；提供档案电子材料；提供文献索引资料。

2. 凡需调阅档案，均须填写档案借阅单，依据借阅权限和档案密级调阅。

3. 需借出档案原件的，或超过借阅权限借阅的，必须经相关负责人签批后方能借出。

4. 借阅档案应在“档案借阅登记簿”上登记，注明借阅档案的名称、密级、借阅方式、数量、期限。

第二部分

相 关 规 范

中华人民共和国民法典（节录）

（由中华人民共和国第十三届全国人民代表大会第三次会议于2020年5月28日通过
2020年5月28日公布　自2021年1月1日起施行）

第六十八条　有下列原因之一并依法完成清算、注销登记的，法人终止：

（一）法人解散；

（二）法人被宣告破产；

（三）法律规定的其他原因。

法人终止，法律、行政法规规定须经有关机关批准的，依照其规定。

第七十三条　法人被宣告破产的，依法进行破产清算并完成法人注销登记时，法人终止。

第三百九十六条　企业、个体工商户、农业生产经营者可以将现有的以及将有的生产设备、原材料、半成品、产品抵押，债务人不履行到期债务或者发生当事人约定的实现抵押权的情形，债权人有权就抵押财产确定时的动产优先受偿。

第四百一十一条　依据本法第三百九十六条规定设定抵押的，抵押财产自下列情形之一发生时确定：

（一）债务履行期限届满，债权未实现；

（二）抵押人被宣告破产或者解散；

（三）当事人约定的实现抵押权的情形；

（四）严重影响债权实现的其他情形。

第四百二十三条　有下列情形之一的，抵押权人的债权确定：

（一）约定的债权确定期间届满；

（二）没有约定债权确定期间或者约定不明确，抵押权人或者抵押人自最高额抵押权设立之日起满二年后请求确定债权；

（三）新的债权不可能发生；

（四）抵押权人知道或者应当知道抵押财产被查封、扣押；

（五）债务人、抵押人被宣告破产或者解散；

（六）法律规定债权确定的其他情形。

第五百三十六条　债权人的债权到期前，债务人的债权或者与该债权有关的从权利存在诉讼时效期间即将届满或者未及时申报破产债权等情形，影响债权人的债权实现的，债权人可以代位向债务人的相对人请求其向债务人履行、向破产管理人申报或者作出其他必要的行为。

第五百三十七条　人民法院认定代位权成立的，由债务人的相对人向债权人履行义务，债权人接受履行后，债权人与债务人、债务人与相对人之间相应的权利义务终止。债务人对相对人的债权或者与该债权有关的从权利被采取保全、执行措施，或者债务人破产的，依照相关法律的规定处理。

第六百八十七条　当事人在保证合同中约定，债务人不能履行债务时，由保证人承担保证责任的，为一般保证。

一般保证的保证人在主合同纠纷未经审判或者仲裁，并就债务人财产依法强制执行仍不能履行债务前，有权拒绝向债权人承担保证责任，但是有下列情形之一的除外：

（一）债务人下落不明，且无财产可供执行；

（二）人民法院已经受理债务人破产案件；

（三）债权人有证据证明债务人的财产不足以履行全部债务或者丧失履行债务能力；

（四）保证人书面表示放弃本款规定的权利。

第九百三十五条 因委托人死亡或者被宣告破产、解散，致使委托合同终止将损害委托人利益的，在委托人的继承人、遗产管理人或者清算人承受委托事务之前，受托人应当继续处理委托事务。

第九百三十六条 因受托人死亡、丧失民事行为能力或者被宣告破产、解散，致使委托合同终止的，受托人的继承人、遗产管理人、法定代理人或者清算人应当及时通知委托人。因委托合同终止将损害委托人利益的，在委托人作出善后处理之前，受托人的继承人、遗产管理人、法定代理人或者清算人应当采取必要措施。

中华人民共和国企业破产法

（由中华人民共和国第十届全国人民代表大会常务委员会第二十三次会议于
2006 年 8 月 27 日通过　2006 年 8 月 27 日公布　自 2007 年 6 月 1 日施行）

第一章　总　则

第一条 为规范企业破产程序，公平清理债权债务，保护债权人和债务人的合法权益，维护社会主义市场经济秩序，制定本法。

第二条 企业法人不能清偿到期债务，并且资产不足以清偿全部债务或者明显缺乏清偿能力的，依照本法规定清理债务。

企业法人有前款规定情形，或者有明显丧失清偿能力可能的，可以依照本法规定进行重整。

第三条 破产案件由债务人住所地人民法院管辖。

第四条 破产案件审理程序，本法没有规定的，适用民事诉讼法的有关规定。

第五条 依照本法开始的破产程序，对债务人在中华人民共和国领域外的财产发生效力。

对外国法院作出的发生法律效力的破产案件的判决、裁定，涉及债务人在中华人民共和国领域内的财产，申请或者请求人民法院承认和执行的，人民法院依照中华人民共和国缔结或者参加的国际条约，或者按照互惠原则进行审查，认为不违反中华人民共和国法律的基本原则，不损害国家主权、安全和社会公共利益，不损害中华人民共和国领域内债权人的合法权益的，裁定承认和执行。

第六条 人民法院审理破产案件，应当依法保障企业职工的合法权益，依法追究破产企业经营管理人员的法律责任。

第二章　申请和受理

第一节　申　请

第七条　债务人有本法第二条规定的情形，可以向人民法院提出重整、和解或者破产清算申请。

债务人不能清偿到期债务，债权人可以向人民法院提出对债务人进行重整或者破产清算的申请。

企业法人已解散但未清算或者未清算完毕，资产不足以清偿债务的，依法负有清算责任的人应当向人民法院申请破产清算。

第八条　向人民法院提出破产申请，应当提交破产申请书和有关证据。

破产申请书应当载明下列事项：

（一）申请人、被申请人的基本情况；

（二）申请目的；

（三）申请的事实和理由；

（四）人民法院认为应当载明的其他事项。

债务人提出申请的，还应当向人民法院提交财产状况说明、债务清册、债权清册、有关财务会计报告、职工安置预案以及职工工资的支付和社会保险费用的缴纳情况。

第九条　人民法院受理破产申请前，申请人可以请求撤回申请。

第二节　受　理

第十条　债权人提出破产申请的，人民法院应当自收到申请之日起五日内通知债务人。债务人对申请有异议的，应当自收到人民法院的通知之日起七日内向人民法院提出。人民法院应当自异议期满之日起十日内裁定是否受理。

除前款规定的情形外，人民法院应当自收到破产申请之日起十五日内裁定是否受理。

有特殊情况需要延长前两款规定的裁定受理期限的，经上一级人民法院批准，可以延长十五日。

第十一条　人民法院受理破产申请的，应当自裁定作出之日起五日内送达申请人。

债权人提出申请的，人民法院应当自裁定作出之日起五日内送达债务人。债务人应当自裁定送达之日起十五日内，向人民法院提交财产状况说明、债务清册、债权清册、有关财务会计报告以及职工工资的支付和社会保险费用的缴纳情况。

第十二条　人民法院裁定不受理破产申请的，应当自裁定作出之日起五日内送达申请人并说明理由。申请人对裁定不服的，可以自裁定送达之日起十日内向上一级人民法院提起上诉。

人民法院受理破产申请后至破产宣告前，经审查发现债务人不符合本法第二条规定情形的，可以裁定驳回申请。申请人对裁定不服的，可以自裁定送达之日起十日内向上一级人民法院提起上诉。

第十三条　人民法院裁定受理破产申请的，应当同时指定管理人。

第十四条　人民法院应当自裁定受理破产申请之日起二十五日内通知已知债权人，并予以公告。

通知和公告应当载明下列事项：

（一）申请人、被申请人的名称或者姓名；

（二）人民法院受理破产申请的时间；

（三）申报债权的期限、地点和注意事项；

（四）管理人的名称或者姓名及其处理事务的地址；

（五）债务人的债务人或者财产持有人应当向管理人清偿债务或者交付财产的要求；

（六）第一次债权人会议召开的时间和地点；

（七）人民法院认为应当通知和公告的其他事项。

第十五条 自人民法院受理破产申请的裁定送达债务人之日起至破产程序终结之日，债务人的有关人员承担下列义务：

（一）妥善保管其占有和管理的财产、印章和账簿、文书等资料；

（二）根据人民法院、管理人的要求进行工作，并如实回答询问；

（三）列席债权人会议并如实回答债权人的询问；

（四）未经人民法院许可，不得离开住所地；

（五）不得新任其他企业的董事、监事、高级管理人员。

前款所称有关人员，是指企业的法定代表人；经人民法院决定，可以包括企业的财务管理人员和其他经营管理人员。

第十六条 人民法院受理破产申请后，债务人对个别债权人的债务清偿无效。

第十七条 人民法院受理破产申请后，债务人的债务人或者财产持有人应当向管理人清偿债务或者交付财产。

债务人的债务人或者财产持有人故意违反前款规定向债务人清偿债务或者交付财产，使债权人受到损失的，不免除其清偿债务或者交付财产的义务。

第十八条 人民法院受理破产申请后，管理人对破产申请受理前成立而债务人和对方当事人均未履行完毕的合同有权决定解除或者继续履行，并通知对方当事人。管理人自破产申请受理之日起二个月内未通知对方当事人，或者自收到对方当事人催告之日起三十日内未答复的，视为解除合同。

管理人决定继续履行合同的，对方当事人应当履行；但是，对方当事人有权要求管理人提供担保。管理人不提供担保的，视为解除合同。

第十九条 人民法院受理破产申请后，有关债务人财产的保全措施应当解除，执行程序应当中止。

第二十条 人民法院受理破产申请后，已经开始而尚未终结的有关债务人的民事诉讼或者仲裁应当中止；在管理人接管债务人的财产后，该诉讼或者仲裁继续进行。

第二十一条 人民法院受理破产申请后，有关债务人的民事诉讼，只能向受理破产申请的人民法院提起。

第三章　管理人

第二十二条 管理人由人民法院指定。

债权人会议认为管理人不能依法、公正执行职务或者有其他不能胜任职务情形的，可以申请人民法院予以更换。

指定管理人和确定管理人报酬的办法，由最高人民法院规定。

第二十三条 管理人依照本法规定执行职务，向人民法院报告工作，并接受债权人会议和债权人委员会的监督。

管理人应当列席债权人会议，向债权人会议报告职务执行情况，并回答询问。

第二十四条 管理人可以由有关部门、机构的人员组成的清算组或者依法设立的律师事务所、会计师事务所、破产清算事务所等社会中介机构担任。

人民法院根据债务人的实际情况，可以在征询有关社会中介机构的意见后，指定该机构具备相关专业知识并取得执业资格的人员担任管理人。

有下列情形之一的，不得担任管理人：

（一）因故意犯罪受过刑事处罚；

（二）曾被吊销相关专业执业证书；

（三）与本案有利害关系；

（四）人民法院认为不宜担任管理人的其他情形。

个人担任管理人的，应当参加执业责任保险。

第二十五条　管理人履行下列职责：

（一）接管债务人的财产、印章和账簿、文书等资料；

（二）调查债务人财产状况，制作财产状况报告；

（三）决定债务人的内部管理事务；

（四）决定债务人的日常开支和其他必要开支；

（五）在第一次债权人会议召开之前，决定继续或者停止债务人的营业；

（六）管理和处分债务人的财产；

（七）代表债务人参加诉讼、仲裁或者其他法律程序；

（八）提议召开债权人会议；

（九）人民法院认为管理人应当履行的其他职责。

本法对管理人的职责另有规定的，适用其规定。

第二十六条　在第一次债权人会议召开之前，管理人决定继续或者停止债务人的营业或者有本法第六十九条规定行为之一的，应当经人民法院许可。

第二十七条　管理人应当勤勉尽责，忠实执行职务。

第二十八条　管理人经人民法院许可，可以聘用必要的工作人员。

管理人的报酬由人民法院确定。债权人会议对管理人的报酬有异议的，有权向人民法院提出。

第二十九条　管理人没有正当理由不得辞去职务。管理人辞去职务应当经人民法院许可。

第四章　债务人财产

第三十条　破产申请受理时属于债务人的全部财产，以及破产申请受理后至破产程序终结前债务人取得的财产，为债务人财产。

第三十一条　人民法院受理破产申请前一年内，涉及债务人财产的下列行为，管理人有权请求人民法院予以撤销：

（一）无偿转让财产的；

（二）以明显不合理的价格进行交易的；

（三）对没有财产担保的债务提供财产担保的；

（四）对未到期的债务提前清偿的；

（五）放弃债权的。

第三十二条　人民法院受理破产申请前六个月内，债务人有本法第二条第一款规定的情形，仍对个别债权人进行清偿的，管理人有权请求人民法院予以撤销。但是，个别清偿使债务人财产受益的除外。

第三十三条 涉及债务人财产的下列行为无效：

（一）为逃避债务而隐匿、转移财产的；

（二）虚构债务或者承认不真实的债务的。

第三十四条 因本法第三十一条、第三十二条或者第三十三条规定的行为而取得的债务人的财产，管理人有权追回。

第三十五条 人民法院受理破产申请后，债务人的出资人尚未完全履行出资义务的，管理人应当要求该出资人缴纳所认缴的出资，而不受出资期限的限制。

第三十六条 债务人的董事、监事和高级管理人员利用职权从企业获取的非正常收入和侵占的企业财产，管理人应当追回。

第三十七条 人民法院受理破产申请后，管理人可以通过清偿债务或者提供为债权人接受的担保，取回质物、留置物。

前款规定的债务清偿或者替代担保，在质物或者留置物的价值低于被担保的债权额时，以该质物或者留置物当时的市场价值为限。

第三十八条 人民法院受理破产申请后，债务人占有的不属于债务人的财产，该财产的权利人可以通过管理人取回。但是，本法另有规定的除外。

第三十九条 人民法院受理破产申请时，出卖人已将买卖标的物向作为买受人的债务人发运，债务人尚未收到且未付清全部价款的，出卖人可以取回在运途中的标的物。但是，管理人可以支付全部价款，请求出卖人交付标的物。

第四十条 债权人在破产申请受理前对债务人负有债务的，可以向管理人主张抵销。但是，有下列情形之一的，不得抵销：

（一）债务人的债务人在破产申请受理后取得他人对债务人的债权的；

（二）债权人已知债务人有不能清偿到期债务或者破产申请的事实，对债务人负担债务的；但是，债权人因为法律规定或者有破产申请一年前所发生的原因而负担债务的除外；

（三）债务人的债务人已知债务人有不能清偿到期债务或者破产申请的事实，对债务人取得债权的；但是，债务人的债务人因为法律规定或者有破产申请一年前所发生的原因而取得债权的除外。

第五章 破产费用和共益债务

第四十一条 人民法院受理破产申请后发生的下列费用，为破产费用：

（一）破产案件的诉讼费用；

（二）管理、变价和分配债务人财产的费用；

（三）管理人执行职务的费用、报酬和聘用工作人员的费用。

第四十二条 人民法院受理破产申请后发生的下列债务，为共益债务：

（一）因管理人或者债务人请求对方当事人履行双方均未履行完毕的合同所产生的债务；

（二）债务人财产受无因管理所产生的债务；

（三）因债务人不当得利所产生的债务；

（四）为债务人继续营业而应支付的劳动报酬和社会保险费用以及由此产生的其他债务；

（五）管理人或者相关人员执行职务致人损害所产生的债务；

（六）债务人财产致人损害所产生的债务。

第四十三条 破产费用和共益债务由债务人财产随时清偿。

债务人财产不足以清偿所有破产费用和共益债务的，先行清偿破产费用。

债务人财产不足以清偿所有破产费用或者共益债务的，按照比例清偿。

债务人财产不足以清偿破产费用的，管理人应当提请人民法院终结破产程序。人民法院应当自收到请求之日起十五日内裁定终结破产程序，并予以公告。

第六章　债权申报

第四十四条　人民法院受理破产申请时对债务人享有债权的债权人，依照本法规定的程序行使权利。

第四十五条　人民法院受理破产申请后，应当确定债权人申报债权的期限。债权申报期限自人民法院发布受理破产申请公告之日起计算，最短不得少于三十日，最长不得超过三个月。

第四十六条　未到期的债权，在破产申请受理时视为到期。

附利息的债权自破产申请受理时起停止计息。

第四十七条　附条件、附期限的债权和诉讼、仲裁未决的债权，债权人可以申报。

第四十八条　债权人应当在人民法院确定的债权申报期限内向管理人申报债权。

债务人所欠职工的工资和医疗、伤残补助、抚恤费用，所欠的应当划入职工个人账户的基本养老保险、基本医疗保险费用，以及法律、行政法规规定应当支付给职工的补偿金，不必申报，由管理人调查后列出清单并予以公示。职工对清单记载有异议的，可以要求管理人更正；管理人不予更正的，职工可以向人民法院提起诉讼。

第四十九条　债权人申报债权时，应当书面说明债权的数额和有无财产担保，并提交有关证据。申报的债权是连带债权的，应当说明。

第五十条　连带债权人可以由其中一人代表全体连带债权人申报债权，也可以共同申报债权。

第五十一条　债务人的保证人或者其他连带债务人已经代替债务人清偿债务的，以其对债务人的求偿权申报债权。

债务人的保证人或者其他连带债务人尚未代替债务人清偿债务的，以其对债务人的将来求偿权申报债权。但是，债权人已经向管理人申报全部债权的除外。

第五十二条　连带债务人数人被裁定适用本法规定的程序的，其债权人有权就全部债权分别在各破产案件中申报债权。

第五十三条　管理人或者债务人依照本法规定解除合同的，对方当事人以因合同解除所产生的损害赔偿请求权申报债权。

第五十四条　债务人是委托合同的委托人，被裁定适用本法规定的程序，受托人不知该事实，继续处理委托事务的，受托人以由此产生的请求权申报债权。

第五十五条　债务人是票据的出票人，被裁定适用本法规定的程序，该票据的付款人继续付款或者承兑的，付款人以由此产生的请求权申报债权。

第五十六条　在人民法院确定的债权申报期限内，债权人未申报债权的，可以在破产财产最后分配前补充申报；但是，此前已进行的分配，不再对其补充分配。为审查和确认补充申报债权的费用，由补充申报人承担。

债权人未依照本法规定申报债权的，不得依照本法规定的程序行使权利。

第五十七条　管理人收到债权申报材料后，应当登记造册，对申报的债权进行审查，并编制债权表。

债权表和债权申报材料由管理人保存，供利害关系人查阅。

第五十八条　依照本法第五十七条规定编制的债权表，应当提交第一次债权人会议核查。

债务人、债权人对债权表记载的债权无异议的，由人民法院裁定确认。

债务人、债权人对债权表记载的债权有异议的，可以向受理破产申请的人民法院提起诉讼。

第七章　债权人会议

第一节　一般规定

第五十九条　依法申报债权的债权人为债权人会议的成员，有权参加债权人会议，享有表决权。

债权尚未确定的债权人，除人民法院能够为其行使表决权而临时确定债权额的外，不得行使表决权。

对债务人的特定财产享有担保权的债权人，未放弃优先受偿权利的，对于本法第六十一条第一款第七项、第十项规定的事项不享有表决权。

债权人可以委托代理人出席债权人会议，行使表决权。代理人出席债权人会议，应当向人民法院或者债权人会议主席提交债权人的授权委托书。

债权人会议应当有债务人的职工和工会的代表参加，对有关事项发表意见。

第六十条　债权人会议设主席一人，由人民法院从有表决权的债权人中指定。

债权人会议主席主持债权人会议。

第六十一条　债权人会议行使下列职权：

（一）核查债权；

（二）申请人民法院更换管理人，审查管理人的费用和报酬；

（三）监督管理人；

（四）选任和更换债权人委员会成员；

（五）决定继续或者停止债务人的营业；

（六）通过重整计划；

（七）通过和解协议；

（八）通过债务人财产的管理方案；

（九）通过破产财产的变价方案；

（十）通过破产财产的分配方案；

（十一）人民法院认为应当由债权人会议行使的其他职权。

债权人会议应当对所议事项的决议作成会议记录。

第六十二条　第一次债权人会议由人民法院召集，自债权申报期限届满之日起十五日内召开。

以后的债权人会议，在人民法院认为必要时，或者管理人、债权人委员会、占债权总额四分之一以上的债权人向债权人会议主席提议时召开。

第六十三条　召开债权人会议，管理人应当提前十五日通知已知的债权人。

第六十四条　债权人会议的决议，由出席会议的有表决权的债权人过半数通过，并且其所代表的债权额占无财产担保债权总额的二分之一以上。但是，本法另有规定的除外。

债权人认为债权人会议的决议违反法律规定，损害其利益的，可以自债权人会议作出决议之日起十五日内，请求人民法院裁定撤销该决议，责令债权人会议依法重新作出决议。

债权人会议的决议，对于全体债权人均有约束力。

第六十五条　本法第六十一条第一款第八项、第九项所列事项，经债权人会议表决未通过的，由人民法院裁定。

本法第六十一条第一款第十项所列事项，经债权人会议二次表决仍未通过的，由人民法院裁定。

对前两款规定的裁定，人民法院可以在债权人会议上宣布或者另行通知债权人。

第六十六条　债权人对人民法院依照本法第六十五条第一款作出的裁定不服的，债权额占无财产担保债权总额二分之一以上的债权人对人民法院依照本法第六十五条第二款作出的裁定不服的，可以自裁定宣布之日或者收到通知之日起十五日内向该人民法院申请复议。复议期间不停止裁定的执行。

第二节　债权人委员会

第六十七条　债权人会议可以决定设立债权人委员会。债权人委员会由债权人会议选任的债权人代表和一名债务人的职工代表或者工会代表组成。债权人委员会成员不得超过九人。

债权人委员会成员应当经人民法院书面决定认可。

第六十八条　债权人委员会行使下列职权：

（一）监督债务人财产的管理和处分；

（二）监督破产财产分配；

（三）提议召开债权人会议；

（四）债权人会议委托的其他职权。

债权人委员会执行职务时，有权要求管理人、债务人的有关人员对其职权范围内的事务作出说明或者提供有关文件。

管理人、债务人的有关人员违反本法规定拒绝接受监督的，债权人委员会有权就监督事项请求人民法院作出决定；人民法院应当在五日内作出决定。

第六十九条　管理人实施下列行为，应当及时报告债权人委员会：

（一）涉及土地、房屋等不动产权益的转让；

（二）探矿权、采矿权、知识产权等财产权的转让；

（三）全部库存或者营业的转让；

（四）借款；

（五）设定财产担保；

（六）债权和有价证券的转让；

（七）履行债务人和对方当事人均未履行完毕的合同；

（八）放弃权利；

（九）担保物的取回；

（十）对债权人利益有重大影响的其他财产处分行为。

未设立债权人委员会的，管理人实施前款规定的行为应当及时报告人民法院。

第八章　重　整

第一节　重整申请和重整期间

第七十条　债务人或者债权人可以依照本法规定，直接向人民法院申请对债务人进行重整。

债权人申请对债务人进行破产清算的，在人民法院受理破产申请后、宣告债务人破产前，债务人或者出资额占债务人注册资本十分之一以上的出资人，可以向人民法院申请重整。

第七十一条　人民法院经审查认为重整申请符合本法规定的，应当裁定债务人重整，并予以公告。

第七十二条 自人民法院裁定债务人重整之日起至重整程序终止，为重整期间。

第七十三条 在重整期间，经债务人申请，人民法院批准，债务人可以在管理人的监督下自行管理财产和营业事务。

有前款规定情形的，依照本法规定已接管债务人财产和营业事务的管理人应当向债务人移交财产和营业事务，本法规定的管理人的职权由债务人行使。

第七十四条 管理人负责管理财产和营业事务的，可以聘任债务人的经营管理人员负责营业事务。

第七十五条 在重整期间，对债务人的特定财产享有的担保权暂停行使。但是，担保物有损坏或者价值明显减少的可能，足以危害担保权人权利的，担保权人可以向人民法院请求恢复行使担保权。

在重整期间，债务人或者管理人为继续营业而借款的，可以为该借款设定担保。

第七十六条 债务人合法占有的他人财产，该财产的权利人在重整期间要求取回的，应当符合事先约定的条件。

第七十七条 在重整期间，债务人的出资人不得请求投资收益分配。

在重整期间，债务人的董事、监事、高级管理人员不得向第三人转让其持有的债务人的股权。但是，经人民法院同意的除外。

第七十八条 在重整期间，有下列情形之一的，经管理人或者利害关系人请求，人民法院应当裁定终止重整程序，并宣告债务人破产：

（一）债务人的经营状况和财产状况继续恶化，缺乏挽救的可能性；

（二）债务人有欺诈、恶意减少债务人财产或者其他显著不利于债权人的行为；

（三）由于债务人的行为致使管理人无法执行职务。

第二节　重整计划的制定和批准

第七十九条 债务人或者管理人应当自人民法院裁定债务人重整之日起六个月内，同时向人民法院和债权人会议提交重整计划草案。

前款规定的期限届满，经债务人或者管理人请求，有正当理由的，人民法院可以裁定延期三个月。

债务人或者管理人未按期提出重整计划草案的，人民法院应当裁定终止重整程序，并宣告债务人破产。

第八十条 债务人自行管理财产和营业事务的，由债务人制作重整计划草案。

管理人负责管理财产和营业事务的，由管理人制作重整计划草案。

第八十一条 重整计划草案应当包括下列内容：

（一）债务人的经营方案；

（二）债权分类；

（三）债权调整方案；

（四）债权受偿方案；

（五）重整计划的执行期限；

（六）重整计划执行的监督期限；

（七）有利于债务人重整的其他方案。

第八十二条 下列各类债权的债权人参加讨论重整计划草案的债权人会议，依照下列债权分类，分组对重整计划草案进行表决：

（一）对债务人的特定财产享有担保权的债权；

（二）债务人所欠职工的工资和医疗、伤残补助、抚恤费用，所欠的应当划入职工个人账户的基本养老保险、基本医疗保险费用，以及法律、行政法规规定应当支付给职工的补偿金；

（三）债务人所欠税款；

（四）普通债权。

人民法院在必要时可以决定在普通债权组中设小额债权组对重整计划草案进行表决。

第八十三条　重整计划不得规定减免债务人欠缴的本法第八十二条第一款第二项规定以外的社会保险费用；该项费用的债权人不参加重整计划草案的表决。

第八十四条　人民法院应当自收到重整计划草案之日起三十日内召开债权人会议，对重整计划草案进行表决。

出席会议的同一表决组的债权人过半数同意重整计划草案，并且其所代表的债权额占该组债权总额的三分之二以上的，即为该组通过重整计划草案。

债务人或者管理人应当向债权人会议就重整计划草案作出说明，并回答询问。

第八十五条　债务人的出资人代表可以列席讨论重整计划草案的债权人会议。

重整计划草案涉及出资人权益调整事项的，应当设出资人组，对该事项进行表决。

第八十六条　各表决组均通过重整计划草案时，重整计划即为通过。

自重整计划通过之日起十日内，债务人或者管理人应当向人民法院提出批准重整计划的申请。人民法院经审查认为符合本法规定的，应当自收到申请之日起三十日内裁定批准，终止重整程序，并予以公告。

第八十七条　部分表决组未通过重整计划草案的，债务人或者管理人可以同未通过重整计划草案的表决组协商。该表决组可以在协商后再表决一次。双方协商的结果不得损害其他表决组的利益。

未通过重整计划草案的表决组拒绝再次表决或者再次表决仍未通过重整计划草案，但重整计划草案符合下列条件的，债务人或者管理人可以申请人民法院批准重整计划草案：

（一）按照重整计划草案，本法第八十二条第一款第一项所列债权就该特定财产将获得全额清偿，其因延期清偿所受的损失将得到公平补偿，并且其担保权未受到实质性损害，或者该表决组已经通过重整计划草案；

（二）按照重整计划草案，本法第八十二条第一款第二项、第三项所列债权将获得全额清偿，或者相应表决组已经通过重整计划草案；

（三）按照重整计划草案，普通债权所获得的清偿比例，不低于其在重整计划草案被提请批准时依照破产清算程序所能获得的清偿比例，或者该表决组已经通过重整计划草案；

（四）重整计划草案对出资人权益的调整公平、公正，或者出资人组已经通过重整计划草案；

（五）重整计划草案公平对待同一表决组的成员，并且所规定的债权清偿顺序不违反本法第一百一十三条的规定；

（六）债务人的经营方案具有可行性。

人民法院经审查认为重整计划草案符合前款规定的，应当自收到申请之日起三十日内裁定批准，终止重整程序，并予以公告。

第八十八条　重整计划草案未获得通过且未依照本法第八十七条的规定获得批准，或者已通过的重整计划未获得批准的，人民法院应当裁定终止重整程序，并宣告债务人破产。

第三节　重整计划的执行

第八十九条　重整计划由债务人负责执行。

人民法院裁定批准重整计划后，已接管财产和营业事务的管理人应当向债务人移交财产和营业事务。

第九十条　自人民法院裁定批准重整计划之日起，在重整计划规定的监督期内，由管理人监督重整计划的执行。

在监督期内，债务人应当向管理人报告重整计划执行情况和债务人财务状况。

第九十一条　监督期届满时，管理人应当向人民法院提交监督报告。自监督报告提交之日起，管理人的监督职责终止。

管理人向人民法院提交的监督报告，重整计划的利害关系人有权查阅。

经管理人申请，人民法院可以裁定延长重整计划执行的监督期限。

第九十二条　经人民法院裁定批准的重整计划，对债务人和全体债权人均有约束力。

债权人未依照本法规定申报债权的，在重整计划执行期间不得行使权利；在重整计划执行完毕后，可以按照重整计划规定的同类债权的清偿条件行使权利。

债权人对债务人的保证人和其他连带债务人所享有的权利，不受重整计划的影响。

第九十三条　债务人不能执行或者不执行重整计划的，人民法院经管理人或者利害关系人请求，应当裁定终止重整计划的执行，并宣告债务人破产。

人民法院裁定终止重整计划执行的，债权人在重整计划中作出的债权调整的承诺失去效力。债权人因执行重整计划所受的清偿仍然有效，债权未受清偿的部分作为破产债权。

前款规定的债权人，只有在其他同顺位债权人同自己所受的清偿达到同一比例时，才能继续接受分配。

有本条第一款规定情形的，为重整计划的执行提供的担保继续有效。

第九十四条　按照重整计划减免的债务，自重整计划执行完毕时起，债务人不再承担清偿责任。

第九章　和　解

第九十五条　债务人可以依照本法规定，直接向人民法院申请和解；也可以在人民法院受理破产申请后、宣告债务人破产前，向人民法院申请和解。

债务人申请和解，应当提出和解协议草案。

第九十六条　人民法院经审查认为和解申请符合本法规定的，应当裁定和解，予以公告，并召集债权人会议讨论和解协议草案。

对债务人的特定财产享有担保权的权利人，自人民法院裁定和解之日起可以行使权利。

第九十七条　债权人会议通过和解协议的决议，由出席会议的有表决权的债权人过半数同意，并且其所代表的债权额占无财产担保债权总额的三分之二以上。

第九十八条　债权人会议通过和解协议的，由人民法院裁定认可，终止和解程序，并予以公告。管理人应当向债务人移交财产和营业事务，并向人民法院提交执行职务的报告。

第九十九条　和解协议草案经债权人会议表决未获得通过，或者已经债权人会议通过的和解协议未获得人民法院认可的，人民法院应当裁定终止和解程序，并宣告债务人破产。

第一百条　经人民法院裁定认可的和解协议，对债务人和全体和解债权人均有约束力。

和解债权人是指人民法院受理破产申请时对债务人享有无财产担保债权的人。

和解债权人未依照本法规定申报债权的，在和解协议执行期间不得行使权利；在和解协议执行完毕后，可以按照和解协议规定的清偿条件行使权利。

第一百零一条 和解债权人对债务人的保证人和其他连带债务人所享有的权利，不受和解协议的影响。

第一百零二条 债务人应当按照和解协议规定的条件清偿债务。

第一百零三条 因债务人的欺诈或者其他违法行为而成立的和解协议，人民法院应当裁定无效，并宣告债务人破产。

有前款规定情形的，和解债权人因执行和解协议所受的清偿，在其他债权人所受清偿同等比例的范围内，不予返还。

第一百零四条 债务人不能执行或者不执行和解协议的，人民法院经和解债权人请求，应当裁定终止和解协议的执行，并宣告债务人破产。

人民法院裁定终止和解协议执行的，和解债权人在和解协议中作出的债权调整的承诺失去效力。和解债权人因执行和解协议所受的清偿仍然有效，和解债权未受清偿的部分作为破产债权。

前款规定的债权人，只有在其他债权人同自己所受的清偿达到同一比例时，才能继续接受分配。

有本条第一款规定情形的，为和解协议的执行提供的担保继续有效。

第一百零五条 人民法院受理破产申请后，债务人与全体债权人就债权债务的处理自行达成协议的，可以请求人民法院裁定认可，并终结破产程序。

第一百零六条 按照和解协议减免的债务，自和解协议执行完毕时起，债务人不再承担清偿责任。

第十章 破产清算

第一节 破产宣告

第一百零七条 人民法院依照本法规定宣告债务人破产的，应当自裁定作出之日起五日内送达债务人和管理人，自裁定作出之日起十日内通知已知债权人，并予以公告。

债务人被宣告破产后，债务人称为破产人，债务人财产称为破产财产，人民法院受理破产申请时对债务人享有的债权称为破产债权。

第一百零八条 破产宣告前，有下列情形之一的，人民法院应当裁定终结破产程序，并予以公告：

（一）第三人为债务人提供足额担保或者为债务人清偿全部到期债务的；

（二）债务人已清偿全部到期债务的。

第一百零九条 对破产人的特定财产享有担保权的权利人，对该特定财产享有优先受偿的权利。

第一百一十条 享有本法第一百零九条规定权利的债权人行使优先受偿权利未能完全受偿的，其未受偿的债权作为普通债权；放弃优先受偿权利的，其债权作为普通债权。

第二节 变价和分配

第一百一十一条 管理人应当及时拟订破产财产变价方案，提交债权人会议讨论。

管理人应当按照债权人会议通过的或者人民法院依照本法第六十五条第一款规定裁定的破产财产变价方案，适时变价出售破产财产。

第一百一十二条 变价出售破产财产应当通过拍卖进行。但是，债权人会议另有决议的除外。

破产企业可以全部或者部分变价出售。企业变价出售时，可以将其中的无形资产和其他财产单独变价出售。

按照国家规定不能拍卖或者限制转让的财产，应当按照国家规定的方式处理。

第一百一十三条 破产财产在优先清偿破产费用和共益债务后，依照下列顺序清偿：

（一）破产人所欠职工的工资和医疗、伤残补助、抚恤费用，所欠的应当划入职工个人账户的基本养老保险、基本医疗保险费用，以及法律、行政法规规定应当支付给职工的补偿金；

（二）破产人欠缴的除前项规定以外的社会保险费用和破产人所欠税款；

（三）普通破产债权。

破产财产不足以清偿同一顺序的清偿要求的，按照比例分配。

破产企业的董事、监事和高级管理人员的工资按照该企业职工的平均工资计算。

第一百一十四条 破产财产的分配应当以货币分配方式进行。但是，债权人会议另有决议的除外。

第一百一十五条 管理人应当及时拟订破产财产分配方案，提交债权人会议讨论。

破产财产分配方案应当载明下列事项：

（一）参加破产财产分配的债权人名称或者姓名、住所；

（二）参加破产财产分配的债权额；

（三）可供分配的破产财产数额；

（四）破产财产分配的顺序、比例及数额；

（五）实施破产财产分配的方法。

债权人会议通过破产财产分配方案后，由管理人将该方案提请人民法院裁定认可。

第一百一十六条 破产财产分配方案经人民法院裁定认可后，由管理人执行。

管理人按照破产财产分配方案实施多次分配的，应当公告本次分配的财产额和债权额。管理人实施最后分配的，应当在公告中指明，并载明本法第一百一十七条第二款规定的事项。

第一百一十七条 对于附生效条件或者解除条件的债权，管理人应当将其分配额提存。

管理人依照前款规定提存的分配额，在最后分配公告日，生效条件未成就或者解除条件成就的，应当分配给其他债权人；在最后分配公告日，生效条件成就或者解除条件未成就的，应当交付给债权人。

第一百一十八条 债权人未受领的破产财产分配额，管理人应当提存。债权人自最后分配公告之日起满二个月仍不领取的，视为放弃受领分配的权利，管理人或者人民法院应当将提存的分配额分配给其他债权人。

第一百一十九条 破产财产分配时，对于诉讼或者仲裁未决的债权，管理人应当将其分配额提存。自破产程序终结之日起满二年仍不能受领分配的，人民法院应当将提存的分配额分配给其他债权人。

第三节 破产程序的终结

第一百二十条 破产人无财产可供分配的，管理人应当请求人民法院裁定终结破产程序。

管理人在最后分配完结后，应当及时向人民法院提交破产财产分配报告，并提请人民法院裁定终结破产程序。

人民法院应当自收到管理人终结破产程序的请求之日起十五日内作出是否终结破产程序的裁定。裁定终结的，应当予以公告。

第一百二十一条　管理人应当自破产程序终结之日起十日内，持人民法院终结破产程序的裁定，向破产人的原登记机关办理注销登记。

第一百二十二条　管理人于办理注销登记完毕的次日终止执行职务。但是，存在诉讼或者仲裁未决情况的除外。

第一百二十三条　自破产程序依照本法第四十三条第四款或者第一百二十条的规定终结之日起二年内，有下列情形之一的，债权人可以请求人民法院按照破产财产分配方案进行追加分配：

（一）发现有依照本法第三十一条、第三十二条、第三十三条、第三十六条规定应当追回的财产的；

（二）发现破产人有应当供分配的其他财产的。

有前款规定情形，但财产数量不足以支付分配费用的，不再进行追加分配，由人民法院将其上交国库。

第一百二十四条　破产人的保证人和其他连带债务人，在破产程序终结后，对债权人依照破产清算程序未受清偿的债权，依法继续承担清偿责任。

第十一章　法律责任

第一百二十五条　企业董事、监事或者高级管理人员违反忠实义务、勤勉义务，致使所在企业破产的，依法承担民事责任。

有前款规定情形的人员，自破产程序终结之日起三年内不得担任任何企业的董事、监事、高级管理人员。

第一百二十六条　有义务列席债权人会议的债务人的有关人员，经人民法院传唤，无正当理由拒不列席债权人会议的，人民法院可以拘传，并依法处以罚款。债务人的有关人员违反本法规定，拒不陈述、回答，或者作虚假陈述、回答的，人民法院可以依法处以罚款。

第一百二十七条　债务人违反本法规定，拒不向人民法院提交或者提交不真实的财产状况说明、债务清册、债权清册、有关财务会计报告以及职工工资的支付情况和社会保险费用的缴纳情况的，人民法院可以对直接责任人员依法处以罚款。

债务人违反本法规定，拒不向管理人移交财产、印章和账簿、文书等资料的，或者伪造、销毁有关财产证据材料而使财产状况不明的，人民法院可以对直接责任人员依法处以罚款。

第一百二十八条　债务人有本法第三十一条、第三十二条、第三十三条规定的行为，损害债权人利益的，债务人的法定代表人和其他直接责任人员依法承担赔偿责任。

第一百二十九条　债务人的有关人员违反本法规定，擅自离开住所地的，人民法院可以予以训诫、拘留，可以依法并处罚款。

第一百三十条　管理人未依照本法规定勤勉尽责，忠实执行职务的，人民法院可以依法处以罚款；给债权人、债务人或者第三人造成损失的，依法承担赔偿责任。

第一百三十一条　违反本法规定，构成犯罪的，依法追究刑事责任。

第十二章　附　则

第一百三十二条　本法施行后，破产人在本法公布之日前所欠职工的工资和医疗、伤残补助、抚恤费用，所欠的应当划入职工个人账户的基本养老保险、基本医疗保险费用，以及法律、行政法规规定应当支付给职工的补偿金，依照本法第一百一十三条的规定清偿后不足以清偿的部分，以本法第一百零九条规定的特定财产优先于对该特定财产享有担保权的权利人受偿。

第一百三十三条　在本法施行前国务院规定的期限和范围内的国有企业实施破产的特殊事

宜，按照国务院有关规定办理。

第一百三十四条 商业银行、证券公司、保险公司等金融机构有本法第二条规定情形的，国务院金融监督管理机构可以向人民法院提出对该金融机构进行重整或者破产清算的申请。国务院金融监督管理机构依法对出现重大经营风险的金融机构采取接管、托管等措施的，可以向人民法院申请中止以该金融机构为被告或者被执行人的民事诉讼程序或者执行程序。

金融机构实施破产的，国务院可以依据本法和其他有关法律的规定制定实施办法。

第一百三十五条 其他法律规定企业法人以外的组织的清算，属于破产清算的，参照适用本法规定的程序。

第一百三十六条 本法自2007年6月1日起施行，《中华人民共和国企业破产法（试行）》同时废止。

中华人民共和国公司法（节录）

（1993年12月29日第八届全国人民代表大会常务委员会第五次会议通过
根据1999年12月25日第九届全国人民代表大会常务委员会第十三次会议
《关于修改〈中华人民共和国公司法〉的决定》第一次修正
根据2004年8月28日第十届全国人民代表大会常务委员会第十一次会议
《关于修改〈中华人民共和国公司法〉的决定》第二次修正　2005年10月27日
第十届全国人民代表大会常务委员会第十八次会议第一次修订
根据2013年12月28日第十二届全国人民代表大会常务委员会第六次会议
《关于修改〈中华人民共和国海洋环境保护法〉等七部法律的决定》第三次修正
根据2018年10月26日第十三届全国人民代表大会常务委员会第六次会议
《关于修改〈中华人民共和国公司法〉的决定》第四次修正
2023年12月29日第十四届全国人民代表大会常务委员会第七次会议第二次修订）

第二十一条 公司股东应当遵守法律、行政法规和公司章程，依法行使股东权利，不得滥用股东权利损害公司或者其他股东的利益。

公司股东滥用股东权利给公司或者其他股东造成损失的，应当承担赔偿责任。

第二十二条 公司的控股股东、实际控制人、董事、监事、高级管理人员不得利用关联关系损害公司利益。

违反前款规定，给公司造成损失的，应当承担赔偿责任。

第二十三条 公司股东滥用公司法人独立地位和股东有限责任，逃避债务，严重损害公司债权人利益的，应当对公司债务承担连带责任。

股东利用其控制的两个以上公司实施前款规定行为的，各公司应当对任一公司的债务承担连带责任。

只有一个股东的公司，股东不能证明公司财产独立于股东自己的财产的，应当对公司债务承担连带责任。

第一百六十九条 国家出资公司，由国务院或者地方人民政府分别代表国家依法履行出资人职责，享有出资人权益。国务院或者地方人民政府可以授权国有资产监督管理机构或者其他部门、机构代表本级人民政府对国家出资公司履行出资人职责。

代表本级人民政府履行出资人职责的机构、部门，以下统称为履行出资人职责的机构。

第一百七十二条　国有独资公司不设股东会，由履行出资人职责的机构行使股东会职权。履行出资人职责的机构可以授权公司董事会行使股东会的部分职权，但公司章程的制定和修改，公司的合并、分立、解散、申请破产，增加或者减少注册资本，分配利润，应当由履行出资人职责的机构决定。

第二百三十四条　清算组在清算期间行使下列职权：

（一）清理公司财产，分别编制资产负债表和财产清单；

（二）通知、公告债权人；

（三）处理与清算有关的公司未了结的业务；

（四）清缴所欠税款以及清算过程中产生的税款；

（五）清理债权、债务；

（六）分配公司清偿债务后的剩余财产；

（七）代表公司参与民事诉讼活动。

第二百三十七条　清算组在清理公司财产、编制资产负债表和财产清单后，发现公司财产不足清偿债务的，应当依法向人民法院申请破产清算。

人民法院受理破产申请后，清算组应当将清算事务移交给人民法院指定的破产管理人。

第二百四十二条　公司被依法宣告破产的，依照有关企业破产的法律实施破产清算。

中华人民共和国企业国有资产法（节录）

（由中华人民共和国第十一届全国人民代表大会常务委员会第五次会议于 2008 年 10 月 28 日通过　2008 年 10 月 28 日公布　自 2009 年 5 月 1 日起施行）

第十三条　履行出资人职责的机构委派的股东代表参加国有资本控股公司、国有资本参股公司召开的股东会会议、股东大会会议，应当按照委派机构的指示提出提案、发表意见、行使表决权，并将其履行职责的情况和结果及时报告委派机构。

第三十条　国家出资企业合并、分立、改制、上市，增加或者减少注册资本，发行债券，进行重大投资，为他人提供大额担保，转让重大财产，进行大额捐赠，分配利润，以及解散、申请破产等重大事项，应当遵守法律、行政法规以及企业章程的规定，不得损害出资人和债权人的权益。

第三十一条　国有独资企业、国有独资公司合并、分立，增加或者减少注册资本，发行债券，分配利润，以及解散、申请破产，由履行出资人职责的机构决定。

第三十四条　重要的国有独资企业、国有独资公司、国有资本控股公司的合并、分立、解散、申请破产以及法律、行政法规和本级人民政府规定应当由履行出资人职责的机构报经本级人民政府批准的重大事项，履行出资人职责的机构在作出决定或者向其委派参加国有资本控股公司股东会会议、股东大会会议的股东代表作出指示前，应当报请本级人民政府批准。

本法所称的重要的国有独资企业、国有独资公司和国有资本控股公司，按照国务院的规定确定。

第三十七条　国家出资企业的合并、分立、改制、解散、申请破产等重大事项，应当听取企业工会的意见，并通过职工代表大会或者其他形式听取职工的意见和建议。

中华人民共和国合伙企业法（节录）

（1997年2月23日第八届全国人民代表大会常务委员会第二十四次会议通过
2006年8月27日第十届全国人民代表大会常务委员会第二十三次会议修订）

第九十二条 合伙企业不能清偿到期债务的，债权人可以依法向人民法院提出破产清算申请，也可以要求普通合伙人清偿。

合伙企业依法被宣告破产的，普通合伙人对合伙企业债务仍应承担无限连带责任。

中华人民共和国商业银行法（节录）

（1995年5月10日第八届全国人民代表大会常务委员会第十三次会议通过 根据2003年12月27日第十届全国人民代表大会常务委员会第六次会议《关于修改〈中华人民共和国商业银行法〉的决定》第一次修正 根据2015年8月29日第十二届全国人民代表大会常务委员会第十六次会议《关于修改〈中华人民共和国商业银行法〉的决定》第二次修正）

第六十八条 有下列情形之一的，接管终止：

（一）接管决定规定的期限届满或者国务院银行业监督管理机构决定的接管延期届满；

（二）接管期限届满前，该商业银行已恢复正常经营能力；

（三）接管期限届满前，该商业银行被合并或者被依法宣告破产。

第七十一条 商业银行不能支付到期债务，经国务院银行业监督管理机构同意，由人民法院依法宣告其破产。商业银行被宣告破产的，由人民法院组织国务院银行业监督管理机构等有关部门和有关人员成立清算组，进行清算。

商业银行破产清算时，在支付清算费用、所欠职工工资和劳动保险费用后，应当优先支付个人储蓄存款的本金和利息。

第七十二条 商业银行因解散、被撤销和被宣告破产而终止。

中华人民共和国保险法（节录）

（1995年6月30日第八届全国人民代表大会常务委员会第十四次会议通过 根据2002年10月28日第九届全国人民代表大会常务委员会第三十次会议《关于修改〈中华人民共和国保险法〉的决定》第一次修正 2009年2月28日第十一届全国人民代表大会常务委员会第七次会议修订 根据2014年8月31日第十二届全国人民代表大会常务委员会第十次会议《关于修改〈中华人民共和国保险法〉等五部法律的决定》第二次修正 根据2015年4月24日第十二届全国人民代表大会常务委员会第十四次会议《关于修改〈中华人民共和国计量法〉等五部法律的决定》第三次修正）

第九十条 保险公司有《中华人民共和国企业破产法》第二条规定情形的，经国务院保险监督管理机构同意，保险公司或者其债权人可以依法向人民法院申请重整、和解或者破产清算；国务院保险监督管理机构也可以依法向人民法院申请对该保险公司进行重整或者破产清算。

第九十一条 破产财产在优先清偿破产费用和共益债务后，按照下列顺序清偿：

（一）所欠职工工资和医疗、伤残补助、抚恤费用，所欠应当划入职工个人账户的基本养老保险、基本医疗保险费用，以及法律、行政法规规定应当支付给职工的补偿金；

（二）赔偿或者给付保险金；

（三）保险公司欠缴的除第（一）项规定以外的社会保险费用和所欠税款；

（四）普通破产债权。

破产财产不足以清偿同一顺序的清偿要求的，按照比例分配。

破产保险公司的董事、监事和高级管理人员的工资，按照该公司职工的平均工资计算。

第九十二条 经营有人寿保险业务的保险公司被依法撤销或者被依法宣告破产的，其持有的人寿保险合同及责任准备金，必须转让给其他经营有人寿保险业务的保险公司；不能同其他保险公司达成转让协议的，由国务院保险监督管理机构指定经营有人寿保险业务的保险公司接受转让。

转让或者由国务院保险监督管理机构指定接受转让前款规定的人寿保险合同及责任准备金的，应当维护被保险人、受益人的合法权益。

第九十三条 保险公司依法终止其业务活动，应当注销其经营保险业务许可证。

第九十四条 保险公司，除本法另有规定外，适用《中华人民共和国公司法》的规定。

第一百条 保险公司应当缴纳保险保障基金。

保险保障基金应当集中管理，并在下列情形下统筹使用：

（一）在保险公司被撤销或者被宣告破产时，向投保人、被保险人或者受益人提供救济；

（二）在保险公司被撤销或者被宣告破产时，向依法接受其人寿保险合同的保险公司提供救济；

（三）国务院规定的其他情形。

保险保障基金筹集、管理和使用的具体办法，由国务院制定。

第一百四十四条 保险公司有下列情形之一的，国务院保险监督管理机构可以对其实行接管：

（一）公司的偿付能力严重不足的；

（二）违反本法规定，损害社会公共利益，可能严重危及或者已经严重危及公司的偿付能力的。

被接管的保险公司的债权债务关系不因接管而变化。

第一百四十五条 接管组的组成和接管的实施办法，由国务院保险监督管理机构决定，并予以公告。

第一百四十六条 接管期限届满，国务院保险监督管理机构可以决定延长接管期限，但接管期限最长不得超过二年。

第一百四十七条 接管期限届满，被接管的保险公司已恢复正常经营能力的，由国务院保险监督管理机构决定终止接管，并予以公告。

第一百四十八条 被整顿、被接管的保险公司有《中华人民共和国企业破产法》第二条规定情形的，国务院保险监督管理机构可以依法向人民法院申请对该保险公司进行重整或者破产清算。

第一百四十九条 保险公司因违法经营被依法吊销经营保险业务许可证的，或者偿付能力低于国务院保险监督管理机构规定标准，不予撤销将严重危害保险市场秩序、损害公共利益的，由国务院保险监督管理机构予以撤销并公告，依法及时组织清算组进行清算。

第一百五十条 国务院保险监督管理机构有权要求保险公司股东、实际控制人在指定的期限内提供有关信息和资料。

第一百五十一条 保险公司的股东利用关联交易严重损害公司利益，危及公司偿付能力的，由国务院保险监督管理机构责令改正。在按照要求改正前，国务院保险监督管理机构可以限制其股东权利；拒不改正的，可以责令其转让所持的保险公司股权。

第一百五十二条 保险监督管理机构根据履行监督管理职责的需要，可以与保险公司董事、监事和高级管理人员进行监督管理谈话，要求其就公司的业务活动和风险管理的重大事项作出说明。

第一百五十三条 保险公司在整顿、接管、撤销清算期间，或者出现重大风险时，国务院保险监督管理机构可以对该公司直接负责的董事、监事、高级管理人员和其他直接责任人员采取以下措施：

（一）通知出境管理机关依法阻止其出境；

（二）申请司法机关禁止其转移、转让或者以其他方式处分财产，或者在财产上设定其他权利。

中华人民共和国信托法（节录）

（由中华人民共和国第九届全国人民代表大会常务委员会第二十一次会议于2001年4月28日通过　2001年4月28日公布　自2001年10月1日起施行）

第十五条 信托财产与委托人未设立信托的其他财产相区别。设立信托后，委托人死亡或者依法解散、被依法撤销、被宣告破产时，委托人是唯一受益人的，信托终止，信托财产作为其遗产或者清算财产；委托人不是唯一受益人的，信托存续，信托财产不作为其遗产或者清算财产；但作为共同受益人的委托人死亡或者依法解散、被依法撤销、被宣告破产时，其信托受益权作为其遗产或者清算财产。

第十六条 信托财产与属于受托人所有的财产（以下简称固有财产）相区别，不得归入受托人的固有财产或者成为固有财产的一部分。

受托人死亡或者依法解散、被依法撤销、被宣告破产而终止，信托财产不属于其遗产或者清算财产。

第三十九条 受托人有下列情形之一的，其职责终止：

（一）死亡或者被依法宣告死亡；

（二）被依法宣告为无民事行为能力人或者限制民事行为能力人；

（三）被依法撤销或者被宣告破产；

（四）依法解散或者法定资格丧失；

（五）辞任或者被解任；

（六）法律、行政法规规定的其他情形。

受托人职责终止时，其继承人或者遗产管理人、监护人、清算人应当妥善保管信托财产，协助新受托人接管信托事务。

第五十二条 信托不因委托人或者受托人的死亡、丧失民事行为能力、依法解散、被依法撤销或者被宣告破产而终止，也不因受托人的辞任而终止。但本法或者信托文件另有规定的除外。

中华人民共和国证券法（节录）

（1998年12月29日第九届全国人民代表大会常务委员会第六次会议通过
根据2004年8月28日第十届全国人民代表大会常务委员会第十一次会议
《关于修改〈中华人民共和国证券法〉的决定》第一次修正 2005年10月27日
第十届全国人民代表大会常务委员会第十八次会议第一次修订
根据2013年6月29日第十二届全国人民代表大会常务委员会第三次会议
《关于修改〈中华人民共和国文物保护法〉等十二部法律的决定》第二次修正
根据2014年8月31日第十二届全国人民代表大会常务委员会第十次会议
《关于修改〈中华人民共和国保险法〉等五部法律的决定》第三次修正
2019年12月28日第十三届全国人民代表大会常务委员会第十五次会议第二次修订）

第四十八条 上市交易的证券，有证券交易所规定的终止上市情形的，由证券交易所按照业务规则终止其上市交易。

证券交易所决定终止证券上市交易的，应当及时公告，并报国务院证券监督管理机构备案。

第八十条 发生可能对上市公司、股票在国务院批准的其他全国性证券交易场所交易的公司的股票交易价格产生较大影响的重大事件，投资者尚未得知时，公司应当立即将有关该重大事件的情况向国务院证券监督管理机构和证券交易场所报送临时报告，并予公告，说明事件的起因、目前的状态和可能产生的法律后果。

前款所称重大事件包括：

（一）公司的经营方针和经营范围的重大变化；

（二）公司的重大投资行为，公司在一年内购买、出售重大资产超过公司资产总额百分之三十，或者公司营业用主要资产的抵押、质押、出售或者报废一次超过该资产的百分之三十；

（三）公司订立重要合同、提供重大担保或者从事关联交易，可能对公司的资产、负债、权益和经营成果产生重要影响；

（四）公司发生重大债务和未能清偿到期重大债务的违约情况；

（五）公司发生重大亏损或者重大损失；

（六）公司生产经营的外部条件发生的重大变化；

（七）公司的董事、三分之一以上监事或者经理发生变动，董事长或者经理无法履行职责；

（八）持有公司百分之五以上股份的股东或者实际控制人持有股份或者控制公司的情况发生较大变化，公司的实际控制人及其控制的其他企业从事与公司相同或者相似业务的情况发生较大变化；

（九）公司分配股利、增资的计划，公司股权结构的重要变化，公司减资、合并、分立、解散及申请破产的决定，或者依法进入破产程序、被责令关闭；

（十）涉及公司的重大诉讼、仲裁，股东大会、董事会决议被依法撤销或者宣告无效；

（十一）公司涉嫌犯罪被依法立案调查，公司的控股股东、实际控制人、董事、监事、高级管理人员涉嫌犯罪被依法采取强制措施；

（十二）国务院证券监督管理机构规定的其他事项。

公司的控股股东或者实际控制人对重大事件的发生、进展产生较大影响的，应当及时将其知悉的有关情况书面告知公司，并配合公司履行信息披露义务。

第一百二十二条 证券公司变更证券业务范围，变更主要股东或者公司的实际控制人，合并、分立、停业、解散、破产，应当经国务院证券监督管理机构核准。

第一百三十一条　证券公司客户的交易结算资金应当存放在商业银行，以每个客户的名义单独立户管理。

证券公司不得将客户的交易结算资金和证券归入其自有财产。禁止任何单位或者个人以任何形式挪用客户的交易结算资金和证券。证券公司破产或者清算时，客户的交易结算资金和证券不属于其破产财产或者清算财产。非因客户本身的债务或者法律规定的其他情形，不得查封、冻结、扣划或者强制执行客户的交易结算资金和证券。

中华人民共和国农民专业合作社法（节录）

（2006年10月31日第十届全国人民代表大会常务委员会第二十四次会议通过　2017年12月27日第十二届全国人民代表大会常务委员会第三十一次会议修订）

第四十八条　农民专业合作社因下列原因解散：

（一）章程规定的解散事由出现；

（二）成员大会决议解散；

（三）因合并或者分立需要解散；

（四）依法被吊销营业执照或者被撤销。

因前款第一项、第二项、第四项原因解散的，应当在解散事由出现之日起十五日内由成员大会推举成员组成清算组，开始解散清算。逾期不能组成清算组的，成员、债权人可以向人民法院申请指定成员组成清算组进行清算，人民法院应当受理该申请，并及时指定成员组成清算组进行清算。

第五十一条　农民专业合作社因本法第四十八条第一款的原因解散，或者人民法院受理破产申请时，不能办理成员退社手续。

第五十二条　清算组负责制定包括清偿农民专业合作社员工的工资及社会保险费用，清偿所欠税款和其他各项债务，以及分配剩余财产在内的清算方案，经成员大会通过或者申请人民法院确认后实施。

第五十三条　农民专业合作社接受国家财政直接补助形成的财产，在解散、破产清算时，不得作为可分配剩余资产分配给成员，具体按照国务院财政部门有关规定执行。

清算组发现农民专业合作社的财产不足以清偿债务的，应当依法向人民法院申请破产。

第五十五条　农民专业合作社破产适用企业破产法的有关规定。但是，破产财产在清偿破产费用和共益债务后，应当优先清偿破产前与农民成员已发生交易但尚未结清的款项。

中华人民共和国民办教育促进法（节录）

（2002年12月28日第九届全国人民代表大会常务委员会第三十一次会议通过　根据2013年6月29日第十二届全国人民代表大会常务委员会第三次会议《关于修改〈中华人民共和国文物保护法〉等十二部法律的决定》第一次修正　根据2016年11月7日第十二届全国人民代表大会常务委员会第二十四次会议《关于修改〈中华人民共和国民办教育促进法〉的决定》第二次修正　根据2018年12月29日第十三届全国人民代表大会常务委员会第七次会议《关于修改〈中华人民共和国劳动法〉等七部法律的决定》第三次修正）

第五十六条　民办学校有下列情形之一的，应当终止：

（一）根据学校章程规定要求终止，并经审批机关批准的；

（二）被吊销办学许可证的；

（三）因资不抵债无法继续办学的。

第五十七条 民办学校终止时，应当妥善安置在校学生。实施义务教育的民办学校终止时，审批机关应当协助学校安排学生继续就学。

第五十八条 民办学校终止时，应当依法进行财务清算。

民办学校自己要求终止的，由民办学校组织清算；被审批机关依法撤销的，由审批机关组织清算；因资不抵债无法继续办学而被终止的，由人民法院组织清算。

第五十九条 对民办学校的财产按照下列顺序清偿：

（一）应退受教育者学费、杂费和其他费用；

（二）应发教职工的工资及应缴纳的社会保险费用；

（三）偿还其他债务。

非营利性民办学校清偿上述债务后的剩余财产继续用于其他非营利性学校办学；营利性民办学校清偿上述债务后的剩余财产，依照公司法的有关规定处理。

第六十条 终止的民办学校，由审批机关收回办学许可证和销毁印章，并注销登记。

中华人民共和国劳动合同法（节录）

（2007年6月29日第十届全国人民代表大会常务委员会第二十八次会议通过 根据2012年12月28日第十一届全国人民代表大会常务委员会第三十次会议《关于修改〈中华人民共和国劳动合同法〉的决定》修正）

第四十一条 有下列情形之一，需要裁减人员二十人以上或者裁减不足二十人但占企业职工总数百分之十以上的，用人单位提前三十日向工会或者全体职工说明情况，听取工会或者职工的意见后，裁减人员方案经向劳动行政部门报告，可以裁减人员：

（一）依照企业破产法规定进行重整的；

（二）生产经营发生严重困难的；

（三）企业转产、重大技术革新或者经营方式调整，经变更劳动合同后，仍需裁减人员的；

（四）其他因劳动合同订立时所依据的客观经济情况发生重大变化，致使劳动合同无法履行的。

裁减人员时，应当优先留用下列人员：

（一）与本单位订立较长期限的固定期限劳动合同的；

（二）与本单位订立无固定期限劳动合同的；

（三）家庭无其他就业人员，有需要扶养的老人或者未成年人的。

用人单位依照本条第一款规定裁减人员，在六个月内重新招用人员的，应当通知被裁减的人员，并在同等条件下优先招用被裁减的人员。

第四十三条 用人单位单方解除劳动合同，应当事先将理由通知工会。用人单位违反法律、行政法规规定或者劳动合同约定的，工会有权要求用人单位纠正。用人单位应当研究工会的意见，并将处理结果书面通知工会。

第四十四条 有下列情形之一的，劳动合同终止：

（一）劳动合同期满的；

（二）劳动者开始依法享受基本养老保险待遇的；

（三）劳动者死亡，或者被人民法院宣告死亡或者宣告失踪的；

（四）用人单位被依法宣告破产的；

（五）用人单位被吊销营业执照、责令关闭、撤销或者用人单位决定提前解散的；

（六）法律、行政法规规定的其他情形。

第四十六条　有下列情形之一的，用人单位应当向劳动者支付经济补偿：

（一）劳动者依照本法第三十八条规定解除劳动合同的；

（二）用人单位依照本法第三十六条规定向劳动者提出解除劳动合同并与劳动者协商一致解除劳动合同的；

（三）用人单位依照本法第四十条规定解除劳动合同的；

（四）用人单位依照本法第四十一条第一款规定解除劳动合同的；

（五）除用人单位维持或者提高劳动合同约定条件续订劳动合同，劳动者不同意续订的情形外，依照本法第四十四条第一项规定终止固定期限劳动合同的；

（六）依照本法第四十四条第四项、第五项规定终止劳动合同的；

（七）法律、行政法规规定的其他情形。

第四十七条　经济补偿按劳动者在本单位工作的年限，每满一年支付一个月工资的标准向劳动者支付。六个月以上不满一年的，按一年计算；不满六个月的，向劳动者支付半个月工资的经济补偿。

劳动者月工资高于用人单位所在直辖市、设区的市级人民政府公布的本地区上年度职工月平均工资三倍的，向其支付经济补偿的标准按职工月平均工资三倍的数额支付，向其支付经济补偿的年限最高不超过十二年。

本条所称月工资是指劳动者在劳动合同解除或者终止前十二个月的平均工资。

第五十条　用人单位应当在解除或者终止劳动合同时出具解除或者终止劳动合同的证明，并在十五日内为劳动者办理档案和社会保险关系转移手续。

劳动者应当按照双方约定，办理工作交接。用人单位依照本法有关规定应当向劳动者支付经济补偿的，在办结工作交接时支付。

用人单位对已经解除或者终止的劳动合同的文本，至少保存二年备查。

第九十七条　本法施行前已依法订立且在本法施行之日存续的劳动合同，继续履行；本法第十四条第二款第三项规定连续订立固定期限劳动合同的次数，自本法施行后续订固定期限劳动合同时开始计算。

本法施行前已建立劳动关系，尚未订立书面劳动合同的，应当自本法施行之日起一个月内订立。

本法施行之日存续的劳动合同在本法施行后解除或者终止，依照本法第四十六条规定应当支付经济补偿的，经济补偿年限自本法施行之日起计算；本法施行前按照当时有关规定，用人单位应当向劳动者支付经济补偿的，按照当时有关规定执行。

中华人民共和国劳动合同法实施条例（节录）

（由国务院第25次常务会议于2008年9月3日通过　2008年9月18日公布
自2008年9月18日起施行）

第十条　劳动者非因本人原因从原用人单位被安排到新用人单位工作的，劳动者在原用人单位的工作年限合并计算为新用人单位的工作年限。原用人单位已经向劳动者支付经济补偿的，新用人单位在依法解除、终止劳动合同计算支付经济补偿的工作年限时，不再计算劳动者在原用人单位的工作年限。

第十八条　有下列情形之一的，依照劳动合同法规定的条件、程序，劳动者可以与用人单位解除固定期限劳动合同、无固定期限劳动合同或者以完成一定工作任务为期限的劳动合同：

（一）劳动者与用人单位协商一致的；

（二）劳动者提前30日以书面形式通知用人单位的；

（三）劳动者在试用期内提前3日通知用人单位的；

（四）用人单位未按照劳动合同约定提供劳动保护或者劳动条件的；

（五）用人单位未及时足额支付劳动报酬的；

（六）用人单位未依法为劳动者缴纳社会保险费的；

（七）用人单位的规章制度违反法律、法规的规定，损害劳动者权益的；

（八）用人单位以欺诈、胁迫的手段或者乘人之危，使劳动者在违背真实意思的情况下订立或者变更劳动合同的；

（九）用人单位在劳动合同中免除自己的法定责任、排除劳动者权利的；

（十）用人单位违反法律、行政法规强制性规定的；

（十一）用人单位以暴力、威胁或者非法限制人身自由的手段强迫劳动者劳动的；

（十二）用人单位违章指挥、强令冒险作业危及劳动者人身安全的；

（十三）法律、行政法规规定劳动者可以解除劳动合同的其他情形。

第十九条　有下列情形之一的，依照劳动合同法规定的条件、程序，用人单位可以与劳动者解除固定期限劳动合同、无固定期限劳动合同或者以完成一定工作任务为期限的劳动合同：

（一）用人单位与劳动者协商一致的；

（二）劳动者在试用期间被证明不符合录用条件的；

（三）劳动者严重违反用人单位的规章制度的；

（四）劳动者严重失职，营私舞弊，给用人单位造成重大损害的；

（五）劳动者同时与其他用人单位建立劳动关系，对完成本单位的工作任务造成严重影响，或者经用人单位提出，拒不改正的；

（六）劳动者以欺诈、胁迫的手段或者乘人之危，使用人单位在违背真实意思的情况下订立或者变更劳动合同的；

（七）劳动者被依法追究刑事责任的；

（八）劳动者患病或者非因工负伤，在规定的医疗期满后不能从事原工作，也不能从事由用人单位另行安排的工作的；

（九）劳动者不能胜任工作，经过培训或者调整工作岗位，仍不能胜任工作的；

（十）劳动合同订立时所依据的客观情况发生重大变化，致使劳动合同无法履行，经用人单位与劳动者协商，未能就变更劳动合同内容达成协议的；

（十一）用人单位依照企业破产法规定进行重整的；

（十二）用人单位生产经营发生严重困难的；

（十三）企业转产、重大技术革新或者经营方式调整，经变更劳动合同后，仍需裁减人员的；

（十四）其他因劳动合同订立时所依据的客观经济情况发生重大变化，致使劳动合同无法履行的。

第二十三条　用人单位依法终止工伤职工的劳动合同的，除依照劳动合同法第四十七条的规定支付经济补偿外，还应当依照国家有关工伤保险的规定支付一次性工伤医疗补助金和伤残就业补助金。

第二十七条　劳动合同法第四十七条规定的经济补偿的月工资按照劳动者应得工资计算，包括计时工资或者计件工资以及奖金、津贴和补贴等货币性收入。劳动者在劳动合同解除或者终止前12个月的平均工资低于当地最低工资标准的，按照当地最低工资标准计算。劳动者工作不满12个月的，按照实际工作的月数计算平均工资。

证券公司风险处置条例

（2008年4月23日中华人民共和国国务院令第523号公布　根据2016年2月6日《国务院关于修改部分行政法规的决定》第一次修订　根据2023年7月20日《国务院关于修改和废止部分行政法规的决定》第二次修订）

第一章　总　　则

第一条　为了控制和化解证券公司风险，保护投资者合法权益和社会公共利益，保障证券业健康发展，根据《中华人民共和国证券法》（以下简称《证券法》）、《中华人民共和国企业破产法》（以下简称《企业破产法》），制定本条例。

第二条　国务院证券监督管理机构依法对处置证券公司风险工作进行组织、协调和监督。

第三条　国务院证券监督管理机构应当会同中国人民银行、国务院财政部门、国务院公安部门、国务院其他金融监督管理机构以及省级人民政府建立处置证券公司风险的协调配合与快速反应机制。

第四条　处置证券公司风险过程中，有关地方人民政府应当采取有效措施维护社会稳定。

第五条　处置证券公司风险过程中，应当保障证券经纪业务正常进行。

第二章　停业整顿、托管、接管、行政重组

第六条　国务院证券监督管理机构发现证券公司存在重大风险隐患，可以派出风险监控现场工作组对证券公司进行专项检查，对证券公司划拨资金、处置资产、调配人员、使用印章、订立以及履行合同等经营、管理活动进行监控，并及时向有关地方人民政府通报情况。

第七条　证券公司风险控制指标不符合有关规定，在规定期限内未能完成整改的，国务院证券监督管理机构可以责令证券公司停止部分或者全部业务进行整顿。停业整顿的期限不超过3个月。

证券经纪业务被责令停业整顿的，证券公司在规定的期限内可以将其证券经纪业务委托给国务院证券监督管理机构认可的证券公司管理，或者将客户转移到其他证券公司。证券公司逾期未按照要求委托证券经纪业务或者未转移客户的，国务院证券监督管理机构应当将客户转移到其他证券公司。

第八条 证券公司有下列情形之一的，国务院证券监督管理机构可以对其证券经纪等涉及客户的业务进行托管；情节严重的，可以对该证券公司进行接管：

（一）治理混乱，管理失控；

（二）挪用客户资产并且不能自行弥补；

（三）在证券交易结算中多次发生交收违约或者交收违约数额较大；

（四）风险控制指标不符合规定，发生重大财务危机；

（五）其他可能影响证券公司持续经营的情形。

第九条 国务院证券监督管理机构决定对证券公司证券经纪等涉及客户的业务进行托管的，应当按照规定程序选择证券公司等专业机构成立托管组，行使被托管证券公司的证券经纪等涉及客户的业务的经营管理权。

托管组自托管之日起履行下列职责：

（一）保障证券公司证券经纪业务正常合规运行，必要时依照规定垫付营运资金和客户的交易结算资金；

（二）采取有效措施维护托管期间客户资产的安全；

（三）核查证券公司存在的风险，及时向国务院证券监督管理机构报告业务运行中出现的紧急情况，并提出解决方案；

（四）国务院证券监督管理机构要求履行的其他职责。

托管期限一般不超过12个月。满12个月，确需继续托管的，国务院证券监督管理机构可以决定延长托管期限，但延长托管期限最长不得超过12个月。

第十条 被托管证券公司应当承担托管费用和托管期间的营运费用。国务院证券监督管理机构应当对托管费用和托管期间的营运费用进行审核。

托管组不承担被托管证券公司的亏损。

第十一条 国务院证券监督管理机构决定对证券公司进行接管的，应当按照规定程序组织专业人员成立接管组，行使被接管证券公司的经营管理权，接管组负责人行使被接管证券公司法定代表人职权，被接管证券公司的股东会或者股东大会、董事会、监事会以及经理、副经理停止履行职责。

接管组自接管之日起履行下列职责：

（一）接管证券公司的财产、印章和账簿、文书等资料；

（二）决定证券公司的管理事务；

（三）保障证券公司证券经纪业务正常合规运行，完善内控制度；

（四）清查证券公司财产，依法保全、追收资产；

（五）控制证券公司风险，提出风险化解方案；

（六）核查证券公司有关人员的违法行为；

（七）国务院证券监督管理机构要求履行的其他职责。

接管期限一般不超过12个月。满12个月，确需继续接管的，国务院证券监督管理机构可以决定延长接管期限，但延长接管期限最长不得超过12个月。

第十二条 证券公司出现重大风险，但具备下列条件的，可以由国务院证券监督管理机构对其进行行政重组：

（一）财务信息真实、完整；

（二）省级人民政府或者有关方面予以支持；

（三）整改措施具体，有可行的重组计划。

被停业整顿、托管、接管的证券公司，具备前款规定条件的，也可以由国务院证券监督管理机构对其进行行政重组。

第十三条 证券公司进行行政重组，可以采取注资、股权重组、债务重组、资产重组、合并或者其他方式。

行政重组期限一般不超过 12 个月。满 12 个月，行政重组未完成的，国务院证券监督管理机构可以决定延长行政重组期限，但延长行政重组期限最长不得超过 6 个月。

国务院证券监督管理机构对证券公司的行政重组进行协调和指导。

第十四条 国务院证券监督管理机构对证券公司做出责令停业整顿、托管、接管、行政重组的处置决定，应当予以公告，并将公告张贴于被处置证券公司的营业场所。

处置决定包括被处置证券公司的名称、处置措施、事由以及范围等有关事项。

处置决定的公告日期为处置日，处置决定自公告之时生效。

第十五条 证券公司被责令停业整顿、托管、接管、行政重组的，其债权债务关系不因处置决定而变化。

第十六条 证券公司经停业整顿、托管、接管或者行政重组在规定期限内达到正常经营条件的，经国务院证券监督管理机构批准，可以恢复正常经营。

第十七条 证券公司经停业整顿、托管、接管或者行政重组在规定期限内仍达不到正常经营条件，但能够清偿到期债务的，国务院证券监督管理机构依法撤销其证券业务许可。

第十八条 被撤销证券业务许可的证券公司应当停止经营证券业务，按照客户自愿的原则将客户安置到其他证券公司，安置过程中相关各方应当采取必要措施保证客户证券交易的正常进行。

被撤销证券业务许可的证券公司有未安置客户等情形的，国务院证券监督管理机构可以比照本条例第三章的规定，成立行政清理组，清理账户、安置客户、转让证券类资产。

第三章 撤　　销

第十九条 证券公司同时有下列情形的，国务院证券监督管理机构可以直接撤销该证券公司：

（一）违法经营情节特别严重、存在巨大经营风险；

（二）不能清偿到期债务，并且资产不足以清偿全部债务或者明显缺乏清偿能力；

（三）需要动用证券投资者保护基金。

第二十条 证券公司经停业整顿、托管、接管或者行政重组在规定期限内仍达不到正常经营条件，并且有本条例第十九条第（二）项或者第（三）项规定情形的，国务院证券监督管理机构应当撤销该证券公司。

第二十一条 国务院证券监督管理机构撤销证券公司，应当做出撤销决定，并按照规定程序选择律师事务所、会计师事务所等专业机构成立行政清理组，对该证券公司进行行政清理。

撤销决定应当予以公告，撤销决定的公告日期为处置日，撤销决定自公告之时生效。

本条例施行前，国务院证券监督管理机构已经对证券公司进行行政清理的，行政清理的公告日期为处置日。

第二十二条 行政清理期间，行政清理组负责人行使被撤销证券公司法定代表人职权。

行政清理组履行下列职责：

（一）管理证券公司的财产、印章和账簿、文书等资料；

（二）清理账户，核实资产负债有关情况，对符合国家规定的债权进行登记；

（三）协助甄别确认、收购符合国家规定的债权；

（四）协助证券投资者保护基金管理机构弥补客户的交易结算资金；

（五）按照客户自愿的原则安置客户；

（六）转让证券类资产；

（七）国务院证券监督管理机构要求履行的其他职责。

前款所称证券类资产，是指证券公司为维持证券经纪业务正常进行所必需的计算机信息管理系统、交易系统、通信网络系统、交易席位等资产。

第二十三条 被撤销证券公司的股东会或者股东大会、董事会、监事会以及经理、副经理停止履行职责。

行政清理期间，被撤销证券公司的股东不得自行组织清算，不得参与行政清理工作。

第二十四条 行政清理期间，被撤销证券公司的证券经纪等涉及客户的业务，由国务院证券监督管理机构按照规定程序选择证券公司等专业机构进行托管。

第二十五条 证券公司设立或者实际控制的关联公司，其资产、人员、财务或者业务与被撤销证券公司混合的，经国务院证券监督管理机构审查批准，纳入行政清理范围。

第二十六条 证券公司的债权债务关系不因其被撤销而变化。

自证券公司被撤销之日起，证券公司的债务停止计算利息。

第二十七条 行政清理组清理被撤销证券公司账户的结果，应当经具有证券、期货相关业务资格的会计师事务所审计，并报国务院证券监督管理机构认定。

行政清理组根据经国务院证券监督管理机构认定的账户清理结果，向证券投资者保护基金管理机构申请弥补客户的交易结算资金的资金。

第二十八条 行政清理组应当自成立之日起10日内，将债权人需要登记的相关事项予以公告。

符合国家有关规定的债权人应当自公告之日起90日内，持相关证明材料向行政清理组申报债权，行政清理组按照规定登记。无正当理由逾期申报的，不予登记。

已登记债权经甄别确认符合国家收购规定的，行政清理组应当及时按照国家有关规定申请收购资金并协助收购；经甄别确认不符合国家收购规定的，行政清理组应当告知申报的债权人。

第二十九条 行政清理组应当在具备证券业务经营资格的机构中，采用招标、公开询价等公开方式转让证券类资产。证券类资产转让方案应当报国务院证券监督管理机构批准。

第三十条 行政清理组不得转让证券类资产以外的资产，但经国务院证券监督管理机构批准，易贬损并可能遭受损失的资产或者确为保护客户和债权人利益的其他情形除外。

第三十一条 行政清理组不得对债务进行个别清偿，但为保护客户和债权人利益的下列情形除外：

（一）因行政清理组请求对方当事人履行双方均未履行完毕的合同所产生的债务；

（二）为维持业务正常进行而应当支付的职工劳动报酬和社会保险费用等正常支出；

（三）行政清理组履行职责所产生的其他费用。

第三十二条 为保护债权人利益，经国务院证券监督管理机构批准，行政清理组可以向人民法院申请对处置前被采取查封、扣押、冻结等强制措施的证券类资产以及其他资产进行变现处置，变现后的资金应当予以冻结。

第三十三条 行政清理费用经国务院证券监督管理机构审核后，从被处置证券公司财产中随时清偿。

前款所称行政清理费用，是指行政清理组管理、转让证券公司财产所需的费用，行政清理组履行职务和聘用专业机构的费用等。

第三十四条 行政清理期限一般不超过 12 个月。满 12 个月，行政清理未完成的，国务院证券监督管理机构可以决定延长行政清理期限，但延长行政清理期限最长不得超过 12 个月。

第三十五条 行政清理期间，被处置证券公司免缴行政性收费和增值税、营业税等行政法规规定的税收。

第三十六条 证券公司被国务院证券监督管理机构依法责令关闭，需要进行行政清理的，比照本章的有关规定执行。

第四章 破产清算和重整

第三十七条 证券公司被依法撤销、关闭时，有《企业破产法》第二条规定情形的，行政清理工作完成后，国务院证券监督管理机构或者其委托的行政清理组依照《企业破产法》的有关规定，可以向人民法院申请对被撤销、关闭证券公司进行破产清算。

第三十八条 证券公司有《企业破产法》第二条规定情形的，国务院证券监督管理机构可以直接向人民法院申请对该证券公司进行重整。

证券公司或者其债权人依照《企业破产法》的有关规定，可以向人民法院提出对证券公司进行破产清算或者重整的申请，但应当依照《证券法》第一百二十二条的规定报经国务院证券监督管理机构批准。

第三十九条 对不需要动用证券投资者保护基金的证券公司，国务院证券监督管理机构应当在批准破产清算前撤销其证券业务许可。证券公司应当依照本条例第十八条的规定停止经营证券业务，安置客户。

对需要动用证券投资者保护基金的证券公司，国务院证券监督管理机构对该证券公司或者其债权人的破产清算申请不予批准，并依照本条例第三章的规定撤销该证券公司，进行行政清理。

第四十条 人民法院裁定受理证券公司重整或者破产清算申请的，国务院证券监督管理机构可以向人民法院推荐管理人人选。

第四十一条 证券公司进行破产清算的，行政清理时已登记的不符合国家收购规定的债权，管理人可以直接予以登记。

第四十二条 人民法院裁定证券公司重整的，证券公司或者管理人应当同时向债权人会议、国务院证券监督管理机构和人民法院提交重整计划草案。

第四十三条 自债权人会议各表决组通过重整计划草案之日起 10 日内，证券公司或者管理人应当向人民法院提出批准重整计划的申请。重整计划涉及《证券法》第一百二十二条规定相关事项的，证券公司或者管理人应当同时向国务院证券监督管理机构提出批准相关事项的申请，国务院证券监督管理机构应当自收到申请之日起 15 日内做出批准或者不予批准的决定。

第四十四条 债权人会议部分表决组未通过重整计划草案，但重整计划草案符合《企业破产法》第八十七条第二款规定条件的，证券公司或者管理人可以申请人民法院批准重整计划草案。重整计划草案涉及《证券法》第一百二十二条规定相关事项的，证券公司或者管理人应当同时向国务院证券监督管理机构提出批准相关事项的申请，国务院证券监督管理机构应当自收到申请之日起 15 日内做出批准或者不予批准的决定。

第四十五条 经批准的重整计划由证券公司执行，管理人负责监督。监督期届满，管理人应当向人民法院和国务院证券监督管理机构提交监督报告。

第四十六条 重整计划的相关事项未获国务院证券监督管理机构批准，或者重整计划未获人民法院批准的，人民法院裁定终止重整程序，并宣告证券公司破产。

第四十七条 重整程序终止，人民法院宣告证券公司破产的，国务院证券监督管理机构应当对证券公司做出撤销决定，人民法院依照《企业破产法》的规定组织破产清算。涉及税收事项，依照《企业破产法》和《中华人民共和国税收征收管理法》的规定执行。

人民法院认为应当对证券公司进行行政清理的，国务院证券监督管理机构比照本条例第三章的规定成立行政清理组，负责清理账户，协助甄别确认、收购符合国家规定的债权，协助证券投资者保护基金管理机构弥补客户的交易结算资金，转让证券类资产等。

第五章 监督协调

第四十八条 国务院证券监督管理机构在处置证券公司风险工作中，履行下列职责：

（一）制订证券公司风险处置方案并组织实施；

（二）派驻风险处置现场工作组，对被处置证券公司、托管组、接管组、行政清理组、管理人以及参与风险处置的其他机构和人员进行监督和指导；

（三）协调证券交易所、证券登记结算机构、证券投资者保护基金管理机构，保障被处置证券公司证券经纪业务正常进行；

（四）对证券公司的违法行为立案稽查并予以处罚；

（五）及时向公安机关等通报涉嫌刑事犯罪的情况，按照有关规定移送涉嫌犯罪的案件；

（六）向有关地方人民政府通报证券公司风险状况以及影响社会稳定的情况；

（七）法律、行政法规要求履行的其他职责。

第四十九条 处置证券公司风险过程中，发现涉嫌犯罪的案件，属公安机关管辖的，应当由国务院公安部门统一组织依法查处。有关地方人民政府应当予以支持和配合。

风险处置现场工作组、行政清理组和管理人需要从公安机关扣押资料中查询、复制与其工作有关资料的，公安机关应当支持和配合。证券公司进入破产程序的，公安机关应当依法将冻结的涉案资产移送给受理破产案件的人民法院，并留存必需的相关证据材料。

第五十条 国务院证券监督管理机构依照本条例第二章、第三章对证券公司进行处置的，可以向人民法院提出申请中止以该证券公司以及其分支机构为被告、第三人或者被执行人的民事诉讼程序或者执行程序。

证券公司设立或者实际控制的关联公司，其资产、人员、财务或者业务与被处置证券公司混合的，国务院证券监督管理机构可以向人民法院提出申请中止以该关联公司为被告、第三人或者被执行人的民事诉讼程序或者执行程序。

采取前两款规定措施期间，除本条例第三十一条规定的情形外，不得对被处置证券公司债务进行个别清偿。

第五十一条 被处置证券公司或者其关联客户可能转移、隐匿违法资金、证券，或者证券公司违反本条例规定可能对债务进行个别清偿的，国务院证券监督管理机构可以禁止相关资金账户、证券账户的资金和证券转出。

第五十二条 被处置证券公司以及其分支机构所在地人民政府，应当按照国家有关规定配合证券公司风险处置工作，制订维护社会稳定的预案，排查、预防和化解不稳定因素，维护被处置证券公司正常的营业秩序。

被处置证券公司以及其分支机构所在地人民政府，应当组织相关单位的人员成立个人债权甄别确认小组，按照国家规定对已登记的个人债权进行甄别确认。

第五十三条 证券投资者保护基金管理机构应当按照国家规定，收购债权、弥补客户的交易结算资金。

证券投资者保护基金管理机构可以对证券投资者保护基金的使用情况进行检查。

第五十四条 被处置证券公司的股东、实际控制人、债权人以及与被处置证券公司有关的机构和人员，应当配合证券公司风险处置工作。

第五十五条 被处置证券公司的董事、监事、高级管理人员以及其他有关人员应当妥善保管其使用和管理的证券公司财产、印章和账簿、文书等资料以及其他物品，按照要求向托管组、接管组、行政清理组或者管理人移交，并配合风险处置现场工作组、托管组、接管组、行政清理组的调查工作。

第五十六条 托管组、接管组、行政清理组以及被责令停业整顿、托管和行政重组的证券公司，应当按照规定向国务院证券监督管理机构报告工作情况。

第五十七条 托管组、接管组、行政清理组以及其工作人员应当勤勉尽责，忠实履行职责。

被处置证券公司的股东以及债权人有证据证明托管组、接管组、行政清理组以及其工作人员未依法履行职责的，可以向国务院证券监督管理机构投诉。经调查核实，由国务院证券监督管理机构责令托管组、接管组、行政清理组以及其工作人员改正或者对其予以更换。

第五十八条 有下列情形之一的机构或者人员，禁止参与处置证券公司风险工作：

（一）曾受过刑事处罚或者涉嫌犯罪正在被立案侦查、起诉；

（二）涉嫌严重违法正在被行政管理部门立案稽查或者曾因严重违法行为受到行政处罚未逾3年；

（三）仍处于证券市场禁入期；

（四）内部控制薄弱、存在重大风险隐患；

（五）与被处置证券公司处置事项有利害关系；

（六）国务院证券监督管理机构认定不宜参与处置证券公司风险工作的其他情形。

第六章　法律责任

第五十九条 证券公司的董事、监事、高级管理人员等对该证券公司被处置负有主要责任，情节严重的，可以按照规定对其采取证券市场禁入的措施。

第六十条 被处置证券公司的董事、监事、高级管理人员等有关人员有下列情形之一的，处以其年收入1倍以上2倍以下的罚款；情节严重的，处以其年收入2倍以上5倍以下的罚款，并可以按照规定对其采取证券市场禁入的措施：

（一）拒绝配合现场工作组、托管组、接管组、行政清理组依法履行职责；

（二）拒绝向托管组、接管组、行政清理组移交财产、印章或者账簿、文书等资料；

（三）隐匿、销毁、伪造有关资料，或者故意提供虚假情况；

（四）隐匿财产，擅自转移、转让财产；

（五）妨碍证券公司正常经营管理秩序和业务运行，诱发不稳定因素；

（六）妨碍处置证券公司风险工作正常进行的其他情形。

证券公司控股股东或者实际控制人指使董事、监事、高级管理人员有前款规定的违法行为的，对控股股东、实际控制人依照前款规定从重处罚。

第七章　附　　则

第六十一条 证券公司因分立、合并或者出现公司章程规定的解散事由需要解散的，应当向国务院证券监督管理机构提出解散申请，并附解散理由和转让证券类资产、了结证券业务、安置客户等方案，经国务院证券监督管理机构批准后依法解散并清算，清算过程接受国务院证券监督管理机构的监督。

第六十二条　期货公司风险处置参照本条例的规定执行。

第六十三条　本条例自公布之日起施行。

工伤保险条例（节录）

（2003年4月27日中华人民共和国国务院令第375号公布　根据2010年12月20日《国务院关于修改〈工伤保险条例〉的决定》修订）

第四十三条　用人单位分立、合并、转让的，承继单位应当承担原用人单位的工伤保险责任；原用人单位已经参加工伤保险的，承继单位应当到当地经办机构办理工伤保险变更登记。

用人单位实行承包经营的，工伤保险责任由职工劳动关系所在单位承担。

职工被借调期间受到工伤事故伤害的，由原用人单位承担工伤保险责任，但原用人单位与借调单位可以约定补偿办法。

企业破产的，在破产清算时依法拨付应当由单位支付的工伤保险待遇费用。

最高人民法院
关于适用《中华人民共和国民事诉讼法》的解释（节录）

（2014年12月18日最高人民法院审判委员会第1636次会议通过　根据2020年12月23日最高人民法院审判委员会第1823次会议通过的《最高人民法院关于修改〈最高人民法院关于人民法院民事调解工作若干问题的规定〉等十九件民事诉讼类司法解释的决定》第一次修正　根据2022年3月22日最高人民法院审判委员会第1866次会议通过的《最高人民法院关于修改〈最高人民法院关于适用《中华人民共和国民事诉讼法》的解释〉的决定》第二次修正）

第四十二条　下列第一审民事案件，人民法院依照民事诉讼法第三十九条第一款规定，可以在开庭前交下级人民法院审理：

（一）破产程序中有关债务人的诉讼案件；

（二）当事人人数众多且不方便诉讼的案件；

（三）最高人民法院确定的其他类型案件。

人民法院交下级人民法院审理前，应当报请其上级人民法院批准。上级人民法院批准后，人民法院应当裁定将案件交下级人民法院审理。

第二百条　破产程序中有关债务人的民事诉讼案件，按照财产案件标准交纳诉讼费，但劳动争议案件除外。

第二百九十五条　对下列情形提起第三人撤销之诉的，人民法院不予受理：

（一）适用特别程序、督促程序、公示催告程序、破产程序等非讼程序处理的案件；

（二）婚姻无效、撤销或者解除婚姻关系等判决、裁定、调解书中涉及身份关系的内容；

（三）民事诉讼法第五十七条规定的未参加登记的权利人对代表人诉讼案件的生效裁判；

（四）民事诉讼法第五十八条规定的损害社会公共利益行为的受害人对公益诉讼案件的生效裁判。

第三百五十五条 当事人申请司法确认调解协议，有下列情形之一的，人民法院裁定不予受理：

（一）不属于人民法院受理范围的；

（二）不属于收到申请的人民法院管辖的；

（三）申请确认婚姻关系、亲子关系、收养关系等身份关系无效、有效或者解除的；

（四）涉及适用其他特别程序、公示催告程序、破产程序审理的；

（五）调解协议内容涉及物权、知识产权确权的。

人民法院受理申请后，发现有上述不予受理情形的，应当裁定驳回当事人的申请。

第三百七十八条 适用特别程序、督促程序、公示催告程序、破产程序等非讼程序审理的案件，当事人不得申请再审。

第四百一十二条 人民检察院对已经发生法律效力的判决以及不予受理、驳回起诉的裁定依法提出抗诉的，人民法院应予受理，但适用特别程序、督促程序、公示催告程序、破产程序以及解除婚姻关系的判决、裁定等不适用审判监督程序的判决、裁定除外。

第五百一十一条 在执行中，作为被执行人的企业法人符合企业破产法第二条第一款规定情形的，执行法院经申请执行人之一或者被执行人同意，应当裁定中止对该被执行人的执行，将执行案件相关材料移送被执行人住所地人民法院。

第五百一十二条 被执行人住所地人民法院应当自收到执行案件相关材料之日起三十日内，将是否受理破产案件的裁定告知执行法院。不予受理的，应当将相关案件材料退回执行法院。

第五百一十三条 被执行人住所地人民法院裁定受理破产案件的，执行法院应当解除对被执行人财产的保全措施。被执行人住所地人民法院裁定宣告被执行人破产的，执行法院应当裁定终结对该被执行人的执行。

被执行人住所地人民法院不受理破产案件的，执行法院应当恢复执行。

第五百一十四条 当事人不同意移送破产或者被执行人住所地人民法院不受理破产案件的，执行法院就执行变价所得财产，在扣除执行费用及清偿优先受偿的债权后，对于普通债权，按照财产保全和执行中查封、扣押、冻结财产的先后顺序清偿。

最高人民法院
关于审理企业破产案件若干问题的规定

法释［2002］23号

（2002年7月18日最高人民法院审判委员会第1232次会议通过
2002年7月30日公布 自2002年9月1日起施行）

为正确适用《中华人民共和国企业破产法（试行）》（以下简称企业破产法）、《中华人民共和国民事诉讼法》（以下简称民事诉讼法），规范对企业破产案件的审理，结合人民法院审理企业破产案件的实际情况，特制定以下规定。

一、关于企业破产案件管辖

第一条 企业破产案件由债务人住所地人民法院管辖。债务人住所地指债务人的主要办事机构所在地。债务人无办事机构的，由其注册地人民法院管辖。

第二条 基层人民法院一般管辖县、县级市或者区的工商行政管理机关核准登记企业的破产案件；

中级人民法院一般管辖地区、地级市（含本级）以上的工商行政管理机关核准登记企业的破产案件；

纳入国家计划调整的企业破产案件，由中级人民法院管辖。

第三条 上级人民法院审理下级人民法院管辖的企业破产案件，或者将本院管辖的企业破产案件移交下级人民法院审理，以及下级人民法院需要将自己管辖的企业破产案件交由上级人民法院审理的，依照民事诉讼法第三十九条的规定办理；省、自治区、直辖市范围内因特殊情况需对个别企业破产案件的地域管辖作调整的，须经共同上级人民法院批准。

二、关于破产申请与受理

第四条 申请（被申请）破产的债务人应当具备法人资格，不具备法人资格的企业、个体工商户、合伙组织、农村承包经营户不具备破产主体资格。

第五条 国有企业向人民法院申请破产时，应当提交其上级主管部门同意其破产的文件；其他企业应当提供其开办人或者股东会议决定企业破产的文件。

第六条 债务人申请破产，应当向人民法院提交下列材料：

（一）书面破产申请；

（二）企业主体资格证明；

（三）企业法定代表人与主要负责人名单；

（四）企业职工情况和安置预案；

（五）企业亏损情况的书面说明，并附审计报告；

（六）企业至破产申请日的资产状况明细表，包括有形资产、无形资产和企业投资情况等；

（七）企业在金融机构开设账户的详细情况，包括开户审批材料、账号、资金等；

（八）企业债权情况表，列明企业的债务人名称、住所、债务数额、发生时间和催讨偿还情况；

（九）企业债务情况表，列明企业的债权人名称、住所、债权数额、发生时间；

（十）企业涉及的担保情况；

（十一）企业已发生的诉讼情况；

（十二）人民法院认为应当提交的其他材料。

第七条 债权人申请债务人破产，应当向人民法院提交下列材料：

（一）债权发生的事实与证据；

（二）债权性质、数额、有无担保，并附证据；

（三）债务人不能清偿到期债务的证据。

第八条 债权人申请债务人破产，人民法院可以通知债务人核对以下情况：

（一）债权的真实性；

（二）债权在债务人不能偿还的到期债务中所占的比例；

（三）债务人是否存在不能清偿到期债务的情况。

第九条 债权人申请债务人破产，债务人对债权人的债权提出异议，人民法院认为异议成立的，应当告知债权人先行提起民事诉讼。破产申请不予受理。

第十条 人民法院收到破产申请后，应当在七日内决定是否立案；破产申请人提交的材料需要更正、补充的，人民法院可以责令申请人限期更正、补充。按期更正、补充材料的，人民法院自收到更正补充材料之日起七日内决定是否立案；未按期更正、补充的，视为撤回申请。

人民法院决定受理企业破产案件的，应当制作案件受理通知书，并送达申请人和债务人。通知书作出时间为破产案件受理时间。

第十一条 在人民法院决定受理企业破产案件前，破产申请人可以请求撤回破产申请。

人民法院准许申请人撤回破产申请的，在撤回破产申请之前已经支出的费用由破产申请人承担。

第十二条 人民法院经审查发现有下列情况的，破产申请不予受理：

（一）债务人有隐匿、转移财产等行为，为了逃避债务而申请破产的；

（二）债权人借破产申请毁损债务人商业信誉，意图损害公平竞争的。

第十三条 人民法院对破产申请不予受理的，应当作出裁定。

破产申请人对不予受理破产申请的裁定不服的，可以在裁定送达之日起十日内向上一级人民法院提起上诉。

第十四条 人民法院受理企业破产案件后，发现不符合法律规定的受理条件或者有本规定第十二条所列情形的，应当裁定驳回破产申请。

人民法院受理债务人的破产申请后，发现债务人巨额财产下落不明且不能合理解释财产去向的，应当裁定驳回破产申请。

破产申请人对驳回破产申请的裁定不服的，可以在裁定送达之日起十日内向上一级人民法院提起上诉。

第十五条 人民法院决定受理企业破产案件后，应当组成合议庭，并在十日内完成下列工作：

（一）将合议庭组成人员情况书面通知破产申请人和被申请人，并在法院公告栏张贴企业破产受理公告。公告内容应当写明：破产申请受理时间、债务人名称，申报债权的期限、地点和逾期未申报债权的法律后果、第一次债权人会议召开的日期、地点；

（二）在债务人企业发布公告，要求保护好企业财产，不得擅自处理企业的账册、文书、资料、印章，不得隐匿、私分、转让、出售企业财产；

（三）通知债务人立即停止清偿债务，非经人民法院许可不得支付任何费用；

（四）通知债务人的开户银行停止债务人的结算活动，并不得扣划债务人款项抵扣债务。但经人民法院依法许可的除外。

第十六条 人民法院受理债权人提出的企业破产案件后，应当通知债务人在十五日内向人民法院提交有关会计报表、债权债务清册、企业资产清册以及人民法院认为应当提交的资料。

第十七条 人民法院受理企业破产案件后，除应当按照企业破产法第九条的规定通知已知的债权人外，还应当于三十日内在国家、地方有影响的报纸上刊登公告，公告内容同第十五条第（一）项的规定。

第十八条 人民法院受理企业破产案件后，除可以随即进行破产宣告成立清算组的外，在企业原管理组织不能正常履行管理职责的情况下，可以成立企业监管组。企业监管组成员从企业上级主管部门或者股东会议代表、企业原管理人员、主要债权人中产生，也可以聘请会计师、律师等中介机构参加。企业监管组主要负责处理以下事务：

（一）清点、保管企业财产；

（二）核查企业债权；

（三）为企业利益而进行的必要的经营活动；

（四）支付人民法院许可的必要支出；

（五）人民法院许可的其他工作。

企业监管组向人民法院负责，接受人民法院的指导、监督。

第十九条　人民法院受理企业破产案件后，以债务人为原告的其他民事纠纷案件尚在一审程序的，受诉人民法院应当将案件移送受理破产案件的人民法院；案件已进行到二审程序的，受诉人民法院应当继续审理。

第二十条　人民法院受理企业破产案件后，对债务人财产的其他民事执行程序应当中止。

以债务人为被告的其他债务纠纷案件，根据下列不同情况分别处理：

（一）已经审结但未执行完毕的，应当中止执行，由债权人凭生效的法律文书向受理破产案件的人民法院申报债权。

（二）尚未审结且无其他被告和无独立请求权的第三人的，应当中止诉讼，由债权人向受理破产案件的人民法院申报债权。在企业被宣告破产后，终结诉讼。

（三）尚未审结并有其他被告或者无独立请求权的第三人的，应当中止诉讼，由债权人向受理破产案件的人民法院申报债权。待破产程序终结后，恢复审理。

（四）债务人系从债务人的债务纠纷案件继续审理。

三、关于债权申报

第二十一条　债权人申报债权应当提交债权证明和合法有效的身份证明；代理申报人应当提交委托人的有效身份证明、授权委托书和债权证明。

申报的债权有财产担保的，应当提交证明财产担保的证据。

第二十二条　人民法院在登记申报的债权时，应当记明债权人名称、住所、开户银行、申报债权数额、申报债权的证据、财产担保情况、申报时间、联系方式以及其他必要的情况。

已经成立清算组的，由清算组进行上述债权登记工作。

第二十三条　连带债务人之一或者数人破产的，债权人可就全部债权向该债务人或者各债务人行使权利，申报债权。债权人未申报债权的，其他连带债务人可就将来可能承担的债务申报债权。

第二十四条　债权人虽未在法定期间申报债权，但有民事诉讼法第七十六条规定情形的，在破产财产分配前可向清算组申报债权。清算组负责审查其申报的债权，并由人民法院审查确定。债权人会议对人民法院同意该债权人参加破产财产分配有异议的，可以向人民法院申请复议。

四、关于破产和解与破产企业整顿

第二十五条　人民法院受理企业破产案件后，在破产程序终结前，债务人可以向人民法院申请和解。人民法院在破产案件审理过程中，可以根据债权人、债务人具体情况向双方提出和解建议。

人民法院作出破产宣告裁定前，债权人会议与债务人达成和解协议并经人民法院裁定认可的，由人民法院发布公告，中止破产程序。

人民法院作出破产宣告裁定后，债权人会议与债务人达成和解协议并经人民法院裁定认可，由人民法院裁定中止执行破产宣告裁定，并公告中止破产程序。

第二十六条　债务人不按和解协议规定的内容清偿全部债务的，相关债权人可以申请人民法院强制执行。

第二十七条 债务人不履行或者不能履行和解协议的，经债权人申请，人民法院应当裁定恢复破产程序。和解协议系在破产宣告前达成的，人民法院应当在裁定恢复破产程序的同时裁定宣告债务人破产。

第二十八条 企业由债权人申请破产的，如被申请破产的企业系国有企业，依照企业破产法第四章的规定，其上级主管部门可以申请对该企业进行整顿。整顿申请应当在债务人被宣告破产前提出。

企业无上级主管部门的，企业股东会议可以通过决议并以股东会议名义申请对企业进行整顿。整顿工作由股东会议指定人员负责。

第二十九条 企业整顿期间，企业的上级主管部门或者负责实施整顿方案的人员应当定期向债权人会议和人民法院报告整顿情况、和解协议执行情况。

第三十条 企业整顿期间，对于债务人财产的执行仍适用企业破产法第十一条的规定。

五、关于破产宣告

第三十一条 企业破产法第三条第一款规定的“不能清偿到期债务”是指：

（一）债务的履行期限已届满；

（二）债务人明显缺乏清偿债务的能力。

债务人停止清偿到期债务并呈连续状态，如无相反证据，可推定为“不能清偿到期债务”。

第三十二条 人民法院受理债务人破产案件后，有下列情形之一的，应当裁定宣告债务人破产：

（一）债务人不能清偿债务且与债权人不能达成和解协议的；

（二）债务人不履行或者不能履行和解协议的；

（三）债务人在整顿期间有企业破产法第二十一条规定情形的；

（四）债务人在整顿期满后有企业破产法第二十二条第二款规定情形的。

宣告债务人破产应当公开进行。由债权人提出破产申请的，破产宣告时应当通知债务人到庭。

第三十三条 债务人自破产宣告之日起停止生产经营活动。为债权人利益确有必要继续生产经营的，须经人民法院许可。

第三十四条 人民法院宣告债务人破产后，应当通知债务人的开户银行，限定其银行账户只能由清算组使用。人民法院通知开户银行时应当附破产宣告裁定书。

第三十五条 人民法院裁定宣告债务人破产后应当发布公告，公告内容包括债务人亏损情况、资产负债状况、破产宣告时间、破产宣告理由和法律依据以及对债务人的财产、账册、文书、资料和印章的保护等内容。

第三十六条 破产宣告后，破产企业的财产在其他民事诉讼程序中被查封、扣押、冻结的，受理破产案件的人民法院应当立即通知采取查封、扣押、冻结措施的人民法院予以解除，并向受理破产案件的人民法院办理移交手续。

第三十七条 企业被宣告破产后，人民法院应当指定必要的留守人员。破产企业的法定代表人、财会、财产保管人员必须留守。

第三十八条 破产宣告后，债权人或者债务人对破产宣告有异议的，可以在人民法院宣告企业破产之日起十日内，向上一级人民法院申诉。上一级人民法院应当组成合议庭进行审理，并在三十日内作出裁定。

六、关于债权人会议

第三十九条 债权人会议由申报债权的债权人组成。

债权人会议主席由人民法院在有表决权的债权人中指定。必要时，人民法院可以指定多名债权人会议主席，成立债权人会议主席委员会。

少数债权人拒绝参加债权人会议，不影响会议的召开。但债权人会议不得作出剥夺其对破产财产受偿的机会或者不利于其受偿的决议。

第四十条　第一次债权人会议应当在人民法院受理破产案件公告三个月期满后召开。除债务人的财产不足以支付破产费用，破产程序提前终结外，不得以一般债权的清偿率为零为理由取消债权人会议。

第四十一条　第一次债权人会议由人民法院召集并主持。人民法院除完成本规定第十七条确定的工作外，还应当做好以下准备工作：

（一）拟订第一次债权人会议议程；

（二）向债务人的法定代表人或者负责人发出通知，要求其必须到会；

（三）向债务人的上级主管部门、开办人或者股东会议代表发出通知，要求其派员列席会议；

（四）通知破产清算组成员列席会议；

（五）通知审计、评估人员参加会议；

（六）需要提前准备的其他工作。

第四十二条　债权人会议一般包括以下内容：

（一）宣布债权人会议职权和其他有关事项；

（二）宣布债权人资格审查结果；

（三）指定并宣布债权人会议主席；

（四）安排债务人法定代表人或者负责人接受债权人询问；

（五）由清算组通报债务人的生产经营、财产、债务情况并作清算工作报告和提出财产处理方案及分配方案；

（六）讨论并审查债权的证明材料、债权的财产担保情况及数额、讨论通过和解协议、审阅清算组的清算报告、讨论通过破产财产的处理方案与分配方案等。讨论内容应当记明笔录。债权人对人民法院或者清算组登记的债权提出异议的，人民法院应当及时审查并作出裁定；

（七）根据讨论情况，依照企业破产法第十六条的规定进行表决。

以上第（五）至（七）项议程内的工作在本次债权人会议上无法完成的，交由下次债权人会议继续进行。

第四十三条　债权人认为债权人会议决议违反法律规定或者侵害其合法权益的，可以在债权人会议作出决议后七日内向人民法院提出，由人民法院依法裁定。

第四十四条　清算组财产分配方案经债权人会议两次讨论未获通过的，由人民法院依法裁定。

对前款裁定，占无财产担保债权总额半数以上债权的债权人有异议的，可以在人民法院作出裁定之日起十日内向上一级人民法院申诉。上一级人民法院应当组成合议庭进行审理，并在三十日内作出裁定。

第四十五条　债权人可以委托代理人出席债权人会议，并可以授权代理人行使表决权。代理人应当向人民法院或者债权人会议主席提交授权委托书。

第四十六条　第一次债权人会议后又召开债权人会议的，债权人会议主席应当在发出会议通知前三日报告人民法院，并由会议召集人在开会前十五日将会议时间、地点、内容、目的等事项通知债权人。

七、关于清算组

第四十七条　人民法院应当自裁定宣告企业破产之日起十五日内成立清算组。

第四十八条 清算组成员可以从破产企业上级主管部门、清算中介机构以及会计、律师中产生，也可以从政府财政、工商管理、计委、经委、审计、税务、物价、劳动、社会保险、土地管理、国有资产管理、人事等部门中指定。人民银行分（支）行可以按照有关规定派人参加清算组。

第四十九条 清算组经人民法院同意可以聘请破产清算机构、律师事务所、会计事务所等中介机构承担一定的破产清算工作。中介机构就清算工作向清算组负责。

第五十条 清算组的主要职责是：

（一）接管破产企业。向破产企业原法定代表人及留守人员接收原登记造册的资产明细表、有形资产清册，接管所有财产、账册、文书档案、印章、证照和有关资料。破产宣告前成立企业监管组的，由企业监管组和企业原法定代表人向清算组进行移交；

（二）清理破产企业财产，编制财产明细表和资产负债表，编制债权债务清册，组织破产财产的评估、拍卖、变现；

（三）回收破产企业的财产，向破产企业的债务人、财产持有人依法行使财产权利；

（四）管理、处分破产财产，决定是否履行合同和在清算范围内进行经营活动。确认别除权、抵销权、取回权；

（五）进行破产财产的委托评估、拍卖及其他变现工作；

（六）依法提出并执行破产财产处理和分配方案；

（七）提交清算报告；

（八）代表破产企业参加诉讼和仲裁活动；

（九）办理企业注销登记等破产终结事宜；

（十）完成人民法院依法指定的其他事项。

第五十一条 清算组对人民法院负责并且报告工作，接受人民法院的监督。人民法院应当及时指导清算组的工作，明确清算组的职权与责任，帮助清算组拟订工作计划，听取清算组汇报工作。

清算组有损害债权人利益的行为或者其他违法行为的，人民法院可以根据债权人的申请或者依职权予以纠正。

人民法院可以根据债权人的申请或者依职权更换不称职的清算组成员。

第五十二条 清算组应当列席债权人会议，接受债权人会议的询问。债权人有权查阅有关资料、询问有关事项；清算组的决定违背债权人利益的，债权人可以申请人民法院裁定撤销该决定。

第五十三条 清算组对破产财产应当及时登记、清理、审计、评估、变价。必要时，可以请求人民法院对破产企业财产进行保全。

第五十四条 清算组应当采取有效措施保护破产企业的财产。债务人的财产权利如不依法登记或者及时行使将丧失权利的，应当及时予以登记或者行使；对易损、易腐、跌价或者保管费用较高的财产应当及时变卖。

八、关于破产债权

第五十五条 下列债权属于破产债权：

（一）破产宣告前发生的无财产担保的债权；

（二）破产宣告前发生的虽有财产担保但是债权人放弃优先受偿的债权；

（三）破产宣告前发生的虽有财产担保但是债权数额超过担保物价值部分的债权；

（四）票据出票人被宣告破产，付款人或者承兑人不知其事实而向持票人付款或者承兑所产生的债权；

（五）清算组解除合同，对方当事人依法或者依照合同约定产生的对债务人可以用货币计算的债权；

（六）债务人的受托人在债务人破产后，为债务人的利益处理委托事务所发生的债权；

（七）债务人发行债券形成的债权；

（八）债务人的保证人代替债务人清偿债务后依法可以向债务人追偿的债权；

（九）债务人的保证人按照《中华人民共和国担保法》第三十二条的规定预先行使追偿权而申报的债权；

（十）债务人为保证人的，在破产宣告前已经被生效的法律文书确定承担的保证责任；

（十一）债务人在破产宣告前因侵权、违约给他人造成财产损失而产生的赔偿责任；

（十二）人民法院认可的其他债权。

以上第（五）项债权以实际损失为计算原则。违约金不作为破产债权，定金不再适用定金罚则。

第五十六条 因企业破产解除劳动合同，劳动者依法或者依据劳动合同对企业享有的补偿金请求权，参照企业破产法第三十七条第二款第（一）项规定的顺序清偿。

第五十七条 债务人所欠非正式职工（含短期劳动工）的劳动报酬，参照企业破产法第三十七条第二款第（一）项规定的顺序清偿。

第五十八条 债务人所欠企业职工集资款，参照企业破产法第三十七条第二款第（一）项规定的顺序清偿。但对违反法律规定的高额利息部分不予保护。

职工向企业的投资，不属于破产债权。

第五十九条 债务人退出联营应当对该联营企业的债务承担责任的，联营企业的债权人对该债务人享有的债权属于破产债权。

第六十条 与债务人互负债权债务的债权人可以向清算组请求行使抵销权，抵销权的行使应当具备以下条件：

（一）债权人的债权已经得到确认；

（二）主张抵销的债权债务均发生在破产宣告之前。

经确认的破产债权可以转让。受让人以受让的债权抵销其所欠债务人债务的，人民法院不予支持。

第六十一条 下列债权不属于破产债权：

（一）行政、司法机关对破产企业的罚款、罚金以及其他有关费用；

（二）人民法院受理破产案件后债务人未支付应付款项的滞纳金，包括债务人未执行生效法律文书应当加倍支付的迟延利息和劳动保险金的滞纳金；

（三）破产宣告后的债务利息；

（四）债权人参加破产程序所支出的费用；

（五）破产企业的股权、股票持有人在股权、股票上的权利；

（六）破产财产分配开始后向清算组申报的债权；

（七）超过诉讼时效的债权；

（八）债务人开办单位对债务人未收取的管理费、承包费。

上述不属于破产债权的权利，人民法院或者清算组也应当对当事人的申报进行登记。

第六十二条 政府无偿拨付给债务人的资金不属于破产债权。但财政、扶贫、科技管理等行政部门通过签订合同，按有偿使用、定期归还原则发放的款项，可以作为破产债权。

第六十三条 债权人对清算组确认或者否认的债权有异议的，可以向清算组提出。债权人对清算组的处理仍有异议的，可以向人民法院提出。人民法院应当在查明事实的基础上依法作出裁决。

九、关于破产财产

第六十四条 破产财产由下列财产构成：

（一）债务人在破产宣告时所有的或者经营管理的全部财产；

（二）债务人在破产宣告后至破产程序终结前取得的财产；

（三）应当由债务人行使的其他财产权利。

第六十五条 债务人与他人共有的物、债权、知识产权等财产或者财产权，应当在破产清算中予以分割，债务人分割所得属于破产财产；不能分割的，应当就其应得部分转让，转让所得属于破产财产。

第六十六条 债务人的开办人注册资金投入不足的，应当由该开办人予以补足，补足部分属于破产财产。

第六十七条 企业破产前受让他人财产并依法取得所有权或者土地使用权的，即便未支付或者未完全支付对价，该财产仍属于破产财产。

第六十八条 债务人的财产被采取民事诉讼执行措施的，在受理破产案件后尚未执行的或者未执行完毕的剩余部分，在该企业被宣告破产后列入破产财产。因错误执行应当执行回转的财产，在执行回转后列入破产财产。

第六十九条 债务人依照法律规定取得代位求偿权的，依该代位求偿权享有的债权属于破产财产。

第七十条 债务人在被宣告破产时未到期的债权视为已到期，属于破产财产，但应当减去未到期的利息。

第七十一条 下列财产不属于破产财产：

（一）债务人基于仓储、保管、加工承揽、委托交易、代销、借用、寄存、租赁等法律关系占有、使用的他人财产；

（二）抵押物、留置物、出质物，但权利人放弃优先受偿权的或者优先偿付被担保债权剩余的部分除外；

（三）担保物灭失后产生的保险金、补偿金、赔偿金等代位物；

（四）依照法律规定存在优先权的财产，但权利人放弃优先受偿权或者优先偿付特定债权剩余的部分除外；

（五）特定物买卖中，尚未转移占有但相对人已完全支付对价的特定物；

（六）尚未办理产权证或者产权过户手续但已向买方交付的财产；

（七）债务人在所有权保留买卖中尚未取得所有权的财产；

（八）所有权专属于国家且不得转让的财产；

（九）破产企业工会所有的财产。

第七十二条 本规定第七十一条第（一）项所列的财产，财产权利人有权取回。

前款财产在破产宣告前已经毁损灭失的，财产权利人仅能以直接损失额为限申报债权；在破产宣告后因清算组的责任毁损灭失的，财产权利人有权获得等值赔偿。

债务人转让上述财产获利的，财产权利人有权要求债务人等值赔偿。

十、关于破产财产的收回、处理和变现

第七十三条 清算组应当向破产企业的债务人和财产持有人发出书面通知，要求债务人和财产持有人于限定的时间向清算组清偿债务或者交付财产。

破产企业的债务人和财产持有人有异议的，应当在收到通知后的七日内提出，由人民法院作出裁定。

破产企业的债务人和财产持有人在收到通知后既不向清算组清偿债务或者交付财产，又没有正当理由不在规定的异议期内提出异议的，由清算组向人民法院提出申请，经人民法院裁定后强制执行；

破产企业在境外的财产，由清算组予以收回。

第七十四条　债务人享有的债权，其诉讼时效自人民法院受理债务人的破产申请之日起，适用《中华人民共和国民法通则》第一百四十条关于诉讼时效中断的规定。债务人与债权人达成和解协议，中止破产程序的，诉讼时效自人民法院中止破产程序裁定之日起重新计算。

第七十五条　经人民法院同意，清算组可以聘用律师或者其他中介机构的人员追收债权。

第七十六条　债务人设立的分支机构和没有法人资格的全资机构的财产，应当一并纳入破产程序进行清理。

第七十七条　债务人在其开办的全资企业中的投资权益应当予以追收。

全资企业资不抵债的，清算组停止追收。

第七十八条　债务人对外投资形成的股权及其收益应当予以追收。对该股权可以出售或者转让，出售、转让所得列入破产财产进行分配。

股权价值为负值的，清算组停止追收。

第七十九条　债务人开办的全资企业，以及由其参股、控股的企业不能清偿到期债务，需要进行破产还债的，应当另行提出破产申请。

第八十条　清算组处理集体所有土地使用权时，应当遵守相关法律规定。未办理土地征用手续的集体所有土地使用权，应当在该集体范围内转让。

第八十一条　破产企业的职工住房，已经签订合同、交付房款，进行房改给个人的，不属于破产财产。未进行房改的，可由清算组向有关部门申请办理房改事项，向职工出售。按照国家规定不具备房改条件，或者职工在房改中不购买住房的，由清算组根据实际情况处理。

第八十二条　债务人的幼儿园、学校、医院等公益福利性设施，按国家有关规定处理，不作为破产财产分配。

第八十三条　处理破产财产前，可以确定有相应评估资质的评估机构对破产财产进行评估，债权人会议、清算组对破产财产的评估结论、评估费用有异议的，参照最高人民法院《关于民事诉讼证据的若干规定》第二十七条的规定处理。

第八十四条　债权人会议对破产财产的市场价格无异议的，经人民法院同意后，可以不进行评估。但是国有资产除外。

第八十五条　破产财产的变现应当以拍卖方式进行。由清算组负责委托有拍卖资格的拍卖机构进行拍卖。

依法不得拍卖或者拍卖所得不足以支付拍卖所需费用的，不进行拍卖。

前款不进行拍卖或者拍卖不成的破产财产，可以在破产分配时进行实物分配或者作价变卖。债权人对清算组在实物分配或者作价变卖中对破产财产的估价有异议的，可以请求人民法院进行审查。

第八十六条　破产财产中的成套设备，一般应当整体出售。

第八十七条　依法属于限制流通的破产财产，应当由国家指定的部门收购或者按照有关法律规定处理。

十一、关于破产费用

第八十八条 破产费用包括：

（一）破产财产的管理、变卖、分配所需要的费用；

（二）破产案件的受理费；

（三）债权人会议费用；

（四）催收债务所需费用；

（五）为债权人的共同利益而在破产程序中支付的其他费用。

第八十九条 人民法院受理企业破产案件可以按照《人民法院诉讼收费办法补充规定》预收案件受理费。

破产宣告前发生的经人民法院认可的必要支出，从债务人财产中拨付。债务人财产不足以支付的，如系债权人申请破产的，由债权人支付。

第九十条 清算期间职工生活费、医疗费可以从破产财产中优先拨付。

第九十一条 破产费用可随时支付，破产财产不足以支付破产费用的，人民法院根据清算组的申请裁定终结破产程序。

十二、关于破产财产的分配

第九十二条 破产财产分配方案经债权人会议通过后，由清算组负责执行。财产分配可以一次分配，也可以多次分配。

第九十三条 破产财产分配方案应当包括以下内容：

（一）可供破产分配的财产种类、总值，已经变现的财产和未变现的财产；

（二）债权清偿顺序、各顺序的种类与数额，包括破产企业所欠职工工资、劳动保险费用和破产企业所欠税款的数额和计算依据，纳入国家计划调整的企业破产，还应当说明职工安置费的数额和计算依据；

（三）破产债权总额和清偿比例；

（四）破产分配的方式、时间；

（五）对将来能够追回的财产拟进行追加分配的说明。

第九十四条 列入破产财产的债权，可以进行债权分配。债权分配以便于债权人实现债权为原则。

将人民法院已经确认的债权分配给债权人的，由清算组向债权人出具债权分配书，债权人可以凭债权分配书向债务人要求履行。债务人拒不履行的，债权人可以申请人民法院强制执行。

第九十五条 债权人未在指定期限内领取分配的财产的，对该财产可以进行提存或者变卖后提存价款，并由清算组向债权人发出催领通知书。债权人在收到催领通知书一个月后或者在清算组发出催领通知书两个月后，债权人仍未领取的，清算组应当对该部分财产进行追加分配。

十三、关于破产终结

第九十六条 破产财产分配完毕，由清算组向人民法院报告分配情况，并申请人民法院终结破产程序。

人民法院在收到清算组的报告和终结破产程序申请后，认为符合破产程序终结规定的，应当在七日内裁定终结破产程序。

第九十七条 破产程序终结后，由清算组向破产企业原登记机关办理企业注销登记。

破产程序终结后仍有可以追收的破产财产、追加分配等善后事宜需要处理的，经人民法院同意，可以保留清算组或者保留部分清算组成员。

第九十八条 破产程序终结后出现可供分配的财产的，应当追加分配。追加分配的财产，除企业破产法第四十条规定的由人民法院追回的财产外，还包括破产程序中因纠正错误支出收回的款项，因权利被承认追回的财产，债权人放弃的财产和破产程序终结后实现的财产权利等。

第九十九条　破产程序终结后，破产企业的账册、文书等卷宗材料由清算组移交破产企业上级主管机关保存；无上级主管机关的，由破产企业的开办人或者股东保存。

十四、其他

第一百条　人民法院在审理企业破产案件中，发现破产企业的原法定代表人或者直接责任人员有企业破产法第三十五条所列行为的，应当向有关部门建议，对该法定代表人或者直接责任人员给予行政处分；涉嫌犯罪的，应当将有关材料移送相关国家机关处理。

第一百零一条　破产企业有企业破产法第三十五条所列行为，致使企业财产无法收回，造成实际损失的，清算组可以对破产企业的原法定代表人、直接责任人员提起民事诉讼，要求其承担民事赔偿责任。

第一百零二条　人民法院受理企业破产案件后，发现企业有巨额财产下落不明的，应当将有关涉嫌犯罪的情况和材料，移送相关国家机关处理。

第一百零三条　人民法院可以建议有关部门对破产企业的主要责任人员限制其再行开办企业，在法定期限内禁止其担任公司的董事、监事、经理。

第一百零四条　最高人民法院发现各级人民法院，或者上级人民法院发现下级人民法院在破产程序中作出的裁定确有错误的，应当通知其纠正；不予纠正的，可以裁定指令下级人民法院重新作出裁定。

第一百零五条　纳入国家计划调整的企业破产案件，除适用本规定外，还应当适用国家有关企业破产的相关规定。

第一百零六条　本规定自二〇〇二年九月一日起施行。在本规定发布前制定的有关审理企业破产案件的司法解释，与本规定相抵触的，不再适用。

最高人民法院
关于适用《中华人民共和国企业破产法》若干问题的规定（一）

法释〔2011〕22号

（2011年8月29日最高人民法院审判委员会第1527次会议通过
2011年9月9日公布　自2011年9月26日起施行）

为正确适用《中华人民共和国企业破产法》，结合审判实践，就人民法院依法受理企业破产案件适用法律问题作出如下规定。

第一条　债务人不能清偿到期债务并且具有下列情形之一的，人民法院应当认定其具备破产原因：

（一）资产不足以清偿全部债务；

（二）明显缺乏清偿能力。

相关当事人以对债务人的债务负有连带责任的人未丧失清偿能力为由，主张债务人不具备破产原因的，人民法院应不予支持。

第二条 下列情形同时存在的，人民法院应当认定债务人不能清偿到期债务：

（一）债权债务关系依法成立；

（二）债务履行期限已经届满；

（三）债务人未完全清偿债务。

第三条 债务人的资产负债表，或者审计报告、资产评估报告等显示其全部资产不足以偿付全部负债的，人民法院应当认定债务人资产不足以清偿全部债务，但有相反证据足以证明债务人资产能够偿付全部负债的除外。

第四条 债务人账面资产虽大于负债，但存在下列情形之一的，人民法院应当认定其明显缺乏清偿能力：

（一）因资金严重不足或者财产不能变现等原因，无法清偿债务；

（二）法定代表人下落不明且无其他人员负责管理财产，无法清偿债务；

（三）经人民法院强制执行，无法清偿债务；

（四）长期亏损且经营扭亏困难，无法清偿债务；

（五）导致债务人丧失清偿能力的其他情形。

第五条 企业法人已解散但未清算或者未在合理期限内清算完毕，债权人申请债务人破产清算的，除债务人在法定异议期限内举证证明其未出现破产原因外，人民法院应当受理。

第六条 债权人申请债务人破产的，应当提交债务人不能清偿到期债务的有关证据。债务人对债权人的申请未在法定期限内向人民法院提出异议，或者异议不成立的，人民法院应当依法裁定受理破产申请。

受理破产申请后，人民法院应当责令债务人依法提交其财产状况说明、债务清册、债权清册、财务会计报告等有关材料，债务人拒不提交的，人民法院可以对债务人的直接责任人员采取罚款等强制措施。

第七条 人民法院收到破产申请时，应当向申请人出具收到申请及所附证据的书面凭证。

人民法院收到破产申请后应当及时对申请人的主体资格、债务人的主体资格和破产原因，以及有关材料和证据等进行审查，并依据企业破产法第十条的规定作出是否受理的裁定。

人民法院认为申请人应当补充、补正相关材料的，应当自收到破产申请之日起五日内告知申请人。当事人补充、补正相关材料的期间不计入企业破产法第十条规定的期限。

第八条 破产案件的诉讼费用，应根据企业破产法第四十三条的规定，从债务人财产中拨付。相关当事人以申请人未预先交纳诉讼费用为由，对破产申请提出异议的，人民法院不予支持。

第九条 申请人向人民法院提出破产申请，人民法院未接收其申请，或者未按本规定第七条执行的，申请人可以向上一级人民法院提出破产申请。

上一级人民法院接到破产申请后，应当责令下级法院依法审查并及时作出是否受理的裁定；下级法院仍不作出是否受理裁定的，上一级人民法院可以径行作出裁定。

上一级人民法院裁定受理破产申请的，可以同时指令下级人民法院审理该案件。

最高人民法院
关于适用《中华人民共和国企业破产法》若干问题的规定（二）

（2013年7月29日最高人民法院审判委员会第1586次会议通过　根据2020年12月23日最高人民法院审判委员会第1823次会议通过的《最高人民法院关于修改〈最高人民法院关于破产企业国有划拨土地使用权应否列入破产财产等问题的批复〉等二十九件商事类司法解释的决定》修正）

根据《中华人民共和国民法典》《中华人民共和国企业破产法》等相关法律，结合审判实践，就人民法院审理企业破产案件中认定债务人财产相关的法律适用问题，制定本规定。

第一条　除债务人所有的货币、实物外，债务人依法享有的可以用货币估价并可以依法转让的债权、股权、知识产权、用益物权等财产和财产权益，人民法院均应认定为债务人财产。

第二条　下列财产不应认定为债务人财产：

（一）债务人基于仓储、保管、承揽、代销、借用、寄存、租赁等合同或者其他法律关系占有、使用的他人财产；

（二）债务人在所有权保留买卖中尚未取得所有权的财产；

（三）所有权专属于国家且不得转让的财产；

（四）其他依照法律、行政法规不属于债务人的财产。

第三条　债务人已依法设定担保物权的特定财产，人民法院应当认定为债务人财产。

对债务人的特定财产在担保物权消灭或者实现担保物权后的剩余部分，在破产程序中可用以清偿破产费用、共益债务和其他破产债权。

第四条　债务人对按份享有所有权的共有财产的相关份额，或者共同享有所有权的共有财产的相应财产权利，以及依法分割共有财产所得部分，人民法院均应认定为债务人财产。

人民法院宣告债务人破产清算，属于共有财产分割的法定事由。人民法院裁定债务人重整或者和解的，共有财产的分割应当依据民法典第三百零三条的规定进行；基于重整或者和解的需要必须分割共有财产，管理人请求分割的，人民法院应予准许。

因分割共有财产导致其他共有人损害产生的债务，其他共有人请求作为共益债务清偿的，人民法院应予支持。

第五条　破产申请受理后，有关债务人财产的执行程序未依照企业破产法第十九条的规定中止的，采取执行措施的相关单位应当依法予以纠正。依法执行回转的财产，人民法院应当认定为债务人财产。

第六条　破产申请受理后，对于可能因有关利益相关人的行为或者其他原因，影响破产程序依法进行的，受理破产申请的人民法院可以根据管理人的申请或者依职权，对债务人的全部或者部分财产采取保全措施。

第七条　对债务人财产已采取保全措施的相关单位，在知悉人民法院已裁定受理有关债务人的破产申请后，应当依照企业破产法第十九条的规定及时解除对债务人财产的保全措施。

第八条　人民法院受理破产申请后至破产宣告前裁定驳回破产申请，或者依据企业破产法第一百零八条的规定裁定终结破产程序的，应当及时通知原已采取保全措施并已依法解除保全措施的单位按照原保全顺位恢复相关保全措施。

在已依法解除保全的单位恢复保全措施或者表示不再恢复之前，受理破产申请的人民法院不得解除对债务人财产的保全措施。

第九条 管理人依据企业破产法第三十一条和第三十二条的规定提起诉讼，请求撤销涉及债务人财产的相关行为并由相对人返还债务人财产的，人民法院应予支持。

管理人因过错未依法行使撤销权导致债务人财产不当减损，债权人提起诉讼主张管理人对其损失承担相应赔偿责任的，人民法院应予支持。

第十条 债务人经过行政清理程序转入破产程序的，企业破产法第三十一条和第三十二条规定的可撤销行为的起算点，为行政监管机构作出撤销决定之日。

债务人经过强制清算程序转入破产程序的，企业破产法第三十一条和第三十二条规定的可撤销行为的起算点，为人民法院裁定受理强制清算申请之日。

第十一条 人民法院根据管理人的请求撤销涉及债务人财产的以明显不合理价格进行的交易的，买卖双方应当依法返还从对方获取的财产或者价款。

因撤销该交易，对于债务人应返还受让人已支付价款所产生的债务，受让人请求作为共益债务清偿的，人民法院应予支持。

第十二条 破产申请受理前一年内债务人提前清偿的未到期债务，在破产申请受理前已经到期，管理人请求撤销该清偿行为的，人民法院不予支持。但是，该清偿行为发生在破产申请受理前六个月内且债务人有企业破产法第二条第一款规定情形的除外。

第十三条 破产申请受理后，管理人未依据企业破产法第三十一条的规定请求撤销债务人无偿转让财产、以明显不合理价格交易、放弃债权行为的，债权人依据民法典第五百三十八条、第五百三十九条等规定提起诉讼，请求撤销债务人上述行为并将因此追回的财产归入债务人财产的，人民法院应予受理。

相对人以债权人行使撤销权的范围超出债权人的债权抗辩的，人民法院不予支持。

第十四条 债务人对以自有财产设定担保物权的债权进行的个别清偿，管理人依据企业破产法第三十二条的规定请求撤销的，人民法院不予支持。但是，债务清偿时担保财产的价值低于债权额的除外。

第十五条 债务人经诉讼、仲裁、执行程序对债权人进行的个别清偿，管理人依据企业破产法第三十二条的规定请求撤销的，人民法院不予支持。但是，债务人与债权人恶意串通损害其他债权人利益的除外。

第十六条 债务人对债权人进行的以下个别清偿，管理人依据企业破产法第三十二条的规定请求撤销的，人民法院不予支持：

（一）债务人为维系基本生产需要而支付水费、电费等的；

（二）债务人支付劳动报酬、人身损害赔偿金的；

（三）使债务人财产受益的其他个别清偿。

第十七条 管理人依据企业破产法第三十三条的规定提起诉讼，主张被隐匿、转移财产的实际占有人返还债务人财产，或者主张债务人虚构债务或者承认不真实债务的行为无效并返还债务人财产的，人民法院应予支持。

第十八条 管理人代表债务人依据企业破产法第一百二十八条的规定，以债务人的法定代表人和其他直接责任人员对所涉债务人财产的相关行为存在故意或者重大过失，造成债务人财产损失为由提起诉讼，主张上述责任人员承担相应赔偿责任的，人民法院应予支持。

第十九条 债务人对外享有债权的诉讼时效，自人民法院受理破产申请之日起中断。

债务人无正当理由未对其到期债权及时行使权利，导致其对外债权在破产申请受理前一年内超过诉讼时效期间的，人民法院受理破产申请之日起重新计算上述债权的诉讼时效期间。

第二十条　管理人代表债务人提起诉讼，主张出资人向债务人依法缴付未履行的出资或者返还抽逃的出资本息，出资人以认缴出资尚未届至公司章程规定的缴纳期限或者违反出资义务已经超过诉讼时效为由抗辩的，人民法院不予支持。

管理人依据公司法的相关规定代表债务人提起诉讼，主张公司的发起人和负有监督股东履行出资义务的董事、高级管理人员，或者协助抽逃出资的其他股东、董事、高级管理人员、实际控制人等，对股东违反出资义务或者抽逃出资承担相应责任，并将财产归入债务人财产的，人民法院应予支持。

第二十一条　破产申请受理前，债权人就债务人财产提起下列诉讼，破产申请受理时案件尚未审结的，人民法院应当中止审理：

（一）主张次债务人代替债务人直接向其偿还债务的；

（二）主张债务人的出资人、发起人和负有监督股东履行出资义务的董事、高级管理人员，或者协助抽逃出资的其他股东、董事、高级管理人员、实际控制人等直接向其承担出资不实或者抽逃出资责任的；

（三）以债务人的股东与债务人法人人格严重混同为由，主张债务人的股东直接向其偿还债务人对其所负债务的；

（四）其他就债务人财产提起的个别清偿诉讼。

债务人破产宣告后，人民法院应当依照企业破产法第四十四条的规定判决驳回债权人的诉讼请求。但是，债权人一审中变更其诉讼请求为追收的相关财产归入债务人财产的除外。

债务人破产宣告前，人民法院依据企业破产法第十二条或者第一百零八条的规定裁定驳回破产申请或者终结破产程序的，上述中止审理的案件应当依法恢复审理。

第二十二条　破产申请受理前，债权人就债务人财产向人民法院提起本规定第二十一条第一款所列诉讼，人民法院已经作出生效民事判决书或者调解书但尚未执行完毕的，破产申请受理后，相关执行行为应当依据企业破产法第十九条的规定中止，债权人应当依法向管理人申报相关债权。

第二十三条　破产申请受理后，债权人就债务人财产向人民法院提起本规定第二十一条第一款所列诉讼的，人民法院不予受理。

债权人通过债权人会议或者债权人委员会，要求管理人依法向次债务人、债务人的出资人等追收债务人财产，管理人无正当理由拒绝追收，债权人会议依据企业破产法第二十二条的规定，申请人民法院更换管理人的，人民法院应予支持。

管理人不予追收，个别债权人代表全体债权人提起相关诉讼，主张次债务人或者债务人的出资人等向债务人清偿或者返还债务人财产，或者依法申请合并破产的，人民法院应予受理。

第二十四条　债务人有企业破产法第二条第一款规定的情形时，债务人的董事、监事和高级管理人员利用职权获取的以下收入，人民法院应当认定为企业破产法第三十六条规定的非正常收入：

（一）绩效奖金；

（二）普遍拖欠职工工资情况下获取的工资性收入；

（三）其他非正常收入。

债务人的董事、监事和高级管理人员拒不向管理人返还上述债务人财产，管理人主张上述人员予以返还的，人民法院应予支持。

债务人的董事、监事和高级管理人员因返还第一款第（一）项、第（三）项非正常收入形成的债权，可以作为普通破产债权清偿。因返还第一款第（二）项非正常收入形成的债权，依据企业破产法第一百一十三条第三款的规定，按照该企业职工平均工资计算的部分作为拖欠职工工资清偿；高出该企业职工平均工资计算的部分，可以作为普通破产债权清偿。

第二十五条 管理人拟通过清偿债务或者提供担保取回质物、留置物，或者与质权人、留置权人协议以质物、留置物折价清偿债务等方式，进行对债权人利益有重大影响的财产处分行为的，应当及时报告债权人委员会。未设立债权人委员会的，管理人应当及时报告人民法院。

第二十六条 权利人依据企业破产法第三十八条的规定行使取回权，应当在破产财产变价方案或者和解协议、重整计划草案提交债权人会议表决前向管理人提出。权利人在上述期限后主张取回相关财产的，应当承担延迟行使取回权增加的相关费用。

第二十七条 权利人依据企业破产法第三十八条的规定向管理人主张取回相关财产，管理人不予认可，权利人以债务人为被告向人民法院提起诉讼请求行使取回权的，人民法院应予受理。

权利人依据人民法院或者仲裁机关的相关生效法律文书向管理人主张取回所涉争议财产，管理人以生效法律文书错误为由拒绝其行使取回权的，人民法院不予支持。

第二十八条 权利人行使取回权时未依法向管理人支付相关的加工费、保管费、托运费、委托费、代销费等费用，管理人拒绝其取回相关财产的，人民法院应予支持。

第二十九条 对债务人占有的权属不清的鲜活易腐等不易保管的财产或者不及时变现价值将严重贬损的财产，管理人及时变价并提存变价款后，有关权利人就该变价款行使取回权的，人民法院应予支持。

第三十条 债务人占有的他人财产被违法转让给第三人，依据民法典第三百一十一条的规定第三人已善意取得财产所有权，原权利人无法取回该财产的，人民法院应当按照以下规定处理：

（一）转让行为发生在破产申请受理前的，原权利人因财产损失形成的债权，作为普通破产债权清偿；

（二）转让行为发生在破产申请受理后的，因管理人或者相关人员执行职务导致原权利人损害产生的债务，作为共益债务清偿。

第三十一条 债务人占有的他人财产被违法转让给第三人，第三人已向债务人支付了转让价款，但依据民法典第三百一十一条的规定未取得财产所有权，原权利人依法追回转让财产的，对因第三人已支付对价而产生的债务，人民法院应当按照以下规定处理：

（一）转让行为发生在破产申请受理前的，作为普通破产债权清偿；

（二）转让行为发生在破产申请受理后的，作为共益债务清偿。

第三十二条 债务人占有的他人财产毁损、灭失，因此获得的保险金、赔偿金、代偿物尚未交付给债务人，或者代偿物虽已交付给债务人但能与债务人财产予以区分的，权利人主张取回就此获得的保险金、赔偿金、代偿物的，人民法院应予支持。

保险金、赔偿金已经交付给债务人，或者代偿物已经交付给债务人且不能与债务人财产予以区分的，人民法院应当按照以下规定处理：

（一）财产毁损、灭失发生在破产申请受理前的，权利人因财产损失形成的债权，作为普通破产债权清偿；

（二）财产毁损、灭失发生在破产申请受理后的，因管理人或者相关人员执行职务导致权利人损害产生的债务，作为共益债务清偿。

债务人占有的他人财产毁损、灭失，没有获得相应的保险金、赔偿金、代偿物，或者保险金、赔偿物、代偿物不足以弥补其损失的部分，人民法院应当按照本条第二款的规定处理。

第三十三条 管理人或者相关人员在执行职务过程中，因故意或者重大过失不当转让他人财产或者造成他人财产毁损、灭失，导致他人损害产生的债务作为共益债务，由债务人财产随时清偿不足弥补损失，权利人向管理人或者相关人员主张承担补充赔偿责任的，人民法院应予支持。

上述债务作为共益债务由债务人财产随时清偿后，债权人以管理人或者相关人员执行职务不当导致债务人财产减少给其造成损失为由提起诉讼，主张管理人或者相关人员承担相应赔偿责任的，人民法院应予支持。

第三十四条 买卖合同双方当事人在合同中约定标的物所有权保留，在标的物所有权未依法转移给买受人前，一方当事人破产的，该买卖合同属于双方均未履行完毕的合同，管理人有权依据企业破产法第十八条的规定决定解除或者继续履行合同。

第三十五条 出卖人破产，其管理人决定继续履行所有权保留买卖合同的，买受人应当按照原买卖合同的约定支付价款或者履行其他义务。

买受人未依约支付价款或者履行完毕其他义务，或者将标的物出卖、出质或者作出其他不当处分，给出卖人造成损害，出卖人管理人依法主张取回标的物的，人民法院应予支持。但是，买受人已经支付标的物总价款百分之七十五以上或者第三人善意取得标的物所有权或者其他物权的除外。

因本条第二款规定未能取回标的物，出卖人管理人依法主张买受人继续支付价款、履行完毕其他义务，以及承担相应赔偿责任的，人民法院应予支持。

第三十六条 出卖人破产，其管理人决定解除所有权保留买卖合同，并依据企业破产法第十七条的规定要求买受人向其交付买卖标的物的，人民法院应予支持。

买受人以其不存在未依约支付价款或者履行完毕其他义务，或者将标的物出卖、出质或者作出其他不当处分情形抗辩的，人民法院不予支持。

买受人依法履行合同义务并依据本条第一款将买卖标的物交付出卖人管理人后，买受人已支付价款损失形成的债权作为共益债务清偿。但是，买受人违反合同约定，出卖人管理人主张上述债权作为普通破产债权清偿的，人民法院应予支持。

第三十七条 买受人破产，其管理人决定继续履行所有权保留买卖合同的，原买卖合同中约定的买受人支付价款或者履行其他义务的期限在破产申请受理时视为到期，买受人管理人应当及时向出卖人支付价款或者履行其他义务。

买受人管理人无正当理由未及时支付价款或者履行完毕其他义务，或者将标的物出卖、出质或者作出其他不当处分，给出卖人造成损害，出卖人依据民法典第六百四十一条等规定主张取回标的物的，人民法院应予支持。但是，买受人已支付标的物总价款百分之七十五以上或者第三人善意取得标的物所有权或者其他物权的除外。

因本条第二款规定未能取回标的物，出卖人依法主张买受人继续支付价款、履行完毕其他义务，以及承担相应赔偿责任的，人民法院应予支持。对因买受人未支付价款或者未履行完毕其他义务，以及买受人管理人将标的物出卖、出质或者作出其他不当处分导致出卖人损害产生的债务，出卖人主张作为共益债务清偿的，人民法院应予支持。

第三十八条 买受人破产，其管理人决定解除所有权保留买卖合同，出卖人依据企业破产法第三十八条的规定主张取回买卖标的物的，人民法院应予支持。

出卖人取回买卖标的物，买受人管理人主张出卖人返还已支付价款的，人民法院应予支持。取回的标的物价值明显减少给出卖人造成损失的，出卖人可从买受人已支付价款中优先予以抵扣后，将剩余部分返还给买受人；对买受人已支付价款不足以弥补出卖人标的物价值减损损失形成的债权，出卖人主张作为共益债务清偿的，人民法院应予支持。

第三十九条 出卖人依据企业破产法第三十九条的规定，通过通知承运人或者实际占有人中止运输、返还货物、变更到达地，或者将货物交给其他收货人等方式，对在运途中标的物主张了取回权但未能实现，或者在货物未达管理人前已向管理人主张取回在运途中标的物，在买卖标的物到达管理人后，出卖人向管理人主张取回的，管理人应予准许。

出卖人对在运途中标的物未及时行使取回权，在买卖标的物到达管理人后向管理人行使在运途中标的物取回权的，管理人不应准许。

第四十条 债务人重整期间，权利人要求取回债务人合法占有的权利人的财产，不符合双方事先约定条件的，人民法院不予支持。但是，因管理人或者自行管理的债务人违反约定，可能导致取回物被转让、毁损、灭失或者价值明显减少的除外。

第四十一条 债权人依据企业破产法第四十条的规定行使抵销权，应当向管理人提出抵销主张。

管理人不得主动抵销债务人与债权人的互负债务，但抵销使债务人财产受益的除外。

第四十二条 管理人收到债权人提出的主张债务抵销的通知后，经审查无异议的，抵销自管理人收到通知之日起生效。

管理人对抵销主张有异议的，应当在约定的异议期限内或者自收到主张债务抵销的通知之日起三个月内向人民法院提起诉讼。无正当理由逾期提起的，人民法院不予支持。

人民法院判决驳回管理人提起的抵销无效诉讼请求的，该抵销自管理人收到主张债务抵销的通知之日起生效。

第四十三条 债权人主张抵销，管理人以下列理由提出异议的，人民法院不予支持：

（一）破产申请受理时，债务人对债权人负有的债务尚未到期；

（二）破产申请受理时，债权人对债务人负有的债务尚未到期；

（三）双方互负债务标的物种类、品质不同。

第四十四条 破产申请受理前六个月内，债务人有企业破产法第二条第一款规定的情形，债务人与个别债权人以抵销方式对个别债权人清偿，其抵销的债权债务属于企业破产法第四十条第（二）、（三）项规定的情形之一，管理人在破产申请受理之日起三个月内向人民法院提起诉讼，主张该抵销无效的，人民法院应予支持。

第四十五条 企业破产法第四十条所列不得抵销情形的债权人，主张以其对债务人特定财产享有优先受偿权的债权，与债务人对其不享有优先受偿权的债权抵销，债务人管理人以抵销存在企业破产法第四十条规定的情形提出异议的，人民法院不予支持。但是，用以抵销的债权大于债权人享有优先受偿权财产价值的除外。

第四十六条 债务人的股东主张以下列债务与债务人对其负有的债务抵销，债务人管理人提出异议的，人民法院应予支持：

（一）债务人股东因欠缴债务人的出资或者抽逃出资对债务人所负的债务；

（二）债务人股东滥用股东权利或者关联关系损害公司利益对债务人所负的债务。

第四十七条 人民法院受理破产申请后，当事人提起的有关债务人的民事诉讼案件，应当依据企业破产法第二十一条的规定，由受理破产申请的人民法院管辖。

受理破产申请的人民法院管辖的有关债务人的第一审民事案件，可以依据民事诉讼法第三十八条的规定，由上级人民法院提审，或者报请上级人民法院批准后交下级人民法院审理。

受理破产申请的人民法院，如对有关债务人的海事纠纷、专利纠纷、证券市场因虚假陈述引发的民事赔偿纠纷等案件不能行使管辖权的，可以依据民事诉讼法第三十七条的规定，由上级人民法院指定管辖。

第四十八条 本规定施行前本院发布的有关企业破产的司法解释，与本规定相抵触的，自本规定施行之日起不再适用。

最高人民法院
关于适用《中华人民共和国企业破产法》若干问题的规定（三）

（2019年2月25日最高人民法院审判委员会第1762次会议通过 根据2020年12月23日最高人民法院审判委员会第1823次会议通过的《最高人民法院关于修改〈最高人民法院关于破产企业国有划拨土地使用权应否列入破产财产等问题的批复〉等二十九件商事类司法解释的决定》修正）

为正确适用《中华人民共和国企业破产法》，结合审判实践，就人民法院审理企业破产案件中有关债权人权利行使等相关法律适用问题，制定本规定。

第一条 人民法院裁定受理破产申请的，此前债务人尚未支付的公司强制清算费用、未终结的执行程序中产生的评估费、公告费、保管费等执行费用，可以参照企业破产法关于破产费用的规定，由债务人财产随时清偿。

此前债务人尚未支付的案件受理费、执行申请费，可以作为破产债权清偿。

第二条 破产申请受理后，经债权人会议决议通过，或者第一次债权人会议召开前经人民法院许可，管理人或者自行管理的债务人可以为债务人继续营业而借款。提供借款的债权人主张参照企业破产法第四十二条第四项的规定优先于普通破产债权清偿的，人民法院应予支持，但其主张优先于此前已就债务人特定财产享有担保的债权清偿的，人民法院不予支持。

管理人或者自行管理的债务人可以为前述借款设定抵押担保，抵押物在破产申请受理前已为其他债权人设定抵押的，债权人主张按照民法典第四百一十四条规定的顺序清偿，人民法院应予支持。

第三条 破产申请受理后，债务人欠缴款项产生的滞纳金，包括债务人未履行生效法律文书应当加倍支付的迟延利息和劳动保险金的滞纳金，债权人作为破产债权申报的，人民法院不予确认。

第四条 保证人被裁定进入破产程序的，债权人有权申报其对保证人的保证债权。

主债务未到期的，保证债权在保证人破产申请受理时视为到期。一般保证的保证人主张行使先诉抗辩权的，人民法院不予支持，但债权人在一般保证人破产程序中的分配额应予提存，待一般保证人应承担的保证责任确定后再按照破产清偿比例予以分配。

保证人被确定应当承担保证责任的，保证人的管理人可以就保证人实际承担的清偿额向主债务人或其他债务人行使求偿权。

第五条 债务人、保证人均被裁定进入破产程序的，债权人有权向债务人、保证人分别申报债权。

债权人向债务人、保证人均申报全部债权的，从一方破产程序中获得清偿后，其对另一方的债权额不作调整，但债权人的受偿额不得超出其债权总额。保证人履行保证责任后不再享有求偿权。

第六条 管理人应当依照企业破产法第五十七条的规定对所申报的债权进行登记造册，详尽记载申报人的姓名、单位、代理人、申报债权额、担保情况、证据、联系方式等事项，形成债权申报登记册。

管理人应当依照企业破产法第五十七条的规定对债权的性质、数额、担保财产、是否超过诉讼时效期间、是否超过强制执行期间等情况进行审查、编制债权表并提交债权人会议核查。

债权表、债权申报登记册及债权申报材料在破产期间由管理人保管，债权人、债务人、债务人职工及其他利害关系人有权查阅。

第七条 已经生效法律文书确定的债权，管理人应当予以确认。

管理人认为债权人据以申报债权的生效法律文书确定的债权错误，或者有证据证明债权人与债务人恶意通过诉讼、仲裁或者公证机关赋予强制执行力公证文书的形式虚构债权债务的，应当依法通过审判监督程序向作出该判决、裁定、调解书的人民法院或者上一级人民法院申请撤销生效法律文书，或者向受理破产申请的人民法院申请撤销或者不予执行仲裁裁决、不予执行公证债权文书后，重新确定债权。

第八条 债务人、债权人对债权表记载的债权有异议的，应当说明理由和法律依据。经管理人解释或调整后，异议人仍然不服的，或者管理人不予解释或调整的，异议人应当在债权人会议核查结束后十五日内向人民法院提起债权确认的诉讼。当事人之间在破产申请受理前订立有仲裁条款或仲裁协议的，应当向选定的仲裁机构申请确认债权债务关系。

第九条 债务人对债权表记载的债权有异议向人民法院提起诉讼的，应将被异议债权人列为被告。债权人对债权表记载的他人债权有异议的，应将被异议债权人列为被告；债权人对债权表记载的本人债权有异议的，应将债务人列为被告。

对同一笔债权存在多个异议人，其他异议人申请参加诉讼的，应当列为共同原告。

第十条 单个债权人有权查阅债务人财产状况报告、债权人会议决议、债权人委员会决议、管理人监督报告等参与破产程序所必需的债务人财务和经营信息资料。管理人无正当理由不予提供的，债权人可以请求人民法院作出决定；人民法院应当在五日内作出决定。

上述信息资料涉及商业秘密的，债权人应当依法承担保密义务或者签署保密协议；涉及国家秘密的应当依照相关法律规定处理。

第十一条 债权人会议的决议除现场表决外，可以由管理人事先将相关决议事项告知债权人，采取通信、网络投票等非现场方式进行表决。采取非现场方式进行表决的，管理人应当在债权人会议召开后的三日内，以信函、电子邮件、公告等方式将表决结果告知参与表决的债权人。

根据企业破产法第八十二条规定，对重整计划草案进行分组表决时，权益因重整计划草案受到调整或者影响的债权人或者股东，有权参加表决；权益未受到调整或者影响的债权人或者股东，参照企业破产法第八十三条的规定，不参加重整计划草案的表决。

第十二条 债权人会议的决议具有以下情形之一，损害债权人利益，债权人申请撤销的，人民法院应予支持：

（一）债权人会议的召开违反法定程序；

（二）债权人会议的表决违反法定程序；

（三）债权人会议的决议内容违法；

（四）债权人会议的决议超出债权人会议的职权范围。

人民法院可以裁定撤销全部或者部分事项决议，责令债权人会议依法重新作出决议。

债权人申请撤销债权人会议决议的，应当提出书面申请。债权人会议采取通信、网络投票等非现场方式进行表决的，债权人申请撤销的期限自债权人收到通知之日起算。

第十三条 债权人会议可以依照企业破产法第六十八条第一款第四项的规定，委托债权人委员会行使企业破产法第六十一条第一款第二、三、五项规定的债权人会议职权。债权人会议不得作出概括性授权，委托其行使债权人会议所有职权。

第十四条　债权人委员会决定所议事项应获得全体成员过半数通过，并作成议事记录。债权人委员会成员对所议事项的决议有不同意见的，应当在记录中载明。

债权人委员会行使职权应当接受债权人会议的监督，以适当的方式向债权人会议及时汇报工作，并接受人民法院的指导。

第十五条　管理人处分企业破产法第六十九条规定的债务人重大财产的，应当事先制作财产管理或者变价方案并提交债权人会议进行表决，债权人会议表决未通过的，管理人不得处分。

管理人实施处分前，应当根据企业破产法第六十九条的规定，提前十日书面报告债权人委员会或者人民法院。债权人委员会可以依照企业破产法第六十八条第二款的规定，要求管理人对处分行为作出相应说明或者提供有关文件依据。

债权人委员会认为管理人实施的处分行为不符合债权人会议通过的财产管理或变价方案的，有权要求管理人纠正。管理人拒绝纠正的，债权人委员会可以请求人民法院作出决定。

人民法院认为管理人实施的处分行为不符合债权人会议通过的财产管理或变价方案的，应当责令管理人停止处分行为。管理人应当予以纠正，或者提交债权人会议重新表决通过后实施。

第十六条　本规定自 2019 年 3 月 28 日起实施。

实施前本院发布的有关企业破产的司法解释，与本规定相抵触的，自本规定实施之日起不再适用。

最高人民法院
关于审理企业破产案件指定管理人的规定

法释〔2007〕8 号

（2007 年 4 月 4 日最高人民法院审判委员会第 1422 次会议通过
2007 年 4 月 12 日公布　自 2007 年 6 月 1 日起施行）

为公平、公正审理企业破产案件，保证破产审判工作依法顺利进行，促进管理人制度的完善和发展，根据《中华人民共和国企业破产法》的规定，制定本规定。

一、管理人名册的编制

第一条　人民法院审理企业破产案件应当指定管理人。除企业破产法和本规定另有规定外，管理人应当从管理人名册中指定。

第二条　高级人民法院应当根据本辖区律师事务所、会计师事务所、破产清算事务所等社会中介机构及专职从业人员数量和企业破产案件数量，确定由本院或者所辖中级人民法院编制管理人名册。

人民法院应当分别编制社会中介机构管理人名册和个人管理人名册。由直辖市以外的高级人民法院编制的管理人名册中，应当注明社会中介机构和个人所属中级人民法院辖区。

第三条　符合企业破产法规定条件的社会中介机构及其具备相关专业知识并取得执业资格的人员，均可申请编入管理人名册。已被编入机构管理人名册的社会中介机构中，具备相关专业知识并取得执业资格的人员，可以申请编入个人管理人名册。

第四条 社会中介机构及个人申请编入管理人名册的，应当向所在地区编制管理人名册的人民法院提出，由该人民法院予以审定。

人民法院不受理异地申请，但异地社会中介机构在本辖区内设立的分支机构提出申请的除外。

第五条 人民法院应当通过本辖区有影响的媒体就编制管理人名册的有关事项进行公告。公告应当包括以下内容：

（一）管理人申报条件；

（二）应当提交的材料；

（三）评定标准、程序；

（四）管理人的职责以及相应的法律责任；

（五）提交申报材料的截止时间；

（六）人民法院认为应当公告的其他事项。

第六条 律师事务所、会计师事务所申请编入管理人名册的，应当提供下列材料：

（一）执业证书、依法批准设立文件或者营业执照；

（二）章程；

（三）本单位专职从业人员名单及其执业资格证书复印件；

（四）业务和业绩材料；

（五）行业自律组织对所提供材料真实性以及有无被行政处罚或者纪律处分情况的证明；

（六）人民法院要求的其他材料。

第七条 破产清算事务所申请编入管理人名册的，应当提供以下材料：

（一）营业执照或者依法批准设立的文件；

（二）本单位专职从业人员的法律或者注册会计师资格证书，或者经营管理经历的证明材料；

（三）业务和业绩材料；

（四）能够独立承担民事责任的证明材料；

（五）行业自律组织对所提供材料真实性以及有无被行政处罚或者纪律处分情况的证明，或者申请人就上述情况所作的真实性声明；

（六）人民法院要求的其他材料。

第八条 个人申请编入管理人名册的，应当提供下列材料：

（一）律师或者注册会计师执业证书复印件以及执业年限证明；

（二）所在社会中介机构同意其担任管理人的函件；

（三）业务专长及相关业绩材料；

（四）执业责任保险证明；

（五）行业自律组织对所提供材料真实性以及有无被行政处罚或者纪律处分情况的证明；

（六）人民法院要求的其他材料。

第九条 社会中介机构及个人具有下列情形之一的，人民法院可以适用企业破产法第二十四条第三款第四项的规定：

（一）因执业、经营中故意或者重大过失行为，受到行政机关、监管机构或者行业自律组织行政处罚或者纪律处分之日起未逾三年；

（二）因涉嫌违法行为正被相关部门调查；

（三）因不适当履行职务或者拒绝接受人民法院指定等原因，被人民法院从管理人名册除名之日起未逾三年；

（四）缺乏担任管理人所应具备的专业能力；

（五）缺乏承担民事责任的能力；

（六）人民法院认为可能影响履行管理人职责的其他情形。

第十条 编制管理人名册的人民法院应当组成专门的评审委员会，决定编入管理人名册的社会中介机构和个人名单。评审委员会成员应不少于七人。

人民法院应当根据本辖区社会中介机构以及社会中介机构中个人的实际情况，结合其执业业绩、能力、专业水准、社会中介机构的规模、办理企业破产案件的经验等因素制定管理人评定标准，由评审委员会根据申报人的具体情况评定其综合分数。

人民法院根据评审委员会评审结果，确定管理人初审名册。

第十一条 人民法院应当将管理人初审名册通过本辖区有影响的媒体进行公示，公示期为十日。

对于针对编入初审名册的社会中介机构和个人提出的异议，人民法院应当进行审查。异议成立、申请人确不宜担任管理人的，人民法院应将该社会中介机构或者个人从管理人初审名册中删除。

第十二条 公示期满后，人民法院应审定管理人名册，并通过全国有影响的媒体公布，同时逐级报最高人民法院备案。

第十三条 人民法院可以根据本辖区的实际情况，分批确定编入管理人名册的社会中介机构及个人。

编制管理人名册的全部资料应当建立档案备查。

第十四条 人民法院可以根据企业破产案件受理情况、管理人履行职务以及管理人资格变化等因素，对管理人名册适时进行调整。新编入管理人名册的社会中介机构和个人应当按照本规定的程序办理。

人民法院发现社会中介机构或者个人有企业破产法第二十四条第三款规定情形的，应当将其从管理人名册中除名。

二、管理人的指定

第十五条 受理企业破产案件的人民法院指定管理人，一般应从本地管理人名册中指定。

对于商业银行、证券公司、保险公司等金融机构以及在全国范围内有重大影响、法律关系复杂、债务人财产分散的企业破产案件，人民法院可以从所在地区高级人民法院编制的管理人名册列明的其他地区管理人或者异地人民法院编制的管理人名册中指定管理人。

第十六条 受理企业破产案件的人民法院，一般应指定管理人名册中的社会中介机构担任管理人。

第十七条 对于事实清楚、债权债务关系简单、债务人财产相对集中的企业破产案件，人民法院可以指定管理人名册中的个人为管理人。

第十八条 企业破产案件有下列情形之一的，人民法院可以指定清算组为管理人：

（一）破产申请受理前，根据有关规定已经成立清算组，人民法院认为符合本规定第十九条的规定；

（二）审理企业破产法第一百三十三条规定的案件；

（三）有关法律规定企业破产时成立清算组；

（四）人民法院认为可以指定清算组为管理人的其他情形。

第十九条 清算组为管理人的，人民法院可以从政府有关部门、编入管理人名册的社会中介机构、金融资产管理公司中指定清算组成员，人民银行及金融监督管理机构可以按照有关法律和行政法规的规定派人参加清算组。

第二十条 人民法院一般应当按照管理人名册所列名单采取轮候、抽签、摇号等随机方式公开指定管理人。

第二十一条 对于商业银行、证券公司、保险公司等金融机构或者在全国范围有重大影响、法律关系复杂、债务人财产分散的企业破产案件，人民法院可以采取公告的方式，邀请编入各地人民法院管理人名册中的社会中介机构参与竞争，从参与竞争的社会中介机构中指定管理人。参与竞争的社会中介机构不得少于三家。

采取竞争方式指定管理人的，人民法院应当组成专门的评审委员会。

评审委员会应当结合案件的特点，综合考量社会中介机构的专业水准、经验、机构规模、初步报价等因素，从参与竞争的社会中介机构中择优指定管理人。被指定为管理人的社会中介机构应经评审委员会成员二分之一以上通过。

采取竞争方式指定管理人的，人民法院应当确定一至两名备选社会中介机构，作为需要更换管理人时的接替人选。

第二十二条 对于经过行政清理、清算的商业银行、证券公司、保险公司等金融机构的破产案件，人民法院除可以按照本规定第十八条第一项的规定指定管理人外，也可以在金融监督管理机构推荐的已编入管理人名册的社会中介机构中指定管理人。

第二十三条 社会中介机构、清算组成员有下列情形之一，可能影响其忠实履行管理人职责的，人民法院可以认定为企业破产法第二十四条第三款第三项规定的利害关系：

（一）与债务人、债权人有未了结的债权债务关系；

（二）在人民法院受理破产申请前三年内，曾为债务人提供相对固定的中介服务；

（三）现在是或者在人民法院受理破产申请前三年内曾经是债务人、债权人的控股股东或者实际控制人；

（四）现在担任或者在人民法院受理破产申请前三年内曾经担任债务人、债权人的财务顾问、法律顾问；

（五）人民法院认为可能影响其忠实履行管理人职责的其他情形。

第二十四条 清算组成员的派出人员、社会中介机构的派出人员、个人管理人有下列情形之一，可能影响其忠实履行管理人职责的，可以认定为企业破产法第二十四条第三款第三项规定的利害关系：

（一）具有本规定第二十三条规定情形；

（二）现在担任或者在人民法院受理破产申请前三年内曾经担任债务人、债权人的董事、监事、高级管理人员；

（三）与债权人或者债务人的控股股东、董事、监事、高级管理人员存在夫妻、直系血亲、三代以内旁系血亲或者近姻亲关系；

（四）人民法院认为可能影响其公正履行管理人职责的其他情形。

第二十五条 在进入指定管理人程序后，社会中介机构或者个人发现与本案有利害关系的，应主动申请回避并向人民法院书面说明情况。人民法院认为社会中介机构或者个人与本案有利害关系的，不应指定该社会中介机构或者个人为本案管理人。

第二十六条 社会中介机构或者个人有重大债务纠纷或者因涉嫌违法行为正被相关部门调查的，人民法院不应指定该社会中介机构或者个人为本案管理人。

第二十七条 人民法院指定管理人应当制作决定书，并向被指定为管理人的社会中介机构或者个人、破产申请人、债务人、债务人的企业登记机关送达。决定书应与受理破产申请的民事裁定书一并公告。

第二十八条　管理人无正当理由，不得拒绝人民法院的指定。

管理人一经指定，不得以任何形式将管理人应当履行的职责全部或者部分转给其他社会中介机构或者个人。

第二十九条　管理人凭指定管理人决定书按照国家有关规定刻制管理人印章，并交人民法院封样备案后启用。

管理人印章只能用于所涉破产事务。管理人根据企业破产法第一百二十二条规定终止执行职务后，应当将管理人印章交公安机关销毁，并将销毁的证明送交人民法院。

第三十条　受理企业破产案件的人民法院应当将指定管理人过程中形成的材料存入企业破产案件卷宗，债权人会议或者债权人委员会有权查阅。

三、管理人的更换

第三十一条　债权人会议根据企业破产法第二十二条第二款的规定申请更换管理人的，应由债权人会议作出决议并向人民法院提出书面申请。

人民法院在收到债权人会议的申请后，应当通知管理人在两日内作出书面说明。

第三十二条　人民法院认为申请理由不成立的，应当自收到管理人书面说明之日起十日内作出驳回申请的决定。

人民法院认为申请更换管理人的理由成立的，应当自收到管理人书面说明之日起十日内作出更换管理人的决定。

第三十三条　社会中介机构管理人有下列情形之一的，人民法院可以根据债权人会议的申请或者依职权迳行决定更换管理人：

（一）执业许可证或者营业执照被吊销或者注销；

（二）出现解散、破产事由或者丧失承担执业责任风险的能力；

（三）与本案有利害关系；

（四）履行职务时，因故意或者重大过失导致债权人利益受到损害；

（五）有本规定第二十六条规定的情形。

清算组成员参照适用前款规定。

第三十四条　个人管理人有下列情形之一的，人民法院可以根据债权人会议的申请或者依职权迳行决定更换管理人：

（一）执业资格被取消、吊销；

（二）与本案有利害关系；

（三）履行职务时，因故意或者重大过失导致债权人利益受到损害；

（四）失踪、死亡或者丧失民事行为能力；

（五）因健康原因无法履行职务；

（六）执业责任保险失效；

（七）有本规定第二十六条规定的情形。

清算组成员的派出人员、社会中介机构的派出人员参照适用前款规定。

第三十五条　管理人无正当理由申请辞去职务的，人民法院不予许可。正当理由的认定，可参照适用本规定第三十三条、第三十四条规定的情形。

第三十六条　人民法院对管理人申请辞去职务未予许可，管理人仍坚持辞去职务并不再履行管理人职责的，人民法院应当决定更换管理人。

第三十七条　人民法院决定更换管理人的，原管理人应当自收到决定书之次日起，在人民法院监督下向新任管理人移交全部资料、财产、营业事务及管理人印章，并及时向新任管理人书面说明工作进展情况。原管理人不能履行上述职责的，新任管理人可以直接接管相关事务。

在破产程序终结前，原管理人应当随时接受新任管理人、债权人会议、人民法院关于其履行管理人职责情况的询问。

第三十八条 人民法院决定更换管理人的，应将决定书送达原管理人、新任管理人、破产申请人、债务人以及债务人的企业登记机关，并予公告。

第三十九条 管理人申请辞去职务未获人民法院许可，但仍坚持辞职并不再履行管理人职责，或者人民法院决定更换管理人后，原管理人拒不向新任管理人移交相关事务，人民法院可以根据企业破产法第一百三十条的规定和具体情况，决定对管理人罚款。对社会中介机构为管理人的罚款5万元至20万元人民币，对个人为管理人的罚款1万元至5万元人民币。

管理人有前款规定行为或者无正当理由拒绝人民法院指定的，编制管理人名册的人民法院可以决定停止其担任管理人一年至三年，或者将其从管理人名册中除名。

第四十条 管理人不服罚款决定的，可以向上一级人民法院申请复议，上级人民法院应在收到复议申请后五日内作出决定，并将复议结果通知下级人民法院和当事人。

最高人民法院
关于审理企业破产案件确定管理人报酬的规定

法释〔2007〕9号

（2007年4月4日最高人民法院审判委员会第1422次会议通过
2007年4月12日公布　自2007年6月1日起施行）

为公正、高效审理企业破产案件，规范人民法院确定管理人报酬工作，根据《中华人民共和国企业破产法》的规定，制定本规定。

第一条 管理人履行企业破产法第二十五条规定的职责，有权获得相应报酬。

管理人报酬由审理企业破产案件的人民法院依据本规定确定。

第二条 人民法院应根据债务人最终清偿的财产价值总额，在以下比例限制范围内分段确定管理人报酬：

（一）不超过一百万元（含本数，下同）的，在12%以下确定；

（二）超过一百万元至五百万元的部分，在10%以下确定；

（三）超过五百万元至一千万元的部分，在8%以下确定；

（四）超过一千万元至五千万元的部分，在6%以下确定：

（五）超过五千万元至一亿元的部分，在3%以下确定；

（六）超过一亿元至五亿元的部分，在1%以下确定；

（七）超过五亿元的部分，在0.5%以下确定。

担保权人优先受偿的担保物价值，不计入前款规定的财产价值总额。

高级人民法院认为有必要的，可以参照上述比例在30%的浮动范围内制定符合当地实际情况的管理人报酬比例限制范围，并通过当地有影响的媒体公告，同时报最高人民法院备案。

第三条 人民法院可以根据破产案件的实际情况，确定管理人分期或者最后一次性收取报酬。

第四条　人民法院受理企业破产申请后，应当对债务人可供清偿的财产价值和管理人的工作量作出预测，初步确定管理人报酬方案。管理人报酬方案应当包括管理人报酬比例和收取时间。

第五条　人民法院采取公开竞争方式指定管理人的，可以根据社会中介机构提出的报价确定管理人报酬方案，但报酬比例不得超出本规定第二条规定的限制范围。

上述报酬方案一般不予调整，但债权人会议异议成立的除外。

第六条　人民法院应当自确定管理人报酬方案之日起三日内，书面通知管理人。

管理人应当在第一次债权人会议上报告管理人报酬方案内容。

第七条　管理人、债权人会议对管理人报酬方案有意见的，可以进行协商。双方就调整管理人报酬方案内容协商一致的，管理人应向人民法院书面提出具体的请求和理由，并附相应的债权人会议决议。

人民法院经审查认为上述请求和理由不违反法律和行政法规强制性规定，且不损害他人合法权益的，应当按照双方协商的结果调整管理人报酬方案。

第八条　人民法院确定管理人报酬方案后，可以根据破产案件和管理人履行职责的实际情况进行调整。

人民法院应当自调整管理人报酬方案之日起三日内，书面通知管理人。管理人应当自收到上述通知之日起三日内，向债权人委员会或者债权人会议主席报告管理人报酬方案调整内容。

第九条　人民法院确定或者调整管理人报酬方案时，应当考虑以下因素：

（一）破产案件的复杂性；

（二）管理人的勤勉程度；

（三）管理人为重整、和解工作做出的实际贡献；

（四）管理人承担的风险和责任；

（五）债务人住所地居民可支配收入及物价水平；

（六）其他影响管理人报酬的情况。

第十条　最终确定的管理人报酬及收取情况，应列入破产财产分配方案。在和解、重整程序中，管理人报酬方案内容应列入和解协议草案或重整计划草案。

第十一条　管理人收取报酬，应当向人民法院提出书面申请。申请书应当包括以下内容：

（一）可供支付报酬的债务人财产情况；

（二）申请收取报酬的时间和数额；

（三）管理人履行职责的情况。

人民法院应当自收到上述申请书之日起十日内，确定支付管理人的报酬数额。

第十二条　管理人报酬从债务人财产中优先支付。

债务人财产不足以支付管理人报酬和管理人执行职务费用的，管理人应当提请人民法院终结破产程序。但债权人、管理人、债务人的出资人或者其他利害关系人愿意垫付上述报酬和费用的，破产程序可以继续进行。

上述垫付款项作为破产费用从债务人财产中向垫付人随时清偿。

第十三条　管理人对担保物的维护、变现、交付等管理工作付出合理劳动的，有权向担保权人收取适当的报酬。管理人与担保权人就上述报酬数额不能协商一致的，人民法院应当参照本规定第二条规定的方法确定，但报酬比例不得超出该条规定限制范围的10%。

第十四条　律师事务所、会计师事务所通过聘请本专业的其他社会中介机构或者人员协助履行管理人职责的，所需费用从其报酬中支付。

破产清算事务所通过聘请其他社会中介机构或者人员协助履行管理人职责的，所需费用从其报酬中支付。

第十五条 清算组中有关政府部门派出的工作人员参与工作的不收取报酬。其他机构或人员的报酬根据其履行职责的情况确定。

第十六条 管理人发生更换的，人民法院应当分别确定更换前后的管理人报酬。其报酬比例总和不得超出本规定第二条规定的限制范围。

第十七条 债权人会议对管理人报酬有异议的，应当向人民法院书面提出具体的请求和理由。异议书应当附有相应的债权人会议决议。

第十八条 人民法院应当自收到债权人会议异议书之日起三日内通知管理人。管理人应当自收到通知之日起三日内作出书面说明。

人民法院认为有必要的，可以举行听证会，听取当事人意见。

人民法院应当自收到债权人会议异议书之日起十日内，就是否调整管理人报酬问题书面通知管理人、债权人委员会或者债权人会议主席。

最高人民法院
关于人民法院网络司法拍卖若干问题的规定

法释〔2016〕18号

（2016年5月30日最高人民法院审判委员会第1685次会议通过
2016年8月2日公布　自2017年1月1日起施行）

为了规范网络司法拍卖行为，保障网络司法拍卖公开、公平、公正、安全、高效，维护当事人的合法权益，根据《中华人民共和国民事诉讼法》等法律的规定，结合人民法院执行工作的实际，制定本规定。

第一条 本规定所称的网络司法拍卖，是指人民法院依法通过互联网拍卖平台，以网络电子竞价方式公开处置财产的行为。

第二条 人民法院以拍卖方式处置财产的，应当采取网络司法拍卖方式，但法律、行政法规和司法解释规定必须通过其他途径处置，或者不宜采用网络拍卖方式处置的除外。

第三条 网络司法拍卖应当在互联网拍卖平台上向社会全程公开，接受社会监督。

第四条 最高人民法院建立全国性网络服务提供者名单库。网络服务提供者申请纳入名单库的，其提供的网络司法拍卖平台应当符合下列条件：

（一）具备全面展示司法拍卖信息的界面；

（二）具备本规定要求的信息公示、网上报名、竞价、结算等功能；

（三）具有信息共享、功能齐全、技术拓展等功能的独立系统；

（四）程序运作规范、系统安全高效、服务优质价廉；

（五）在全国具有较高的知名度和广泛的社会参与度。

最高人民法院组成专门的评审委员会，负责网络服务提供者的选定、评审和除名。最高人民法院每年引入第三方评估机构对已纳入和新申请纳入名单库的网络服务提供者予以评审并公布结果。

第五条　网络服务提供者由申请执行人从名单库中选择；未选择或者多个申请执行人的选择不一致的，由人民法院指定。

第六条　实施网络司法拍卖的，人民法院应当履行下列职责：

（一）制作、发布拍卖公告；

（二）查明拍卖财产现状、权利负担等内容，并予以说明；

（三）确定拍卖保留价、保证金的数额、税费负担等；

（四）确定保证金、拍卖款项等支付方式；

（五）通知当事人和优先购买权人；

（六）制作拍卖成交裁定；

（七）办理财产交付和出具财产权证照转移协助执行通知书；

（八）开设网络司法拍卖专用账户；

（九）其他依法由人民法院履行的职责。

第七条　实施网络司法拍卖的，人民法院可以将下列拍卖辅助工作委托社会机构或者组织承担：

（一）制作拍卖财产的文字说明及视频或者照片等资料；

（二）展示拍卖财产，接受咨询，引领查看，封存样品等；

（三）拍卖财产的鉴定、检验、评估、审计、仓储、保管、运输等；

（四）其他可以委托的拍卖辅助工作。

社会机构或者组织承担网络司法拍卖辅助工作所支出的必要费用由被执行人承担。

第八条　实施网络司法拍卖的，下列事项应当由网络服务提供者承担：

（一）提供符合法律、行政法规和司法解释规定的网络司法拍卖平台，并保障安全正常运行；

（二）提供安全便捷配套的电子支付对接系统；

（三）全面、及时展示人民法院及其委托的社会机构或者组织提供的拍卖信息；

（四）保证拍卖全程的信息数据真实、准确、完整和安全；

（五）其他应当由网络服务提供者承担的工作。

网络服务提供者不得在拍卖程序中设置阻碍适格竞买人报名、参拍、竞价以及监视竞买人信息等后台操控功能。

网络服务提供者提供的服务无正当理由不得中断。

第九条　网络司法拍卖服务提供者从事与网络司法拍卖相关的行为，应当接受人民法院的管理、监督和指导。

第十条　网络司法拍卖应当确定保留价，拍卖保留价即为起拍价。

起拍价由人民法院参照评估价确定；未作评估的，参照市价确定，并征询当事人意见。起拍价不得低于评估价或者市价的百分之七十。

第十一条　网络司法拍卖不限制竞买人数量。一人参与竞拍，出价不低于起拍价的，拍卖成交。

第十二条　网络司法拍卖应当先期公告，拍卖公告除通过法定途径发布外，还应同时在网络司法拍卖平台发布。拍卖动产的，应当在拍卖十五日前公告；拍卖不动产或者其他财产权的，应当在拍卖三十日前公告。

拍卖公告应当包括拍卖财产、价格、保证金、竞买人条件、拍卖财产已知瑕疵、相关权利义务、法律责任、拍卖时间、网络平台和拍卖法院等信息。

第十三条　实施网络司法拍卖的，人民法院应当在拍卖公告发布当日通过网络司法拍卖平台公示下列信息：

（一）拍卖公告；

（二）执行所依据的法律文书，但法律规定不得公开的除外；

（三）评估报告副本，或者未经评估的定价依据；

（四）拍卖时间、起拍价以及竞价规则；

（五）拍卖财产权属、占有使用、附随义务等现状的文字说明、视频或者照片等；

（六）优先购买权主体以及权利性质；

（七）通知或者无法通知当事人、已知优先购买权人的情况；

（八）拍卖保证金、拍卖款项支付方式和账户；

（九）拍卖财产产权转移可能产生的税费及承担方式；

（十）执行法院名称，联系、监督方式等；

（十一）其他应当公示的信息。

第十四条 实施网络司法拍卖的，人民法院应当在拍卖公告发布当日通过网络司法拍卖平台对下列事项予以特别提示：

（一）竞买人应当具备完全民事行为能力，法律、行政法规和司法解释对买受人资格或者条件有特殊规定的，竞买人应当具备规定的资格或者条件；

（二）委托他人代为竞买的，应当在竞价程序开始前经人民法院确认，并通知网络服务提供者；

（三）拍卖财产已知瑕疵和权利负担；

（四）拍卖财产以实物现状为准，竞买人可以申请实地看样；

（五）竞买人决定参与竞买的，视为对拍卖财产完全了解，并接受拍卖财产一切已知和未知瑕疵；

（六）载明买受人真实身份的拍卖成交确认书在网络司法拍卖平台上公示；

（七）买受人悔拍后保证金不予退还。

第十五条 被执行人应当提供拍卖财产品质的有关资料和说明。

人民法院已按本规定第十三条、第十四条的要求予以公示和特别提示，且在拍卖公告中声明不能保证拍卖财产真伪或者品质的，不承担瑕疵担保责任。

第十六条 网络司法拍卖的事项应当在拍卖公告发布三日前以书面或者其他能够确认收悉的合理方式，通知当事人、已知优先购买权人。权利人书面明确放弃权利的，可以不通知。无法通知的，应当在网络司法拍卖平台公示并说明无法通知的理由，公示满五日视为已经通知。

优先购买权人经通知未参与竞买的，视为放弃优先购买权。

第十七条 保证金数额由人民法院在起拍价的百分之五至百分之二十范围内确定。

竞买人应当在参加拍卖前以实名交纳保证金，未交纳的，不得参加竞买。申请执行人参加竞买的，可以不交保证金；但债权数额小于保证金数额的按差额部分交纳。

交纳保证金，竞买人可以向人民法院指定的账户交纳，也可以由网络服务提供者在其提供的支付系统中对竞买人的相应款项予以冻结。

第十八条 竞买人在拍卖竞价程序结束前交纳保证金经人民法院或者网络服务提供者确认后，取得竞买资格。网络服务提供者应当向取得资格的竞买人赋予竞买代码、参拍密码；竞买人以该代码参与竞买。

网络司法拍卖竞价程序结束前，人民法院及网络服务提供者对竞买人以及其他能够确认竞买人真实身份的信息、密码等，应当予以保密。

第十九条　优先购买权人经人民法院确认后，取得优先竞买资格以及优先竞买代码、参拍密码，并以优先竞买代码参与竞买；未经确认的，不得以优先购买权人身份参与竞买。

顺序不同的优先购买权人申请参与竞买的，人民法院应当确认其顺序，赋予不同顺序的优先竞买代码。

第二十条　网络司法拍卖从起拍价开始以递增出价方式竞价，增价幅度由人民法院确定。竞买人以低于起拍价出价的无效。

网络司法拍卖的竞价时间应当不少于二十四小时。竞价程序结束前五分钟内无人出价的，最后出价即为成交价；有出价的，竞价时间自该出价时点顺延五分钟。竞买人的出价时间以进入网络司法拍卖平台服务系统的时间为准。

竞买代码及其出价信息应当在网络竞买页面实时显示，并储存、显示竞价全程。

第二十一条　优先购买权人参与竞买的，可以与其他竞买人以相同的价格出价，没有更高出价的，拍卖财产由优先购买权人竞得。

顺序不同的优先购买权人以相同价格出价的，拍卖财产由顺序在先的优先购买权人竞得。

顺序相同的优先购买权人以相同价格出价的，拍卖财产由出价在先的优先购买权人竞得。

第二十二条　网络司法拍卖成交的，由网络司法拍卖平台以买受人的真实身份自动生成确认书并公示。

拍卖财产所有权自拍卖成交裁定送达买受人时转移。

第二十三条　拍卖成交后，买受人交纳的保证金可以充抵价款；其他竞买人交纳的保证金应当在竞价程序结束后二十四小时内退还或者解冻。拍卖未成交的，竞买人交纳的保证金应当在竞价程序结束后二十四小时内退还或者解冻。

第二十四条　拍卖成交后买受人悔拍的，交纳的保证金不予退还，依次用于支付拍卖产生的费用损失、弥补重新拍卖价款低于原拍卖价款的差价、冲抵本案被执行人的债务以及与拍卖财产相关的被执行人的债务。

悔拍后重新拍卖的，原买受人不得参加竞买。

第二十五条　拍卖成交后，买受人应当在拍卖公告确定的期限内将剩余价款交付人民法院指定账户。拍卖成交后二十四小时内，网络服务提供者应当将冻结的买受人交纳的保证金划入人民法院指定账户。

第二十六条　网络司法拍卖竞价期间无人出价的，本次拍卖流拍。流拍后应当在三十日内在同一网络司法拍卖平台再次拍卖，拍卖动产的应当在拍卖七日前公告；拍卖不动产或者其他财产权的应当在拍卖十五日前公告。再次拍卖的起拍价降价幅度不得超过前次起拍价的百分之二十。

再次拍卖流拍的，可以依法在同一网络司法拍卖平台变卖。

第二十七条　起拍价及其降价幅度、竞价增价幅度、保证金数额和优先购买权人竞买资格及其顺序等事项，应当由人民法院依法组成合议庭评议确定。

第二十八条　网络司法拍卖竞价程序中，有依法应当暂缓、中止执行等情形的，人民法院应当决定暂缓或者裁定中止拍卖；人民法院可以自行或者通知网络服务提供者停止拍卖。

网络服务提供者发现系统故障、安全隐患等紧急情况的，可以先行暂缓拍卖，并立即报告人民法院。

暂缓或者中止拍卖的，应当及时在网络司法拍卖平台公告原因或者理由。

暂缓拍卖期限届满或者中止拍卖的事由消失后，需要继续拍卖的，应当在五日内恢复拍卖。

第二十九条　网络服务提供者对拍卖形成的电子数据，应当完整保存不少于十年，但法律、行政法规另有规定的除外。

第三十条 因网络司法拍卖本身形成的税费，应当依照相关法律、行政法规的规定，由相应主体承担；没有规定或者规定不明的，人民法院可以根据法律原则和案件实际情况确定税费承担的相关主体、数额。

第三十一条 当事人、利害关系人提出异议请求撤销网络司法拍卖，符合下列情形之一的，人民法院应当支持：

（一）由于拍卖财产的文字说明、视频或者照片展示以及瑕疵说明严重失实，致使买受人产生重大误解，购买目的无法实现的，但拍卖时的技术水平不能发现或者已经就相关瑕疵以及责任承担予以公示说明的除外；

（二）由于系统故障、病毒入侵、黑客攻击、数据错误等原因致使拍卖结果错误，严重损害当事人或者其他竞买人利益的；

（三）竞买人之间，竞买人与网络司法拍卖服务提供者之间恶意串通，损害当事人或者其他竞买人利益的；

（四）买受人不具备法律、行政法规和司法解释规定的竞买资格的；

（五）违法限制竞买人参加竞买或者对享有同等权利的竞买人规定不同竞买条件的；

（六）其他严重违反网络司法拍卖程序且损害当事人或者竞买人利益的情形。

第三十二条 网络司法拍卖被人民法院撤销，当事人、利害关系人、案外人认为人民法院的拍卖行为违法致使其合法权益遭受损害的，可以依法申请国家赔偿；认为其他主体的行为违法致使其合法权益遭受损害的，可以另行提起诉讼。

第三十三条 当事人、利害关系人、案外人认为网络司法拍卖服务提供者的行为违法致使其合法权益遭受损害的，可以另行提起诉讼；理由成立的，人民法院应当支持，但具有法定免责事由的除外。

第三十四条 实施网络司法拍卖的，下列机构和人员不得竞买并不得委托他人代为竞买与其行为相关的拍卖财产：

（一）负责执行的人民法院；

（二）网络服务提供者；

（三）承担拍卖辅助工作的社会机构或者组织；

（四）第（一）至（三）项规定主体的工作人员及其近亲属。

第三十五条 网络服务提供者有下列情形之一的，应当将其从名单库中除名：

（一）存在违反本规定第八条第二款规定操控拍卖程序、修改拍卖信息等行为的；

（二）存在恶意串通、弄虚作假、泄漏保密信息等行为的；

（三）因违反法律、行政法规和司法解释等规定受到处罚，不适于继续从事网络司法拍卖的；

（四）存在违反本规定第三十四条规定行为的；

（五）其他应当除名的情形。

网络服务提供者有前款规定情形之一，人民法院可以依照《中华人民共和国民事诉讼法》的相关规定予以处理。

第三十六条 当事人、利害关系人认为网络司法拍卖行为违法侵害其合法权益的，可以提出执行异议。异议、复议期间，人民法院可以决定暂缓或者裁定中止拍卖。

案外人对网络司法拍卖的标的提出异议的，人民法院应当依据《中华人民共和国民事诉讼法》第二百二十七条及相关司法解释的规定处理，并决定暂缓或者裁定中止拍卖。

第三十七条 人民法院通过互联网平台以变卖方式处置财产的，参照本规定执行。

执行程序中委托拍卖机构通过互联网平台实施网络拍卖的，参照本规定执行。

本规定对网络司法拍卖行为没有规定的，适用其他有关司法拍卖的规定。

第三十八条 本规定自2017年1月1日起施行。施行前最高人民法院公布的司法解释和规范性文件与本规定不一致的，以本规定为准。

最高人民法院
关于对因资不抵债无法继续办学被终止的民办学校如何组织清算问题的批复

（2010年12月16日最高人民法院审判委员会第1506次会议通过 根据2020年12月23日最高人民法院审判委员会第1823次会议通过的《最高人民法院关于修改〈最高人民法院关于破产企业国有划拨土地使用权应否列入破产财产等问题的批复〉等二十九件商事类司法解释的决定》修正）

贵州省高级人民法院：

你院《关于遵义县中山中学被终止后人民法院如何受理“组织清算”的请示》〔（2010）黔高研请字第1号〕收悉。经研究，答复如下：

依照《中华人民共和国民办教育促进法》第十条批准设立的民办学校因资不抵债无法继续办学被终止，当事人依照《中华人民共和国民办教育促进法》第五十八条第二款规定向人民法院申请清算的，人民法院应当依法受理。人民法院组织民办学校破产清算，参照适用《中华人民共和国企业破产法》规定的程序，并依照《中华人民共和国民办教育促进法》第五十九条规定的顺序清偿。

最高人民法院
关于执行案件移送破产审查若干问题的指导意见

法发〔2017〕2号　　　　2017年1月20日

推进执行案件移送破产审查工作，有利于健全市场主体救治和退出机制，有利于完善司法工作机制，有利于化解执行积案，是人民法院贯彻中央供给侧结构性改革部署的重要举措，是当前和今后一段时期人民法院服务经济社会发展大局的重要任务。为促进和规范执行案件移送破产审查工作，保障执行程序与破产程序的有序衔接，根据《中华人民共和国企业破产法》《中华人民共和国民事诉讼法》《最高人民法院关于适用〈中华人民共和国民事诉讼法〉的解释》等规定，现对执行案件移送破产审查的若干问题提出以下意见。

一、执行案件移送破产审查的工作原则、条件与管辖

1. 执行案件移送破产审查工作，涉及执行程序与破产程序之间的转换衔接，不同法院之间，同一法院内部执行部门、立案部门、破产审判部门之间，应坚持依法有序、协调配合、高效便捷的工作原则，防止推诿扯皮，影响司法效率，损害当事人合法权益。

2. 执行案件移送破产审查，应同时符合下列条件：

（1）被执行人为企业法人；

（2）被执行人或者有关被执行人的任何一个执行案件的申请执行人书面同意将执行案件移送破产审查；

（3）被执行人不能清偿到期债务，并且资产不足以清偿全部债务或者明显缺乏清偿能力。

3. 执行案件移送破产审查，由被执行人住所地人民法院管辖。在级别管辖上，为适应破产审判专业化建设的要求，合理分配审判任务，实行以中级人民法院管辖为原则、基层人民法院管辖为例外的管辖制度。中级人民法院经高级人民法院批准，也可以将案件交由具备审理条件的基层人民法院审理。

二、执行法院的征询、决定程序

4. 执行法院在执行程序中应加强对执行案件移送破产审查有关事宜的告知和征询工作。执行法院采取财产调查措施后，发现作为被执行人的企业法人符合破产法第二条规定的，应当及时询问申请执行人、被执行人是否同意将案件移送破产审查。申请执行人、被执行人均不同意移送且无人申请破产的，执行法院应当按照《最高人民法院关于适用〈中华人民共和国民事诉讼法〉的解释》第五百一十六条的规定处理，企业法人的其他已经取得执行依据的债权人申请参与分配的，人民法院不予支持。

5. 执行部门应严格遵守执行案件移送破产审查的内部决定程序。承办人认为执行案件符合移送破产审查条件的，应提出审查意见，经合议庭评议同意后，由执行法院院长签署移送决定。

6. 为减少异地法院之间移送的随意性，基层人民法院拟将执行案件移送异地中级人民法院进行破产审查的，在作出移送决定前，应先报请其所在地中级人民法院执行部门审核同意。

7. 执行法院作出移送决定后，应当于五日内送达申请执行人和被执行人。申请执行人或被执行人对决定有异议的，可以在受移送法院破产审查期间提出，由受移送法院一并处理。

8. 执行法院作出移送决定后，应当书面通知所有已知执行法院，执行法院均应中止对被执行人的执行程序。但是，对被执行人的季节性商品、鲜活、易腐烂变质以及其他不宜长期保存的物品，执行法院应当及时变价处置，处置的价款不作分配。受移送法院裁定受理破产案件的，执行法院应当在收到裁定书之日起七日内，将该价款移交受理破产案件的法院。

案件符合终结本次执行程序条件的，执行法院可以同时裁定终结本次执行程序。

9. 确保对被执行人财产的查封、扣押、冻结措施的连续性，执行法院决定移送后、受移送法院裁定受理破产案件之前，对被执行人的查封、扣押、冻结措施不解除。查封、扣押、冻结期限在破产审查期间届满的，申请执行人可以向执行法院申请延长期限，由执行法院负责办理。

三、移送材料及受移送法院的接收义务

10. 执行法院作出移送决定后，应当向受移送法院移送下列材料：

（1）执行案件移送破产审查决定书；

（2）申请执行人或被执行人同意移送的书面材料；

（3）执行法院采取财产调查措施查明的被执行人的财产状况，已查封、扣押、冻结财产清单及相关材料；

（4）执行法院已分配财产清单及相关材料；

（5）被执行人债务清单；

（6）其他应当移送的材料。

11. 移送的材料不完备或内容错误，影响受移送法院认定破产原因是否具备的，受移送法院可以要求执行法院补齐、补正，执行法院应于十日内补齐、补正。该期间不计入受移送法院破产审查的期间。

受移送法院需要查阅执行程序中的其他案件材料，或者依法委托执行法院办理财产处置等事项的，执行法院应予协助配合。

12. 执行法院移送破产审查的材料，由受移送法院立案部门负责接收。受移送法院不得以材料不完备等为由拒绝接收。立案部门经审核认为移送材料完备的，应以“破申”作为案件类型代字编制案号登记立案，并及时将案件移送破产审判部门进行破产审查。破产审判部门在审查过程中发现本院对案件不具有管辖权的，应当按照《中华人民共和国民事诉讼法》第三十六条的规定处理。

四、受移送法院破产审查与受理

13. 受移送法院的破产审判部门应当自收到移送的材料之日起三十日内作出是否受理的裁定。受移送法院作出裁定后，应当在五日内送达申请执行人、被执行人，并送交执行法院。

14. 申请执行人申请或同意移送破产审查的，裁定书中以该申请执行人为申请人，被执行人为被申请人；被执行人申请或同意移送破产审查的，裁定书中以该被执行人为申请人；申请执行人、被执行人均同意移送破产审查的，双方均为申请人。

15. 受移送法院裁定受理破产案件的，在此前的执行程序中产生的评估费、公告费、保管费等执行费用，可以参照破产费用的规定，从债务人财产中随时清偿。

16. 执行法院收到受移送法院受理裁定后，应当于七日内将已经扣划到账的银行存款、实际扣押的动产、有价证券等被执行人财产移交给受理破产案件的法院或管理人。

17. 执行法院收到受移送法院受理裁定时，已通过拍卖程序处置且成交裁定已送达买受人的拍卖财产，通过以物抵债偿还债务且抵债裁定已送达债权人的抵债财产，已完成转账、汇款、现金交付的执行款，因财产所有权已经发生变动，不属于被执行人的财产，不再移交。

五、受移送法院不予受理或驳回申请的处理

18. 受移送法院做出不予受理或驳回申请裁定的，应当在裁定生效后七日内将接收的材料、被执行人的财产退回执行法院，执行法院应当恢复对被执行人的执行。

19. 受移送法院作出不予受理或驳回申请的裁定后，人民法院不得重复启动执行案件移送破产审查程序。申请执行人或被执行人以有新证据足以证明被执行人已经具备了破产原因为由，再次要求将执行案件移送破产审查的，人民法院不予支持。但是，申请执行人或被执行人可以直接向具有管辖权的法院提出破产申请。

20. 受移送法院裁定宣告被执行人破产或裁定终止和解程序、重整程序的，应当自裁定作出之日起五日内送交执行法院，执行法院应当裁定终结对被执行人的执行。

六、执行案件移送破产审查的监督

21. 受移送法院拒绝接收移送的材料，或者收到移送的材料后不按规定的期限作出是否受理裁定的，执行法院可函请受移送法院的上一级法院进行监督。上一级法院收到函件后应当指令受移送法院在十日内接收材料或作出是否受理的裁定。

受移送法院收到上级法院的通知后，十日内仍不接收材料或不作出是否受理裁定的，上一级法院可以径行对移送破产审查的案件行使管辖权。上一级法院裁定受理破产案件的，可以指令受移送法院审理。

最高人民法院
关于企业破产案件信息公开的规定（试行）

法发〔2016〕19号　　2016年7月26日

为提升破产案件审理的透明度和公信力，根据《中华人民共和国企业破产法》《中华人民共和国民事诉讼法》，结合人民法院工作实际，就破产案件信息公开问题，制定本规定。

第一条　最高人民法院设立全国企业破产重整案件信息网（以下简称破产重整案件信息网），破产案件（包括破产重整、破产清算、破产和解案件）审判流程信息以及公告、法律文书、债务人信息等与破产程序有关的信息统一在破产重整案件信息网公布。

人民法院以及人民法院指定的破产管理人应当使用破产重整案件信息网及时披露破产程序有关信息。

第二条　破产案件信息公开以公开为原则，以不公开为例外。凡是不涉及国家秘密、个人隐私的信息均应依法公开。涉及商业秘密的债务人信息，在不损害债权人和债务人合法权益的情况下，破产管理人可以通过与重整投资人的协议向重整投资人公开。

第三条　人民法院依法公开破产案件的以下信息：

（一）审判流程节点信息；

（二）破产程序中人民法院发布的各类公告；

（三）人民法院制作的破产程序法律文书；

（四）人民法院认为应当公开的其他信息。

第四条　破产管理人依法公开破产案件的以下信息：

（一）债务人信息；

（二）征集、招募重整投资人的公告；

（三）破产管理人工作节点信息；

（四）破产程序中破产管理人发布的其他公告；

（五）破产管理人制作的破产程序法律文书；

（六）人民法院裁定批准的重整计划、认可的破产财产分配方案、和解协议。

破产管理人认为应当公开的其他信息，经人民法院批准可以公开。

第五条　破产管理人应当通过破产重整案件信息网及时公开下列债务人信息：

（一）工商登记信息；

（二）最近一年的年度报告；

（三）最近一年的资产负债表；

（四）涉及的诉讼、仲裁案件的基本信息。

第六条　重整投资人可以通过破产重整案件信息网与破产管理人互动交流。破产管理人可以根据与重整投资人的协议向重整投资人公开下列债务人信息：

（一）资产、经营状况信息；

（二）涉及的诉讼、仲裁案件的详细信息；

（三）重整投资人需要的其他信息。

第七条　人民法院、破产管理人可以在破产重整案件信息网发布破产程序有关公告。

人民法院、破产管理人在其他媒体发布公告的，同时要在破产重整案件信息网发布公告。人民法院、破产管理人在破产重整案件信息网发布的公告具有法律效力。

第八条　经受送达人同意，人民法院可以通过破产重整案件信息网以电子邮件、移动通信等能够确认其收悉的方式送达破产程序有关法律文书，但裁定书除外。

采用前款方式送达的，以电子邮件、移动通信等到达受送达人特定系统的日期为送达日期。

第九条　申请人可以在破产重整案件信息网实名注册后申请预约立案并提交有关材料的电子文档。人民法院审查通过后，应当通知申请人到人民法院立案窗口办理立案登记。

第十条　债权人可以在破产重整案件信息网实名注册后申报债权并提交有关证据的电子文档，网上申报债权与其他方式申报债权具有同等法律效力。

债权人向破产管理人书面申报债权的，破产管理人应当将债权申报书及有关证据的电子文档上传破产重整案件信息网。

第十一条　人民法院、破产管理人可以在破产重整案件信息网召集债权人会议并表决有关事项。网上投票形成的表决结果与现场投票形成的表决结果具有同等法律效力。

债权人可以选择现场投票或者网上投票，但选择后不能再采用其他方式进行投票，采用其他方式进行投票的，此次投票无效。

第十二条　人民法院审理的公司强制清算案件应当参照适用本规定。

第十三条　本规定自 2016 年 8 月 1 日起施行。本规定施行后受理的破产案件以及施行前尚未审结的破产案件应当适用本规定。

企业破产案件法官工作平台使用办法（试行）

法〔2016〕252 号　　　　2016 年 7 月 26 日

第一条　为进一步深化司法公开，完善破产案件的管理和监督机制，根据《最高人民法院关于企业破产案件信息公开的规定》，结合人民法院工作实际，制定本办法。

第二条　企业破产案件法官工作平台（以下简称法官工作平台）是全国企业破产重整案件信息网（以下简称破产重整案件信息网）的组成部分。审理破产案件的人民法院应当使用法官工作平台完成破产案件审判流程，并通过与破产管理人工作平台的数据对接实现法官和破产管理人的工作协作。

第三条　法官工作平台的信息录入坚持全面、准确原则。录入信息应当与案卷材料相一致，反映破产案件的全过程。

第四条　破产案件审判管理实行线上和线下相结合的原则，实现线上线下审判流程同步完成。

第五条　信息技术部门负责法官工作平台的开发建设、数据导入、性能调优、系统维护等技术支持和保障。立案部门、破产审判业务部门及其他相关部门根据破产案件的审判流程进度负责相应的信息录入和管理。

第六条　申请人在破产重整案件信息网申请网上预约立案的，应当进行网上实名注册，上传有效身份信息，并按企业破产法第八条的规定提交相关材料。

第七条　立案部门收到网上预约立案申请后，应当对申请人上传的材料是否符合法律规定进行形式审查，并在收到网上预约立案申请之日起七个工作日内将审查结论以电子邮件、移动通信等申请人预留的联系方式通知申请人。

第八条 立案部门认为申请人的网上预约立案申请符合法律规定的形式要件的，应当通知申请人在指定期限内向人民法院立案窗口提交破产申请书及其他上传的材料。

立案部门认为申请人应当补充材料的，应当自收到网上预约立案申请之日起七个工作日内通知申请人在指定期限内补充材料。申请人未按指定期限补充材料的，按自动撤回网上预约立案申请处理。

第九条 上级人民法院负责对网上预约立案情况进行监督。立案部门逾期不通知申请人的，上级人民法院应当定期予以通报。

第十条 人民法院指定破产管理人后，应当通过法官工作平台对破产管理人的工作进行监督和指导，对破产管理人的报告进行网上批复。

第十一条 人民法院制作的破产程序法律文书应当通过法官工作平台进行网上审批。生效法律文书应当按照《最高人民法院关于人民法院在互联网公布裁判文书的规定》及本办法进行公开。

第十二条 向社会公众公开的破产案件生效法律文书应当按照《最高人民法院关于人民法院在互联网公布裁判文书的规定》进行技术处理。

第十三条 破产案件办理结案手续之前，承办法官应当完成破产案件审判流程信息的公开工作。

第十四条 人民法院可以通过法官工作平台对法官工作绩效进行考核。

第十五条 本规定自2016年8月1日起施行。本规定施行后受理的破产案件以及施行前尚未审结的破产案件应当适用本办法。

企业破产案件破产管理人工作平台使用办法（试行）

法〔2016〕253号　　　　2016年7月27日

第一条 企业破产案件破产管理人工作平台（以下简称破产管理人工作平台）是全国企业破产重整案件信息网（以下简称破产重整案件信息网）的组成部分。破产管理人在接受人民法院指定后，通过破产管理人工作平台接受人民法院监督和指导，履行企业破产法规定的工作职责。

第二条 破产管理人通过在破产重整案件信息网实名注册所获取的用户名和密码登录破产管理人工作平台。

第三条 破产管理人通过破产管理人工作平台实现破产管理人工作与法官工作的数据对接。

实现对接后，破产管理人应当通过破产管理人工作平台对外公开破产管理人团队的组成情况、办公电话、电子邮箱等信息。

第四条 律师事务所、会计师事务所、清算事务所或者人民法院指定的其他机构在获取登录破产管理人工作平台的权限后，应当指定专人负责破产管理人工作平台的日常维护，并将工作人员信息报该机构所在破产管理人名册的编制法院备案。

第五条 破产管理人应当及时将破产案件负责人、主要工作人员以及信息录入人员信息录入破产管理人工作平台。

第六条 多家机构担任同一破产案件破产管理人的，人民法院应当指定破产管理人工作平台的负责机构，其他机构工作人员经负责机构授权后可以使用破产管理人工作平台。

第七条　破产管理人应当通过破产管理人工作平台向人民法院提交破产案件有关申请和报告等文件，接受人民法院的监督和指导。

第八条　权利人在破产重整案件信息网申报有关权利的，应当进行网上实名注册，上传有效身份信息，并提交有关材料。

破产管理人认为权利人提交的材料不齐或者需要核对原件的，可以要求其补充材料或者提供原件。

前款所称“权利人”，是指债权人、取回权人、抵销权人、担保权人以及企业破产法规定的其他权利人。

第九条　破产管理人应当及时将债权人的下列信息录入破产管理人工作平台：

（一）债权人及其代理人的身份信息；

（二）申报债权的金额、性质；

（三）申报债权有无担保、担保种类以及保证人或担保物的情况；

（四）申报债权涉及的诉讼、仲裁案件信息；

（五）破产管理人认为应当录入的其他信息。

第十条　权利人在网上申报权利的，破产管理人可以通过破产重整案件信息网以电子邮件、移动通信等权利人预留的联系方式将审查结论通知权利人。

权利人对破产管理人作出的审查结论有异议的，可以通过破产重整案件信息网提出异议并申请破产管理人复核。

第十一条　破产管理人为破产管理人工作平台的信息公开责任人，对公开信息的真实性、及时性负责。

第十二条　破产管理人可以通过破产重整案件信息网以电子邮件、移动通信等方式向已申报债权的债权人送达债权人会议召开通知及有关文件。

第十三条　破产管理人在破产重整案件信息网召开债权人会议的，网上债权人会议的召开期间应当不短于现场债权人会议的召开期间。

破产管理人召开网上债权人会议的，应当通过破产重整案件信息网上传与会议有关的文件和表决事项，同时通过破产重整案件信息网以电子邮件、移动通信等方式向已申报债权的债权人送达参加网上债权人会议的会议编码。

第十四条　破产管理人应当告知债权人参加网上债权人会议并行使表决权的程序和规则，债权人应当签署与网上债权人会议有关的确认书。

第十五条　参加网上债权人会议的债权人是自然人的，应当在会议指定页面凭身份证号码和会议编码登录会议；参加网上债权人会议的债权人是法人的，应当在会议指定页面凭组织机构代码（或统一社会信用代码）和会议编码登录会议。

第十六条　本规定自2016年8月1日起施行。本规定施行后受理的破产案件以及施行前尚未审结的破产案件应当适用本办法。

全国法院破产审判工作会议纪要

法〔2018〕53号　　　　　　　　　　　　　　　　　　　　　2018年3月4日

为落实党的十九大报告提出的贯彻新发展理念、建设现代化经济体系的要求，紧紧围绕高质量发展这条主线，服务和保障供给侧结构性改革［供给侧改革的内容］，充分发挥人民法院破产审判工作在完善社会主义市场经济主体拯救和退出机制中的积极作用，为决胜全面建成小康社会提供更加有力的司法保障，2017年12月25日，最高人民法院在广东省深圳市召开了全国法院破产审判工作会议。各省、自治区、直辖市高级人民法院、设立破产审判庭的市中级人民法院的代表参加了会议。与会代表经认真讨论，对人民法院破产审判涉及的主要问题达成共识。现纪要如下：

一、破产审判的总体要求

会议认为，人民法院要坚持以习近平新时代中国特色社会主义经济思想为指导，深刻认识破产法治对决胜全面建成小康社会的重要意义，以更加有力的举措开展破产审判工作，为经济社会持续健康发展提供更加有力的司法保障。当前和今后一个时期，破产审判工作总的要求是：

一要发挥破产审判功能，助推建设现代化经济体系。人民法院要通过破产工作实现资源重新配置，用好企业破产中权益、经营管理、资产、技术等重大调整的有利契机［危机也是契机］，对不同企业分类处置，把科技、资本、劳动力和人力资源等生产要素调动好、配置好、协同好，促进实体经济和产业体系优质高效。

二要着力服务构建新的经济体制，完善市场主体救治和退出机制。要充分运用重整、和解法律手段实现市场主体的有效救治，帮助企业提质增效；运用清算手段促使丧失经营价值的企业和产能及时退出市场，实现优胜劣汰，从而完善社会主义市场主体的救治和退出机制。

三要健全破产审判工作机制，最大限度释放破产审判的价值。要进一步完善破产重整企业识别、政府与法院协调、案件信息沟通、合法有序的利益衡平四项破产审判工作机制，推动破产审判工作良性运行，彰显破产审判工作的制度价值和社会责任。

四要完善执行与破产工作的有序衔接，推动解决“执行难”。要将破产审判作为与立案、审判、执行既相互衔接、又相对独立的一个重要环节，充分发挥破产审判对化解执行积案的促进功能，消除执行转破产的障碍，从司法工作机制上探索解决“执行难”的有效途径。

二、破产审判的专业化建设

审判专业化是破产审判工作取得实质性进展的关键环节。各级法院要大力加强破产审判专业化建设，努力实现审判机构专业化、审判队伍专业化、审判程序规范化、裁判规则标准化、绩效考评科学化。

1. 推进破产审判机构专业化建设。省会城市、副省级城市所在地中级人民法院要根据最高人民法院《关于在中级人民法院设立清算与破产审判庭的工作方案》（法〔2016〕209号），抓紧设立清算与破产审判庭。其他各级法院可根据本地工作实际需求决定设立清算与破产审判庭或专门的合议庭，培养熟悉清算与破产审判的专业法官，以适应破产审判工作的需求。

2. 合理配置审判任务。要根据破产案件数量、案件难易程度、审判力量等情况，合理分配各级法院的审判任务。对于债权债务关系复杂、审理难度大的破产案件，高级人民法院可以探索实行中级人民法院集中管辖为原则、基层人民法院管辖为例外的管辖制度；对于债权债务关系简单、审理难度不大的破产案件，可以主要由基层人民法院管辖，通过快速审理程序高效审结。

3. 建立科学的绩效考评体系。要尽快完善清算与破产审判工作绩效考评体系，在充分尊重司法规律的基础上确定绩效考评标准，避免将办理清算破产案件与普通案件简单对比、等量齐观、同等考核。

三、管理人制度的完善

管理人是破产程序的主要推动者和破产事务的具体执行者。管理人的能力和素质不仅影响破产审判工作的质量，还关系到破产企业的命运与未来发展。要加快完善管理人制度，大力提升管理人职业素养和执业能力，强化对管理人的履职保障和有效监督，为改善企业经营、优化产业结构提供有力制度保障。

4. 完善管理人队伍结构。人民法院要指导编入管理人名册的中介机构采取适当方式吸收具有专业技术知识、企业经营能力的人员充实到管理人队伍中来，促进管理人队伍内在结构更加合理，充分发挥和提升管理人在企业病因诊断、资源整合等方面的重要作用。

5. 探索管理人跨区域执业。除从本地名册选择管理人外，各地法院还可以探索从外省、市管理人名册中选任管理人，确保重大破产案件能够遴选出最佳管理人。两家以上具备资质的中介机构请求联合担任同一破产案件管理人的，人民法院经审查符合自愿协商、优势互补、权责一致要求且确有必要的，可以准许。

6. 实行管理人分级管理。高级人民法院或者自行编制管理人名册的中级人民法院可以综合考虑管理人的专业水准、工作经验、执业操守、工作绩效、勤勉程度等因素，合理确定管理人等级，对管理人实行分级管理、定期考评。对债务人财产数量不多、债权债务关系简单的破产案件，可以在相应等级的管理人中采取轮候、抽签、摇号等随机方式指定管理人。

7. 建立竞争选定管理人工作机制。破产案件中可以引入竞争机制选任管理人，提升破产管理质量。上市公司破产案件、在本地有重大影响的破产案件或者债权债务关系复杂，涉及债权人、职工以及利害关系人人数较多的破产案件，在指定管理人时，一般应当通过竞争方式依法选定。

8. 合理划分法院和管理人的职能范围。人民法院应当支持和保障管理人依法履行职责，不得代替管理人作出本应由管理人自己作出的决定。管理人应当依法管理和处分债务人财产，审慎决定债务人内部管理事务，不得将自己的职责全部或者部分转让给他人。

9. 进一步落实管理人职责。在债务人自行管理的重整程序中，人民法院要督促管理人制订监督债务人的具体制度。在重整计划规定的监督期内，管理人应当代表债务人参加监督期开始前已经启动而尚未终结的诉讼、仲裁活动。重整程序、和解程序转入破产清算程序后，管理人应当按照破产清算程序继续履行管理人职责。

10. 发挥管理人报酬的激励和约束作用。人民法院可以根据破产案件的不同情况确定管理人报酬的支付方式，发挥管理人报酬在激励、约束管理人勤勉履职方面的积极作用。管理人报酬原则上应当根据破产案件审理进度和管理人履职情况分期支付。案情简单、耗时较短的破产案件，可以在破产程序终结后一次性向管理人支付报酬。

11. 管理人聘用其他人员费用负担的规制。管理人经人民法院许可聘用企业经营管理人员，或者管理人确有必要聘请其他社会中介机构或人员处理重大诉讼、仲裁、执行或审计等专业性较强工作，如所需费用需要列入破产费用的，应当经债权人会议同意。

12. 推动建立破产费用的综合保障制度。各地法院要积极争取财政部门支持，或采取从其他破产案件管理人报酬中提取一定比例等方式，推动设立破产费用保障资金，建立破产费用保障长效机制，解决因债务人财产不足以支付破产费用而影响破产程序启动的问题。

13. 支持和引导成立管理人协会。人民法院应当支持、引导、推动本辖区范围内管理人名册中的社会中介机构、个人成立管理人协会，加强对管理人的管理和约束，维护管理人的合法权益，逐步形成规范、稳定和自律的行业组织，确保管理人队伍既充满活力又规范有序发展。

四、破产重整

会议认为，重整制度集中体现了破产法的拯救功能，代表了现代破产法的发展趋势，全国各级法院要高度重视重整工作，妥善审理企业重整案件，通过市场化、法治化途径挽救困境企业，不断完善社会主义市场主体救治机制。

14. 重整企业的识别审查。破产重整的对象应当是具有挽救价值和可能的困境企业；对于僵尸企业，应通过破产清算，果断实现市场出清。人民法院在审查重整申请时，根据债务人的资产状况、技术工艺、生产销售、行业前景等因素，能够认定债务人明显不具备重整价值以及拯救可能性的，应裁定不予受理。

15. 重整案件的听证程序。对于债权债务关系复杂、债务规模较大，或者涉及上市公司重整的案件，人民法院在审查重整申请时，可以组织申请人、被申请人听证。债权人、出资人、重整投资人等利害关系人经人民法院准许，也可以参加听证。听证期间不计入重整申请审查期限。

16. 重整计划的制定及沟通协调。人民法院要加强与管理人或债务人的沟通，引导其分析债务人陷于困境的原因，有针对性地制定重整计划草案，促使企业重新获得盈利能力，提高重整成功率。人民法院要与政府建立沟通协调机制，帮助管理人或债务人解决重整计划草案制定中的困难和问题。

17. 重整计划的审查与批准。重整不限于债务减免和财务调整，重整的重点是维持企业的营运价值。人民法院在审查重整计划时，除合法性审查外，还应审查其中的经营方案是否具有可行性。重整计划中关于企业重新获得盈利能力的经营方案具有可行性、表决程序合法、内容不损害各表决组中反对者的清偿利益的，人民法院应当自收到申请之日起三十日内裁定批准重整计划。

18. 重整计划草案强制批准的条件。人民法院应当审慎适用企业破产法第八十七条第二款，不得滥用强制批准权。确需强制批准重整计划草案的，重整计划草案除应当符合企业破产法第八十七条第二款规定外，如债权人分多组的，还应当至少有一组已经通过重整计划草案，且各表决组中反对者能够获得的清偿利益不低于依照破产清算程序所能获得的利益。

19. 重整计划执行中的变更条件和程序。债务人应严格执行重整计划，但因出现国家政策调整、法律修改变化等特殊情况，导致原重整计划无法执行的，债务人或管理人可以申请变更重整计划一次。债权人会议决议同意变更重整计划的，应自决议通过之日起十日内提请人民法院批准。债权人会议决议不同意或者人民法院不批准变更申请的，人民法院经管理人或者利害关系人请求，应当裁定终止重整计划的执行，并宣告债务人破产。

20. 重整计划变更后的重新表决与裁定批准。人民法院裁定同意变更重整计划的，债务人或者管理人应当在六个月内提出新的重整计划。变更后的重整计划应提交给因重整计划变更而遭受不利影响的债权人组和出资人组进行表决。表决、申请人民法院批准以及人民法院裁定是否批准的程序与原重整计划的相同。

21. 重整后企业正常生产经营的保障。企业重整后，投资主体、股权结构、公司治理模式、经营方式等与原企业相比，往往发生了根本变化，人民法院要通过加强与政府的沟通协调，帮助重整企业修复信用记录，依法获取税收优惠，以利于重整企业恢复正常生产经营。

22. 探索推行庭外重组与庭内重整制度的衔接。在企业进入重整程序之前，可以先由债权人与债务人、出资人等利害关系人通过庭外商业谈判，拟定重组方案。重整程序启动后，可以重组方案为依据拟定重整计划草案提交人民法院依法审查批准。

五、破产清算

会议认为，破产清算作为破产制度的重要组成部分，具有淘汰落后产能、优化市场资源配置的直接作用。对于缺乏拯救价值和可能性的债务人，要及时通过破产清算程序对债权债务关系进行全面清理，重新配置社会资源，提升社会有效供给的质量和水平，增强企业破产法对市场经济发展的引领作用。

23. 破产宣告的条件。人民法院受理破产清算申请后，第一次债权人会议上无人提出重整或和解申请的，管理人应当在债权审核确认和必要的审计、资产评估后，及时向人民法院提出宣告破产的申请。人民法院受理破产和解或重整申请后，债务人出现应当宣告破产的法定原因时，人民法院应当依法宣告债务人破产。

24. 破产宣告的程序及转换限制。相关主体向人民法院提出宣告破产申请的，人民法院应当自收到申请之日起七日内作出破产宣告裁定并进行公告。债务人被宣告破产后，不得再转入重整程序或和解程序。

25. 担保权人权利的行使与限制。在破产清算和破产和解程序中，对债务人特定财产享有担保权的债权人可以随时向管理人主张就该特定财产变价处置行使优先受偿权，管理人应及时变价处置，不得以须经债权人会议决议等为由拒绝。但因单独处置担保财产会降低其他破产财产的价值而应整体处置的除外。

26. 破产财产的处置。破产财产处置应当以价值最大化为原则，兼顾处置效率。人民法院要积极探索更为有效的破产财产处置方式和渠道，最大限度提升破产财产变价率。采用拍卖方式进行处置的，拍卖所得预计不足以支付评估拍卖费用，或者拍卖不成的，经债权人会议决议，可以采取作价变卖或实物分配方式。变卖或实物分配的方案经债权人会议两次表决仍未通过的，由人民法院裁定处理。

27. 企业破产与职工权益保护。破产程序中要依法妥善处理劳动关系，推动完善职工欠薪保障机制，依法保护职工生存权。由第三方垫付的职工债权，原则上按照垫付的职工债权性质进行清偿；由欠薪保障基金垫付的，应按照企业破产法第一百一十三条第一款第二项的顺序清偿。债务人欠缴的住房公积金，按照债务人拖欠的职工工资性质清偿。

28. 破产债权的清偿原则和顺序。对于法律没有明确规定清偿顺序的债权，人民法院可以按照人身损害赔偿债权优先于财产性债权、私法债权优先于公法债权、补偿性债权优先于惩罚性债权的原则合理确定清偿顺序。因债务人侵权行为造成的人身损害赔偿，可以参照企业破产法第一百一十三条第一款第一项规定的顺序清偿，但其中涉及的惩罚性赔偿除外。破产财产依照企业破产法第一百一十三条规定的顺序清偿后仍有剩余的，可依次用于清偿破产受理前产生的民事惩罚性赔偿金、行政罚款、刑事罚金等惩罚性债权。

29. 建立破产案件审理的繁简分流机制。人民法院审理破产案件应当提升审判效率，在确保利害关系人程序和实体权利不受损害的前提下，建立破产案件审理的繁简分流机制。对于债权债务关系明确、债务人财产状况清楚的破产案件，可以通过缩短程序时间、简化流程等方式加快案件审理进程，但不得突破法律规定的最低期限。

30. 破产清算程序的终结。人民法院终结破产清算程序应当以查明债务人财产状况、明确债务人财产的分配方案、确保破产债权获得依法清偿为基础。破产申请受理后，经管理人调查，债务人财产不足以清偿破产费用且无人代为清偿或垫付的，人民法院应当依管理人申请宣告破产并裁定终结破产清算程序。

31. 保证人的清偿责任和求偿权的限制。破产程序终结前，已向债权人承担了保证责任的保证人，可以要求债务人向其转付已申报债权的债权人在破产程序中应得清偿部分。破产程序终结后，债权人就破产程序中未受清偿部分要求保证人承担保证责任的，应在破产程序终结后六个月内提出。保证人承担保证责任后，不得再向和解或重整后的债务人行使求偿权。

六、关联企业破产

会议认为，人民法院审理关联企业破产案件时，要立足于破产关联企业之间的具体关系模式，采取不同方式予以处理。既要通过实质合并审理方式处理法人人格高度混同的关联关系，确保全体债权人公平清偿，也要避免不当采用实质合并审理方式损害相关利益主体的合法权益。

32. 关联企业实质合并破产的审慎适用。人民法院在审理企业破产案件时，应当尊重企业法人人格的独立性，以对关联企业成员的破产原因进行单独判断并适用单个破产程序为基本原则。当关联企业成员之间存在法人人格高度混同、区分各关联企业成员财产的成本过高、严重损害债权人公平清偿利益时，可例外适用关联企业实质合并破产方式进行审理。

33. 实质合并申请的审查。人民法院收到实质合并申请后，应当及时通知相关利害关系人并组织听证，听证时间不计入审查时间。人民法院在审查实质合并申请过程中，可以综合考虑关联企业之间资产的混同程序及其持续时间、各企业之间的利益关系、债权人整体清偿利益、增加企业重整的可能性等因素，在收到申请之日起三十日内作出是否实质合并审理的裁定。

34. 裁定实质合并时利害关系人的权利救济。相关利害关系人对受理法院作出的实质合并审理裁定不服的，可以自裁定书送达之日起十五日内向受理法院的上一级人民法院申请复议。

35. 实质合并审理的管辖原则与冲突解决。采用实质合并方式审理关联企业破产案件的，应由关联企业中的核心控制企业住所地人民法院管辖。核心控制企业不明确的，由关联企业主要财产所在地人民法院管辖。多个法院之间对管辖权发生争议的，应当报请共同的上级人民法院指定管辖。

36. 实质合并审理的法律后果。人民法院裁定采用实质合并方式审理破产案件的，各关联企业成员之间的债权债务归于消灭，各成员的财产作为合并后统一的破产财产，由各成员的债权人在同一程序中按照法定顺序公平受偿。采用实质合并方式进行重整的，重整计划草案中应当制定统一的债权分类、债权调整和债权受偿方案。

37. 实质合并审理后的企业成员存续。适用实质合并规则进行破产清算的，破产程序终结后各关联企业成员均应予以注销。适用实质合并规则进行和解或重整的，各关联企业原则上应当合并为一个企业。根据和解协议或重整计划，确有需要保持个别企业独立的，应当依照企业分立的有关规则单独处理。

38. 关联企业破产案件的协调审理与管辖原则。多个关联企业成员均存在破产原因但不符合实质合并条件的，人民法院可根据相关主体的申请对多个破产程序进行协调审理，并可根据程序协调的需要，综合考虑破产案件审理的效率、破产申请的先后顺序、成员负债规模大小、核心控制企业住所地等因素，由共同的上级法院确定一家法院集中管辖。

39. 协调审理的法律后果。协调审理不消灭关联企业成员之间的债权债务关系，不对关联企业成员的财产进行合并，各关联企业成员的债权人仍以该企业成员财产为限依法获得清偿。但关联企业成员之间不当利用关联关系形成的债权，应当劣后于其他普通债权顺序清偿，且该劣后债权人不得就其他关联企业成员提供的特定财产优先受偿。

七、执行程序与破产程序的衔接

执行程序与破产程序的有效衔接是全面推进破产审判工作的有力抓手，也是破解“执行难”的重要举措。全国各级法院要深刻认识执行转破产工作的重要意义，大力推动符合破产条件的执行案件，包括执行不能案件进入破产程序，充分发挥破产程序的制度价值。

40. 执行法院的审查告知、释明义务和移送职责。执行部门要高度重视执行与破产的衔接工作，推动符合条件的执行案件向破产程序移转。执行法院发现作为被执行人的企业法人符合企业破产法第二条规定的，应当及时询问当事人是否同意将案件移送破产审查并释明法律后果。执行法院作出移送决定后，应当书面通知所有已知执行法院，执行法院均应中止对被执行人的执行程序。

41. 执行转破产案件的移送和接收。执行法院与受移送法院应加强移送环节的协调配合，提升工作实效。执行法院移送案件时，应当确保材料完备，内容、形式符合规定。受移送法院应当认真审核并及时反馈意见，不得无故不予接收或暂缓立案。

42. 破产案件受理后查封措施的解除或查封财产的移送。执行法院收到破产受理裁定后，应当解除对债务人财产的查封、扣押、冻结措施；或者根据破产受理法院的要求，出具函件将查封、扣押、冻结财产的处置权交破产受理法院。破产受理法院可以持执行法院的移送处置函件进行续行查封、扣押、冻结，解除查封、扣押、冻结，或者予以处置。

执行法院收到破产受理裁定拒不解除查封、扣押、冻结措施的，破产受理法院可以请求执行法院的上级法院依法予以纠正。

43. 破产审判部门与执行部门的信息共享。破产受理法院可以利用执行查控系统查控债务人财产，提高破产审判工作效率，执行部门应予以配合。

各地法院要树立线上线下法律程序同步化的观念，逐步实现符合移送条件的执行案件网上移送，提升移送工作的透明度，提高案件移送、通知、送达、沟通协调等相关工作的效率。

44. 强化执行转破产工作的考核与管理。各级法院要结合工作实际建立执行转破产工作考核机制，科学设置考核指标，推动执行转破产工作开展。对应当征询当事人意见不征询、应当提交移送审查不提交、受移送法院违反相关规定拒不接收执行转破产材料或者拒绝立案的，除应当纳入绩效考核和业绩考评体系外，还应当公开通报和严肃追究相关人员的责任。

八、破产信息化建设

会议认为，全国法院要进一步加强破产审判的信息化建设，提升破产案件审理的透明度和公信力，增进破产案件审理质效，促进企业重整再生。

45. 充分发挥破产重整案件信息平台对破产审判工作的推动作用。各级法院要按照最高人民法院相关规定，通过破产重整案件信息平台规范破产案件审理，全程公开、步步留痕。要进一步强化信息网的数据统计、数据检索等功能，分析研判企业破产案件情况，及时发现新情况，解决新问题，提升破产案件审判水平。

46. 不断加大破产重整案件的信息公开力度。要增加对债务人企业信息的公开内容，吸引潜在投资者，促进资本、技术、管理能力等要素自由流动和有效配置，帮助企业重整再生。要确保债权人等利害关系人及时、充分了解案件进程和债务人相关财务、重整计划草案、重整计划执行等情况，维护债权人等利害关系人的知情权、程序参与权。

47. 运用信息化手段提高破产案件处理的质量与效率。要适应信息化发展趋势，积极引导以网络拍卖方式处置破产财产，提升破产财产处置效益。鼓励和规范通过网络方式召开债权人会议，提高效率，降低破产费用，确保债权人等主体参与破产程序的权利。

48. 进一步发挥人民法院破产重整案件信息网的枢纽作用。要不断完善和推广使用破产重整案件信息网，在确保增量数据及时录入信息网的同时，加快填充有关存量数据，确立信息网在企业破产大数据方面的枢纽地位，发挥信息网的宣传、交流功能，扩大各方运用信息网的积极性。

九、跨境破产

49. 对跨境破产与互惠原则。人民法院在处理跨境破产案件时，要妥善解决跨境破产中的法律冲突与矛盾，合理确定跨境破产案件中的管辖权。在坚持同类债权平等保护的原则下，协调好外国债权人利益与我国债权人利益的平衡，合理保护我国境内职工债权、税收债权等优先权的清偿利益。积极参与、推动跨境破产国际条约的协商与签订，探索互惠原则适用的新方式，加强我国法院和管理人在跨境破产领域的合作，推进国际投资健康有序发展。

50. 跨境破产案件中的权利保护与利益平衡。依照企业破产法第五条的规定，开展跨境破产协作。人民法院认可外国法院作出的破产案件的判决、裁定后，债务人在中华人民共和国境内的财产在全额清偿境内的担保权人、职工债权和社会保险费用、所欠税款等优先权后，剩余财产可以按照该外国法院的规定进行分配。

全国法院民商事审判工作会议纪要（节录）

法〔2019〕254号　　　　　　　　　　　　　　　　　　　　2019年11月8日

十、关于破产纠纷案件的审理

会议认为，审理好破产案件对于推动高质量发展、深化供给侧结构性改革、营造稳定公平透明可预期的营商环境，具有十分重要的意义。要继续深入推进破产审判工作的市场化、法治化、专业化、信息化，充分发挥破产审判公平清理债权债务、促进优胜劣汰、优化资源配置、维护市场经济秩序等重要功能。一是要继续加大对破产保护理念的宣传和落实，及时发挥破产重整制度的积极拯救功能，通过平衡债权人、债务人、出资人、员工等利害关系人的利益，实现社会整体价值最大化；注重发挥和解程序简便快速清理债权债务关系的功能，鼓励当事人通过和解程序或者达成自行和解的方式实现各方利益共赢；积极推进清算程序中的企业整体处置方式，有效维护企业营运价值和职工就业。二是要推进不符合国家产业政策、丧失经营价值的企业主体尽快从市场退出，通过依法简化破产清算程序流程加快对“僵尸企业”的清理。三是要注重提升破产制度实施的经济效益，降低破产程序运行的时间和成本，有效维护企业营运价值，最大程度发挥各类要素和资源潜力，减少企业破产给社会经济造成的损害。四是要积极稳妥进行实践探索，加强理论研究，分步骤、有重点地推进建立自然人破产制度，进一步推动健全市场主体退出制度。

107. 【继续推动破产案件的及时受理】充分发挥破产重整案件信息网的线上预约登记功能，提高破产案件的受理效率。当事人提出破产申请的，人民法院不得以非法定理由拒绝接收破产申请材料。如果可能影响社会稳定的，要加强府院协调，制定相应预案，但不应当以“影响社会稳定”之名，行消极不作为之实。破产申请材料不完备的，立案部门应当告知当事人在指定期限内补充材料，待材料齐备后以“破申”作为案件类型代字编制案号登记立案，并及时将案件移送破产审判部门进行破产审查。

注重发挥破产和解制度简便快速清理债权债务关系的功能，债务人根据《企业破产法》第95条的规定，直接提出和解申请，或者在破产申请受理后宣告破产前申请和解的，人民法院应当依法受理并及时作出是否批准的裁定。

108. 【破产申请的不予受理和撤回】人民法院裁定受理破产申请前，提出破产申请的债权人的债权因清偿或者其他原因消灭的，因申请人不再具备申请资格，人民法院应当裁定不予受理。但该裁定不影响其他符合条件的主体再次提出破产申请。破产申请受理后，管理人以上述清偿符合《企业破产法》第31条、第32条为由请求撤销的，人民法院查实后应当予以支持。

人民法院裁定受理破产申请系对债务人具有破产原因的初步认可，破产申请受理后，申请人请求撤回破产申请的，人民法院不予准许。除非存在《企业破产法》第12条第2款规定的情形，人民法院不得裁定驳回破产申请。

109.【受理后债务人财产保全措施的处理】要切实落实破产案件受理后相关保全措施应予解除、相关执行措施应当中止、债务人财产应当及时交付管理人等规定，充分运用信息化技术手段，通过信息共享与整合，维护债务人财产的完整性。相关人民法院拒不解除保全措施或者拒不中止执行的，破产受理人民法院可以请求该法院的上级人民法院依法予以纠正。对债务人财产采取保全措施或者执行措施的人民法院未依法及时解除保全措施、移交处置权，或者中止执行程序并移交有关财产的，上级人民法院应当依法予以纠正。相关人员违反上述规定造成严重后果的，破产受理人民法院可以向人民法院纪检监察部门移送其违法审判责任线索。

人民法院审理企业破产案件时，有关债务人财产被其他具有强制执行权力的国家行政机关，包括税务机关、公安机关、海关等采取保全措施或者执行程序的，人民法院应当积极与上述机关进行协调和沟通，取得有关机关的配合，参照上述具体操作规程，解除有关保全措施，中止有关执行程序，以便保障破产程序顺利进行。

110.【受理后有关债务人诉讼的处理】人民法院受理破产申请后，已经开始而尚未终结的有关债务人的民事诉讼，在管理人接管债务人财产和诉讼事务后继续进行。债权人已经对债务人提起的给付之诉，破产申请受理后，人民法院应当继续审理，但是在判定相关当事人实体权利义务时，应当注意与企业破产法及其司法解释的规定相协调。

上述裁判作出并生效前，债权人可以同时向管理人申报债权，但其作为债权尚未确定的债权人，原则上不得行使表决权，除非人民法院临时确定其债权额。上述裁判生效后，债权人应当根据裁判认定的债权数额在破产程序中依法统一受偿，其对债务人享有的债权利息应当按照《企业破产法》第 46 条第 2 款的规定停止计算。

人民法院受理破产申请后，债权人新提起的要求债务人清偿的民事诉讼，人民法院不予受理，同时告知债权人应当向管理人申报债权。债权人申报债权后，对管理人编制的债权表记载有异议的，可以根据《企业破产法》第 58 条的规定提起债权确认之诉。

111.【债务人自行管理的条件】重整期间，债务人同时符合下列条件的，经申请，人民法院可以批准债务人在管理人的监督下自行管理财产和营业事务：

（1）债务人的内部治理机制仍正常运转；

（2）债务人自行管理有利于债务人继续经营；

（3）债务人不存在隐匿、转移财产的行为；

（4）债务人不存在其他严重损害债权人利益的行为。

债务人提出重整申请时可以一并提出自行管理的申请。经人民法院批准由债务人自行管理财产和营业事务的，企业破产法规定的管理人职权中有关财产管理和营业经营的职权应当由债务人行使。

管理人应当对债务人的自行管理行为进行监督。管理人发现债务人存在严重损害债权人利益的行为或者有其他不适宜自行管理情形的，可以申请人民法院作出终止债务人自行管理的决定。人民法院决定终止的，应当通知管理人接管债务人财产和营业事务。债务人有上述行为而管理人未申请人民法院作出终止决定的，债权人等利害关系人可以向人民法院提出申请。

112.【重整中担保物权的恢复行使】重整程序中，要依法平衡保护担保物权人的合法权益和企业重整价值。重整申请受理后，管理人或者自行管理的债务人应当及时确定设定有担保物权的债务人财产是否为重整所必需。如果认为担保物不是重整所必需，管理人或者自行管理的债务人应当及时对担保物进行拍卖或者变卖，拍卖或者变卖担保物所得价款在支付拍卖、变卖费用后优先清偿担保物权人的债权。

在担保物权暂停行使期间，担保物权人根据《企业破产法》第75条的规定向人民法院请求恢复行使担保物权的，人民法院应当自收到恢复行使担保物权申请之日起三十日内作出裁定。经审查，担保物权人的申请不符合第75条的规定，或者虽然符合该条规定但管理人或者自行管理的债务人有证据证明担保物是重整所必需，并且提供与减少价值相应担保或者补偿的，人民法院应当裁定不予批准恢复行使担保物权。担保物权人不服该裁定的，可以自收到裁定书之日起十日内，向作出裁定的人民法院申请复议。人民法院裁定批准行使担保物权的，管理人或者自行管理的债务人应当自收到裁定书之日起十五日内启动对担保物的拍卖或者变卖，拍卖或者变卖担保物所得价款在支付拍卖、变卖费用后优先清偿担保物权人的债权。

113.【重整计划监督期间的管理人报酬及诉讼管辖】要依法确保重整计划的执行和有效监督。重整计划的执行期间和监督期间原则上应当一致。二者不一致的，人民法院在确定和调整重整程序中的管理人报酬方案时，应当根据重整期间和重整计划监督期间管理人工作量的不同予以区别对待。其中，重整期间的管理人报酬应当根据管理人对重整发挥的实际作用等因素予以确定和支付；重整计划监督期间管理人报酬的支付比例和支付时间，应当根据管理人监督职责的履行情况，与债权人按照重整计划实际受偿比例和受偿时间相匹配。

重整计划执行期间，因重整程序终止后新发生的事实或者事件引发的有关债务人的民事诉讼，不适用《企业破产法》第21条有关集中管辖的规定。除重整计划有明确约定外，上述纠纷引发的诉讼，不再由管理人代表债务人进行。

114.【重整程序与破产清算程序的衔接】重整期间或者重整计划执行期间，债务人因法定事由被宣告破产的，人民法院不再另立新的案号，原重整程序的管理人原则上应当继续履行破产清算程序中的职责。原重整程序的管理人不能继续履行职责或者不适宜继续担任管理人的，人民法院应当依法重新指定管理人。

重整程序转破产清算案件中的管理人报酬，应当综合管理人为重整工作和清算工作分别发挥的实际作用等因素合理确定。重整期间因法定事由转入破产清算程序的，应当按照破产清算案件确定管理人报酬。重整计划执行期间因法定事由转入破产清算程序的，后续破产清算阶段的管理人报酬应当根据管理人实际工作量予以确定，不能简单根据债务人最终清偿的财产价值总额计算。

重整程序因人民法院裁定批准重整计划草案而终止的，重整案件可作结案处理。重整计划执行完毕后，人民法院可以根据管理人等利害关系人申请，作出重整程序终结的裁定。

115.【庭外重组协议效力在重整程序中的延伸】继续完善庭外重组与庭内重整的衔接机制，降低制度性成本，提高破产制度效率。人民法院受理重整申请前，债务人和部分债权人已经达成的有关协议与重整程序中制作的重整计划草案内容一致的，有关债权人对该协议的同意视为对该重整计划草案表决的同意。但重整计划草案对协议内容进行了修改并对有关债权人有不利影响，或者与有关债权人重大利益相关的，受到影响的债权人有权按照企业破产法的规定对重整计划草案重新进行表决。

116.【审计、评估等中介机构的确定及责任】要合理区分人民法院和管理人在委托审计、评估等财产管理工作中的职责。上述中介机构因不当履行职责给债务人、债权人或者第三人造成损害的，应当承担赔偿责任。管理人在聘用过程中存在过错的，应当在其过错范围内承担相应的补充赔偿责任。

117.【公司解散清算与破产清算的衔接】要依法区分公司解散清算与破产清算的不同功能和不同适用条件。债务人同时符合破产清算条件和强制清算条件的，应当及时适用破产清算程序实现对债权人利益的公平保护。债权人对符合破产清算条件的债务人提起公司强制清算申请，经人民法院释明，债权人仍然坚持申请对债务人强制清算的，人民法院应当裁定不予受理。

118.【无法清算案件的审理与责任承担】人民法院在审理债务人相关人员下落不明或者财产状况不清的破产案件时，应当充分贯彻债权人利益保护原则，避免债务人通过破产程序不当损害债权人利益，同时也要避免不当突破股东有限责任原则。

人民法院在适用《最高人民法院关于债权人对人员下落不明或者财产状况不清的债务人申请破产清算案件如何处理的批复》第3款的规定，判定债务人相关人员承担责任时，应当依照企业破产法的相关规定来确定相关主体的义务内容和责任范围，不得根据公司法司法解释（二）第18条第2款的规定来判定相关主体的责任。

上述批复第3款规定的“债务人的有关人员不履行法定义务，人民法院可依据有关法律规定追究其相应法律责任”，系指债务人的法定代表人、财务管理人员和其他经营管理人员不履行《企业破产法》第15条规定的配合清算义务，人民法院可以根据《企业破产法》第126条、第127条追究其相应法律责任，或者参照《民事诉讼法》第111条的规定，依法拘留，构成犯罪的，依法追究刑事责任；债务人的法定代表人或者实际控制人不配合清算的，人民法院可以依据《出境入境管理法》第12条的规定，对其作出不准出境的决定，以确保破产程序顺利进行。

上述批复第3款规定的“其行为导致无法清算或者造成损失”，系指债务人的有关人员不配合清算的行为导致债务人财产状况不明，或者依法负有清算责任的人未依照《企业破产法》第7条第3款的规定及时履行破产申请义务，导致债务人主要财产、账册、重要文件等灭失，致使管理人无法执行清算职务，给债权人利益造成损害。“有关权利人起诉请求其承担相应民事责任”，系指管理人请求上述主体承担相应损害赔偿责任并将因此获得的赔偿归入债务人财产。管理人未主张上述赔偿，个别债权人可以代表全体债权人提起上述诉讼。

上述破产清算案件被裁定终结后，相关主体以债务人主要财产、账册、重要文件等重新出现为由，申请对破产清算程序启动审判监督的，人民法院不予受理，但符合《企业破产法》第123条规定的，债权人可以请求人民法院追加分配。

最高人民法院
关于审理上市公司破产重整案件工作座谈会纪要

法〔2012〕261号　　　　2012年10月29日

《企业破产法》施行以来，人民法院依法审理了部分上市公司破产重整案件，最大限度地减少了因上市公司破产清算给社会造成的不良影响，实现了法律效果和社会效果的统一。上市公司破产重整案件的审理不仅涉及到《企业破产法》、《证券法》、《公司法》等法律的适用，还涉及司法程序与行政程序的衔接问题，有必要进一步明确该类案件的审理原则，细化有关程序和实体规定，更好地规范相关主体的权利义务，以充分保护债权人、广大投资者和上市公司的合法权益，优化配置社会资源，促进资本市场健康发展。为此，最高人民法院会同中国证券监督管理委员会，于2012年3月22日在海南省万宁市召开了审理上市公司破产重整案件工作座谈会。与会同志通过认真讨论，就审理上市公司破产重整案件的若干重要问题取得了共识。现纪要如下：

一、关于上市公司破产重整案件的审理原则

会议认为，上市公司破产重整案件事关资本市场的健康发展，事关广大投资者的利益保护，事关职工权益保障和社会稳定。因此，人民法院应当高度重视此类案件，并在审理中注意坚持以下原则：

（一）依法公正审理原则。上市公司破产重整案件参与主体众多，涉及利益关系复杂，人民法院审理上市公司破产重整案件，既要有利于化解上市公司的债务和经营危机，提高上市公司质量，保护债权人和投资者的合法权益，维护证券市场和社会的稳定，又要防止没有再生希望的上市公司利用破产重整程序逃废债务，滥用司法资源和社会资源；既要保护债权人利益，又要兼顾职工利益、出资人利益和社会利益，妥善处理好各方利益的冲突。上市公司重整计划草案未获批准或重整计划执行不能的，人民法院应当及时宣告债务人破产清算。

（二）挽救危困企业原则。充分发挥上市公司破产重整制度的作用，为尚有挽救希望的危困企业提供获得新生的机会，有利于上市公司、债权人、出资人、关联企业等各方主体实现共赢，有利于社会资源的有效利用。对于具有重整可能的企业，努力推动重整成功，可以促进就业，优化资源配置，促进产业结构的调整和升级换代，减少上市公司破产清算对社会带来的不利影响。

（三）维护社会稳定原则。上市公司进入破产重整程序后，因涉及债权人、上市公司、出资人、企业职工等相关当事人的利益，各方矛盾比较集中和突出，如果处理不当，极易引发群体性、突发性事件，影响社会稳定。人民法院审理上市公司破产重整案件，要充分发挥地方政府的风险预警、部门联动、资金保障等协调机制的作用，积极配合政府做好上市公司重整中的维稳工作，并根据上市公司的特点，加强与证券监管机构的沟通协调。

二、关于上市公司破产重整案件的管辖

会议认为，上市公司破产重整案件应当由上市公司住所地的人民法院，即上市公司主要办事机构所在地法院管辖；上市公司主要办事机构所在地不明确、存在争议的，由上市公司注册登记地人民法院管辖。由于上市公司破产重整案件涉及法律关系复杂，影响面广，对专业知识和综合能力要求较高，人力物力投入较多，上市公司破产重整案件一般应由中级人民法院管辖。

三、关于上市公司破产重整的申请

会议认为，上市公司不能清偿到期债务，并且资产不足以清偿全部债务或者明显缺乏清偿能力，或者有明显丧失清偿能力可能的，上市公司或者上市公司的债权人、出资额占上市公司注册资本十分之一以上的出资人可以向人民法院申请对上市公司进行破产重整。

申请人申请上市公司破产重整的，除提交《企业破产法》第八条规定的材料外，还应当提交关于上市公司具有重整可行性的报告、上市公司住所地省级人民政府向证券监督管理部门的通报情况材料以及证券监督管理部门的意见、上市公司住所地人民政府出具的维稳预案等。上市公司自行申请破产重整的，还应当提交切实可行的职工安置方案。

四、关于对上市公司破产重整申请的审查

会议认为，债权人提出重整申请，上市公司在法律规定的时间内提出异议，或者债权人、上市公司、出资人分别向人民法院提出破产清算申请和重整申请的，人民法院应当组织召开听证会。

人民法院召开听证会的，应当于听证会召开前通知申请人、被申请人，并送达相关申请材料。公司债权人、出资人、实际控制人等利害关系人申请参加听证的，人民法院应当予以准许。人民法院应当就申请人是否具备申请资格、上市公司是否已经发生重整事由、上市公司是否具有重整可行性等内容进行听证。

鉴于上市公司破产重整案件较为敏感，不仅涉及企业职工和二级市场众多投资者的利益安排，还涉及与地方政府和证券监管机构的沟通协调。因此，目前人民法院在裁定受理上市公司破产重整申请前，应当将相关材料逐级报送最高人民法院审查。

五、关于对破产重整上市公司的信息保密和披露

会议认为，对于股票仍在正常交易的上市公司，在上市公司破产重整申请相关信息披露前，上市公司及其债权人、出资人等利害关系人应当按照法律、行政法规、证券监管机构的部门规章及证券交易所上市规则做好信息保密工作。

上市公司的债权人提出破产重整申请的，人民法院应当要求债权人提供其已就此告知上市公司的有关证据。上市公司应当按照相关规则及时履行信息披露义务。

上市公司进入破产重整程序后，由管理人履行相关法律、行政法规、部门规章和公司章程规定的原上市公司董事会、董事和高级管理人员承担的职责和义务，上市公司自行管理财产和营业事务的除外。管理人在上市公司破产重整程序中存在信息披露违法违规行为的，应当依法承担相应的责任。

六、关于上市公司破产重整计划草案的制定

会议认为，上市公司或者管理人制定的上市公司重整计划草案应当包括详细的经营方案。有关经营方案涉及并购重组等行政许可审批事项的，上市公司或管理人应当聘请经证券监管机构核准的财务顾问机构、律师事务所以及具有证券期货业务资格的会计师事务所、资产评估机构等证券服务机构按照证券监管机构的有关要求及格式编制相关材料，并作为重整计划草案及其经营方案的必备文件。

控股股东、实际控制人及其关联方在上市公司破产重整程序前因违规占用、担保等行为对上市公司造成损害的，制定重整计划草案时应当根据其过错对控股股东及实际控制人支配的股东的股权作相应调整。

七、关于上市公司破产重整中出资人组的表决

会议认为，出资人组对重整计划草案中涉及出资人权益调整事项的表决，经参与表决的出资人所持表决权三分之二以上通过的，即为该组通过重整计划草案。

考虑到出席表决会议需要耗费一定的人力物力，一些中小投资者可能放弃参加表决会议的权利。为最大限度地保护中小投资者的合法权益，上市公司或者管理人应当提供网络表决的方式，为出资人行使表决权提供便利。关于网络表决权行使的具体方式，可以参照适用中国证券监督管理委员会发布的有关规定。

八、关于上市公司重整计划草案的会商机制

会议认为，重整计划草案涉及证券监管机构行政许可事项的，受理案件的人民法院应当通过最高人民法院，启动与中国证券监督管理委员会的会商机制。即由最高人民法院将有关材料函送中国证券监督管理委员会，中国证券监督管理委员会安排并购重组专家咨询委员会对会商案件进行研究。并购重组专家咨询委员会应当按照与并购重组审核委员会相同的审核标准，对提起会商的行政许可事项进行研究并出具专家咨询意见。人民法院应当参考专家咨询意见，作出是否批准重整计划草案的裁定。

九、关于上市公司重整计划涉及行政许可部分的执行

会议认为，人民法院裁定批准重整计划后，重整计划内容涉及证券监管机构并购重组行政许可事项的，上市公司应当按照相关规定履行行政许可核准程序。重整计划草案提交出资人组表决且经人民法院裁定批准后，上市公司无须再行召开股东大会，可以直接向证券监管机构提交出资人组表决结果及人民法院裁定书，以申请并购重组许可申请。并购重组审核委员会审核工作应当充分考虑并购重组专家咨询委员会提交的专家咨询意见。并购重组申请事项获得证券监管机构行

政许可后，应当在重整计划的执行期限内实施完成。

会议还认为，鉴于上市公司破产重整案件涉及的法律关系复杂，利益主体众多，社会影响较大，人民法院对于审判实践中发现的新情况、新问题，要及时上报。上级人民法院要加强对此类案件的监督指导，加强调查研究，及时总结审判经验，确保依法妥善审理好此类案件。

信托公司管理办法（节录）

（2006年12月28日中国银行业监督管理委员会第55次主席会议通过
2007年1月23日公布　自2007年3月1日起施行）

第十四条　信托公司不能清偿到期债务，且资产不足以清偿债务或明显缺乏清偿能力的，经中国银行业监督管理委员会同意，可向人民法院提出破产申请。

中国银行业监督管理委员会可以向人民法院直接提出对该信托公司进行重整或破产清算的申请。

第十五条　信托公司终止时，其管理信托事务的职责同时终止。清算组应当妥善保管信托财产，作出处理信托事务的报告并向新受托人办理信托财产的移交。信托文件另有约定的，从其约定。

国家税务总局关于税收征管若干事项的公告（节录）

（国家税务总局公告2019年第48号　2019年12月12日公布　自2020年3月1日起施行）

四、关于企业破产清算程序中的税收征管问题

（一）税务机关在人民法院公告的债权申报期限内，向管理人申报企业所欠税款（含教育费附加、地方教育附加，下同）、滞纳金及罚款。因特别纳税调整产生的利息，也应一并申报。

企业所欠税款、滞纳金、罚款，以及因特别纳税调整产生的利息，以人民法院裁定受理破产申请之日为截止日计算确定。

（二）在人民法院裁定受理破产申请之日至企业注销之日期间，企业应当接受税务机关的税务管理，履行税法规定的相关义务。破产程序中如发生应税情形，应按规定申报纳税。

从人民法院指定管理人之日起，管理人可以按照《中华人民共和国企业破产法》（以下简称企业破产法）第二十五条规定，以企业名义办理纳税申报等涉税事宜。

企业因继续履行合同、生产经营或处置财产需要开具发票的，管理人可以以企业名义按规定申领开具发票或者代开发票。

（三）企业所欠税款、滞纳金、因特别纳税调整产生的利息，税务机关按照企业破产法相关规定进行申报，其中，企业所欠的滞纳金、因特别纳税调整产生的利息按照普通破产债权申报。

第三部分

文书规范

第一章 申请与受理

一、债权人申请类文书样本

（一）破产清算/重整申请书（债权人申请用）

破产清算/重整申请书

（债权人申请用）

申请人：×××（写明姓名或名称等基本情况）。

被申请人：×××（写明姓名或名称等基本情况）。

申请事项：

对×××（被申请人名称）进行破产清算/重整。

事实和理由：

一、×××（债务人名称）基本情况

二、申请人对×××（债务人名称）存在合法到期债权的事实

1. 债权发生、存续的事实；

2. 债权性质、数额、有无担保。

三、×××（债务人名称）具备破产清算/重整条件的事实

×××（债务人名称）不能清偿到期债务，并且资产不足以清偿全部债务或者明显缺乏清偿能力的事实（符合破产清算条件的事实）/×××（债务人名称）不能清偿到期债务，并且资产不足以清偿全部债务或者明显缺乏清偿能力，或者有明显丧失清偿能力可能的事实（符合破产重整条件的事实）。

四、应对×××（债务人名称）进行破产清算/重整的理由

综上，向贵院申请对×××（被申请人名称）进行破产清算/重整。

此致

××××人民法院

申请人：×××

（签名捺印或公章）

××××年××月××日

附：债权人申请破产的，还应提交下列附件材料：

1. 证明双方当事人主体资格的信息

2. 证明合法到期债权发生、存续的有关证据

3. 证明被申请人具备破产清算/重整条件的证据

（二）人民法院通知书（收到破产清算申请后通知债务人用）

××××人民法院
通知书

（收到破产清算申请后通知债务人用）

（××××）××破申×号

×××（债务人名称）：

××××年××月××日，×××（债权人或对已解散企业法人负有清算责任的人的姓名或名称）以……为由向本院申请对你单位进行破产清算。依据《中华人民共和国企业破产法》第十条第一款之规定，你单位对申请如有异议，应在收到本通知之日起七日内向本院书面提出并附相关证据材料。

特此通知。

××××年××月××日

（院印）

（三）人民法院通知书（受理债权人的破产清算申请后通知债务人提交材料用）

××××人民法院
通知书

（受理债权人的破产清算申请后通知债务人提交材料用）

（××××）××破申×号

×××（债务人名称）：

××××年××月××日，本院根据×××（债权人姓名或名称）的申请裁定受理×××（债务人名称）破产清算一案。依据《中华人民共和国企业破产法》第十一条第二款之规定，你单位应在收到本通知之日起十五日内，向本院提交财产状况说明、债务清册、债权清册、有关财务会计报告以及职工工资的支付和社会保险费用的缴纳情况。如拒不提交或提交的材料不真实，本院将依据《中华人民共和国企业破产法》第一百二十七条第一款之规定，对直接责任人员处以罚款。

特此通知。

××××年××月××日

（院印）

（四）异议书（用于债务人对债权人破产申请提出异议）

异议书

（用于债务人对债权人破产申请提出异议）

异议人（被申请人）：×××（写明姓名或名称等基本情况）。

异议请求：

异议人不存在破产清算事由，请求驳回××提出的债务人破产清算/重整的申请。

异议理由：

……（针对破产申请书所列事实和理由进行反驳，提出异议，以证明异议人不符合破产清算/重整的条件）。

综上，××提出的破产申请不符合《中华人民共和国企业破产法》第××条之规定，请求驳回其申请。

此致

××××人民法院

异议人：×××（债务人）

××××年××月××日

（五）撤回申请书（人民法院受理破产申请前申请人撤回破产申请用）

撤回申请书

（人民法院受理破产申请前申请人撤回破产申请用）

申请人：×××（写明姓名或名称等基本情况）。

请求事项：

撤回对×××进行破产清算/重整的申请。

事实和理由：

……（写明撤回破产清算/重整申请的理由）。

综上，请求撤回对×××进行破产清算/重整的申请。

此致

××××人民法院

申请人：×××

××××年××月××日

（六）人民法院裁定书（受理债权人的破产清算申请用）

××××人民法院
民事裁定书
（受理债权人的破产清算申请用）

（××××）××破申×号

申请人：×××（写明姓名或名称等基本情况）。

被申请人：×××（写明名称等基本情况）。

××××年××月××日，×××（申请人姓名或名称）以……为由向本院申请对×××（被申请人名称）进行破产清算。本院于××××年××月××日通知了×××（被申请人名称）。×××（被申请人名称）在法定期限内就该申请向本院提出异议称……（或者×××在法定期限内未提出异议）。

本院查明……（写明申请人对被申请人享有的债权情况、被申请人的住所地、工商登记注册情况及资产负债情况等）。

本院认为……（从本院是否具有管辖权、申请人对被申请人是否享有债权、被申请人是否属于破产适格主体、是否具备破产原因等方面写明受理申请的理由，有异议的，写明异议不成立的理由）。依照《中华人民共和国企业破产法》第二条第一款、第三条、第七条第二款、第十条第一款之规定，裁定如下：

受理×××（申请人姓名或名称）对×××（被申请人名称）的破产清算申请。

本裁定自即日起生效。

审判长×××

审判员×××

审判员×××

××××年××月××日

（院印）

本件与原本核对无异

书记员×××

（七）人民法院裁定书（不受理债权人的破产清算申请用）

×××× 人民法院
民事裁定书
（不受理债权人的破产清算申请用）

（××××）××破申×号

申请人：×××（写明姓名或名称等基本情况）。

被申请人：×××（写明名称等基本情况）。

申请人×××以……为由，于××××年××月××日向本院申请对被申请人×××进行破产清算。本院于××××年××月××日通知了被申请人×××。被申请人×××于××××年××月××日向本院提出异议称……

本院查明……

本院认为……（写明不受理的理由）。本院依照……（写明所依据的法律）之规定，裁定如下：

不受理×××对×××的破产清算申请。

如不服本裁定，可在裁定书送达之日起十日内，向本院递交上诉状，上诉于××××人民法院。

审判长×××
审判员×××
审判员×××
××××年××月××日
（院印）

本件与原本核对无异

书记员×××

二、债务人申请类文书样本

（一）破产清算/重整申请书（债务人申请用）

破产清算/重整申请书

（债务人申请用）

申请人：×××（写明姓名或名称等基本情况）。

申请事项：请求对×××（债务人名称）进行破产清算/重整。

事实与理由：

一、×××（债务人名称）基本情况

1. 工商登记情况；

2. 资产情况；

3. 生产经营情况；

4. 债权债务情况；

5. 职工情况。

二、×××（债务人名称）具备破产清算/重整条件的事实

×××（债务人名称）不能清偿到期债务，并且资产不足以清偿全部债务或者明显缺乏清偿能力的事实（符合破产清算条件的事实）/×××（债务人名称）不能清偿到期债务，并且资产不足以清偿全部债务或者明显缺乏清偿能力，或者有明显丧失清偿能力可能的事实（符合破产重整条件的事实）。

三、对×××（债务人名称）进行破产清算/重整的理由

综上，向贵院申请对×××（债务人名称）进行破产清算/重整。

此致

××××人民法院

申请人（印鉴）：

法定代表人（签字）：

××××年××月××日

后附：1. 法定代表人/负责人身份证明（后附文书样本）

2. 企业主要负责人名单（后附文书样本）

3. ×××申请破产职工情况及安置说明（后附文书样本）

4. 职工工资的支付和社会保险费用的缴纳情况

5. 债权清册（后附文书样本）

6. 债务清册（后附文书样本）

7. 资产负债表

8. 已发生诉讼情况说明（后附文书样本）

9. 申请主体资格证明文件

10. 财产状况说明

附件1

法定代表人/负责人身份证明

×××在我单位任×××（职务）一职，系本单位法定代表人/负责人。

特此证明。

××××年××月××日

（公章）

附：1. 营业执照复印件

2. 身份证复印件

附件2

企业主要负责人名单

序号	姓名	职务	联系方式	身份号码	备注
1	×××				
2	×××				
3	×××				
4	×××				

××××年××月××日

（公章）

附件3

×××（债务人名称）申请破产职工情况及安置说明

×××（债务人名称）职工总数××××人，其中职工×××人，退休职工×××人，离休职工×××人。

1. 在职职工直接转换身份，解除劳动关系，一次性安置。

2. 对×××名退休职工按照《关于×××的规定》，移交××管理。

3. 遗属等特殊人员，按政府有关政策给予补助并妥善安置。

（详见企业职工安置及费用明细表）

××××年××月××日

（公章）

企业职工安置及费用明细表　　单位：元

类别	人数	安置费	人均费用	备注
在职职工	××	×××	××	
离、退休职工	××	×××	××	
遗属、落实政策人员	××	×××	××	
合计	××	×××		

×××（债务人名称）在职职工名单

序号	姓名	性别	居民身份证件号码	备注
1	×××	男	××××××××××××××××××	
…	×××	女	××××××××××××××××××	

×××（债务人名称）退休职工名单

序号	姓名	性别	居民身份证件号码	备注
1	×××	男	××××××××××××××××××	
…	×××	女	××××××××××××××××××	

×××（债务人名称）离休职工名单

序号	姓名	性别	居民身份证件号码	备注
1	×××	男	××××××××××××××××××	
…	×××	女	××××××××××××××××××	

附件 4

（略）

附件 5

债权清册

序号	名称/姓名	发生时间	金额/元	有无担保	债权依据	地址	联系人	联系方式
1								
2								
3								
…								
合计人民币：								元（大写）

××××年××月××日

（公章）

附件 6

债务清册

序号	名称/姓名	发生时间	金额/元	有无担保	债权依据	地址	联系人	联系方式
1								
2								
3								
…								
合计人民币：								元（大写）

××××年××月××日

（公章）

附件 7

（略）

附件 8

已发生诉讼情况说明

序号	原告	被告	案由	受理法院	标的额/元	立案时间	案件进展
1	×××						
2	×××						
3	×××						

××××年××月××日

（公章）

附件 9

（略）

附件 10

（略）

（二）人民法院民事裁定书（受理债务人的破产清算申请用）

×××× 人民法院

民事裁定书

（受理债务人的破产清算申请用）

（××××）××破申×号

申请人：×××（写明名称等基本情况）。

××××年××月××日，×××（申请人名称）以……为由向本院申请进行破产清算。

本院查明……（写明申请人的住所地、工商登记注册情况及资产负债情况、职工情况等）。

本院认为……（从本院是否具有管辖权、申请人是否属于破产适格主体、是否具备破产原因等方面写明受理申请的理由）。依照《中华人民共和国企业破产法》第二条、第三条、第七条第一款、第十条第二款之规定，裁定如下：

受理×××（申请人名称）的破产清算申请。

本裁定自即日起生效。

审判长×××

审判员×××

审判员×××

××××年××月××日

（院印）

本件与原本核对无异

书记员×××

（三）人民法院民事裁定书（不予受理债务人的破产清算申请用）

××××人民法院

民事裁定书

（不予受理债务人的破产清算申请用）

（××××）××破申×号

申请人：×××（写明债务人名称等基本情况）。

××××年××月××日，×××（债务人名称）以……为由向本院申请进行破产清算。

本院查明……

本院认为……（写明不予受理的理由）。依照……（写明所依据的法律）之规定，裁定如下：

对×××（申请人名称）的申请，不予受理。

如不服本裁定，可在裁定书送达之日起十日内，向本院递交上诉状，并提交副本×份，上诉于××××人民法院。

审判长×××

审判员×××

审判员×××

××××年××月××日

（院印）

本件与原本核对无异

书记员×××

（四）人民法院民事裁定书（驳回债务人的破产清算申请用）

××××人民法院

民事裁定书

（驳回债务人的破产清算申请用）

（××××）××破申×号

申请人：×××（写明名称等基本情况）。

××××年××月××日，×××（申请人名称）以……为由向本院申请进行破产清算。本院于××××年××月××日裁定受理。

本院查明……

本院认为……（写明驳回申请的理由）。依照《中华人民共和国企业破产法》第十二条第二款之规定，裁定如下：

驳回×××（申请人名称）的申请。

如不服本裁定，可在裁定书送达之日起十日内，向本院递交上诉状，并提交副本×份，上诉于××××人民法院。

审判长×××

审判员×××

审判员×××

××××年××月××日

（院印）

本件与原本核对无异

书记员×××

三、执行移送破产类文书样本

（一）申请书（执行移送破产申请用）

申请书

（执行移送破产申请用）

申请人：×××（写明姓名或名称等基本情况）。

被申请人：×××（写明姓名或名称等基本情况）。

申请事项：

将×××（被申请人名称）移送破产清算/重整。

事实和理由：

一、被申请人基本情况

二、申请人对被申请人存在合法到期债权的事实

1. 债权发生、存续的事实；

2. 债权性质、数额、有无担保。

三、执行情况

四、被申请人具备破产清算/重整条件的事实

被申请人不能清偿到期债务，并且资产不足以清偿全部债务或者明显缺乏清偿能力的事实（符合破产清算条件的事实）/被申请人不能清偿到期债务，并且资产不足以清偿全部债务或者明显缺乏清偿能力，或者有明显丧失清偿能力可能的事实（符合破产重整条件的事实）。

五、应对被申请人进行破产清算/重整的理由

综上，向贵院申请将×××（被申请人名称）移送破产清算/重整。

此致

××××人民法院

申请人：×××

（签名捺印或公章）

××××年××月××日

（二）人民法院民事裁定书（驳回申请执行人破产清算申请用）

××××人民法院
民事裁定书

（驳回申请执行人破产清算申请用）

（××××）××破×号

申请人：×××（写明姓名或名称等基本情况）。

被申请人：×××（写明名称等基本情况）。

××××年××月××日，经申请人×××同意（或申请），××××人民法院将被申请人×××的执行案件移送本院进行破产审查。本院于××××年××月××日裁定受理。

本院查明……

本院认为……（写明驳回申请的理由）。依照……（写明所依据的法律）之规定，裁定如下：

驳回申请人×××的申请。

如不服本裁定，可在裁定书送达之日起十日内，向本院递交上诉状，并提交副本×份，上诉于××××人民法院。

审判长×××

审判员×××

审判员×××

××××年××月××日

（院印）

本件与原本核对无异

书记员×××

（三）人民法院民事裁定书（驳回被执行人破产清算申请用）

××××人民法院
民事裁定书
（驳回被执行人破产清算申请用）

（××××）××破×号

申请人：×××（写明姓名或名称等基本情况）。

××××年××月××日，经申请人×××同意（或申请），××××人民法院将申请人×××的执行案件移送本院进行破产审查。本院于××××年××月××日裁定受理。

本院查明……

本院认为……（写明驳回申请的理由）。依照……（写明所依据的法律）之规定，裁定如下：

驳回申请人×××的申请。

如不服本裁定，可在裁定书送达之日起十日内，向本院递交上诉状，并提交副本×份，上诉于××××人民法院。

审判长×××
审判员×××
审判员×××
××××年××月××日
（院印）

本件与原本核对无异

书记员×××

（四）人民法院执行移送破产告知单

<table><tr><td>

××××人民法院
执行移送破产告知单

×××：

根据《最高人民法院关于适用〈中华人民共和国民事诉讼法〉的解释》第五百一十三条、《最高人民法院关于执行案件移送破产审查若干问题的指导意见》的相关规定，被执行人为企业法人的，在其不能清偿到期债务，并且资产不足以清偿全部债务或者明显缺乏清偿能力的情况下，被执行人或者有关被执行人的任何一个执行案件的申请执行人书面同意将执行案件移送破产审查的，执行案件可以移送破产审查。

经本院对被执行人×××采取财产调查措施后，发现其符合《中华人民共和国企业破产法》第二条的规定，现征求你意见，是否同意将案件移送破产审查。如同意，请于×日内提交书面意见，超期未提交的视为不同意。

××××年××月××日
（院印）

</td></tr></table>

（五）人民法院决定书（执行案件移送破产审查用）

××××人民法院
决定书
（执行案件移送破产审查用）

（××××）××破×号

申请执行人：×××（写明姓名或名称等基本情况）。
被执行人：×××（写明名称等基本情况）。
法定代表人/负责人：×××
×××与×××……（案由）一案，本院于××××年××月××日立案执行。本院在采取财产调查措施后，发现被执行人×××资产不足以清偿全部债务（或明显缺乏清偿能力），符合《中华人民共和国企业破产法》第二条之规定。经本院征求申请执行人（或被执行人）的意见，申请执行人（或被执行人）书面同意将该执行案件移送破产审查。被执行人的住所地在××××人民法院辖区范围内。依照《最高人民法院关于适用〈中华人民共和国民事诉讼法〉的解释》第五百一十三条、《最高人民法院关于执行案件移送破产审查若干问题的指导意见》第三条的规定，决定如下：
将被执行人为×××的执行案件移送××××人民法院进行破产审查。
被执行人（申请执行人）对本决定有异议的，可以在××××人民法院破产审查期间提出，由××××人民法院一并处理。

审判长×××
审判员×××
审判员×××
××××年××月××日
（院印）

本件与原本核对无异

书记员×××

（六）执行中债务人财产清单

执行案件移送破产审查阶段执行中债务人财产清单

序号	财产名称	数量	类型	价值金额/元	所在地	权属证书	查封、扣押、冻结和已分配情况	备注
1								
2								
3								
4								
5								
6								
7								
…								
合计								

说明：本图表用于执行法院采取财产调查措施查明被执行人的财产状况，包括已查封、扣押、冻结财产及已分配财产情况。

（七）人民法院民事裁定书（受理申请执行人申请移送破产审查用）

××××人民法院
民事裁定书
（受理申请执行人申请移送破产审查申请用）

（××××）××破×号

申请人：×××（写明姓名或名称等基本情况）。

被申请人：×××（写明名称等基本情况）。

××××年××月××日，经申请人×××同意（或申请），××××人民法院将被申请人×××的执行案件移送本院进行破产审查。该院于××××年××月××日向被申请人×××送达了（××××）××执××号决定书，被申请人×××在法定期限内就该申请向本院提出异议称……（或者×××在法定期限内未提出异议）。

本院查明……（写明申请人对被申请人享有的债权情况、被申请人的住所地、工商登记注册情况及资产负债情况等）。

本院认为……（从本院是否具有管辖权、被申请人是否属于破产适格主体、是否具备破产原因等方面写明受理破产案件的理由，有异议的，写明异议不成立的理由）。依照《中华人民共和国企业破产法》第二条、《最高人民法院关于适用〈中华人民共和国民事诉讼法〉的解释》第五百一十三条、《最高人民法院关于执行案件移送破产审查若干问题的指导意见》第十三条、第十四条之规定，裁定如下：

受理申请人×××对被申请人×××的破产清算申请。

本裁定自即日起生效。

审判长×××
审判员×××
审判员×××
××××年××月××日
（院印）

本件与原本核对无异

书记员×××

（八）人民法院民事裁定书（不予受理申请执行人移送破产审查申请用）

×××× 人民法院
民事裁定书
（不予受理申请执行人移送破产审查申请用）

（××××）××破×号

申请人：×××（写明姓名或名称等基本情况）。

被申请人：×××（写明名称等基本情况）。

××××年××月××日，经申请人×××同意（或申请），××××人民法院将被申请人×××的执行案件移送本院进行破产审查。该院于××××年××月××日向被申请人×××送达了（××××）××执××号决定书，被申请人×××在法定期限内就该申请向本院提出异议称……（或者×××在法定期限内未提出异议）。

本院查明……

本院认为……（写明不受理的理由）。依照……（写明所依据的法律）之规定，裁定如下：

对申请人×××的申请，不予受理。

如不服本裁定，可在裁定书送达之日起十日内，向本院递交上诉状，并提交副本×份，上诉于××××人民法院。

审判长×××
审判员×××
审判员×××
××××年××月××日
（院印）

本件与原本核对无异

书记员×××

（九）人民法院民事裁定书（受理被执行人移送破产审查申请用）

×××× 人民法院
民事裁定书
（受理被执行人移送破产审查申请用）

（××××）××破×号

申请人：×××（写明姓名或名称等基本情况）。

××××年××月××日，经申请人×××同意（或申请），××××人民法院将申请人×××的执行案件移送本院进行破产审查。该院于××××年××月××日向申请执行人×××送达了（××××）××执××号决定书，申请执行人×××在法定期限内就该申请向本院提出异议称……（或者×××在法定期限内未提出异议）。

本院查明……（写明申请人的住所地、工商登记注册情况及资产负债情况、职工情况等）。

本院认为……（从本院是否具有管辖权、申请人是否属于破产适格主体、是否具备破产原因等方面写明受理破产案件的理由，有异议的，写明异议不成立的理由）。依照《中华人民共和国企业破产法》第二条、《最高人民法院关于适用〈中华人民共和国民事诉讼法〉的解释》第五百一十三条、《最高人民法院关于执行案件移送破产审查若干问题的指导意见》第十三条、第十四条之规定，裁定如下：

受理申请人×××的破产清算申请。

本裁定自即日起生效。

审判长×××
审判员×××
审判员×××
××××年××月××日
（院印）

本件与原本核对无异

书记员×××

（十）人民法院民事裁定书（不予受理被执行人移送破产审查申请用）

××××人民法院
民事裁定书

（不予受理被执行人移送破产审查申请用）

（××××）××破×号

申请人：×××（写明姓名或名称等基本情况）。

××××年××月××日，经申请人×××同意（或申请），××××人民法院将申请人×××的执行案件移送本院进行破产审查。该院于××××年××月××日向申请执行人×××送达了（××××）××执××号决定书，申请执行人×××在法定期限内就该申请向本院提出异议称……（或者×××在法定期限内未提出异议）。

本院查明……

本院认为……（写明不受理的理由）。依照……（写明所依据的法律）之规定，裁定如下：

对申请人×××的申请，不予受理。

如不服本裁定，可在裁定书送达之日起十日内，向本院递交上诉状，并提交副本×份，上诉于××××人民法院。

审判长×××
审判员×××
审判员×××
××××年××月××日
（院印）

本件与原本核对无异

书记员×××

（十一）人民法院执行裁定书（执转破决定后中止执行用）

××××人民法院
执行裁定书
（执转破决定后中止执行用）

（××××）××执×号

申请执行人：×××（写明姓名或名称等基本情况）。
被执行人：×××（写明姓名或名称等基本情况）。
（以上写明申请执行人、被执行人和其他诉讼参加人的姓名或者名称等基本信息）
本院在执行×××与×××……（案由）一案中，在执行中，被执行人×××符合《中华人民共和国企业破产法》第二条第一款规定情形，×××不能清偿到期债务，并且资产不足以清偿全部债务或者明显缺乏清偿能力，申请执行人之一或者被执行人同意将案件移送破产审查……（写明中止执行的事实和理由）。依照《中华人民共和国民事诉讼法》第二百五十八条、《最高人民法院关于适用〈中华人民共和国民事诉讼法〉的解释》第五百一十三条规定，裁定如下：
中止（××××）××号××（生效法律文书）的执行。
[如中止执行法律文书主文部分内容的，写明：中止（××××）××号××（生效法律文书）第×项的执行。]
本裁定送达后立即生效。

审判长×××
审判员×××
审判员×××
××××年××月××日
（院印）

本件与原本核对无异

书记员×××

（十二）人民法院执行裁定书（恢复执行裁定用）

×××××人民法院

执行裁定书

（恢复执行裁定用）

（××××）××执×号

申请执行人：×××（写明姓名或名称等基本情况）。

被执行人：×××（写明姓名或名称等基本情况）。

（以上写明申请执行人、被执行人和其他诉讼参加人的姓名或者名称等基本信息。）

申请执行人×××申请执行被执行人×××（执行事由）一案，在执行中，作为被执行人的×××符合《中华人民共和国企业破产法》第二条第一款规定情形，×××不能清偿到期债务，并且资产不足以清偿全部债务或者明显缺乏清偿能力，申请执行人之一或者被执行人同意将案件移送破产审查……（写明中止执行的事实和理由）。依照《中华人民共和国民事诉讼法》第二百五十八条、《最高人民法院关于适用〈中华人民共和国民事诉讼法〉的解释》第五百一十三条规定，本院于××××年××月××日作出裁定终止该案的裁定书，并将执行案件相关材料移送××××人民法院进行破产审查。×××法院审查后，作出不予受理裁定书，故根据《中华人民共和国民事诉讼法》第一百五十四条之规定，裁定如下：

恢复（××××）××号××（生效法律文书）的执行。

[如恢复执行法律文书主文部分内容的，写明：恢复（××××）××号××（生效法律文书）第×项的执行。]

本裁定送达后立即生效。

审判长×××

审判员×××

审判员×××

××××年××月××日

（院印）

本件与原本核对无异

书记员×××

四、程序类文书样本

（一）人民法院民事裁定书（受理破产申请后宣告债务人破产前裁定债务人重整用）

×××× 人民法院
民事裁定书
（受理破产申请后宣告债务人破产前裁定债务人重整用）

（××××）××破申×号

申请人：×××（写明姓名或名称等基本情况）。

被申请人：×××（写明名称等基本情况）。

××××年××月××日，本院根据×××（债权人姓名或名称）的申请裁定受理×××（债务人名称）破产清算一案。××××年××月××日，×××（申请人姓名或名称）以……为由向本院申请对×××（债务人名称）进行重整。

本院查明……

本院认为……（从被申请人是否属于重整适格主体、是否具备重整原因等方面写明受理申请的理由）。依照《中华人民共和国企业破产法》第二条、第七十条第二款、第七十一条之规定，裁定如下：

自××××年××月××日起对×××（债务人名称）进行重整。

本裁定自即日起生效。

审判长×××
审判员×××
审判员×××
××××年××月××日
（院印）

本件与原本核对无异

书记员×××

说明：本样式系根据《中华人民共和国企业破产法》第七十条第二款、第七十一条制订，供人民法院在受理债权人提出的破产清算申请后、宣告债务人破产前，根据债务人或出资额占债务人注册资本十分之一以上的出资人的申请，裁定债务人重整时使用。

（二）人民法院公告（受理破产清算申请后宣告债务人破产前裁定债务人重整用）

××××人民法院

公　告

（受理破产清算申请后宣告债务人破产前裁定债务人重整用）

（××××）××破申×号

本院根据×××（债权人姓名或名称）的申请于××××年××月××日裁定受理×××（债务人名称）破产清算一案，并于××××年××月××日指定×××担任×××（债务人名称）管理人。××××年××月××日，本院根据×××（申请人姓名或名称）的申请裁定×××（债务人名称）重整。

特此公告。

××××年××月××日

（院印）

说明：本样式系根据《中华人民共和国企业破产法》第七十一条制订，供人民法院在受理债权人提出的破产清算申请后、宣告债务人破产前，根据债务人或出资额占债务人注册资本十分之一以上的出资人的申请，裁定债务人重整后发布公告时使用。

（三）人民法院民事裁定书（终结清算程序用）

××××人民法院
民事裁定书
（终结清算程序用）

（××××）××破×号

申请人：×××（写明姓名或名称等基本情况）。

××××年××月××日，×××（申请人名称）向本院提出申请，称……（写明依据的事实和理由），请求本院终结×××（债务人名称）清算程序。

本院认为……（写明同意终结的理由）。依照……（写明所依据的法律）之规定，裁定如下：

终结×××清算程序。

本裁定自即日起生效。

审判长×××
审判员×××
审判员×××
××××年××月××日
（院印）

本件与原本核对无异

书记员×××

（四）人民法院民事裁定书（受理对已解散企业法人负有清算责任的人的破产清算申请用）

××××人民法院
民事裁定书
（受理对已解散企业法人负有清算责任的人的破产清算申请用）

（××××）××破×号

申请人：×××（写明姓名或名称等基本情况）。

被申请人：×××（写明名称等基本情况）。

××××年××月××日，×××（申请人名称）以……为由向本院申请对×××（被申请人名称）进行破产清算。

本院查明……（写明被申请人的住所地、工商登记注册情况、清算的情况及资产负债情况、职工情况以及申请人的基本情况、申请人与被申请人的关系等）。

本院认为……（从本院是否具有管辖权、申请人的申请资格、被申请人是否属于破产适格主体、是否具备破产原因等方面写明受理申请的理由），依照《中华人民共和国企业破产法》第二条、第三条、第七条第一款、第十条第二款之规定，裁定如下：

受理×××（申请人姓名或名称）对×××（被申请人名称）的破产清算申请。

本裁定自即日起生效。

审判长×××

审判员×××

审判员×××

××××年××月××日

（院印）

本件与原本核对无异

书记员×××

（五）上诉状（不服人民法院不受理破产申请上诉用）

上诉状

（不服人民法院不受理破产申请上诉用）

上诉人：×××（写明姓名或名称等基本情况）。

被上诉人：×××（写明姓名或名称等基本情况）。

上诉人×××因申请被上诉人破产清算一案，不服×××人民法院××××年××月××日作出的（××××）××破申×号民事裁定，现提出上诉。

上诉请求：

撤销×××人民法院作出的（××××）××破申×号民事裁定，指令×××人民法院受理被上诉人破产清算一案。

事实与理由：

……（针对裁定不受理破产申请的理由，提出反驳意见）。

此致

××××人民法院

上诉人：×××（签字或者盖章）

××××年××月××日

附：上诉状副本×份

（六）人民法院裁定书（维持或撤销不予受理破产清算申请的裁定用）

××××人民法院
民事裁定书

（维持或撤销不予受理破产清算申请的裁定用）

（××××）××破终×号

上诉人（原审申请人）：×××（写明姓名或名称等基本情况）。

被上诉人（原审被申请人）：×××（写明名称等基本情况）。

上诉人×××不服××××人民法院（××××）××破×号民事裁定，向本院提起上诉。本院受理后依法组成合议庭审理了本案，现已审理终结。

……（写明一审认定的事实、裁定结果及理由）。

×××（上诉人姓名或名称）不服，向本院上诉称……（写明上诉请求与理由）。

本院查明……

本院认为……（写明维持或者撤销原裁定的理由）。依照……（写明所依据的法律）之规定，裁定如下：

驳回上诉，维持原裁定。

或者：

一、撤销××××人民法院（××××）××破×号民事裁定；

二、由××××人民法院裁定受理×××对×××的破产清算申请。

本裁定为终审裁定并自即日起生效。

审判长×××

审判员×××

审判员×××

××××年××月××日

（院印）

本件与原本核对无异

书记员×××

五、通知类文书样本

（一）人民法院通知书（受理破产清算申请后通知已知债权人用）

×××× 人民法院
通知书
（受理破产清算申请后通知已知债权人用）

（××××）××破×号

×××（债权人名称）：

本院根据×××（申请人姓名或名称）的申请于××××年××月××日裁定受理×××（债务人名称）破产清算一案，并于××××年××月××日指定×××为×××（债务人名称）管理人。你单位应在××××年××月××日前，向×××（债务人名称）管理人（通讯地址：______________；邮政编码：______________；联系电话：______________）申报债权，书面说明债权数额、有无财产担保及是否属于连带债权，并提供相关证据材料。如未能在上述期限内申报债权，可以在破产财产分配方案提交债权人会议讨论前补充申报，但此前已进行的分配，不再对你（或你单位）补充分配，为审查和确认补充申报债权所产生的费用，由你（或你单位）承担。未申报债权的，不得依照《中华人民共和国企业破产法》规定的程序行使权利。

本院定于××××年××月××日××时在______________（地点）召开第一次债权人会议。依法申报债权的债权人有权参加债权人会议。参加会议时应提交个人身份证明；委托代理人出席会议的，应提交授权委托书、委托代理人的身份证件或律师执业证，委托代理人是律师的还应提交律师事务所的指派函。（如系法人或其他组织的，则改为“参加会议时应提交营业执照、法定代表人或负责人身份证明书；委托代理人出席会议的，应提交授权委托书、委托代理人的身份证件或律师执业证，委托代理人是律师的还应提交律师事务所的指派函”。）

特此通知。

××××年××月××日
（院印）

（二）人民法院公告（受理破产清算申请用）

××××人民法院

公 告

（受理破产清算申请用）

（××××）××破×号

本院根据×××（申请人姓名或名称）的申请于××××年××月××日裁定受理×××（债务人名称）破产清算一案，并于××××年××月××日指定×××为×××（债务人名称）管理人。×××（债务人名称）的债权人应自××××年××月××日前，向×××（债务人名称）管理人（通讯地址：________；邮政编码：________；联系电话：________）申报债权。未在上述期限内申报债权的，可以在破产财产分配方案提交债权人会议讨论前补充申报，但对此前已进行的分配无权要求补充分配，同时要承担审查和确认补充申报债权所产生的费用。未申报债权的，不得依照《中华人民共和国企业破产法》规定的程序行使权利。×××（债务人名称）的债务人或者财产持有人应当向×××（债务人名称）管理人清偿债务或交付财产。

本院定于××××年××月××日××时在________（地点）召开第一次债权人会议。依法申报债权的债权人有权参加债权人会议。参加会议的债权人系法人或其他组织的，应提交营业执照、法定代表人或负责人身份证明书，如委托代理人出席会议，应提交特别授权委托书、委托代理人的身份证件或律师执业证，委托代理人是律师的还应提交律师事务所的指派函。参加会议的债权人系自然人的，应提交个人身份证明。如委托代理人出席会议，应提交特别授权委托书、委托代理人的身份证件或律师执业证，委托代理人是律师的还应提交律师事务所的指派函。

特此公告。

××××年××月××日

（院印）

（三）申请书（破产申请人对债务人财产申请保全措施用）

申请书

（破产申请人对债务人财产申请保全措施用）

申请人：×××（写明姓名或名称等基本情况）。

被申请人：×××（写明姓名或名称等基本情况）。

申请事项：

查封/扣押/冻结被申请人×××的……财产（写明保全财产的名称、性质、数量或数额、所在地等），期限为××××年××月××日。

事实和理由：

……（写明申请财产保全的事实和理由）。

申请人提供……（写明担保财产的名称、性质、数量或数额、所在地等）作为担保（如需）。

此致

××××人民法院

申请人：（签名或盖章）

××××年××月××日

（四）告知函（解除财产保全措施用）

告知函

（解除财产保全措施用）

（××××）××破管×号

×××（作出财产保全措施的人民法院或者单位）：

×××（债务人名称）因____________（写明破产原因），×××（申请人名称/姓名）于××××年××月××日向××××人民法院提出对×××（债务人名称）进行重整/和解/破产清算的申请。［债务人自行申请破产的，表述为×××（债务人名称）因____________（写明破产原因），于××××年××月××日向××××人民法院提出重整/和解/破产清算申请。］

××××人民法院于××××年××月××日作出（××××）××破×号民事裁定，受理×××（债务人名称）重整/和解/破产清算，并于××××年××月××日作出（××××）××破×号决定书，指定×××担任管理人。

根据管理人掌握的材料，贵院/贵单位于××××年××月××日对×××（债务人名称）的下列财产采取了保全措施：

1. ____________________；

2. ____________________；

……

根据《中华人民共和国企业破产法》第十九条之规定，人民法院受理破产申请后，有关债务人财产的保全措施应当解除，但贵院/贵单位至今尚未解除对×××（债务人名称）财产所采取的保全措施，现特函请贵院/贵单位解除对×××（债务人名称）财产的保全措施。

特此告知。

（管理人印鉴）

××××年××月××日

附：1. 受理破产申请裁定书复印件一份

2. 指定管理人的决定书复印件一份

3. 财产保全措施相关资料复印件一套

4. 破产案件受理法院联系方式：______________

5. 管理人联系方式：______________

（五）告知函（中止执行程序用）

告知函

（中止执行程序用）

（××××）××破管×号

××××人民法院（执行案件受理人民法院）：

×××（债务人名称）因______（写明破产原因），×××（申请人名称/姓名）于××××年××月××日向××××人民法院提出对×××（债务人名称）进行重整/和解/破产清算的申请。[债务人自行申请破产的，表述为×××（债务人名称）因______（写明破产原因），于××××年××月××日向××××人民法院提出重整/和解/破产清算申请。]

××××人民法院于××××年××月××日作出（××××）××破×号民事裁定，受理×××（债务人名称）重整/和解/破产清算，并于××××年××月××日作出（××××）××破×号决定书，指定×××担任管理人。

根据管理人掌握的材料，贵院于××××年××月××日受理了×××（强制执行申请人名称/姓名）对×××（债务人名称）申请强制执行一案，案号为××××，执行内容如下：______。

根据《中华人民共和国企业破产法》第十九条之规定，人民法院受理破产申请后，有关债务人财产的执行程序应当中止，但贵院至今尚未中止对×××（债务人名称）的执行，______（简述案件执行状态）。现特函请贵院裁定中止对×××（债务人名称）的执行程序。

特此告知。

（管理人印鉴）
××××年××月××日

附：1. 受理破产申请裁定书复印件一份
2. 指定管理人的决定书复印件一份
3. 强制执行案件相关资料复印件一套
4. 破产案件受理法院联系方式：______
5. 管理人联系方式：______

（六）通知书（要求债务人的债务人清偿债务用）

通知书

（要求债务人的债务人清偿债务用）

（××××）××破管×号

×××（债务人的债务人名称）：

×××（债务人名称）：

因＿＿＿＿＿＿（写明破产原因），××人民法院于××××年××月××日作出（××××）××破×号民事裁定书，裁定×××（债务人名称）（重整/和解/破产清算）。××人民法院于××××年××月××日作出（××××）××破×号决定书，指定×××担任管理人。

根据管理人掌握的材料，你公司/你因＿＿＿事项（列明债务事由），尚欠×××（债务人名称）人民币×元（大写：＿＿＿元）。根据《中华人民共和国企业破产法》第十七条之规定，请你公司/你于接到本通知之日起七日内，向管理人清偿所欠债务。

若你公司/你对本通知书列明的债务持有异议，可在接到本通知书之日起七日内向管理人书面提出，并附相关合法、有效的证据，以便管理人核对查实。若你公司/你在接到本通知书后仍向×××（债务人名称）清偿债务，使×××（债务人名称）的其他债权人受到损失的，不免除你公司/你继续清偿债务的义务。

特此通知。

（管理人印鉴）

××××年××月××日

附：1. 受理破产申请裁定书复印件一份

2. 指定管理人的决定书复印件一份

3. 管理人联系方式：＿＿＿＿＿＿＿＿

（七）通知书（要求债务人财产的持有人交付财产用）

通知书

（要求债务人财产的持有人交付财产用）

（××××）××破管×号

×××（债务人财产的持有人名称）：

×××（债务人名称）因______________（写明破产原因），××××人民法院于××××年××月××日作出（××××）××破×号民事裁定，裁定×××（债务人名称）重整/破产/清算。××××人民法院于××××年××月××日作出（××××）××破×号决定书，指定×××担任管理人。

根据管理人掌握的材料，你公司/你因________（列明事由内容）占有×××（债务人名称）的财产：

1. ____________________；
2. ____________________；
3. ____________________；

根据《中华人民共和国企业破产法》第十七条之规定，请你公司/你于接到本通知之日起七日内，向管理人交付上述财产。财产应交至：______________。

若你公司/你对本通知书项下要求交付财产的有无或者交付财产种类、数量等持有异议，可在收到本通知之日起七日内向管理人书面提出，并附相关合法、有效的证据，以便管理人核对查实。

若你公司/你在接到本通知书后仍向×××（债务人名称）交付财产，使×××（债务人名称）的其他债权人受到损失的，不免除你公司/你继续交付财产的义务。

特此通知。

（管理人印鉴）

××××年××月××日

第二章 管理人

一、选任管理人类文书样本

（一）人民法院公告（公告选任管理人用）

××××人民法院

公 告

（公告选任管理人用）

本院已裁定受理×××一案，现面向全省（或全市）公开选任管理人，公告如下：

一、申报条件

1. 申报机构为编入××××人民法院管理人名册中的社会中介机构；

2. 申报机构及人员不得具有《中华人民共和国企业破产法》第二十四条第三款、《最高人民法院关于审理企业破产案件指定管理人的规定》第九条、第二十三条、第二十四条规定不得或不宜担任管理人的情况。

二、申报方式

申报机构应于申报期限届满前向本院提交书面申请及相关资质证明文件。本院经资格审查后，符合条件的单位需预交××万元职业保证金。如仅有一家符合条件，则指定该机构担任管理人；如有两家以上符合条件，本院将采取摇号或抽签方式选任管理人。

三、报名时间

报名期限截至××××年××月××日。

四、报名地点与联系人

报名地点：

联系人：

联系电话：

××××年××月××日

（院印）

（二）人民法院公告（以竞争方式选任结果通知）

×××× 人民法院
公　告
（以竞争方式选任结果通知）

×××（竞选管理人的社会中介机构名称）：

根据《最高人民法院关于审理企业破产案件指定管理人的规定》，遵循公开、公平、公正原则，按照公告的管理人选任程序及标准，经过××××人民法院评审委员会评审，指定×××（竞选管理人的社会中介机构名称）担任×××（债务人名称）的管理人（通讯地址：______________；邮政编码：______________；联系电话：______________）。

特此公告。

××××年××月×××日
（院印）

（三）人民法院通知书（用于通知候选机构参加摇号用）

×××× 人民法院
通知书
（用于通知候选机构参加摇号用）

（××××）××破×号

×××（候选机构名称）：

××××人民法院于××××年××月××日裁定受理××（债务人名称）破产清算一案，根据具体情况，确定采用随机摇号方式选任管理人。现通知你单位于××××年××月××日参加摇号。

摇号时间：______________；地点：______________；联系人：______________；联系电话：______________。

特此通知。

××××年××月×××日
（院印）

（四）人民法院公告（以随机方式选任结果通知）

×××× 人民法院
公 告
（以随机方式选任结果通知）

×××（候选机构名称）：

根据《最高人民法院关于审理企业破产案件指定管理人的规定》，遵循公开、公平、公正原则，按照随机摇号方式选任管理人，经过××××人民法院公开摇号，选定×××（候选机构名称）担任×××（债务人名称）管理人（通讯地址：________；邮政编码：________；联系电话：________）。

特此公告。

××××年××月×××日
（院印）

（五）人民法院决定书（指定管理人用）

×××× 人民法院
决定书
（指定管理人用）

（××××）××破×号

××××年××月××日，本院根据××××（申请人姓名或名称）的申请，裁定受理×××（债务人名称）破产清算（或重整、和解）一案。经……程序（写明指定程序），依照……（写明所依据的法律）之规定，指定×××担任××××（债务人）管理人。

管理人应当勤勉尽责，忠实执行职务，履行《中华人民共和国企业破产法》规定的管理人的各项职责，向人民法院报告工作，并接受债权人会议和债权人委员会的监督。管理人职责如下：

（一）接管债务人的财产、印章和账簿、文书等资料；

（二）调查债务人财产状况，制作财产状况报告；

（三）决定债务人的内部管理事务；

（四）决定债务人的日常开支和其他必要开支；

（五）在第一次债务人会议召开之前，决定继续或者停止债务人的营业；

（六）管理和处分债务人的财产；

（七）代表债务人参加诉讼、仲裁或者其他法律程序；

（八）提议召开债权人会议；

（九）本院认为管理人应当履行的其他职责。

××××年××月××日
（院印）

（六）人民法院决定书（指定清算组担任管理人用）

××××人民法院
决定书
（指定清算组担任管理人用）

（××××）××破×号

××××年××月××日，本院根据××××（申请人姓名或名称）的申请，裁定受理×××（债务人名称）破产清算（或重整、和解）一案。依照《最高人民法院关于审理企业破产案件指定管理人的规定》第十九条之规定，指定×××为清算组成员。

管理人应当勤勉尽责，忠实执行职务，履行《中华人民共和国企业破产法》规定的管理人的各项职责，向人民法院报告工作，并接受债权人会议和债权人委员会的监督。管理人职责如下：

（一）接管债务人的财产、印章和账簿、文书等资料；

（二）调查债务人财产状况，制作财产状况报告；

（三）决定债务人的内部管理事务；

（四）决定债务人的日常开支和其他必要开支；

（五）在第一次债务人会议召开之前，决定继续或者停止债务人的营业；

（六）管理和处分债务人的财产；

（七）代表债务人参加诉讼、仲裁或者其他法律程序；

（八）提议召开债权人会议；

（九）本院认为管理人应当履行的其他职责。

××××年××月××日
（院印）

二、更换管理人类文书样本

（一）申请书（债权人申请更换管理人用）

申请书

（债权人申请更换管理人用）

申请人：×××（写明姓名或名称等基本情况）。

申请事项：

申请更换×××（债务人名称或全称）的管理人。

事实与理由：

××××年××月××日，贵院指定××××（管理人名称）担任×××（债务人名称或全称）管理人，在此期间，××××（管理人名称）存在违反《中华人民共和国企业破产法》第二十二条规定的情形（写明事实与理由），不能依法、公正执行职务或者有其他不能胜任职务情形，依据《中华人民共和国企业破产法》第二十二条、第六十一条之规定，申请更换管理人，重新指定管理人。

此致

××××人民法院

申请人：×××

××××年××月××日

（二）人民法院决定书（批准或驳回债权人会议更换管理人的申请用）

××××人民法院

决定书

（批准或驳回债权人会议更换管理人的申请用）

（××××）××破×号

××××年××月××日，×××（债务人名称）债权人会议向本院提出申请称……（写明依据的事实及理由），请求本院更换管理人，并提交了债权人会议决议。

管理人称……（概括写明管理人所作书面说明的内容）。

本院查明……

本院认为……（写明审查意见、理由及重新指定管理人的有关情况）。依照……（写明所依据的法律）之规定，决定如下：

一、解除×××（原管理人的姓名或名称）的×××（债务人名称）管理人职务；

二、指定×××（新管理人的姓名或名称）为×××（债务人名称）管理人。

或者：

驳回×××（债务人全称）债权人会议的申请。

××××年××月××日

（院印）

（三）人民法院决定书（依职权更换管理人用）

××××人民法院

决定书

（依职权更换管理人用）

（××××）××破×号

××××年××月××日，本院作出（××××）××破×号决定书，指定×××（原管理人的姓名或名称）为×××（债务人名称）管理人。该管理人……（写明管理人坚持辞职或出现不能履行职务的情形）。

本院认为……（写明审查意见、理由及重新指定管理人的有关情况）。依照……（写明所依据的法律）之规定，决定如下：

一、解除×××（原管理人的姓名或名称）的×××（债务人名称）管理人职务；

二、指定×××（新管理人的姓名或名称）为×××（债务人名称）管理人。

××××年××月××日

（院印）

（四）人民法院决定书（许可或驳回管理人辞职申请用）

××××人民法院
决定书
（许可或驳回管理人辞职申请用）

（××××）××破×号

××××年××月××日，×××（担任管理人的社会中介机构的名称或自然人的姓名）向本院提交申请称……（写明申请人的理由），请求本院准予其辞去×××（债务人名称）管理人职务。

本院认为……（写明审查意见及理由）。依照……（写明所依据的法律）之规定，决定如下：

准许×××（担任管理人的社会中介机构的名称或自然人的姓名）辞去×××（债务人名称）管理人职务。

或者：

驳回×××（担任管理人的社会中介机构的名称或自然人的姓名）的申请。

××××年××月××日

（院印）

（五）人民法院公告（更换管理人用）

××××人民法院
公　告
（更换管理人用）

（××××）××破×号

本院于××××年××月××日裁定受理×××（债务人名称）破产清算（或重整、和解）一案，并指定×××（原管理人姓名或名称）为×××（债务人名称）管理人。因……（写明更换的理由），依照……（写明所依据的法律）之规定，于××××年××月××日决定解除×××（原管理人的姓名或名称）的×××（债务人名称）管理人职务，指定×××（新管理人名称或姓名）为×××（债务人名称）管理人（通讯地址：____________；邮政编码：____________；联系电话：____________）。

特此公告。

××××年××月××日

（院印）

三、管理人报酬类文书样本

（一）关于提请人民法院确定管理人报酬方案的报告

关于提请人民法院确定
管理人报酬方案的报告

（××××）××破管×号

本管理人接受贵院指定后，对×××（债务人名称）可供清偿的财产价值和管理人工作量进行了预测，并初步确定了《管理人报酬方案》。方案主要内容如下：

一、债务人可供清偿的财产情况

根据管理人截至目前掌握的材料，×××（债务人名称）不包括担保物在内的最终可供清偿的财产价值约为人民币××元，担保物价值约为人民币××元。

二、管理人报酬比例

根据不包括担保权人优先受偿的担保物价值在内的债务人最终可供清偿的财产总额价值和管理人工作量所作的预测［详见附件《管理人工作量预测报告》（或者《竞争管理人报价书》）］，依照《最高人民法院关于审理企业破产案件确定管理人报酬的规定》第二条之规定，确定管理人在以下比例限制范围内分段确定管理人报酬：

1. 不超过______________元（含本数，下同）的，按______________%确定；

2. 超过______________元至______________元的部分，按______________%确定。

三、管理人报酬收取时间

最后一次性收取的：本方案确定管理人最后一次性收取报酬，收取时间为破产财产最后分配之前。

分期收取的：本方案确定管理人在破产程序期间分期收取报酬，收取时间如下：

第一次：本方案经第一次债权人会议通过后×日内；

第二次：______________；

第三次：______________；

……

四、管理担保物的费用

破产程序期间，管理人对担保物的维护、变现、交付等管理工作付出了合理劳动，经与担保权人协商，确定管理人在担保物变现价值×%范围内收取适当报酬，报酬金额为人民币××元，收取时间：______________。

五、其他需要说明的问题

……

现根据《最高人民法院关于审理企业破产案件确定管理人报酬的规定》第四条之规定，请贵院予以确定。

（管理人印鉴）
××××年××月××日

附：1.《管理人报酬方案》

2.《管理人工作量预测报告》（或者《竞争管理人报价书》）

（二）人民法院通知书（确定管理人报酬方案用）

××××人民法院
通知书
（确定管理人报酬方案用）

（××××）××破×号

×××（担任管理人的社会中介机构的名称或自然人的姓名）：

依照《最高人民法院关于审理企业破产案件确定管理人报酬的规定》第二条、第四条之规定，本院初步确定你（或者你所、公司）担任×××（债务人名称）管理人期间应获取的报酬，根据×××（债务人名称）最终清偿的财产价值总额……（依次分段写明确定的比例），采取……（分期预收或最后一次性收取报酬）的方式收取。

特此通知。

××××年××月××日

（院印）

（三）关于提请人民法院调整管理人报酬方案的报告

关于提请人民法院调整管理人报酬方案的报告

（××××）××破管×号

××××人民法院：

贵院于××××年××月××日确定了×××（债务人名称）破产一案的《管理人报酬方案》。本管理人于××××年××月××日向经第一次债权人会议报告了《管理人报酬方案》的内容，债权人会议对方案提出了调整意见。

现管理人与债权人会议就报酬方案的调整已协商一致，债权人会议决议对《管理人报酬方案》作以下调整：

一、__________________________________；

二、__________________________________；

……

调整理由如下：

一、__________________________________；

二、__________________________________；

……

根据《最高人民法院关于审理企业破产案件确定管理人报酬的规定》第七条第一款之规定，请求贵院核准以上调整内容。

特此通知。

（管理人印鉴）

××××年××月××日

附：《债权人会议关于调整管理人报酬方案的决议》

（四）关于提请债权人会议调整管理人报酬方案的报告

关于提请债权人会议调整管理人报酬方案的报告

（××××）××破管×号

×××（债务人名称）债权人委员会/债权人会议主席：

本管理人于××××年××月××日收到《××××人民法院关于调整管理人报酬方案的通知》，对管理人报酬方案作以下调整：

一、________________；

二、________________；

……

根据《最高人民法院关于审理企业破产案件确定管理人报酬的规定》第八条第二款之规定，现向债权人委员会/债权人会议主席报告。

（管理人印鉴）

××××年××月××日

附：《××××人民法院关于管理人报酬方案调整的通知》

（五）人民法院通知书（调整管理人报酬方案用）

××××人民法院
通知书

（调整管理人报酬方案用）

（××××）×破××号

×××（担任管理人的社会中介机构的名称或自然人的姓名）：

××××年××月××日，本院初步确定你（或者你所、公司）担任×××（债务人名称）管理人应获取的报酬，根据×××（债务人名称）最终清偿的财产价值总额……（依次分段写明确定的比例），采取……（分期预收或最后一次性收取报酬）的方式收取。因……（写明调整的理由），依照《最高人民法院关于审理企业破产案件确定管理人报酬的规定》第八条之规定，本院将报酬方案调整为根据×××（债务人名称）最终清偿的财产价值总额……（依次分段写明确定的比例），采取……（分期预收或最后一次性收取报酬）的方式收取。

特此通知。

××××年××月××日

（院印）

（六）关于提请人民法院准予管理人收取报酬的报告

关于提请人民法院准予管理人收取报酬的报告

（××××）××破管×号

××××人民法院：

×××（债务人名称）破产一案《管理人报酬方案》已由贵院确定，并报告第一次债权人会议审查通过。（报酬方案经过调整的，还应当注明：贵院并于××××年××月××日确定对该报酬方案进行调整。）

截至××××年××月××日，×××（债务人名称）可供清偿的财产情况为______________，管理人已完成______________（履行职责情况）。根据《管理人报酬方案》，可收取第×期（或者全部）报酬计人民币××元。

本管理人现根据《最高人民法院关于审理企业破产案件确定管理人报酬的规定》第十一条之规定，申请收取报酬人民币××元，请贵院予以核准。

特此通知。

（管理人印鉴）
××××年××月××日

附：《管理人报酬方案》（报酬方案经过调整的，再附《管理人报酬调整方案》）

（七）关于提请债权人会议审查管理人报酬方案的报告

关于提请债权人会议审查管理人报酬方案的报告

（××××）××破管×号

×××（债务人名称）债权人会议：

本管理人根据对×××（债务人名称）可供清偿的财产价值和管理人工作量所作的预测，于××××年××月××日制作《管理人报酬方案》报请××××人民法院确定。××××人民法院于××××年××月××日通知本管理人，初步确定了《管理人报酬方案》。现根据《中华人民共和国企业破产法》第六十一条第一款第二项、《最高人民法院关于审理企业破产案件确定管理人报酬的规定》第六条第二款之规定，向第一次债权人会议报告，请债权人会议审查。

（管理人印鉴）
××××年××月××日

附：××××人民法院确定的《管理人报酬方案》

（八）人民法院决定书（认可或驳回债权人会议关于管理人报酬异议用）

××××人民法院
决定书

（认可或驳回债权人会议关于管理人报酬异议用）

（××××）×破×号

××××年××月××日，本院收到×××（债务人名称）债权人会议的异议书，称……（写明依据的事实及理由），请求本院重新确定管理人报酬方案。

本院认为……（写明审查意见及理由）。依照……（写明所依据的法律）之规定，决定如下：

×××（担任管理人的社会中介机构的名称或自然人的姓名）的报酬根据×××（债务人名称）最终清偿的财产价值总额……（依次分段写明确定的比例），采取……（分期预收或最后一次性收取报酬）的方式收取。

或者：

驳回×××（债务人名称）债权人会议的异议。

××××年××月××日

（院印）

（九）人民法院通知书（确定管理人应收取的报酬数额用）

××××人民法院
通知书

（确定管理人应收取的报酬数额用）

（××××）××破×号

×××（担任管理人的社会中介机构的名称或自然人的姓名）：

根据你（或者你所、公司）的申请，本院依照《最高人民法院关于审理企业破产案件确定管理人报酬的规定》第十一条之规定，确定你（或者你单位）应收取（或者本期应收取）的报酬金额为××元。

特此通知。

××××年××月××日

（院印）

四、管理人考评类文书

（一）管理人个案考评表

管理人个案考评表

案　号：　　　　　　　　　　　　　　　　　　管理人：

受理法院：　　　　　　　　　　　　　　　　　合议庭成员：

考评项目	具体内容	评分规则	自评分		合议庭评分		评审考评小组审定得分
			扣分	最后得分	扣分	最后得分	
团队配置（10分）	组成人员（1分）	1. 管理人团队的人员构成无法满足案件办理需要，人民法院要求整改仍不整改的，扣1分					
	现场办公（4分）	2. 管理人在项目地现场办公的人数和时间不符合指定管理人时的承诺或人民法院的要求，且未及时整改的，每次扣1分					
	内部分工（1分）	3. 管理人团队内部未设置合理分工和配合机制的，扣1分					
	人员调整（4分）	4. 需要管理人补充人员，但未及时调岗到位的，每次扣1分					
专业素养（25分）	法律专业素养（5分）	1. 对破产案件中遇到的疑难问题未能及时进行法律分析论证的，每次扣1分					
		2. 对于债权人在债权人会议上的提问，法律有明确的规定但却未能及时援引予以解答的，每次扣1分					
		3. 对于管理人职责范围内的法律专业事项推诿懈怠的，每次扣1分					
		4. 未按最高人民法院的样式制作文书或按时发布公告的，每次扣1分					
	财务管理（10分）	1. 接管后，未制订财产管理方案的，扣1分					
		2. 对于继续经营的债务人，未制订合理的经营计划的，扣1分					
		3. 未及时开立管理人账户或混同使用债务人账户和管理人账户的，扣1分（案件受理法院同意不开立管理人账户的除外）					
		4. 无正当理由，对于股东、高管与债务人之间的往来明细未核查清楚的，扣1分					
		5. 未按照破产费用认定原则，擅自将不属于破产费用的开支列为破产费用的，每次扣1分					

续表

<table>
<tr><th rowspan="2">考评项目</th><th rowspan="2">具体内容</th><th rowspan="2">评分规则</th><th colspan="2">自评分</th><th colspan="2">合议庭评分</th><th rowspan="2">评审考评小组审定得分</th></tr>
<tr><th>扣分</th><th>最后得分</th><th>扣分</th><th>最后得分</th></tr>
<tr><td rowspan="5">专业素养（25分）</td><td rowspan="5">统筹协调（10分）</td><td>1. 管理人团队内部管理混乱，无法有序开展破产工作的，每次扣1分</td><td></td><td rowspan="5"></td><td></td><td rowspan="5"></td><td rowspan="5"></td></tr>
<tr><td>2. 未能妥善处理与债权人或其他利害关系人的关系，导致发生越级上访或群体性事件的，每次扣1分</td><td></td><td></td></tr>
<tr><td>3. 未能有效与审计、评估机构沟通，影响评估报告、审计报告出具的，每次扣1分</td><td></td><td></td></tr>
<tr><td>4. 债务人继续经营，未能充分调动债务人留守人员的积极性，影响破产案件办理进度的，每次扣1分</td><td></td><td></td></tr>
<tr><td>5. 未能妥善处理与政府相关部门的协调关系，影响破产案件办理进度的，每次扣1分</td><td></td><td></td></tr>
<tr><td rowspan="11">勤勉尽责（58分）</td><td rowspan="5">全面接管（10分）</td><td>1. 接受指定后，无正当理由未及时开展接管工作的，扣2分</td><td></td><td rowspan="11"></td><td></td><td rowspan="11"></td><td rowspan="11"></td></tr>
<tr><td>2. 接管时未进行清点，未规范制作财产交接清单、接管笔录，记录内容不准确、不完整，到场人员未签字确认的，扣1～2分</td><td></td><td></td></tr>
<tr><td>3. 接管之后，未向人民法院报告接管情况的，扣1分</td><td></td><td></td></tr>
<tr><td>4. 未及时代表债务人参与已经开始的诉讼、仲裁和执行程序的，扣1～2分</td><td></td><td></td></tr>
<tr><td>5. 未及时申请解除对债务人财产的查封，或未及时申请中止涉及债务人财产的执行程序的，每次扣1分</td><td></td><td></td></tr>
<tr><td rowspan="2">尽职调查（5分）</td><td>1. 未对债务人的财产进行全面调查的，扣1～4分</td><td></td><td></td></tr>
<tr><td>2. 未及时制作债务人财产状况报告的，扣1分</td><td></td><td></td></tr>
<tr><td rowspan="4">日常经营管理（5分）</td><td>1. 对于尚在继续经营中的债务人，未经人民法院批准，管理人擅自在第一次债权人会议之前决定债务人继续或停止营业的，扣1分</td><td></td><td></td></tr>
<tr><td>2. 进入破产程序后，管理人对于债务人的日常开支或其他必要费用未严格审查的，扣1分</td><td></td><td></td></tr>
<tr><td>3. 第一次债权人会议召开前，管理人未审慎管理和处分债务人财产的，扣1分</td><td></td><td></td></tr>
<tr><td>4. 对于债务人和对方均未履行完毕的合同，管理人未在破产受理之日起两个月内决定是否继续履行合同，或在收到对方催告之日起30天内未答复的，扣1～3分</td><td></td><td></td></tr>
</table>

续表

考评项目	具体内容	评分规则	自评分		合议庭评分		评审考评小组审定得分
			扣分	最后得分	扣分	最后得分	
勤勉尽责（58分）	债权审核（10分）	1. 未根据债权性质、清偿顺序对申报债权进行分类登记造册的，扣1分					
		2. 未妥善保存债权申报资料，导致申报资料损毁或遗失的，扣1分					
		3. 对债权异议处理不当的，扣1～3分					
		4. 经债权异议诉讼确认管理人的债权审查结论错误的，每次扣1分					
		5. 未主动查询企业欠缴社保、欠税情况，或未在第一次债权人会议前书面通知相关机构申报债权的，扣1分					
		6. 未在第一次债权人会议前编制规范的债权表，或编制的债权表无债权结构、债权构成、债权性质等内容的，扣1～3分					
	债权人会议（10分）	1. 未按人民法院要求筹备债权人会议，导致债权人会议延期等情形的，扣2～5分					
		2. 未全面通知与会人员，核对参会人员身份，未准备债权人会议资料或会议资料不齐全的，每项扣1分					
		3. 未提前制订会务方案，使债权人会议无序召开的，扣1分					
		4. 债权人会议通过的财产管理方案、财产变价方案和财产分配方案，未及时提请人民法院裁定的，扣1分					
		5. 未妥善保存债权人会议资料，导致资料损毁或遗失的，扣1～3分					
	财产追收（4分）	1. 发现债务人存在《企业破产法》第十六条、第三十一条、第三十二条或第三十三条规定行为，但未及时主张权利的，每次扣1分					
		2. 未及时向债务人的债务人和财产持有人发出书面催收通知的，扣1分					
		3. 掌握相关财产线索后，未能采取充分协调、调查、诉讼等方式追回财产；未经过充分论证并依法报告而停止追收财产或放弃权利，造成不良后果的，视情形扣1～3分					
	财产处置（8分）	1. 未及时制订财产变价方案，经人民法院、债权人催告，在合理期限内仍未制订的，扣2分					
		2. 未根据债权人会议表决通过的财产变价方案处置破产财产的，扣1分					

续表

考评项目	具体内容	评分规则	自评分 扣分	自评分 最后得分	合议庭评分 扣分	合议庭评分 最后得分	评审考评小组审定得分
勤勉尽责（58分）	财产处置（4分）	3. 在处置财产过程中，符合网络拍卖条件而未进行网络拍卖的，未遵守公开、公平、公正原则及回避原则的，每次扣1分					
		4. 在资产成交后，无正当理由未及时办理移交过户手续的，扣1分					
		5. 资产处置款项到位后，应当向优先权人分配但无正当理由未及时分配的，每次扣1分					
	定期报告（6分）	1. 管理人未能就管理人的日常工作定期向人民法院提交工作情况报告的，每次扣1分					
		2. 管理人未能就案件的阶段性成果及时向人民法院提交阶段性报告的，每次扣1分					
		3. 案件办结后，管理人未能及时向人民法院提交结案报告的，扣1分					
		4. 未及时向人民法院报告债务人注销情况的，扣1分					
职业操守（7分）	举报投诉（2分）	1. 债权人或其他利害关系人向有关机关投诉或举报管理人存在违法违纪行为，经查证属实的，扣2分					
	政府有关部门的评价（2分）	2. 政府相关部门向人民法院反映管理人存在履职不当行为，经查证属实的，扣2分					
	职业道德执业纪律（3分）	3. 管理人及管理人聘用的工作人员存在违反职业道德或职业纪律情形的，每次扣1分					
合计	100						

备注：1. 考评项目中的分数为该项总分，扣分时将具体内容中列明分数对应扣完为止；
2. 管理人填报该表时应将相应证明材料作为附件向人民法院一并提交；
3. 年度考评时，个案考评分数按70%折合；有多起个案的，加和取平均值后，再按70%折合。

（二）管理人年度考评表

管理人×××年度考评表

管理人考评项目		具体内容	分项分数/分	初评意见/分	考评结果/分
个案考评		1. 个案考评项目得分按照个案考评分数乘以70%计算；全年未承办破产案件的管理人，个案考评项目不得分，年度履职考评权重调整为100%	70		
年度履职考评	团队建设	1. 建立团队破产管理工作指引等规章制度，并实际执行的，得2分	2		
		2. 实行专业化管理，组织学习、交流、培训、研讨的，每次得0.5分	3		
	专业研究、公共事务	1. 公开出版破产法方面书籍，其中，独著每本计1分，合著每本计0.5分	1		
		2. 在省级以上学术期刊发表破产法方面文章，每篇计0.5分，核心期刊计1分	2		
		3. 参加省级以上破产法研讨会，进行主题发言或提交论文并获奖的，每次计0.5分	1		
		4. 参加省法院或行业主管单位组织的培训，得1分；无正当理由缺席的，得0分	1		
		5. 主动参与人民法院或行业主管单位举办的各项活动，并提供会务保障的，市级层面每保障一次加0.5分；省级层面每保障一次加1分	2		
		6. 认真完成人民法院及行业主管单位的各项调研任务，并受到表扬的，市级层面每表扬一次加0.25分；省级层面每表扬一次加0.5分	2		
		7. 积极举办破产法实务研讨或理论研究方面沙龙、会议、讲座等活动，每承办或主办一次加0.5分	1		
	奖励表彰	1. 办理的案件被评为全国优秀、典型案例的，每案得2分；被评为省级优秀、典型案例的，每案得1分；被评为地市级典型案例的，每案得0.5分	3		
		2. 中介机构或中介机构成员获全国性表彰奖励的，得2分；获省级表彰奖励的，得1分；获地市级表彰奖励的，得0.5分	2		
	职业操守	1. 履职过程中无违法犯罪行为，得5分；被通报批评的，每次扣1分；被行政处罚的，每次扣2分；被追究刑事责任的，每次扣5分	5		
		2. 本年度无当事人或利害关系人向有关机关举报或投诉属实事项的得5分；有举报或投诉经查属实的，每件扣1分	5		
合计/分			100		

备注：1. 管理人年度考评基础分为100分，扣分项以扣完该分项分数为止，加分项以分项分数限值为最高得分；

2. 全年未承办破产案件的管理人，个案考评项目不得分，本表其余项目得分相加后除以十分之三；

3. 全年未承办破产案件的管理人，其勤勉敬业及表彰奖励得分取同级的受理破产案件管理人得分的平均值；

4. 管理人填报该表时应将相应证明材料作为附件向人民法院一并提交。

第三章　接受指定后管理人的工作

一、管理人团队类文书样本

（一）管理人团队组织结构图

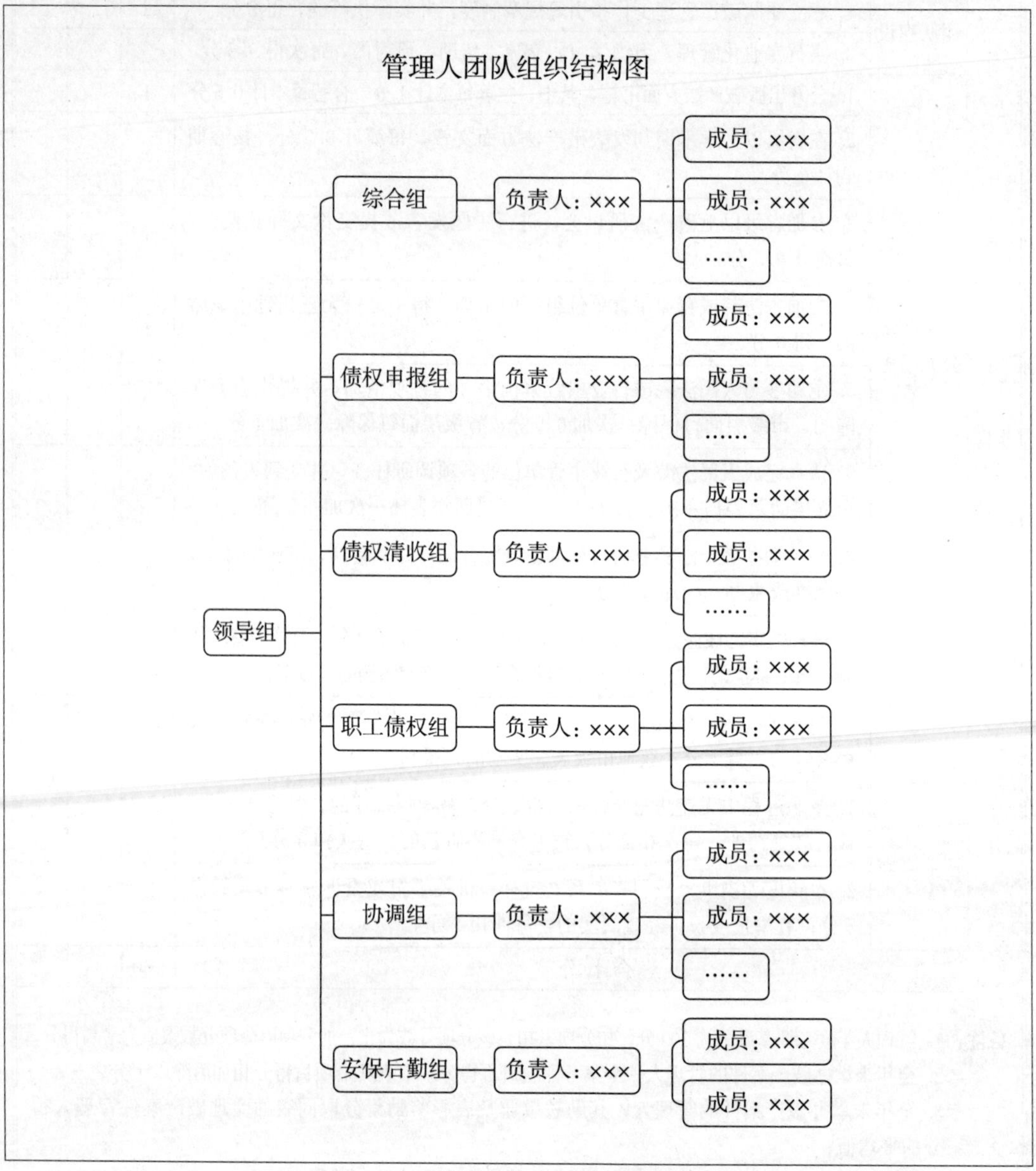

（二）管理人成员工作分工及职责

×××（债务人名称）管理人
成员工作分工及职责

一、负责人工作职责

1. 负责法院、债权人、债务人、企业与管理人之间的联络与协调工作；

2. 协调管理人成员所在部门和其他相关机构工作；

3. 负责监督企业的经营管理工作；

4. 负责组织工作计划、重整工作制度、重整方案的制订及其他法律文书的制作；

5. 指导疑难复杂债权的审核、债务审核与清收等；

6. 协调重整期间的各项纠纷处理；

7. 召集管理人会议、工作组协调会议；

8. 组织制订和实施重整工作计划；

9. 管理人安排的其他工作。

二、债权审核组工作职责

1. 负责债权通知与公告、债权登记与审核、根据管理人的安排参与债权人会议；

2. 负责日常债权人咨询服务；

3. 管理人和协调组安排的其他工作；

4. 负责对重整企业拖欠职工薪酬、社保费用进行调查；

5. 负责对企业拖欠职工薪酬、社会保险费用等劳动债权进行统计、复核确认；

6. 劳动债权其他或有工作事宜。

三、债权清收组工作职责

1. 全面负责清收工作并制订清收工作具体实施办法；

2. 在破产管理人和协调组的领导下，具体做好清收工作的部署、实施、统计、汇总，分析清收工作情况，评判清收效果；

3. 协调与清收有关的各单位关系，及时处理出现的各种问题；

4. 协调与法院等诉讼业务相关机构的关系，及时处理出现的各种问题。

四、财务组工作职责

负责管理人履职期间财务支出。

五、债务人财产保管接收组工作职责

负责妥善保管债务人财产，定期巡查。

（三）管理人工作制度的报告

关于制定管理人工作制度的报告

（××××）××破管×号

××××人民法院：

为保证×××债务人管理人履行职务有章可循，保证公司（重整/和解/破产清算）工作有序开展，管理人特制定了《×××管理人工作制度》，现报备贵院，以供贵院指导监督和管理人严格遵守。

特此通知。

×××（债务人名称）管理人

××××年××月××日

附：《×××（债务人名称）管理人工作制度》

（四）管理人工作方案

×××（债务人名称）管理人工作方案

为了使破产工作顺利、有序、高效率地进行和开展，现管理人在法院的监督与指导下，本着对法院负责，对企业负责，对债权人负责的精神，依据国家的有关法律、法规及政策，结合实际工作需要，特拟定本工作方案，本方案将根据破产案件的实际进展适时作出调整。

一、破产工作的基本原则和责任落实方式

（一）合法性原则

破产管理人要依据法律的规定在法院的指导下开展工作，每一项工作都要符合法律的规定。

（二）客观原则

破产管理人要客观、实事求是，维护破产案件中相关各方的合法权益，尤其是职工的合法权益。

（三）分工明确原则

破产管理人在工作中应当厘清职责、明确分工，责任落实到每个岗位。必要时根据破产工作需要和管理人的布置，成立相应的工作组。各个工作组组长具体负责本组工作的具体落实，并向管理人或管理人指定的主管人员负责及报告工作。管理人负责整个破产工作的布置、调整及推进，对法院负责并报告工作。

（四）高效率、低成本原则

破产管理人应当根据人民法院审理案件的进展情况灵活地调整工作计划和进度安排，高效率地完成破产管理人的工作；同时，破产管理人在工作中要注意节约成本，做到切实保障职工和债权人的利益。

二、破产工作的指导思想

根据债务人的实际情况，客观而公正。在政府和法院的监督指导下，按照破产工作要求，各方面积极配合，协调一致，依法办事，高标准、高质量、准确、快速完成工作。

三、破产管理人的主要工作任务

（一）债权清收

1. 审查债务人财产清册；

2. 按照法律规定并根据工作计划协助法院及时发出催收通知，并且做好相应的登记工作；

3. 编制清收计划，确定清收人员，并按计划组织实施。

（二）债权申报登记

1. 审查、编制债权清册；

2. 按照法律的相关规定并根据工作计划协助法院在法律规定的时间内，向已知债权人发出申报债权通知书，并做好相应登记工作；

3. 负责对债权人的联系接待，并对申报的债权进行确认、登记。

（三）审计、评估

1. 审查企业提供的资产清册是否符合破产工作要求，并完善与破产工作有关的财务手续和文件，如贷款合同及抵押贷款合同等；

2. 全面审查企业财务状况，及时调整账目报表，在最快的时间完成财务审计工作；

3. 组织债务人资产的盘点工作并做好登记；

4. 做好债务人应收款中呆、坏账的核销及资产的盘盈、盘亏、报废的处理工作；

5. 进行评估立项并在资产盘点的基础上，做好资产的评估工作及评估之后的确认工作。

（四）财务与保障

1. 拟定破产期间所需各种文件材料或书面报告，并负责对企业所移交的公章及文字材料的管理等；

2. 负责督促、监督企业留守人员；

3. 对管理人负责，并要及时与法院沟通或取得联系；

4. 生活、办公等方面的综合后勤工作；

5. 接待工作，包括对职工和债权人等的接待；

6. 财务工作，主要指破产费用的管理，包括编制预算，建立账目，拟定财务管理制度，专人负责等；

7. 保护企业资产；

8. 协调工作。

四、阶段性工作计划

根据破产案件审理的进程，破产管理人的工作从总体上分为五个阶段。

（一）基础工作阶段

1. 管理人根据法律规定全面接管债务人，全面完成交接工作；

2. 完成对债权清册、债务清册、资产状况明细表、资产负债表等的审查、补充、登记工作；

3. 通知已知债权人；

4. 选择并聘请审计、评估人员，并签订相关合同；

5. 开始职工花名册的审查确认工作。

（二）审计、审核阶段

1. 审计、评估人员进场工作，审计人员完成对基准日资产负债表的审查或填报工作，评估人员完成资产盘点工作，并同时进行评估立项工作；

2. 审计调整、评估论证，出具阶段性评估报告数据；

3. 职工花名册应统计核定完毕，职工构成的界定应有定论，能够计算出拖欠职工工资、养老保险及医疗保险等费用，以及在职职工和离退休人员的安置费用；

4. 开始债权申报的登记确认工作，并且要分类登记；

5. 根据资产构成，评估初步结果及职工各项费用明细、破产费用等，开始初步论证分配方案。

（三）汇总阶段

1. 完成财政核销与资产认定工作；

2. 完成已知债权人的债权申报登记与确认工作；

3. 出具正式审计与评估报告的样稿；

4. 起草请算报告初稿，继续论证分配方案相关问题。

（四）收尾阶段

1. 完成评估确认工作；

2. 全面检查工作是否遗漏；

3. 确定分配方案，确定破产报告；

4. 准备债权人会议，做好开会前的一切准备工作，包括材料、人员、备品及会场等，并进一步仔细检查破产工作，对分配方案做最后的检验测算。而且要对可能出现的问题进行预测及想好应变策略。

五、工作要求

1. 破产管理人工作人员，在人民法院监督指导下，依据法律、法规、文件的规定，依法进行公正、合理的请算。

2. 按时间规定完成工作任务，如有特殊情况需要延长时间的，要及时请示法院批准。

3. 破产管理人工作人员在工作中，对企业债权人、债务人及咨询问题的职工，要热情、礼貌待人，耐心解答问题及进行必要的法律宣传，应当树立朴素的形象。

4. 发送各种书面材料，需经组长同意加盖公章后方可进行发送。

5. 对×××（债务人名称）领导班子成员的要求：

（1）原企业法定代表人及主管部门，积极配合好管理人工作并协调与政府各部门的工作。同时协助管理人处理有关问题。

（2）为保证清算工作预期进行完毕，原企业法定代表人及主管部门人员应恪尽职守，保证该企业财务人员等积极响应管理人的各项工作要求，并负责筹集破产费用，保证资金如期到位。

六、工作纪律

1. 破产管理人工作人员，应当认真负责，按时出席管理人会议，按时完成工作计划。

2. 破产管理人工作人员，做好保密工作，对清算工作管理人成员无宣传义务，对向外透露清算秘密、失职等造成损失的追究政纪和法律责任。

×××（债务人名称）破产管理人

××××年××月××日

（五）管理人内部管理方案

管理人内部管理方案

×××律师事务所依据《中华人民共和国律师法》和《中华人民共和国企业破产法》的有关规定，接受××××人民法院的指定，担任××公司破产案件的破产管理人。现依据法律和债务人的实际情况，对破产管理人聘用的人员除要求定员定岗，在破产案件处理期间应履行岗位责任制外，特作出如下规定，以便遵照执行。

一、对财务人员的规定

1. 现金管理。现金收入应于当日存入银行，库存备用金为××元；财务人员须严格遵守《现金管理暂行条例》，定期清查。

2. 支票管理。严格遵守支票管理的有关规定；严格履行请领、签发、保管、核销、及时报账等制度；不得签发空头支票、远期支票、空白支票。

3. 会计核算管理。严格按照《中华人民共和国会计法》的有关规章制度建立会计账册，做到：根据审核无误的原始凭证填制记账凭证；登记会计账簿应连续，不得跳行、隔页，定期结账、对账，保证账证相符、账账相符、账实相符。

4. 认真履行会计监督职责。会计人员对不真实、不合法的原始凭证不予受理，对于伪造、编造、故意毁坏会计账簿或者账外设账的行为，应及时纠正，必要时向破产管理人负责人反映。财务人员定期向破产管理人负责人汇报财务管理人状况。

二、对行政人员的管理规定

1. 接、收、发文件必须进行统一记录。

2. 对聘用人员出勤情况负责考核。

3. 负责债务人日常办公管理。

4. 车辆使用必须填写请示单，并监督及时返还。

5. 监督和实施财产管理人员岗位责任考核。

三、对合同的管理规定

1. 合同管理由行政秘书负责。

2. 对聘用人员的合同实行单独管理。

3. 对合同履行、终止等问题必须经破产管理人同意后，方可执行。

4. 未经破产管理人同意，不得自行对外签订任何合同。

四、对财产的管理规定

1. 财产管理应确定岗位责任制。

2. 除夜间值守外，财产管理人员应制定巡视制度，每次巡视的人数应为两人。

3. 密切关注天气变化，并且根据天气变化对财产提供相应的保护措施。

4. 严格遵守防火制度。

以上岗位应严格按照本方案的内容执行，违反规定，将严格按照双方签订的聘用合同处理。

××××年××月××日

附：印章使用审批单

印章使用审批单

用章部门		用章申请人	
印章名称			
用章日期	年 月 日	用印份数	份
用章事由			

申请人	
所在部门负责人	
管理人负责人（或授权人）签批	
备注	

（六）管理人工作制度

×××管理人工作制度

第一章 总 则

第一条 为规范×××管理人工作人员的行为，勤勉尽责、高效有序、忠实执行职务，制定本制度。

第二条 管理人工作人员必须严格依照《中华人民共和国企业破产法》《中华人民共和国公司法》等相关法律、行政法规及本制度的规定开展工作，严禁发生任何违法违规行为。

第三条 根据破产工作实际需要，管理人工作团队指定总负责人、副总负责人，现场分债权申报审查组、资产清理追收组、财务审计事务组、经营监督管理组、综合协调组等，每组设组长一名（具体名单详见附件1）。管理人工作人员应该按照各自分工履行职责，实行专事专人、专人专责的工作制度。工作组之间应该信息互通、协作配合、围绕目标、确保进度、创新高效地履行管理人职责。

第四条 在破产期间，由管理人确定留守人员负责公司的日常管理，重大事项须由管理人作出决定，并报人民法院核准通过。

第五条　除管理人另行规定外，公司在破产之前施行的有效的规章制度原则上依然有效。

第六条　管理人工作人员应对履行职务过程中所获取的债权人、债务人相关信息严格保密，不得披露给无关第三人。如需对外接受媒体采访或对外披露信息，须征得管理人负责人同意，并报告人民法院。

第七条　管理人工作人员必须妥善保管文件材料，及时进行编号和装订，确保文档的完整、有序、整洁、便于查阅。

第八条　管理人工作人员应该严格执行接待、证照管理、印章管理、开会、汇报的制度。

第二章　接待制度

第九条　管理人在债务人具备现场办公条件的情况下，现场办公，根据破产程序进程负责接受债权申报、债权人咨询、财产调查和管理、与相关利益方沟通等相关事宜。

第十条　管理人工作人员接待相关人员时应态度关切、用语文明，注意沟通方式和交流技巧，严禁与债权人、债务人原经营管理人员等相关人员发生口角、肢体冲突等行为。

第十一条　遇到债权人或其他人员存在辱骂等情绪激动行为时，管理人工作人员必须保持情绪稳定。遇到人身损害威胁的突发事件，及时向公安机关报警，确保自身人身安全。

第十二条　管理人工作人员接待相关人员时，必须注意询问的条理性和证据的可用性，围绕工作目的做好必要的笔录；答复问题的合法性和逻辑严密性，不得随意许诺、错误引导或者虚假陈述，不便答复的应告知汇报后定时给予答复。

第十三条　接待人员过程中取得的材料，必须在台账上登记，每个工作日结束前汇总编号统一保管，以免发生文件丢失。接受债权申报时应对债权人提交的复印件与原件核对，确认无误后，由债权人在其提交的材料上签字确认。

第三章　证照管理制度

第十四条　本制度所称证照，指经政府职能部门核发给公司的证明企业合法经营的有效证件，包括但不限于企业法人营业执照、行业经营许可证、组织机构代码证、税务登记证、行业资质证、房屋所有权证、土地使用权证等证件。清算期间，公司证照的管理和使用按本制度的规定执行。

第十五条　破产期间，管理人负责各种证照的申报、登记、变更、年检、注销，并由管理人负责证照的保管、登记、备案。

第十六条　因破产工作需要，需借出证照的，必须取得管理人负责人的批准，说明使用范围和使用时间，办理借出手续后，方可携带外出。

第十七条　借用证照人员必须妥善保护证照，不得丢失、损坏。如出现损坏或丢失，相关人员须立即向管理人负责人报告，管理人须及时与发证机关联系，及时办理证照的挂失和补办手续。

管理人有权根据实际情况，对相关责任人员作出处分。

第十八条　证照管理人员须及时建立证照管理台账，做好证照登记工作。证照的登记内容包括证照名称、编号、发证机关、发证时间、证照记载的主要内容等。

第十九条　各种证照要分类归档。归档的资料要齐全完整，自申报到各种相关手续办完的资料都要归入档案。

第二十条　严禁擅自使用公司的证照进行各种担保。

第四章　印章管理制度

第二十一条　原公司所有印章交由管理人封存，原则上一律废止，公司对外签署的文件，均以加盖管理人印章为准；如有特殊情况，需要使用原公司印章的，须说明情况报管理人批准，按照本制度的规定办理用印手续。

第二十二条　管理人印章自破产正式运行时启用，破产工作终结后其印章自动失效，交公安机关销毁，用印提交的资料应作为管理人的档案移交有关部门。

第二十三条　管理人印章和原公司印章由管理人指定的印章管理人员保管。印章管理人员应时刻保持高度责任感，管理好印章，用印时应认真审核用印手续是否完备，对不符合用印手续、规定或文件不符合规范的，应说明原因，待手续完备后方可用印。印章管理人外出时，应将印章交负责人授权的人员管理。

第二十四条　管理人印章和原公司印章须由管理人签字批准后方可使用；如确属日常事务性工作，或经负责人授权的事项，可由管理人指定的人员签字批准后使用。

第五章　开会制度

第二十五条　管理人在每周五下午 13：00 召开每周例会，原则上所有经办人员必须在现场参加会议。确因客观原因无法参加会议的，可以通过电话会议方式参加会议。

第二十六条　管理人每周例会结束后，可安排与债务人召开工作例会，就每周工作情况及需要解决事项等进行交流。

第二十七条　管理人小组工作人员对在日常工作中遇到的问题必须做好记录工作，交给现场负责人进行汇总后形成书面材料。

第二十八条　管理人开会的主要内容为总结督查本周工作的完成情况、讨论安排下周的工作计划及需要报告给法院及政府协调组的事项、解决需要重点讨论的问题。

第二十九条　管理人的每次会议应由专门人员记录，整理后存档。

第六章　汇报制度

第三十条　管理人应当及时向人民法院汇报工作进展，汇报方式为定期汇报与专项汇报相结合，汇报的形式为书面汇报。

第三十一条　管理人原则上每周向人民法院书面汇报工作，汇报的主要内容为本周的工作进展、下周的工作计划、需要人民法院协调和重点讨论的相关事宜。此外，原则上每月出一份工作简报报给法院。

第三十二条　遇到突发事件时，管理人应第一时间向人民法院口头报告，并及时就该事件的缘由、情况，可能造成的后果及需要相关部门协助的事项写出书面报告。

第三十三条　汇报的语言必须严谨、规范、简练、准确，有管理人的处理意见或法律意见。

第三十四条　管理人应配合人民法院做好工作简报的制作，并安排专门人员与人民法院对接。

第七章　附　则

第三十五条　本规则由×××管理人制定和解释，自××××年××月××日起实施。

×××管理人

××××年××月××日

（七）管理人财务管理制度

管理人财务管理制度

第一条　为了加强×××管理人在破产重整过程中的财务工作及保障破产工作的顺利实施，特制定本制度。

第二条　财务组的职能

1. 认真贯彻执行国家有关的会计制度、财务管理制度和税收制度。

2. 建立健全财务管理的各种规章制度，编制财务计划，加强经营核算管理，反映、分析财务计划的执行情况，检查监督财务纪律的执行情况。

3. 负责公司财务核算和成本费用管理。

4. 厉行节约，合理使用资金。

5. 积极主动与有关机构及税务、银行部门沟通，及时掌握相关法律法规的变化，有效规范财务工作，及时提供财务报表及其相关资料。

第三条　财务组由一名会计、一名出纳组成。

第四条　管理人下设的各职能部门和工作人员办理财会事务，必须遵守本制度。

第五条　收、付款管理

1. 财务人员支付每一笔款项，无论金额大小均须财务组组长、管理人负责人签字。管理人负责人外出应由财务人员设法当日存入银行。出纳及销售人员必须每日编制销售明细表及收款明细表。

2. 在银行设立专户，破产重整期间所有资金的收付必须通过该专户。因特殊情况需开立其他银行账户，应经管理人同意方可开户。

3. 支票由出纳保管。特殊情况下需预先使用支票时，须填写“支票领用单”，注明付款用途，经审核批准后由领用人签收，并负责在规定期限内完善报销审批手续。

4. 财务专用章由财务组会计保管，私章由出纳保管。

第六条　出纳人员应当建立健全现金、银行存款账目，逐笔记录现金、银行存款收支业务。现金、银行存款账目应当日清月结，账款相符。会计或出纳每周编制银行、现金周报报告财务组会计。

第七条　借款及报销审批程序

1. 凡因工作需要的借款人员，必须先到财务组领取“借款凭证”，写明借款金额、用途、用款时间、归还日期，先经部门负责人同意，再由财务组组长批准，最后经管理人负责人审批后，方予借支，前次借款未归还或未销账不得再借款。

2. 借款人员工作完毕后应及时到财务组报账，报账后结欠部分金额当场归还。

3. 报销审批时应具备的凭证：“付款审批单”或“费用报销单”，原始发票、物品明细表。在所附凭单上，要有经办人签字。

第八条　业务招待费标准及审批

1. 因业务需要开支招待费的，由部门负责人填写招待费审批单，报管理人负责人批准。超审批金额外的业务招待费，一般不予开支。

2. 业务招待费报销单据必须有税务部门的正式发票，先由经手人签名，注明用途，部门负责人加签证实，再报财务组组长审核，然后由管理人负责人审批，方能报销付款。

第九条 出差开支标准 工作人员出差乘坐车、船、飞机和住宿、伙食、市内交通费应控制在规定的范围内。各部门负责人应严格控制外出人员，并考虑完成任务的期限，确定出差日期及各项费用限额。超标准住宿的，超支部分一律由个人承担。工作人员应按取得实际发生费用的合法发票报销，不得虚报费用。

第十条 会计账务处理

1. 会计应负责审核原始凭证的各项经济内容真实性、合理性，对不能确定的事项报财务组组长审核。

2. 会计审核传票时，应先审核原始凭证是否符合税收法律及相关规定。

3. 会计人员应根据上述规定要求取得的合理、合法的单据按相关法律规定进行账务处理。

第十一条 本制度未及事项按《中华人民共和国会计法》《企业会计准则——基本准则》的相关规定办理。

××××年××月××日

附：付款审批单

付款审批单

付款申请人所在部门		付款申请人	
付款金额			
申请日期	年 月 日		
付款事由			
申请人			
所在部门负责人			
管理人负责人（或授权人）签批			
备注			

二、法定程序类文书样本

（一）人民法院通知书（告知债务人有关人员的相关义务用）

××××人民法院
通知书
（告知债务人有关人员的相关义务用）

（××××）××破×号

×××：

本院于××××年××月××日根据×××（申请人姓名或名称）的申请裁定受理×××（债务人名称）破产清算（或重整、和解）一案，并于××××年××月××日指定×××为×××（债务人名称）管理人。依照《中华人民共和国企业破产法》第十五条之规定，从即日起至破产清算（或重整、和解）程序终结（或终止）之日，你应当承担下列义务：

1. 自收到受理破产申请的裁定之日起十五日内向本院提交财产状况说明、债务清册、债权清册、有关财务会计报告以及职工工资的支付和社会保险费用的缴纳情况。

2. 自案件受理之日起停止清偿债务。

3. 自本院受理破产申请的裁定送达之日起至破产程序终结之日止，法定代表人、财务管理人员及其他经营管理人员承担下列义务：（1）妥善保管其占有和管理的财产、印章和账簿、文书等资料；（2）根据本院、管理人的要求进行工作，并如实回答询问；（3）列席债权人会议并如实回答债权人的询问；（4）未经本院许可，不得离开住所地；（5）不得新任其他企业的董事、监事、高级管理人员。

4. 管理人接管时，法定代表人应向管理人办理移交手续，并答复有关财产及业务的询问。

5. 第一次债权人会议定于××××年××月××日于本院第×审判庭召开，法定代表人及财务管理人员必须准时参加。

特此通知。

××××年××月××日
（院印）

（二）人民法院复函（许可管理人为某些行为用）

×××× 人民法院
复 函
（许可管理人为某些行为用）

（××××）××破×号

×××（债务人名称）管理人：

本院于××××年××月××日收到《……》（写明来文的名称），以及……（引用请示的内容及事实和理由）。经研究，答复如下：

……（写明答复意见）。

此复

××××年××月××日
（院印）

（三）人民法院罚款决定书

×××× 人民法院
罚款决定书

（××××）××司惩×号

被罚款人：×××（写明姓名或名称等基本情况）。

本院在审理×××（债务人名称）破产清算（或重整、和解）一案中，查明……（写明被罚款人的行为）。本院认为……（写明予以罚款的理由）。依照……（写明所依据的法律）之规定，决定如下：

对×××（被罚款人）罚款×××元，限于××××年××月××日前向本院交纳。

如不服本决定，可在收到决定书的次日起三日内，口头或者书面向××××人民法院（应为上一级人民法院）申请复议一次。复议期间，不停止决定的执行。

××××年××月××日
（院印）

说明：

1. 本样式系根据《中华人民共和国企业破产法》第一百二十六条、第一百二十七条、第一百二十九条、第一百三十条，参照《中华人民共和国民事诉讼法》第一百零五条制订，供人民法院对债务人的有关人员、直接责任人员、管理人作出罚款决定时使用。

2. 本决定书应送达被罚款人。

（四）关于提请人民法院许可继续/停止债务人营业的报告

关于提请人民法院
许可继续/停止债务人营业的报告

（××××）××破管×号

××××人民法院/×××（债务人名称）债权人会议：

本管理人在接管债务人财产后，经调查认为，债务人继续营业将有利于/不利于广大债权人、职工和相关各方的利益，决定继续/停止债务人的营业，详细理由见附件《关于继续/停止债务人营业的分析报告》。

报请法院的：

现根据《中华人民共和国企业破产法》第二十六条之规定，请贵院予以许可。

报请债权人会议的：

现根据《中华人民共和国企业破产法》第六十一条第一款第五项之规定，提请债权人会议表决。

特此通知。

（管理人印鉴）
××××年××月××日

(五) 关于提请人民法院许可聘用工作人员的报告

关于提请人民法院
许可聘用工作人员的报告

（××××）××破管×号

××××人民法院：

管理人在管理工作中，根据《中华人民共和国企业破产法》第二十八条之规定，拟聘请以下人员作为×××（债务人名称）（重整/和解/破产清算）工作人员：

1. 拟聘工作人员姓名：______________；工作内容：______________；拟聘请期限为自××××年××月××日起至××××年××月××日止；拟聘请费用为×××元；聘用理由：______________。

2. 拟聘工作人员姓名：______________；工作内容：______________；拟聘请期限为自××××年××月××日起至××××年××月××日止；拟聘请费用为×××元；聘用理由：______________。

……

特此通知。

（管理人印鉴）
××××年××月××日

附：1. 拟签订的《聘用合同》复印件
2. 拟聘请工作人员简历复印件
3. 拟聘请工作人员证件复印件
4. 拟聘请工作人员联系方式：________________

三、管理人接管类文书样本

（一）管理人接管人员名单

管理人接管人员名单

序号	姓名	职务分工	联系电话	备注
1				
2				
3				
4				
5				
6				
7				
8				
9				
10				
…				

（二）接管通知

接管通知

×××（债务人名称）：

××××年××月××日，××××人民法院指定×××（管理人名称）担任×××（债务人名称）管理人，现根据《中华人民共和国企业破产法》第二十五条之规定通知你单位，管理人将于××××年××月××日接管债务人财产，请你单位提前准备好如下材料：

1. 固定资产和实物资产清单；
2. 无形资产材料；
3. 有价证券材料；
4. 尚未履行完毕的合同；
5. 债务人的诉讼、仲裁案件的材料；
6. 财产权属证书；
7. 印章、证照；
8. 财务账册、银行存款凭证等财务资料；
9. 债务人银行账户资料；
10. 人事档案；
11. 文书档案；
12. 其他接管的财产。

特此通知。

××××年××月××日
（管理人印鉴）

（三）交付财产通知

交付财产通知

×××（债务人名称）：

××××年××月××日，××××人民法院指定×××（管理人名称）担任×××（债务人名称）管理人，现根据《中华人民共和国企业破产法》第二十五条之规定通知你单位于××××年××月××日前向管理人交付财产。

特此通知。

××××年××月××日
（管理人印鉴）

（四）关于债务人财产管理方案的报告

关于×××（债务人名称）财产管理方案的报告

（××××）××破管×号

×××（债务人名称）债权人会议：

×××（债务人名称）因______________（写明破产原因），×××（申请人名称/姓名）于××××年××月××日向××××人民法院提出对×××（债务人名称）进行重整/和解/破产清算的申请。[债务人自行申请破产的，表述为×××（债务人名称）因______________（写明破产原因），于××××年××月××日向××××人民法院提出重整/和解/破产清算申请。]

××××人民法院于××××年××月××日作出（××××）××破×号决定书，指定×××担任管理人。

本管理人接受指定后，于××××年××月××日接管了债务人财产，现提交《债务人财产管理方案》供债权人会议审议。

一、债务人财产的接管

（一）接管的具体步骤

列明接管的时间、措施；制订接收方案；提交包括交付财产通知、接管通知、《接管清单》等在内的各类接管文件。

（二）接管的债务人财产及资料汇总

1. 固定资产和实物资产；

2. 无形资产；

3. 有价证券；

4. 尚未履行完毕的合同；

5. 债务人的诉讼、仲裁案件的材料；

6. 财产权属证书；

7. 印章、证照；

8. 财务账册、银行存款凭证等财务资料；

9. 债务人银行账户资料；

10. 人事档案；

11. 文书档案；

12. 其他接管的财产。

（三）未接管的债务人财产及资料汇总

列明财产清单及未接管原因。

二、债务人财产的管理

（一）对接管财产的管理措施

1. 列明各项有关债务人财产管理的规章制度，如《债务人财产保管和使用办法》《债务人印章和资料的保管和使用办法》《债务人财务收支管理办法和标准》等；

2. 列明债务人财产、账簿、文书、资料的保管措施；

3. 列明债务人财产的安全保卫措施。

（二）未接管财产的追回措施

列明未接管财产的追回方案。

特此通知。

（管理人印鉴）

××××年××月××日

后附：1.《财产接管清单》

2.《核算期间财务收支管理办法》

附件 1

×××（债务人名称）财产接管清单

×××管理人根据《中华人民共和国企业破产法》第二十五条第一款之规定，接管×××（债务人名称）财产、印章和账簿、文书等资料。本次接管财产清点如下：

序号	财产/资料类型		形式（勾选）		数量（需说明计量单位）	现状	保管场所（勾选）			备注
			实物	电子数据			债务人处	管理人处	另租场地	
1	经营证照	法人营业执照								
		税务登记证								
		外汇登记证								
		经营资质文件等与债务人经营业务相关的批准、许可或授权文件								
		（其他财产/资料）								
2	印鉴	公章								
		法定代表人印章								
		财务专用章								
		税务登记专用章								
		合同专用章								
		发票专用章								
		职能部门章								
		（其他财产/资料）								

续表

序号	财产/资料类型		形式（勾选）		数量（需说明计量单位）	现状	保管场所（勾选）			备注
			实物	电子数据			债务人处	管理人处	另租场地	
3	财务会计资料	总账								
		明细账								
		台账								
		日记账								
		会计凭证								
		空白凭证								
		会计报表								
		审计资料								
		评估资料								
		（其他财产/资料）								
4	货币资金及有价证券	现金								
		银行存款								
		银行票据								
		有价证券								
		（其他财产/资料）								
5	实物资产及相关权利凭证	房屋及土地								
		在建工程								
		车辆								
		机器设备								
		办公物品								
		（其他财产/资料）								
6	无形资产及相关权利凭证	知识产权								
		对外投资								
		债权凭证								
		（其他财产/资料）								
7	文件资料	章程及管理制度								
		股东名册								
		股东会决议								
		董事会决议								
		监事会决议								
		会议记录								
		商业合同/协议								

续表

序号	财产/资料类型		形式（勾选）		数量（需说明计量单位）	现状	保管场所（勾选）			备注
			实物	电子数据			债务人处	管理人处	另租场地	
		人事档案及劳动合同								
		涉诉涉执案件材料								
		涉仲裁案件材料								
		（其他财产/资料）								
8	不属于债务人所有但债务人占有或管理的财产/资料									
9	债务人关联企业或分支机构所有的财产/资料									
10	（其他财产/资料）									

注意事项：

1. 管理人在接受法院指定后，及时与债务人的负责人和有关人员联系接管事项，了解债务人相关情况，并可就债务人接管工作制订方案。对于可能存在维稳隐患或舆情风险的案件，管理人应当在接管前制订应急预案，并报法院批准后实施接管。采取分批接管方式的，管理人须事先将接管工作安排报告法院，并及时报告每批次接管情况。

2. 管理人应于接管工作开展后五日内将接管清单及必要的接管情况说明报送法院。

3. 管理人在接管时视情况制作接管笔录等工作底稿。

4. 第一项至第七项中的“其他财产/资料”项目，以及第八项至第十项，由管理人根据案件具体情况进行补充，直接填写具体财产名称。

5. 当次接管时未接管的财产/资料，请在“数量”栏中填 0。接管的财产/资料，须在“数量”栏中填写接管数量及计量单位。

6. 管理人接管时发现接管财产存在瑕疵等需要特别说明的情况，请在“现状”栏中载明，并注意通过拍照或笔录方式留存。

7. 保管于债务人处的财产，需注明是否继续使用。

8. 接管清单应由移交人及接收人签字确认，可视情况由职工代表或债权人代表作为见证人签字。

9. 接管清单一式三份，一份交法院，移交人、管理人各持一份。

附件 2

核算期间财务收支管理办法

为了保证破产核算工作的顺利进行，维护债权人的合法权益，制定本办法。

第一条　原公司负责人必须保管好公司的财务账册和原始凭证。

第二条　公司破产核算期间正常开支的确定。

1. 原公司负责人及原主管财务的负责人应主动配合管理人的工作；

2. 管理人及公司日常的基本开支须经管理人会议审议通过，并详细列表；

3. 管理人的账户是公司核查期间唯一的财务账户，管理人和公司所有的财务收支必须通过该账户进行。

第三条　核算期间日常财务收支的备案与审批。

1. 日常财务支出包括：

(1) 应当缴纳的税金；

(2) 核算期间必须支出的水电费等费用；

(3) 设备维护费。

2. 前述三项支出，由管理人确定基数，每次支付时，由经手人填表、签字，并报人民法院核准后支付。

第四条　破产期间日常财务支出以外的费用，未征得管理人的许可，一律不得支出。

第五条　为处理以下事项而发生的费用，应事先征得管理人的书面同意：

1. 清点、保管公司财产；

2. 核查、追收公司债权；

3. 管理人许可的其他工作。

×××管理人
××××年××月××日

（五）财产管理制度方案

××××公司破产清算/重整案
财产管理制度方案

根据《中华人民共和国企业破产法》第二十五条第一款第六项、第六十一条第一款第八项及第六十九条及其他法律、司法解释的规定，结合×××（债务人名称）破产清算（重整）案的实际情况，特制定本财产管理制度方案，并提交×××（债务人名称）债权人会议审议。

一、管理目标与原则

（一）管理目标

实现×××（债务人名称）财产价值最大化，切实保护×××（债务人名称）及债权人的合法利益。

（二）基本原则

由管理人统一管理×××（债务人名称）的财产，管理人的财产管理行为接受人民法院和债权人会议的监督；管理人在执行职务的过程中，当出现《中华人民共和国企业破产法》第六十九条第一款规定的情形时，管理人应及时报告向人民法院和债权人委员会。

二、管理的财产范围

1. 管理人管理×××（债务人名称）的财产，包括破产受理时属于×××（债务人名称）的全部财产，以及破产受理后至破产程序终结前×××（债务人名称）取得的财产。

2. 前述财产的具体种类包括但不限于货币资产、不动产、车辆及其他动产、对外投资以及其他有财产价值的权利和实物。

三、财产分类清查和日常管理

（一）对于土地使用权、房屋、车辆和机器设备等固定资产的管理

1. 对于房地产等不动产和车辆等依法应办理权属登记的财产，应接管其权属证书、相关法律文书和合同等权属证明文件，并通过登记部门查档和实地查看相结合的方式，调查房地产相关财产的权属状况和自然状况，具体包括但不限于房地产权属状况、是否设定担保、有无查封及实际使用情况等；

2. 对于机器设备、车辆等动产固定资产，在接管时应对照固定资产台账、购置发票等进行现场清理盘点；

3. 管理人对接管的土地使用权、房屋、车辆和机器设备等固定资产应登记造册，指定专门人员加强管理，定期巡查，必要时安排安全保卫人员和保管维修人员进行安全保卫和日常保管、维护工作，及时排除安全隐患。根据相关财产的不同情况，可进行更为具体的安排，对于特殊行业还应将企业原安全管理等制度备案、沿用。

4. 对须经行政部门定期检验、检测才允许使用的固定资产，根据破产清算（重整）需要及时做好定期检验、检测工作。

5. 通过支配×××（债务人名称）自有资金或通过××××途径筹集必要的资金，解决安全保卫和日常保管、维护人员工资及必要的水、电、维修维护材料及检验、检测的费用。

6. 管理人应做好巡查、维修维护及检验、检测记录，与财产管理过程中形成的其他文件一并存档。

（二）对于货币资金的管理

对债务人主动履行偿还的货币资金等货币资金，管理人统一进行保管，存入管理人开设的破产重整专用账户。

（三）对于债务人享有的对外债权的管理

对×××（债务人名称）享有的对外债权（包括应收账款、其他应收款、预付账款等），一旦查实管理人应对相关账务账簿、凭证、合同文件等进行调查，并通过向债务人送达催收函等方式进行债权催收，对于有证据能证明债权存在的、清收成本不高于债权金额的债权，必要时可通过诉讼等方式清收。

（四）对于实物资产的管理

对厂房等实物资产，管理人将定期巡查，及时排除安全隐患，以保证实物资产变现价值最大化。

（五）通知他人交付财产

在调查×××（债务人名称）财产的过程中，如发现财产应当属于×××（债务人名称）所有却登记于其他主体名下或被其他主体所实际控制的，管理人将及时发送《交付财产通知》其交付财产，并视实际需要申请人民法院施加财产保全等措施，防止前述财产的不当流失。

四、债务人（破产人）财产的处分

管理人处分下列债务人财产的，应当事先制作财产管理或者变价方案并提交债权人会议进行表决，债权人会议表决未通过的，管理人不得处分：

1. 涉及土地、房屋等不动产权益的转让；
2. 探矿权、采矿权、知识产权等财产权的转让；
3. 全部库存产品或者营业资质的转让；
4. 借款；
5. 设定财产担保；
6. 债权和有价证券的转让；
7. 履行债务人和对方当事人均未履行完毕的合同；
8. 放弃权利；
9. 担保物的取回；
10. 对债务人利益有重大影响的其他财产处分行为。

管理人实施处分前，应提前十日书面报告债权人委员会或者人民法院。债权人委员会可以依照《中华人民共和国企业破产法》第六十八条第二款的规定，要求管理人对处分行为作出相应说明或者提供有关文件依据。

债权人委员会认为管理人实施的处分行为不符合债权人会议通过的财产管理或变价方案的，有权要求管理人纠正。管理人拒绝纠正的，债权人委员会可以请求人民法院作出决定。

人民法院认为管理人实施的处分行为不符合债权人会议通过的财产管理或变价方案的，应当责令管理人停止处分行为。管理人应当予以纠正，或者提交债权人会议重新表决通过后实施。

五、设置担保权的财产的管理和处分

（一）设置担保权的财产的清查和日常管理

设置担保权的财产为债务人（破产人）财产，管理人对接管的已设置担保权的财产应按本方案规定进行日常清查和管理。

（二）设置担保权的财产的核实

管理人应在接管后根据担保权人债权申报确认情况，及时组织债务人相关人员、担保权人和评估人员共同对设置担保权的财产比照担保合同、担保物清单等进行核对，共同确认设置担保权的财产名称、型号、数量、损耗、担保债权金额等情况。

（三）设置担保权的财产的处分

1. 在破产清算和破产和解程序中，对债务人特定财产享有担保权的债权人可以随时向管理人主张就该特定财产变价处置行使优先受偿权，管理人应及时变价处置，不得以须经债权人会议决议等为由拒绝。但因单独处置担保财产会降低其他破产财产的价值而应整体处置的除外。

2. 在重整程序中，担保物权暂停行使，但如管理人或者自行管理的债务人认为担保物不是重整所必需，管理人或者自行管理的债务人应当及时对担保物进行拍卖或者变卖，拍卖或者变卖担保物所得价款在支付拍卖、变卖费用后优先清偿担保物权人的债权。

六、方案的生效

1. 本方案经本次债权人会议审议通过后生效，并对全体债权人具有约束力。

2. 债权人会议表决未通过的，依法由人民法院裁定。

七、方案的调整

在本管理方案执行过程中，如因客观情况发生变化，使得原方案无法执行或执行成本过高而必须进行调整的，管理人应向债权人会议提出调整方案和说明，经债权人会议审议通过后执行。债权人会议未予通过的，由管理人申请人民法院裁定。

×××管理人

××××年××月××日

四、管理人印章类文书样本

（一）申请书（管理人刻制公章用）

申请书

（管理人刻制公章用）

××××人民法院：

×××（债务人名称）管理人于××××年××月××日，因工作需要，申请刻制×××（债务人名称）管理人印章、×××（债务人名称）管理人财务专用章、管理人负责人×××名章各一枚。

现委托×××（身份证件号码×××××）前来办理刻章备案手续。

特此申请。

（管理人印鉴）

××××年××月××日

附：1. 破产裁定书

2. 指定管理人决定书

3. 担任管理人的社会中介机构出具的介绍信

4. 经办人的身份证复印件等

（二）通知书

通知书

×××公安局：

××××年××月××日，本院裁定受理（××××）××破×号破产案，指定×××（管理人名称）为×××（债务人名称）管理人，因工作需要，需刻制：

1.×××（债务人名称）管理人印章一枚；

2.×××（债务人名称）管理人财务专用章一枚；

3.×××（债务人名称）管理人负责人印章一枚；

……

（院印）

××××年××月××日

附：1. 民事裁定书

2. 决定书

3. 担任管理人的社会中介机构出具的介绍信

4. 经办人的身份证复印件等

（三）介绍信

介绍信

__________：

兹有我所____________律师等____________人前往贵处刻制____________（债务人名称）公司破产案件管理人印章____________等相关事宜，请予接洽。

×××律师事务所

××××年××月××日

附：1. 民事裁定书

2. 决定书

3. 担任管理人的社会中介机构出具的介绍信

4. 经办人的身份证复印件等

（四）介绍信（开设管理人账户用）

介绍信

（开设管理人账户用）

××银行××支行：

兹有我单位委派的工作人员×××，身份证件号码：×××××××××××××，前往贵行办理×××（债务人名称）管理人账户开户一切事宜，望予以协助办理。

特此证明。

（管理人印鉴）

××××年××月××日

附：1. 民事裁定书

2. 决定书

3. 担任管理人的社会中介机构出具的介绍信

4. 经办人的身份证复印件等

5. 办理银行要求的其他材料

（五）授权委托书（开设管理人银行账户用）

授权委托书

（开设管理人银行账户用）

兹委托××为×××（债务人）破产管理人的受托人，授权其代表××公司破产管理人办理××公司破产清算/重整一案的相关事宜，授权范围如下：

开设×××（债务人）破产管理人银行账户。

（管理人印鉴）

××××年××月××日

第四章　清查和管理债务人财产

（一）通知书（要求追回债务人财产用）

通知书

（要求追回债务人财产用）

（××××）××破管×号

×××（占有债务人财产的相对人名称/姓名）：

×××（债务人名称）因＿＿＿＿＿＿＿（写明破产原因），×××（申请人名称/姓名）于××××年××月××日向××××人民法院提出对×××（债务人名称）进行重整/和解/破产清算的申请。[债务人自行申请破产的，表述为×××（债务人名称）因＿＿＿＿＿＿＿（写明破产原因），于××××年××月××日向××××人民法院提出重整/和解/破产清算申请。]

××××人民法院于××××年××月××日作出（××××）××破×号民事裁定，裁定受理×××（债务人名称）重整/和解/破产清算申请，并于××××年××月××日作出（××××）××破×号决定书，指定×××担任管理人。

根据管理人调查，×××（债务人名称）存在下列行为（列明行为时间、内容等）：

1. ＿＿＿＿＿＿＿＿；

2. ＿＿＿＿＿＿＿＿；

……

根据《中华人民共和国企业破产法》第三十一条、第三十二条、第三十三条的规定，本管理人认为上述行为应当予以撤销（或者被确认无效）。你公司/你基于上述行为取得的×××（债务人名称）财产（列明财产名称和数量）应当予以返还。现本管理人要求你公司/你于接到本通知书之日起×日内，向本管理人返还上述财产（列明返还财产的方式和地点；返还财产有困难的，可以要求相对人支付或者补足与财产等值的价款）。

如你公司/你对本通知内容有异议，可在接到本通知书之日起×日内向本管理人提出，并附相关证据，配合管理人核实。

特此通知。

（管理人印鉴）

××××年××月××日

附：1. 受理破产申请裁定书复印件一份

2. 指定管理人的决定书复印件一份

3. 相对人占有债务人财产的证据

4. 管理人联系方式：＿＿＿＿＿＿＿

（二）人民法院民事判决书（对外追收债权或财产诉讼一审用）

×××× 人民法院
民事判决书
（对外追收债权或财产诉讼一审用）

（××××）×民初×号

原告：×××（债务人名称），住所地……

诉讼代表人：×××，该企业管理人（或管理人负责人）。

被告：×××（写明姓名或名称等基本情况）。

原告×××诉被告×××……纠纷（包括清偿债务或者交付财产）一案，本院受理后，依法组成合议庭公开开庭进行了审理。×××（写明本案当事人及其诉讼代理人等）到庭参加了诉讼。本案现已审理终结。

原告×××诉称……（概述原告提出的具体诉讼请求及所根据的事实与理由）。

被告×××辩称……（概述被告答辩的主要意见）。

经审理查明……（写明认定的事实及证据）。

本院认为……（写明判决的理由）。依照……（写明判决所依据的法律）之规定，判决如下：

……（写明判决结果）。

……（写明诉讼费用的负担）。

若不服本判决，可在判决书送达之日起十五日内，向本院提交上诉状，并按对方当事人的人数提交副本×份，上诉于××××人民法院。

审判长×××
审判员×××
审判员×××
××××年××月××日
（院印）

本件与原本核对无异

书记员×××

（三）通知书（要求相对人撤销担保用）

通知书

（要求相对人撤销担保用）

（××××）××破管×号

×××（相对人名称/姓名）：

×××（债务人名称）因____________（写明破产原因），×××（申请人名称/姓名）于××××年××月××日向××××人民法院提出对×××（债务人名称）进行重整/和解/破产清算的申请。[债务人自行申请破产的，表述为×××（债务人名称）因________（写明破产原因），于××××年××月××日向××××人民法院提出重整/和解/破产清算申请。]

××××人民法院于××××年××月××日作出（××××）××破×号民事裁定，受理×××（债务人名称）重整/和解/破产清算申请，并于××××年××月××日作出（××××）××破×号决定书，指定×××担任管理人。

根据管理人调查，×××（债务人名称）对你公司/你原负有无财产担保债务____________（列明债务性质和债务金额），但×××（债务人名称）于××××年××月××日以其自有财产……（列明财产名称）为该债务提供了财产担保。根据《中华人民共和国企业破产法》第三十一条之规定，本管理人现要求你公司/你撤销对该债务提供的财产担保。

如你公司/你对本通知内容有异议，可在接到本通知书之日起×日内向本管理人提出，并附相关证据，配合管理人核实。

特此通知。

（管理人印鉴）

××××年××月××日

附：1. 受理破产申请裁定书复印件一份

2. 指定管理人的决定书复印件一份

3. 债务设定财产担保的证据材料

4. 管理人联系方式：____________

（四）人民法院民事判决书（破产撤销权诉讼一审用）

××××人民法院
民事判决书
（破产撤销权诉讼一审用）

（××××）×民初×号

原告：×××（债务人名称）管理人。

被告：×××（写明姓名或名称等基本情况）。

原告×××诉被告×××破产撤销权纠纷一案，本院受理后，依法组成合议庭公开开庭进行了审理，×××（写明本案当事人及其诉讼代理人等）到庭参加了诉讼。本案现已审理终结。

原告×××诉称……（概述原告提出的具体诉讼请求及所根据的事实与理由）。

被告×××辩称……（概述被告答辩的主要意见）。

经审理查明……（写明认定的事实及证据）。

本院认为……（写明判决的理由）。依照……（写明判决所依据的法律）之规定，判决如下：

……（写明判决结果）。

……（写明诉讼费用的负担）。

如不服本判决，可在判决书送达之日起十五日内，向本院提交上诉状，并按对方当事人的人数提交副本×份，上诉于××××人民法院。

审判长×××
审判员×××
审判员×××
××××年××月××日
（院印）

本件与原本核对无异

书记员×××

（五）通知书（要求债务人的出资人补缴出资用）

通知书

（要求债务人的出资人补缴出资用）

（××××）××破管×号

×××（债务人的出资人名称/姓名）：

×××（债务人名称）因______________（写明破产原因），×××（申请人名称/姓名）于××××年××月××日向××××人民法院提出对×××（债务人名称）进行重整/和解/破产清算的申请。[债务人自行申请破产的，表述为×××（债务人名称）因______________（写明破产原因），于××××年××月××日向××××人民法院提出重整/和解/破产清算申请。]

××××人民法院于××××年××月××日作出（××××）××破×号民事裁定，受理×××（债务人名称）重整/和解/破产清算申请，并于××××年××月××日作出（××××）××破×号决定书，指定×××担任管理人。

根据管理人调查，你公司/你作为×××（债务人名称）的出资人，认缴出资额为______________（货币种类）××元（大写：______________），认缴方式为______________，你公司/你应当于××××年××月××日前按期足额缴纳上述出资。

截至本通知书发出之日，你公司/你上述出资义务尚未履行完毕，（以货币出资的）尚有______________（货币种类）××元（大写：______________）未缴纳/（以非货币财产出资的）______________尚未办理财产权转移手续。

根据《中华人民共和国企业破产法》第三十五条之规定，你公司/你应当缴纳全部所认缴的出资，而不受出资期限的限制。现通知你公司/你于接到本通知书之日起×日内，向本管理人缴纳上述未缴出资（列明管理人的开户银行、账户和账号）/办理财产权转移手续。

如对本通知书中所列出资缴纳义务的有无、数额、形式等有异议，你公司/你可于接到本通知书之日起×日内向本管理人提出，并附相关证据，配合管理人核实。

特此通知。

（管理人印鉴）

××××年××月××日

附：1. 受理破产申请裁定书复印件一份

2. 指定管理人的决定书复印件一份

3. 出资人未足额交纳出资的证据材料

4. 管理人联系方式：______________

(六) 人民法院民事判决书 (追收出资诉讼一审用)

×××× 人民法院
民事判决书
(追收出资诉讼一审用)

(××××) ×民初×号

原告：×××（债务人名称），住所地……

诉讼代表人：×××，该企业管理人（或管理人负责人）。

被告：×××（写明姓名或名称等基本情况）。

原告×××诉被告×××缴纳出资纠纷一案，本院受理后，依法组成合议庭公开开庭进行了审理，×××（写明本案当事人及其诉讼代理人等）到庭参加了诉讼。本案现已审理终结。

原告×××诉称……（概述原告提出的具体诉讼请求及所根据的事实与理由）。

被告×××辩称……（概述被告答辩的主要意见）。

经审理查明……（写明认定的事实及证据）。

本院认为……（写明判决的理由）。依照……（写明判决所依据的法律）之规定，判决如下：

……（写明判决结果）。

……（写明诉讼费用的负担）。

若不服本判决，可在判决书送达之日起十五日内，向本院提交上诉状，并按对方当事人的人数提交副本×份，上诉于××××人民法院。

审判长×××
审判员×××
审判员×××
××××年××月××日
（院印）

本件与原本核对无异

书记员×××

（七）通知书（要求债务人的高管返还财产用）

通知书

（要求债务人的高管返还财产用）

（××××）××破管×号

×××（高管姓名）：

×××（债务人名称）因______________（写明破产原因），×××（申请人名称/姓名）于××××年××月××日向××××人民法院提出对×××（债务人名称）进行重整/和解/破产清算的申请。[债务人自行申请破产的，表述为×××（债务人名称）因______________（写明破产原因），于××××年××月××日向××××人民法院提出重整/和解/破产清算申请。]

××××人民法院于××××年××月××日作出（××××）××破×号民事裁定，受理×××（债务人名称）重整/和解/破产清算申请，并于××××年××月××日作出（××××）××破×号决定书，指定×××担任管理人。

根据管理人调查，在你担任×××（债务人名称）……（职位）期间，获取非正常收入人民币××元（或者侵占了企业的财产），具体如下：

1. ______________（列明各笔非正常收入金额、时间及认定理由）；

2. ____________________________（列明被侵占的企业财产及认定理由）；

……

根据《中华人民共和国企业破产法》第三十六条之规定，现要求你于接到本通知书之日起×日内，向本管理人返还你收取的上述非正常收入/侵占的企业财产（列明返还收入或者财产的方式和地点）。

如对上述通知内容有异议，可在接到本通知书之日起×日内向本管理人提出，并附相关证据，配合管理人核实。

特此通知。

（管理人印鉴）

××××年××月××日

附：1. 受理破产申请裁定书复印件一份

2. 指定管理人的决定书复印件一份

3. 高管非正常收入清单或者被侵占的财产清单

4. 管理人联系方式：______________

(八)人民法院民事判决书(追收非正常收入诉讼一审用)

××××人民法院
民事判决书
(追收非正常收入诉讼一审用)

(××××)×民初×号

原告:×××(债务人名称),住所地……

诉讼代表人:×××,该企业管理人(或管理人负责人)。

被告:……(写明姓名或名称等基本情况)。

原告×××诉被告×××返还非正常收入纠纷一案,本院受理后,依法组成合议庭公开开庭进行了审理,×××(写明本案当事人及其诉讼代理人等)到庭参加了诉讼。本案现已审理终结。

原告×××诉称……(概述原告提出的具体诉讼请求及所根据的事实与理由)。

被告×××辩称……(概述被告答辩的主要意见)。

经审理查明……(写明认定的事实及证据)。

本院认为……(写明判决的理由)。依照……(写明判决所依据的法律)之规定,判决如下:

……(写明判决结果)。

……(写明诉讼费用的负担)。

如不服本判决,可在判决书送达之日起十五日内,向本院提交上诉状,并按对方当事人的人数提交副本×份,上诉于××××人民法院。

审判长×××

审判员×××

审判员×××

××××年××月××日

(院印)

本件与原本核对无异

书记员×××

（九）通知书（要求取回担保物用）

通知书

（要求取回担保物用）

（××××）××破管×号

×××（质权人或留置权人名称/姓名）：

×××（债务人名称）因______（写明破产原因），×××（申请人名称/姓名）于××××年××月××日向××××人民法院提出对×××（债务人名称）进行重整/和解/破产清算的申请。[债务人自行申请破产的，表述为×××（债务人名称）因______（写明破产原因），于××××年××月××日向××××人民法院提出重整/和解/破产清算申请。]

××××人民法院于××××年××月××日作出（××××）××破×号民事裁定，受理×××（债务人名称）重整/和解/破产清算申请，并于××××年××月××日作出（××××）××破×号决定书，指定×××担任管理人。

根据管理人掌握的材料，×××（债务人名称）所有的×××（担保物名称）因______（简述设定质押或者被留置的原因），尚在你处质押（或留置）。

根据《中华人民共和国企业破产法》第三十七条第一款之规定，管理人拟通过以下方式，取回上述担保物：

1. 清偿债务，______（简述清偿内容）；

2. 提供替代担保，______（简述替代担保方式，以及替代担保物的名称、价值、现状等情况）。

（清偿债务方式下适用）：

你公司/你应当在收到本通知书之日起×日内，告知本管理人债务履行方式，并在本管理人清偿债务后×日内，解除对上述担保物的质押（或留置），返还本管理人（列明财产交付地点和方式，质押办理登记的，应当要求质权人协助办理质押登记涂销手续）。

（提供替代担保方式下适用）：

你公司/你应当在接到本通知书之日起×日内，与本管理人共同办理替代担保的设定手续，并在替代担保设定后立即解除对原担保物的质押（或留置），返还本管理人（列明财产交付地点和方式，质押办理登记的，应当要求质权人协助办理质押登记涂销手续）。

你公司/你如对本通知涉及的主债务、担保物等情况有异议，可于接到本通知书之日起×日内向本管理人提出，并附相关合法、有效的证据，配合管理人核实。

特此通知。

（管理人印鉴）

××××年××月××日

附：1. 受理破产申请裁定书复印件一份

2. 指定管理人的决定书复印件一份

3. 主债务合同复印件

4. 担保物的权属证明复印件

5. 管理人联系方式：______

(十) 通知书 (要求出卖人交付在途标的物用)

通知书

(要求出卖人交付在途标的物用)

(××××) ××破管×号

×××(出卖人名称/姓名):

×××(债务人名称)因______________(写明破产原因),×××(申请人名称/姓名)于××××年××月××日向××××人民法院提出对×××(债务人名称)进行重整/和解/破产清算的申请。[债务人自行申请破产的,表述为×××(债务人名称)因______________(写明破产原因),于××××年××月××日向××××人民法院提出重整/和解/破产清算申请。]

××××人民法院于××××年××月××日作出(××××)×破申×号民事裁定书,裁定受理×××(债务人名称)重整/和解/破产清算申请,并于××××年××月××日作出(××××)××破×号决定书,指定×××担任管理人。

根据管理人掌握的材料,在人民法院受理破产申请前,×××(债务人名称)于××××年××月××日与你公司/你签订了《______________》(买卖合同名称),约定由×××(债务人名称)向你公司/你购买______________(简述买卖标的物名称和数量)。现你公司/你已于××××年××月××日发运上述买卖标的物,货物尚在途中,货款尚未结清。

根据《中华人民共和国企业破产法》第三十九条之规定,本管理人决定依照《______________》(买卖合同名称)的约定,向你公司/你支付全部合同价款共计人民币××元,请你公司/你在收到货款后继续交付上述买卖合同标的物,于××××年××月××日前将货物发至______________(交货地点)。

你公司/你如对本通知中的合同、合同标的物、合同价款等情况有异议,可在接到本通知书之日起×日内向管理人书面提出,并附相关合法、有效的证据,配合管理人核实。

特此通知。

(管理人印鉴)

××××年××月××日

附:1. 受理破产申请裁定书复印件一份

2. 指定管理人的决定书复印件一份

3. 《______________》(买卖合同名称)复印件一份及发送货物的相关凭证

4. 管理人联系方式:______________

（十一）人民法院民事判决书（取回权诉讼一审用）

××××人民法院
民事判决书
（取回权诉讼一审用）

（××××）×民初×号

原告：×××（写明姓名或名称等基本情况）。

被告：×××（债务人名称），住所地……

诉讼代表人：×××，该企业管理人（或管理人负责人）。

原告×××诉被告×××取回权纠纷一案，本院受理后，依法组成合议庭公开开庭进行了审理，×××（写明本案当事人及其诉讼代理人等）到庭参加了诉讼。本案现已审理终结。

原告×××诉称……（概述原告提出的具体诉讼请求及所根据的事实与理由）。

被告×××辩称……（概述被告答辩的主要意见）。

经审理查明……（写明认定的事实及证据）。

本院认为……（写明判决的理由）。依照……（写明判决所依据的法律）之规定，判决如下：

……（写明判决结果）。

……（写明诉讼费用的负担）。

若不服本判决，可在判决书送达之日起十五日内，向本院提交上诉状，并按对方当事人的人数提交副本×份，上诉于××××人民法院。

审判长×××

审判员×××

审判员×××

××××年××月××日

（院印）

本件与原本核对无异

书记员×××

（十二）通知书（是否同意抵销用）

通知书

（是否同意抵销用）

（××××）××破管×号

×××（申请抵销人名称/姓名）：

你公司/你关于要求抵销______________（主张抵销的债务内容）的申请收悉。经本管理人核实：______________（简述核实的内容）。

同意抵销时适用：

根据《中华人民共和国企业破产法》第四十条之规定，决定同意你公司/你的抵销申请。经抵销，你公司/你尚欠债务人债务××元，请于收到本通知书×日内向本管理人清偿，债务清偿款应汇入：××银行……（列明开户单位和银行账号）。（抵销后债务人欠申请抵销人债务的，写明债务人尚欠你公司/你债务××元。）

不同意抵销时适用：

本管理人认为，______________（简述不同意抵销的理由），根据《中华人民共和国企业破产法》第四十条之规定，不同意你公司/你的抵销申请。

如你公司/你对管理人不同意抵销的决定有异议，可于接到本通知书之日起×日内向本管理人提出，并附相关证据，配合管理人核实。

特此通知。

（管理人印鉴）

××××年××月××日

附：1. 指定管理人的决定书复印件一份

2. 申请人对债务人负有的债务不得抵销的证据（不同意抵销时用）

3. 管理人联系方式：______________

（十三）通知书（继续履行双方均未履行完毕的合同用）

通知书

（继续履行双方均未履行完毕的合同用）

（××××）××破管×号

×××（合同相对人名称/姓名）：

×××（债务人名称）因______（写明破产原因），×××（申请人名称/姓名）于××××年××月××日向××××人民法院提出对×××（债务人名称）进行重整/和解/破产清算的申请。[债务人自行申请破产的，表述为×××（债务人名称）因______（写明破产原因），于××××年××月××日向××××人民法院提出重整/和解/破产清算申请。]

××××人民法院于××××年××月××日作出（××××）××破×号民事裁定，受理×××（债务人名称）重整/和解/破产清算申请，并于××××年××月××日作出（××××）××破×号决定书，指定×××担任管理人。

根据管理人掌握的材料，在法院裁定受理破产申请前，×××（债务人名称）于××××年××月××日与你公司/你签订《______合同》。现双方均未履行完毕上述合同，______（简述合同履行情况）。

根据《中华人民共和国企业破产法》第十八条之规定，管理人决定继续履行上述合同，______（简述要求相对方继续履行的合同义务）。

特此通知。

（管理人印鉴）

××××年××月××日

附：1. 受理破产申请裁定书复印件一份

2. 指定管理人的决定书复印件一份

3. 合同复印件一份

4. 管理人联系方式：______

（十四）通知书（继续履行合同提供担保用）

通知书

（继续履行合同提供担保用）

（××××）××破管×号

×××（合同相对人名称/姓名）：

×××（债务人名称）因______________（写明破产原因），×××（申请人名称/姓名）于××××年××月××日向××××人民法院提出对×××（债务人名称）进行重整/和解/破产清算的申请。[债务人自行申请破产的，表述为×××（债务人名称）因______________（写明破产原因），于××××年××月××日向××××人民法院提出重整/和解/破产清算申请。]

××××人民法院于××××年××月××日作出（××××）××破×号民事裁定，受理×××（债务人名称）重整/和解/破产清算申请，并于××××年××月××日作出（××××）××破×号决定书，指定×××担任管理人。

本管理人于××××年××月××日向你公司/你发送（××××）××破管×号《通知书》，决定继续履行×××（债务人名称）于××××年××月××日与你公司/你签订的《________________合同》。你公司/你于××××年××月××日要求本管理人提供担保。

根据《中华人民共和国企业破产法》第十八条第二款之规定，本管理人现提供下列担保：

……

（提供保证人的：列明保证人的姓名或名称、保证方式、保证担保的范围、保证期间等。）

（提供物的担保的：列明担保人的姓名或名称、担保方式、担保物的情况、担保范围等。）

你公司/你对管理人提供的担保无异议的，请于××××年××月××日与本管理人签订担保合同。

特此通知。

（管理人印鉴）

××××年××月××日

附：1. 保证人基本情况或者担保物权利凭证复印件等相关资料

2. 管理人联系方式：______________

（十五）通知书（回复相对人催告继续履行合同用）

通知书

（回复相对人催告继续履行合同用）

（××××）××破管×号

×××（合同相对人名称/姓名）：

你公司/你于××××年××月××日向本管理人发送的《____________》（合同相对人所发送关于继续履行合同的催告函件名称）已收到。经管理人核实，在法院裁定受理破产申请前，×××（债务人名称）确于××××年××月××日与你公司/你签订了《____________合同》，且目前双方均未履行完毕……（简述合同履行情况）。

同意继续履行合同的：

本管理人认为，____________（简述同意继续履行的理由），根据《中华人民共和国企业破产法》第十八条之规定，管理人决定继续履行上述合同。

同意继续履行合同，但商请延期的：

本管理人认为，____________（简述同意继续履行合同，但需要延期的理由），根据《中华人民共和国企业破产法》第十八条之规定，管理人商请将上述合同延期至××××年××月××日履行。

不同意继续履行合同，决定解除的：

本管理人认为，____________（简述不同意继续履行的理由），根据《中华人民共和国企业破产法》第十八条之规定，管理人决定解除上述合同。你公司/你可就因上述合同解除所产生的损害赔偿请求权向管理人申报债权。

特此通知。

（管理人印鉴）

××××年××月××日

（十六）通知书（解除双方均未履行完毕的合同用）

通知书

（解除双方均未履行完毕的合同用）

（××××）××破管×号

×××（合同相对人名称/姓名）：

×××（债务人名称）因_____________（写明破产原因），×××（申请人名称/姓名）于××××年××月××日向××××人民法院提出对×××（债务人名称）进行重整/和解/破产清算的申请。[债务人自行申请破产的，表述为×××（债务人名称）因_____________（写明破产原因），于××××年××月××日向××××人民法院提出重整/和解/破产清算申请。]

××××人民法院于××××年××月××日作出（××××）××破×号民事裁定，受理×××（债务人名称）重整/和解/破产清算申请，并于××××年××月××日作出（××××）××破×号决定书，指定×××担任管理人。

根据管理人掌握的材料，在法院裁定受理破产申请前，×××（债务人名称）于××××年××月××日与你公司/你签订了《_______________合同》。现双方均未履行完毕上述合同，_______________（简述合同履行情况）。

根据《中华人民共和国企业破产法》第十八条之规定，管理人决定解除上述合同。你公司/你如因上述合同解除产生损失的，可行使损害赔偿请求权向管理人申报债权。

特此通知。

（管理人印鉴）

××××年××月××日

附：1. 受理破产申请裁定书复印件一份

2. 指定管理人的决定书复印件一份

3. 合同复印件一份

4. 管理人联系方式：_____________

（十七）人民法院民事判决书（确认债务人无效行为诉讼一审用）

×××× 人民法院
民事判决书
（确认债务人无效行为诉讼一审用）

（××××）×民初×号

原告：×××，（债务人名称）管理人。

被告：×××（写明姓名或名称等基本情况）。

原告×××诉被告×××无效行为纠纷一案，本院受理后，依法组成合议庭公开开庭进行了审理，×××（写明本案当事人及其诉讼代理人等）到庭参加了诉讼。本案现已审理终结。

原告×××诉称……（概述原告提出的具体诉讼请求及所根据的事实与理由）。

被告×××辩称……（概述被告答辩的主要意见）。

经审理查明……（写明认定的事实及证据）。

本院认为……（写明判决的理由）。依照……（写明判决所依据的法律）之规定，判决如下：

……（写明判决结果）。

……（写明诉讼费用的负担）。

若不服本判决，可在判决书送达之日起十五日内，向本院提交上诉状，并按对方当事人的人数提交副本×份，上诉于××××人民法院。

审判长×××
审判员×××
审判员×××
××××年××月××日
（院印）

本件与原本核对无异

书记员×××

（十八）人民法院民事判决书（别除权诉讼一审用）

××××人民法院
民事判决书
（别除权诉讼一审用）

（××××）×民初×号

原告：×××（写明姓名或名称等基本情况）。

被告：×××（债务人名称），住所地……

诉讼代表人：×××，该企业管理人（或管理人负责人）。

原告×××诉被告×××别除权纠纷一案，本院受理后，依法组成合议庭公开开庭进行了审理，×××（写明本案当事人及其诉讼代理人等）到庭参加了诉讼。本案现已审理终结。

原告×××诉称……（概述原告提出的具体诉讼请求及所根据的事实与理由）。

被告×××辩称……（概述被告答辩的主要意见）。

经审理查明……（写明认定的事实及证据）。

本院认为……（写明判决的理由）。依照……（写明判决所依据的法律）之规定，判决如下：

……（写明判决结果）。

……（写明诉讼费用的负担）。

若不服本判决，可在判决书送达之日起十五日内，向本院提交上诉状，并按对方当事人的人数提交副本×份，上诉于××××人民法院。

审判长×××
审判员×××
审判员×××
××××年××月××日
（院印）

本件与原本核对无异

书记员×××

（十九）人民法院民事判决书（破产抵销权诉讼一审用）

××××人民法院
民事判决书
（破产抵销权诉讼一审用）

（××××）×民初×号

原告：×××（写明姓名或名称等基本情况）。

被告：×××（债务人名称），住所地：××××××

诉讼代表人：×××，该企业管理人（或管理人负责人）。

原告×××诉被告×××破产抵销权纠纷一案，本院受理后，依法组成合议庭公开开庭进行了审理，×××（写明本案当事人及其诉讼代理人等）到庭参加了诉讼。本案现已审理终结。

原告×××诉称……（概述原告提出的具体诉讼请求及所根据的事实与理由）。

被告×××辩称……（概述被告答辩的主要意见）。

经审理查明……（写明认定的事实及证据）。

本院认为……（写明判决的理由）。依照……（写明判决所依据的法律）之规定，判决如下：

……（写明判决结果）。

……（写明诉讼费用的负担）。

若不服本判决，可在判决书送达之日起十五日内，向本院提交上诉状，并按对方当事人的人数提交副本×份，上诉于××××人民法院。

审判长×××

审判员×××

审判员×××

××××年××月××日

（院印）

本件与原本核对无异

书记员×××

（二十）人民法院民事判决书（损害债务人利益赔偿诉讼一审用）

×××××人民法院

民事判决书

（损害债务人利益赔偿诉讼一审用）

（××××）×民初×号

原告：×××（债务人名称），住所地……

诉讼代表人：×××，该企业管理人（或管理人负责人）。

被告：×××（写明姓名或名称等基本情况）。

原告×××诉被告×××损害赔偿纠纷一案，本院受理后，依法组成合议庭公开开庭进行了审理，×××（写明本案当事人及其诉讼代理人等）到庭参加了诉讼。本案现已审理终结。

原告×××诉称……（概述原告提出的具体诉讼请求及所根据的事实与理由）。

被告×××辩称……（概述被告答辩的主要意见）。

经审理查明……（写明认定的事实及证据）。

本院认为……（写明判决的理由）。依照……（写明判决所依据的法律）之规定，判决如下：

……（写明判决结果）。

……（写明诉讼费用的负担）。

如不服本判决，可在判决书送达之日起十五日内，向本院提交上诉状，并按对方当事人的人数提交副本×份，上诉于××××人民法院。

审判长×××

审判员×××

审判员×××

××××年××月××日

（院印）

本件与原本核对无异

书记员×××

（二十一）人民法院民事判决书（管理人承担赔偿责任诉讼一审用）

×××× 人民法院
民事判决书
（管理人承担赔偿责任诉讼一审用）

（××××）×民初×号

原告：×××（写明姓名或名称等基本情况）。

被告：×××，（债务人名称）管理人［或者×××，（债务人名称）清算组管理人成员］。

原告×××诉被告×××损害赔偿纠纷一案，本院受理后，依法组成合议庭公开开庭进行了审理，×××（写明本案当事人及其诉讼代理人等）到庭参加了诉讼。本案现已审理终结。

原告×××诉称……（概述原告提出的具体诉讼请求及所根据的事实与理由）。

被告×××辩称……（概述被告答辩的主要意见）。

经审理查明……（写明认定的事实及证据）。

本院认为……（写明判决的理由）。依照……（写明判决所依据的法律）之规定，判决如下：

……（写明判决结果）。

……（写明诉讼费用的负担）。

如不服本判决，可在判决书送达之日起十五日内，向本院提交上诉状，并按对方当事人的人数提交副本，上诉于××××人民法院。

审判长×××
审判员×××
审判员×××
××××年××月××日
（院印）

本件与原本核对无异

书记员×××

（二十二）关于拟实施处分债务人财产行为的报告

关于拟实施处分债务人财产行为的报告

（××××）××破管×号

××××人民法院/×××（债务人名称）债权人会议：

本管理人在履行职责过程中，拟实施下列行为：

1. 拟实施行为的具体内容，包括涉及的金额、行为的相对方、实施的时间等；

2. 行为的实施方式和程序；

3. 实施该行为的原因；

4. 对债务人财产的影响；

5. 其他需要报告的事项。

第一次债权人会议召开之前：

因上述行为属于《中华人民共和国企业破产法》第六十九条第一款规定的行为之一，且第一次债权人会议尚未召开，现根据《中华人民共和国企业破产法》第二十六条之规定，请贵院予以许可。

第一次债权人会议召开之后，报告债权人委员会的：

因上述行为属于《中华人民共和国企业破产法》第六十九条第一款规定的行为之一，现根据该条规定，向债权人委员会报告。

第一次债权人会议召开之后，报告人民法院的：

因上述行为属于《中华人民共和国企业破产法》第六十九条第一款规定的行为之一，且债权人会议未设立债权人委员会，现根据《中华人民共和国企业破产法》第六十九条第二款之规定，向贵院报告。

（管理人印鉴）

××××年××月××日

(二十三) 通知书 (决定是否同意权利人取回财产用)

通知书

（决定是否同意权利人取回财产用）

（××××）××破管×号

×××（申请取回人名称/姓名）：

同意取回时适用：

你公司/你关于要求取回______________（要求取回的标的物名称、数量）的申请收悉。经审核，你公司/你为上述财产的权利人。根据《中华人民共和国企业破产法》第三十八条之规定，同意你公司/你取回上述财产。你公司/你可于接到本通知书之日起×日内与本管理人接洽办理取回手续。

不同意取回时适用：

你公司/你关于要求取回______________（要求取回的标的物名称、数量）的申请收悉。经查明，______________（简述查明事实）。本管理人认为，你公司/你不是上述财产的权利人______________（简述理由）。因此，本管理人不同意你公司/你取回上述财产的要求。

特此通知。

（管理人印鉴）

××××年××月××日

附：1. 指定管理人的决定书复印件一份

2. 财产权属证明（不同意取回时附）

3. 管理人联系方式：______________

第五章　破产费用和共益债务

关于破产费用、共益债务清偿情况的报告

关于破产费用、共益债务清偿情况的报告

（××××）××破管×号

×××（债务人名称）债权人会议：

本管理人接受指定后，接管了×××（债务人名称）的财产，依法履行了相应职责。经管理人查实，自××××人民法院受理×××（债务人名称）破产申请之日起至××××年××月××日止，共发生破产费用、共益债务合计人民币××元，其中：

1. 破产费用共计人民币××元，已清偿××元（不足以全部清偿的，写明未清偿金额）。

分别列明：（1）破产案件诉讼费用；（2）管理、变价、分配破产财产的费用；（3）聘用工作人员的费用；（4）管理人执行职务的费用，以及其他各项费用的发生金额、明细与清偿情况。

2. 共益债务共计人民币××元，已清偿××元（不足以全部清偿的，写明未清偿金额）。

分别列明：（1）继续履行合同所产生的债务；（2）债务人财产受无因管理所产生的债务；（3）因债务人不当得利所产生的费用；（4）为债务人继续营业而应支付的劳动报酬和社会保险费用以及由此产生的其他债务；（5）管理人或工作人员执行职务致人损害所产生的债务；（6）债务人财产致人损害所产生的债务；以及其他各项费用的发生金额、明细与清偿情况。

以上破产费用和共益债务清偿情况，请债权人会议审查。

特此通知。

（管理人印鉴）
××××年××月××日

附：破产费用及共益债务发生与清偿情况明细表各一份

第六章　债权申报与审查确认

一、债权申报类文书样本

（一）人民法院通知书（受理破产清算申请后通知已知债权人用）

××××人民法院

通知书

（受理破产清算申请后通知已知债权人用）

（××××）××破×号

×××（债权人名称）：

本院根据×××（申请人姓名或名称）的申请于××××年××月××日裁定受理×××（债务人名称）破产清算一案，并于××××年××月××日指定×××为×××（债务人名称）管理人。你单位应在××××年××月××日前，向×××（债务人名称）管理人（通讯地址：__________；邮政编码：__________；联系电话：__________）申报债权，书面说明债权数额、有无财产担保及是否属于连带债权，并提供相关证据材料。如未能在上述期限内申报债权，可以在破产财产分配方案提交债权人会议讨论前补充申报，但此前已进行的分配，不再对你（或你单位）补充分配，为审查和确认补充申报债权所产生的费用，由你（或你单位）承担。未申报债权的，不得依照《中华人民共和国企业破产法》规定的程序行使权利。

本院定于××××年××月××日××时在__________（地点）召开第一次债权人会议。依法申报债权的债权人有权参加债权人会议。参加会议时应提交个人身份证明；委托代理人出席会议的，应提交授权委托书、委托代理人的身份证件或律师执业证，委托代理人是律师的还应提交律师事务所的指派函。（如系法人或其他组织的，则改为“参加会议时应提交营业执照、法定代表人或负责人身份证明书；委托代理人出席会议的，应提交授权委托书、委托代理人的身份证件或律师执业证，委托代理人是律师的还应提交律师事务所的指派函”。）

特此通知。

××××年××月××日

（院印）

（二）人民法院公告（受理破产清算申请用）

××××人民法院

公　告

（受理破产清算申请用）

（××××）××破×号

本院根据×××（申请人姓名或名称）的申请于××××年××月××日裁定受理×××（债务人名称）破产清算一案，并于××××年××月××日指定×××为×××（债务人名称）管理人。×××（债务人名称）的债权人应自××××年××月××日前，向×××（债务人名称）管理人（通讯地址：____________；邮政编码：____________；联系电话：____________）申报债权。未在上述期限内申报债权的，可以在破产财产分配方案提交债权人会议讨论前补充申报，但对此前已进行的分配无权要求补充分配，同时要承担为审查和确认补充申报债权所产生的费用。未申报债权的，不得依照《中华人民共和国企业破产法》规定的程序行使权利。×××（债务人名称）的债务人或者财产持有人应当向×××（债务人名称）管理人清偿债务或交付财产。

本院定于××××年××月××日××时在____________（地点）召开第一次债权人会议。依法申报债权的债权人有权参加债权人会议。参加会议的债权人系法人或其他组织的，应提交营业执照、法定代表人或负责人身份证明书，如委托代理人出席会议，应提交特别授权委托书、委托代理人的身份证件或律师执业证，委托代理人是律师的还应提交律师事务所的指派函。参加会议的债权人系自然人的，应提交个人身份证明。如委托代理人出席会议，应提交特别授权委托书、委托代理人的身份证件或律师执业证，委托代理人是律师的还应提交律师事务所的指派函。

特此公告。

××××年××月××日

（院印）

（三）债权申报通知书

债权申报通知书

各位债权人：

×××人民法院（以下简称××法院）已依法裁定受理债权人对×××（债务人名称）的破产清算/重整申请，同时依法指定×××清算组担任×××管理人。就×××破产清算/重整一案的债权申报等情况××法院在《人民法院报》上进行了公告，并对已知债权人进行通知。

为配合××法院依法办理本次破产清算/重整案件，维护破产清算/重整的各项工作秩序，保证破产清算/重整债权申报工作的顺利进行，管理人现就债权申报通知如下。

一、债权申报主体

××法院受理破产清算/重整申请时，对×××（债务人名称）享有到期或未到期债权的自然人、法人或其他组织，均可向管理人申报债权。

二、负责债权申报的登记机构

根据《中华人民共和国企业破产法》第二十二条的规定和××法院的裁定，本管理人是负责本次破产清算/重整中接受债权申报等工作的唯一法定机构，请各位债权人按照本通知的申报期限、具体地点、联系方式及相关要求向管理人申报债权。债权人向除管理人外的其他机构，如人民法院等申报债权的，不视为有效申报。

三、债权申报期限

债权申报期限自××法院发布受理破产清算/重整申请公告之日起，最后截止日为××××年××月××日，请各位债权人务必于该日期之前向管理人申报债权。

四、债权申报的具体地点和联系方式

债权人可以通过邮寄或现场提交材料的方式向管理人申报债权，债权申报地点及管理人联系方式详见××法院发布的公告。

特此通知。

×××（债务人名称）管理人
××××年××月××日

后附：送达回证

附件

送达回证

债权编号：

案　由		案　号	
送达文书 名称和件数			
受送达人			
送达地址			
受送达人签名 或盖章	年　月　日		
代收人签名或 盖章及代收理由	年　月　日		
备　注			

（四）债权申报须知

债权申报须知

各位债权人：

为明确债权申报的有关事项，帮助债权人顺利申报债权，管理人现就债权申报材料及相关注意事项等说明如下。

一、债权申报表的填写

请各位债权人在管理人所提供的《债权申报表》中填写申报的债权金额、债权形成原因、是否有财产担保及是否是连带债权等事项。债权人在“需要说明的事项”一栏中可以详细说明：债权人、债务人、保证人、连带权利人、连带义务人等主体的具体情况及债权的发生、变更、担保及保证、转移、履行、抵销、清偿或部分清偿、诉讼、仲裁、调解、保全、执行的时间和发生数额（包括债权原始数额、余额、各种利息、罚息、违约金、案件受理费、保全费、执行费等构成事项）等全部情况。

请各位债权人如实填写《债权申报表》后附的申报材料目录，并准备相应的证据材料。

企业法人等单位的债权，须在《债权申报表》上由法定代表人或负责人签字并加盖公章；个人债权须在《债权申报表》上由债权人本人或其代理人签名。

各位债权人如认为该表填写空间不够的，可后附续表。

二、证明债权人主体资格的材料

企业法人等单位债权人须提交的材料：有效的企业法人营业执照、事业和社团法人登记证书等原件（核对后归还）及复印件（加盖单位公章）、法定代表人或负责人身份证明（并附身份证复印件）；如果是金融机构的，还需提供有效的《金融许可证》《经营金融业务许可证》等金融业资格的证明；如发生单位名称变更或法定代表人变更，导致其与申报的债权材料记载不符的，必须提交变更的法律文件和证明文件。

个人债权人须提交的材料：债权人身份证等个人有效证件原件（核对后归还）及复印件。

委托代理人进行申报的，还须提交的材料：单位债权人委托代理人申报的，还须根据样本提交授权委托书（法定代表人或负责人签字并加盖单位公章）、代理人的身份证等个人有效证件原件（核对后归还）及复印件；个人债权人委托他人申报的，还需提交经公证的授权委托书和代理人的身份证等个人有效证件原件（核对后归还）及复印件。

三、证明债权发生事实及其数额的材料

1. 合同（包括但不限于借款、贷款合同，购货、销货合同等）、协议、备忘录等证明存在合同债权关系文件原件（核对后归还）及复印件。

2. 各类票据、划账单、汇款单、对账单、检验单、验收单、提货单，以及工程类商务中标书、工程预（结）算书等合同履行凭证的原件（核对后归还）及复印件。

3. 债权如有担保的，还须提交抵押合同、质押合同、保证合同等相关合同及相关的登记证件（包括但不限于他项权利证）等担保原始材料原件（核对后归还）和复印件。

4. 债权的发生及变更（包括但不限于债权转移、债务承担、合同转让、债权债务重组、抵销、清偿）等原始材料原件（核对后归还）和复印件。

5. 债权如涉及诉讼、仲裁、调解、保全、执行，则须提交诉讼、仲裁、调解、保全、执行有关的文件（包括但不限于已经判决正在执行或正在进行中的案件的起诉书、仲裁申请书、诉讼保全申请书、保全裁定书、生效判决书、调解书、裁决书、执行申请书、法院执行裁定书、法院执行案件通知书等）原件（核对后归还）及复印件。

6. 债权如涉及对建筑工程的争议，须提交建筑工程审计报告原件（核对后归还）及复印件。

7. 利息计算方法及计算过程的书面说明，管理人特别提示，根据《中华人民共和国企业破产法》第四十六条第二款，附利息的债权自破产申请受理时起停止计息，请各位债权人在申报债权时注意利息计算截止日期为××××年××月××日。

8. 债权人主张债权的相关证明资料，如催款、催收通知等。

9. 债权公证文书或相关公证文书（如有）。

10. 能够证明债权发生、变更、存续、诉讼时效中止、中断、延长及其金额等情况的其他材料原件（核对后归还）及复印件。

债权人与债务人出现会计账面金额不一致时，债权人要提供会计明细账复印件和证明材料原件（核对后归还）及复印件。

11. 债权人提交申报债权材料一式两份，请在每页材料上进行签字或盖章（骑缝章）。

12. 债权人认为需要提交的其他材料。

四、提交材料时的有关注意事项

1. 债权人提交的申报材料中，《债权申报表》需提交两份原件，其他材料须带原件核对，并提交原件核对相符的复印件一式两份，原件核对后退还。对于债权人提交的材料复印件，债权人为单位的，在复印件每一页上加盖单位公章及骑缝章；债权人为自然人的，由债权人本人或代理人在复印件每一页上签字。

2. 债权人无法提供原件核对的，需在复印件材料中签注“复印件与原件一致，否则一切法律后果自负”字样。

3. 债权人向管理人提供的外文资料，应当附有中文译本。

4. 在中华人民共和国领域内没有住所的债权人委托中华人民共和国律师或者其他人代理诉讼，从中华人民共和国领域外寄交或者托交的授权委托书，应当经所在国公证机关证明，并经中华人民共和国驻该国使领馆认证，或者履行中华人民共和国与该所在国订立的有关条约中规定的证明手续后，才具有效力。

5. 债权人向管理人提供的资料如在中华人民共和国领域外形成的，该资料应当经所在国公证机关予以证明，并经中华人民共和国驻该国使领馆予以认证，或者履行中华人民共和国与该所在国订立的有关条约中规定的证明手续。债权人向人民法院提供的证据是在我国香港、澳门特别行政区及我国台湾地区形成的，应当履行相关的证明手续。

6. 债权人及其委托代理人务必在债权申报材料中注明有效的联系方式，包括但不限于固定电话、手机电话、传真、邮寄地址及邮政编码等。管理人将相关文件邮寄到指定地址、通过传真发送至指定号码或以电子邮件方式发送至指定邮箱均视为有效送达。

7. 提供材料纸张统一为复印纸A4型。

8. 债权申报登记完毕后，管理人将向债权人发放债权登记回执。

特此说明。

×××（债务人名称）管理人
××××年××月××日

（五）通知书（通知税务局申报债权用）

通知书

（通知税务局申报债权用）

国家税务总局×××市×××区税务局：

×××人民法院已裁定受理×××有限公司破产，并指定×××担任破产管理人，根据《中华人民共和国企业破产法》第一百一十三条的规定，需贵局对×××（债务人名称）拖欠税款数额进行核定，望贵局接到本通知后10日内对该破产企业欠税数额进行核定，核定后通知本管理人或向管理人申报后，依《中华人民共和国企业破产法》参与分配。

管理人地址：

联　系　人：

联系人电话：

特此通知。

×××破产管理人

××××年××月××日

（六）债权申报表

债权申报表

债权人名称		电话（固定、移动）	
详细地址		邮政编码	
法定代表人/负责人		法定代表人 身份证件号码	
委托代理人		委托代理人身份 证件等证件号码	
债权人性质	1. 自然人□　2. 机构□		
有无担保	1. 无□　2. 有□	担保人名称： 担保金额： 担保形式：1. 保证□　2. 抵押□　3. 质押□	

债权申报表

续表

有无诉讼、 仲裁文书或 公证文件	1. 无□　2. 有□		
申报债权金额	总金额	（大写/币种）	
		（小写/币种）	
	本金：　　（小写/币种）	利息：　　（小写/币种）	
	其他（如罚息、违约金、滞纳金等）： （类别/小写/币种）		
债权形成基本情况（包括但不限于债权形成的时间、原因、过程、利息及申报债权中其他类别的计算方法等，可专门附件说明）			
备注	1. 本债权申报表不构成无效债权（包括但不限于已过诉讼时效的债权等）的重新有效确认； 2. 债权申报人已全面、完整知晓本次债权登记的有关要求并保证提供资料及情况的真实、合法、完整，否则一切法律责任和后果由债权申报人承担； 3. 请填写本债权申报表所附的申报材料目录并提供相应的材料，仅提交本申报表而无任何证据材料的，将无法完成债权申报； 4. 债权申报人需预留有效联系方式（电话、地址及邮箱等），管理人将相关文件邮寄到指定地址、通过传真发送至指定号码或以电子邮件方式发至指定邮箱均视为有效送达，因债权申报人未正确填写联系方式导致的相关文件无法送达的一切法律责任和后果由债权申报人自行承担。		

债权人或委托代理人签名/盖章：　　　　　　　　申报日期：××××年××月××日

后附：1. 债权申报文件清单

2. 授权委托书

附件 1

债权申报文件清单

债权人：			
申报债权文件目录	份数	页数	原件或复印件
1			
2			
3			
4			
5			
6			
7			
8			
9			
…			
提交人声明：本次提交的所有申报债权文件与原件相一致，不存在变造、伪造等情形，否则愿意承担由此产生的法律责任。 签收人声明：本次申报债权文件的签收并不代表签收人对其申报债权以及提交文件资料真实性、合法性及关联性的确认。			

提交人（签字）：______________　　　　签收人（签字）：______________

提交时间：______________　　　　签收时间：______________

附件 2

授权委托书

委托人：　　　　　　　　　　　　　　　法定代表人（负责人）：
住所地：　　　　　　　　　　　　　　　联系方式：

受 托 人：　　　　　　　　　　　　　　身份证件号码：
工作单位：　　　　　　　　　　　　　　联系方式：

委托人就×××（债务人名称）破产清算/重整一案，特委托上述受托人作为代理人，参加本案的破产清算/重整程序。受托人的代理权限为特别授权，包括但不限于：

1. 向本案管理人申报债权、提交相关证明文件及资料，并处理与债权申报相关事宜；

2. 签署、递交、接收和转送有关本案破产清算/重整程序内的各类法律文件及其他文件资料；

3. 参加本案的债权人会议并代表委托人发表意见和行使表决权；

4. 处理与本案相关的其他法律事务。

委托人盖章：

法定代表人或负责人（如有）签字：

××××年××月××日

（七）债权申报回执单

债权申报回执单

<table>
<tr><td>债权人姓名/名称</td><td colspan="3"></td></tr>
<tr><td>代理人</td><td></td><td>联系电话</td><td></td></tr>
<tr><td>有无授权委托书</td><td></td><td>债权人性质</td><td></td></tr>
<tr><td rowspan="3">申报债权金额</td><td colspan="3">币种：　　　　　　　总金额：</td></tr>
<tr><td colspan="2">本金：</td><td>利息：</td></tr>
<tr><td colspan="3">其他（诉讼费/滞纳金等）：</td></tr>
<tr><td>申报债权时间</td><td colspan="3"></td></tr>
<tr><td>债权申报材料</td><td colspan="3"></td></tr>
<tr><td>是否已核原件</td><td colspan="3"></td></tr>
<tr><td>材料合计</td><td colspan="3">共　份，每份　页，共　页</td></tr>
</table>

申报（代理）人签字：

接收日期：　　　　年　　月　　日　　　　　　　　接收人签字：

（八）债权人送达地址确认书

债权人送达地址确认书

债权人	
管理人对债权人填写送达地址确认书的告知事项	1. 为了便于债权人及时收到法院、管理人各项文书，保证破产程序顺利进行，债权人应当如实提供确切的送达地址。 2. 确认的送达地址适用于重整工作的各个阶段及各项事宜。 3. 重整阶段，债权人的送达地址发生变更，应当及时告知管理人变更后的送达地址。 4. 债权人提供的地址不确切，或不及时告知变更后的地址，导致有关文书无法送达或未及时送达，债权人将自行承担由此可能产生的法律后果： （1）债权人拒不提供送达地址的，以其户籍登记、工商登记或者其他依法登记、备案的住所地为送达地址。 （2）因为债权人自己提供的送达地址不准确、地址变更后未及时告知管理人或者债权人拒不提供送达地址导致各项文书未能被债权人实际接收的，按下列方式处理： 邮寄送达的，邮件回执上注明的退回之日视为送达之日；直接送达的，送达人当场在送达回执上记明情况之日视为送达之日。
债权人提供自己的送达地址	本人（本单位）确认下列地址为送达地址： 联系地址： 邮编： 收件人： 联系电话： 传真：
债权人对自己送达地址的确认	我已经阅读了管理人对债权人填写送达地址确认书的告知事项，并保证上述送达地址是准确、有效的。 债权人或其代理人签名、盖章或捺印： ××××年××月××日
备注	

（九）债权申报登记表

债权申报登记表

序号	债权人	申报债权时间	住所和邮编	委托代理人	联系人和电话	申报债权金额/元	债权性质	财产担保情况	其他担保情况	涉讼情况	证据份数	备注
1												
2												
3												
4												
…												

（十）银行账户确认书

××××有限公司破产重整案
银行账户确认书

<table>
<tr><td>债权人名称</td><td colspan="2"></td><td>身份证件号码/统一社会信用代码</td><td></td></tr>
<tr><td rowspan="4">债权人银行账号信息</td><td>开户银行</td><td colspan="3"></td></tr>
<tr><td>开户行号</td><td colspan="3"></td></tr>
<tr><td>账户名</td><td colspan="3"></td></tr>
<tr><td>账号</td><td colspan="3"></td></tr>
<tr><td>管理人告知事项</td><td colspan="4">1. 为保证破产程序顺利进行，债权人应当如实提供银行信息账户信息，并确保该账户可用于转账收款，上述信息一经填写即确认为清偿收款账号；
2. 破产程序终结前如果上述内容发生变更，债权人应及时书面告知管理人变更事项；
3. 如债权人提供的信息有误，或未及时告知管理人变更事项，致使清偿款项无法到达债权人账户，债权人应承担由此产生的一切法律后果。</td></tr>
<tr><td>债权人
（签名/盖章）</td><td colspan="4">我已阅读管理人对债权人填写《银行账户确认书》的告知事项，知悉相关法律责任，并保证填写内容真实、准确、有效。

债权人（签名/盖章）：
年　月　日</td></tr>
</table>

（十一）债权人承诺书

××××有限公司破产重整案
债权人承诺书

××××有限公司管理人：

本人/本单位承诺向管理人提交的所有债权申报材料，无论盖章、签名与否，均真实、准确、完整、有效，不存在伪造、变造等虚假情形；所有复印件均与原件核对无异。

特此承诺。

债权人（机构盖章/自然人签名）：

法定代表人/负责人（签名）：

年 月 日

（十二）授权委托书

授权委托书

委 托 人： 法定代表人（负责人）：

住 所 地： 联系方式：

受 托 人： 身份证件号码：

工作单位： 联系方式：

受 托 人： 身份证件号码：

工作单位： 联系方式：

委托人就××××××有限公司公司破产重整一案，特委托上述受托人作为代理人，参加本案的破产清算程序。受托人的代理权限为特别授权，包括但不限于：

1. 向本案管理人申报债权、提交相关证明文件及资料，并处理与债权申报相关事宜；
2. 签署、递交、接收和转送有关本案破产清算程序内的各类法律文件及其他文件资料；
3. 参加本案的债权人会议并代表委托人发表意见和行使表决权；
4. 处理与本案相关的其他法律事务。

委托人盖章：

法定代表人或负责人签字：

年 月 日

（十三）法定代表人身份证明

法定代表人（负责人）身份证明

兹证明______________在本单位担任______________职务，为本单位法定代表人/负责人。

单位：（盖章）

年　　月　　日

附：该法定代表人（负责人）身份证件复印件

二、债权审查类文书样本

（一）债权审查表

债权审查表

债权编号：

<table>
<tr><td rowspan="4">债权基本信息</td><td>债权人名称</td><td colspan="3"></td></tr>
<tr><td>申报债权金额（元）</td><td colspan="3">合计：
本金：
利息：
违约金：
赔偿损失：</td></tr>
<tr><td>债务人提供的
财产担保情况</td><td colspan="3"></td></tr>
<tr><td>其他担保情况</td><td colspan="3"></td></tr>
<tr><td rowspan="2">债权概述</td><td colspan="4">债权发生原因及目前履行情况：</td></tr>
<tr><td colspan="4">备注说明：</td></tr>
<tr><td>证据清单</td><td colspan="4">（1）
（2）
……</td></tr>
<tr><td>债务人审查意见</td><td colspan="4"></td></tr>
<tr><td>管理人审查意见</td><td>（1）确认：
（2）暂缓确认：
（3）不予确认：</td><td colspan="2">核查差异说明</td><td></td></tr>
<tr><td>审核日期</td><td colspan="4"></td></tr>
</table>

（二）债权确认单

债权确认单

债权人 姓名/名称	
债权人申报债权金额/元	本金： 利息： 违约金： 其他： 合计：
管理人 审查意见	
管理人审查 确认债权金额/元	审查确认的债权金额…… 其中，本金……利息……违约金……其他……
债权人 确认意见	本债权人对于申报债权金额、管理人审查意见以及由管理人审查确认的债权金额没有异议，特此确认。 签字/盖章： 确认时间：
备注	
管理人 联系方式	联系人： 传真： 地址： 邮编：
日期	

（三）债权确认登记表

债权确认登记表

序号	债权编号	债权人姓名/名称	申报债权			确认债权额/元	债权性质
			数额/元		债权数额合计/元		
			本金	利息			
1							
2							
3							
4							
…							
合计							

（四）债权异议申请表

债权异议申请表

异议人姓名/名称	
本人对《债权表》中记载的本人债权审核结果有异议。 特此提出。 异议人签名：____________ ××××年××月××日	
备注	

（五）异议答复函

异议答复函

×××（债权人名称）：

你于××××年××月××日向管理人发出的《关于对债权审查结果有异议的函》，管理人已收悉，现管理人就贵司提出的异议，答复如下：

关于你提出对×××（本金/利息/违约金/滞纳金等）×××元不予确认有异议，经管理人向债务人了解复核，上述×××（本金/利息/违约金/滞纳金等）费用，你在申报债权时……（写明据以确认或不予确认的事实，如未提交相应证据证明等），故对上述费用予以确认/不予确认。

此答复为管理人最终意见，贵司如有异议，可在收到本答复函后×日内向受理破产申请的人民法院提起诉讼。

（管理人印鉴）
××××年××月××日

三、债权确认类文书样本

（一）人民法院决定书（临时确定债权额用）

××××人民法院
决定书

（临时确定债权额用）

（××××）××破×号

××××年××月××日，×××（债权人姓名或名称）向×××（债务人名称）管理人申报债权……（写明债权申报的具体情况）。×××（债务人名称）管理人经审查认为……（写明管理人的审查意见）。经第×次债权人会议核查，×××（异议人姓名或名称）对×××（债权人姓名或名称）申报的债权提出异议，认为……（写明异议人的意见）。

本院经审查认为……（写明法院初步审查的意见）。本院依照《中华人民共和国企业破产法》第五十九条第二款之规定，决定如下：

临时确定×××的债权数额为××元。

××××年××月××日
（院印）

（二）关于提请债权人会议核查债权的报告

关于提请×××（债务人名称）
债权人会议核查债权的报告

（××××）××破管×号

×××（债务人名称）债权人会议：

因×××（债务人名称）……（写明破产原因），债权人/债务人×××（申请人名称/姓名）于××××年××月××日向××人民法院提出对×××（债务人名称）进行重整/和解/破产清算的申请。

×××人民法院于××××年××月××日作出（××××）××破×号民事裁定，受理×××（债务人名称）破产清算/重整/和解一案，并于××××年××月××日作出（××××）××破×号决定书，指定×××担任管理人。现管理人将×××（债务人名称）的债权申报与审查情况向债权人会议报告如下。

一、债权申报情况

××××年××月××日，×××人民法院通过全国企业破产重整案件信息网发布公告，（若采取报纸公告方式，应写明：并于××××年××月××日于×报刊登）确定债权申报期限为××日/×个月。

债权申报期限内，管理人共收到×户债权人申报的×笔债权，申报的债权总额为人民币××元（以下币种同）。

若截至本报告出具之日止，有补充申报，应写明：申报期截止后，至本报告出具之日，管理人收到×户债权人补充申报的×笔债权，补充申报的债权总额为人民币××元。

债权人未在确定的债权申报期限内申报债权的，可以在破产财产最后分配前补充申报；但是，此前已进行的分配，不再对其补充分配。为审查和确认补充申报债权的费用，由补充申报人承担。

二、债权审查情况

管理人依照《中华人民共和国企业破产法》第五十七条的规定对申报的债权进行登记造册，对债权的性质、数额、是否属于担保财产、是否超过诉讼时效期间、是否超过强制执行期间等情况进行审查，并编制了债权表。经审查，管理人确认的债权总额为××元。其中，对债务人的特定财产享有担保权的债权总额为××元，职工债权金额为人民币××元，社保税收债权为××元，普通债权为××元。

若有劣后债权情形，应写明：因……（写明确认为劣后债权的原因），确认劣后债权为××元。

若有管理人未确认的债权，应写明：因……（写明未予确认债权的原因），管理人未确认的债权为××元）。

债权确认的具体情况详见附表。

现依据《中华人民共和国企业破产法》第五十八条第一款规定，管理人将债权表提交债权人会议核查。

特此通知。

（管理人印鉴）

××××年××月××日

（三）关于裁定确认债权表记载债权的申请

关于裁定确认×××（债务人名称）债权表记载债权的申请

××××人民法院：

贵院根据××有限公司的申请于××××年××月××日裁定受理×××（债务人名称）破产一案，并于××××年××月××日指定×××律师事务所为××有限公司破产管理人。

管理人接受指定后，以邮寄方式向已知××有限公司债权人送达了《债权申报通知书》，截至第一次债权人会议召开前，共有××家债权人向管理人申报了债权，债权金额共计××元，财产担保债权金额××元，无财产担保债权金额××元，债权人的具体情况及确认的债权数额详见附件《债权确认表》。管理人依法对上述债权人申报的债权进行了审查并编制了债权表，在××有限公司第一次债权人会议上将初步审查结果提交债权人会议核查并将债权表进行了公示，贵院在第一次债权人会议上已告知对该审查结果有异议的债权人应在第一次债权人会议后十五日内提出。

现异议期已经届满，上述××笔债权的债权人未向管理人提出异议，债务人或其他债权人对上述债权的审查结果也均未提出异议，请求贵院裁定对上述债权进行确认。

特此申请。

（管理人印鉴）

××××年××月××日

附：债权确认表

（四）关于提请人民法院确认无异议债权的报告

关于提请人民法院确认无异议债权的报告

（××××）××破管×号

××××人民法院：

根据《中华人民共和国企业破产法》第五十八条第一款之规定，本管理人于××××年××月××日将编制的债权表提交第一次债权人会议核查。同时，本管理人于××××年××月××日将编制的债权表送交债务人核对。经核查、核对，债权人、债务人对债权表中记载的共×笔债权无异议（详见无异议债权清单）。根据《中华人民共和国企业破产法》第五十八条第二款之规定，申请贵院裁定确认债权表记载的无异议债权。

特此通知。

（管理人印鉴）

××××年××月××日

附：1. 债权申报登记册及债权表各一份

2. 第一次债权人会议对债权表的核查结果

3. 债务人核对意见

4. 债权表中的无异议债权清单

（五）人民法院民事裁定书（确认债权表记载的无争议债权用）

×××× 人民法院

民事裁定书

（确认债权表记载的无争议债权用）

（××××）××破×号

××××年××月××日，本院根据×××（申请人姓名或名称）的申请裁定受理×××（债务人名称）破产清算（或重整、和解）一案。

本院查明……（概括写明债权人申报债权、管理人审查债权及债权人会议核查债权的情况）。

本院认为根据债权人会议核查的情况，债务人、债权人对于×××等×位债权人的债权均无异议。依照《中华人民共和国企业破产法》第五十八条第二款之规定，裁定如下：

确认×××等×位债权人的债权（详见无争议债权表）。

本裁定自即日起生效。

审判长×××

审判员×××

审判员×××

××××年××月××日

（院印）

本件与原本核对无异

书记员×××

附：无争议债权表

（六）人民法院民事判决书（破产债权确认诉讼一审用）

××××人民法院
民事判决书

（破产债权确认诉讼一审用）

（××××）×民初×号

原告：×××（写明姓名或名称等基本情况）。

被告：×××（债务人名称），住所地……

诉讼代表人：×××，该企业管理人（或管理人负责人）。

原告×××诉被告×××破产债权确认纠纷一案，本院受理后，依法组成合议庭公开开庭进行了审理，×××（写明本案当事人及其诉讼代理人等）到庭参加了诉讼。本案现已审理终结。

原告×××诉称……（概述原告提出的具体诉讼请求及所根据的事实与理由）。

被告×××辩称……（概述被告答辩的主要意见）。

经审理查明……（写明认定的事实及证据）。

本院认为……（写明判决的理由）。依照……（写明判决所依据的法律）之规定，判决如下：

……（写明判决结果）。

……（写明诉讼费用的负担）。

若不服本判决，可在判决书送达之日起十五日内，向本院提交上诉状，并按对方当事人的人数提交副本×份，上诉于××××人民法院。

审判长×××
审判员×××
审判员×××
××××年××月××日
（院印）

本件与原本核对无异

书记员×××

第七章　破产企业职工债权和社会保险费用

（一）职工债权清单

职工债权清单

单位：元

序号	姓名	工资	医疗保险	养老保险	补偿金	医疗补助	抚恤金	伤残补助	其他	合计	是否在岗
1											
2											
3											
4											
…											
合计											

（二）职工债权公示

关于×××（债务人名称）职工债权公示

（××××）××破管×号

×××（债务人名称）因__________（写明破产原因），××××人民法院于××××年××月××日作出（××××）××破×号民事裁定，受理×××（债务人名称）重整/和解/破产清算申请。××××人民法院于××××年××月××日作出（××××）××破×号决定书，指定×××担任管理人。

经管理人调查，确认×××（债务人名称）共有在册职工×名，截至××××年××月××日，尚欠职工的工资和医疗、伤残补助、抚恤费用，应当划入职工个人账户的基本养老保险、基本医疗保险费用，以及法律、行政法规规定应当支付给职工的补偿金（以上统称职工债权）的总额为人民币××元（详见职工债权清单）。现根据《中华人民共和国企业破产法》第四十八条的规定，予以公示。公示至××××年××月××日止。

职工从公示之日起×日内对本公示所附清单记载的债权数额有异议的，可以要求管理人更正。

特此公示。

（管理人印鉴）

××××年××月××日

附：1. ×××（债务人名称）职工债权清单

2. 管理人联系方式：__________

（三）通知书（回复职工对债权清单的异议用）

通知书

（回复职工对债权清单的异议用）

（××××）××破管×号

×××（职工姓名）：

你对（××××）×破管×字第×号公示所附的职工债权清单中有关×××（职工姓名）的××（欠款项目）所提异议材料收悉。

不予变更的情形下适用：

经管理人核实，认为______________（列明不予变更的理由），故决定维持公示记载的债权金额，不予更正。如你对不予更正决定仍有异议的，可向受理本破产案件的人民法院提起诉讼。

准予变更的情形下适用：

经管理人核实，认为______________（列明同意变更或部分变更的理由），故决定变更公示记载的×××（职工姓名）债权，变更后金额为人民币××元。如你对变更决定仍有异议的，可向受理本破产案件的人民法院提起诉讼。

特此通知。

（管理人印鉴）

××××年××月××日

（四）职工领取职工人事档案表

×××（债务人名称）职工领取职工人事档案表

序号	姓名	身份证件号码	领取人签字

（五）档案交接书

档案交接书

职工姓名×××（身份证件号码：×××）已于××××年××月×× 日从×××（债务人名称）管理人处取走了个人档案。档案取走后的有关档案后续办理事宜及应承担的风险均由职工×××（姓名）个人承担，与×××（债务人名称）及×××（债务人名称）管理人无关。

取档人（签字确认）：

××××年××月××日

保管人：×××（债务人名称）

（六）人事劳资档案交接清单

人事劳资档案交接清单

序号	名称	原件/复印件	页数	备注

移交人： 接交人： 监交人：

移交日期：××××年××月××日

（七）解除/终止劳动关系备案批量报盘

解除/终止劳动关系备案批量报盘

姓名	身份证件号码	终止或解除时间	终止或解除原因
10个汉字以内	15位或18位准确的号码	格式：yyyy－mm－dd	

（八）社会保险注销登记申请书

社会保险注销登记申请书

市社会保险事业管理局：

由于＿＿＿＿＿＿＿＿＿＿原因，特申请注销社会保险登记。

原社会保险单位编码：＿＿＿＿＿＿＿＿＿＿＿＿

单位名称：＿＿＿＿＿＿＿＿＿＿＿＿

税务征收机构：＿＿＿＿＿＿＿＿＿＿＿＿

注销登记单位：　　　　　　　　　　　　批准部门（签章）：

经办人：　　　　　　　　　　　　　　　　　　经办人：

单位负责人：　　　　　　　　　　　　　　　部门负责人：

××××年××月××日　　　　　　　　××××年××月××日

第八章 审计与评估

（一）授权委托书

授权委托书

委托人：×××（债务人名称）管理人。

负责人：×××。

受托人：××××会计师事务所，住所地……

负责人：×××。

委托事项：现委托人委托受托人对×××（债务人名称）按照企业会计制度编制的××××年××月××日的资产负债表，××××年××月××日至××××年××月××日的利润表……进行审计。

委托人：（管理人印鉴）
××××年××月××日

（二）审计业务约定书

审计业务约定书

甲方：×××（债务人名称）管理人。

乙方：××××会计师事务所。

兹由甲方委托乙方对×××（债务人名称）（以下简称被审计单位）××××年至××××年××月的财务报表进行审计，经双方协商，达成以下约定：

一、审计的目标和范围

1. 乙方接受甲方委托，对被审计单位按照《企业会计准则——基本准则》编制的××××年××月××日的资产负债表，××××年××月××日至××××年××月××日的利润表……进行审计。

2. 乙方通过执行审计工作，对财务决算报表的下列方面发表审计意见：（1）财务报表是否在所有重大事项上按照《企业会计准则———基本准则》的规定编制；（2）财务报表是否在所有重大事项上公允反映××××年××月××日的财务状况以及××××年××月××日至××××年××月××日的经营成果和现金流量。

二、甲方的责任

1. 督促被审计单位及时提供资料，对审计过程中发生的需要与被审计单位沟通的事项进行协调。

2. 为乙方派出的有关工作人员提供必要的工作条件和协助，乙方将于外勤工作开始前提供审计事项主要清单。

……

三、被审计单位的责任

1. 根据《中华人民共和国会计法》及《企业财务会计报告条例》，被审计单位及其负责人有责任保证会计资料的真实性和完整性。因此，被审计单位有责任妥善保存和提供会计记录（包括但不限于会计凭证、会计账簿及其他会计资料），这些记录必须真实、完整地反映被审计单位的财务状况、经营成果和现金流量。

2. 按照《企业会计准则——基本准则》的规定编制和公允列报财务报表是被审计单位管理层的责任，这种责任包括以下两方面：（1）按照《企业会计准则——基本准则》的规定编制财务报表，并使其公允反映财务状况；（2）设计、执行和维护必要的内部控制，以使财务报表不存在由于舞弊或错误而导致的重大错报。

3. 及时为乙方的审计工作提供与审计有关的所有记录、文件和所需的其他信息（在××××年××月××日之前提供审计所需的全部资料，如果在审计过程中需要补充资料，亦应及时提供），并保证所提供资料的真实性和完整性。

4. 确保乙方不受限制地接触其认为必要的被审计单位内部人员和其他相关人员。

5. 被审计单位管理层对其作出的与审计有关的声明予以书面确认。

6. 乙方的审计不能减轻被审计单位及其管理层的责任。

四、乙方的责任

1. 乙方的责任是在执行审计工作的基础上对甲方财务报表发表审计意见。乙方根据《中国注册会计师审计准则》（以下简称《审计准则》）的规定执行审计工作。《审计准则》要求注册会计师遵守中国注册会计师职业道德守则，计划和执行审计工作以对财务报表是否不存在重大错报获取合理保证。

2. 审计工作涉及实施审计程序，以获取有关财务报表金额和披露的审计证据。选择的审计程序取决于乙方的判断，包括对由于舞弊或错误导致的财务报表重大错报风险的评估。在进行风险评估时，乙方考虑与财务报表编制和公允列报相关的内部控制，以设计恰当的审计程序，但目的并非对内部控制的有效性发表意见。审计工作还包括评价管理层选用会计政策的恰当性和作出会计估计的合理性，以及评价财务报表的总体列报。

3. 由于审计和内部控制的固有限制，即使按照审计准则的规定适当地计划和执行审计工作，仍不可避免地存在财务报表的某些重大错报可能未被乙方发现的风险。

4. 在审计过程中，乙方若发现被审计单位存在乙方认为值得关注的内部控制缺陷，应以书面形式向被审计单位治理层或管理层通报。但乙方通报的各种事项，并不代表已全面说明所有可能存在的缺陷或已提出所有可行的改进建议。被审计单位在实施乙方提出的改进建议前应全面评估其影响。未经乙方书面许可，被审计单位不得向任何第三方提供乙方出具的沟通文件。

5. 按照约定时间完成审计工作，出具审计报告。乙方应于××××年××月××日前出具审计报告。

6. 除下列情况外，乙方应当对执行业务过程中知悉的甲方信息予以保密：(1) 法律法规允许披露，并取得甲方的授权；(2) 根据法律法规的规定，为法律诉讼、仲裁准备文件或提供证据，以及向监管机构报告发现的违法行为；(3) 在法律法规允许的情况下，在法律诉讼、仲裁中维护自己的合法权益；(4) 接受注册会计师协会或监管机构的执业质量检查，答复其询问和调查；(5) 法律法规、执业准则和职业道德规范规定的其他情形。

五、审计收费

1. 本次审计服务的收费是以乙方各级别工作人员在本次工作中所耗费的时间为基础计算的。乙方预计本次审计服务的费用总额为人民币×万元。

2. 甲方应于本约定书签署之日起×日内支付×%的审计费用，其余款项于审计报告草稿完成日结清。

3. 如果由于无法预见的原因，致使乙方从事本约定书所涉及的审计服务实际时间较本约定书签订时预计的时间有明显的增加或减少时，甲乙双方应通过协商，相应调整本部分第一段所述的审计费用。

4. 如果由于无法预见的原因，致使乙方人员抵达甲方的工作现场后，本约定书所涉及的审计服务中止，甲方不得要求退还预付的审计费用；如上述情况发生于乙方人员完成现场审计工作，并离开甲方的工作现场之后，甲方应另行向乙方支付人民币×元的补偿费，该补偿费应于甲方收到乙方的收款通知之日起×日内支付。

5. 与本次审计有关的其他费用（包括交通费、食宿费等）由甲方承担。

六、审计报告和审计报告的使用

1. 乙方按照《审计准则》规定的格式和类型出具审计报告。

2. 乙方向甲方送交审计报告一式三份。

3. 甲方在提交或对外公布乙方出具的审计报告及其后附的已审计财务报表时，不得对其进行修改。当甲方认为有必要修改会计数据、报表附注和所作的说明时，应当事先通知乙方，乙方将考虑有关的修改对审计报告的影响，必要时，将重新出具审计报告。

七、本约定书的有效期间

本约定书自签署之日起生效，并在双方履行完毕本约定书约定的所有义务后终止。但其中第四项第6段、第五、六、八、九、十、十一项并不因本约定书终止而失效。

八、约定事项的变更

如果出现不可预见的情况，影响审计工作如期完成，或需要提前出具审计报告，甲、乙双方均可要求变更约定事项，但应及时通知对方，并由双方协商解决。

九、终止条款

1. 如果根据乙方的职业道德及其他有关专业职责、适用的法律法规或其他任何法定的要求，乙方认为已不适宜继续为甲方提供本约定书约定的审计服务，乙方可以采取向甲方提出合理通知的方式终止履行本约定书。

2. 在本业务约定书终止的情况下，乙方有权就其于终止之日前对约定的审计服务项目所做的工作收取合理的审计费用。

十、违约责任

甲、乙双方按照《中华人民共和国民法典》的规定承担违约责任。

十一、适用法律和争议解决

本约定书的所有方面均应适用中华人民共和国法律进行解释并受其约束。本约定书履行地为乙方出具审计报告所在地，因本约定书引起的或与本约定书有关的任何纠纷或争议（包括关于本约定书的存在、效力、终止、无效之后果），双方选择以下第×种解决方式：

1. 向有管辖权的人民法院提起诉讼；

2. 提交……仲裁委员会仲裁。

十二、双方对其他有关事项的约定

本约定书一式两份，甲、乙双方各执一份，具有同等法律效力。

甲方：	乙方：××××会计师事务所
授权代表（签名并盖章）：	授权代表（签名并盖章）：
××××年××月××日	×××× 年××月××日

（三）公司破产清算期初审计报告（破产审计报告参考用）

关于×××（债务人名称）破产清算期初审计报告

（破产审计报告参考用）

××××号

（委托人名称）：

我们审计了后附的×××（债务人名称）管理人/破产清算组接管×××（债务人名称）至裁定破产公告日（××××年××月××日）止的财务报表，包括××××年××月××日的资产负债表，××××年度的利润表和现金流量表。

一、管理层对财务报表的责任

按照《企业会计准则——基本准则》和《××会计制度》的规定编制财务报表是×××（债务人名称）管理层的责任。这种责任包括：

1. 设计、实施和维护与财务报表编制相关的内部控制，以使财务报表不存在由于舞弊或错误而导致的重大错报；

2. 选择和运用恰当的会计政策；

3. 作出合理的会计估计。

二、注册会计师的责任

我们的责任是在实施审计工作的基础上对财务报表发表审计意见。我们按照《中国注册会计师审计准则》的规定执行了审计工作。《中国注册会计师审计准则》要求我们遵守职业道德规范，计划和实施审计工作以对财务报表是否不存在重大错报出具合理保证。

审计工作涉及实施审计程序以获取有关财务报表和信息披露的审计证据，选择的审计程序取决于注册会计师的判断，包括对由于舞弊或错误导致的财务报表重大错报风险的评估。在进行风险评估时，我们考虑与财务报表编制相关的内部控制，以设计恰当的审计程序，但目的并非对内部控制的有效性发表意见。审计工作还包括评价管理层选用会计政策的恰当性和作出会计估计的合理性，以及评价财务报表的总体列报。

我们相信，我们获取的审计证据是充分、适当的，为发表审计意见提供了基础。×××（债务人名称）自××人民法院裁定破产公告日起由原先的持续经营基础转为按清算基础编制会计报表，现已审计完毕。

三、企业基本情况

企业类型［写明国有独资公司、国有资产控股公司、股份有限公司、有限责任公司等，以及成立年月、工商登记注册号、主要投资者、注册资本、实收资本、法定代表人、企业规模（包括职工人数、子分公司情况、占地面积等）］。由于经营管理不善造成严重亏损，不能清偿到期债务，截至××××年××月××日，企业账面资产总额××万元，负债总额××万元，资不抵债金额××万元。

××人民法院根据债务人×××（债务人/债权人名称）的破产申请，已于××××年××月××日作出（××××）××破申×号民事裁定，受理对×××（债务人名称）破产清算的申请。

四、应予调整的事项

1. 涉及税收的调整事项。

2. 损益类调整的事项。

3. 不涉及损益的重分类事项。

4. 其他需要调整的事项。

（上述调整事项应逐一列出内容、原因、金额和调整分录。）

五、审计结果

经审计，×××（债务人名称）于裁定破产日移交清算组接管的资产总额×元，负债总额×元，资不抵债金额为×元（其中累计亏损×元），资产负债率×%。

资产、负债的构成情况如下：

1. 资产总额的构成情况按照审计移交资产逐科目说明。

2. 负债总额的构成情况按照审计移交负债逐科目说明。

六、审计意见

我们认为，会计报表按照《企业会计准则——基本准则》和《××企业会计制度》的规定编制，在所有重大事项上反映了×××（债务人名称）××××年××月××日的资产、负债、清算净损益情况，××××年××月××日至××月××日的清算财产变动情况和清算损益情况。

××××会计师事务所有限公司

中国注册会计师

××××年××月××日

（四）公司破产清算期末审计报告（企业清算审计报告用）

关于×××（债务人名称）破产清算期末审计报告

（企业清算审计报告用）

××××号

×××（委托人名称）：

经中华人民共和国××××市××区人民法院同意，我们接受委托，对×××（债务人名称）破产清算期末财产分配方案的实际执行情况和有关事项的移交情况，实施了审计。我们的审计是按照《中国注册会计师审计准则》的规定及国家有关破产法律、法规的规定进行的。在审计过程中，我们结合清算期末的清偿结果，实施了包括审查会计凭证等我们认为必要的查验程序。现已审计完毕，情况报告如下：

一、破产财产分配依据的审计

×××（债务人名称）管理人/破产清算组所提供的《破产财务分配方案》已于××××年××月××日召开了债权人会议讨论通过，经××××市××区人民法院以（××××）××破×号民事裁定书裁定有效。

二、破产财产分配的审计情况

经审计，上述由人民法院裁定执行的《破产财产分配方案》的实际执行情况如下：破产财产总额为××元；依据《中华人民共和国企业破产法》的规定，破产费用和共益债务共×元，由债务人财产随时清偿。

（一）支付人民法院受理破产申请后所发生的费用

1. 破产案件的诉讼费用。

2. 管理、变价和分配债务人财务的费用。

3. 管理人执行职务的费用、报酬和聘用工作人员的费用。

（二）清偿人民法院受理破产申请后所发生的共益债务

……

（三）破产财产在优先清偿破产费用和共益债务后需要清偿的债权。

以下债权按顺序清偿：

1. 债务人所欠职工的工资和医疗、伤残补助、抚恤费用，所欠的应当划入职工个人账户的基本养老保险、基本医疗保险费用以及法律、行政法规规定的应当支付给职工的补偿金。

2. 债务人欠缴的除前项规定以外的社会保险费用和破产人所欠税款。

3. 普通破产债权。

三、审计意见及建议

上述破产财产的清偿结果和有关事项的移交手续，已经我所审查，符合《中华人民共和国企业破产法》的有关规定。

建议（委托人或清算组）提请人民法院终结破产程序。

附：1. 民事裁定书（××××）××破×号民事裁定书
2. 文书档案移交协议书

××××会计师事务所有限公司
中国注册会计师
××××年××月××日

（五）公司审计报告（破产前审计报告参考用）

关于×××（债务人名称）审计报告

（破产前审计报告参考用）

××××号

×××（委托人名称）：

我们审计了后附的×××（债务人名称）××××年××月××日至××××年××月××日止的财务报表，包括××××年××月××日的资产负债表、××××年度的利润表和现金流量表。

一、管理层对财务报表的责任

按照《企业会计准则——基本准则》和《××会计制度》的规定编制财务报表是×××（债务人名称）管理层的责任。这种责任包括：

1. 设计、实施和维护与财务报表编制相关的内部控制，以使财务报表不存在由于舞弊或错误而导致的重大错报；

2. 选择和运用恰当的会计政策；

3. 作出合理的会计估计。

二、注册会计师的责任

我们的责任是在实施审计工作的基础上对财务报表发表审计意见。我们按照《中国注册会计师审计准则》的规定执行了审计工作。《中国注册会计师审计准则》要求我们遵守职业道德规范，计划和实施审计工作以对财务报表是否不存在重大错报获取合理保证。

审计工作涉及实施审计程序，以获取有关财务报表和信息披露的审计证据，选择的审计程序取决于注册会计师的判断，包括对由于舞弊或错误导致的财务报表重大错报风险的评估。在进行风险评估时，我们考虑与财务报表编制相关的内部控制，以设计恰当的审计程序，但目的并非对内部控制的有效性发表意见。审计工作还包括评价管理层选用会计政策的恰当性和作出会计估计的合理性，以及评价财务报表的总体列报。

我们相信，我们获取的审计证据是充分、适当的，为发表审计意见提供了基础。对×××（债务人名称）截至××××年××月××日止编制的会计报表，现已审计完毕。

三、企业基本情况

企业类型［写明国有独资公司、国有资产控股公司、股份有限公司、有限责任公司等，以及成立年月、工商登记注册号、主要投资者、注册资本、实收资本、法定代表人、企业规模(包括职工人数、子分公司情况、占地面积等)］。截至××××年××月××日，企业账面资产总额××万元，负债总额××万元，资不抵债金额××万元。

四、应予调整的事项

1. 涉及税收的调整事项。

2. 损益类调整的事项。

3. 不涉及损益的重分类事项。

4. 其他需要调整的事项。

(上述调整事项应逐一列出内容、原因、金额和调整分录。)

五、审计结果

经审计，×××（债务人名称）截至××××年××月××日的资产总额×元，负债总额×元，资不抵债金额为×元（其中：累计亏损×元），资产负债率×%。

资产、负债的构成情况如下：

1. 资产总额的构成情况按照审计移交资产逐科目说明。

2. 负债总额的构成情况按照审计移交负债逐科目说明。

六、审计意见

我们认为，会计报表按照《企业会计准则——基本准则》和《××企业会计制度》的规定编制，在所有重大方面反映了×××（债务人名称）××××年××月××日的资产、负债、清算净损益情况，××××年××月××日至××月××日的清算财产变动情况和清算损益情况。

××××会计师事务所有限公司

中国注册会计师

××××年××月××日

（六）授权委托书

授权委托书

委托人：×××（债务人名称）管理人。
负责人：×××。
受 托 人：××××（评估机构名称），住所地……
负责人：×××。

委托事项：现委托人委托受托人对×××（债务人名称）的财产进行评估（包括债务人名下的流动资产和固定资产等）。

委托人：（管理人印鉴）
××××年××月××日

（七）资产评估报告

目　录

注册资产评估师声明

一、我们在执行资产评估业务中，遵循有关法律、法规和资产评估准则，恪守独立、客观和公正的原则；根据我们在执业过程中收集的资料，评估报告陈述的内容是客观的，并对评估结论的合理性承担相应的法律责任。

二、评估对象涉及的资产、负债清单由委托方、被评估单位申报并经其签章确认；所提供资料的真实性、合法性和完整性，恰当使用评估报告是委托方和相关当事方的责任。

三、我们与评估报告中的评估对象没有现存或者预期的利益关系；与相关当事方没有现存或者预期的利益关系，对相关当事方不存在偏见。

四、我们已对评估报告中的评估对象及其所涉及资产进行现场调查；我们已对评估对象及其所涉及资产的法律权属状况给予必要的关注，对评估对象及其涉及资产的法律权属资料进行了查验，并对已经发现的问题进行了如实披露，且已提请委托方和相关当事方完善产权以满足出具评估报告的要求。

五、我们出具的评估报告中的分析、判断和结论受评估假设和限定条件的限制，评估报告使用者应当充分考虑报告中载明的假设、限定条件、特别事项说明及其对评估结论的影响。

资产评估报告

摘　要

资产评估有限公司接受法院或清算组的委托，根据国家关于资产评估的有关规定，本着客观、独立、公正、科学的原则，按照公认的资产评估方法，就人民法院裁定的×××（债务人名称）破产企业财产进行评估，本公司评估人员按照必要的评估程序对委托评估的资产和负债实施实地勘察、市场调查与询证；对×××（债务人名称）的经营管理现状、财务及生产计划进行必要的调查了解；对×××（债务人名称）所提供的法律性文件、资产权属证明、财务记录、生产经营资料等相关资料进行了必要的验证核实，对委估资产在评估基准日××××年××月××日所表现的市场价值作出公允的反映。现将资产评估结果报告如下：

评估目的：评估后的财产能尽快变现，以偿还所欠的债务。

评估对象：破产企业的货币资金、对外投资、应收账款、存货、固定资产、无形资产的转让收入等。

评估范围：破产企业的可供分配资产。

价值类型：强制清算价值。

评估基准日：破产企业的评估基准日为法院下达破产裁定书日。

评估方法：现行市价法、对现行市场进行折扣的方法、以重置成本为参照的方法、模拟拍卖法。

评估结论：针对各类资产的具体情况，根据选用的评估方法，选取相应的公式和参数进行分析、计算和判断，形成了评估结论。

报告提出日期：××××年××月××日。

本评估报告使用者在应用本评估结论时应注意特别事项对评估结论的影响。

本评估结论仅供委托方为本报告书所列明的评估目的使用，以及送交资产评估主管机关备案使用。本报告书必须经国有资产监督管理部门备案后方可作为相关经济行为的依据。

本评估报告书的使用权归委托方所有，未经委托方许可，本机构不向他人提供或公开；除非事先征得本机构的书面同意，对于任何其他用途或被出示或掌握本报告的其他人，本评估机构均不予承认亦不承担任何责任。本评估报告内容的解释权属于本评估机构，除国家法律、法规有明确的特殊规定外，其他任何单位、部门均无权解释。

资产评估报告

正　文

××人民法院或清算组：

资产评估有限公司接受××人民法院或清算组的委托，根据有关法律、法规和资产评估准则、资产评估原则，现行市价评估方法，按照必要的评估程序，对××破产企业可供分配资产进行了评估。现将资产评估情况报告如下。

一、委托方、被评估单位和业务约定书约定的其他评估报告使用者概况

本次评估是以评估后的财产能尽快变现，以偿还所欠的债务为目的的资产评估，委托方为××人民法院或清算组，××破产企业为被评估单位，委托方以外的其他报告使用者为相关各方以及法律、法规规定的评估报告使用者。

二、评估目的

评估机构对××破产企业的破产财产进行评估，实现财产尽快变现，以偿还所欠的债务。

三、评估对象和范围

××破产企业的评估对象为破产企业的货币资金、对外投资、应收账款、存货、固定资产、无形资产的转让收入等。××破产企业的资产评估范围为该企业的可供分配资产。

四、价值类型及其定义

五、评估基准日

六、评估依据

我们在本次资产评估工作中所遵循的国家、地方政府和有关部门的法律法规，以及在评估中参考的文件资料主要包括以下内容：

1. 主要法律法规依据；

2. 准则依据；

3. 经济行为依据；

4. 权属依据。

七、评估方法

八、评估程序的实施过程和情况

九、评估假设

十、评估结论

十一、特别事项说明

十二、评估报告使用限制说明

1. 评估报告只能用于评估报告载明的评估目的和用途。

2. 评估报告只能用于评估报告载明的评估报告使用者使用。

3. 评估报告的全部或者部分内容被摘抄、引用或披露于公开媒体，需征得评估机构同意并审阅相关内容，法律、法规规定以及相关当事方另有约定的除外。

4. 本评估报告在评估机构签字盖章后有效。

5. 注册资产评估师的责任是对评估对象的价值进行估算并发表专业意见，并不承担相关当事人决策的责任。评估结论不应当被认为是对评估对象可实现价格的保证。

6. 本评估报告包含若干附件，是评估报告之重要组成部分。

7. 本报告评估结论的使用有效期为×年，自评估基准日起计算。

十三、评估报告日

评估报告日为注册资产评估师形成最终专业意见的日期，本次评估报告日为××××年××月××日。

评估机构法定代表人（签章）

中国注册资产评估师（签章）

中国注册资产评估师（签章）

××××资产评估事务所（公章）

第九章　债权人、债权人会议和债权人委员会

一、债权人会议类文书样本

（一）关于提议召开债权人会议的报告

关于提议召开债权人会议的报告

××××人民法院：

现因__________（列明具体原因），本债权人委员会根据《中华人民共和国企业破产法》第六十二条第二款之规定，提议于××××年××月××日召开第×次债权人会议，就以下事项进行表决：

__________（列明提请债权人会议表决的议题名称）。

特此通知。

×××债权人委员会
（债权人会议主席签字）：×××
××××年××月××日

（二）通知书（通知召开债权人会议用）

通知书

（通知召开债权人会议用）

（××××）××破管×号

×××（债权人名称/姓名）：

×××（债务人名称）因____________（写明破产原因），×××（申请人名称/姓名）于××××年××月××日向××××人民法院提出对×××（债务人名称）进行重整/和解/破产清算的申请。[债务人自行申请破产的，表述为×××（债务人名称）因____________（写明破产原因），于××××年××月××日向××××人民法院提出重整/和解/破产清算申请。]

××××人民法院于××××年××月××日作出（××××）××破×号决定书，指定×××担任管理人。

现经××××人民法院决定（或经债权人会议主席决定），定于××××年××月××日××时在××（会议召开地点）召开×××（债务人名称）破产一案第×次债权人会议，就____________事项（概述会议议题，详见附件）进行表决，请你公司/你准时参加。

参会人员须提交下列证件：

1. 债权人系自然人的，提交身份证原件和复印件；

2. 债权人是机构（单位）的，提交营业执照副本原件和复印件，以及法定代表人的身份证原件和复印件；

3. 委托他人出席的，提交授权委托书及委托代理人身份证原件和复印件。

特此通知。

（管理人印鉴）

××××年××月××日

附：1. 债权人会议议程

2. 债权人会议议题清单

(三) 债权人会议筹备方案

×××（债务人名称）破产清算/重整案
债权人会议筹备方案

一、会议时间、地点及参会人员

时间：××××年××月××日×××（债务人名称）破产清算/重整第×次债权人会议

地点：××××

参会人员：法院审判人员、管理人代表、债权人、债务人代表、审计机构、评估机构……

二、会议议程

1. 宣读会议纪律（书记员负责）；
2. 宣读案件受理裁定、指定管理人决定书等（法院合议庭成员负责）；
3. 管理人工作报告（管理人负责）；
4. 管理人公布债权申报情况及审查情况（管理人负责）；
5. 债权人对债权表进行审核（书面）；
6. 审计机构、评估机构对审计、评估情况作出说明；
7. 宣读指定债权人会议主席和许可拟成立债权人委员会的决定书（法院合议庭成员负责）；

……

三、组织领导

总指挥：×××，职务……

　　　　×××，职务……

　　　　×××，职务……

　　　　……

副总指挥：×××，职务……

　　　　　×××，职务……

　　　　　……

四、具体分工

成立×个工作小组。

（一）综合组

组长：×××，职务……

　　　×××，职务……

成员：×××，职务……

　　　×××，职务……

　　　……

工作任务：负责会议的组织、指挥、协调工作。

（二）登记签到组

组长：×××，职务……

　　　×××，职务……

成员：管理人聘用的工作人员×人、公安干警×人、引领员×人。

工作任务：1. 负责债权人会议报到的签到，发放债权表、座位票等会议资料；2. 负责对入场债权人的引导工作。

（三）会场外安保组

组长：×××，职务……

×××，职务……

成员：公安干警×人。

工作任务：1. 负责会场外交通疏导和警戒任务；2. 组织指导入场安检工作；3. 处置突发事件。

要求：着制式警装，配相关警用器具。

（四）会场内安保组

组长：×××，职务……

×××，职务……

成员：法院法警支队干警×人。

工作任务：1. 负责会场内值庭，会场内的秩序维护；2. 会场内临时事件处置。

要求：法院干警着警服，配执法记录仪、对讲设备及相关装备。

（五）媒体接待组

组长：×××，职务……

×××，职务……

成员：市委宣传部、网信办。

工作任务：负责媒体接待并决定是否接受采访及采访证发放工作。

（六）信息技术组

组长：×××，职务……

×××，职务……

成员：市公安局科技处×人。

工作任务：1. 负责会场内外监控，会场内的通信设备全程屏蔽，全程录音录像（×台摄像机）；2. 负责信息收集。

（七）医疗卫生组

组长：×××，职务……

×××，职务……

成员：市卫计委工作人员×人。

工作任务：负责会场内外与会人员的应急性医疗保障和救助。

（八）会务组

组长：×××，职务……

×××，职务……

成员：管理人团队及聘用的工作人员×人。

工作任务：负责会场租用、安检设备租用、主席台布置、工作人员胸卡印制、相关设备准备及后勤保障等一切会务工作。

（九）突发事件应急组

组长：×××，职务……

×××，职务……

成员：管理人团队及聘用的工作人员×人、公安干警×人、法院×人。

工作任务：1. 负责对突发事件处置；2. 对无权参加会议但想进入会场的人员随时接待；3. 对无权参加会议人员进行登记。

（十）电力保障组

组长：×××，职务……

×××，职务……

成员：市供电公司工作人员。

工作任务：保障会议期间的电力供应。

五、工作要求

1. 各组成员于××月××日××时准时到会议地点集合进行演练；

2. 工作人员必须准时到达指定位置；

3. 工作人员不得私自进行录音、录像，除媒体接待组外不得接受采访；

4. 工作人员应严格保守会议秘密，并热情服务，不能冷横硬，做到职责明确，听从指挥，认真负责，密切配合。

（四）债权人会议签到表

债权人会议签到表

序号	债权编号	债权人名称/姓名	法定代表人	委托代理人	联系电话	参会人员签名	备注
1							
2							
3							
4							
5							
6							

（五）采取非现场方式表决的方案

采取非现场方式表决的方案

×××（债务人名称）债权人/债权人会议：

××××年××月××日，×××人民法院裁定受理×××（债务人名称）破产清算/重整/和解一案。××××年××月××日，通过×××人民法院上级法院摇号，指定×××（管理人名称）担任管理人。

根据《最高人民法院关于适用〈中华人民共和国企业破产法〉若干问题的规定（三）》第十一条的规定，债权人会议决议可以采取非现场方式进行表决。因________（写明采取非现场方式表决的理由，如为便利债权人，降低破产程序成本等），管理人拟定如下非现场方式表决方案，提交债权人会议表决：

1. 非现场表决方式包括邮寄信函、传真、电子邮箱、短信、QQ、微信及网络投票方式。债权人应向管理人提交其选定的表决方式与确切的送达地址。债权人如果变更表决方式或送达地址，应当及时书面告知管理人。

如果提供的送达地址不确切，或不及时书面告知变更后的表决方式或送达地址，影响债权人参与表决的权利，债权人将自行承担相应的法律后果。

2. 管理人根据相关决议事项的重大、复杂程度确定合理的表决期限。管理人于表决起始之日××日前（注：指定日期不得少于 3 日），按照债权人确定的表决方式和送达地址，提前将相关决议事项及表决期限告知债权人，并向债权人发放书面或电子表决票。

债权人应在管理人告知的表决期限内表决，以书面方式表决的，债权人应签名或加盖公章。以电子送达方式表决的，管理人采取截屏等方式确保留痕。债权人逾期未将表决意见回复管理人，或以空白票回复，均视为同意表决事项。

3. 管理人于表决期限届满之日起 3 日内完成有效表决票的确认及计票工作。管理人于表决结果确定之日起 3 日内，须以信函、电子邮件、公告等方式，将表决结果告知参与表决的债权人，并将非现场表决结果和相关履职情况书面报告人民法院。

4. 对《中华人民共和国企业破产法》第六十九条规定的债务人重大财产的管理方案及变价方案进行表决时，采取单项财产单独表决的方式逐项表决。

（管理人印鉴）

××××年××月××日

（六）关于提请债权人会议核查债权的报告

关于提请×××（债务人名称）债权人会议核查债权的报告

（××××）××破管×号

×××（债务人名称）债权人会议：

因×××（债务人名称）____________（写明破产原因），债权人/债务人×××（申请人名称/姓名）于××××年××月××日向××××人民法院提出对×××（债务人名称）进行重整/和解/破产清算的申请。

××××人民法院于××××年××月××日作出（××××）××破×号民事裁定，受理×××（债务人名称）破产清算/重整/和解一案，并于××××年××月××日作出（××××）××破×号决定书，指定×××担任管理人。现管理人将×××（债务人名称）的债权申报与审查情况向债权人会议报告如下：

一、债权申报情况

××××年××月××日，××××人民法院通过全国企业破产重整案件信息网发布公告，[提示：若采取报纸公告方式，应写明：并于××××年××月××日于×报刊登] 确定债权申报期限为××日/×个月。

债权申报期限内，管理人共收到×户债权人申报的×笔债权，申报的债权总额为人民币××元（以下币种同）。

若截至本报告出具之日止，有补充申报，应写明：申报截止后，至本报告出具之日，管理人收到×户债权人补充申报的×笔债权，补充申报的债权总额为人民币××元。

债权人未在确定的债权申报期限内申报债权的，可以在破产财产最后分配前补充申报；但是，此前已进行的分配，不再对其补充分配。为审查和确认补充申报债权的费用，由补充申报人承担。

二、债权审查情况

管理人依照《中华人民共和国企业破产法》第五十七条的规定对申报的债权进行登记造册，对债权的性质、数额、是否属于担保财产、是否超过诉讼时效期间、是否超过强制执行期间等情况进行审查，并编制了债权表。经审查，管理人确认的债权总额为××元。其中，对债务人的特定财产享有担保权的债权总额为××元，职工债权金额为人民币××元，社保税收债权为××元，普通债权为××元。

若有劣后债权情形，应写明：因______（写明确认为劣后债权的原因），确认劣后债权为××元。

若有管理人未确认的债权，应写明：因______（写明未予确认债权的原因），管理人未确认的债权为××元。

债权确认的具体情况详见附表。

现依据《中华人民共和国企业破产法》第五十八条第一款规定，管理人将债权表提交债权人会议核查。

特此通知。

（管理人印鉴）

××××年××月××日

（七）债权表

×××（债务人名称）债权表

清偿顺序	序号	债权人名称	债权申报金额/元			申报债权的性质	确认金额/元	备注（全部或部分债权未予确认的原因）
			本金	利息	合计			
担保债权								
第一顺序：职工债权								
第二顺序：社会保险费用、税收债权和欠薪保障金								
第三顺序：普通破产债权								
劣后债权								

说明：

1. 债务人所欠职工的工资和医疗、伤残补助、抚恤费用，所欠的应当划入职工个人账户的基本养老保险、基本医疗保险费用，以及法律、行政法规规定的应当支付给职工的补偿金，住房公积金等，属于职工债权。

2. 破产受理前产生的民事惩罚性赔偿金、行政罚款、刑事罚金等惩罚性债权，如债务人未履行生效法律文书应当加倍支付的迟延利息，属于劣后债权。

（八）管理人执行职务的工作报告

×××（债务人名称）破产清算/重整/和解案
管理人执行职务的工作报告

（××××）××破管×号

×××（债务人名称）债权人会议：

×××（债务人名称）因＿＿＿＿＿＿（列明破产原因），经申请人×××（申请人名称/姓名）于××××年××月××日向××××人民法院提出破产清算/重整申请。[债务人自行申请破产的，列明：×××（债务人名称）因＿＿＿＿＿＿（列明破产原因），于××××年××月××日向××××人民法院提出破产清算/重整/和解申请。]

××××人民法院于××××年××月××日作出（××××）××破×号民事裁定书，裁定受理×××（债务人名称）（以下简称债务人）破产清算/重整/和解，并于××××年××月××日作出（××××）××破×号决定书，指定×××担任管理人（以下简称管理人）。

××××年××月××日，××××人民法院发布公告，确定债权申报的截止日期为××××年××月××日，并定于××××年××月××日在××××人民法院召开第一次债权人会议。

管理人接受指定后，按照《中华人民共和国企业破产法》（以下简称《企业破产法》）的规定及×××人民法院（××××）××破×号决定书之相关要求，勤勉忠实地履行管理人职责。现将有关执行职务的情况报告如下：

一、债务人基本情况

（一）基本信息

根据管理人于×××（工商登记全套档案调取机关）调取的债务人工商登记全套档案（以下简称工商内档）显示，债务人成立于××××年××月××日，公司类型为×××，住所地为×××，法定代表人为×××。注册资本×××，公司股东为×××，出资×××元，出资比例为×××（列明全体出资人及出资情况）。公司经营期限为自××××年××月××日至××××年××月××日。公司经营范围为×××。公司目前处于×××（确立/吊销未注销/营业期限届满未注销/其他）状态。

（二）债务人目前状况

提示：列明目前生产经营状况，主要人员及员工状况，资产财务状况等主要情况。

二、管理人执行职务的具体情况

（一）执行职务的准备工作

1. 管理人团队的组成和分工情况。

本案由管理人负责人×××牵头总负责，具体分工如下：

（1）财产调查组。

组成人员：×××。

主要职责：接管债务人的财产、印章和账簿、文书等资料；实地查看债务人住所地及调查财产状况（包括但不限于社保、税务、银行存款、不动产、股权、证券、机动车等财产状况）；委托财产审计与评估；催讨、清收应收债权；制作财产状况报告等。

(2) 债权审核组。

组成人员：×××。

主要职责：配合财产调查组接管债务人企业；合同的清理及涉诉案件的处理等重大事项决断；债权申报通知与审核；偏颇清偿等撤销权、取回权的审查与执行等。

(3) 秘书处。

组成人员：×××。

主要职责：准备债权人会议材料；负责起草、搜集案件办理过程中的工作记录、管理人工作会议记录、管理人工作报告（包括但不限于定期报告、专项报告、《企业破产法》规定的其他报告）；档案管理等。

2. 管理人内部规章制度的建立情况。

列明内部规章制度的建立情况，不限于工作守则、操作规范或议事规则。

3. 管理人工作计划与方案制定。

管理人按照《企业破产法》的规定及××××人民法院（××××）××破×号决定书，根据案件工作内容，对管理人内部成员进行分组、分工，制订详细的工作计划与方案。

4. 聘请工作人员情况。

列明管理人聘请其他工作人员的情况，包括但不限于服务范围、服务期限及报酬等。

5. 管理人自查是否存在利害关系的情况。

列明自查过程、自查报告撰写情况及自查结论等。

（二）接管债务人财产的工作情况

情形一：在可以交接的情况下应写明：于××××年××月××日，完成接管，并与债务人做好交接清单、笔录等工作；交接清单列明：企业财产、印章和账簿、文书等资料的接管时间、接管结果及接管到的资料名称及数量。接管工作的原始工作记录作为本报告附件。

情形二：在无法交接的情况下应写明：管理人为联系债务人和接管债务人财产，切实履行管理人职责，通过×××方式仍无法找到债务人，未能接管到债务人财产。管理人穷尽调查手段开展了以下工作（具体工作情况详见附件工作记录）……

1. 债务人档案调查。

××××年××月××日，管理人前往×××（工商登记全套档案调取机关）调取了债务人工商内档，并通过国家企业信用信息公示系统查询信息：债务人注册地为×××；联系方式为×××；邮箱为×××；××××年度企业年报登记的通信地为×××；实际经营地为×××。(列明债务人联系地址及方式等。)

2. 实地调查债务人下落（包括注册地、实际经营地等）。

××××年××月××日，管理人前往债务人×××（实地调查地点，不限于注册地、实际经营地）实地调查。(列明实地调查过程及调查结果，实地调查工作记录详见附件。)

管理人在汇报执行职务的具体情况时，应当将相应执行工作的原始工作记录作为附件，内容包括但不限于：实地查看的现场查看记录、照片；联系股东、高管等重要人员的电话记录、寄送凭证；通过实地调查、网络核查、电话联系等方式查询债务人财产状况的过程；通过法院、公安机关、诉讼文书网等途径查询相关情况。原始工作记录作为本报告附件。

3. 联系债务人、法定代表人、股东及实际控制人等相关人员情况。

列明联系债务人、法定代表人、股东及实际控制人等相关人员的具体过程及联系结果。联系债务人的原始工作记录作为本报告附件。

（三）债务人财产状况调查工作

管理人为调查债务人财产状况，切实履行管理人职责，通过×××（列明具体调查方式，不限于申请人民法院调查、实地调查、网络核查、电话联系相关人员及前往相关单位查询等）方式，开展了以下相关工作（列明主要调查工作）：

1. 债务人股东的出资情况。

应列明的调查内容包括但不限于：出资人名册、出资协议、公司章程、验资报告及实际出资情况、非货币财产出资的批准文件、财产权属证明文件、权属变更登记文件、历次资本变动情况及相应的验资报告。

2. 债务人的货币财产状况。

应列明的调查内容包括但不限于：库存现金、银行存款及其他货币资金。

3. 债务人的应收款状况。

应列明的调查内容包括但不限于：债权的形成原因、形成时间、具体债权内容、债务人的债务人实际状况、债权催收情况、债权是否涉及诉讼或仲裁、是否已过诉讼时效、已诉讼或仲裁的债权的履行期限、是否申请执行以及执行时效等；列明债务人的债权情况，不限于要求债务人的债务人或财产持有人清偿债务或者交付财产的情况；对外债权的清收情况及清收总额。

4. 债务人的存货状况。

应列明的调查内容包括但不限于：存货的存放地点、数量、状态、质量权属、是否质押（抵押）及相关凭证等。

5. 债务人的设备状况。

应列明的调查内容包括但不限于：设备存放地点、数量、状态、质量、权属、是否质押（抵押）、债务人有关海关免税的设备情况等。

6. 债务人的不动产状况。

应列明的调查内容包括但不限于：土地使用权、海域使用权、房屋所有权、在建工程的立项文件、相关许可、工程进度、施工状况及相关技术资料，是否存在抵押情形等。

7. 债务人的生产性生物资产状况。

应列明的调查内容包括但不限于：经济林、薪炭林、产畜、役畜等的数量、状态、质量、权属，是否抵押、质押（抵押）情形等。

8. 债务人的对外投资状况。

应列明的调查内容包括但不限于：各种投资证券、全资企业、参股企业等资产情况，是否存在质押情形等；列明债务人对外投资、股权总额以及处置方式、权益收回的基本情况等。

9. 债务人分支机构的资产状况。

应列明的调查内容包括但不限于：无法人资格的分公司、无法人资格的工厂、办事处等分支机构的资产情况。

10. 债务人的无形资产状况。

应列明的调查内容包括但不限于：专利权、商标权、著作权、许可或特许经营权等情况，是否存在质押情形等。

11. 债务人的营业事务状况。

12. 债务人、相对人尚未履行或尚未完全履行的合同情况。

13. 债务人财产被其他人占有的状况。

14. 债务人机动车情况。

15. 债务人社保情况。

应列明的调查内容包括但不限于：劳动合同、考勤记录、工资发放记录、社会保险和住房公积金缴纳记录、解除或者终止劳动合同的通知、劳动仲裁裁决书等涉及职工权益的生效法律文书、死亡证明书、工伤认定书、伤残登记鉴定报告、财务会计等相关资料，编制并在债权申报地点、债务人住所地或者相关场地、网络平台等进行职工债权清单公示；债务人是否存在欠缴除《企业破产法》第一百一十三条第一款规定以外的社会保险费用的情况；是否存在因特殊情况未完成职工债权清单编制并公示的情况；是否存在债务人下落不明、债务人不提供或者无法提供相关职工债权审查资料的情况。

16. 债务人税务情况。

应列明的调查内容包括但不限于：核查债务人财务账册和税收征管机关的申报材料。必要时，经破产案件受理人民法院许可，管理人可以聘请专业中介机构实施税款债权核查，并由该中介机构出具专项税款债权核查报告。

17. 债务人保险情况。

18. 其他有关债务人财产情况。

上述第1～18项财产列明调查过程及调查结果；如未查询到前述财产，请列明未查询到的原因。具体调查工作的原始工作记录作为本报告附件。

（四）债务人内部管理事务、决定债务人日常开支和其他必要开支、在第一次债权人会议召开前决定继续或者停止债务人营业的工作

在接管到债务人财产的情况下列明的工作内容包括但不限于：

1. 债务人日常内部管理事务的工作记录；

2. 债务人开支的相关台账记录说明等工作；

3. 有关债务人营业决定的相关文件工作记录。

（五）债务人财产管理和处分工作

1. 管理人依据《企业破产法》第三十三条之规定，调查了债务人（存在/不存在）无效行为之情形。

如存在该等情形，管理人列明调查情况以及采取的相应措施，做好工作记录；如不存在该等情形，做好调查工作记录，并作为本报告附件。

2. 管理人依据《企业破产法》第十六条之规定，调查了债务人（存在/不存在）人民法院受理破产申请后，债务人对个别债权人的债务清偿情况。

如存在该等情形，管理人列明调查情况以及采取的相应措施，做好工作记录；如不存在该等情形，做好调查工作记录，并作为本报告附件。

3. 管理人依据《企业破产法》第三十一条之规定，调查了债务人（存在/不存在）人民法院受理破产申请前一年内发生以下可撤销行为之情形：

如存在该等情形，管理人列明调查情况以及采取的相应措施，做好工作记录；如不存在该等情形，做好调查工作记录，并作为本报告附件。

4. 管理人依据《企业破产法》第三十二条之规定，调查了债务人（存在/不存在）不能清偿到期债务，并且资产不足以清偿全部债务或者明显缺乏清偿能力的情形下，在人民法院受理破产申请前六个月内发生的，仍对个别债权人进行清偿的，且该个别清偿没有使债务人财产受益。

如存在该等情形，管理人列明调查情况以及采取的相应措施，做好工作记录；如不存在该等情形，做好调查工作记录，并作为本报告附件。

5. 管理人依据《企业破产法》第三十五条之规定，调查了债务人的出资人（存在/不存在）尚未履行出资义务或尚未完全履行出资义务或抽逃出资等情形。

根据"债务人财产状况调查工作"部分第一点的内容进行调查，如存在该情形，管理人列明调查情况以及采取的相应措施；如不存在该等情形，做好调查工作记录，并作为本报告附件。

6. 管理人对债务人"应收款项"和"应付款项"涉及的有关会计资料实施了审查，确认债权人主张的债权债务抵销（符合规定，可以抵销，管理人列明处理意见；不符合规定，管理人不予以认定抵销，并已将不予认定抵销意见以及异议处理方式书面通知了申请主张抵销的债权人）

该款工作内容适用于有债权人申请主张债权债务抵销。具体调查工作的原始工作记录作为本报告附件。

7. 管理人依据《企业破产法》第三十七条之规定，调查了债务人（存在/不存在）质物、留置物的情况。

如存在质物、留置物，管理人列明的调查工作包括但不限于：审查发生的合同、协议；确认质权人、留置权人、质押权金额、质物和留置物具体情况；结合相对应的审查情况和市场调查情况，预计该等质物和留置物的市场价值（必要时委托评估机构评估）；是否采取清偿债务或者提供为债权人接受的担保，取回质物、留置物的措施。如不存在该等情形，做好调查工作记录，并作为本报告附件。

8. 管理人依据《企业破产法》第十八条之规定，调查了债务人（存在/不存在）已经订立（生效）未履行完毕的合同。

如存在该等情形，管理人列明调查情况以及采取的相应措施。如不存在该等情形，做好调查工作记录，并作为本报告附件。

9. 对债务人资产审计、评估工作。

列明资产审计、评估工作情况，不限于聘请审计或评估机构专项审计或评估情况；对审计后资产、负债情况的确认等。如未进行资产审计、评估工作，请列明原因及相关咨询等工作记录。

10. 处分债务人财产的情况。

列明处分债务人财产的情况，包括拍卖、变卖情况等。相关工作的原始工作记录作为本报告附件。

11. 债务人财产的追收情况。

列明债务人财产的追收情况，不限于追回高管非正常收入和侵占财产的情况；取回担保物的情况；取回在途买卖标的物的情况。无法追回的需说明情况。追收财产的原始工作记录作为本报告附件。

（六）债务人的诉讼和仲裁情况

列明债务人的诉讼和仲裁情况，不限于诉讼与仲裁的案件数量、争议标的额、程序进展等；有关债务人财产的保全措施解除情况；有关债务人财产的执行程序中止情况等。经调查债务人无诉讼和仲裁情况需说明。具体调查工作的原始工作记录作为本报告附件。

（七）关于债权人会议的相关工作

1. 债权申报和审核工作。

列明管理人收到债权申报材料后的工作，包括对申报债权登记造册，逐一进行审查，编制债权表等。

经管理人确认编入债权表的债权总额为人民币××元（具体内容详见债权审核报告）。

2. 第一次债权人会议准备。

（1）会议资料准备。

列明管理人根据工作开展实际情况，起草的会议材料，包括《管理人执行职务的工作报告》《关于提请债权人会议核查债权的报告》《关于×××财产管理方案的报告》《关于提请债权人会议审议破产财产变价方案的报告》《关于提请债权人会议审查管理人报酬方案的报告》《关于通过邮寄、电子邮件、手机通信方式进行书面表决的议案》等，以及于××××年××月××日向人民法院递交了第一次债权人会议文件草案。

（2）会务准备。

列明管理人开展的准备工作，包括通知、确认债权人出席第一次债权人会议的情况，与人民法院沟通、确认第一次债权人会议召开的时间、地点、会议流程、会议材料；准备第一次债权人会议签到表、表决表、议程表及会议资料；准备原始工作记录材料及管理人工作会议记录等执行职务相关资料原件等。

（3）管理人团队的会务分工。

列明管理人团队第一次债权人会议分工的具体情况，包括但不限于：分工情况、组成人员及主要职责。以下内容供参考，请依据实际情况撰写。

第一次债权人会议由管理人负责人×××牵头总负责，具体分工如下：

①负责秩序等工作。

组成人员：×××（负责债权人签到、会议出席情况统计、领位、会议资料发放、债权人表决表回收和统计、现场秩序维护等）

②负责汇报等工作。

组成人员：×××（负责向人民法院、债权人会议汇报相关工作报告及工作方案；回答人民法院、债权人会议提出的问题等）。

③负责机动等工作。

组成人员：×××（负责会议记录；协助秩序组及汇报组展开工作；其他会议现场工作等）。

（八）其他履职情况

列明其他需要反映的管理人履职情况。

三、本次会议后工作计划

（根据实际情况撰写。）

以上为截至第一次债权人会议管理人的主要工作情况，特向第一次债权人会议报告。感谢人民法院对管理人工作的监督与指导，感谢债权人对管理人工作的支持。

特此通知。

（管理人印鉴）

××××年××月××日

附件：×××（债务人名称）破产清算/重整/和解案工作记录

附件

×××（债务人名称）破产清算/重整/和解案工作记录

<table>
<tr><td>调查人</td><td>（名字、身份）</td><td>工作时间</td><td></td></tr>
<tr><td>工作方式</td><td colspan="3">（不限于电子沟通、寄送 EMS 邮件、实地调查等）</td></tr>
<tr><td>联系对象</td><td></td><td>联系方式</td><td></td></tr>
<tr><td colspan="4">工作内容</td></tr>
<tr><td colspan="4">（详细记录工作过程）</td></tr>
<tr><td colspan="4">工作结果</td></tr>
<tr><td colspan="4">（详细记录工作结果）</td></tr>
<tr><td colspan="4">备注</td></tr>
<tr><td colspan="4">（如有实地调查照片、邮寄凭证等原始工作凭证，作为附件附后并注明时间、地点等要素）</td></tr>
<tr><td>调查产生费用：
（费用类型、金额）</td><td colspan="3">产生费用日期：</td></tr>
<tr><td>调查人：（签字）</td><td colspan="3">记录日期：</td></tr>
</table>

说明：

1. 本表由管理人如实填写。
2. 每张工作记录仅限填写一项工作内容。
3. 工作内容、工作结果填写不下时，可另附页。

（九）财产状况报告

关于×××（债务人名称）财产状况的报告

（××××）××破管×号

×××（债务人名称）债权人会议：

×××（债务人名称）因＿＿＿＿＿＿＿（写明破产原因），×××（申请人名称/姓名）于××××年××月××日向××××人民法院提出对×××（债务人名称）进行重整/和解/破产清算的申请。[债务人自行申请破产的，表述为×××（债务人名称）因＿＿＿＿＿＿＿（写明破产原因），于××××年××月××日向××××人民法院提出重整/和解/破产清算申请。]

××××人民法院于××××年××月××日作出（××××）××破×号民事裁定，裁定受理×××（债务人名称）重整/和解/破产清算，并于××××年××月××日作出（××××）××破×号决定书，指定×××担任管理人。

本管理人接受指定后，按照《中华人民共和国企业破产法》之规定，对×××（债务人名称）的财产状况进行了调查，现报告如下：

一、×××（债务人名称）基本情况

1. 企业的设立日期、性质、住所地、法定代表人姓名；

2. 企业注册资本、出资人及出资比例；

3. 企业生产经营范围；

4. 企业目前状态。

二、×××（债务人名称）的资产、负债及相关情况

列明×××（债务人名称）截至××××年××月××日的财产总额，并附财产清单。（委托审计机构审计的，列明审计情况。）

三、关联方关系及其往来余额

列明关联企业名称及与×××（债务人名称）的关系，并列明往来款科目、余额和性质。

四、其他事项

（一）双方当事人均未履行完毕的合同

列明合同名称、订立日期、合同金额、合同履行状态等情况。

（二）影响债务人财产变现能力的情况

列明财产的状况、保管费用、变现障碍等情况。

（三）其他债务人财产可能出现增减的情况

列明管理人行使撤销权、确认无效、追缴注册资本、行使抵销权等情况。

特此通知。

（管理人印鉴）

××××年××月××日

（十）财产管理方案报告

关于×××（债务人名称）财产管理方案的报告

（××××）××破管×号

×××（债务人名称）债权人会议：

××××年××月××日，××××人民法院裁定受理×××（债务人名称）破产清算一案。××××年××月××日，通过××××人民法院上级法院随机摇号，指定×××（管理人名称）担任管理人。接受指定后，管理人开展接管工作，并制定财产管理方案，现具体详述如下：

一、接管财产情况

列明已接管财产情况。

1. 房产、银行存款、车辆、证券、存货、各类知识产权等财产须分列说明；

2. 每项财产说明名称、数量、价值、现状、是否设定抵押权、是否经过流拍、是否会发生共益债务等情况；

3. 若存在尚未接管的财产，应就尚未接管财产进行分列说明，包括尚未接管的原因以及具体情况（包括是否在途、是否为质押物、是否可取回等）。

二、管理方案

列明管理人制定的财产管理制度及原则。

管理人就债务人财产制定如下管理方案：

1. 财产一：

2. 财产二：

……

就以上每项财产说明管理人已经采取的管理措施，包括人员配备和是否聘用人员等；拟采取的管理措施；预计可能会发生的共益债务等。

若债务人财产中包括《中华人民共和国企业破产法》第六十九条规定的债务人重大财产的，应就重大财产参照以上样式逐项进行说明。

特此通知。

（管理人印鉴）

××××年××月××日

（十一）关于提请债权人会议审查管理人报酬方案的报告

关于提请债权人会议审查管理人报酬方案的报告

（××××）××破管×号

×××（债务人名称）债权人会议：

本管理人根据对×××（债务人名称）可供清偿的财产价值和管理人工作量所作的预测，于××××年××月××日制作《管理人报酬方案》并报请××××人民法院确定。××××人民法院于××××年××月××日通知本管理人，初步确定了《管理人报酬方案》。现根据《中华人民共和国企业破产法》第六十一条第一款第二项、《最高人民法院关于审理企业破产案件确定管理人报酬的规定》第六条第二款之规定，向第一次债权人会议报告，请债权人会议审查。

（管理人印鉴）
××××年××月××日

附：××××人民法院确定的《管理人报酬方案》

（十二）债权人会议表决票

×××破产案件第N次债权人会议表决票

债权编号：

债权人	×××债权人名称
表决事项	
表决意见	同意（ ） 反对（ ）
表决组别	
债权人/代理人签名	
时　间	
说　明	表决说明： 1. 债权人在投票时视为对管理人所作的报告情况已经充分了解。 2. 您在填写表决意见时，同意本次表决事项的在“同意”后的（）中画√，反对本次表决事项在“反对”后面的（）中画√。多选或乱涂者视为弃权。 3. 填写完成后，请您在左下方“表决人签字”处签名、盖章，请您在“时间”处填写您当日的填写时间。

（十三）债权人会议表决结果

债权人会议表决结果

一、表决事项

投票选举债权人委员会。

二、投票情况

截至××××年××月××日下午×点共接收到表决票×××票，其中网络投票×××票，邮寄投票×××票，现场投票×××票。去掉重复投票，第一次债权人会议债权人委员会有关事项的表决票共计×××票，债权金额×××元，根据投票规则，剔除无效票×××张，债权金额×××元；剩余有效票×××张，债权金额×××元。

三、表决结果

1. 对表决事项1：除×××票反对外，其他×××张票赞成设立债权人委员会。

2. 对表决事项2：根据投票人债权金额，各候选人具体选举结果如下：

序号	债权人委员会候选人姓名	投票人债权金额/元	票数/票
1	×××（×××公司）	×××	×××
2	×××（×××公司）	×××	×××
3	×××	×××	×××

二、法定程序类文书样本

（一）人民法院民事裁定书（通过债务人财产的管理方案用）

××××人民法院

民事裁定书

（通过债务人财产的管理方案用）

（××××）××破×号

申请人：×××（债务人名称）管理人。

××××年××月××日，×××（债务人名称）管理人向本院提出申请，称其拟订的《×××（债务人名称）财产的管理方案》经债权人会议表决未通过，请求本院依法裁定。

本院认为……（写明对方案的审查意见及理由）。依照……（写明所依据的法律）之规定，裁定如下：

对×××（债务人名称）管理人制作的《×××（债务人名称）财产的管理方案》，本院予以认可。

债权人如不服本裁定，可自本裁定宣布之日起十五日内向本院申请复议。复议期间不停止裁定的执行。

或者：

一、不予认可《×××（债务人名称）财产的管理方案》；

二、由×××（债务人名称）管理人重新制作。

审判长×××

审判员×××

审判员×××

××××年××月××日

（院印）

本件与原本核对无异

书记员×××

（二）人民法院决定书（针对监督事项作出决定用）

××××人民法院

决定书

（针对监督事项作出决定用）

（××××）××破×号

申请人：×××（债务人名称）债权人委员会。

被申请人：×××（写明姓名或名称等基本情况）。

××××年××月××日，×××（债务人名称）债权人委员会向本院提出申请，称……（简要写明被申请人拒绝接受监督的有关情况），请求本院就此作出决定。

本院认为……（写明意见及理由）。依照……（写明所依据的法律）之规定，决定如下：

……（针对监督事项对管理人、债务人的有关人员提出具体要求）。

××××年××月××日

（院印）

（三）人民法院民事裁定书（撤销债权人会议决议用）

×××× 人民法院
民事裁定书
（撤销债权人会议决议用）

（××××）××破×号

申请人：×××（写明债权人姓名或名称等基本情况）。

法定代表人（或代表人）：×××（写明姓名和职务）。

委托代理人：×××（写明姓名等基本情况）。

××××年××月××日，×××向本院提出申请称，债权人会议于××××年××月××日作出决议……（写明决议的内容）。该决议第×项违反了……（写明法律依据），损害了其合法权益，请求本院撤销该决议，责令债权人会议依法重新作出决议。

本院认为……（写明支持或不支持申请人的理由）。依照……（写明所依据的法律）之规定，裁定如下：

一、撤销债权人会议××××年××月××日决议的第×项；

二、债权人会议重新作出决议。

或者：

驳回×××（债权人姓名或名称）的申请。

本裁定自即日起生效。

审判长×××
审判员×××
审判员×××
××××年××月××日
（院印）

本件与原本核对无异

书记员×××

（四）提请人民法院裁定报告（提请人民法院裁定债权人会议表决未通过方案用）

关于提请人民法院裁定××方案的报告

（提请人民法院裁定债权人会议表决未通过方案用）

（××××）××破管×号

××××人民法院：

经一次表决的：

根据《中华人民共和国企业破产法》第六十一条第一款之规定，本管理人于××××年××月××日将《债务人财产管理方案》/《破产财产变价方案》提交第×次债权人会议表决，因____________（列明未获通过的理由），方案未获通过。现根据《中华人民共和国企业破产法》第六十五条第一款之规定，提请贵院裁定认可《债务人财产管理方案》/《破产财产变价方案》。

经二次表决的：

根据《中华人民共和国企业破产法》第六十一条第一款之规定，本管理人于××××年××月××日将《破产财产分配方案》提交第×次债权人会议表决，因____________（列明未获通过的理由），方案未获通过。根据《中华人民共和国企业破产法》第六十五条第二款之规定，本管理人又于××××年××月××日将《破产财产分配方案》提交第×次债权人会议二次表决，仍未获通过。现根据《中华人民共和国企业破产法》第六十五条第二款之规定，提请贵院裁定认可《债务人财产管理方案》/《破产财产变价方案》。

特此通知。

（管理人印鉴）

××××年××月××日

三、债权人委员会人员类文书样本

（一）人民法院决定书（认可债权人委员会成员用）

××××人民法院
决定书
（认可债权人委员会成员用）

（××××）××破×号

×××（债务人名称）第×次债权人会议决定设立债权人委员会，并为此选任……（写明选任的债权人的姓名或名称）为债权人代表，推选×××为职工代表（工会代表）。本院认为，债权人委员会成员的人数和构成符合《中华人民共和国企业破产法》第六十七条之规定，故决定如下：

认可……为债权人委员会成员。

××××年××月××日
（院印）

（二）人民法院决定书（指定债权人会议主席用）

××××人民法院
决定书
（指定债权人会议主席用）

（××××）××破×号

××××年××月××日，本院根据×××（申请人姓名或名称）的申请裁定受理×××（债务人名称）破产清算（或重整、和解）一案。依照《中华人民共和国企业破产法》第六十条第一款之规定，特指定×××担任债权人会议主席。

××××年××月××日
（院印）

第十章　重　整

一、立案类文书样本

（一）人民法院通知书（收到重整申请后通知债务人用）

×××× 人民法院
通知书
（收到重整申请后通知债务人用）

（××××）××破×号

×××（债务人名称）：

××××年××月××日，×××（债权人或出资人的姓名或名称）以……为由向本院申请对你单位进行重整。依据《中华人民共和国企业破产法》第十条之规定，你单位对申请如有异议，应在收到本通知之日起七日内向本院书面提出并附相关证据材料。

特此通知。

××××年××月××日
（院印）

（二）人民法院通知书（受理债权人提出的重整申请后通知债务人提交材料用）

××××人民法院
通知书

（受理债权人提出的重整申请后通知债务人提交材料用）

（××××）××破×号

×××（债务人名称）：

××××年××月××日，本院根据×××（债权人姓名或名称）的申请裁定受理×××（债务人名称）重整一案。依据《中华人民共和国企业破产法》第十一条第二款之规定，你单位应在收到本通知之日起十五日内，向本院提交财产状况说明、债务清册、债权清册、有关财务会计报告以及职工工资的支付和社会保险费用的缴纳情况。如拒不提交或提交的材料不真实，本院将依据《中华人民共和国企业破产法》第一百二十七条第一款之规定，对直接责任人员处以罚款。

特此通知。

××××年××月××日

（院印）

(三) 人民法院民事裁定书 (受理债权人直接提出的重整申请用)

××××人民法院
民事裁定书
(受理债权人直接提出的重整申请用)

(××××) ××破×号

申请人：×××(写明姓名或名称等基本情况)。

被申请人：×××(写明名称等基本情况)。

××××年××月××日，×××(申请人姓名或名称) 以……为由向本院申请对×××(被申请人名称) 进行重整。本院于××××年××月××日通知了×××(被申请人名称)。×××(被申请人名称) 在法定期限内就该申请向本院提出异议称……(或者×××在法定期限内未提出异议)。

本院查明……(写明申请人对被申请人享有的债权情况、被申请人的住所地、工商登记注册情况及资产负债情况等)。

本院认为……(从本院是否具有管辖权、申请人对被申请人是否享有债权、被申请人是否属于重整适格主体、是否具备重整原因等方面写明受理申请的理由。有异议的，写明异议不成立的理由)。依照《中华人民共和国企业破产法》第二条第二款、第三条、第七条第二款、第七十条第一款、第七十一条之规定，裁定如下：

受理×××(申请人姓名或名称) 对×××(被申请人名称) 的重整申请。

本裁定自即日起生效。

审判长×××
审判员×××
审判员×××
××××年××月××日
(院印)

本件与原本核对无异

书记员×××

（四）人民法院民事裁定书（不予受理债权人直接提出的重整申请用）

×××× 人民法院
民事裁定书
（不予受理债权人直接提出的重整申请用）

（××××）××破×号

申请人：×××（写明姓名或名称等基本情况）。

被申请人：×××（写明名称等基本情况）。

××××年××月××日，×××（申请人姓名或名称）以……为由向本院申请对×××（被申请人名称）进行重整。本院于××××年××月××日通知了×××（被申请人名称）。×××（被申请人名称）于××××年××月××日向本院提出异议称……

本院查明……

本院认为……（写明不受理的理由）。依照……（写明所依据的法律）之规定，裁定如下：

对×××（申请人姓名或名称）的重整申请，本院不予受理。

如不服本裁定，可在裁定书送达之日起十日内，向本院递交上诉状，并提交副本×份，上诉于××××人民法院。

审判长×××
审判员×××
审判员×××
××××年××月××日
（院印）

本件与原本核对无异

书记员×××

（五）人民法院民事裁定书（受理债务人直接提出的重整申请用）

×××× 人民法院
民事裁定书
（受理债务人直接提出的重整申请用）

（××××）××破×号

申请人：×××（写明名称等基本情况）。

××××年××月××日，×××（申请人名称）以……为由向本院申请重整。

本院查明……（写明申请人的住所地、工商登记注册情况及资产负债情况、职工情况等）。

本院认为……（从本院是否具有管辖权、被申请人是否属于重整适格主体、是否具备重整原因等方面写明受理申请的理由）。依照《中华人民共和国企业破产法》第二条第二款、第三条、第七条第一款、第七十条第一款、第七十一条之规定，裁定如下：

受理×××（申请人名称）的重整申请。

本裁定自即日起生效。

审判长×××
审判员×××
审判员×××
××××年××月××日
（院印）

本件与原本核对无异

书记员×××

（六）人民法院民事裁定书（不予受理债务人直接提出的重整申请用）

××××人民法院
民事裁定书

（不予受理债务人直接提出的重整申请用）

（××××）××破×号

申请人：×××（写明名称等基本情况）。

××××年××月××日，×××（申请人名称）向本院提出重整申请，称……（写明依据的事实和理由）。

本院查明……

本院认为……（写明不予受理的理由）。依照……（写明所依据的法律）之规定，裁定如下：

对×××（申请人名称）的重整申请，本院不予受理。

如不服本裁定，可在裁定书送达之日起十日内，向本院递交上诉状，并提交副本×份，上诉于××××人民法院。

审判长×××
审判员×××
审判员×××
××××年××月××日
（院印）

本件与原本核对无异

书记员×××

（七）人民法院公告（受理债权人或债务人直接提出的重整申请用）

××××人民法院

公　告

（受理债权人或债务人直接提出的重整申请用）

（××××）××破×号

本院根据×××（申请人姓名或名称）的申请于××××年××月××日裁定受理×××（债务人名称）重整一案，并于××××年××月××日指定×××担任×××（债务人名称）管理人。×××（债务人名称）的债权人应自××××年××月××日前，向×××（债务人名称）管理人（通讯地址：______________；邮政编码：______________；联系电话：______________）申报债权，书面说明债权数额、有无财产担保及是否属于连带债权，并提供相关证据材料。未在上述期限内申报债权的，可以在重整计划草案提交债权人会议讨论前补充申报，但要承担为审查和确认补充申报债权所产生的费用。未依法申报债权的，在重整计划执行期间不得行使权利，在重整计划执行完毕后可以按照重整计划规定的同类债权的清偿条件行使权利。×××（债务人名称）的债务人或者财产持有人应当向×××（债务人名称）管理人清偿债务或交付财产。

第一次债权人会议将于××××年××月××日××时在××（地点）召开。依法申报债权的债权人为债权人会议的成员，有权参加债权人会议。参加会议的债权人系法人或其他组织的，应提交营业执照、法定代表人或负责人身份证明书，如委托代理人出席会议，应提交特别授权委托书、委托代理人的身份证件或律师执业证，委托代理人是律师的还应提交律师事务所的指派函。债权人系自然人的，应提交个人身份证明。如委托代理人出席会议，应提交特别授权委托书、委托代理人的身份证件或律师执业证，委托代理人是律师的还应提交律师事务所的指派函。

特此公告。

××××年××月××日

（院印）

（八）人民法院通知书（受理债权人或债务人直接提出的重整申请后通知已知债权人用）

××××人民法院
通知书

（受理债权人或债务人直接提出的重整申请后通知已知债权人用）

（××××）××破×号

×××（债权人姓名或名称）：

本院根据×××（申请人姓名或名称）的申请于××××年××月××日裁定受理×××（债务人名称）重整一案，并于××××年××月××日指定×××担任×××（债务人名称）管理人。请你（或你单位）在××××年××月××日前，向×××（债务人名称）管理人（通讯地址：______；邮政编码：______；联系电话：______）申报债权，书面说明债权数额、有无财产担保及是否属于连带债权，并提供相关证据材料。如未能在上述期限内申报债权，可以在重整计划草案提交债权人会议讨论前补充申报，但要承担为审查和确认补充申报债权所产生的费用。未依法申报债权的，在重整计划执行期间不得行使权利，在重整计划执行完毕后可以按照重整计划规定的同类债权的清偿条件行使权利。×××（债务人名称）的债务人或者财产持有人应当向×××（债务人名称）管理人清偿债务或交付财产。

本院定于××××年××月××日××时在______（地点）召开第一次债权人会议。依法申报债权后，你（或你单位）就成为债权人会议的成员，有权参加债权人会议。参加会议时应提交个人身份证明；委托代理人出席会议的，应提交授权委托书、委托代理人的身份证件或律师执业证，委托代理人是律师的还应提交律师事务所的指派函。（如系法人或其他组织的，则改为"参加会议时应提交营业执照、法定代表人或负责人身份证明书；委托代理人出席会议的，应提交授权委托书、委托代理人的身份证件或律师执业证，委托代理人是律师的还应提交律师事务所的指派函"。）

特此通知。

××××年××月××日

（院印）

（九）人民法院民事裁定书（受理破产申请后宣告债务人破产前裁定债务人重整用）

×××× 人民法院

民事裁定书

（受理破产申请后宣告债务人破产前裁定债务人重整用）

（××××）××破×号

申请人：×××（写明姓名或名称等基本情况）。

被申请人：×××（写明名称等基本情况）。

××××年××月××日，本院根据×××（债权人姓名或名称）的申请裁定受理×××（债务人名称）破产清算一案。××××年××月××日，×××（申请人姓名或名称）以……为由向本院申请对×××（债务人名称）进行重整。

本院查明……

本院认为……（从被申请人是否属于重整适格主体、是否具备重整原因等方面写明受理申请的理由）。依照《中华人民共和国企业破产法》第二条、第七十条第二款、第七十一条之规定，裁定如下：

自××××年××月××日起对×××（债务人名称）进行重整。

本裁定自即日起生效。

审判长×××

审判员×××

审判员×××

××××年××月××日

（院印）

本件与原本核对无异

书记员×××

（十）人民法院民事裁定书（不予受理债务人或出资人在人民法院受理破产申请后宣告债务人破产前提出的重整申请用）

××××人民法院
民事裁定书

（不予受理债务人或出资人在人民法院受理破产申请后
宣告债务人破产前提出的重整申请用）

（××××）××破×号

申请人：×××（写明姓名或名称等基本情况）。

被申请人：×××（写明名称等基本情况）。

××××年××月××日，本院根据×××（债权人姓名或名称）的申请裁定受理×××（债务人名称）破产清算一案。××××年××月××日，×××（申请人姓名或名称）以……为由向本院申请对×××（债务人名称）进行重整。

本院查明……

本院认为……（写明不予受理的理由）。依照……（写明所依据的法律）之规定，裁定如下：

对×××（申请人姓名或名称）的申请，本院不予受理。

如不服本裁定，可在裁定书送达之日起十日内，向本院递交上诉状，并提交副本×份，上诉于××××人民法院。

审判长×××
审判员×××
审判员×××
××××年××月××日
（院印）

本件与原本核对无异

书记员×××

（十一）人民法院公告（受理破产清算申请后宣告债务人破产前裁定债务人重整用）

××××人民法院

公　告

（受理破产清算申请后宣告债务人破产前裁定债务人重整用）

（××××）××破申×号

本院根据×××（债权人姓名或名称）的申请于××××年××月××日裁定受理×××（债务人名称）破产清算一案，并于××××年××月××日指定×××担任×××（债务人名称）管理人。××××年××月××日，本院根据×××（申请人姓名或名称）的申请裁定×××（债务人名称）重整。

特此公告。

××××年××月××日

（院印）

（十二）人民法院民事裁定书（维持或撤销不予受理重整申请的裁定用）

×××× 人民法院

民事裁定书

（维持或撤销不予受理重整申请的裁定用）

（××××）×破终×号

上诉人（原审申请人）：×××（写明姓名或名称等基本情况）。

被上诉人（原审被申请人）：×××（写明名称等基本情况）。

上诉人×××不服××××人民法院（××××）××破×号民事裁定，向本院提起上诉。本院受理后依法组成合议庭审理了本案，现已审理终结。

……（写明一审认定的事实、裁定结果及理由）。

×××（上诉人姓名或名称）不服，向本院上诉称……（写明上诉请求与理由）。

本院查明……

本院认为……（写明维持或者撤销原裁定的理由）。依照……（写明所依据的法律）之规定，裁定如下：

驳回上诉，维持原裁定。

或者：

一、撤销××××人民法院（××××）××破×号民事裁定；

二、由××××人民法院裁定受理×××对×××的重整申请。

本裁定为终审裁定并自即日起生效。

审判长×××

审判员×××

审判员×××

××××年××月××日

（院印）

本件与原本核对无异

书记员×××

（十三）关于同意债务人向法院申请自行管理财产和营业事务的议案

关于同意债务人向法院申请
自行管理财产和营业事务的议案

××××年××月××日，×××人民法院根据债权人×××的申请，以（××××）××破×号《民事裁定书》裁定×××（债务人名称）重整，并指定×××担任管理人负责重整期间各项工作。

《中华人民共和国企业破产法》第七十三条第一款规定："在重整期间，经债务人申请，人民法院批准，债务人可以在管理人的监督下自行管理财产和营业事务。"

考虑到公司的实际情况，×××（债务人名称）拟向法院申请在重整期间自行管理，管理人认为债务人自行管理有利于保证生产经营的稳定，从而更好地维护广大债权人、职工和相关各方的利益。管理人依据相关法律规定，同意债务人向×××人民法院申请自行管理，同时将在以下几个方面依法对债务人进行监督：

一、债务人应在每个自然月开始×日内向管理人报告上月的生产经营计划实施情况和资金实际使用情况，并报告本月的生产经营计划和资金使用计划。

二、债务人根据章程及管理制度规定，需要报告董事会、股东会决定的事项，需要同时报告管理人。

三、债务人经营层认为需要报管理人的事项，报告管理人研究决定。

四、涉及资产处置的问题，由债务人形成方案报告管理人后，管理人再报请法院研究决定。

五、涉及重整期间借款的，由债务人与潜在资金提供方就借贷事宜达成方案后报管理人。

六、申请人如发生违法违纪行为，将依法处理。

（管理人印鉴）
××××年××月××日

（十四）人民法院决定书（许可债务人自行管理财产和营业事务用）

××××人民法院
决定书
（许可债务人自行管理财产和营业事务用）

（××××）××破×号

申请人：×××（债务人名称等基本情况）。

××××年××月××日，×××向本院提出申请，称……（写明理由），请求本院许可其在重整期间自行管理财产和营业事务。

本院查明……

本院认为……（写明意见及理由）。依照《中华人民共和国企业破产法》第七十三条之规定，决定如下：

准许×××（债务人名称）在×××（债务人名称）管理人的监督下自行管理财产和营业事务。

或者：

驳回×××（债务人名称）的申请。

××××年××月××日
（院印）

（十五）人民法院复函（许可担保权人恢复行使担保权用）

××××人民法院
复　函
（许可担保权人恢复行使担保权用）

（××××）××破×号

×××（申请人姓名）：

××××年××月××日，你（或你单位）向本院提交申请，称……（写明请求及事实理由）。经研究，答复如下：

……（写明答复意见）。

××××年××月××日
（院印）

二、重整实施类文书样本

（一）关于邀请投资人的公告

关于邀请投资人的公告

×××（债务人名称）现已进入破产重整程序，为充分接受各方监督，最大限度地保护债权人、企业和其他各方当事人的合法权益，管理人决定公开邀请投资人，在公平、公开、公正的原则下，选择适合的投资人参与重整工作。

一、债务人基本情况

（一）基本信息

（二）公司主要资产

（三）其他情况说明

二、意向投资人基本情况

1. 具有较强的社会责任感和良好的商业信誉；

2. 拥有足够的资金实力进行重整投资，并能出具相应的资信证明或其他履约能力证明；

3. 具有先进的经营管理能力及规范的治理模式，拥有××相关经验优先考虑。

三、意向投资人报名时需提交的材料

1. 意向投资人简介；

2. 战略合作意向书，内容应包括：意向投资人基本情况介绍、参与重整的优势、拟参与重整的方式、债务人恢复经营和发展方案等；

3. 企业法人营业执照（副本）；

4. 企业法人代表或负责人和联系人的身份证；

5. 联系人的授权委托书。

请意向投资者将以下材料加盖公章并以扫描件形式发送至后附邮箱。

四、保证金（如有）

五、报名时间

自公告之日起至××××年××月××日××时止。

六、联系人及方式

1. 联系人：

2. 联系电话：

3. 邮箱：

4. 邮寄地址：

特此公告。

（管理人印鉴）

××××年××月××日

（二）选任结果通知书

通知书

×××（投资人名称）：

贵公司于××××年××月×××日提交竞聘×××（债务人名称）投资人材料，经管理人综合评定，最终确定选任贵公司担任×××（债务人名称）战略投资人。现通知贵公司于××××年××月××日与管理人接洽具体合作事宜。

特此通知。

（管理人印鉴）
××××年××月××日

（三）人民法院决定书（设小额债权组用）

××××人民法院
决定书
（设小额债权组用）

（××××）××破×号

××××年××月××日，本院裁定×××（债务人名称）重整。因……（写明普通债权中债权数额的大概分布情况），依照《中华人民共和国企业破产法》第八十二条第二款之规定，决定如下：

在普通债权组中设小额债权组对重整计划草案进行表决。债权额×万元以下的债权属于小额债权，列入小额债权组表决。

××××年××月××日
（院印）

（四）关于申请延期提交重整计划草案的报告

关于申请延期提交重整计划草案的报告

（××××）××破管×号

××××人民法院：

贵院于××××年××月××日以（××××）××破×号民事裁定书，裁定×××（债务人名称）重整，并于××××年××月××日作出（××××）××破×号决定书，指定××担任管理人。

本管理人接受指定后，负责管理×××（债务人名称）财产和营业事务，并就重整计划草案的制作进行了充分研究。现管理人无法在贵院裁定重整之日起六个月内（××××年××月××日前）按期提交重整计划草案，理由如下：

1. ______________；

2. ______________；

……

现根据《中华人民共和国企业破产法》第七十九条第二款之规定，请求贵院裁定延期×个月，至××××年××月××日前提交重整计划草案。

特此通知。

（管理人印鉴）

××××年××月××日

（五）重整计划（草案）之出资人权益调整方案

重整计划（草案）之出资人权益调整方案

各位出资人：

××××年×× 月××日，××××人民法院（以下简称××法院）作出（××××）××破×号民事裁定，受理×××重整申请。××××年×× 月××日，××法院作出（××××）××破×号决定书，指定××××担任管理人。

在××法院的指导和监督下，管理人根据《中华人民共和国企业破产法》等法律法规的规定，并结合重整工作的实际情况，制定了《×××重整计划（草案）》（以下简称《重整计划（草案）》）。鉴于《重整计划（草案）》涉及出资人权益调整事项，根据《中华人民共和国企业破产法》之规定，经报请××法院，决定于本次出资人组会议，对《重整计划（草案）》涉及的出资人权益调整事项进行审议表决，现将方案公告如下：

一、出资人权益调整的必要性

×××（债务人名称）已经严重资不抵债，生产经营和财务状况均已陷入困境。一旦×××（债务人名称）破产清算，现有资产在清偿各类债权后已无剩余财产向出资人分配，出资人的权益为零。为挽救×××（债务人名称），避免破产清算的风险，需要全体出资人作出努力，共同分担实现公司重生的成本。因此，本重整计划中安排对×××（债务人名称）出资人的权益进行调整。

二、出资人权益调整的范围

出资人，指截至××××年×× 月××日在中国证券登记结算有限责任公司北京分公司登记在册的全体股东（包括全部确权及未确权股东）。上述股东在××××年×× 月××日至本重整计划规定的出资人权益调整方案实施完毕前，因交易或非交易原因导致持股情况发生变动的，出资人权益调整方案的效力及于其股份的承继人及/或受让人。

三、出资人权益调整的方式

以×××（债务人名称）现有总股本为基数，进行资本公积转增股本，共计转增×× 股，转增后，×××（债务人名称）总股本由××股增至×× 股。资本公积转增后的股票不向股东分配，由重组方有条件受让，受让条件为：重组方向×××（债务人名称）注入××元现金。×××（债务人名称）转让转增股本所得资金用于偿还债务和预留×××（债务人名称）生产经营。

以上议案内容请各位出资人审议。

（管理人印鉴）

××××年××月××日

（六）出资人组会议决议

×××（债务人名称）
出资人组会议决议

×××（债务人名称）于××××年××月××日在×××会议室举行了出资人组会议。大会实到股东【××】人，持有股份公司有表决权股份【××】万股，占股份公司股份总额的【××】%，符合《中华人民共和国公司法》《中华人民共和国企业破产法》和《公司章程》等法律、法规、规范性文件的有关规定，会议合法有效。

本次会议以现场投票与网络投票相结合的方式投票表决审议通过了以下议案及决议：

《×××（债务人名称）重整计划（草案）之出资人权益调整方案》。

表决结果为：同意【××】股，占出席会议出资人所持有表决权股份总数的【××】%；反对的出资人代表的股数为【××】股，占出席会议的出资人所持有表决权股份总数的【××】%；弃权的出资人代表股份数【××】股（其中，因未投票默认弃权【××】股），占出席会议的出资人所持有表决权股份总数的【××】%。审议通过该议案。

特此决议。

出席大会的出资人及其授权代表签字/盖章：×××

××××年××月××日

附：1. 出资人组会议签到表
　　2. 出资人组会议表决票
　　3. 出资人组会议表决结果统计表

附件 1

××××（债务人名称）
出资人组会议签到表

股东姓名/名称	股东代表姓名	持有股份数（万股）	出席情况	股东/股东代表（签名）	备注（股东未出席会议的理由）
		出席□ 未出席□ 已委托□ 未委托□			
		出席□ 未出席□ 已委托□ 未委托□			
		出席□ 未出席□ 已委托□ 未委托□			

请在相应选项"□"内打"√"

××××年××月××日

附件 2

××××（债务人名称）
出资人组会议表决票

<table>
<tr><td rowspan="2">出资人姓名/名称</td><td>持股数（万股）</td><td>出资人或授权代表（签字/盖章）</td></tr>
<tr><td></td><td></td></tr>
<tr><td>××××（债务人）重整计划（草案）之出资人权益调整方案</td><td colspan="2">赞成□　反对□　弃权□　回避□
请在相应选项"□"内打"√"</td></tr>
<tr><td colspan="3">根据《××重整计划（草案）》/《出资人权益调整方案》，出资人的权益调整方式：</td></tr>
<tr><td colspan="3">表决时间：××××年××月××日</td></tr>
</table>

附件 3

×××（债务人名称）
出资人组会议表决结果统计表

名称	×××（债务人名称）
投票方式	□现场投票　□互联网投票（如有）
投票起止时间	××××年××月××日××时至××××年××月××日××时
会议名称	×××（债务人名称）出资人组会议
投票结果统计	股东出席情况： 截至××年××月××日××时，通过现场投票的股东【××】人，代表股份【××】股，占公司总股份的【××】%。 截至××年××月××日××时，网络投票的股东【××】人，代表股份【××】股，占公司总股份的【××】%。 股东投票情况： 同意【××】股，占出席会议所有股东所持股份的【××】%；反对【××】股，占出席会议所有股东所持股份的【××】%；弃权【××】股（其中，因未投票默认弃权【××】股），占出席会议所有股东所持股份的【××】%。

统计人员签字：

监票人员签字：

时间：

（七）关于提请审议重整计划草案的报告

关于提请审议重整计划草案的报告

（××××）××破管×号

提交人民法院的：
××××人民法院：

贵院于××××年××月××日以（××××）××破×号民事裁定书，裁定×××（债务人名称）重整，并于××××年××月××日作出（××××）××破×号决定书，指定××担任管理人。

本管理人接受指定后，负责管理×××（债务人名称）财产和营业事务。根据《中华人民共和国企业破产法》第八十条第二款之规定，管理人起草了《×××（债务人名称）重整计划草案》，现提交贵院，请贵院召开债权人会议，对重整计划草案进行表决。

提交债权人会议的：
×××（债务人名称）债权人会议：

××××人民法院于××××年××月××日以（××××）××破×号民事裁定书，裁定×××（债务人名称）重整，并于××××年××月××日作出（××××）××破×号决定书，指定××担任管理人。

本管理人接受指定后，负责管理×××（债务人名称）财产和营业事务。根据《中华人民共和国企业破产法》第八十条第二款之规定，管理人起草了《×××（债务人名称）重整计划草案》，现提交债权人会议审议表决。

特此报告。

（管理人印鉴）
××××年××月××日

附：×××（债务人名称）重整计划草案

附件

×××（债务人名称）重整计划草案

各位债权人：

×××（债务人名称）因资金链断裂，不能清偿到期债务，并且缺乏清偿能力，于××××年××月××日向××××人民法院申请破产重整，××××人民法院于××××年××月××日决定立案受理，并于××××年××月××日作出（××××）××破×号民事裁定，裁定对×××（债务人名称）进行重整。根据《企业破产法》第八十条关于“管理人负责管理财产和营业事务的，由管理人制作重整计划草案”的规定，管理人起草了《×××（债务人名称）重整计划草案》，提交本次债权人会议讨论。

一、债务人基本情况

二、重整计划草案起草的过程和可行性分析

简述重整计划草案起草的前期过程，重点分析重整计划草案实施的可行性。

三、重整计划草案的框架和主要内容

（一）债务人的经营方案

简述经营团队组成、经营计划、经营计划的可行性分析、经营目标等。

（二）债权分类和调整方案

简述经法院裁定确认的债权核查情况，并按债权类别介绍各类债权的金额和调整方案，说明债权调整的理由和实施途径。

（三）出资人权益调整方案

简述出资人情况及出资比例，介绍出资人权益调整方案，说明调整的理由和实施途径。

（四）债权受偿方案

简述各类债权的受偿途径和比例，并须特别说明如果不重整而直接进行破产清算的债权的可能受偿比例。

（五）重整计划的执行期限

说明确定重整计划执行期限的理由。

（六）重整计划执行的监督期限

说明重整计划执行监督措施及确定重整计划执行监督期限的理由。

（七）有利于债务人重整的其他方案

四、重整计划草案的重点与难点

突出说明重整计划实施中的重点与难点，介绍解决的方案和途径，以及重整计划实施过程中需要进一步工作的内容。

×××（债务人名称）管理人
××××年××月××日

（八）关于提请人民法院裁定批准重整计划的报告（请求批准经债权人会议表决通过的重整计划用）

关于提请人民法院裁定批准重整计划的报告

（请求批准经债权人会议表决通过的重整计划用）

（××××）××破管×号

××××人民法院：

贵院受理的×××（债务人名称）重整一案，于××××年××月××日召开了第×次债权人会议。债权人会议依照债权分类对重整计划草案进行了分组表决（重整计划草案涉及出资权益调整的：并设出资人组进行了表决），各表决组均表决通过了重整计划草案。

根据《中华人民共和国企业破产法》第八十六条之规定，管理人现提请贵院裁定批准该重整计划。

特此通知。

（管理人印鉴）

××××年××月××日

附：1. 重整计划草案

2. 债权人会议及出资人会议各表决组表决结果

（九）人民法院民事裁定书（批准重整计划草案用）

××××人民法院
民事裁定书
（批准重整计划草案用）

（××××）××破×号

申请人：×××（写明名称等基本情况）。

××××年××月××日，×××（申请人名称）向本院提出申请，称……（写明依据的事实及理由），请求本院批准重整计划草案（附后）。

本院查明……（说明重整计划草案表决通过情况）。

本院认为……（写明批准重整计划草案的具体理由）。依照《中华人民共和国企业破产法》第八十七条第二款、第三款之规定，裁定如下：

一、批准×××（债务人名称）重整计划草案；

二、终止×××（债务人名称）重整程序。

本裁定为终审裁定。

审判长×××
审判员×××
审判员×××
××××年××月××日
（院印）

本件与原本核对无异

书记员×××

（十）关于提请人民法院裁定批准重整计划草案的报告（请求批准经债权人会议表决未通过的重整计划草案用）

关于提请人民法院裁定批准重整计划草案的报告

（请求批准经债权人会议表决未通过的重整计划草案用）

（××××）××破管×号

××××人民法院：

贵院受理的×××（债务人名称）重整一案，于××××年××月××日召开了第×次债权人会议。债权人会议依照债权分类对重整计划草案进行了分组表决（重整计划草案涉及出资权益调整的：并设出资人组进行了表决）。经表决，×××表决组通过了重整计划草案，×××表决组未通过重整计划草案。经债务人（或管理人）与表决未通过的×××表决组协商，×××表决组拒绝再次表决（或于××××年××月××日再次表决后，仍未通过重整计划草案）。

管理人认为，重整计划草案符合法院批准的条件，理由如下：

1. ______________；

2. ______________；

……

综上，根据《中华人民共和国企业破产法》第八十七条第二款之规定，提请贵院裁定批准该重整计划草案。

特此通知。

（管理人印鉴）

××××年××月××日

附：1. 重整计划草案

2. 各表决组第一次表决结果

3. ×××表决组拒绝再次表决文件或再次表决结果

4. 重整计划草案符合法院强制批准的相关证据材料

（十一）人民法院民事裁定书（批准重整计划用）

×××× 人民法院
民事裁定书
（批准重整计划用）

（××××）××破×号

申请人：×××（写明名称等基本情况）。

××××年××月××日，×××（申请人名称）向本院提出申请，称……（写明依据的事实及理由），请求本院批准重整计划（附后）。

本院认为……（写明批准重整计划的具体理由）。依照《中华人民共和国企业破产法》第八十六条第二款之规定，裁定如下：

一、批准×××（债务人名称）重整计划；

二、终止×××（债务人名称）重整程序。

本裁定为终审裁定。

审判长×××
审判员×××
审判员×××
××××年××月××日
（院印）

本件与原本核对无异

书记员×××

（十二）人民法院公告（批准重整计划或重整计划草案并终止重整程序用）

××××人民法院

公　告

（批准重整计划或重整计划草案并终止重整程序用）

（××××）××破×号

××××年××月××日，本院根据×××（申请人姓名或名称）的申请，依据《中华人民共和国企业破产法》第八十六条第二款（或者第八十七条第二款、第三款）之规定，裁定批准重整计划（或重整计划草案）并终止×××（债务人名称）重整程序。

特此公告。

××××年××月××日

（院印）

（十三）人民法院民事裁定书（不批准重整计划草案用）

××××人民法院

民事裁定书

（不批准重整计划草案用）

（××××）××破×号

申请人：×××（写明名称等基本情况）。

××××年××月××日，×××（申请人名称）向本院提出申请，称……（写明依据的事实及理由），请求本院批准重整计划草案。

本院查明……（写明重整计划草案未获得通过的情况及重整计划草案的主要内容）。

本院认为……（写明不批准重整计划草案的理由）。依照《中华人民共和国企业破产法》第八十八条之规定，裁定如下：

一、驳回×××（申请人名称）的申请；

二、终止×××（债务人名称）重整程序；

三、宣告×××（债务人名称）破产。

本裁定自即日起生效。

审判长×××

审判员×××

审判员×××

××××年××月××日

（院印）

本件与原本核对无异

书记员×××

（十四）人民法院民事裁定书（不批准重整计划用）

××××人民法院
民事裁定书
（不批准重整计划用）

（××××）××破×号

申请人：×××（写明名称等基本情况）。

××××年××月××日，×××（申请人名称）向本院提出申请，称……（写明依据的事实及理由），请求本院批准重整计划。

本院查明……（写明重整计划通过的情况及重整计划的主要内容）。

本院认为……（写明不批准重整计划的理由）。依照《中华人民共和国企业破产法》第八十八条之规定，裁定如下：

一、驳回×××（申请人名称）的申请；

二、终止×××（债务人名称）重整程序；

三、宣告×××（债务人名称）破产。

本裁定自即日起生效。

审判长×××
审判员×××
审判员×××
××××年××月××日
（院印）

本件与原本核对无异

书记员×××

（十五）人民法院公告（不批准重整计划或重整计划草案并终止重整程序宣告债务人破产用）

××××人民法院

公　告

（不批准重整计划或重整计划草案并终止重整程序宣告债务人破产用）

（××××）××破×号

××××年××月××日，本院依照《中华人民共和国企业破产法》第八十八条之规定，裁定驳回×××（申请人名称）关于批准重整计划（或重整计划草案）的申请并终止×××（债务人名称）重整程序，宣告×××（债务人名称）破产。

特此公告。

××××年××月××日
（院印）

三、重整中需变更类文书样本

（一）人民法院通知书（协助执行重整计划用）

××××人民法院

通知书

（协助执行重整计划用）

（××××）××破×号

×××：

本院已于××××年××月××日裁定批准×××（债务人名称）重整计划（或重整计划草案）。依照……（写明所依据的法律）之规定，请你单位自收到本通知书之日起协助执行以下事项：

……

特此通知。

××××年××月××日
（院印）

（二）关于重整计划执行情况的监督报告

关于重整计划执行情况的监督报告

（××××）××破管×号

××××人民法院：

贵院于××××年××月××日以（××××）××破×号民事裁定书，裁定×××（债务人名称）重整，并于××××年××月××日作出（××××）××破×号民事裁定，裁定批准×××（债务人名称）的重整计划（或者重整计划草案）。

依据《中华人民共和国企业破产法》第九十条之规定，管理人对债务人重整计划的执行情况进行了监督，______________（简述监督期内，管理人采取的监督措施及债务人接受监督的情况）。根据重整计划的规定，监督期已于××××年××月××日届满。现管理人将债务人执行重整计划的相关情况报告如下：

一、重整计划的基本情况

简述重整案件的受理日期、重整计划的批准情况、批准日期、执行期限、监督期限等。

二、重整计划执行情况

（一）重整计划的主要内容

（二）重整计划各部分内容的具体执行情况

列明经营方案、债权调整及受偿、出资人权益调整，以及其他重整方案的执行情况。未能执行或者未执行完毕的，应当说明理由及解决方案。

三、债务人的经营状况

简述债务人在重整期间的经营状况，包括债务人的资产负债、销售（营业）额、成本、税后净利润、现金流量值等经营指标。反映债务人在重整前后的经营状况变化。

四、监督期满后债务人执行重整计划的建议

如果监督期限届满重整计划未执行完毕的，管理人可对监督期满后债务人继续执行重整计划提出建议。

特此通知。

（管理人印鉴）

××××年××月××日

附：1. 重整计划

2. 债务人重整计划执行情况报告

3. 债务人经营状况报告

（三）解散破产管理人申请书

解散破产管理人申请书

申请人：×××（债务人名称）破产管理人

破产管理人负责人：×××

申请事项：请求贵院解散×××（债务人名称）破产管理人。

事实与理由：××××年××月××日贵院作出（××××）××破×号民事裁定书，裁定：(1) 确认《×××（债务人名称）重整计划草案》执行完毕；(2) 终结×××（债务人名称）重整程序。同时该民事裁定书载明："×××（债务人名称）破产管理人已向本院提交了监督报告，依法其监督职责即告终止。"至此，×××（债务人名称）破产管理人（以下简称破产管理人）法定职责履行完毕。破产程序终结后，破产管理人陆续完成了收尾工作，具体如下：与债务人交接公章、文件等；协助债务人办理账户变更手续；清理破产管理人账务、注销账户；整理破产管理人重整期间卷宗材料，准备移交有关单位。应贵院要求，破产管理人将印章移交贵院处理。

综上，鉴于破产管理人已履行完法定职责，并完成收尾工作，已无继续存续的必要，现向贵院申请解散破产管理人。

此致

××××人民法院

申请人：×××（债务人名称）破产管理人

××××年××月××日

（四）重整计划变更申请书

重整计划变更申请书

×××（债务人名称）管理人：

××××人民法院于××××年××月××日作出（××××）××破×号民事裁定，批准重整计划（或者重整计划草案），重整计划执行期限自××××年××月××日起至××××年××月××日止。

在重整计划执行过程中，申请人发现存在下列情形，需要变更重整计划（对重整计划需要变更的事项、原因进行说明）：

1. ________；

2. ________；

……

为维护申请人的合法权益，特申请对重整计划中的×××进行变更。

申请人：×××
××××年××月××日

（五）关于申请变更重整计划的报告

关于申请变更重整计划的报告

（××××）××破管×号

××××人民法院：

贵院于××××年××月××作出（××××）××破×号民事裁定，裁定批准重整计划（或者重整计划草案），重整计划执行期限自××××年××月××日起至××××年××月××日止。

在重整计划执行过程中，利害关系人×××发现存在下列情形，需要对重整计划中的××事项进行变更（写明需要变更的事项详情），管理人经核实利害关系人的陈述属实，故管理人申请法院裁定对重整计划中的××事项进行变更。

特此通知。

（管理人印鉴）
××××年××月××日

（六）人民法院民事裁定书（变更重整计划用）

××××人民法院 民事裁定书 （变更重整计划用） （××××）××破×号 申请人：×××（债务人名称）管理人。 ××××年××月××日，本院裁定批准×××（债务人名称）重整计划并终止重整程序。××××年××月××日，×××（债务人名称）管理人向本院提出申请，称……（写明变更依据的事实及理由），请求本院批准对重整计划中的××事项进行变更。 本院查明…… 本院认为……依照……（写明所依据的法律）之规定，裁定如下： ×××（债务人名称）重整计划中的××变更为××。 本裁定自即日起生效。 审判长××× 审判员××× 审判员××× ××××年××月××日 （院印） 本件与原本核对无异 书记员×××

（七）关于申请延长重整计划执行期限的报告

关于申请延长重整计划执行期限的报告

×××（债务人名称）管理人：

××××人民法院于××××年××月××日作出（××××）××破×号民事裁定，批准重整计划（或者重整计划草案），重整计划执行期限自××××年××月××日起至××××年××月××日止。

在重整计划执行过程中，债务人发现存在下列情形，需要延长重整计划的执行期限（对重整计划需要延长执行期限的原因、必要性、可能性进行说明）：

1. ____________；

2. ____________；

……

为保障重整计划的顺利执行完毕，债务人请求管理人申请法院裁定延长重整计划的执行期限×个月，即延长至××××年××月××日止。

特此通知。

（债务人印鉴）
××××年××月××日

（八）人民法院民事裁定书（延长重整计划执行期限用）

××××人民法院
民事裁定书
（延长重整计划执行期限用）

（××××）××破×号

申请人：……（写明名称等基本情况）。

××××年××月××日，本院裁定批准×××（债务人名称）重整计划并终止重整程序。××××年××月××日，×××（债务人名称）向本院提出申请，称……（写明依据的事实及理由），请求本院批准延长重整计划的执行期限至××××年××月××日。

本院查明……

本院认为……（写明批准或不批准的理由）。依照……（写明所依据的法律）之规定，裁定如下：

×××（债务人名称）重整计划的执行期限延长至××××年××月××日。

或者：

驳回×××（债务人名称）的申请。

本裁定自即日起生效。

审判长×××
审判员×××
审判员×××
××××年××月××日
（院印）

本件与原本核对无异

书记员×××

（九）关于申请延长重整计划执行监督期限的报告

关于申请延长重整计划执行监督期限的报告

（××××）××破管×号

××××人民法院：

贵院于××××年××月××日以（××××）××破×号民事裁定书，裁定×××（债务人名称）重整，并于××××年××月××日作出（××××）××破×号民事裁定，裁定批准重整计划（或者重整计划草案），重整计划执行期限自××××年××月××日起至××××年××月××日止；重整计划执行监督期限自××××年××月××日起至××××年××月××日止。

重整计划执行监督期内，管理人依据《中华人民共和国企业破产法》第九十条之规定，对债务人执行重整计划的情况进行了监督。在重整计划执行过程中，管理人发现存在下列情形，认为需要延长重整计划执行监督期限：

1. ________________；

2. ________________；

……

为保障重整计划的顺利执行完毕，管理人根据《中华人民共和国企业破产法》第九十一条第三款之规定，申请法院裁定延长重整计划执行的监督期限×个月，即延长至××××年××月××日止。

特此申请。

（债务人印鉴）

××××年××月××日

（十）人民法院民事裁定书（延长重整计划执行的监督期限用）

××××人民法院

民事裁定书

（延长重整计划执行的监督期限用）

（××××）××破×号

申请人：×××（债务人名称）管理人。

××××年××月××日，×××（债务人名称）管理人向本院提出申请，称……（写明依据的事实及理由），请求本院将×××（债务人名称）重整计划执行的监督期限延长×个月至××××年××月××日。

本院认为……（写明同意或不同意的理由）。依照……（写明所依据的法律）之规定，裁定如下：

将×××（债务人名称）重整计划执行的监督期限延长×个月至××××年××月××日。

或者：

驳回×××（债务人名称）管理人的申请。

本裁定自即日起生效。

审判长×××

审判员×××

审判员×××

××××年××月××日

（院印）

本件与原本核对无异

书记员×××

（十一）关于提请人民法院裁定终止重整计划执行的报告

关于提请人民法院
裁定终止重整计划执行的报告

（××××）××破管×号

××××人民法院：

贵院于××××年××月××日以（××××）××破×号民事裁定，裁定×××（债务人名称）重整，并于××××年××月××日作出（××××）××破×号民事裁定，裁定批准重整计划（或者重整计划草案），重整计划执行期限自××××年××月××日起至××××年××月××日止。

现经管理人调查，×××（债务人名称）出现下列不能执行（或不执行）重整计划的情况：

1. ______________；

2. ______________；

……

因×××（债务人名称）不能执行（或不执行）重整计划，管理人根据《中华人民共和国企业破产法》第九十三条第一款之规定，请求贵院裁定终止重整计划的执行，并宣告×××（债务人名称）破产。

特此通知。

（管理人印鉴）
××××年××月××日

附：重整计划不能执行或者债务人不执行重整计划的相关材料

（十二）人民法院民事裁定书（终止重整计划的执行用）

××××人民法院
民事裁定书
（终止重整计划的执行用）

（××××）××破×号

申请人：……（写明姓名或名称等基本情况）。

××××年××月××日，×××（申请人姓名或名称）向本院提出申请，称……（写明依据的事实及理由），请求本院终止×××（债务人名称）重整计划的执行。

本院查明……

本院认为……（写明同意的理由）。依照《中华人民共和国企业破产法》第九十三条第一款之规定，裁定如下：

一、终止×××（债务人名称）重整计划的执行；

二、宣告×××（债务人名称）破产。

本裁定自即日起生效。

审判长×××
审判员×××
审判员×××
××××年××月××日
（院印）

本件与原本核对无异

书记员×××

（十三）关于提请人民法院终止重整程序的报告

关于提请人民法院终止重整程序的报告

（××××）××破管×号

××××人民法院：

贵院于××××年××月××日作出（××××）××破×号民事裁定，裁定债务人×××（债务人名称）重整。重整期间，管理人发现×××（债务人名称）存在下列情形，导致重整程序无法继续进行：

1. ______________；

2. ______________；

……

根据《中华人民共和国企业破产法》第七十八条之规定，管理人申请贵院依法裁定终止×××（债务人名称）的重整程序，并宣告×××（债务人名称）破产。

特此通知。

（管理人印鉴）

××××年××月××日

（十四）人民法院民事裁定书（根据申请终止重整程序用）

××××人民法院
民事裁定书
（根据申请终止重整程序用）

（××××）××破×号

申请人：×××（申请人姓名或名称等基本情况）。

××××年××月××日，×××（申请人姓名或名称）向本院提出申请，称……（写明依据的事实及理由），请求本院终止×××（债务人名称）重整程序。

本院查明……（写明查明的事实）。

本院认为……（写明同意申请的理由）。依照《中华人民共和国企业破产法》第七十八条第×项之规定，裁定如下：

一、终止×××（债务人名称）重整程序；

二、宣告×××（债务人名称）破产。

本裁定自即日起生效。

审判长×××
审判员×××
审判员×××
××××年××月××日
（院印）

本件与原本核对无异

书记员×××

（十五）人民法院公告（根据申请终止重整程序并宣告债务人破产用）

××××人民法院
公 告

（根据申请终止重整程序并宣告债务人破产用）

（××××）××破×号

因……（写明终止原因），根据×××（申请人姓名或名称）的申请，本院于××××年××月××日依照《中华人民共和国企业破产法》第七十八条第×项之规定，裁定终止×××（债务人名称）重整程序并宣告×××（债务人名称）破产。

特此公告。

××××年××月××日
（院印）

（十六）人民法院民事裁定书（法院直接裁定终止重整程序用）

××××人民法院
民事裁定书

（法院直接裁定终止重整程序用）

（××××）××破×号

××××年××月××日，本院根据×××（申请人姓名或名称）的申请裁定×××（债务人名称）重整。因……（写明出现了某种法定情形），依照《中华人民共和国企业破产法》第七十九第三款（或者第八十八条）之规定，裁定如下：

一、终止×××（债务人名称）重整程序；

二、宣告×××（债务人名称）破产。

本裁定自即日起生效。

审判长×××
审判员×××
审判员×××
××××年××月××日
（院印）

本件与原本核对无异

书记员×××

（十七）人民法院公告（法院直接裁定终止重整程序并宣告债务人破产用）

××××人民法院

公　告

（法院直接裁定终止重整程序并宣告债务人破产用）

（××××）××破×号

因……（写明终止原因），本院于××××年××月××日依照《中华人民共和国企业破产法》第七十九条第三款（或者第八十八条）之规定，裁定终止×××（债务人名称）重整程序并宣告×××（债务人名称）破产。

特此公告。

××××年××月××日

（院印）

（十八）人民法院民事裁定书（终结破产程序用）

××××人民法院

民事裁定书

（终结破产程序用）

（××××）××破×号

申请人：×××（债务人名称）管理人。

××××年××月××日，×××（债务人名称）管理人向本院提出申请，称……（写明依据的事实和理由），请求本院终结×××（债务人名称）破产程序。

本院认为……（写明同意终结的理由）。依照……（写明所依据的法律）之规定，裁定如下：

终结×××（债务人名称）破产程序。

本裁定自即日起生效。

审判长×××

审判员×××

审判员×××

××××年××月××日

（院印）

本件与原本核对无异

书记员×××

（十九）人民法院公告（终结破产程序用）

×××× 人民法院
公 告
（终结破产程序用）

（××××）××破×号

因……（写明终结原因），依照……（写明所依据的法律）之规定，本院于××××年××月××日裁定终结×××（债务人名称）破产程序。

特此公告。

××××年××月××日
（院印）

第十一章　和　解

(一) 人民法院民事裁定书 (受理债务人直接提出的和解申请用)

××××人民法院
民事裁定书
(受理债务人直接提出的和解申请用)

(××××) ××破×号

申请人：×××(写明名称等基本情况)。

××××年××月××日，申请人×××以……为由向本院申请和解并提交了和解协议草案。

本院查明……

本院认为……(从本院是否具有管辖权、申请人是否属于破产适格主体、是否具备破产原因等方面写明受理申请的理由)。依照《中华人民共和国企业破产法》第二条、第三条、第七条、第九十五条、第九十六条第一款之规定，裁定如下：

受理×××(债务人名称)的和解申请。

本裁定自即日起生效。

审判长×××
审判员×××
审判员×××
××××年××月××日
(院印)

本件与原本核对无异

书记员×××

（二）人民法院公告（裁定受理债务人直接提出的和解申请用）

××××人民法院
公　告

（裁定受理债务人直接提出的和解申请用）

（××××）××破×号

本院根据×××（申请人姓名或名称）的申请于××××年××月××日裁定受理×××（债务人名称）和解一案，并于××××年××月××日指定×××担任×××（债务人名称）管理人。×××（债务人名称）的债权人应自××××年××月××日前，向×××（债务人名称）管理人（通讯地址：______________；邮政编码：______________；联系电话：______________）申报债权，书面说明债权数额、有无财产担保及是否属于连带债权，并提供相关证据材料。未在上述期限内申报债权的，可以在和解协议草案提交债权人会议讨论前补充申报，但要承担为审查和确认补充申报债权所产生的费用。未依法申报债权的，在和解协议执行期间不得行使权利，在和解协议执行完毕后可以按照和解协议规定的清偿条件行使权利。×××（债务人名称）的债务人或者财产持有人应当向×××（债务人名称）管理人清偿债务或交付财产。

本院定于××××年××月××日××时在______________（地点）召开第一次债权人会议。依法申报债权的债权人为债权人会议的成员，有权参加债权人会议。参加会议的债权人系法人或其他组织的，应提交营业执照、法定代表人或负责人身份证明书，如委托代理人出席会议，应提交特别授权委托书、委托代理人的身份证件或律师执业证，委托代理人是律师的还应提交律师事务所的指派函。债权人系自然人的，应提交个人身份证明。如委托代理人出席会议，应提交特别授权委托书、委托代理人的身份证件或律师执业证，委托代理人是律师的还应提交律师事务所的指派函。

特此公告。

××××年××月××日

（院印）

（三）人民法院通知书（裁定受理债务人直接提出的和解申请后通知已知债权人用）

××××人民法院
通知书

（裁定受理债务人直接提出的和解申请后通知已知债权人用）

（××××）××破×号

×××（债权人姓名或名称）：

本院根据×××（申请人姓名或名称）的申请于××××年××月××日裁定受理×××（债务人名称）和解一案，并于××××年××月××日指定×××担任×××（债务人名称）管理人。请你（或你单位）在××××年××月××日前，向×××（债务人名称）管理人（通讯地址：______________；邮政编码：______________；联系电话：______________）申报债权，书面说明债权数额、有无财产担保及是否属于连带债权，并提供相关证据材料。如未能在上述期限内申报债权，可以在和解协议草案提交债权人会议讨论前补充申报，但要承担为审查和确认补充申报债权所产生的费用。未依法申报债权的，在和解协议执行期间不得行使权利，在和解协议执行完毕后可以按照和解协议规定的清偿条件行使权利。×××（债务人名称）的债务人或者财产持有人应当向×××（债务人名称）管理人清偿债务或交付财产。本院定于××××年××月××日××时在______________（地点）召开第一次债权人会议。依法申报债权后，你（或你单位）就成为债权人会议的成员，有权参加债权人会议。参加会议时应提交个人身份证明；委托代理人出席会议的，应提交授权委托书、委托代理人的身份证件或律师执业证，委托代理人是律师的还应提交律师事务所的指派函。（如系法人或其他组织的，则改为“参加会议时应提交营业执照、法定代表人或负责人身份证明书；委托代理人出席会议的，应提交授权委托书、委托代理人的身份证件或律师执业证，委托代理人是律师的还应提交律师事务所的指派函”。）

特此通知。

××××年××月××日

（院印）

（四）人民法院民事裁定书（不予受理债务人直接提出的和解申请用）

××××人民法院

民事裁定书

（不予受理债务人直接提出的和解申请用）

（××××）××破×号

申请人：×××（写明名称等基本情况）。

××××年××月××日，申请人×××以……为由向本院申请和解并提交了和解协议草案。

本院查明……

本院认为……（写明不受理的理由）。依照……（写明所依据的法律）之规定，裁定如下：

不予受理×××（申请人名称）的和解申请。

如不服本裁定，可在裁定书送达之日起十日内，向本院递交上诉状，并提交副本×份，上诉于××××人民法院。

审判长×××

审判员×××

审判员×××

××××年××月××日

（院印）

本件与原本核对无异

书记员×××

（五）人民法院民事裁定书（维持或撤销不予受理和解申请的裁定用）

×××××人民法院

民事裁定书

（维持或撤销不予受理和解申请的裁定用）

（××××）×破终×号

上诉人（原审申请人）：×××（写明名称等基本情况）。

上诉人×××不服××××人民法院（××××）××破×号民事裁定，向本院提起上诉。本院受理后依法组成合议庭审理了本案，现已审理终结。

……（写明一审认定的事实、裁定结果及理由）

×××（债务人名称）不服，向本院上诉称：……（写明上诉请求与理由）。

本院查明……

本院认为……（写明维持或者撤销原裁定的理由）。依照……（写明所依据的法律）之规定，裁定如下：

驳回上诉，维持原裁定。

或者：

一、撤销××××人民法院（××××）××破×号民事裁定；

二、由××××人民法院裁定受理×××（债务人名称）的和解申请。

本裁定为终审裁定并自即日起生效。

审判长×××

审判员×××

审判员×××

××××年××月××日

（院印）

本件与原本核对无异

书记员×××

（六）破产和解申请书（和解程序用）

破产和解申请书

（和解程序用）

申请人：×××（写明姓名或名称等基本情况）。

法定代表人：×××

住所：××市××区××路×××号

申请事项：申请×××（债务人名称）破产债权和解还债。

事实与理由：×××（债务人名称）的债权人于××××年××月××日向××××人民法院提出对×××（债务人名称）实施破产还债的申请，申请人于××××年××月××日收到了××××人民法院（××××）××破×号民事裁定书。申请人现请求×××人民法院依法裁定和解。理由如下：

一、×××（债务人名称）的基本情况

……

二、×××（债务人名称）的财务状况

……

二、×××（债务人名称）的重组进展

……

三、重组的整体方案计划

……

四、重组的必要性

……

综上所述，为了充分保障全体债权人的利益，请贵院考虑×××（债务人名称）的实际情况，依法裁定和解。

此致

××××人民法院

申请人：×××（债务人名称）

××××年××月××日

（七）和解协议书（和解程序用）

和解协议书

（和解程序用）

甲方：×××（债务人名称）

地址：×××，法定代表人：×××，职务：×××。

乙方：×××（债务人名称）债权人会议

地址：×××，债权人会议主席：×××

××××人民法院于××××年××月××日以（××××）××破×号民事裁定书，裁定×××（债务人名称）重整，并于××××年××月××日作出（××××）××破×号决定书，指定××担任管理人。

一、×××（债务人名称）现状

（一）财产状况（资产、债权和投资等）：……

（二）债务情况：……

……

二、协议内容

为了切实保障全体债权人的利益，给×××（债务人名称）重生的机会，甲乙双方经过反复协商就×××（债务人名称）和解的有关事宜达成如下协议：

（一）偿还债务的主要资金来源：……

（二）清偿债务的办法：……

（三）清偿债务的期限：……

（四）关于债务的减免数额：……

（五）在整个整顿期间，债务人将接受债权人会议的监督……

以上各项经××××人民法院许可生效后，对债权人、债务人均有约束力。和解协议对该协议产生法律效力以后成立的债权人不发生效力。

×××（债务人名称）（盖章）：

法定代表人（签字）：×××　　　　债权人会议主席（签字）：×××

××××年××月××日　　　　××××年××月××日

（八）人民法院民事裁定书（受理破产清算申请后裁定债务人和解用）

×××××人民法院

民事裁定书

（受理破产清算申请后裁定债务人和解用）

（××××）××破×号

申请人：×××（写明名称等基本情况）。

××××年××月××日，本院根据×××的申请裁定受理×××（债务人名称）破产清算一案。××××年××月××日，×××（债务人名称）以……为由向本院申请和解并提交了和解协议草案。

本院查明……

本院认为……（从申请人是否属于破产适格主体、是否具备破产原因等方面写明裁定和解的理由）。依照《中华人民共和国企业破产法》第二条、第七条、第九十五条、第九十六条第一款之规定，裁定如下：

×××（债务人名称）和解。

本裁定自即日起生效。

审判长×××

审判员×××

审判员×××

××××年××月××日

（院印）

本件与原本核对无异

书记员×××

(九) 人民法院民事裁定书（认可或不予认可和解协议用）

××××人民法院
民事裁定书
（认可或不予认可和解协议用）

（××××）××破×号

申请人：×××（写明债务人名称等基本情况）。

××××年××月××日，×××（债务人名称）向本院提出申请，称和解协议已经第×次债权人会议通过，请求本院裁定予以认可。

本院认为……（写明认可或不认可的理由）。依照……（写明所依据的法律）之规定，裁定如下：

一、认可×××（债务人名称）和解协议；

二、终止×××（债务人名称）和解程序。

或者：

一、驳回×××（债务人名称）的申请；

二、终止×××（债务人名称）和解程序；

三、宣告×××（债务人名称）破产。

本裁定自即日起生效。

审判长×××
审判员×××
审判员×××
××××年××月××日
（院印）

本件与原本核对无异

书记员×××

（十）管理人执行职务的工作报告（和解程序用）

管理人执行职务的工作报告

（和解程序用）

（××××）××破管×号

××××人民法院：

贵院于××××年××月××日作出（××××）××破×号民事裁定，裁定×××（债务人名称）和解，并于××××年××月××日作出（××××）××破×号决定书，指定×××担任管理人。

××××年××月××日，×××（债务人名称）第×次债权人会议表决通过了债务人提出的和解协议。贵院于××××年××月××日作出（××××）××破×号民事裁定，裁定认可和解协议。

根据《中华人民共和国企业破产法》第九十八条之规定，本管理人已向债务人移交了财产和营业事务，现将管理人执行职务的情况报告如下：

一、债务人的基本情况

列明债务人的设立日期、性质、住所地、经营范围、注册资金、出资人及出资比例、财产状况等基本情况。

二、和解协议通过和人民法院裁定认可的基本情况

1. 和解协议的基本内容；

2. 债权人会议表决通过和解协议的基本情况；

3. 人民法院裁定认可和解协议的基本情况。

三、财产和营业事务移交的基本情况

四、其他需要报告的职务执行情况

特此通知。

（管理人印鉴）

××××年××月××日

附：1. 和解协议

2. 债权人会议对和解协议的表决结果

3. 其他相关报告材料

（十一）人民法院民事裁定书（认可债务人与全体债权人自行达成的协议用）

××××人民法院
民事裁定书
（认可债务人与全体债权人自行达成的协议用）

（××××）××破×号

申请人：×××（写明名称等基本情况）。

××××年××月××日，申请人×××以……为由请求本院裁定认可×××协议。

本院查明……

本院认为……（写明认可或不认可的理由）。依照《中华人民共和国企业破产法》第一百零五条之规定，裁定如下：

一、认可×××协议；

二、终结×××（债务人名称）破产程序。

或者：

驳回×××（债务人名称）的申请。

本裁定自即日起生效。

审判长×××
审判员×××
审判员×××
××××年××月××日
（院印）

本件与原本核对无异

书记员×××

（十二）人民法院公告（认可和解协议并终止和解程序用）

××××人民法院
公　告
（认可和解协议并终止和解程序用）

（××××）××破×号

××××年××月××日，本院根据×××（债务人名称）的申请，依照《中华人民共和国企业破产法》第九十八条之规定，以（××××）××破×号民事裁定书裁定认可×××（债务人名称）和解协议并终止×××（债务人名称）和解程序。

特此公告。

××××年××月××日
（院印）

（十三）人民法院民事裁定书（和解协议草案未获通过时裁定终止和解程序用）

××××人民法院
民事裁定书
（和解协议草案未获通过时裁定终止和解程序用）

（××××）××破×号

××××年××月××日，本院根据×××（债务人名称）的申请，裁定受理×××（债务人名称）和解一案。……（写明和解协议草案经债权人会议表决未获通过的具体情况）。依照《中华人民共和国企业破产法》第九十九条之规定，裁定如下：

一、终止×××（债务人名称）和解程序；

二、宣告×××（债务人名称）破产。

本裁定自即日起生效。

审判长×××
审判员×××
审判员×××
××××年××月××日
（院印）

本件与原本核对无异

书记员×××

（十四）人民法院民事裁定书（确认和解协议无效用）

××××人民法院
民事裁定书
（确认和解协议无效用）

（××××）××破×号

申请人：×××（写明姓名或名称等基本情况）。

××××年××月××日，申请人×××以……为由，请求本院确认第×次债权人会议通过的和解协议无效。

本院查明……

本院认为……（写明对和解协议效力的审查意见及理由）。依照……（写明所依据的法律）之规定，裁定如下：

一、撤销本院（××××）××破×号民事裁定书；

二、×××（债务人名称）和解协议无效；

三、宣告×××（债务人名称）破产。

或者：

驳回×××（申请人姓名或名称）的申请。

本裁定自即日起生效。

审判长×××
审判员×××
审判员×××
××××年××月××日
（院印）

本件与原本核对无异

书记员×××

（十五）人民法院民事裁定书（终止和解协议的执行用）

××××人民法院
民事裁定书
（终止和解协议的执行用）

（××××）××破×号

申请人：×××（写明姓名或名称等基本情况）。

××××年××月××日，申请人×××以……为由，请求本院裁定终止×××（债务人名称）和解协议的执行。

本院查明……

本院认为……（写明审查意见及理由）。依照《中华人民共和国企业破产法》第一百零四条第一款之规定，裁定如下：

一、终止×××（债务人名称）和解协议的执行；

二、宣告×××（债务人名称）破产。

或者：

驳回×××（申请人姓名或名称）的申请。

本裁定自即日起生效。

审判长×××
审判员×××
审判员×××
××××年××月××日
（院印）

本件与原本核对无异

书记员×××

（十六）人民法院公告（终止和解程序并宣告债务人破产用）

××××人民法院
公　告
（终止和解程序并宣告债务人破产用）

（××××）××破×号

因……（写明终止原因），××××年××月××日，本院依照《中华人民共和国企业破产法》第九十九条之规定，以（××××）××破×号民事裁定书裁定终止×××（债务人名称）和解程序并宣告×××（债务人名称）破产清算。

特此公告。

××××年××月××日
（院印）

（十七）人民法院民事裁定书（终结破产程序用）

××××人民法院
民事裁定书
（终结破产程序用）

（××××）××破×号

申请人：×××（债务人名称）管理人。

××××年××月××日，×××（债务人名称）管理人向本院提出申请，称……（写明依据的事实和理由），请求本院终结×××（债务人名称）破产程序。

本院认为……（写明同意终结的理由）。依照……（写明所依据的法律）之规定，裁定如下：

终结×××（债务人名称）破产程序。

本裁定自即日起生效。

审判长×××
审判员×××
审判员×××
××××年××月××日
（院印）

本件与原本核对无异

书记员×××

（十八）人民法院公告（终结破产程序用）

××××人民法院

公 告

（终结破产程序用）

（××××）××破×号

因……（写明终结原因），依照……（写明所依据的法律）之规定，本院于××××年××月××日裁定终结×××（债务人名称）破产程序。

特此公告。

××××年××月××日

（院印）

第十二章　破产清算

一、变价方案类文书样本

（一）破产财产变价方案

×××（破产人名称）破产财产变价方案

（××××）××破管×号

×××（债务人名称）债权人/债权人会议：

××××年××月××日，××××人民法院裁定受理×××（债务人名称）破产清算一案。××××年××月××日，通过××××人民法院上级法院摇号，指定×××（管理人名称）担任管理人。接受指定后，管理人接管债务人财产，并制定财产变价方案，现具体详述如下：

一、破产企业财产状况及需要变价的财产情况

1. 财产一：

2. 财产二：

3. ……

应当分列说明房产、银行存款、车辆、证券、存货、各类知识产权等待处置财产的现状。

二、变价方案

管理人就债务人财产制定如下变价方案：

1. 财产一：鉴于________（陈述财产本身特性），本着________（提示：陈述变价原则），管理人拟________。

2. 财产二：鉴于________（陈述财产本身特性），本着________（提示：陈述变价原则），管理人拟________。

3. ……

陈述财产变价方案，对每项财产以列举方式说明变价方式、预计的变价时间、可能产生的费用及相应的处置后果。

若债务人财产中包括《中华人民共和国企业破产法》第六十九条规定的债务人重大财产的，应就重大财产参照以上样式逐项进行说明。

（管理人印鉴）

××××年××月××日

（二）关于提请债权人会议审议破产财产变价方案的报告

关于提请债权人会议审议破产财产变价方案的报告

（××××）××破管×号

×××（破产人名称）债权人会议：

×××（破产人名称）因______________（写明破产原因），××××人民法院于××××年××月××日作出（××××）××破×号民事裁定，宣告×××（破产人名称）破产。

现根据《中华人民共和国企业破产法》第一百一十一条之规定，拟订《×××（破产人名称）破产财产变价方案》，提交债权人会议审议表决。

特此通知。

（管理人印鉴）
××××年××月××日

附：《×××（破产人名称）破产财产变价方案》

(三) 人民法院民事裁定书 (通过破产财产的变价方案用)

×××× 人民法院
民事裁定书
(通过破产财产的变价方案用)

(××××) ××破×号

申请人：×××（债务人名称）管理人。

××××年××月××日，×××（债务人名称）管理人向本院提出申请，称其拟订的《×××（债务人名称）破产财产的变价方案》经债权人会议表决未通过，请求本院依法裁定。

本院认为……（写明对方案的审查意见及理由）。依照……（写明所依据的法律）之规定，裁定如下：

对×××（债务人名称）管理人制作的《×××（债务人名称）破产财产的变价方案》，本院予以认可。

债权人如不服本裁定，可自本裁定宣布之日起十五日内向本院申请复议。复议期间不停止裁定的执行。

或者：

一、不予认可《×××（债务人名称）破产财产的变价方案》；

二、由×××（债务人名称）管理人重新制作。

审判长×××
审判员×××
审判员×××
××××年××月××日
（院印）

本件与原本核对无异

书记员×××

附：《×××（债务人名称）破产财产的变价方案》

二、分配方案类文书样本

（一）关于提请债权人会议审议破产财产分配方案的报告

关于提请债权人会议审议破产财产分配方案的报告

（××××）××破管×号

×××（破产人名称）债权人会议：

根据××××年××月××日第×次债权人会议表决通过的《×××（破产人名称）破产财产变价方案》，在法院的监督、指导下，本管理人已完成对破产财产的变价工作。现根据《中华人民共和国企业破产法》第一百一十五条之规定，拟订《×××（破产人名称）破产财产分配方案》，提交债权人会议审议表决。

特此通知。

（管理人印鉴）

××××年××月××日

附：《×××（破产人名称）破产财产分配方案》

（二）破产财产分配方案

×××（破产人名称）破产财产分配方案

（××××）××破管×号

一、参加破产财产分配的债权情况

简述参加破产财产分配的债权人人数、各类债权总额等基本情况。另行制作《参与分配债权人表》，详细列明参与分配的债权人名称或者姓名、住所、债权性质与债权额等情况。

二、可供分配的破产财产总额

分别列明货币财产和非货币财产的变价额。直接分配非货币财产的，列明非货币财产的估价额。

三、破产财产分配的顺序、比例和数额

（一）破产费用和共益债务的清偿情况

列明各项破产费用和共益债务的数额，包括已发生的费用和未发生但需预留的费用。人民法院最终确定的管理人报酬及收取情况须特别列明。

（二）破产债权的分配

列明剩余的可供分配破产债权的破产财产数额，依《中华人民共和国企业破产法》第一百一十三条规定的顺序清偿。分别列明每一顺序债权的应清偿额、分配额、清偿比例等。

四、破产财产分配实施办法

（一）分配方式

一般以货币方式进行分配，由管理人根据各债权人提供的银行账号，实施转账支付，或者由债权人领取。

（二）分配步骤

列明分配次数和时间，拟实施数次分配的，应当说明实施数次分配的理由。

（三）分配提存

列明破产财产分配额提存的情况，以及提存分配额的处置方案。

五、特定财产清偿方案

（一）对特定财产享有担保权的债权情况

（二）可供清偿的特定财产总额

列明特定财产的变价总额。

（三）特定财产清偿方案

特定财产的清偿方案。特定财产不足分配所有担保债权的，还应列明未受偿的担保债权数额。

（管理人印鉴）

××××年××月××日

附：《破产债权清偿分配明细表》

说明：一、本文书依据的法律是《中华人民共和国企业破产法》第一百一十五条之规定，由管理人拟订后提交债权人会议审议。

二、本文书应当列明不同破产财产的变价情况，以及不同清偿顺位债权人的分配额。破产财产的分配原则上应当以货币分配方式进行，但对于无法变价或者不宜变价的非货币财产，经债权人会议决议同意，可以进行实物分配。

三、未发生但需预留的破产费用包括分配公告费用、破产程序终结后的档案保管费用等。

四、根据《最高人民法院关于审理企业破产案件确定管理人报酬的规定》第十条之规定，最终确定的管理人报酬及收取情况，应当列入破产财产分配方案。

五、依照《中华人民共和国企业破产法》第十章之规定，设定担保权的破产人特定财产不纳入破产财产范围，但为全面反映破产人财产的分配情况，可以在《破产财产分配方案》中附带列明特定财产的清偿处置情况。

（三）关于提请人民法院裁定认可破产财产分配方案的报告

关于提请人民法院裁定认可破产财产分配方案的报告

（××××）××破管×号

××××人民法院：

本管理人拟订的《×××（破产人名称）破产财产分配方案》已由××××年××月××日第×次债权人会议表决通过。现根据《中华人民共和国企业破产法》第一百一十五条第三款之规定，提请贵院裁定认可。

特此通知。

（管理人印鉴）

××××年××月××日

附：1.《×××（破产人名称）破产财产分配方案》

2. 债权人会议表决结果

（四）人民法院民事裁定书（认可破产财产分配方案用）

××××人民法院
民事裁定书
（认可破产财产分配方案用）

（××××）××破×号

申请人：×××（债务人名称）管理人。

××××年××月××日，×××（债务人名称）管理人向本院提出申请，称其制作的《×××（债务人名称）破产财产的分配方案》已经第×次债权人会议通过，请求本院裁定认可。

本院认为……（写明认可或不认可的理由）。依照……（写明所依据的法律）之规定，裁定如下：

对第×次债权人会议通过的《×××（债务人名称）破产财产的分配方案》，本院予以认可。

本裁定自即日起生效。

或者：

一、对第×次债权人会议通过的《×××（债务人名称）破产财产的分配方案》本院不予认可；

二、由×××（债务人名称）管理人重新制作。

审判长×××
审判员×××
审判员×××
××××年××月××日
（院印）

本件与原本核对无异

书记员×××

附：《×××（债务人名称）破产财产的分配方案》

（五）管理人通知书（通知债权人受领分配额用）

通知书

（通知债权人受领分配额用）

（××××）××破管×号

×××（债权人名称）：

《×××（破产人名称）破产财产分配方案》已于××××年××月××日经第×次债权人会议表决通过，并于××××年××月××日经××××人民法院（××××）××破×号民事裁定书裁定认可。

你（或你单位）享有的债权分配额为×元，请在收到本通知书后×日内领取债权分配额（领取债权分配额地址：×××，联系人：×××，联系电话：×××）。

如你（或你单位）未能在指定期限内领取债权分配额，管理人将根据《中华人民共和国企业破产法》第一百一十八条之规定，将你（或你单位）享有的债权分配额予以提存。如你（或你单位）自最后分配公告之日起满二个月仍不领取的，视为放弃受领分配的权利，管理人或者人民法院应当将提存的分配额分配给其他债权人。

特此通知。

（管理人印鉴）

××××年××月××日

（六）关于破产财产分配执行情况的报告

关于破产财产分配执行情况的报告

（××××）××破管×号

××××人民法院：

根据你院（××××）××破×号民事裁定书裁定认可的《×××（破产人名称）破产财产分配方案》，本管理人已于××××年××月××日将破产财产全部分配完结，现将分配情况报告如下：

一、可供分配的破产财产总额

列明最终可供分配的破产财产总额。

二、已经分配的破产财产

分别列明对破产人特定财产享有优先受偿权的债权；破产费用和共益债务；《中华人民共和国企业破产法》第一百一十三条规定的债权等不同清偿对象的分配总额和支付情况。

具体的债权清偿金额详见附表《×××（破产人名称）破产财产分配表》。

三、提存的分配额及拟处置意见

列明未受领的破产财产分配额与因诉讼或者仲裁未决的债权分配额的提存情况。

具体的提存分配额详见附表《×××破产财产提存分配额情况表》。

四、特定财产清偿处置情况

特此通知。

（管理人印鉴）

××××年××月××日

附：1.《×××（破产人名称）破产财产分配表》

2.《×××（破产人名称）破产财产提存分配额情况表》

（七）管理人公告（破产财产中间分配用）

公　告

（破产财产中间分配用）

（××××）××破管×号

×××（破产人名称）债权人：

《×××（破产人名称）破产财产分配方案》已于××××年××月××日经第×次债权人会议表决通过，并于××××年××月××日经××××人民法院（××××）××破×号民事裁定书裁定认可，现根据《中华人民共和国企业破产法》第一百一十六条之规定，由本管理人执行。

×××（破产人名称）破产财产共实施×次分配，本次分配为第×次分配，确定于××××年××月××日实施（列明分配实施方法），本次分配总额为人民币××元，其中……（列明不同清偿顺序债权的分配总额）。

另有分配额人民币××元，因____________（列明提存原因），暂予以提存。

特此公告。

（管理人印鉴）

××××年××月××日

（八）管理人公告（破产财产最后分配用）

公　告

（破产财产最后分配用）

（××××）××破管×号

×××（破产人名称）债权人：

《×××（破产人名称）破产财产分配方案》已于××××年××月××日经第×次债权人会议表决通过，并于××××年××月××日经××××人民法院（××××）××破×号民事裁定书裁定认可，现根据《中华人民共和国企业破产法》第一百一十六条之规定，由本管理人执行。

根据《×××（破产人名称）破产财产分配方案》确定的分配步骤，×××（破产人名称）破产财产实施×次分配，本次分配为最后分配［或者×××（破产人名称）破产财产实施一次分配，本次分配即最后分配］，确定于××××年××月××日实施（列明分配实施方法）。

最后分配的分配总额为人民币××元，其中……（列明不同清偿顺序债权的分配总额）。

对附生效条件或者解除条件的债权提存分配额的处置：

在本次分配前，管理人对附生效条件/解除条件的共计人民币××元的债权分配额进行了提存。在本次分配公告日，分配额共计人民币××元的债权的生效条件仍未成就（或者解除条件已经成就），根据《中华人民共和国企业破产法》第一百一十七条第二款之规定，提存的分配额应当分配给其他债权人；分配额共计人民币××元的债权的生效条件已经成就（或者解除条件仍未成就），根据《中华人民共和国企业破产法》第一百一十七条第二款之规定，提存的分配额应当交付给相应债权人。

对未受领的分配额的提存：

对本次分配前债权人未受领的破产财产分配额，以及本次分配债权人未受领的破产财产分配额，管理人将予以提存。债权人自本次公告之日起满二个月仍不领取的，视为放弃受领分配的权利，提存的分配额将根据《中华人民共和国企业破产法》第一百一十九条之规定，分配给其他债权人。

对诉讼或者仲裁未决的债权分配额的提存：

分配额共计人民币××元的债权，因在本次分配公告日涉及债权确认的相关诉讼/仲裁尚未终结，根据《中华人民共和国企业破产法》第一百一十九条之规定，管理人将分配额提存。自破产程序终结之日起满二年仍不能受领分配的，将由××××人民法院分配给其他债权人。

特此公告。

（管理人印鉴）
××××年××月××日

（九）追加分配申请书

追加分配申请书

申请人：×××（写明姓名或名称等基本情况）。

申请事项：对新发现的破产财产（×××），按照《×××（债务人名称）破产财产的分配方案》进行追加分配。

××××年××月××日，×××（申请人姓名或名称）经调查发现债务人可供分配财产×××，依照《中华人民共和国企业破产法》第一百二十三条之规定，请求贵院按第×次债权人会议通过的《×××（债务人名称）破产财产的分配方案》进行追加分配。

特此申请。

申请人：×××

××××年××月××日

（十）人民法院民事裁定书（追加分配破产财产用）

×××××人民法院

民事裁定书

（追加分配破产财产用）

（××××）××破×号

申请人：×××（写明姓名或名称等基本情况）。

××××年××月××日，×××（申请人姓名或名称）向本院提出申请称……（写明有关事实及理由），请求本院按照《×××（债务人名称）破产财产的分配方案》进行追加分配。

本院查明……

本院认为……（写明同意或不同意的理由）。依照《中华人民共和国企业破产法》第一百二十三条之规定，裁定如下：

按第×次债权人会议通过的《×××（债务人名称）破产财产的分配方案》进行第×次分配。

或者：

一、驳回×××（申请人姓名或名称）的申请；

二、有关财产上交国库。

本裁定自即日起生效。

审判长×××

审判员×××

审判员×××

××××年××月××日

（院印）

本件与原本核对无异

书记员×××

三、提前终结破产程序类文书样本

（一）关于债务人财产不足以清偿破产费用提请人民法院终结破产程序的报告

关于债务人财产不足以清偿破产费用提请人民法院终结破产程序的报告

（××××）××破管×号

××××人民法院：

×××（债务人名称）因____________（写明破产原因），×××（申请人名称/姓名）于××××年××月××日向贵院提出对×××（债务人名称）进行重整/和解/破产清算的申请。[债务人自行申请破产的，表述为×××（债务人名称）因____________（写明破产原因），于××××年××月××日向贵院提出重整/和解/破产清算申请。]

贵院于××××年××月××日作出（××××）××破×号民事裁定，受理×××（债务人名称）重整/和解/破产清算。

截至××××年××月××日，本案发生的破产费用共计人民币××元，实际清偿××元，尚余××元未支付，另预期发生破产费用人民币××元。现债务人可供清偿的财产共计人民币××元，债务人财产已经不足以清偿破产费用。

现根据《中华人民共和国企业破产法》第四十三条第四款之规定，提请贵院裁定宣告×××（债务人名称）破产，并终结破产程序。

特此通知。

（管理人印鉴）

××××年××月××日

附：1. 破产费用及共益债务清偿情况报告一份

2. 债务人财产状况报告一份

（二）人民法院民事裁定书（不足清偿破产费用时宣告债务人破产并终结破产程序用）

××××人民法院
民事裁定书
（不足清偿破产费用时宣告债务人破产并终结破产程序用）

（××××）××破×号

申请人：×××（债务人名称）管理人。

××××年××月××日，×××（债务人名称）管理人向本院提出申请，称……（写明债务人财产不足以清偿破产费用的事实），请求本院终结×××（债务人名称）破产清算程序。

本院认为……（写明宣告债务人破产并终结破产程序的理由）。依照《中华人民共和国企业破产法》第四十三条、第一百零七条之规定，裁定如下：

一、宣告×××（债务人名称）破产；

二、终结×××（债务人名称）破产程序。

本裁定自即日起生效。

审判长×××
审判员×××
审判员×××
××××年××月××日
（院印）

本件与原本核对无异

书记员×××

（三）人民法院公告（不足清偿破产费用时宣告债务人破产并终结破产程序用）

××××人民法院

公　告

（不足清偿破产费用时宣告债务人破产并终结破产程序用）

（××××）××破×号

××××年××月××日，本院根据×××（申请人姓名或名称）的申请裁定受理×××（债务人名称）破产清算一案。查明……（写明债务人财产不足以清偿破产费用的事实）。本院认为……（写明宣告债务人破产并终结破产程序的理由）。依照《中华人民共和国企业破产法》第四十三条、第一百零七条之规定，本院于××××年××月××日裁定宣告×××（债务人名称）破产并终结×××（债务人名称）破产清算程序。

特此公告。

××××年××月××日

（院印）

四、法定程序类文书样本

（一）人民法院民事裁定书（宣告债务人破产用）

××××人民法院
民事裁定书
（宣告债务人破产用）

（××××）××破×号

××××年××月××日，×××（申请人姓名或名称）以……为由向本院申请对×××（债务人名称）进行破产清算，本院于××××年××月××日裁定受理。

本院查明……（写明债权人会议召开情况）。

本院认为……（写明宣告破产的理由）。依照……（写明所依据的法律）之规定，裁定如下：

宣告×××（债务人名称）破产。

本裁定自即日起生效。

审判长×××
审判员×××
审判员×××
××××年××月××日
（院印）

本件与原本核对无异

书记员×××

（二）人民法院公告（宣告债务人破产用）

××××人民法院
公　告

（宣告债务人破产用）

（××××）××破×号

××××年××月××日，本院根据×××（申请人姓名或名称）的申请裁定受理×××（债务人名称）破产清算一案。查明，……（写明债务人的资产负债情况）。本院认为……（写明宣告破产的理由）。依照……（写明判决所依据的法律）之规定，本院于××××年××月××日裁定宣告×××（债务人名称）破产。

特此公告。

××××年××月××日

（院印）

（三）关于提请人民法院裁定终结破产程序的报告（无财产可供分配用）

关于提请人民法院裁定终结破产程序的报告

（无财产可供分配用）

（××××）××破管×号

××××人民法院：

贵院于××××年××月××日作出（××××）××破×号民事裁定，裁定宣告×××（破产人名称）破产。现经管理人调查，×××（破产人名称）在偿付破产费用和共益债务后，无可供分配的破产财产，根据《中华人民共和国企业破产法》第一百二十条第一款之规定，管理人请求法院裁定终结×××（破产人名称）的破产程序。

特此通知。

（管理人印鉴）

××××年××月××日

附：1. 破产费用和公益债务清偿报告

2. 破产人财产状况报告

（四）关于提请人民法院裁定终结破产程序的报告（最后分配完结用）

关于提请人民法院裁定终结破产程序的报告

（最后分配完结用）

（××××）××破管×号

××××人民法院：

贵院于××××年××月××日作出（××××）××破×号民事裁定，裁定宣告×××（破产人名称）破产，并于××××年××月××日裁定认可《×××（破产人名称）破产财产分配方案》。

现破产财产分配方案已执行完毕，最后分配已完结。根据《中华人民共和国企业破产法》第一百二十条第二款之规定，管理人提请贵院裁定终结×××（破产人名称）的破产程序。

特此通知。

（管理人印鉴）

××××年××月××日

附：破产财产分配执行情况的报告

（五）人民法院民事裁定书（终结破产程序用）

×××× 人民法院
民事裁定书
（终结破产程序用）

（××××）××破×号

申请人：×××（债务人名称）管理人。

××××年××月××日，×××（债务人名称）管理人向本院提出申请，称……（写明依据的事实和理由），请求本院终结×××（债务人名称）破产程序。

本院认为……（写明同意终结的理由）。依照……（写明所依据的法律）之规定，裁定如下：

终结×××（债务人名称）破产程序。

本裁定自即日起生效。

审判长×××
审判员×××
审判员×××
××××年××月××日
（院印）

本件与原本核对无异

书记员×××

（六）人民法院公告（终结破产程序用）

×××× 人民法院
公　告
（终结破产程序用）

（××××）××破×号

因……（写明终结原因），依照……（写明所依据的法律）之规定，本院于××××年××月××日裁定终结×××（债务人名称）破产程序。

特此公告。

××××年××月××日
（院印）

第十三章　关联企业破产

（一）人民法院裁定书（关联企业破产裁定书）

×××× 人民法院
民事裁定书
（关联企业破产裁定书）

（××××）××破×号

申请人：×××（债务人名称）管理人，住所地……

负责人：×××

被申请人：……（写明被申请人 1 名称等基本情况）。

被申请人：……（写明被申请人 2 名称等基本情况）。

……

本院于××××年××月××日作出（××××）××破×号民事裁定，受理×××（债务人 1 名称）破产重整一案，并指定×××为×××（债务人 1 名称）管理人；于××××年××月××日作出（××××）××破×号民事裁定，受理×××（债务人 2 名称）破产重整一案，并指定×××为×××（债务人 1 名称）管理人；×××（债务人 1 名称）管理人于××××年××月××日向本院提出申请，请求依法将×××（债务人 1 名称）、×××（债务人 2 名称）……合并破产重整/清算，理由为上述几个公司存在办公场地、企业员工、公司资产、财务等方面的高度混同。

本院于××××年××月××日召开听证会，×××（债务人 1 名称）的法定代表人×××、×××（债务人 2 名称）的法定代表人×××，×××（债务人 3 名称）的法定代表人×××参加了听证会。

×××（债务人名称）管理人提交了×组证据：

……

参加听证会的上述法定代表人、出资人、债权人对管理人出示的证据无异议，对管理人提出的合并破产重整的申请无异议。

对听证过程中各方的内容及问题加以陈述。

本院经审查认为，

符合合并破产的原因

……

或

不符合合并破产的原因

……

综上，依照《中华人民共和国公司法》第三条第一款、第二十条第三款，《中华人民共和国企业破产法》第二条、第四条，《中华人民共和国民事诉讼法》第一百五十四条第一款第十一项之规定，裁定如下：

×××（债务人 1 名称）、×××（债务人 2 名称）合并破产清算/重整。

或

不受理×××（债务人 1 名称）管理人对×××（债务人 1 名称）、×××（债务人 2 名称）合并破产清算/重整的申请。

本裁定自即日起生效。

（院印）

××××年××月××日

（二）关于提请人民法院批准关联企业合并破产的申请

关于提请人民法院
批准关联企业合并破产的申请

××××人民法院：

贵院分别于××××年××月××日、××××年××月××日……裁定受理×××（债务人1名称）、×××（债务人2名称）、×××（债务人3名称）……破产清算一案，并指定×××为×××（债务人名称）管理人。

管理人履行职务过程中，发现：

一、上述企业存在人格混同的事实

（一）经营管理不独立

1. 经营场所混同；

2. 董事、监事、高级管理人员及各院校负责人员混同；

3. 日常经营管理不独立。

（二）资产管理不独立

1. 资产来源、管理制度不独立；

2. 资产使用、处置混同。

（三）资金财务管理不独立

1. 财务管理混乱，关联往来频繁，内部控制处于失控状态；

2. 融资行为混同，交叉担保情形严重，债权债务无法区分；

3. 资产重复入账。

（四）人事管理不独立

1. 人事任免不独立；

2. 劳动关系混同；

3. 交叉任职情况严重。

（五）债务危机出现后法人人格丧失的情形进一步体现

上述情形，符合关联企业破产的条件，特申请贵院批准以上公司合并破产。

此致

××××人民法院

（管理人印鉴）

××××年××月××日

第十四章　特殊主体破产

（一）中国证券监督管理委员会决定书（批准证券公司破产用）

中国证券监督管理委员会
决定书

（批准证券公司破产用）

××××年××月××日，×××（证券公司名称）向我会提交公司破产申请，经调查核实，×××（金融机构名称）的申请符合《中华人民共和国证券法》第一百二十二条规定，决定批准×××（证券公司名称）的破产申请，可依法向人民法院申请破产重整/清算。

特此宣布。

本决定自宣布之日起生效。

中国证券监督管理委员会
××××年××月××日

（二）重整申请书（上市公司申请重整用）

破产清算/重整申请书

（上市公司申请重整用）

申请人：×××（写明名称等基本情况），股票代码××××。

申请事项：请求对×××（债务人名称）进行重整。

事实与理由：

一、×××（债务人名称）基本情况

1. 工商登记情况；

2. 资产情况；

3. 生产经营情况；

4. 债权债务情况；

5. 职工情况。

二、×××（债务人名称）具备重整条件的事实

×××（债务人名称）不能清偿到期债务，并且资产不足以清偿全部债务或者明显缺乏清偿能力，或者有明显丧失清偿能力可能的事实（符合破产重整条件的事实）。

三、对×××（债务人名称）进行破产重整的理由

四、×××（债务人名称）具备重整已获相关审批

1. 已制作具有重整可行性的报告；

2. ×××（债务人名称）住所地省级人民政府向证券监督管理部门通报；

3. 证券监督管理部门已同意×××（债务人名称）申请重整；

4. ×××（债务人名称）住所地人民政府已出具维稳预案；

综上，向贵院申请对×××（债务人名称）进行破产重整。

此致

××××人民法院

申请人（印鉴）：

法定代表人（签字）：

××××年××月××日

后附：1. 法定代表人身份证明（后附文书样本）

2. 主要负责人名单（后附文书样本）

3. 职工安置情况说明（后附文书样本）

4. 职工工资的支付和社会保险费用的缴纳情况

5. 债权清册（后附文书样本）

6. 债务清册（后附文书样本）

7. 资产负债表（后附文书样本）

8. 已发生诉讼情况说明（后附文书样本）

9. 申请主体资格证明文件

10. 财产状况说明

11. 关于上市公司具有重整可行性的报告

12. 上市公司住所地省级人民政府向证券监督管理部门的通报情况材料

13. 证券监督管理部门同意的材料

14. 上市公司住所地人民政府出具的维稳预案

15. 职工安置方案

16. 其他应当提交的材料

（三）破产清算/重整申请书（国家出资企业申请破产用）

破产清算/重整申请书

（国家出资企业申请破产用）

申请人：×××（写明姓名或名称等基本情况）。

申请事项：请求对×××（债务人名称）进行破产清算/重整。

事实与理由：

一、×××（债务人名称）基本情况

1. 工商登记情况；

2. 资产情况；

3. 生产经营情况；

4. 债权债务情况；

5. 职工情况。

二、×××（债务人名称）具备破产清算/重整条件的事实

×××（债务人名称）不能清偿到期债务，并且资产不足以清偿全部债务或者明显缺乏清偿能力的事实（符合破产清算条件的事实）/×××（债务人名称）不能清偿到期债务，并且资产不足以清偿全部债务或者明显缺乏清偿能力，或者有明显丧失清偿能力可能的事实（符合破产重整条件的事实）。

三、已履行相关手续并或批准

1. 履行出资人职责的机构已作出债务人申请破产的决定（债务人为国有独资企业、国有独资公司的）；

2. 已听取企业工会意见，通过职工代表大会或者其他形式听取职工的意见和建议；

3. 履行出资人职责的机构在作出决定或者向其委派参加国有资本控股公司股东会会议、股东大会会议的股东代表作出指示前，已报请本级人民政府批准（债务人为重要的国有独资企业、国有独资公司、国有资本控股公司的）。

四、对×××（债务人名称）进行破产清算/重整的理由

……

综上，向贵院申请对××××（债务人名称）进行破产清算/重整。

此致

××××人民法院

申请人（印鉴）：

法定代表人（签字）：

××××年××月××日

附：1. 法定代表人身份证明（后附文书样本）

2. 主要负责人名单（后附文书样本）

3. 职工安置情况说明（后附文书样本）

4. 职工工资的支付和社会保险费用的缴纳情况

5. 债权清册（后附文书样本）
6. 债务清册（后附文书样本）
7. 资产负债表（后附文书样本）
8. 已发生诉讼情况说明（后附文书样本）
9. 申请主体资格证明文件
10. 财产状况说明
11. 履行出资人职责的机构申请国有独资企业、国有独资公司破产的决定（债务人为国有独资企业、国有独资公司的）
12. 国家出资企业听取企业工会意见，通过职工代表大会或者其他形式听取职工的意见和建议的材料
13. 重要的国有独资企业、国有独资公司、国有资本控股公司的履行出资人职责的机构在作出决定或者向其委派参加国有资本控股公司股东会会议、股东大会会议的股东代表作出指示前，报请本级人民政府批准的材料（债务人为重要的国有独资企业、国有独资公司、国有资本控股公司的）
14. 其他应当提交的材料

第十五章　破产案件信息公开制度

（一）债权人查询案件信息申请表

债权人查询案件信息申请表

案件名称			
债权人/委托代理人名称		身份证件号码	
承办律师			
申请查询内容			
申请人签字			
备注			

说明：根据《最高人民法院关于适用〈中华人民共和国企业破产法〉若干问题的规定(三)》第六条第三款的规定，债权表、债权申报登记册及债权申报材料在破产期间由管理人保管，债权人、债务人、债务人职工及其他利害关系人有权查阅。

（二）债权人查询案件信息审批表

债权人查询案件信息审批表

审批日期：××××年××月××日

案件名称			
申请人名称			
申请查阅内容			
是否同意查阅			
不同意的理由			
审批人签字		审批日期	

（三）告知函（是否同意债权人查阅案件信息用）

告知函

（是否同意债权人查阅案件信息用）

×××债权人：

你于××××年××月××日向管理人提交申请，要求查询×××（债务人名称）的相关内容，经管理人核查后，

符合要求的：

认为符合《最高人民法院关于适用〈中华人民共和国企业破产法〉若干问题的规定（三）》第六条第三款以及相关法律法规规定，予以准许，请于收到本函之日起______日内到管理人处进行查阅。

不符合要求的：

认为不符合《最高人民法院关于适用〈中华人民共和国企业破产法〉若干问题的规定（三）》第六条第三款以及相关法律法规规定，理由如下：

……

特此告知。

管理人（印鉴）

××××年××月××日

（四）管理人利用网络拍卖债务人财产流程

管理人利用网络拍卖债务人财产流程（淘宝平台）

一、资料准备

1. 管理人银行开户许可证原件照片（如为复印件，请加盖管理人公章）。

如无法提供银行开户许可证的，请提供开户行和央行确认破产管理人开户信息的电脑截屏，截屏包含管理人名称、开户行名称、账号信息，并加盖管理人公章。

2. 管理人团队负责人身份证原件照片（如复印件，请加盖管理人公章）。

如果提供的银行开户许可证或者截图盖章证明里有单位负责人名字显示，则提供的团队负责人证件照片信息须和开户许可证或者截图盖章证明里的单位负责人信息一致。

3. 人民法院受理破产案件的裁定书以及人民法院指定管理人决定书（这部分文书会在拍品公告页面上展示，请尽量准备清晰的原件照片及合理的排版布局，以展示管理人及所在单位的精神风貌）。

4. 一个电子邮箱。该邮箱将被注册为管理人的支付宝账号。

这个邮箱可以是QQ邮箱、新浪邮箱等一切能正常收发邮件的电子邮箱均可，可以新注册也可以使用日常在使用的邮箱，但这个邮箱必须是未注册过淘宝、支付宝的邮箱，即入驻前没有被用来注册过淘宝、支付宝即可。

注意：入驻链接填写信息时：联系人姓名及手机号码一栏中，联系人的手机号码绑定的支付宝账号应当少于6个，否则会导致注册不成功。

查询方式：手机号码绑定的支付宝账号可通过手机号码登录https：//www.alipay.com/，进入账号设置并进行实名账号查询。如找不到查询入口可联系支付宝热线95188。

二、入驻申请填写规范

1. 点“我没有账号、阿里拍卖协助生成”，然后选“我是商业机构”。

2. 进入协议页面，选中“我已阅读”，点击“下一步填写入驻资料”。

【注意】该协议目前是通用版，里面涉及的“入驻保证金”并不存在，破产管理人入驻平台不需要缴纳入驻保证金。

3. 填写第一部分基础信息，选择“特定的处置小组（非法人单位）”，破产管理人选择“破产管理人”。

（1）本处“机构名称”填写为“××××（破产）管理人/清算组”，确保与管理人银行《开户许可证》或截图盖章证明里的户名信息一致，此名称系统后续会用来注册淘宝账号；

（2）邮箱用于支付宝账号注册，请确保邮箱没有注册过任何淘宝或支付宝账号，如不能确定，一定要提交一个新注册的邮箱。

【注意】此处邮箱后续会用来接收账户密码通知邮件，请务必确保填写正确。

4. 填写第二部分联系人信息，请填写本管理人团队日常办理破产网拍的成员的姓名及手机号码。

一般填写该案件的破产主要负责人的信息，也可选择填写常用联系人信息。

5. 填写第三部分银行开户行信息，开户许可证图片可上传开户许可证或截图盖章证明，开户许可证有效期按照实际有效期填写，如不知道有效期可往后选 3～5 年即可。

6. 填写第四部分入驻信息负责人信息，负责人为管理人《开户许可证》上载明的破产团队负责人姓名（注意：不是破产企业的法定代表人姓名），证明材料上传“破产案件破产管理人指定决定书”即可。

7. 填写第五部分委托授权关系，在是否存在委托授权关系一栏选择“存在”，委托授权机构选择“法院”，选择对应的委托法院后，法院名旁边空格一定要选择，可选择“破产资产”。

（1）委托有效期未开始或结束均将导致无法发拍，委托有效期的开始时间请以《指定管理人决定书》上的落款时间为准，委托有效期的结束时间请尽量填写一个长一些的时间（建议3～5 年）。

（2）上传的委托授权文件为《人民法院受理案件裁定书》和《指定管理人决定书》，可以使用修图软件把两份资料拼接到一起，必须是 jpg 图片格式，不支持 PDF 文件等。

【注意】此处上传的文件将在拍品公告页面上展示，请提供清晰的原件照片，以体现管理人的精神风貌。

8. 填写第六部分，如无授权服务机构则选择“无”，勾选协议，点击确认无误下一步。点击下一步进入信息二次确认页面，确认信息无误则直接提交审核即可。

第十六章　管理人的后续工作

（一）人民法院决定书（管理人终止执行职务用）

×××××人民法院

决定书

（管理人终止执行职务用）

（××××）××破×号

××××年××月××日，本院裁定终结×××（债务人名称）破产清算程序。××××年××月××日，×××（债务人名称）管理人向×××（债务人名称）的原登记机关办理了注销登记。经查，不存在诉讼或仲裁未决的情况。依照《中华人民共和国企业破产法》第一百二十二条之规定，本院决定如下：

×××（债务人名称）管理人自即日起终止执行职务。

（院印）

××××年××月××日

（二）关于管理人终止执行职务的报告

关于管理人终止执行职务的报告

（××××）××破管×号

××××人民法院：

××××年××月××日，贵院作出（××××）××破×号民事裁定，裁定终结×××（破产人名称）的破产程序，管理人职务已全部执行完毕，现将有关情况报告如下：

一、破产财产的分配情况

简述破产财产的分配情况。无财产可供分配的，附破产人财产状况报告；最后分配完结的，附破产财产分配报告。

二、破产程序终结后的职务执行情况

说明破产程序终结后，管理人办理破产人工商、税务等注销登记手续的情况。

三、无未决诉讼或者仲裁的情况

说明破产人无未决诉讼或者仲裁程序。

四、档案移交保管情况

综上，根据《中华人民共和国企业破产法》第一百二十二条之规定，管理人依法终止执行管理人职务。

特此通知。

（管理人印鉴）

××××年××月××日

（三）注销税务登记申请审批表

注销税务登记申请审批表

纳税人编码：

纳税人名称		纳税人识别号	
地址		联系电话	
注销原因		批准机构及文号	
附报资料	□地税税务登记证正、副本　□国税注销批复（共管户）□自查报告或审计报告　□企业所得税年度申报表　□其他□上级主管部门批文或股东会决议及其他有关证明原件及复印件		
纳税人签章 法定代表人（负责人）：　　　办税人员： 年　月　日　　　　　　年　月　日			

<table>
<tr><td colspan="6">以下由税务机关填写</td></tr>
<tr><td>受理情况</td><td colspan="5">受理日期：　　年　　月　　日　　经办人：</td></tr>
<tr><td rowspan="3">收缴税务登记证件情况</td><td>种类</td><td>税务登记证正本</td><td>税务登记证副本</td><td>临时税务登记证正本</td><td>临时税务登记证副本</td></tr>
<tr><td>收缴数量</td><td></td><td></td><td></td><td></td></tr>
<tr><td colspan="5">经办人：
年　月　日
负责人：
年　月　日</td></tr>
<tr><td rowspan="8">发票缴销情况</td><td>发票种类</td><td colspan="2"></td><td></td><td></td></tr>
<tr><td>发票名称</td><td colspan="2"></td><td></td><td></td></tr>
<tr><td>领购发票数量</td><td colspan="2"></td><td></td><td></td></tr>
<tr><td>已使用发票数量</td><td colspan="2"></td><td></td><td></td></tr>
<tr><td>结存发票数量</td><td colspan="2"></td><td></td><td></td></tr>
<tr><td>起止号码</td><td colspan="2"></td><td></td><td></td></tr>
<tr><td>发票领购簿名称</td><td colspan="2"></td><td>证件号码</td><td></td></tr>
<tr><td colspan="5">经办人：
年　月　日
负责人：
年　月　日</td></tr>
<tr><td rowspan="3">审核情况</td><td>实际经营期限</td><td></td><td colspan="2">已享受税收优惠</td><td></td></tr>
<tr><td>税款、滞纳金、罚款清缴情况</td><td colspan="4"></td></tr>
<tr><td colspan="5">经办人：
年　月　日
负责人：
年　月　日</td></tr>
<tr><td>实地调查核实情况</td><td colspan="5">经办人：
年　月　日
负责人：
年　月　日</td></tr>
<tr><td>稽查情况</td><td colspan="5">经办人：
年　月　日
负责人：
年　月　日</td></tr>
<tr><td>批准意见</td><td colspan="5">经办人：
年　月　日
负责人：
年　月　日</td></tr>
</table>

第十七章　破产管理人档案管理

（一）档案管理制度

档案管理制度

为了建立健全破产期间公司的档案工作，有效地保护和利用档案，结合破产工作实际情况，制定本制度。

一、清算期间档案管理体制

1. 档案管理机构：管理人统一管理公司各类档案（会计档案除外）。

2. 原公司档案原则上由公司指定专人保管，公司须向管理人提供档案清册；如果需要由管理人保管的，公司应当与管理人办理移交手续，双方在移交清册上签字。

公司指定的保管人必须维护档案的完整性与安全性，并接受管理人的监督检查。

3. 破产期间形成的档案，由管理人指定专人保管。

二、立卷归档制度

破产期间形成的档案和管理人接收的原公司档案，按如下规定立卷归档：

1. 档案的收集：管理人各业务部门将办理完毕的文件材料，经过挑选、立卷后，定期移交管理人指定的人员集中保存。

2. 归档范围：凡是本单位具有考查利用价值的文件材料。包括与法院及各方当事人的往来函件（含传真、电子邮件等）、报告、单据，以及工作日记、照片等各种形式、载体的文件。

3. 归档时间：

（1）凡是有法律效用的文件材料，一生效就归档。

（2）凡是有机密性的文件，随时形成，随时归档。

（3）管理人接收的原公司档案，移交后立即归档。

4. 归档要求：

（1）材料完整齐全。

（2）系统、条理、保持有机联系。凡是归档文件材料，均要按其不同特征组卷，尽量保持它们的内在联系，区分它们不同的保存价值。文件分类准确、立卷合理。

（3）立卷时，要求将文件的正件与附件、印件与定稿、请示与批复等统一立卷、不得分散。

（4）在进行卷内文件排列时，要合理安排文件的先后次序，按时间先后排列。对于同一事情的同一文件，应统一规定进行，比如，对于正件与附件，应正件在前、附件在后等。

三、档案管理要求

1. 管理人设立专用文件库/柜保存档案。

2. 档案的鉴定：从档案的内容、来源、时间、可靠程序、名称鉴别、档案价值，确定各类档案的保管期限，编制成表。

3. 档案的销毁：编制销毁清册；办理销毁手续，经负责人批准，方能销毁；销毁要有二人以上监督，并在清册上签字。

四、档案使用

1. 凡需调阅档案的，均须填写档案借阅单，依据借阅权限和档案密级调阅。

2. 需借出档案原件的，或超过借阅权限借阅的，必须经管理人负责人或其指定的负责人签批后方能借出。

3. 借阅档案应在“档案借阅登记簿”上登记，注明借阅档案的名称、密级、借阅方式、数量、期限。

4. 档案利用方式：提供档案原件；提供档案复印件；提供文献索引资料。

×××（债务人名称）管理人
××××年××月××日

（二）档案管理相关表单

档案移交签收单

归档部门：×××部门　　　　归档日期：××××年××月××日

序号	类别	归档文件名称	份数	备注

提交人：　　　　保管人：

档案索引表

编号	档案号	归档日期	储存位置	档案内容	案件名称	备注

档案存放表

案件名称： 案号：			
案卷目录号		案卷目录名称	
存放位置		归档时间	

档案调阅单

档案名称				
审批人			调阅人	
档案号及件数	号码		案卷调阅日期	
	件数	共计____件	案件归档日期	
调阅人签字			接收人签字	

第一版后记

企业破产是一项独特的法律制度。破产业务实践性极强，从程序角度来看，既有破产清算、和解与重整等庭内程序，也有预重整等庭外程序；从专业角度来看，既涉及破产法自身，也涉及民法、民事诉讼法、公司法、证券法、金融法乃至刑法、宪法等诸多学科。因此，破产法是警醒市场主体“向死而生”之法，是帮助困境企业“涅槃重生”之法，是促使失败企业、“僵尸企业”规范退出之法。

在齐齐哈尔市中级人民法院的依法监督和指导下，经过政府、法院和破产管理人及其聘请的黑龙江海天庆城律师事务所的多方联动，历时十个月的共同探索和辛勤工作，东北特钢集团北满特殊钢有限责任公司（以下简称北满特钢）、齐齐哈尔北方锻钢制造有限责任公司、齐齐哈尔北兴特殊钢有限责任公司重整案终于圆满收官。曾经被周恩来总理誉为钢铁行业的“掌上明珠”的北满特钢也正在紧锣密鼓地恢复生产，焕发新生机，坚定走向复兴！

在北满特钢重整的过程中，我们深刻地感受到《企业破产法》虽然已经颁布了十年，但还是一部新兴的法律，很多问题没有明确的法律规定，很多实践尚缺乏理论的指导。于是，我萌生了编纂一本实用的破产实务书籍的想法，这一想法与黑龙江海天庆城律师事务所曹丽主任不谋而合，我们在北满特钢重整的过程中思索、探讨、研究、总结，当北满特钢重整成功之际，这本书也有了雏形。

在破产案件中，法院是破产程序的主导者，法院需要发挥总揽全局、协调各方的核心作用。一直以来，我潜心钻研，带领齐齐哈尔市中级人民法院清算和破产审判团队，始终坚持“公正司法、一心为民”的宗旨，以人民满意为标准，以公正效率为目标，脚踏实地，勤勉攻坚，在破产法领域不断努力探索，寻求破产法理论与实践的完美结合，略有收益，但也存在不足。正如在刚刚接触破产案件时，有些许迷茫和无限求知的我们，急需一把开启破产实践技能的“钥匙”。基于此，我和团队将破产实战的所思所感所获梳理成章，供大家参考。我知道对一线的法官和管理人来说，真正能动手干比理论上知道怎样干更靠谱，于是从如何具体做破产案件的实务来讨论，并将本书取名为《破产案件操作指引》。

管理人是破产事务的执行者，管理人队伍是否称职直接影响破产案件的质量及进度。黑龙江海天庆城律师事务所在2003年就通过了ISO9000质量管理体系认证。多年来，在法院的监督指导下，该所以强烈的进取精神和严格的科学管理，全面、积极、忠实履行职务，发挥专业知识，为破产工作提供了及时准确的基础数据支持和高效便捷的法律服务，得到了社会各界的认可。在本书的编撰过程中，黑龙江海天庆城律师事务所作出了巨大的贡献。

这本法官和律师联袂编写的破产实务书籍既体现着法官的缜密思维，也闪耀着律师的创新之光，更是北满特钢重生之路的文字记载。

在这个五彩缤纷的破产法世界，每一个破产执业者都面临同样的问题：总有经验可以分享，总有知识需要学习，总有新人可以指引。此时，愿我们的分享，可以减少很多同行辛苦的探索。希望这本书能起到抛砖引玉的作用，引起更多业内外人士对破产法律实务的关注和探讨，也欢迎广大专业人士提出更多宝贵的意见。我们相信，每一点分享，都会让破产法实务界更美好！

在此，由衷地感谢为本书辛勤付出的同仁和律师界的朋友们！感谢大家对本书编写工作给予支持和指导的各位领导，也感谢所有支持、关心本书写作的人！

齐齐哈尔市中级人民法院党组成员、专职审委会委员

二〇一七年十月于齐齐哈尔

修订版后记

《破产案件操作指引》一书已经出版一年有余，得到了社会各界的大力支持与广泛关注。在这一年的时间里，我们也与各位破产审判一线法官一样，手持《破产案件操作指引》一书，并以司法实务为基础，不断加强破产审判工作，不断夯实对破产审判理论的认识与研究。

这一年多的时间，是我国破产审判机制建设不断完善、破产案件审理日趋规范破产审判专业化建设水平不断强化的重要阶段。最高人民法院印发了《全国法院破产审判工作会议纪要》，制定出台了《最高人民法院关于适用〈中华人民共和国企业破产法〉若干问题的规定（三）》，不断通过重整程序推动市场资源的优化配置，更好地服务经济转型升级和高质量发展。

司法实践在不断向前迈进，我们的《破产案件操作指引》一书也需要不断丰富新理念、新要求，以此来帮助大家更好地解决破产审判操作层面遇到的新情况、新问题，为建立法治化的营商环境、依法处置“僵尸企业”、深化供给侧结构性改革发挥更加积极的作用。

日往月来，一年多的时间里，我和《破产案件操作指引》编写团队以破产审判亲历者的实践，以守正创新的治学精神，不断完善和丰富《破产案件操作指引》书中内容，以最新的实务研究成果与各位同行共同学习、交流、分享。希望各位业内人士能够为我们提出宝贵的意见和建议，推动破产审判实务研究取得更大成绩。

最后，还是要由衷地感谢对本书给予支持和指导的各位领导，感谢为了本书的再版付出艰辛努力的各位同仁和各界朋友，感谢黑龙江海天庆城律师事务所，特别要感谢该所的曹丽女士对本书付出的心血，感谢所有支持、关心破产审判的人们！

二〇一九年六月于齐齐哈尔

第三版后记

破产案件的办理关乎高质量发展、深化供给侧结构性改革、营造稳定公平透明可预期的营商环境。破产案件的办理有着不容忽视的社会职能，体现在以下三个方面：一是通过平衡债权人、债务人、出资人、员工等利害关系人的利益，实现社会整体价值最大化；积极推进清算程序中的企业整体处置方式，有效维护企业营运价值和职工就业。二是要推进不符合国家产业政策、丧失经营价值的企业主体尽快从市场退出，通过依法简化破产清算程序流程加快对“僵尸企业”的清理。三是降低破产程序运行的时间和成本，有效维护企业的营运价值，最大程度发挥各类要素和资源潜力，减少企业破产给社会经济造成的损害。要继续深入推进破产案件办理工作的市场化、法治化、专业化、信息化，充分发挥破产案件办理工作在公平清理债权债务、促进优胜劣汰、优化资源配置、维护市场经济秩序等方面的重要功能。

当前社会，信息化发展之快已几倍于人们的想象，破产案件办理中对效率的要求也随之呼之欲出。破产案件的办理应以效率、平衡为基本要求，对于可能影响社会稳定的，要加强府院协调，制定相应预案，不得以影响社会稳定之名，行消极不作为之实。在这个过程中，管理人不仅要承担起实际办理破产案件的工作，还要充当政府和法院之间沟通的桥梁。

办理破产案件的过程中需要涉及担保责任、职工安置、建筑工程和民间借贷等专业领域的知识，因此可以说一个破产案件的办理就是半部民商事法律的集中应用。此外，那些可能涉及刑事犯罪的破产企业，对管理人的工作更是一个综合性、全方位的考验。

破产案件的办理牵一发而动全身，是法律知识、科学技术和部门联动的集中应用。截至目前，成于北满特钢重整案件办理时期的《破产案件操作指引》一书已经经过三次修订，继续做好本书的编写和修订工作将依然是我们向着破产案件规范化、流程化办理迈出的坚定一步。

感谢各位读者的支持和建议。

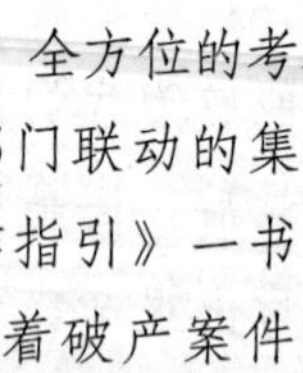

二〇二〇年三月十八日

第四版后记（一）

破产法作为市场经济不可或缺的一部分，承担着保护债权人利益、优化资源配置、维护社会公平的重要职责。然而，破产法的复杂性、专业性也使其在实践中充满挑战。因此，我们编写《破产案件操作指引》的初衷，就是希望能够为从事破产法实务工作的同仁提供一本系统、全面的操作指南，帮助大家更好地理解和应用破产法，提高实务操作水平。

在《破产案件操作指引（第三版）》问世后，我们收到了很多业内同仁的反馈，认为此书具有很强的指导性、实用性和可操作性，希望能够不断修订、更新。回顾过往，我也深感破产法领域的快速发展与变革，每一次的修订都是为了更好地适应市场的需求，更好地服务于广大读者。

在《破产案件操作指引（第四版）》的编写过程中，我们始终坚持以实践为导向，注重理论与实践相结合，深入剖析破产案件典型案例，总结实务操作中的先进经验，力求为读者提供最具操作性的指导。同时，我们也充分考虑了破产法领域的发展动态，及时将最新的法律法规、司法解释以及业界前沿的实务经验纳入书中，以确保本书内容的时效性和前瞻性。

我们深知，本书仍有不足和需要改进之处，衷心希望广大读者能够在使用过程中提出宝贵的意见和建议，帮助我们不断完善提高。我们也期待与更多的同行、伙伴携手合作，共同推动破产法实务工作的发展和创新。

最后，我要感谢所有为本书编写付出辛勤努力的同仁和合作伙伴。正是有了大家的共同努力和支持，《破产案件操作指引（第四版）》才得以付梓出版。我相信，在未来的日子里，我们将继续并肩前行，为破产实务工作贡献更多的智慧和力量。

二〇二四年十月九日

第四版后记（二）

企业破产法律制度是一项重要的法律制度，旨在保护债权人的合法权益，维护市场经济秩序，促进企业的健康发展。《企业破产法》的实施，对于企业的破产重整、清算、债务重组等方面都有着重要的作用。随着经济结构的调整和市场环境的变化，企业面临的风险越来越大，破产案件的发生频率也在上升。在《企业破产法》的实施过程中，司法实务中仍然存在着诸多问题。为了更好地指导破产案件的处理，确保程序的合法性和效率性，我们与破产审判一线法官一样，需要一套清晰、详细的操作指引。

《破产案件操作指引》的第一、二、三版是由黑龙江海天庆城律师事务所的曹丽主任和齐齐哈尔市中级人民法院的李国军院长率领破产管理人团队和破产审判团队联袂出品，在我院以往的破产审判中经常作为参考书籍，受益良多。

2024 年 6 月，我院受理了大庆中某石化有限公司的破产重整案，黑龙江海天庆城律师事务所通过公开竞争程序担任了该案的管理人。在工作过程中，曹丽主任提议我院的破产审判人员参与《破产案件操作指引（第四版）》的修订工作，与律师在工作平台上同学共进，共同提高破产案件的办理质量和审判人员的办案水平。这正是我们所需要和期待的，于是就有了我们的参与。

可以说，参与编写的过程也是我们共同学习破产法理论、精进破产法实践的过程，我和其他所有编写人员以法律、法规为基础，在以往的审判案例中吸取经验、寻找规律，将理论与实践相结合，以形成本操作指引。未来，随着法律、法规的不断完善和实践经验的积累，操作指引也将不断更新和完善，以适应不断变化的市场环境和法律需求。

最后，感谢每一位读者对本操作指引的支持和信赖，也由衷地希望本书能够对从事破产工作的各界人士有所帮助！

二〇二四年十月九日